lonely planet

Kreta

Victoria Kyriakopoulos

Inhalt

Highlights 6
Bevor es losgeht 13
Reiserouten 16
Die Autorin 19
Überblick 20
Geschichte 22
Die Minoer 38
Kultur 45
Natur & Umwelt 57
Outdooraktivitäten 61
Essen & Trinken 69
Chania 80
Rethymnon 129
Iraklion 157
Lassithi 194
Allgemeine Informationen 225
Verkehrsmittel & -wege 240
Gesundheit 251
Weltzeitzonenkarte 255
Sprache 256
Glossar 263
Hinter den Kulissen 266
Index 277
Kartenlegende und Impressum 284

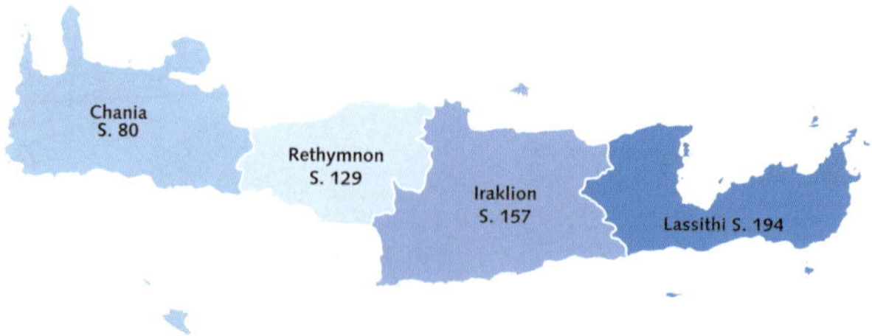

Die Reiseführer von Lonely Planet stehen für unabhängige Reiseinformationen. Lonely Planet verzichtet auf Anzeigen in den Reiseführern und nimmt keinerlei Einträge gegen Bezahlung auf. Lonely-Planet-Autoren nehmen keine Vergünstigungen oder Zahlungen für positive Bewertungen an.

Τα βιβλία Lonely Planet παρέχουν ανεξάρτητες συμβουλές. Η εταιρία Lonely Planet δεν δέχεται διαφημίσεις σε τουριστικούς οδηγούς, και ούτε δεχόμαστε πληρωμή εις ανταλλαγή καταχώρησης ή υποστήριξης οποιουδήποτε τόπου ή επιχείρησης. Οι συγγραφείς της εταιρίας Lonely Planet δεν δέχονται εκπτώσεις ή πληρωμές εις ανταλλαγή θετικής κάλυψης οποιουδήποτε είδους.

Reiseziel Kreta

Wie keine andere griechische Insel überwältigt Kreta seine Besucher mit einer geballten Ladung Mythen, Legenden und Geschichte, idyllischer und dramatischer Landschaft und der schieren Fülle dessen, was es hier zu erleben gibt. Griechenlands größte Insel – legendärer Geburtsort des Zeus – bewahrt sich ihren Zauber selbst im Strudel des Massentourismus.

Es ist gar nicht so schwer, dem Trubel zu entkommen und Kretas abwechslungsreiche Landschaft bietet sich für Entdeckungstouren an. Die spektakulären Gebirge sind voller Höhlen und wilder Schluchten. Fruchtbare Hochebenen und Hänge mit Olivenhainen und Wildblumen lockern das Inselinnere auf. Atemberaubende Fahrten entlang der zerklüfteten Südküste führen zu sonnenverwöhnten Traumstränden und versteckten Badebuchten.

Zur schönen Natur gesellt sich der Reichtum einer Kultur, die Jahrtausende umspannt und reichlich Futter für Geschichts- und Archäologiefreaks bietet. Berühmteste Hinterlassenschaft der glanzvollen minoischen Kultur, die einst die ganze Ägäis beherrschte, ist der Palast von Knossos. Auch sonst stolpert man auf Schritt und Tritt über Ruinen aus Kretas bewegter Vergangenheit – von römischen Siedlungen und byzantinischen Kirchen bis zu venezianischen Häfen und osmanischen Palästen. In den bezaubernden Altstädten von Chania und Rethymnon wurden venezianische Villen in elegante Hotels verwandelt, die Nordküste bedeutet auch Luxus, Wellness, Golf und Nightlife.

Die pragmatischen Kreter sind im großen Stil ins Tourismusgeschäft eingestiegen. Doch zugleich pflegen sie mit Leidenschaft ihre Traditionen und halten an den Bräuchen, Liedern, Tänzen, Ess- und Trinkgewohnheiten fest, die ihre Identität geprägt haben. Kretas stolze, aufgeschlossene und gastfreundliche Bewohner machen viel vom Reiz der Insel aus.

DIANA MAYFIELD

HÖHE
2000 m
1500 m
1000 m
500 m
0
0
20 km
KRETISCHES MEER
CHANIA (S. 83)
Üppiges Mosaik aus Geschichte und Architektur in der bezaubernden Altstadt
RETHYMNON (S. 131)
Malerischer venezianischer Hafen und architektonisches Potpourri
AMARI-TAL (S. 141)
Traditionelle Kultur in Rethymnons Bergdörfern
Kap Spanda
Diktynna
Gramvousa-Inseln
Kap Vouxa
Halbinsel Rodopou
Moni Gonias
Bucht von Kisamos
Bucht von Chania
Bucht von Kalathas
Stavros
Moni Iannou Eremiti
Moni Gouvernoto
Moni Agia Triada
Halbinsel Akrotiri
Halbinsel Gramvousa
Falasarna
Kastelli Kisamos
Kolimbari
Platanias
Chania
Souda
Bucht von Souda
Kap Drapano
Halbinsel Drapano
Platanos
Polyrinia
Voukolies
Bucht von Almyros
Panormos
Bali
Perama
Innahorion
CHANIA
Vrisses
Georgioupoli
Rethymnon
Margarites
Eleuderna
Moni Chrisoskalitissa
Kandanos
Agia Irini-Schlucht
Omalos
Levka Ori (2453 m)
Kournas-See
Argyroupolis
Moni Arkadi
Sventoni-Höhle
Elafonisi
Elafonisi
Samaria-Schlucht
Imbros-Schlucht
RETHYMNON
Psiloritis (2456 m)
Spili
Sougia
Chora Sfakion
Kap Trahili
Paleochora
Agia Roumeli
Loutro
Plakias
Kedros (1777 m)
Frangokastello
Moni Preveli
NATIONALPARK SAMARIA-SCHLUCHT
ELAFONISI (S. 106)
Naturparadies mit wunderbaren Sandstränden und kleinen Buchten
SAMARIA-SCHLUCHT (S. 108)
Europas längste Schlucht mit traumhaftem Wanderweg von den Bergen zum Meer
FRANGOKASTELLO (S. 111)
Spukschloss am Meer
Agia Galini
Tymbaki
Agia Triada
Messara-Bucht
Kalamaki
Kommos
Matala
Kap Lithino
PREVELI (S. 149)
Phantastische Panoramastraße, historische Kloster und tolle, einsame Strände
Gavdopoula
Gavdos
Kastri
Karabe
SÜDKÜSTENSTRÄNDE (S. 147)
Spektakuläre Sandstrände säumen die Südküste von Plakias bis Agia Galini
AUSGRABUNGEN (S. 17
Festos, Gortys, Agia Triad
und Kommos sind Paradies
für Archäologen

ALBANIEN
Mazedonien
THRAKISCHES MEER
Epirus
Thessalien
NORDÖSTLICHE ÄGÄISCHE INSELN
SPORADEN
Lesbos
TÜRKEI
IONISCHE INSELN
Zentral-Griechenland
Euböa
ÄGÄISCHES MEER
Attika
IONISCHES MEER
Peloponnes
INSELN DES SARONISCHEN GOLFS
MYRTOISCHES MEER
KYKLADEN
Kythira
DODEKANES
Rhodos
MITTELMEER
Antikythira
KRETISCHES MEER
Iraklion
KRETA
0 100 km
36°30' N
36° N
35°30' N
35° N
34°30' N
26° E
IRAKLION (S. 160)
Crashkurs in kretischer Geschichte im hervorragenden Archäologischen Museum und im Historischen Museum von Kreta
KNOSSOS (S. 171)
Kretas berühmtester minoischer Palast: ein Spiegel des Lebens vor 4000 Jahren
VAI-STRAND (S. 214)
Kretas phänomenaler Palmenstrand
Dia
Bucht von Iraklion
Iraklion
Knossos
Chersonisos
Kap Agios Ioannis
Kap Sideros
Spinalonga
Halbinsel Kolokytha
Malia
Neapoli
Elounda
Moni Toplou
Vai
Sitia
Palekastro
Archanes
Kastelli
Agios Nikolaos
Tzermiado
Ruinenstadt Lato
Mochlos
Dikti-Höhle
Lassithi-Hochebene
Kritsa
Mirambellou-Golf
Palast von Zakros
Zakros
Kato Zakros
IRAKLION
Dikti (2148 m)
Gournia
LASSITHI
Xerokambos
Makrygialos
Ano Viannos
Ierapetra
Gortys
Pyrgos
Myrtos
Koufonissi
Gaidouronisi (Chrisi)
ZAKROS (S. 216)
Das antike Zakros und Kato Zakros sind eine ideale Kombination aus Geschichte und einem schönen, abgelegenen Strand
DIKTI-HÖHLE (S. 206)
Der Geburtsort von Zeus nimmt in der griechischen Mythologie einen besonderen Platz ein
LASSITHI-HOCHEBENE (S. 205)
Ein Meer von Windmühlen, herrliche Landschaften und authentische Dörfer
LIBYSCHES MEER

Minoerzeit & Antike

Kreta ist Geschichte pur, und die Palastruinen seiner außergewöhnlichen minoischen Kultur gehören zum Tollsten, was die Insel zu bieten hat. Bedeutendste minoische Ruinenstätten sind neben dem absolut sehenswerten **Knossos** (S. 171) die Paläste von **Festos** (S. 181) im Süden, **Malia** (S. 191) im Nordosten und **Zakros** (S. 218) an der Südostküste. Weitere wichtige Überbleibsel der Minoerzeit sind die Ruinen der Villa von **Agia Triada** (S. 183), die am besten erhaltene minoische Siedlung **Gournia** (S. 209) und der noch nicht freigelegte Palast von **Palekastro** (S. 215). Die meisten Ausgrabungsfunde sind in der phänomenalen Sammlung des **Archäologischen Museums von Iraklion** zu bewundern (S. 162). Zu den interessantesten Ausgrabungsstätten aus späteren Epochen gehört die imposante Römerstadt **Gortys** (S. 179).

NEIL SETCHFIELD

Die schönsten Stücke der kretischen Antike im Archäologischen Museum von Iraklion besichtigen (S. 162)

Einen Bildungsbummel durch die Ruinen der spätminoischen Stadt Gournia unternehmen (S. 209)

JON DAVISON

JON DAVISON

Pomp und Prunk der minoischen Welt im rekonstruierten Palast von Knossos erleben (S. 171)

NEIL SETCHFIELD

Zeitlose Freskentechnik im Palast von Knossos bestaunen (S. 171)

Archäologische Puzzlearbeiten aus dem alten Malia bewundern (S. 191)

NEIL SETCHFIELD

Wunder der Natur

Kreta ist berühmt für die grandiose Schönheit seiner Natur. Alljährlich stürmen Hunderttausende von Wanderern die **Samaria-Schlucht** (S. 108), doch man kann auch in anderen Schluchten prima wandern, z. B. in der phantastischen **Imbros-Schlucht** (S. 128). Das spektakuläre **Levka-Ori-Gebirge** (S. 106) beherrscht die Inselmitte. Im Inselinneren können sich die Windmühlen der **Lassithi-Hochebene** (S. 205) sehen lassen und auch das traumhafte **Amari-Tal** (S. 141) mit seinen urtümlichen Dörfchen. Zu Kretas Spitzenstränden gehören die palmengesäumte **Vai-Bucht** (S. 214), **Elafonisi** (S. 106) und die entlegenen Strände von **Preveli** (S. 150) und **Agios Pavlos** (S. 151). Die Quellen von **Argyroupolis** (S. 139) bilden eine wunderbare Wasseroase.

NEIL SETCHFIELD

Sonne tanken am berühmten Palmenstrand von Vai (S. 214)

In den kühlen, geschützten Wassern des Strands von Preveli plantschen (S. 150)

STELLA HELLANDER

In den Höhlen von Matala den inneren Hippie rauslassen (S. 186)

JON DAVISON

NEIL SETCHFIELD

Klasse Aussichten in der Bergwelt rund um die Imbros-Schlucht genießen (S. 128)

GREG GAWLOWSKI

Einmal durch die spektakuläre Samaria-Schlucht trekken (S. 108)

Streifzüge in die schroff-schönen Berge des Levka Ori planen (S. 106)

LINDA MUSICK

Schätze der Architektur

Die Insel bietet ein faszinierendes Gemisch aus östlicher und westlicher Architektur. Restaurierte venezianische und osmanische Gebäude säumen den Hafen von **Chania** (S. 80), Kretas schönster Stadt. In **Rethymnon** (S. 129) thront eine mächtige Festung über dem venezianischen Hafen. Im Süden kann man am Strand von **Frangokastello** (S. 111) vor der Kulisse des malerischen Kastells plantschen, im Osten zur Inselfestung **Spinalonga** (S. 204) hinüberschippern. Quicklebendig präsentiert sich die Geschichte in den über ganz Kreta verstreuten Klöstern, wie dem **Moni Preveli** (S. 149), dem festungsähnlichen **Moni Toplou** (S. 213) und dem **Moni Arkadi** (S. 141).

PAUL DAVID HELLANDER

Die blendend weiße Kirche des Moni Preveli anblinzeln (S. 149)

Den süßen Klängen des offenen Glockenturms von Moni Arkadi lauschen (S. 141)

Die mächtigen Mauern des venezianischen Kastells von Frangokastello stürmen (S. 111)

NEIL SETCHFIELD

GLENN BEANLAND

Zum Leuchtturm des venezianischen Hafens von Rethymnon aufschauen (S. 129)

Den Blick von Iraklions venezianischem Kastell Koules auf die Altstadt auskosten (S. 165)

NEIL SETCHFIELD

Chanias Hafenpromenade voller Bars, Clubs und Tavernen entlangbummeln (S. 80)

JOHN ELK III

Das unverfälschte Kreta

Die Kreter sind berühmt für ihre Gastfreundschaft und ihr hitziges Temperament. Am besten erlebt man ihre kulturelle Eigenart abseits der großen Städte und Touristenzentren. Einen guten Eindruck vom ländlichen Leben bekommt man in Dörfern wie **Anogia** (S. 143) und **Spili** (S. 146) oder den weniger besuchten Bergdörfern der **Innahorion-Region** (S. 103). Viele verfallende Dörfer wurden für den Alternativtourismus restauriert, etwa das im traditionellen Stil wieder aufgebaute **Vamos** (S. 126) oder ökotouristisch ausgerichtete Dörfchen wie **Milia** (S. 105) und **Aspros Potamos** (S. 223). Auch nette, vom Tourismus kaum vereinnahmte Orte wie **Sitia** (S. 210) an der Nordostküste und **Ierapetra** (S. 219) im Süden vermitteln noch halbwegs authentisches Kretafeeling.

VICTORIA KYRIAKOPOULOS

Zocken bis zum Abwinken in einem *kafeneio* im Dorf Anogia (S. 143)

Aus einem venezianischen Wasserspeier am Dorfplatz von Spili trinken (S. 146)

PAUL DAVID HELLANDER

Im schläfrigen Strandort Kato Zakros abhängen (S. 217)

PAUL DAVID HELLA

Bevor es losgeht

Reisetechnisch ist Kreta schon fast ein kleines Land für sich. Selbst mit ein bis zwei Monaten Zeit im Gepäck ist es praktisch unmöglich, die ganze Insel in einem einzigen Urlaub zu erkunden. Das gebirgige Innere zwingt einen, sich im Zickzack über die lange, schmale Insel zu bewegen. Dafür gibt es auf dem Weg zum entlegenen Südküstenstrand aber auch spektakuläre Landschaften, urige Dörfer und faszinierende Ruinenstätten zu entdecken. Oft sind die Entfernungen gar nicht so groß, aber die kurvigen Bergstraßen verschlingen viel Zeit. Es empfiehlt sich daher, realistisch zu kalkulieren, wie weit man an einem Tag kommen kann.

Sinnvollerweise sollte man vorher überlegen, was man sehen will, und sich dann einen geeigneten Stützpunkt suchen. Wahrscheinlich muss man sich zwischen Ost und West entscheiden – schon mal ein guter Grund, um wiederzukommen. Am besten lässt sich Kreta mit dem Auto oder Motorrad erkunden, aber ein großer Teil der Insel ist auch per Bus erreichbar.

So billig wie früher ist Kreta nicht mehr, aber es gibt immer noch Quartiere und Essen zu zivilen Preisen – besonders im weniger touristischen Süden. Die Griechen sind sehr kinderlieb, was das Reisen mit Kindern erheblich erleichtert.

GEWUSST?

Kreta hat 300 Sonnentage im Jahr und ist damit die sonnigste Mittelmeerinsel nach Zypern. Hier bleibt es auch am längsten warm – an der Südküste ist von Mitte April bis November Badesaison.

REISEZEIT

Optimal für eine Kretareise sind das späte Frühjahr/der Frühsommer oder auch der Herbst, wenn die Hitze nachlässt und die Touristenhorden abgezogen sind. Perfekte Bedingungen herrschen zwischen Ostern und Mitte Juni: fast überall angenehm warmes Klima, kein Gedrängel an Stränden und Ruinenstätten, Busse und Schiffe fahren schon fast nach Sommerfahrplan, Quartiere sind verfügbar und erschwinglich. Frühjahr und Herbst eignen sich auch am besten zum Wandern und für andere Outdooraktivitäten.

Die ersten Touristen trudeln so um Ostern auf Kreta ein. Die Hochsaison geht etwa Mitte Juni los und dauert bis Ende August. Mancherorts sind die Unterkünfte im August komplett ausgebucht und viel teurer als sonst.

Im Juli und August kann das Thermometer auf 40 °C im Schatten klettern. Da macht es wenig Spaß, zwischen Ruinen herumzutrapsen oder

Das Klimadiagramm (S. 232) zeigt Niederschläge und Temperaturen im Jahresverlauf.

AN ALLES GEDACHT?

Solides Schuhwerk ist unerlässlich, um zwischen Ruinen herumzukraxeln und durch historische Städte und Dörfer zu bummeln, wo Stufen und Kopfsteinpflaster an der Tagesordnung sind.

Ein Tagesrucksack ist sinnvoll für Strandbesuche, Sightseeing und Wandertouren. Ein Kompass ist unentbehrlich, wenn man in einsameren Regionen wandern will, ebenso eine Trillerpfeife für den Fall, dass man sich verirrt. Eine Taschenlampe hilft nicht nur bei der Erkundung von Höhlen, sondern auch bei etwaigen Stromausfällen. Wer Waschbecken oder Badewanne (auf Kreta eine Seltenheit) befüllen will, sollte einen Universalstöpsel mitbringen, da Stöpsel hier rar sind.

Viele Campingplätze auf Kreta haben überdachte Bereiche, wo man im Sommer ohne Zelt nächtigen kann. Man kommt also notfalls mit einem leichten Schlafsack und einer Isomatte aus.

In den Sommermonaten braucht man nur leichte Kleidung – am besten aus Baumwolle. Im Frühjahr und Herbst (in den Bergen auch im Sommer) benötigt man für abends einen leichten Pulli oder eine Jacke.

Im Sommer geht nichts über einen breitkrempigen Sonnenhut und eine Sonnenbrille. Sonnenschutzmittel sind auf Kreta ziemlich teuer, Feuchtigkeits- und Waschlotionen auch.

durch die schöne Landschaft zu wandern. Entsprechend übervölkert sind die Strände. In dieser Zeit regnet es fast nie, und die Meerestemperatur pendelt sich auf mollige 25 °C ein.

Juli und August sind auch die Zeit des *meltemi*. Dieser kräftige Nordwind weht die griechische Küste hinunter durch die Ägäis und die Kykladen bis nach Kreta. Er entsteht durch Luftdruckunterschiede zwischen Nordafrika und dem Balkan. Der Wind lindert die Schwüle, kann aber auch die Schiffsfahrpläne mächtig durcheinander wirbeln. Von Mai bis August pustet der Schirokko manchmal Staub und Sand aus Afrika herüber. Dann wird es unangenehm stickig, aber zum Glück hält der Wind nicht mehr als 24 bis 72 Stunden an.

Im September läuft die Touristensaison allmählich aus. Dann herrschen bis Ende Oktober wieder ideale Bedingungen.

Von November bis April fällt der größte Teil der touristischen Infrastruktur in tiefsten Winterschlaf.

LONELY PLANET-INDEX

1 l Benzin 0,85 €

1 l Wasser 0,90 €

Dose Amstel-Bier 0,90 €

Souvenir-T-Shirt 15 €

Souvlaki 1,80 €

PREISE

Kreta ist für mitteleuropäische Verhältnisse billig, aber nicht mehr so spottbillig wie früher – vor allem in der Hochsaison (Juli und August). Die folgenden Budgets sind für Alleinreisende kalkuliert. Wer ein Doppelzimmer teilt, kommt billiger weg.

TOP FIVE

FESTE & EVENTS

Die Kreter nehmen das Feiern noch ernst und lassen keine Gelegenheit aus, sich zu einem Festschmaus in netter Gesellschaft mit Musik und Strömen von Raki zu versammeln. Außer Festen aus religiösem oder kulturellem Anlass gibt es z. B. auch Schnecken-, Kastanien- und Kartoffelfestivals. Kompletter Festkalender: s. S. 227.

- Fest des Agios Georgos (Hl. Georg), Asi-Gonia (23. April)
- Osterfestlichkeiten, Bergdörfer (März–April)
- Renaissancefestival, Rethymnon (Juli–Sept.)
- Sultaninenfestival, Sitia (Aug.)
- Kretische Hochzeiten, Anogia (jederzeit)

TOP-LESETIPPS

Kretas berühmtester Autor ist Nikos Kasantzakis, dessen Klassiker *Alexis Sorbas* tiefe Einblicke in die traditionelle griechische Männerseele gewährt. Auch sonst hat die Insel viele Erzählungen um Liebe, Krieg und andere Dramen inspiriert, und viele Auswärtige haben sich ihre Inselerlebnisse von der Seele geschrieben. Mehr Hintergrundinfos zur kretischen Literatur: s. S. 54.

- *Alexis Sorbas* von Nikos Kasantzakis (1955)
- *Freiheit oder Tod* von Nikos Kasantzakis (1954)
- *Wo Zeus das Licht der Welt erblickte* von Barry Unsworth (2005)
- *The Cretan Runner* von George Psychoundakis (1955)
- *Das Leben des Ismail Ferik Pascha* von Rhea Galanaki (2002)

STRÄNDE

Kreta hat diverse phantastische Strände. Die besten sind meist auch die abgelegensten, aber die folgenden sind zu Fuß noch ganz gut erreichbar.

- Balos, Halbinsel Gramvousa, Chania (S. 102)
- Agios Pavlos & Triopetra, Rethymnon (S. 151)
- Vai, Lassithi (S. 214)
- Elafonisi, Chania (s. 106)
- Falasarna, Chania (s. 101)

Als absolutes Mindestbudget sind 25 bis 30 € pro Tag anzusetzen. Das heißt: Trampen, Jugendherbergen oder Camping, Nightlife-Abstinenz, nur ausnahmsweise Restaurantbesuche und Schiffsfahrten.

Für ein einfaches Zimmer, Essen in lokalen Tavernen, abendliche Drinks und etwas Sightseeing muss man im Sommer mindestens 50 € pro Tag einkalkulieren. In der Nebensaison kommt man mit rund 25 % weniger aus. Für einen richtigen Urlaub – mit Komfortzimmern und Restaurantessen – braucht man an die 60 € pro Tag.

WAS KOSTET WIE VIEL?

Ein 20er Päckchen Zigaretten 2,70 €

Ein Eiskaffee 3 €

Ein griechischer Bauernsalat 3,50 €

Eine 10-minütige Taxifahrt 11 €

Eine Nacht im 3-Sterne-Hotel 75 €

REISELEKTÜRE

Reiseberichte und Bücher über Kreta gibt es in Hülle und Fülle.

Wo Zeus das Licht der Welt erblickte (2005) von Barry Unsworth ist ein gut geschriebener, moderner Reisebericht, der Vergangenheit und Gegenwart verknüpft. Der bekannte Schriftsteller verfasste ihn für National Geographic als Teil einer literarischen Reiseserie von prominenten Autoren.

Der Koloss von Maroussi (1956) von Henry Miller ist längst ein Klassiker. Miller erzählt mit fiebriger Begeisterung von seinen Griechenland- und Kretareisen kurz vor dem Zweiten Weltkrieg.

Weihrauch und Ziegenkäse. Synkretistische Geschichten (2001) von Ulrich Kadelbach verschmilzt Geschichte und Mythologie, kretischen Lebensalltag und persönliche Begegnungen mit Kretas Menschen zu einem nachdenklichen, aber auch liebevollen und amüsanten Porträt der Insel.

Kreter und Pleter (2001) von Ludwig Harig: Das humorvolle Tagebuch einer Kretareise macht mit tollen Fotos und anschaulichen Beschreibungen schon vor der Reise neugierig auf die Insel.

Kreta 1817. Ein historischer Reisebericht (2001) von dem Arzt und Naturforscher Franz Wilhelm Sieber führt den Leser schnurstracks ins Kreta der Osmanenzeit zurück.

Still Life in Crete (2001) von Anthony Cox schildert den Umzug eines englischen Frührentnerpaars von Kent nach Kreta auf humoristische und unkonventionelle Weise. Hier dreht sich vieles um Essen und Wein; darüber hinaus steckt das Buch voller ironischer Betrachtungen über den Alltag jenseits des trüben englischen Wetters.

Das auf Kreta weithin erhältliche *Winds of Crete* (1975) von David MacNeill Doren ist eine amüsante Schilderung des Insellebens aus der Sicht eines Amerikaners und seiner schwedischen Frau.

Across Crete (2001) von Richard Pokocke, Robert Pashley, Captain Spratt und Edward Lear, herausgegeben von Johan de Bakker, ist der erste Band einer dreiteiligen Reihe, die Reisende von Chania bis nach Iraklion führt – mit den Augen britischer Reisender des 18. und 19. Jhs. gesehen.

INFOS IM INTERNET

Lonely Planet (www.lonelyplanet.com) liefert Infos über Kreta, Travelnews, Updates zu unseren Reiseführern und Links zu anderen Informationsquellen für Traveller. Weitere hilfreiche Websites sind:

Explore Crete (www.explorecrete.com) Gute allgemeine Site für Kretareisende (auch deutsch).

GNTO (www.greektourism.com) Website der griechischen Tourismusorganisation mit eigener Kretaseite.

Greek Ferries (www.ferries.gr) Fahrpläne der griechischen Fähren.

InfoCrete (www.infocrete.com) Website mit rund 100 kretischen Tourismuslinks.

Interkriti (www.interkriti.gr) Links zu Hotels, Apartments, Läden und Restaurants und rege genutztes Messageboard/Forum.

KTEL (www.ktel.org) Strecken- und Fahrpläne der Busverbindungen auf der Insel.

Stigmes (www.stigmes.gr) Informatives Kretamagazin.

West Crete (www.west-crete.com) Jede Menge Infos über Westkreta (auch auf Deutsch).

Reiserouten

KLASSISCHE ROUTEN

Diese Route führt zu Kretas interessantesten Ausgrabungsstätten, abgelegenen Stränden und urigen Bergdörfern. Die Gesamtstrecke von ca. 480 km ist innerhalb von zwei Wochen nur mit eigenem fahrbaren Untersatz zu absolvieren.

BEST OF KRETA – DER OSTEN **12 bis 14 Tage/480 km**

Die Osthälfte der Insel hat die berühmtesten minoischen Ruinen und exklusivsten Hotelanlagen vorzuweisen. Startpunkt ist **Iraklion** (S. 160), dann folgen der unvermeidliche **Knossos**-Besuch (S. 171) und eine Erkundung der Weinberge rund um **Archanes** (S. 176). An der Nordküste entlang geht es zum **Palast von Malia** (S. 192), dann landeinwärts zur grandiosen **Lassithi-Hochebene** (S. 205) mit Zwischenstopp an der **Dikti-Höhle** (S. 206). Auf dem Weg nach Osten kann man dem Dorf **Kritsa** (S. 207) einen Besuch abstatten, bevor man das Touristenstädtchen **Agios Nikolaos** (S. 197) erreicht. Nun geht es nach Norden an den Nobelhotels von **Elounda** (S. 202) vorbei und mit dem Boot zur Inselfestung **Spinalonga** (S. 204). Auf der Weiterfahrt nach Osten lohnt ein Schlenker zu den Fischtavernen von **Mochlos** (S. 209). Das nette Städtchen **Sitia** (S. 210) kann man sich ruhig ansehen, ebenso **Moni Toplou** (S. 213), dann lockt der Palmenstrand **Vai** (S. 214).

Auf dem Weg nach Süden lässt sich ein Besuch des **Palasts von Zakros** (S. 216) mit einer Strandpause in **Kato Zakros** (S. 217) verbinden. Eine unbefestigte, aber befahrbare Straße führt weiter südwärts zum Strand von **Xerokambos** (S. 219). An der Südküste entlang kommt man nach **Ierapetra** (S. 219). Von hier führt der Weg landeinwärts über **Ano Viannos** (S. 188) zu den Ausgrabungsstätten **Gortys** (S. 179) und **Festos** (S. 181). Unterwegs bieten sich Abstecher zu den Südküstenstränden von **Kastri** und **Keratokambos** (S. 189) sowie **Lentas** (S. 188) an. Abkühlen kann man sich auch bei den Hippiehöhlen von **Matala** (S.184) oder im nahen **Kalamaki** (S. 187). Das tolle Volkskundemuseum in **Vori** (S. 183) ist einen Umweg wert. Dann geht es nach Norden nach **Zaros** (S. 178) und auf eine Wanderung durch die **Rouvas-Schlucht** (S. 178) und zurück nach Iraklion.

BEST OF KRETA – DER WESTEN

12 bis 14 Tage/500 km

Diese führt durch einige der tollsten Landschaften Kretas, zur unverschandelten Südküste, einzigartigen Dörfern und den beiden schönsten Städten der Insel. Von **Iraklion** (S. 160) geht es landeinwärts nach **Anogia** (S. 143) und zu den Dörfern und Höhlen in den Ausläufern des **Psiloritis** (S. 141), von wo man über den **E4-Trail** (S. 62) zum Gipfel aufsteigen kann. Dann schaut man im Töpferdorf **Margarites** (S. 142) und beim historischen **Moni Arkadi** (S. 141) vorbei und reserviert etwas Zeit für den venezianischen Hafen von **Rethymnon** (S. 131) mit Kastell aus dem 16. Jh. Auf dem Weg nach Süden ist der Brunnen von **Spili** (S. 146) für eine Kaffeepause gut, bevor man zum **Moni Preveli** (S. 149) und zum **Strand von Preveli** (S. 150) weiterfährt. Von dort geht es nach Osten zu den traumhaften Südküstenstränden von **Triopetra** (S. 151) und **Agios Pavlos** (S. 151) oder nach Westen zum Backpacker-Mekka **Plakias** (S. 147) und der Strandburg von **Frangokastello** (S. 111).

Weiter westlich kommt man durch die Kourtoulioti-Schlucht zum Hafenort **Chora Sfakion** (S. 110). Von hier kann man einen Schiffsausflug nach **Loutro** (S. 112) oder **Sougia** (S. 115) unternehmen oder über die steile Zickzackstraße nach Norden, Richtung Levka Ori, entlang der **Imbros-Schlucht** (S. 128) zum Bergdorf **Askifou** (S. 128) fahren. Mindestens einen Tag sollte man für Kretas attraktivste Stadt **Chania** (S. 83) einplanen.

Nördlich von ihr liegt die **Halbinsel Akrotiri** (S. 94) mit mehreren schönen Klöstern und dem berühmten Strand von **Stavros** (S. 95), wo *Alexis Sorbas* gedreht wurde. Von **Kolimbari** (S. 98), etwas weiter westlich, führt eine landschaftlich tolle Strecke südwestlich über **Elos** (S. 104) und die Dörfer der **Innahorion-Region** (S. 103) nach **Elafonisi** (S. 106) am Westende der Insel.

Zurück nach Chania kommt man über die Küstenstraße nach Norden mit Abstechern nach **Falasarna** (S. 101) und auf die **Halbinsel Gramvousa** (S. 102) mit dem Superstrand **Balos** (S. 102). Auf dem Rückweg nach Osten lohnen sich Zwischenstopps bei den Quellen von **Argyroupolis** (S. 139) südwestlich von Rethymnon und im netten Küstenort **Panormos** (S. 153) auf halbem Weg nach Iraklion.

Diese Route deckt eine ziemlich umfangreiche Wunschliste an Kreta-Highlights ab und führt über viele kurvige Bergsträßchen. Man sollte eine Menge Stopps und Ablenkungen einkalkulieren. Insgesamt eine Strecke von über 500 km.

MASSGESCHNEIDERTE TOUREN

AUF DEN SPUREN DER MINOER 6 bis 7 Tage/400 km

Die Minoer hatten einen sicheren Blick für gute Wohnlagen, und so ist dies nicht die schlechteste Methode, einige der schönsten Fleckchen der Insel zu sehen. Man sollte mindestens einen halben Tag im Museum von **Iraklion** (S. 160) einplanen, um den Reichtum ihrer Kultur richtig würdigen zu können. Ein frühzeitiger Aufbruch empfiehlt sich zum **Palast von Knossos** (S. 171), der von Arthur Evans rekonstruiert wurde. Ein kurzer Abstecher führt zum Heiligtum **Anemospilia** (S. 177) in der Nähe von **Archanes** (S. 176), wo man das ausgezeichnete kleine Museum von Archanes und die **Villa Vathypetro** (S. 177), wohl Herrenhaus eines minoischen Adeligen, besuchen kann. Nun geht es durchs Inselinnere oder an der Küste entlang nach Osten zum Palast von **Malia** (S. 191) und dann zur Ruinenstadt **Gournia** (S. 209), 19 km südöstlich von Agios Nikolaos. Weiter östlich biegt man von der Schnellstraße zum Küstendorf **Mochlos** (S. 209) ab, das einst mit der Insel 200 m vor der Küste verbunden war.

Dann fährt man weiter nach Osten bis **Palekastro** (S. 215), wo die Ausgräber hoffen, einen bedeutenden Palast freizulegen. Der küstennahe Palast von **Zakros** (S. 216) liegt ideal zum idyllischen Strand von Kato Zakros (S. 217), wo man gut ein paar Tage relaxen kann. Es ist ein hübsches Stück Fahrt zuerst über Land und dann an der Küste entlang zu den bedeutenden Ausgrabungsstätten **Festos** (S. 181) und **Agia Triada** (S. 183). Etwas weiter südlich an der Küste liegen **Kamilari** (S. 186) und **Kommos** (S. 184) mit nicht ganz so aufregenden Ruinen, dafür aber tollen Stränden.

SCHLUCHTEN- & KÜSTENWANDERUNGEN 3 bis 5 Tage/120 km

Die Route kombiniert zwei grandiose Schluchten, darunter die berühmte Samaria, mit einer Schiffstour zu einigen Traumstränden. Am besten geht das Ganze per Bus. Von **Chania** (S. 83) den ersten Bus nach **Omalos** (S. 107) nehmen, um die **Samaria-Schlucht** (S. 108) zu durchwandern. Ein früher Aufbruch garantiert, dass man rechtzeitig in **Agia Roumeli** (S. 113) ist, um sich im Meer abzukühlen und die 17-Uhr-Fähre nach **Sougia** (S. 115) zu erwischen. In diesem relaxten Strandort sollte man dann etwas Kraft tanken – für die 7 km lange Wanderung durch die **Agia-Irini-Schlucht** (S. 116) am nächsten Tag. Von Sougia kann man zum Eingang der Schlucht den Bus oder ein Taxi nehmen. Vom Ende der Schlucht ist Sougia zu Fuß zu erreichen. Am nächsten Tag geht es mit dem Schiff nach **Paleochora** (S. 117).

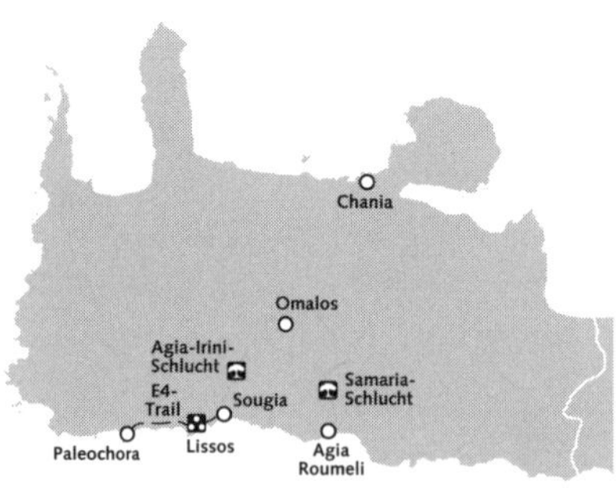

Wer sich superfit fühlt, kann auch von Sougia über den phänomenalen Küstenpfad nach Paleochora wandern. Er ist Teil des **E4-Trails** (S. 62) und führt an den Ruinen des antiken **Lissos** (S. 116) vorbei. In Paleochora noch einmal relaxen, bevor es mit dem Bus zurück nach Chania geht.

Die Autorin

VICTORIA KYRIAKOPOULOS

Victoria wurde im australischen Melbourne als Tochter griechischer Einwanderer geboren. Sie arbeitet als freiberufliche Journalistin für diverse australische und internationale Zeitungen und Zeitschriften; u.a. schreibt sie regelmäßig für die Zeitungen *Age* und *Sydney Morning Herald*. Vorher hatte sie bereits eine Kolumne in *Age*, war fest angestellte Journalistin bei der Wochenzeitung *Bulletin* und Reporterin des Melbourner *Herald*.

Victoria reiste 1998 zum ersten Mal nach Griechenland und ist dem Land seither hoffnungslos verfallen. Seit 2000 lebt und arbeitet sie in Athen, wo sie Redakteurin des Magazins *Odyssey* war, die erste Ausgabe von Lonely Planets *Athens Condensed* und *Best of Athens* verfasste und von den Olympischen Spielen 2004 berichtete. Nach mehreren beruflichen und privaten Kretareisen schlug sie sofort zu, als sich die Gelegenheit bot, die Insel für dieses Buch noch gründlicher auszukundschaften.

Mein Kreta

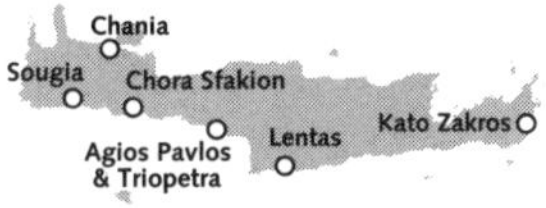

Chania (S. 80) ist mein liebster Startpunkt auf Kreta, weil in der bezaubernden Altstadt rund um den alten Hafen die phantastische und geheimnisumwitterte Geschichte der Insel immer noch präsent ist. Egal, in welche Richtung man durch die umwerfenden Berge und über die Küstenstraßen von Kreta fährt: Die atemberaubende Landschaft der Insel mit ihren dramatischen Schluchten und Hochebenen, endlosen Olivenhainen und Weinbergen und urigen Bergdörfchen macht einen einfach sprachlos. Noch besser wird es, wenn diese langen Fahrten zu fast naturbelassenen Südküstenstränden wie denen bei **Agios Pavlos** (S. 151) und **Triopetra** (S. 151), verschlafenen Strandorten wie **Sougia** (S. 115) und **Lentas** (S. 188) und Fleckchen abseits der ausgetretenen Pfade wie **Kato Zakros** (S. 217) führen. Beachhopping per Schiff von **Chora Sfakion** (S. 110) ist auch eine tolle Möglichkeit, die schönsten Strände der Südküste zu entdecken.

Ich liebe diese Vielfalt und die Kontraste und das Gefühl, plötzlich mittendrin zu sein in der Vergangenheit, wenn man anhält, um eine Ziegenherde über die Straße zu lassen, oder die jahrhundertealten Klöster besucht. Aber vor allem hat Kreta seine ganz eigene Lebensart, geniales und dabei gesundes **Essen** (S. 69) und – am allerwichtigsten – seine **Menschen** (S. 45).

LETZTE AUSGABE

Paul Hellander verfasste die letzte (2.) englische Ausgabe dieses Reiseführers.

Überblick

Seit Jahrzehnten präsentiert sich Kreta nicht so sehr als griechische Insel, sondern fast schon als ein unabhängiger Staat. Es hat seine eigene kulturelle Identität, eigene Traditionen und eine starke, auf den Tourismus und die Landwirtschaft gestützte Regionalwirtschaft.

Kreta ist ein eigenständiges Touristenziel. 15 % der internationalen Griechenlandtouristen passieren Iraklion. Aus vielen europäischen Ländern gibt es Direktflüge nach Chania und zu anderen kretischen Flughäfen. Der Tourismus macht zwei Drittel des Bruttosozialprodukts von Kreta aus, beschäftigt 40 % der Arbeitsbevölkerung der Insel und zusätzlich jede Menge Saisonkräfte vom griechischen Festland, aus der EU und Osteuropa, die in den Sommermonaten in den Hotels, Restaurants, Läden und Bars arbeiten.

KURZINFOS

Einwohner: 540 045

Anteil am griechischen BIP: 5,3 %

Arbeitslosenquote: 4 % (halb so viel wie im Landesdurchschnitt)

Touristen pro Jahr: 2 Mio.

Anteil der Pauschaltouristen: 80 %

Olivenbäume: 34 Mio.

Inflation: 3 %

Kreta ist in die vier Regierungsbezirke Iraklion, Rethymnon, Chania and Lassithi unterteilt. Jeder davon hat seinen unverwechselbaren Charakter und besondere wirtschaftliche Stärken. Die fruchtbare Lassithi-Region ist weniger auf den Tourismus angewiesen als das gebirgige Rethymnon, wo der Tourismus ganz klar im Vordergrund steht. Iraklion ist das wirtschaftliche Zentrum und besitzt die wichtigsten Ausgrabungsstätten. Chania hat mit der Samaria-Schlucht die berühmteste landschaftliche Attraktion der Insel und eine etwas andere touristische Zielgruppe: Hierher kommen mehr Individualreisende, Wanderer und Naturfreunde.

Der gesamtgriechische Tourismus erlebte 2004 einen alarmierenden Einbruch. Schuld waren wohl die eurobedingte Inflation und das Fernbleiben der Touristen aus Angst vor Preissteigerungen sowie (letztlich unbegründete) Sicherheitsbedenken im Vorfeld der Olympischen Spiele von Athen. Kreta war davon weniger stark betroffen als die anderen Inseln. Trotzdem muss Kretas Tourismussektor seine Strategie überdenken, da der Preiskampf mit der Türkei, Spanien und Marokko dem kretischen Pauschaltouristenmarkt ganz schön zusetzt.

Der Trend zum billigen All-inclusive-Urlaub wird mit Sorge registriert, da diese Extrempauschalos ihre Ferienanlagen kaum verlassen, um auch nur einen Cent in Tavernen oder Läden loszuwerden. Selbst auf Besichtigungstouren bekommen sie meist Picknickpakete mit. Generell werden die Unterbringungsstandards und das touristische Angebot zusehends besser. Die Branche bemüht sich, mehr Gegenwert für die Touristeneuros zu bieten. Von der früheren passiven Haltung nach dem Motto „Baut was hin, dann werden sie schon kommen" ist man inzwischen ab.

Viele Orte und Dörfer haben sich EU-Subventionsprogramme zu Nutze gemacht, um historische Gebäude zu restaurieren und ihre Traditionen, regionale Historie und Identität zu erhalten. Agrar- und Ökotourismus nehmen zu, ebenso Angebote für Touristen mit speziellen Interessen – z. B. Wellnessfreaks, Golfer oder Weinliebhaber. Außerdem experimentiert Kreta mit dem Wintertourismus, um seine kulturellen und landschaftlichen Aktivposten und sein mildes Klima optimal auszunutzen, und kultiviert weiterhin seinen gesunden Binnentourismus.

Die Landwirtschaft bleibt ein Antriebsmotor der Insel, die im Landesvergleich einen sehr hohen Anteil an Biobauern hat. Kreta hat viele Zuwanderer aufgenommen, die einen großen Teil der Arbeitskräfte in Landwirtschaft und Bauindustrie stellen. Kretas Bevölkerung verstädtert immer mehr. Viele Dörfchen veröden, weil die Jugend in die Städte oder nach

Athen abwandert. Dieser Entwicklung versucht man heute entgegenzusteuern.

Angesichts der EU-Erweiterung und des bevorstehenden Auslaufens vieler EU-Subventionsprogramme macht sich Sorge breit, ob Fördermittel zukünftig eher den Neumitgliedern zufließen.

Iraklion war eine von vier Olympiastädten, in denen Fußballvorrundenspiele für die Olympischen Spiele von Athen 2004 ausgetragen wurden. Das ist seiner Infrastruktur sehr zugute gekommen. Die Frage, ob sich das riesige Stadion langfristig trägt, bleibt aber ungeklärt. Wie das übrige ländliche Griechenland auch sind die Kreter beunruhigt über anziehende Preise und die mittelfristigen wirtschaftlichen Folgen der 7 Mia. Euro, die für die Olympischen Spiele von Athen draufgegangen sind, für den Rest des Landes.

Auf politischer Ebene schlug Kretas traditioneller Linksdrall auch bei den griechischen Parlamentswahlen 2004 wieder durch: Die konservative Nea Dimokratia, die die neue Regierung stellt, bekam auf Kreta deutlich weniger Stimmen als im Landesdurchschnitt. Die weltabgeschiedene Insel Gavdos südlich von Kreta – schon lange ein Magnet für Aussteiger und Andersdenkende – erlangte vor nicht allzu langer Zeit fragwürdigen Ruhm als Unterschlupf von Dimitris Koufodinas, einem Mitglied der Terrorgruppe 17. November.

Geschichte

Von uralten minoischen Palästen und römischen Städten bis zu spektakulären byzantinischen Kirchen, venezianischen Festungen und osmanischen Bauten – die Überbleibsel der langen und abenteuerlichen Vergangenheit Kretas sind überall zu sehen.

DIE STEINZEIT

Geschichte von Kreta (1997) von Theocharis E. Detorakis gibt einen vollständigen Überblick über die kretische Geschichte von der minoischen Zeit bis zur Schlacht um Kreta.

Die Insel war vielleicht schon seit dem Paläolithikum bewohnt. Die ältesten Spuren menschlicher Besiedlung stammen aber aus der so genannten vorkeramischen Zeit (6100–5700 v. Chr.) und wurden in Knossos gefunden. Über diese frühen Bewohner Kretas weiß man nicht viel – nur dass sie sich vom Jagen und Fischen ernährten und Ahnenkult betrieben.

Auch die Menschen, die Kreta im Neolithikum (5700–2800 v. Chr.) bewohnten, haben wenig hinterlassen. Die frühesten neolithischen Bewohner lebten in Höhlen oder primitiven Stein-, Lehm- und Holzbehausungen und verehrten Fruchtbarkeitsgöttinnen. Sie waren Jäger und Sammler, trieben aber auch Ackerbau, hielten Vieh und stellten einfache Keramik her.

Im späten Neolithikum entstanden Handelsverbindungen zwischen Kreta, den Kykladen, Ägypten und dem Vorderen Orient.

DIE MINOER

Von allen Kulturen auf Kreta haben die Minoer die Insel am längsten geprägt. Um 3000 v. Chr. brachten Einwanderer aus Nordafrika oder dem östlichen Mittelmeerraum die Kunst der Bronzeherstellung mit sich. Dieser technologische Quantensprung verschaffte der neu gegründeten minoischen Zivilisation die Chance, sich mehr als anderthalb Jahrtausende fast ungestört zu entwickeln.

Die Paläste, Schmuckstücke, Kunstwerke und Alltagsgegenstände, die wir heute auf Kreta und in den Museen der Insel sehen, spiegeln Glanz und Gloria der vielleicht friedlichsten Epoche in der überlieferten Geschichte Kretas. Man unterteilt diese Zeit in drei Phasen: die Vorpalastzeit, die Neue Palastzeit und die Nachpalastzeit. Die minoische Kultur wird ab S. 38 ausführlicher beschrieben.

Infos zu allem, was altertümlich und griechisch ist, unter www.ancientgreece.com.

DIE MYKENISCHE KULTUR

Die mykenische Kultur (1900–1100 v. Chr.) war die erste Hochkultur auf dem griechischen Festland. Ihren Gipfel erreichte sie zwischen 1500 und 1200 v. Chr.

Sie hat ihren Namen von der Stadt Mykene; man nennt sie aber auch die achäische Kultur – nach dem indoeuropäischen Einwandererstamm, der sich auf dem griechischen Festland niederließ und viele Aspekte der minoischen Kultur übernahm.

Bei den Minoern deutet das Fehlen von Stadtmauern auf ein relativ friedliches Zusammenleben unter irgendeiner Art von Zentralautorität hin. Die mykenische Kultur bestand dagegen aus unabhängigen Stadt-

ZEITSCHIENE

5700 v. Chr.
Neolithikum: Einwanderung von der Küste Kleinasiens und Besiedlung Kretas durch Höhlenbewohner

3400–2100 v. Chr.
Vorpalastzeit: Bau der ersten Paläste in Knossos, Festos, Malia und Zakros

staaten wie Korinth, Pylos, Tiryns und dem übermächtigen Mykene. Deren Könige residierten in ihren Palästen hinter mächtigen Mauern auf verteidigungstechnisch günstigen Anhöhen. Eindrucksvollste künstlerische Hinterlassenschaft der Mykener ist ihr prachtvoller Goldschmuck und -zierrat. Die schönsten Stücke sind im Archäologischen Nationalmuseum in Athen ausgestellt. Die Mykener schrieben Linear-B-Schrift (s. Kasten S. 40). Solche Schrifttafeln aus dem Palast von Knossos gehören zu den wichtigsten Zeugnissen der mykenischen Besetzung Kretas. Ihre Kolonialherrschaft über Kreta dauerte von 1400 bis 1100 v. Chr.

Knossos blieb vermutlich Hauptstadt von Kreta, doch die Inselherrscher waren jetzt den Festlandmykenern untertan. Die minoischen Kreter verließen die Insel entweder oder zogen sich ins Inselinnere zurück, während die Mykener neue Städte wie Lappa (Argyroupolis), Kydonia (Chania) und Polyrinia gründeten.

Die Wirtschaft der Insel blieb davon relativ unberührt. Der Export der lokalen Produkte lief weiter, aber die Kunst verfiel. Nur die Waffenherstellung florierte – passend zum neuen militaristischen Geist, den die Mykener nach Kreta brachten. An Stelle der Muttergöttin führten die Mykener neue griechische Götter wie Zeus, Hera und Athena ein.

Die Macht der Mykener reichte weit, wurde aber durch interne Fehden untergraben. So waren sie den kriegerischen Dorern nicht gewachsen, die ihre Städte um 1100 v. Chr. überrannten.

GEWUSST?

Die Sagengestalt Talos, ein Riese aus Bronze, gilt als der erste Roboter. Hephaistos gab ihn König Minos als Diener. Er hatte nur eine Ader vom Hals bis zum Fußknöchel, wo sie mit einem Bronzenagel verschlossen war.

DAS DORISCHE KRETA

Die Herkunft der Dorer bleibt ungewiss. Allgemein glaubt man, dass sie aus Epirus oder dem nördlichen Makedonien kamen. Einige Historiker meinen aber, sie seien zuvor von den Mykenern aus Doris in Mittelgriechenland vertrieben worden.

Die Dorer siedelten zunächst auf dem Peloponnes, schwärmten aber bald über weite Teile des Festlands aus, zerstörten die Stadtstaaten und versklavten ihre Einwohner. Gegen heftigen Widerstand eroberten sie um 1100 v. Chr. auch Kreta, dessen Bewohner teils nach Kleinasien flohen. Andere, die so genannten Eteokreter oder „echten" Kreter, verschanzten sich in den Bergen und bewahrten so ihre Kultur.

Durch die Dorer kam es zu einem traumatischen Bruch mit der Vergangenheit. Die nächsten 400 Jahre werden oft als Kretas „finsteres Mittelalter" bezeichnet, obwohl es unfair wäre, die Dorer völlig abzuwerten: Sie brachten das Eisen mit und entwickelten einen neuen Keramikstil mit auffallenden geometrischen Mustern. Sie verehrten männliche Götter statt der früheren Fruchtbarkeitsgöttinnen und übernahmen die mykenischen Götter Poseidon, Zeus und Apollon, womit sie den Weg für die spätere griechische Götterwelt ebneten.

Die Dorer organisierten Kretas politisches System neu und unterteilten die Gesellschaft in drei Klassen: freie Bürger, die Eigentum und politische Rechte hatten (dazu gehörten auch Bauern mit Grundbesitz), Händler und Seeleute und zuletzt die Sklaven. Das monarchische Herrschaftssystem wurde durch eine Art rudimentäre Demokratie abgelöst. Die freien Bürger wählten Regierungsausschüsse, die die Politik bestimmten. Ihnen stand ein Ältestenrat zur Seite, und sie mussten sich vor der Versammlung der freien Bürger verantworten.

2100–1580 v. Chr.

Neue Palastzeit: Zerstörung der alten minoischen Paläste durch Erdbeben; Bau neuer Paläste

1580–1200 v. Chr.

Nachpalastzeit: Mykener übernehmen Knossos; Zerstörung der minoischen Paläste

Das antike Kreta (2004) von Angelos Chaniotis ist eine gute Einführung in Geschichte und Kultur Kretas vom 3. Jahrtausend v. Chr. bis in die Spätantike – von den Minoern bis zu den Römern.

Um 800 v. Chr. waren die lokale Landwirtschaft und Viehhaltung so produktiv geworden, dass der Seehandel wieder auflebte. Rund um das Mittelmeer wurden neue griechische Kolonien gegründet. Diese koloniale Expansion kam gerade zur rechten Zeit für Kreta, das nun eine wichtige Handelsrolle übernahm.

Die Bewohner der verschiedenen Stadtstaaten wurden geeint durch die Entwicklung eines griechischen Alphabets, die Verse von Homer und die Einführung der Olympischen Spiele. Der Bau zentraler Heiligtümer wie Delphi vermittelte den Kretern erstmals ein griechisches Nationalbewusstsein.

Die meisten Stadtstaaten wurden nach einem einheitlichen Plan gebaut – mit einer befestigten Akropolis auf dem höchsten Punkt. Außerhalb der Akropolis lag die *agora* (Markt), ein geschäftiges Handelsviertel; dann kamen die Wohnviertel. Rethymnon, Polyrinia, Falasarna, Gortys, Festos und Lato wurden in diesem neuen, defensiven Stil erbaut.

Die *Gesetze von Gortys* aus dem 6. Jh. v. Chr., die man Ende des 19. Jhs. bei Ausgrabungen fand, geben Einblick in die Gesellschaftsordnung des dorischen Kreta. Die zwölf Steintafeln behandeln zivil- und strafrechtliche Fragen, wobei zwischen den freien Bürgern sowie den übrigen Bürgern und Sklaven ganz klar unterschieden wird.

DIE KLASSISCHE ZEIT

Während das übrige Griechenland vom 6. bis zum 4. Jh. v. Chr. sein goldenes Zeitalter erlebte, blieb Kreta tiefste Provinz. Durch die ständigen Fehden zwischen den großen Handelszentren und kleineren, alteingesessenen Gemeinwesen verarmte die Insel immer mehr. Obwohl sich Kreta weder an den Perserkriegen noch am Peloponnesischen Krieg beteiligte, waren viele Kreter aus wirtschaftlichen Gründen gezwungen, als Söldner bei fremden Armeen anzuheuern oder eine Piratenlaufbahn einzuschlagen.

Gleichzeitig zog Kreta als Geburtsort der griechischen Kultur die Aufmerksamkeit von Philosophen wie Plato und Aristoteles auf sich, die ausführlich über seine politischen Institutionen schrieben.

Das Jahrhundert vor der römischen Eroberung Kretas war von permanentem Aufruhr geprägt, während Knossos, Gortys, Lyttos und Kydonia (Chania) um die Vorherrschaft rangelten. Auch Ägypten, Rhodos und der mächtige Stadtstaat Sparta mischten sich in Kretas Streitigkeiten ein, und die Piraterie florierte prächtig. Unterdessen stieg Rom zur Großmacht auf.

DIE RÖMERHERRSCHAFT

Während Alexander der Große sich im Osten sein gewaltiges Reich zusammeneroberte, hatten die Römer ihres nach Westen ausgedehnt und begannen nun auch Griechenland anzugreifen. Kreta war für sie aus mehreren Gründen interessant, u. a. um das Piratenunwesen einzudämmen und Kontrolle über wichtige Seewege zu erlangen.

Die römische Präsenz auf Kreta reichte bis ins 3. Jh. v. Chr. zurück, aber erst der zweite Mithridatische Krieg (74–64 v. Chr.) verschaffte den Römern einen Vorwand zum militärischen Eingreifen. Unter dem Vorwand, gegen die Piraterie einzuschreiten, unternahm zunächst Marc

1100 v. Chr.
Dorer lösen die Mykener als Herrscher über Kreta ab

67 v. Chr.
Römische Herrschaft: Die Römer erobern Kreta und machen Gortys zur neuen Hauptstadt

Antonius, Vater des berühmten Marcus Antonius, einen erfolglosen Seefeldzug gegen Kreta. Die Kreter wollten verhandeln und schickten Gesandte nach Rom, wurden aber abgeschmettert. In Erwartung der römischen Invasion einte sich die Insel und trommelte eine 26000 Kopf starke Armee zusammen. Der römische Eroberungsfeldzug begann 69 v. Chr. unter dem römischen Konsul Metellus in der Nähe von Kydonia. Obwohl sich die Kreter tapfer zur Wehr setzten, konnten die Römer innerhalb von zwei Jahren die ganze Insel unterwerfen.

Kreta verlor unter den Römern an Macht und Einfluss, dafür brach mit dem Ende der dauernden inneren Kämpfe eine neue Ära des Friedens an. Die Kreter lehnten sich nicht ernsthaft gegen die Römerherrschaft auf. Allerdings wurde die Insel später in die Rivalität zwischen Antonius und Oktavian verwickelt: War Antonius an der Macht, bestrafte er die Städte, die Oktavian unterstützten, und umgekehrt.

Zu Beginn ihrer Herrschaft vergaben die Römer Teile von Kreta als Gunstbeweise an verschiedene Verbündete. 27 v. Chr. wurde Kreta mit Libyen zur römischen Provinz Cyrene vereint. Gortys wurde Hauptstadt und damit die mächtigste Stadt Kretas. Die Römer bauten ein Amphitheater, Tempel und öffentliche Bäder, und die Bevölkerung wuchs. Knossos wurde anscheinend aufgegeben, aber Kydonia (Chania) im Westen stieg zu einem bedeutenden Zentrum auf. Die römischen Städte wurden durch ein Netz von Straßen, Brücken und Aquädukten verbunden, deren Überreste heute noch zu sehen sind.

Unter den Römern fuhren die Kreter fort, Zeus in den Dikti- und Ida-Höhlen anzubeten, bezogen aber auch römische und ägyptische Gottheiten in ihre religiösen Rituale ein.

CHRISTENTUM & BYZANTINISCHES REICH

Durch Paulus' Stippvisite 63 n. Chr. kam das Christentum schon früh nach Kreta. Er überließ es seinem Schüler Titus, die Insel zu bekehren. Über die Frühzeit des kretischen Christentums weiß man wenig, aber spätestens im 3. Jh. begann die Christenverfolgung. Kretas erste Märtyrer waren die „Heiligen Zehn" (Agioi Deka), die 250 n. Chr. im Dorf des gleichen Namens hingerichtet wurden.

Doch nach und nach setzte sich das Christentum als neue Landesreligion durch. 324 verlegte der römische Kaiser Konstantin I. (der Große), ebenfalls Christ, die Reichshauptstadt von Rom nach Byzanz und taufte die Stadt in Konstantinopel um (heute Istanbul). Gegen Ende des 4. Jhs. wurde das Römische Reich offiziell in eine West- und eine Osthälfte unterteilt. Kreta wurde mit dem übrigen Griechenland dem Ostreich zugeschlagen. Während es mit dem alten Rom rapide bergab ging, wurde Ostrom immer reicher und mächtiger und überlebte sein westliches Gegenstück um viele Jahrhunderte. Das Byzantinische Reich endete erst 1453 mit der Eroberung Konstantinopels durch die Türken.

Kreta wurde eine selbstverwaltete Provinz des Byzantinischen Reichs. Administratives und religiöses Zentrum war Gortys. Die Seeräuberei flaute ab, der Handel blühte auf, und die Insel wurde reich genug, um jede Menge Kirchen zu bauen. Kretas Hang zur Ikonenverehrung löste 727 eine Revolte aus, als Kaiser Leon III. den Ikonenkult im Rahmen des „Bilderstreits" verbot. Der Aufstand wurde niedergeschlagen, und die

„Der kretische Aufstand wurde niedergeschlagen, und die byzantinischen Kaiser setzten eine Welle grausamer Vergeltungsaktionen in Gang."

395 n. Chr.
Spaltung des Römischen Reichs; Kreta gehört jetzt zu Byzanz (Oströmisches Reich)

960
Byzantiner erobern Kreta von den Arabern zurück

byzantinischen Kaiser setzten eine Welle grausamer Vergeltungsaktionen in Gang.

Im frühen 7. Jh. wurde Kreta von Slawen attackiert. Als ernsthaftere Bedrohung erwiesen sich jedoch ab Mitte des 7. Jhs. die Araber, die Kreta um 824 eroberten. Sie errichteten am Standort des heutigen Iraklion eine Festung namens Khandaq. In dieser horteten sie die Schätze, die sie durch Piraterie anhäuften: Kreta war ein idealer Stützpunkt für die Überfälle der arabischen Schiffe. So geriet die Insel in Verruf, ihre Wirtschaft verkümmerte, und das kulturelle Leben kam zum Erliegen.

Die Byzantiner konnten Kreta trotz seiner strategischen Bedeutung nicht helfen. Die Insel war von Konstantinopel weit entfernt, und sie hatten schon genug Probleme damit, wesentlich näher liegende Gebiete zu verteidigen. Erst 960 belagerte der byzantinische Feldherr Nikephoros Fokas die Festung Khandaq so verbissen, dass die Araber die Insel aufgaben.

Die Byzantiner machten sich postwendend daran, die kretische Küste zu befestigen und ihre Macht zu konsolidieren. Khandaq wurde neue Hauptstadt der Insel und Sitz des Erzbischofs von Kreta. Byzanz siedelte zwölf Adelsfamilien auf der Insel an, die später treibende Kräfte der Rebellion gegen die Venezianer wurden. Gegen Ende des 11. Jhs. hatte Kreta eine Klasse mächtiger Grundbesitzer.

DIE KREUZZÜGE

Interessanterweise waren es weder Ungläubige aus dem Osten noch Barbaren aus dem Norden, die den Untergang des Byzantinischen Reichs einleiteten, sondern Glaubensgenossen aus dem Westen: die fränkischen Kreuzritter.

Ihr erklärter Auftrag war es, das Heilige Land von den Moslems zu befreien. Doch neben religiöser Inbrunst trieb sie auch die pure Gier. 1204 plünderten die Teilnehmer des vierten Kreuzzugs Konstantinopel und ernannten Balduin von Flandern zum Herrscher des kurzlebigen Lateinischen Kaiserreichs. Derweil versprach der byzantinische Prinz Alexios dem Markgrafen Bonifatius von Montferrat die Insel Kreta, um seinen Thron zu retten. Nach der Eroberung Konstantinopels verkaufte Bonifatius Kreta an Venedig.

„Die kretischen Bauern wurden unter der venezianischen Herrschaft rücksichtslos ausgebeutet. Überhöhte Steuern machten ihnen das Leben noch schwerer."

DIE VENEZIANISCHE HERRSCHAFT

Obwohl Kreta ein wichtiger Stützpunkt zur Beherrschung des Mittelmeers war, brachten die Venezianer die Insel nur langsam unter ihre Kontrolle. Die Genuesen, ihre Rivalen um die Vorherrschaft zur See, machten ihnen die Insel streitig, doch Venedig setzte sich 1217 nach mehreren Feldzügen gegen sie durch. Trotz sporadischer Versuche Genuas, ihnen die Insel abzujagen, konnten die Venezianer sie bis 1669 halten.

Venedig kolonisierte Kreta mit Adels- und Militärfamilien, von denen sich viele in Iraklion (Candia) niederließen. Im ersten Jahrhundert der venezianischen Herrschaft kamen rund 10 000 Siedler nach Kreta, um seine fruchtbarsten Ländereien in Besitz zu nehmen. Die früheren kretischen Grundbesitzer arbeiteten als Leibeigene für ihre venezianischen Herren, die nicht nur das Land, sondern auch die politische Macht besaßen.

1204
Der byzantinische Prinz Alexios verkauft Kreta an Venedig

1363
Venezianische Zeit: Titus-Revolution gegen die venezianische Herrschaft

Die kretischen Bauern wurden unter der venezianischen Herrschaft rücksichtslos ausgebeutet. Überhöhte Steuern machten ihnen das Leben noch schwerer. Die Religionsausübung wurde eingeschränkt. Obwohl die Venezianer selbst nicht besonders religiös waren, sahen sie die Kirche als Symbol des Nationalbewusstseins. Die orthodoxe Kirche wurde demontiert und durch die katholische ersetzt. Trotz der unerbittlichen Verfolgung blieben die orthodoxen Klöster Brutstätten des Widerstands und erhielten das Streben nach nationaler Einheit am Leben.

Die Kreter rebellierten regelmäßig gegen die venezianische Herrschaft. Die Venezianer reagierten ebenso regelmäßig mit brutalen Vergeltungsaktionen. Doch letztlich zwangen die Aufstände Venedig zu Zugeständnissen. Bis zum 15. Jh. hatten Kreter und Venezianer einen wackeligen Kompromiss erreicht, unter dem Kultur und Wirtschaft der Insel wieder aufblühten.

DAS OSMANISCHE REICH

Doch bald sah sich Venedig mit einer viel größeren Bedrohung aus dem Osten konfrontiert. Die moslemischen Osmanen – Gefolgsleute Osmans I., der von 1289 bis 1326 regierte – waren zur beherrschenden Macht im türkischen Raum aufgestiegen. Sie dehnten ihr Herrschaftsgebiet rasch aus. Um die Mitte des 15. Jhs. nahmen sie Byzanz von allen Seiten in die Zange. Westeuropa war zu tief in seinen Hundertjährigen Krieg verstrickt, um ihm zu Hilfe zu kommen. 1453 fiel Konstantinopel an die Türken.

Nun blieb Kreta die letzte Bastion des Hellenismus. Byzantinische Gelehrte und Vordenker flohen aus dem untergehenden Reich nach Kreta, wo sie Schulen, Bibliotheken und Druckereien gründeten. Die gegenseitige Befruchtung der byzantinischen Tradition und der nach Kreta importierten italienischen Renaissance führte zu einer neuen kulturellen Blüte. Dichtung und Schauspiel florierten. Im 16. und 17. Jh. entstand eine „kretische Schule" der sakralen Malerei, die byzantinische und venezianische Elemente vereinte. Inmitten dieses künstlerischen Aufbruchs wurde 1541 der Maler Domenikos Theotokopoulos in Iraklion geboren. Er studierte in Italien und ging später nach Spanien, wo er als El Greco bekannt wurde.

> **„Byzantinische Gelehrte flohen aus dem untergehenden Reich nach Kreta, wo sie Schulen, Bibliotheken und Druckereien gründeten."**

Als Zypern 1570 an die Türken fiel, schien es, als ob Kreta als Nächstes an der Reihe sei. Doch die türkische Niederlage in der Schlacht von Lepanto 1571 bremste die osmanische Expansion nach Westen. Erst im frühen 17. Jh. waren die Osmanen wieder auf dem Vormarsch, während Venedig durch den Aufstieg der Seemächte Spanien, England und Holland unter starken wirtschaftlichen Druck geriet. Das ressourcenreiche und strategisch günstig gelegene Kreta war für die Osmanen äußerst attraktiv. Es war zwar gegen Piraten befestigt worden, doch Venedig vertrödelte es, die Verteidigung auf die zunehmende Bedrohung durch die Osmanen auszurichten.

Die Türken fanden einen Vorwand, die Insel anzugreifen, als Piraten 1644 ein türkisches Schiff vor der kretischen Küste überfielen. Im Frühsommer 1645 landete eine gewaltige türkische Armee bei Chania. Trotz heftiger Gegenwehr fiel die Festung innerhalb von zwei Monaten, womit die Türken eine erste Operationsbasis auf der Insel hatten. Nach-

1645
Chania und Rethymnon werden von den Türken erobert

1669
Iraklion (Candia) fällt an die Türken: Kreta komplett unter osmanischer Herrschaft

dem ihnen der Westteil Kretas sicher war, wandten sie sich Iraklion (Candia) zu.

Die Belagerung begann im Mai 1648, doch die mächtigen Mauern der Stadt hielten dem Feind 21 Jahre lang stand. Beide Seiten warfen all ihre Kräfte in dieses Ringen, bis Candia 1669 fiel. Nun war die ganze Insel mit Ausnahme von Spinalonga und Souda (das erst 1715 fiel) in türkischer Hand.

Das Leben war nicht leicht unter den Osmanen, obwohl sich die orthodoxe Kirche neu formieren konnte. Denen, die zum Islam übertraten, winkten enorme politische und wirtschaftliche Vorteile. Massenbekehrungen waren an der Tagesordnung: Teilweise wechselten komplette Dörfer ihren Glauben.

Wirtschaftlich ging es den Kretern anfänglich unter den Osmanen nicht besser als unter den Venezianern. Die Osmanen dachten sich die raffiniertesten Steuern aus, um der Insel noch das letzte bisschen Reichtum abzupressen. Die Wirtschaft sank aufs bloße Existenzminimum herab. Doch um den Beginn des 18. Jhs. herum belebte sich der Handel wieder, und der Lebensstandard stieg allmählich an. Kreta exportierte Getreide und baute mit seinem Überfluss an Olivenöl eine Seifenindustrie auf.

Dennoch gärte es im Land, und viele Kreter flohen in die Berge, von wo sie den Türken mit sporadischen Streifzügen und Überfällen zusetzten – ganz besonders in der Sfakia-Region. 1770 starteten 2000 Sfakioten unter ihrem Anführer Daskalojannis einen Großangriff auf die Türken in Westkreta.

Eigentlich hatte Russland Daskalojannis seine Unterstützung zugesagt, doch die Hilfe blieb aus und der Aufstand wurde brutal niedergeschlagen. Daskalojannis wurde auf dem Hauptplatz von Iraklion bei lebendigem Leib die Haut abgezogen.

„Unter der Parole, Vereinigung oder Tod' brachen in Westkreta neue Kämpfe aus."

DER BEFREIUNGSKRIEG

Die Sfakia war wieder einmal Keimzelle der Rebellion, als der griechische Befreiungskrieg 1821 auf Kreta übergriff. Die Sfakioten feuerten die ersten Schüsse des Freiheitskampfs ab, der sich bald auf die ganze Insel ausweitete. Leider krankte die kretische Revolution an schlechter Organisation und internen Scharmützeln. Die Türken schlugen prompt zurück und entfesselten eine Welle von Massakern – vor allem gegen die Geistlichkeit.

Da sie mit den Rebellen auf dem Peloponnes und dem griechischen Festland alle Hände voll zu tun hatten, mussten die Türken Mehmet Ali von Ägypten um Hilfe bitten, um mit den Kretern fertig zu werden. Die chronisch schlecht bewaffneten und undisziplinierten Kreter kämpften erbittert, unterlagen aber der türkisch-ägyptischen Überzahl.

Da auch das übrige Griechenland vom Krieg zerrissen war, blieb Kreta auf sich gestellt und die Revolutionsbewegung erstarb 1824. Die Kämpfe zogen sich zwar noch mehrere Jahre hin, und immer wieder kam es zu schrecklichen Massakern an der kretischen Zivilbevölkerung, doch es war nur eine Frage der Zeit, bis die Türken die Oberhand behielten. Als 1830 ein unabhängiger griechischer Staat errichtet wurde, ging Kreta an Ägypten.

1821 Der griechische Befreiungskrieg greift auf Kreta über

1830 Kreta fällt an Ägypten

Die ägyptische Herrschaft brachte zunächst Verbesserungen. Es gab eine Generalamnestie – unter der Bedingung, dass die Kreter die Waffen niederlegten. Moslems und Christen sollten gleich behandelt werden, es wurden Schulen eingerichtet, und die Obrigkeit begann die Infrastruktur der Insel wieder aufzubauen. Doch die Steuern blieben hoch, und bald brauten sich neue Proteste zusammen. Dann wurde Mehmet Ali in Syrien von den Türken geschlagen, und die Großmächte beschlossen 1840, Kreta an die Osmanen zurückzugeben.

Die Wiederherstellung der Osmanenherrschaft bescherte den Kretern neue Privilegien: Das Hatti-Humajun-Handschreiben sicherte ihnen größere religiöse Freiheit und das Recht auf Grundbesitz zu. Ein weiterer Erlass gewährte ihnen mehr Bürgerrechte, doch der Sultan verstieß mehrfach gegen die neuen Gesetze, und so brach ein neuer Aufstand aus. Nun wurde der Ruf nach *enosis* – Vereinigung mit dem freien Griechenland – laut. Während Russland den kretischen Forderungen geneigt war, wollten Großbritannien und Frankreich den Status quo erhalten und verweigerten jede militärische oder finanzielle Hilfe. Unter der Parole „Vereinigung oder Tod“ brachen in Westkreta neue Kämpfe aus. Wieder verbündeten sich die Türken mit den Ägyptern und gingen gegen die Zivilbevölkerung vor. 1866 suchten rund 900 Rebellen mit ihren Familien Zuflucht im Moni Arkadi. Als das Kloster von 2000 türkischen Soldaten angegriffen wurden, setzten die Kreter ein Pulverarsenal in Brand. Bei der Explosion starben die meisten Beteiligten – auch die Türken.

Richard Cloggs *Geschichte Griechenlands im 19. und 20. Jahrhundert* (1997) ist ein gut geschriebener Abriss der neueren Geschichte Griechenlands von den Anfängen der Nationalbewegung im späten 18. Jh. bis zum Jahr 2000 – mit einigen interessanten Illustrationen.

Die Tragödie von Arkadi lenkte die Aufmerksamkeit der Welt auf Kreta. Doch obwohl in ganz Europa zugunsten der Rebellen demonstriert wurde, versteiften sich Großbritannien und Frankreich auf ihre protürkische Haltung. Die Großmächte verboten Griechenland, den kretischen Rebellen zu helfen, und die Revolution verlief im Sande.

Die Kreter nahmen den russisch-türkischen Krieg von 1877 zum Anlass für einen weiteren Aufstand. Die griechische Regierung witterte die Möglichkeit einer türkischen Niederlage und beschloss, Kreta zu unterstützen. Die Rebellen eroberten wichtige Städte an der Nordküste, doch der Berliner Kongress von 1878 zur Beilegung des russisch-türkischen Kriegs lehnte eine Vereinigung Kretas mit Griechenland strikt ab. Die Türkei machte 1878 im *Pakt von Halepa* neue Zugeständnisse: Kreta wurde halb autonome Provinz, Griechisch wurde als Amtssprache anerkannt, und es gab eine Generalamnestie.

1889 führten erbitterte interne Machtkämpfe im kretischen Parlament zu einer neuerlichen Rebellion gegen die Türkenherrschaft. Daraufhin widerrief die Türkei den *Pakt von Halepa* und kehrte zur Politik der eisernen Hand zurück. Die Sfakia produzierte eine neue Leitfigur des Widerstands: Manousos Koundouros führte eine Geheimbruderschaft an, deren Ziel die Unabhängigkeit der Insel und letztlich die Vereinigung mit Griechenland war. Die Rebellen belagerten die türkische Garnison in Vamos. Die Türken reagierten mit rigoroser Vergeltung, bis die Großmächte schließlich eingriffen. Sie zwangen die Türken, einer neuen Verfassung für Kreta zuzustimmen.

Als es 1896 wieder zu Gewaltausbrüchen kam, schickte die griechische Regierung eine kleine Armee auf die Insel und erklärte die Vereinigung Kretas mit Griechenland. Die Großmächte lehnten die Idee ab und blo-

1840
Großmächte übergeben Kreta wieder an die Osmanen

1866
Aufstand gegen die Türken; Explosion im Kloster Arkadi

ckierten die Küste, damit weder Türken noch Griechen ihre Truppen verstärken konnten. Griechenland verwickelte sich in einen Krieg mit der Türkei und zog seine Truppen zurück. Die Großmächte ernannten Prinz Georg, Sohn des griechischen Königs Georg, zum Hochkommissar von Kreta.

1898 beaufsichtigte ein Trupp britischer Soldaten in Iraklion die Machtübergabe, als ein wütender türkischer Mob durch die Stadt stürmte und Hunderte christlicher Zivilisten, 17 britische Soldaten und den britischen Konsul ermordete. Die Briten verhafteten 17 türkische Unruhestifter, hängten sie auf und schickten ein ganzes Schiffsgeschwader in den Hafen von Iraklion. Die Türken wurden angewiesen, alle ihre Inselfestungen zu räumen. Das war des Ende der osmanischen Herrschaft über Kreta.

UNABHÄNGIGKEIT

Kreta wurde unter internationale Verwaltung gestellt. Doch die unstillbare Sehnsucht nach Vereinigung mit den kulturverwandten Griechen blieb. Eine neue Bewegung sammelte sich um Eleftherios Venizelos. Der bei Chania geborene charismatische Politiker war Prinz Georgs Justizminister und Mitglied der gesetzgebenden Versammlung Kretas. Da sich Prinz Georg einer Vereinigung hartnäckig verweigerte, berief Venizelos 1905 in Theriso eine revolutionäre Versammlung ein, die die griechische Flagge hisste und die Einheit mit Griechenland ausrief.

GEWUSST?

Kreta wurde nach den Minoern von acht verschiedenen Fremdmächten besetzt und regiert: Mykenern, Dorern, Römern, Venezianern, Byzantinern, Arabern, Osmanen und Deutschen.

Dann bildete Venizelos eine kretische Gegenregierung. Die Rebellion weitete sich aus, bis die Großmächte einsehen mussten, dass Prinz Georg keinerlei Rückhalt mehr auf der Insel hatte. Sie vermittelten eine Lösung und ließen König Georg von Griechenland einen neuen Gouverneur für Kreta ernennen. Damit war die Insel dem Anschluss wieder einem Schritt näher gerückt.

Die Bevölkerung agitierte weiter für die Vereinigung. 1908 proklamierte Kretas gesetzgebende Versammlung die Einheit mit Griechenland. Doch die griechische Regierung wollte den kretischen Abgeordneten keinen Sitz im griechischen Parlament geben. Selbst als Eleftherios Venizelos griechischer Ministerpräsident wurde, blieb Griechenland unwillig, die Türkei gegen sich aufzubringen. Auch die Großmächte waren eisern gegen den Plan. Erst als Griechenland, Serbien und Bulgarien dem Osmanischen Reich im ersten Balkankrieg um Makedonien den Krieg erklärten (1912), durften die Kreter ins griechischen Parlament einziehen. 1913 beendete der *Vertrag von Bukarest* den Krieg und erkannte Kreta offiziell als Teil des griechischen Staats an.

ERSTER WELTKRIEG & SMYRNA

Da König Konstantin mit der Schwester des deutschen Kaisers verheiratet war, versteifte er sich beim Ausbruch des Ersten Weltkriegs im August 1914 auf Griechenlands Neutralität. Im Verlauf des Kriegs bedrängten die Alliierten (Großbritannien, Frankreich und Russland) die Griechen immer stärker, sich mit ihnen gegen Deutschland und die Türkei zusammenzutun. Sie machten dafür unhaltbare Versprechungen – u. a. Land in Kleinasien. Venizelos war auf Seiten der Alliierten und lag mit dem König daher bald völlig über Kreuz. Die Spannung zwischen den beiden eskalierte 1916: Venizelos bildete eine Gegenregierung, zuerst auf Kreta, dann

1913
Ende der Türkenherrschaft; Kreta wird durch Prinz Georg von Griechenland regiert

1898
Kreta wird offiziell mit Griechenland vereinigt

in Thessaloniki. Auf Druck der Alliierten verließ Konstantin im Juni 1917 Griechenland. Er wurde von seinem diskussionsbereiteren zweiten Sohn Alexander abgelöst.

Die griechischen Truppen kämpften wacker an der Seite der Alliierten, doch als der Krieg 1918 endete, blieb das versprochene Land in Kleinasien aus. Venizelos nahm die Sache selbst in die Hand und ließ mit Zustimmung der Alliierten im Mai 1919 Truppen in Smyrna (dem heutigen Izmir) landen – angeblich zum Schutz der halben Million Griechen, die in der Stadt lebten. Nachdem er so in Kleinasien Fuß gefasst hatte, gedachte Venizelos das vom Krieg ausgelaugte Osmanische Reich zu attackieren. Im Oktober 1920 gab er seinen Truppen den Befehl zum Angriff. Bis zum September 1921 waren die Griechen bis nach Ankara vorgerückt.

Doch dann stoppten die türkischen Streitkräfte unter Mustafa Kemal (dem späteren Atatürk) den griechischen Vormarsch vor Ankara. Im folgenden Frühjahr schlugen sie die griechische Armee vernichtend. Die Griechen wurden aus Smyrna vertrieben und viele der griechischen Einwohner massakriert.

Auf die gescheiterte griechische Invasion und die türkische Revolution folgte im Juli 1923 der *Friede von Lausanne*. Dabei gingen Ostthrakien und die Inseln Imroz und Tenedos an die Türkei; die Italiener behielten die Dodekanes.

Außerdem sah der Vertrag einen Bevölkerungsaustausch zwischen Griechenland und der Türkei vor, um zukünftigen Zwist zu vermeiden. Fast 1,5 Mio. Griechen verließen die Türkei; fast 400 000 Türken kehrten Griechenland den Rücken. Alle 30 000 türkischen Bewohner Kretas wurden von der Insel beordert und mussten ihre Wohnungen den griechischen Flüchtlingen überlassen.

„Alle 30 000 türkischen Bewohner Kretas wurden von der Insel beordert."

DIE REPUBLIK 1924–35

Die Ankunft der Flüchtlinge fiel in eine selbst für griechische Verhältnisse beispiellose Phase politischer Instabilität und verschärfte diese noch. König Alexander war im Oktober 1920 gestorben. Daraufhin kehrte sein Vater Konstantin auf den Thron zurück. Er identifizierte sich so stark mit dem Krieg gegen die Türkei, dass er nach dem Verlust Smyrnas abdankte. Nachfolger wurde sein ältester Sohn Georg II. Dieser ließ sich jedoch von einer Gruppe Armeeoffiziere unterbuttern, die nach dem Krieg die Macht an sich riss. Im März 1924 wurde inmitten von Putschen und Gegenputschen die Republik ausgerufen.

Mit Venizelos' Rückkehr an die Macht 1928 kehrte auch eine gewisse Stabilität zurück. Er strebte Wirtschafts- und Bildungsreformen an, aber die Große Depression hemmte den politischen Fortschritt. Seine antiroyalistische Liberale Partei verlor zunehmend Boden an die monarchistische Volkspartei und unterlag ihr bei den Wahlen im März 1933. Die neue Regierung bereitete eine Wiederherstellung der Monarchie vor. Venizelos und seine Anhänger unternahmen dagegen im März 1935 einen erfolglosen Putschversuch.

Venizelos musste nach Paris ins Exil gehen, wo er ein Jahr später starb. Im November 1935 wurde König Georg II. durch eine manipulierte Volksabstimmung zurück auf den Thron gehievt. Er setzte den ultra-

1923
Friede von Lausanne: Die komplette türkische Bevölkerung von ca. 30 000 verlässt Kreta

1941
Schlacht um Kreta endet mit deutscher Besatzung

rechten General Ioannis Metaxas als Ministerpräsidenten ein. Neun Monate später schwang sich Metaxas mit Billigung des Königs zum Diktator auf – angeblich, um einen kommunistisch motivierten Putsch der Republikaner zu verhindern.

ZWEITER WELTKRIEG

Schatten ohne Mann. Die deutsche Besetzung Kretas 1941–1945 (2002) von Ulrich Kadelbach zeichnet ein sorgfältig recherchiertes und schonungsloses Bild dieses düsteren Kapitels der kretisch-deutschen Geschichte.

Metaxas hatte die größenwahnsinnige Vision, mit einer dritten griechischen Zivilisation an die glanzvolle antike und byzantinische Vergangenheit anzuknüpfen. Tatsächlich errichtete er eher eine griechische Version des Dritten Reichs. Gegner wurden verbannt oder eingesperrt, Gewerkschaften und die KKE (Kommounistiko Komma Ellados – Kommunistische Partei Griechenlands) verboten, die Presse zensiert, eine Geheimpolizei und eine Jugendbewegung im faschistischen Stil gegründet.

Am bekanntesten ist Metaxas dafür, dass er auf Mussolinis Forderung, den italienischen Truppen zu Beginn des Zweiten Weltkriegs die Durchquerung Griechenlands zu erlauben, mit *ohi* (nein) antwortete, um Griechenlands strikte Neutralität zu wahren. Die Italiener marschierten in Griechenland ein, wurden aber bis nach Albanien zurückgedrängt.

Eine Grundvoraussetzung für Hitlers Angriffspläne gegen die Sowjetunion war eine gesicherte Südflanke in der Balkanregion. Die Briten wussten das und wollten daher Truppen in Griechenland anlanden. Metaxas gab ihnen die gleiche Antwort wie den Italienern. Doch nach seinem plötzlichen Tod im Januar 1941 machte der König den zaghafteren Alexandros Koryzis zu seinem Nachfolger. Er gestattete den britischen Streitkräften, in Griechenland zu landen. Als dann deutsche Truppen durch Jugoslawien anrückten und am 6. April 1941 in Griechenland einmarschierten, beging er Selbstmord. Das Land wurde in Windeseile besetzt. Am 23. April richtete der griechische Regierungschef Emmanouil Tsouderos eine Exilregierung auf seiner Heimatinsel Kreta ein.

DIE SCHLACHT UM KRETA

Da alle verfügbaren griechischen und kretischen Truppen in Albanien gegen die Italiener kämpften, baten die Griechen Großbritannien, Kreta zu verteidigen. Churchill war dazu nur allzu gern bereit, um Deutschlands Vorstoß durch Südosteuropa zu stoppen. Britische, australische und neuseeländische Truppen strömten auf das letzte Stückchen freies Griechenland.

Doch die Voraussetzungen für die Verteidigung der Insel waren denkbar schlecht. Die militärischen Ressourcen der Alliierten waren schon durch ihr Engagement im Nahen Osten überstrapaziert. Kretas Verteidigungsanlagen ließen zu wünschen übrig, besonders die Luftabwehr. Es gab kaum Kampfflugzeuge, und die militärische Produktion litt darunter, dass das Kommando über die Insel im ersten Halbjahr 1941 sechsmal wechselte. Auch das Terrain war ein Problem. Die einzigen brauchbaren Häfen lagen an Kretas exponierter Nordküste. Die besser geschützten Häfen an der Südküste konnten für den Nachschub nicht genutzt werden, weil die Straßenverbindungen unzulänglich waren.

Hitler seinerseits war entschlossen, die Insel zu erobern und als Luftstützpunkt für Angriffe auf die britischen Streitkräfte im östlichen Mit-

1944
Die Deutschen ziehen sich aus Griechenland zurück

1946–49
Griechischer Bürgerkrieg

telmeerraum zu nutzen. In bemerkenswerter Verkennung der rebellischen Vergangenheit Kretas glaubte er sogar, die einheimische Bevölkerung würde die deutschen Truppen freudig begrüßen. Er hatte sich gründlich geirrt.

Nach einwöchigem Fliegerbombardement begann am 20. Mai die Luftlandeoperation. Tausende von Fallschirmspringern schwebten auf Chania, Rethymnon und Iraklion herab – Hauptziel war die Besetzung des Flugplatzes von Maleme, 17 km westlich von Chania.

Alte Männer, Frauen und Kinder griffen nach Flinten, uralten Schießprügeln, Sicheln und was immer ihnen in die Hände fiel, um ihre Heimat zu verteidigen. Die Verluste der Deutschen waren horrend, aber es gelang ihnen, den Flugplatz Maleme zu besetzen. Wahrscheinlich hätten die Alliierten ihn zurückerobern können, bevor die Deutschen Zeit hatten, ihn zu sichern, doch in dem allgemeinen Durcheinander und mangels Funkgeräten gelang es ihnen nicht, ihre Truppen um den lebenswichtigen Flugplatz zusammenzuziehen. Obwohl die Kämpfe noch bis zum 30. Mai andauerten, war die Schlacht eigentlich schon am Ende des ersten Tags verloren, nachdem Maleme in die Hände der Deutschen gefallen war.

Kreta. Der Mantel des Machaon (1999) von Wolfgang Soergel ist ein tiefsinniger Roman um die Erlebnisse eines deutschen Arztes während der Eroberung Kretas durch die Deutschen und seiner Gefangenschaft in einem kretischen Bergdorf.

Da Chania, Rethymnon und Iraklion von den Deutschen besetzt waren, mussten sich die alliierten Soldaten zum Südküstenhafen Chora Sfakion zurückziehen. Rund 12 000 Mann schlugen sich über die Ostflanke der Levka Ori (Weißen Berge) unter ständigen Attacken der Deutschen nach Süden durch.

Rund drei Viertel von ihnen wurden von Chora Sfakion per Schiff evakuiert. König Georg und Emmanouil Tsouderos wanderten durch die Samaria-Schlucht nach Agia Roumeli und gelangten von dort nach Ägypten.

DIE KRETISCHE WIDERSTANDSBEWEGUNG

Die Kreter versteckten den größten Teil der alliierten Soldaten, die nicht evakuiert worden waren, und halfen ihnen zu entkommen. Während der deutschen Besatzung koordinierten alliierte Undercoveragenten aus Nordafrika den Partisanenkrieg der kretischen Kämpfer, der so genannten *andartes*. Alliierte Soldaten und Kreter mussten ständig vor den Nazis auf der Hut sein, während sie in Höhlen lebten, sich in Klöstern versteckten, über die Berggipfel stiegen oder Schiffsfracht an der Südküste entluden.

Zu den kühnsten Taten der Widerstandskämpfer gehörte die Entführung von General Kreipe 1944. Sie schnappten sich den deutschen Kommandanten bei Iraklion, schafften ihn zur Südküste hinunter und brachten ihn per Schiff nach Ägypten.

Die deutschen Vergeltungsaktionen gegen die Zivilbevölkerung verliefen grausam, vor allem nach der Entführung von General Kreipe. Kretische Städte wurden bombardiert und die Bevölkerung ganzer Dörfer ausgelöscht: Männer, Frauen und Kinder wurden in Reihen aufgestellt und erschossen. Als die Deutschen schließlich 1945 kapitulierten, bestanden sie wohlweislich darauf, sich den Briten zu ergeben: Sie fürchteten, die Kreter würden sich für die brutale Behandlung rächen, die sie vier Jahre lang erlitten hatten.

1951
Griechenland tritt der NATO bei

1967
Obristen putschen und verhängen das Kriegsrecht über Griechenland

GEWUSST?

Zwei Ministerpräsidenten des unabhängigen Griechenlands waren Kreter: Eleftherios Venizelos (mehrere Amtszeiten zwischen 1910 und 1933) und Konstantinos Mitsotakis (1990–93).

DIE NACHKRIEGSZEIT

Nach dem Sieg über die Deutschen richteten die Alliierten ihre Aufmerksamkeit auf die politische Situation im Nachkriegsgriechenland. Während der Besatzung des griechischen Festlands hatten die griechischen Kommunisten im Widerstand eine Hauptrolle gespielt. Winston Churchill wollte den König zurückhaben. Er befürchtete eine kommunistische Machtergreifung, besonders nachdem sich zwei führende Widerstandsorganisationen zusammengetan und im Sommer 1944 eine Übergangsregierung gebildet hatten.

Die Kommunisten boykottierten die Wahlen im März 1946, die die Royalisten mit britischer Unterstützung gewannen. Wiederum brachte eine manipulierte Volksabstimmung Georg II. zurück auf den Thron. Daraufhin brach ein Bürgerkrieg aus, der bis 1949 andauerte.

Auf Kreta sah die Sache anders aus. Durch die enge Zusammenarbeit mit den britischen Soldaten hatten die Kreter starke probritische Gefühle entwickelt, die wenig Raum für kommunistische Unterwanderung ließen.

Außerdem sorgten die Briten dafür, dass die knappen Versorgungsgüter an nicht kommunistische Widerstandsorganisationen gingen. Das Blutvergießen und die Bitterkeit, die Griechenland in den 1950er-Jahren zum politischen und wirtschaftlichen Wrack degradierten, blieben Kreta weitgehend erspart.

1950 fanden Parlamentswahlen statt. Das Verhältniswahlrecht führte zu einer Reihe funktionsunfähiger Koalitionen. 1952 wurde das Mehrheitswahlrecht eingeführt, das die Kommunisten aus dem Rennen warf. Die nächste Wahl gewann die neu gegründete, rechte Ellinikos Synagermos (Griechische Sammlung).

DER OBRISTENPUTSCH

Griechenland trat 1951 der NATO bei und gestand 1953 den USA das Recht zu, autonome Stützpunkte zu unterhalten. Die USA gewährten ihrerseits großzügige Militär- und sonstige Hilfe, um die rechte Regierung zu stützen. Doch obwohl der Lebensstandard in den 1950er-Jahren während der achtjährigen Regierungszeit von Konstantinos Karamanlis, dem Führer der Rechtspartei ND (Neue Demokratie), deutlich anstieg, blieb Griechenland immer noch ein armes Land.

Die Abfolge rechtsgerichteter Regierungen wurde 1963 von der gemäßigten EK oder Enosi Kendrou (Union des Zentrums) unter Georgios Papandreou abgelöst. Doch seine Regierung sollte von kurzer Dauer sein: Am 21. April 1967 inszenierte eine Gruppe von Armeeoffizieren unter Führung von Georgios Papadopoulos und Stylianos Pattakos einen Staatsstreich und setzte eine Militärjunta mit Papadopoulos als Ministerpräsidenten ein.

Die Obristen verhängten das Kriegsrecht, schafften alle politischen Parteien ab, verboten die Gewerkschaften und inhaftierten, folterten und verbannten Tausende von Griechen, die sich ihnen widersetzten. Die Abneigung der Kreter gegen die Obristen wuchs, als diese gewaltige touristische Erschließungsprojekte auf der Insel durchboxten, die schwer nach Günstlingswirtschaft rochen.

Am 17. November 1967 walzten Panzer ein studentisches Sit-in am Athener Polytechnikum nieder, wobei 20 Studenten getötet und viele

1974
Wiederherstellung der Demokratie und Abschaffung der Monarchie

1981
Andreas Papandreous Partei PASOK stellt Griechenlands erste sozialistische Regierung

weitere verletzt wurden. (17. November wurde der Name einer berüchtigten, erst 2002 zerschlagenen Terroristengruppe.)

Verdächtigungen, dass die CIA bei dem Staatsstreich ihre Hand im Spiel hatte, bleiben Spekulation. Auf jeden Fall war von der US-Regierung kein Wort der Kritik an dem Putsch oder dem daraufhin errichteten Regime zu hören. Der Verdacht einer amerikanischen Verwicklung in den Putsch hat für Animositäten gesorgt, die bis heute nicht völlig verflogen sind.

Nach einem von der Junta unterstützten stümperhaften Versuch, Erzbischof Makarios, den Präsidenten von Zypern, zu stürzen, besetzten im Juli und August 1974 türkische Truppen Teile von Zypern. Die durch die türkische Invasion auf Zypern blamierte Militärjunta wurde noch im selben Monat aufgelöst.

NACH DEN OBRISTEN

Für den November 1974 wurden Wahlen angesetzt. Das Verbot der kommunistischen Parteien wurde aufgehoben. Andreas Papandreou (der Sohn von Georgios) gründete die PASOK (Panhellenische Sozialistische Bewegung). In einer Volksabstimmung votierten 69 % gegen die Wiederherstellung der Monarchie. Auf Kreta war die Mehrheit für ein republikanisches System sogar noch größer.

Karamanlis, der 1963 nach der Wahl von Georgios Papandreou ins Pariser Exil gegangen war, wurde von dort zurückgerufen, und die ND gewann die Wahl von 1974. Doch seine persönliche Beliebtheit, mit der es auf Kreta nie weit her gewesen war, schwand rapide. Zu seinen größten Leistungen, bevor er sich auf den eher repräsentativen Präsidentenposten zurückzog, gehörte die Einfädelung des griechischen Beitritts zur EWG (heute EU). Am 1. Januar 1981 wurde Griechenland zehntes Mitglied der EWG.

DIE SOZIALISTISCHEN 1980er-JAHRE

Andreas Papandreous PASOK gewann die Wahl im Oktober 1981 mit 48 % der Stimmen und stellte Griechenlands erste sozialistische Regierung. Die PASOK versprach die Beseitigung der amerikanischen Militärbasen und den Austritt aus der Nato.

Besonders populär ist und bleibt ihre außenpolitische Haltung auf Kreta, wo es immer wieder Proteste gegen die US-Marinebasis an der Bucht von Souda gibt. Die Kreter haben aufgrund ihrer von Fremdherrschaft geprägten Geschichte einen ausgeprägten Widerwillen gegen die Präsenz fremder Truppen.

Nach sieben Regierungsjahren waren diese Versprechen immer noch nicht eingelöst (auch wenn die US-Militärpräsenz vermindert worden war), die Arbeitslosenzahlen hoch und die Bilanz der Bildungs- und Sozialreformen bescheiden. Besser sah es bei den Frauenrechten aus: Das Mitgiftsystem wurde abgeschafft, die Abtreibung legalisiert, Ziviltrauung und Scheidung eingeführt.

„Das Mitgiftsystem wurde abgeschafft, die Abtreibung legalisiert, Ziviltrauung und Scheidung eingeführt."

1988 wurde die PASOK in einen Finanzskandal um die Bank von Kreta verwickelt. Im Juli 1989 machte sich eine ungewöhnliche Interessengemeinschaft von Konservativen und Kommunisten daran, den Skandal zu untersuchen. Sie beschloss sogleich, Papandreou und vier frühere Minis-

1990
Die Rechtspartei ND gelangt wieder an die Macht

1996
Mit dem Tod von Andreas Papandreou endet eine Ära der griechischen Politik

ter wegen der Veruntreuung von Geldern, der Anzapfung von Telefonen und illegaler Getreideverkäufe anzuklagen. Der Prozess gegen Papandreou endete im Januar 1992 mit Freispruch in allen Punkten.

DIE 1990er-JAHRE & DANACH

Die Parlamentswahl 1990 brachte die ND zurück an die Macht – mit einer Mehrheit von nur zwei Sitzen. Ministerpräsident wurde der Kreter Konstantinos Mitsotakis. Um die wirtschaftlichen Probleme des Landes anzugehen – hohe Inflation und hohe Staatsausgaben –, schlug die Regierung einen harten Sparkurs ein. Außerdem kündigte sie ein Privatisierungsprogramm für 780 öffentliche Unternehmen an und griff hart gegen die verbreitete Steuerhinterziehung durch. Mitsotakis' Reformen waren auf Kreta nicht populär, was aber seiner persönlichen Beliebtheit keinen Abbruch tat.

Ende 1992 wurden wieder Korruptionsvorwürfe gegen die Regierung laut (es hieß, Mitsotakis habe eine große, geheime Sammlung minoischer Kunst). Mitte 1993 wurde die Regierung mal wieder des Abhörens von Telefonen verdächtigt. Frühere Unterstützer von Mitsotakis begannen sich abzuseilen: Im Juni 1993 gründete Antonis Samaras, der frühere Außenminister der ND, die Partei des Politischen Frühlings und rief die ND-Mitglieder auf, sich ihm anzuschließen. Diesem Aufruf folgten so viele, dass die ND ihre Parlamentsmehrheit und damit die Regierungsfähigkeit verlor. Im Oktober 1993 gab es vorgezogene Neuwahlen, bei denen Andreas Papandreous PASOK siegte.

Anfang 1996 trat der 74-jährige Papandreou aus Gesundheitsgründen vom Vorsitz der PASOK zurück. Mit seinem Tod am 26. Juni ging eine Ära der griechischen Politik zu Ende.

Nach Papandreous Tod vollzog die PASOK einen drastischen Richtungswechsel. Die Partei wandte sich von seiner linkslastigen Politik ab und wählte den Wirtschaftsreformer Kostas Simitis zum Ministerpräsidenten. Der neue Regierungschef war ein scharfer Kritiker Papandreous und vor dessen Tod schon viermal von seinem Posten als Industrieminister gefeuert worden. Er setzte kurzfristig Neuwahlen an, die er nach intensivem Wahlkampf, gestützt auf sein „Saubermann"-Image, mit komfortabler Mehrheit gewann.

Der Zuschlag für die Olympischen Spiele 2004 war ein Riesencoup für Simitis und brachte eine Geldflut zur Verbesserung der Infrastruktur ins Land. Mit seinen Sparprogrammen, die das Land für die Vollmitgliedschaft in der Europäischen Währungsunion finanziell auf Vordermann bringen sollten, machte er sich dagegen in manchen Kreisen weniger beliebt. Doch trotz dauernder Proteste sicherten ihm seine Erfolge im April 2000 den Wählerauftrag für weitere vier Amtsjahre.

Griechenland trat im Januar 2002 der Europäischen Währungsunion bei und führte den Euro als Nationalwährung ein. Ungeachtet Simitis' wirtschaftlicher Erfolge, einer erfolgreichen EU-Präsidentschaft 2003 und Zyperns EU-Beitritt sah seine ausgebrannte PASOK-Regierung, der nach fast 20 Jahren an der Macht Mauschelei und Korruption vorgeworfen wurden, einer sicheren Niederlage bei den Wahlen 2004 entgegen. Simitis trat im Januar 2004 vom Parteivorsitz zurück und übergab die Zügel an seinen Außenminister Georgios Papandreou, Sohn von Andreas. Doch

Papandreou konnte trotz seines illustren Stammbaums und seiner persönlichen Popularität – besonders auf Kreta, nach wie vor eine PASOK-Hochburg – die niederschmetternde Wahlschlappe der PASOK im März 2004 nicht verhindern. Am 7. März 2004 übernahm der neue ND-Vorsitzende Kostas Karamanlis, ein Neffe des ehemaligen Minister- und späteren Staatspräsidenten, das Amt des Regierungschefs.

Athen überraschte alle Welt mit der erfolgreichen Ausrichtung der Olympischen Spiele 2004 – eine Riesenleistung für ein so kleines Land – und verwirklichte sein Ziel, der Welt Griechenlands modernes Gesicht vorzuführen.

2004

Athen richtet die Olympischen Spiele aus; Fußballvorrundenspiele in Iraklion

Die Minoer

DIE MINOISCHE GESCHICHTE

Die Bronzezeit begann um 3300 v. Chr., als indoeuropäische Zuwanderer Techniken zur Verarbeitung von Bronze (einer Legierung aus Kupfer und Zinn) in den Mittelmeerraum brachten. Dieses wichtige Ereignis führte zur Entstehung dreier großer Kulturen auf dem Gebiet des heutigen Griechenlands: der kykladischen, der minoischen und der mykenischen. Die minoische Kultur (nach König Minos benannt) war die erste Hochkultur Europas. Sie war von den beiden großen Hochkulturen des Nahen Ostens beeinflusst: Mesopotamien und Ägypten. Bei den Archäologen gibt es heute zwei Methoden zur zeitlichen Unterteilung der minoischen Kultur. Die modernere teilt diese Epoche in drei Phasen ein: Vorpalastzeit (3400–2100 v. Chr.), Neue Palastzeit (2100–1580 v. Chr.) und Nachpalastzeit (1580–1200 v. Chr.) Diese Perioden entsprechen grob der älteren Aufteilung in frühminoische, mittelminoische und spätminoische Zeit. Daher werden diese Begriffe hier synonym verwendet.

Die Romane von Mary Renault vermitteln die Atmosphäre des alten Kreta besonders schön: *Der König muss sterben* (1962) und *Der Stier aus dem Meer* (1983) sind packende Erzählungen aus der Minoerzeit.

Viele Aspekte des neolithischen Lebens änderten sich in der Vorpalastzeit kaum, aber die von Zypern importierte Bronze ermöglichte es den Minoern, bessere Schiffe zu bauen und so ihre Handelstätigkeit auszuweiten. Keramik und Goldschmiedekunst wurden verfeinert – ein Vorgeschmack auf die späteren Glanzleistungen der minoischen Kunst. Der Handel machte die Insel wohlhabend und legte so den Grundstein zur Entwicklung der beiden Hauptphasen der minoischen Geschichte.

MINOS: MENSCH ODER MYTHOS?

Ob es König Minos wirklich gegeben hat? Darüber kann man nur Vermutungen anstellen. Homer jedenfalls war von seiner Existenz überzeugt und schrieb: „Draußen in der tiefblauen See liegt ein reiches und wunderschönes Land namens Kreta, das dicht besiedelt ist und 90 Städte sein Eigen nennt … Eine der 90 Städte heißt Knossos, und dort herrschte neun Jahre lang König Minos und genoss die Freundschaft des mächtigen Zeus" (*Odyssee* XIX, 172–9). So oder so geht die Sage, Minos, der sagenhafte Herrscher von Kreta, sei der Sohn von Zeus und Europa gewesen und mit Hilfe von Poseidon an den kretischen Thron gekommen.

Von Knossos aus habe er sich die Macht über die ganze Ägäis gesichert, viele ihrer Inseln kolonisiert und das Meer von Piraten gesäubert. Er habe Pasiphae, die Tochter des Helios, geheiratet, die ihm eine Reihe von Kindern gebar, darunter Ariadne, Androgeos und Phaedra – und den berüchtigten Minotauros in Menschengestalt mit Stierkopf.

Auch wie lange König Minos nun tatsächlich regierte, ist strittig. Das Wort *enneaoros*, das Homer im griechischen Original der *Odyssee* benutzte, könnte „neun Jahre lang", aber auch „ab dem Alter von neun" bedeuten. Schmiedete sich Minos sein Reich in neun kurzen Jahren zusammen oder startete er seine lange Königskarriere schon im zarten Knabenalter? Davon mal abgesehen, scheint Einigkeit darüber zu herrschen, dass er schließlich auf Sizilien ein extrem unschönes Ende fand: Die Töchter des Königs Kokalos übergossen ihn im Bad mit kochendem Wasser.

Obwohl ihn die nachhomerische Mythologie als Tyrann abstempelte, wird Minos generell in rosigerem Licht gesehen: als gerechter und mächtiger Herrscher. Experten gehen heute davon aus, dass der Name Minos ein königlicher oder dynastischer Titel für die Priesterherrscher des bronzezeitlichen, sprich: minoischen Kreta war.

Vorpalastzeit

Ihren Höhepunkt erreichte die minoische Kultur in der Vorpalastzeit, die auch Alte Palastzeit oder Mittlere Periode genannt wird. Um 2000 v. Chr. wurden die großen Palastanlagen von Knossos, Festos, Malia und Zakros gebaut – eine radikale Abkehr vom Dorfleben des Neolithikums. Man

MINOISCHE AUSGRABUNGSSTÄTTEN AUF KRETA

Schon aus Homers Erwähnung der „90 Städte" des minoischen Kreta kann man schließen, dass eine Vielzahl minoischer Siedlungen auf der Insel verstreut liegt. Die meisten davon sind vollständig verschwunden oder noch nicht entdeckt, aber es gibt genug bekannte Stätten, um selbst Amateurarchäologen mindestens einen Monat lang zu beschäftigten. Hier einige der in diesem Buch erwähnten Ausgrabungsstätten:

Agia Triada (S. 183) Kleine minoische Stätte am Westrand der Messara-Hochebene im Süden von Zentralkreta. Vermutlich eine königliche Sommerresidenz; hier wurden eine Anzahl eindrucksvoller Beispiele der minoischen Kunst gefunden.

Anemospilia (S. 177) Das 1979 entdeckte Heiligtum Anemospilia (Höhlen des Windes) aus der mittelminoischen Periode war eine Sensation, weil es Hinweise auf Menschenopfer der Minoer lieferte.

Festos (S. 181) Diese zweitwichtigste minoische Stätte auf Kreta geht mindestens auf die Zeit um 4000 v. Chr. zurück, auch wenn der erste Palast hier erst um 2000 v. Chr. gebaut wurde. Die imposante Zitadelle war zur Minoerzeit Verwaltungszentrum der Messara-Hochebene. Im Vergleich zu Knossos fand man hier nur wenige Fresken; der Palast ist auch nicht rekonstruiert.

Gournia (S. 209) Eine wichtige spätminoische Stätte aus der Zeit von 1550 bis 1450 v. Chr. Zur blühenden Stadt Gournia gehörte auch ein kleiner Palast. Das nicht von einem König, sondern nur von einem „Oberherrn" regierte Gournia macht allerdings nicht so viel her wie Knossos oder Festos.

Kamares-Höhle (S. 142) In der Kamares-Höhle am Südhang des Psiloritis fand man die ersten Stücke der schönen Kamares-Keramik. Diese auf Töpferscheiben sehr exakt und sauber gefertigte Keramik florierte während der gesamten Vorpalastzeit.

Kamilari (S. 186) Gut erhaltene minoische Grabstätte von ca. 1900 v. Chr. mit 2 m hohen Steinwänden. Sie liegt 3 km vom Ort Kamilari entfernt am Westrand der Messara-Hochebene im Süden von Zentralkreta.

Knossos (S. 171) Diese bedeutendste minoische Stätte auf Kreta war seit neolithischer Zeit bewohnt, blieb aber von der Zeit ihrer zweiten Zerstörung um 1450 v. Chr. bis zum Beginn des 20. Jhs. unentdeckt.

Kommos (S. 184) Diese kleine archäologische Stätte war vielleicht einst Hafen für die wichtige Stadt Festos 12 km weiter östlich. Hier gibt es zahlreiche Baureste aus minoischer Zeit, und die Anlage der alten Stadt ist noch zu erkennen.

Malia (S. 191) Einer der vier größten Paläste Kretas. Er wurde ursprünglich um 1900 v. Chr. gebaut, dann um 1700 v. Chr. nach der Zerstörung durch ein Erdbeben wieder aufgebaut. Was wir heute sehen, sind die Überreste des zweiten Baus. Malia gehört zu den besterhaltenen minoischen Stätten.

Mochlos (S. 209) Mochlos, eine der weniger bekannten minoischen Stätten, geht auf die Vorpalastzeit zurück. Eher etwas für Profiarchäologen als zum „bloß mal Gucken": Die Ausgrabungsarbeiten laufen noch.

Palekastro (S. 215) Nach neueren geophysikalischen Vermessungen die zweitgrößte minoische Stadt. Palekastros Vergangenheit reicht bis ins Neolithikum zurück. In spätminoischer Zeit war dies ein großes städtisches Zentrum mit Kontakten nach Ägypten. Nach der Bronzezeit wurde es zum Diktaion, Heiligtum des diktäischen Zeus, der wichtigsten Gottheit des alten Kreta. Der bislang bedeutendste Fund war der Kouros von Palekastro.

Zakros (S. 216) Zakros im äußersten Osten von Kreta wurde als letzter der minoischen Paläste erst 1962 entdeckt. Die im Gegensatz zu anderen Palästen nie geplünderte Stätte entpuppte sich als wahre Fundgrube minoischer Schätze.

glaubt, dass Kreta in dieser Zeit von Lokalherrschern regiert wurde. Macht und Reichtum der Insel konzentrierten sich in Knossos. Die Gesellschaft war hierarchisch organisiert, und es gab eine große Bevölkerung von Sklaven.

Parallel zur Fortentwicklung der Architektur wurden gewaltige Fortschritte in der Töpferei gemacht. Die Kamares-Vasen zeugen von hoch entwickelter Keramiktechnik. Sie sind nach der Kamares-Höhle benannt, wo sie zuerst gefunden wurden. Diese Vasen wurden zum Tauschhandel und zum häuslichen und zeremoniellen Gebrauch produziert.

Außerdem entstand in dieser Zeit die erste kretische Schrift. Diese zunächst noch stark von Bildzeichen geprägte Schrift veränderte sich allmählich von der Darstellung natürlicher Objekte hin zu abstrakteren Zeichen, die den ägyptischen Hieroglyphen ähnelten.

Linear B: Die Entzifferung der mykenischen Schrift (1959) von John Chadwick bietet faszinierende Einblicke in den Prozess der Entzifferung der Linear-B-Schrift, die die Entstehung der griechischen Sprache weiter zurückdatierte, als man es je für möglich gehalten hatte.

Neue Palastzeit

Die mittelminoische Zeit endete mit der plötzlichen Zerstörung der Paläste von Knossos, Festos, Malia und Zakros um 1700 v. Chr. Über die Gründe ist man uneins. Die meisten Archäologen glauben, dass die Zerstörung durch einen Vulkanausbruch auf dem nahen Santorin mit nach-

DIE LINEAR-B-SCHRIFT

Die Entzifferung der Linear-B-Schrift durch den englischen Architekten und Hobbylinguisten Michael Ventris lieferte den ersten konkreten Beleg dafür, dass die schriftlich fixierte Geschichte der griechischen Sprache viel weiter zurückreichte, als Fachleute bisher geglaubt hatten. Sie zeigte, dass die Sprache, die sich hinter diesen rätselhaften Kritzeleien verbarg, eine archaische Form des Griechischen und 500 Jahre älter als das ionische Griechisch von Homer war.

Die Linear-B-Schrift war auf Tontafeln geschrieben, die bis zu ihrer Ausgrabung viele Jahrhunderte ungestört im kretischen Knossos lagen. Später fand man in Mykene, Tiryns und Pylos auf dem Peloponnes und in Theben im zentralgriechischen Böotien weitere derartige Schrifttafeln.

Die Schrifttafeln – wie man heute weiß, überwiegend Inventarlisten und Aufzeichnungen über Geschäftsvorgänge – umfassen rund 90 verschiedene Zeichen und stammen aus der Zeit vom 14. bis 13. Jh. v. Chr. Man kann ihnen wenig über das gesellschaftliche und politische Leben ihrer Zeit entnehmen; dafür geben sie einen kleinen Einblick in recht komplexe und gut organisierte kaufmännische Strukturen.

Für Sprachinteressierte: Die Schrift vermittelt kein genaues Bild der tatsächlich gesprochenen Sprache, da die Symbole hauptsächlich als Silbengruppen eingesetzt wurden, die eine Annäherung an die Lautwerte der zu Grunde liegenden Sprache darstellen. So entspricht die Silbenfolge „A-re-ka-sa-da-ra" dem Frauennamen Alexandra, die exakte Aussprache bleibt jedoch unbekannt. Die Sprache ist aber ohne Frage griechisch, womit das heutige Griechisch von den Sprachen der Welt nach dem Chinesischen die zweitlängste schriftlich belegte Geschichte hat. Die Sprache der früheren Linear-A-Schrift konnte bis heute nicht entziffert werden. Man glaubt, dass sie entweder anatolischer (proto-indoiranischer) oder semitischer Herkunft ist, aber das ist reine Spekulation.

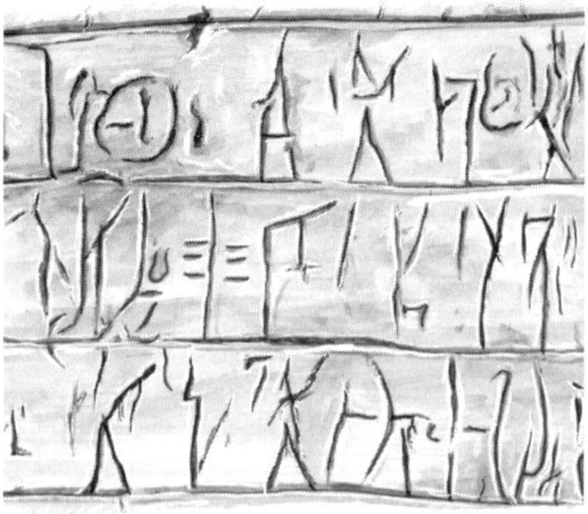

MARTIN HARRIS

SIR ARTHUR EVANS & KNOSSOS

Sir Arthur John Evans (1851–1941) war von 1884 bis 1908 Direktor des Ashmolean Museum in Oxford und wurde 1909 zum außerordentlichen Professor für prähistorische Archäologie ernannt. Sein Interesse an alten Münzen und den Schriftzeichen auf kretischen Steinsiegeln führte ihn 1894 das erste Mal auf die Insel. Der passionierte Amateurjournalist und Abenteurer hatte die Vermutung, dass die mykenische Kultur des Festlands ursprünglich von Kreta ausgegangen sei. 1900 kaufte er ein Stück Land in der Nähe von Iraklion und buddelte es ein Jahr lang um. Dabei stieß er auf die Ruinen eines vergessenen Palasts, der sich über ein Areal von 2,2 ha erstreckte. Evans taufte die Palastkultur „minoisch" – nach dem sagenhaften König Minos.

Er war von seiner Entdeckung so begeistert, dass er 35 Jahre und 250 000 £ darauf verwendete, den Palast auszugraben und teilweise zu rekonstruieren. Manche Archäologen haben an Evans' Rekonstruktionen kein gutes Haar gelassen. Sie meinen, er hätte die historische Genauigkeit seiner blühenden Phantasie geopfert. Doch den Besuchern helfen die umfangreichen Rekonstruktionen, sich vorzustellen, wie der Palast in seiner Glanzzeit aussah, was an anderen historischen Stätten Kretas nicht so einfach ist.

Evans beteuerte, er hätte Säulen und Stützen aus Stahlbeton errichten müssen, weil der Palast sonst eingestürzt wäre. Viele Archäologen halten die Stätte für unwiederbringlich geschädigt. Die meisten Normalverbraucher finden dagegen, dass Sir Arthur ganze Arbeit geleistet hat und Knossos ein phantastischer Ort ist.

Evans wühlte noch 25 Jahre weiter und entdeckte unter den Trümmern des bronzezeitlichen Minoerpalasts die Reste einer neolithischen Kultur. Außerdem fand er rund 300 Tontafeln mit Linear-A- und Linear-B-Schrift und verfasste als maßgebliche Schilderung seiner Arbeiten in Knossos das vierbändige Opus *The Palace of Minos*. Er erhielt für seine Arbeit viele Auszeichnungen und wurde 1911 geadelt.

folgendem schwerem Erdbeben ausgelöst wurde. Die Minoer bauten die Paläste in noch komplexerer Form wieder auf: mit mehreren Stockwerken, prachtvollen königlichen Wohngemächern, Empfangssälen, Lagerräumen, Werkstätten, Unterkünften für die Dienerschaft und fortschrittlicher Kanalisation. Der spätere Mythos vom kretischen Labyrinth geht wohl auf diese weitläufigen Palastanlagen zurück.

Die 1900 von Sir Arthur Evans eingeleiteten Ausgrabungen in Knossos förderten viele Überreste der Neuen Palastzeit zutage. Fresken in leuchtenden Farben (heute im Archäologischen Museum in Iraklion, S. 162) zeigen weißhäutige Frauen mit kunstvoll aufgetürmten, schwarz glänzenden Lockenfrisuren. Die stolzen, anmutigen und ungenierten Frauen hatten kurvenreiche Figuren und trugen schicke Gewänder, die ihre perfekt geformten Brüste frei ließen. Die bronzehäutigen Männer waren groß, mit Wespentaille, schmalen Hüften, breiten Schultern sowie muskelstrotzenden Oberschenkeln und -armen. Die Kinder waren schlank und geschmeidig.

Der minoische Staat entwickelte sich zu einer starken Thalassokratie oder Seemacht. Der Handel mit dem östlichen Mittelmeerraum boomte, unterstützt von minoischen Kolonien in der Ägäis und in Kleinasien. Griechischen Geschichtsschreibern zufolge herrschte König Minos über dieses mächtige Seehandelsreich und betrieb die Expansion der minoischen Unternehmungen.

Die Minoer hielten offenbar nicht viel von protzigen Tempeln oder religiösen Skulpturen. Die Historiker glauben, dass sich ihr spirituelles Leben um die Verehrung einer Muttergöttin drehte. Die oft mit Schlangen oder Löwen dargestellte Muttergöttin war die Hauptgottheit, die männlichen Götter offenbar untergeordnet. Das Doppelaxtsymbol auf Fresken und den Palastwänden von Knossos war ein heiliges Symbol der Minoer. Es hieß *labrys;* von ihm kommt das Wort „Labyrinth", das spätere Grie-

GEWUSST?

Nach König Minos' unappetitlichem Tod auf Sizilien errichteten die Kreter ihm dort ein Grabmal. Noch heute gibt es auf Sizilien eine Stadt namens Minoa und mehrere andere, ursprünglich von den Kretern erbaute Städte.

König Minos und sein Volk (2000) von Brinna Otto stellt das alte Kreta zur Zeit des sagenhaften Königs Minos auf kundige und differenzierte Weise dar.

chen mit Knossos assoziierten. Häufige religiöse Symbole in der minoischen Kunst waren auch der mythische Greif und Gestalten mit Menschenkörper und Tierkopf. Man geht davon aus, dass die Minoer die Toten verehrten und an irgendeine Form von Leben nach dem Tod glaubten.

Frauen genossen in der minoischen Gesellschaft offenbar einen hohen Grad an Freiheit und Unabhängigkeit. Konkrete Belege für eine matriarchalische Gesellschaft sind rar, aber die minoische Kunst zeigt Frauen als Teilnehmerinnen beim Spiel, bei der Jagd und bei allen öffentlichen und religiösen Festen. Erst nach den dorischen Invasionen wurden die Frauen in die Untergebenenrolle verbannt.

Nachpalastzeit

Um 1450 v. Chr. kam die minoische Kultur abrupt zum Erliegen. Die Gründe sind nicht restlos geklärt. Die Paläste (mit Ausnahme von Knossos) und viele kleinere Siedlungen wurden um diese Zeit durch ein katastrophales Ereignis in Schutt und Asche gelegt. Vielleicht kam es durch einen verheerenden Vulkanausbruch auf dem nahen Santorin um 1550 v. Chr. auch auf Kreta zu Zerstörungen durch Flutwellen und Ascheregen. Doch inzwischen sehen die Archäologen darin nicht mehr die Ursache für das jähe Ende der Neuen Palastzeit. Dieses wurde vermutlich durch ein zweites gewaltiges Erdbeben ein Jahrhundert danach verursacht. Andere Archäologen glauben, die Mykener, die den Seehandel der Minoer an sich reißen wollten, hätten die Paläste zerstört. Ob die Mykener nun Verursacher oder nur Nutznießer der Katastrophe waren, ihr Auftauchen auf der Insel fiel offenbar zeitlich mit der Vernichtung der Paläste und der über eineinhalb Jahrtausende alten minoischen Kultur zusammen.

GEWUSST?

Die Minoer waren lebenslustige Gesellen. Sie spielten Brettspiele, boxten und rangen, spielten Bockspringen – über Stiere und über einander – und vollführten akrobatische Kunststückchen. Die auf Fresken dargestellten minoischen Tänze waren in ganz Griechenland berühmt.

DIE MINOISCHE KUNST

Frühzeit

Über Kretas neolithische Höhlenbewohner weiß man nicht viel, aber sie stellten wohl schon primitive, unverzierte Keramik her. Die Töpferscheibe war noch nicht erfunden. Töpfe wurden einfach im Feuer gebacken, was zu einer ungleichmäßigen Färbung führte. Die ersten Figürchen hatten menschliche Form und waren meist aus Stein gearbeitet. Eine männliche Marmorfigur aus Knossos ist ein gutes Beispiel dieses frühen Stils, der an Techniken von den Kykladen erinnert. In der frühminoischen Zeit machte die Keramik Fortschritte. Dunkle Vasen wurden mit weißen Spiralmustern und Motiven aus geschwungenen Linien verziert. Es bildeten sich verschiedene Stilrichtungen heraus. Für die Pirgos-Keramik waren die Farben Schwarz, Grau und Braun typisch. Bei der späteren Vassiliki-

DER MINOISCHE HANDEL

Als die kretische Bevölkerung wuchs und geschäftige Handelszentren im Osten der Insel entstanden, hatten die Minoer eine ideale Ausgangsposition für den Handel mit ihren Nachbarn im östlichen Mittelmeerraum. Da der Wind meist von Norden wehte, folgte der Handel einer Art Rundkurs: vom Nildelta die Küste der Levante hinauf, nach Zypern hinüber und dann die Südküste von Kleinasien entlang bis nach Griechenland und darüber hinaus. Anfänglich exportierte Kreta seine Naturprodukte wie Olivenöl und Vieh und importierte Silber von den Kykladen, Gold aus der nördlichen Ägäis sowie Elfenbein und Zinn aus dem Vorderen Orient. Später fanden auch die minoische Keramik der Neuen Palastzeit sowie Textilien und Agrarprodukte reißenden Absatz auf den Kykladen, in Ägypten, Syrien und vielleicht auf Sizilien. Vor allem die Kamares-Keramik wurde nach Zypern, Ägypten und in die Levante exportiert.

MORD IM TEMPEL

Menschenopfer hätte man den friedfertigen Minoern eigentlich nicht zugetraut. Aber das, was man in Anemospilia, in der Nähe des Dorfs Archanes, 18 km südlich von Iraklion, entdeckte, lässt keinen anderen Schluss zu. Bei Ausgrabungen in einem schlichten Tempel mit drei Räumen fand man die Überreste eines gefesselten jungen Manns auf dem Altar. Zwischen den Knochen lag ein gewaltiger bronzener Opferdolch mit einer eingeritzten, keilerähnlichen Tierform. Zwei weitere Skelette in der Nähe – wohl die einer Priesterin und eines Gehilfen – deuten darauf hin, dass der Tod des Jungen Teil eines Opferritus war. Wahrscheinlich musste der Junge zu Beginn des Erdbebens von 1700 v. Chr. sein Leben lassen – ein verzweifelter Versuch, die Götter zu besänftigen.

Keramik (bei Ierapetra hergestellt) war der Dekor vielfarbig. Fein gearbeitete Schmuckstücke und Dolche aus Gold, Silber und Bronze ließen die zukünftige Entwicklung der minoischen Kunst erahnen.

Vorpalastzeit

Die Gründung der ersten minoischen Paläste auf Kreta um 2000 v. Chr. fällt in die Zeit der so genannten Kamares-Keramik aus den Werkstätten von Knossos und Festos. Sie wurde nach der Höhle getauft, in der man sie zuerst fand. Diese elegante, hervorragend gearbeitete Keramik gedieh während der ganzen mittelminoischen Periode. Seit der Erfindung der Töpferscheibe ließen sich Kelche, Schnabelkannen und *pithoi* (große minoische Vorratsbehälter) schnell herstellen. Außerdem waren die Formen jetzt präziser und sauberer. Die von Pflanzen und Meerestieren abgeleiteten stilisierten Dekormotive wurden mit abstrakten Mustern aus geschwungenen Linien kombiniert, meist in Weiß, Rot, Orange und Gelb auf schwarzen oder grauen Untergrund gemalt. Am eindruckvollsten ist die „Eierschalenkeramik“ mit extrem dünnen Wänden.

Die Website der British School in Athen – www.bsa.gla.ac.uk – bietet einen virtuellen Rundgang durch Knossos an.

Auch andere Zweige des Kunsthandwerks erreichten in dieser Zeit ein sehr hohes Niveau. Aus Halbedelsteinen und Ton wurden Siegel gearbeitet, Meisterwerke im Miniaturformat, teils mit Hieroglyphenzeichen. Der exquisite Bienenanhänger aus Malia demonstriert die außerordentliche Feinheit und den Fantasiereichtum der Schmuckkunst.

Neue Palastzeit

Zwischen 1700 und 1450 v. Chr. erlebte die minoische Kultur ihr goldenes Zeitalter. Wahrscheinlich wurden auch vor 1700 v. Chr. schon Fresken gemalt, doch die Katastrophe, in der die minoischen Paläste damals untergingen, hat alle Spuren davon ausgelöscht. Der Palast von Knossos erwies sich als reichste Fundgrube für Fresken aus der Neuen Palastzeit. Auch von diesen blieben nur Fragmente, die aber sorgfältig restauriert wurden. Die verwendeten Pflanzen- und Mineralfarben sind relativ frisch geblieben. Die Themen spiegeln die ganze Bandbreite des minoischen Erlebens und beeinflussten auch Wandmalereien auf dem griechischen Festland. Landschaften voller Tiere und Vögel, eine Meereswelt, die von Fischen und Kraken wimmelt, Festmähler, Spiele und Rituale sind lebendig und naturgetreu wiedergegeben. Die öfter dargestellten Greife hatten vielleicht schützende Funktion. Die minoischen Freskenmaler folgten in vielen Punkten den ägyptischen Konventionen – z. B. indem sie Männer mit bronzefarbener und Frauen mit weißer Haut malten –, doch ihre Figuren sind längst nicht so steif wie die der meisten ägyptischen Wandmalereien.

GEWUSST?

Es gibt auf Kreta minoische Paläste, die noch nicht freigelegt sind. Archäologen vermuten in Palekastro im Osten von Kreta den zweitgrößten Palast nach Knossos. Die Stätte wird von der British School of Archaeology nach und nach ausgegraben.

Auch die Töpferei entwickelte sich in der Neuen Palastzeit glänzend. In den frühen Jahren gab es einen Meeres- und einen floralen Stil, deren

Dekor an die Fresken der Ära erinnert. Manche Keramikarbeiten zeigten Kraken, Delphine und Fische, andere Blumen, Blätter und Äste – zusammen mit religiösen Symbolen. Im Gegensatz zur früheren Keramik wurden jetzt häufig Motive in dunkleren Farben, wie Braun oder Rostrot, auf einen helleren Untergrund aufgemalt. Nach 1500 v. Chr. hatten die Vasen drei Griffe und waren oft wie Tierköpfe geformt. Das steinerne *rhyton* (Trinkgefäß) in Form eines Stierkopfs ist ein besonders schönes Beispiel aus dieser Zeit.

Auch die Siegelschneidekunst entwickelte sich in den Palastwerkstätten weiter fort. Ziegen, Löwen und Greife wurden in minutiöser Detailarbeit in harten Stein geschnitten, meist in Mandelform. Außerdem schufen die minoischen Bildhauer kunstvolle Votivfiguren aus Fayence (Tonware mit Quarzglasur), Gold, Elfenbein, Bronze und Stein. Die Schlangengöttin aus Fayence gehört zu den herausragendsten Beispielen.

Nachpalastzeit

Auf die Katastrophe, die um 1450 v. Chr. die minoischen Paläste zum zweiten Mal zerstörte, folgte der Niedergang der minoischen Kultur. Die lebhaften Meeresszenen der Keramik früherer Jahrhunderte wurden nun stumpf und steif. Ob durch den Niedergang des Handelsverkehrs mit Ägypten oder die Zerstörung der Palastwerkstätten: Den späteren Fresken fehlte es an Saft und Kraft. Statt Schmuck und Siegelsteinen wurden unter dem Einfluss der kampfesfreudigen Mykener jetzt vor allem Waffen hergestellt.

Kultur

REGIONALE IDENTITÄT

Die Bewohner Kretas mit ihrer höchst eigenen Musik, Küche und Tradition bezeichnen sich zuerst einmal als Kreter und erst in zweiter Linie als Griechen. Selbst in den einzelnen Gegenden der Insel fühlen sich die Menschen stark ihrem jeweiligen Herkunftsort verbunden.

Die Kreter sind stolz, patriotisch und ihrer Kultur nach wie vor eng verbunden, was besonders außerhalb der großen Touristenzentren deutlich wird. In ländlichen Regionen sprechen viele Kreter immer noch ihren lokalen Dialekt mit deutlichem Akzent und führen ein Leben im traditionellen Stil.

Jahrhundertelange Kämpfe mit fremden Besatzern haben der Insel einen hartnäckigen Drang zur Unabhängigkeit eingeimpft, der sie schon mal mit Athen in Konflikt bringt. Staatliche Gesetze, die sich nicht mit lokalen Gepflogenheiten vertragen, werden gern ignoriert. So hat Griechenland z. B. strenge Waffengesetze, doch fast jeder kretische Haushalt beherbergt mindestens eine illegale Schusswaffe, viele schon eher ein kleines Arsenal.

Andererseits sind die Kreter zu Recht für ihre Gastfreundschaft berühmt. Selbst Fremde werden wie hoch geschätzte Gäste behandelt. Natürlich können die Kreter Millionen Touristen im Jahr nicht mehr umsonst aufnehmen und beköstigen. Wer aber Bergdörfer abseits der ausgetrampelten Pfade besucht, wird nicht selten von Einheimischen auf einen Kaffee oder sogar zum Essen ins eigene Haus eingeladen. In Cafés und Tavernen ist es durchaus üblich, einer Gruppe von Freunden oder auch Fremden eine Runde Getränke auszugeben (Achtung: Es gehört sich nicht, sich umgehend zu revanchieren – das macht man dann ein anderes Mal).

Die kretische Gesellschaft ist stark von der griechisch-orthodoxen Kirche und ihren Ritualen geprägt. Das Kalenderjahr dreht sich um die religiösen Feste (s. Liste S. 227). Die Familienbande und das Gefühl für die Familienehre sind immer noch stark, auch wenn die Zeiten der berüchtigten Blutrachefehden (fast) vorbei sind.

Kretische Hochzeiten und Taufen sind heute noch gigantische Feste. Dabei mit Pistolen in die Luft zu ballern, gilt zwar zunehmend als politisch unkorrekt (und gefährlich, da schon mal Gäste versehentlich erschossen werden), ist aber in einigen Gegenden noch üblich. Man erkennt sie an den von Kugeln durchsiebten Straßenschildern.

Die Jobchancen in der Tourismusindustrie haben viele jüngere Kreter davon abgehalten, der Insel den Rücken zu kehren. Viele sind aber in die größeren Orte und Städte gezogen, sodass die Gesellschaft immer mehr verstädtert. Selbst wer nach Athen oder Übersee abwandert (die Abwanderung ist viel geringer als in anderen griechischen Regionen), bewahrt eine starke Bindung an Kultur und Familie und kommt regelmäßig auf Heimatbesuch.

Zwischen den Regierungsbezirken herrscht scharfe Konkurrenz. Chania, bis 1971 Hauptstadt der Insel, versteht sich als historisches Herz der Insel, während Rethymnon sich als ihr kulturelles Zentrum betrachtet.

Politisch bewegt sich Kreta eher links der Mitte. Die sozialistische PASOK-Partei hat hier in lokalen und nationalen Wahlen meist die Nase vorn – vor der konservativen Partei der Neuen Demokratie. Rechts- und Linksextremisten finden dagegen kaum Anhänger.

GEWUSST?

Persönliche Fragen gelten in Griechenland nicht als zudringlich. Man darf sich also nicht wundern, wenn man nach Alter, Einkommen, Familienstand usw. gelöchert und aufrichtig bedauert wird, sofern man über 25 und noch unverheiratet ist.

Wie im übrigen Griechenland gibt es auf Kreta einen unterschwelligen Antiamerikanismus. Er äußert sich nicht nur in Protesten gegen die US-Militärbasis bei Souda, sondern auch in Kleinigkeiten wie der Weigerung mancher Tavernen, Coca-Cola auszuschenken.

LEBENSART

Der kretische Lebensstil hat sich in den letzten 20 Jahren drastisch verändert. Ins Auge sticht vor allem, dass die Kreter deutlich reicher geworden sind. Der Lebensstandard ist enorm gestiegen, und in den größeren Orten gibt es immer mehr schicke Restaurants, Bars und Clubs.

GEWUSST?

Griechenland hat die höchste Raucherquote in der EU. Griechische Raucher rauchen immer und überall. In öffentlichen Bereichen konnten zwar einige Rauchverbote durchgesetzt werden, aber Nichtraucherbereiche in Restaurants haben Seltenheitswert.

Die Kreter sind stolz auf ihr Talent, das Leben zu genießen. Man sieht sie in Schale geworfen zur abendlichen *volta* (Bummel) strömen, endlose Tassen Kaffee trinken, auswärts speisen und die vielen Nachtclubs besuchen.

Wie die übrigen Griechen haben die Kreter seit Einführung des Euro einen Anstieg der Lebenshaltungskosten hinnehmen müssen. Essen gehen ist um einiges teurer geworden, obwohl es auf Kreta immer noch viele Tavernen mit zivilen Preisen gibt, vor allem in den Dörfern.

Die alljährliche Touristeninvasion bewältigen die Kreter, indem sie sich in einem anderen Raum-Zeit-Kontinuum bewegen als ihre Gäste. Man bekommt von ihnen oft zu hören, dass bestimmte Orte „nur was für Touristen" seien.

Viele leben von April bis Oktober im Trubel der Touristenorte an der Küste – wo sie Läden, Pensionen oder Tavernen betreiben – und kehren dann zur herbstlichen Oliven- und Traubenernte zu ihrem traditionellen Leben in den Bergen zurück. Die Touristen speisen frühabends in den Restaurants am Hafen oder Strand; die Kreter fahren zu ihren Dorftavernen hinaus, wo das Abendessen oft erst um 23 Uhr beginnt. Viele davon tischen Fleisch und Gemüse aus eigener Produktion auf, was Kosten spart und der Qualität gut tut. Viele Tanzclubs legen am früheren Abend westliche Musik auf und schwenken erst gegen 3 Uhr morgens, wenn die Einheimischen einlaufen, auf kretischen oder griechischen Sound um.

Geliebtes Kreta. Traum und Wirklichkeit (2005) von Elena Galini präsentiert uns ein Kreta, das weit über die schönen Urlaubsträume hinausgeht – mit all seinen Widersprüchen und seiner Zerrissenheit zwischen Geschichte und Neuzeit, Tradition und „Fortschritt".

Die Kluft zwischen den Generationen ist ebenso prägend für das moderne Kreta wie die Kluft zwischen Stadt und Land. Auf dem Land führen viele noch ein traditionelles Leben: Schafhirten treiben ihre Herden durch die Berge, und die Männer sitzen nach der Siesta in den *kafenia* (Kaffeehäusern) zusammen. Die Bergdörfer sind die Bollwerke der Tradition; hier gehen viele ältere Frauen und die meisten Männer nach wie vor in Schwarz. Bei ländlichen Hochzeiten und Festen werfen sich selbst jüngere Männer in schwarze Stiefel, Hemden und Pluderhosen, in deren Gürtel die Pistole steckt, die zu fortgeschrittener Stunde in die Luft abgefeuert wird.

Nach wie vor ernähren viele Kreter sich – und ihre Familien in den Städten – von der Landwirtschaft, doch wird heute weniger für den Eigenbedarf und mehr für den kommerziellen Absatz produziert. Hier und da bekommt man noch einen Esel zu Gesicht, aber die meisten sind längst durch Pick-ups ersetzt. Auch die Kreter überlassen so manche unbequeme Arbeit inzwischen gern Gastarbeitern. Angestellte im öffentlichen Dienst und andere Arbeitnehmer bekommen aber während der Olivenernte oft frei, um ihren Familien zu helfen.

Die Griechen legen großen Wert auf Bildung. Das kostenlose staatliche Bildungsangebot wird oft durch Privatunterricht *(frontistiria)* in Sprachen und anderen Fächern ergänzt. Die meisten jungen Leute sprechen Englisch und oft auch Deutsch.

Die wenigsten Griechen ziehen vor der Heirat von zu Hause aus – höchstens vorübergehend zu Studien- oder Arbeitszwecken. Das hat nicht nur kulturelle, sondern auch praktische Gründe: Die meisten von ihnen bekommen sowieso ein Haus, wenn sie heiraten, und wer reißt sich schon darum, selbst zu waschen oder zu kochen?

BEVÖLKERUNG

Kreta ist mit 540 054 Bewohnern die bevölkerungsreichste griechische Insel. Die Einwohnerzahlen der größten kretischen Städte: Iraklion (130 194), Chania (53 373), Rethymnon (27 868), Agios Nikolaos (10 080). Durch die Aussiedlung der türkischen Bevölkerung 1923 wurde Kreta ethnisch homogen: Es blieben nur griechisch-orthodoxe Bewohner.

SPORT

Fußball ist die beliebteste Sportart in Griechenland, gefolgt von Basketball. Die kretischen Männer sind begeisterte Sportfans. Wer während der Fernsehübertragung eines wichtigen Spiels in einer Taverne isst, sollte auf sehr schleppenden Service gefasst sein. In Iraklions riesigem Pankritio-Stadion fanden die Fußballvorrundenspiele (s. Kapitel Iraklion) für die Olympischen Spiele 2004 statt.

Nachmieter für den Olymp gesucht: Nachdenkliches über das griechische Festland und die Insel Kreta (2005) von Peter und Renate Ettl ist die zweite Auflage der gelungenen Reisegeschichten, die den Lesern Land und Leute lebendig, manchmal kritisch und teils urkomisch nahe bringen.

MULTIKULTURELLES MITEINANDER

In den letzten Jahren sind viele Gastarbeiter aus den Balkanländern und Osteuropa nach Kreta gekommen. Sie arbeiten vor allem als Hilfskräfte in der Landwirtschaft, auf dem Bau und im Dienstleistungsbereich, z. B. in der Tourismusbranche. Die Mehrzahl sind Albaner, von denen viele eigene Betriebe gegründet und Häuser gekauft haben. Außerdem haben sich viele Engländer und Deutsche auf Kreta niedergelassen und Immobilienbesitz erworben.

Diese Einwanderer – legale wie illegale – sind ein relativ neues Phänomen für Kreta, dem die Idee der Multikultigesellschaft noch fremd ist. Wie das übrige Griechenland, dessen Einwandereranteil schon über 10 % beträgt, ringt Kreta noch darum, mit dieser neuen Realität klarzukommen. Dieser Punkt wird in Zukunft sicher ein beherrschendes Thema der Politik sein.

MEDIEN

Die Griechen sind fleißige Zeitungsleser und Fernseher. Die Medienlandschaft befindet sich weitgehend in den Händen eines halben Dutzends großer Unternehmen. Kreta hat seine eigenen Medien, u. a. mehrere regionale Tages- und Wochenzeitungen und zwei lokale Hochglanzmagazine: *Stigmes* (www.stigmes.gr), mit einer guten englischen Website, und *Go Hania*, das nur auf Griechisch erscheint.

GEWUSST?

Bei geschätzten 34 Mio. Olivenbäumen auf Kreta kommen auf jeden Inselbewohner 62 Olivenbäume.

In Rethymnon und Umgebung bekommt man die Monatszeitung *Cretasummer* auf Englisch und Deutsch. Das Monatsmagazin *Kreta* ist in mehreren Sprachen in Handel. Beide enthalten zwischen den Werbeanzeigen hilfreiche Infos und interessante Artikel.

An den Zeitungskiosken der größeren Städte und Touristenorte findet man die meisten großen internationalen Zeitungen und Zeitschriften.

Es gibt über 40 Radiosender auf Kreta, u. a. die öffentlich-rechtlichen Programme ET1 und ET2. Wegen des gebirgigen Charakters der Insel schwankt die Empfangsqualität der UKW-Sender stark.

Neben zwei lokalen öffentlich-rechtlichen Fernsehsendern gibt es mehrere kommerzielle Regionalsender. Viele Hotels und Bars sind mit Satelliten-TV ausgerüstet, sodass hier auch CNN, BBC, verschiedene deutsche Fernsehprogramme sowie Musik- und Sportkanäle empfangen werden können.

RELIGION

Rund 98 % der Griechen gehören der griechisch-orthodoxen Kirche an. Der Rest setzt sich vor allem aus Katholiken, Juden und Moslems zusammen, wobei der Zustrom von Einwanderern in jüngerer Zeit sicher nicht ohne Einfluss auf diesen Mix geblieben ist.

Die griechisch-orthodoxe Kirche hat enge Bindungen an die russisch-orthodoxe Kirche; beide zusammen bilden die drittgrößte christliche Gemeinschaft. Die Orthodoxie, was „Rechtgläubigkeit" bedeutet, wurde im 4. Jh. von Konstantin dem Großen begründet, der sich nach einer Kreuzesvision zum Christentum bekehrte.

Schon im 8. Jh. verschärften sich die Meinungsverschiedenheiten und die Rivalität zwischen dem römischen Papst und dem Patriarchen von Konstantinopel. Im 11. Jh. waren sie endgültig unüberbrückbar geworden: 1054 exkommunizierten Papst und Patriarch sich gegenseitig. Seitdem gehen ihre Kirchen getrennte Wege als (griechisch- bzw. russisch-) orthodoxe Kirche und römisch-katholische Kirche.

Während der Osmanenzeit war die Mitgliedschaft in der orthodoxen Kirche eines der wichtigen Definitionskriterien für einen Griechen, und die Kirche fungierte als oberste Bewahrerin der griechischen Kultur und Tradition.

Ein Abend mit Persephone (1998) von Patricia Storace ist kein bloßer Reisebericht, sondern eher eine Serie soziologischer Beobachtungen einer in Griechenland lebenden Amerikanerin. Unentbehrlich für jede Frau, die Griechenland bereisen will.

Die Religion ist in Griechenland nach wie vor fester Bestandteil des allgemeinen Lebens. Das Jahr dreht sich um die Feste des Kirchenkalenders. Die meisten Griechen gehen mit ihren Problemen in die Kirche und zünden dem jeweils passenden Heiligen eine Kerze an.

Die orthodoxe Religion hat die kretische Kultur durch die vielen düsteren Jahrhunderte der Unterdrückung hindurch zusammengehalten – trotz weitgehend fruchtloser Versuche der Venezianer und Türken, die Kreter dem Katholizismus bzw. Islam zuzuführen.

Die orthodoxe Kirche Kretas ist von der griechisch-orthodoxen Kirche unabhängig und ist direkt dem Patriarchen von Konstantinopel unterstellt.

Zum Besuch einer Kirche oder eines Klosters sollte man sich immer angemessen anziehen: Für Frauen bedeutet das Rock bis unterhalb der Knie, für Männer lange Hosen und bedeckte Arme. Leider sind heutzutage viele Kirchen verschlossen, aber es ist meist kein Problem, den Schlüsselverwalter aufzutreiben, der für Besucher gern aufschließt.

Die in Griechenland äußerst beliebte, 1998 verstorbene Autorin Lily Zografou erzählt in ihrem bekanntesten Roman *Die Frauen der Familie Ftenoudos* (2004) von den harten, teils grausamen Lebensumständen kretischer Frauen in der Kriegs- und Nachkriegszeit und von einer, die über die Konventionen triumphiert.

FRAUEN AUF KRETA

Auch wenn sich die kretischen Männer im öffentlichen Leben in den Vordergrund spielen, haben zu Hause und im Geschäft eher die Frauen das Sagen, die oft das dynamischere Geschlecht sind.

In den ländlichen Dorfgemeinschaften bewegen sich Männer und Frauen immer noch in verschiedenen Sphären. Wenn sie sich nicht um Vieh oder Olivenbäume kümmern, trifft man die Männer meist im *kafenion* beim Kartenspiel, Kaffee oder Raki an. Für Ausländerinnen werden Ausnahmen gemacht, doch für die kretischen Frauen sind die *kafenia* generell tabu. Ihre Domäne sind Hausarbeit und Kindererziehung. Teils vertreiben sie sich ihre „Freizeit" noch mit Näh-, Häkel- und Stickarbeiten im Kreise der Geschlechtsgenossinnen, doch nicht mehr so oft wie früher.

OSTERN AUF KRETA

Ostern ist auf Kreta und in ganz Griechenland das wichtigste religiöse Fest des Jahres. Die Feierlichkeiten der Karwoche gipfeln in der Auferstehungsfeier in der Nacht zum Ostersonntag.

Der Gottesdienst am Montagabend heißt „Bräutigamsmesse", weil der Priester ein Bild Christi, des „Bräutigams", durch die Kirche trägt. Der Dienstag ist Maria Magdalena geweiht. Mittwoch ist der „Tag der Buße". Am Donnerstag betrauern die Gläubigen Christus in der Abendmesse. Am Karfreitag wird der symbolische Körper Christi mit Blumen geschmückt und in einer Kerzenprozession durch die Straßen getragen.

Höhepunkt der Woche ist die Messe am Samstagabend. Knapp vor Mitternacht werden in den Kirchen alle Lichter gelöscht. Dann erscheint der Priester mit einer brennenden Kerze und spendet der mit Kerzen angetretenen Gemeinde das heilige Licht. Um Mitternacht verkündet der Priester: *Christos Anesti!* („Christus ist auferstanden"). Darauf beginnen mit Feuerwerk und Böllerschüssen die Festlichkeiten, die den ganzen Ostersonntag andauern. Dieser Augenblick von eindringlicher Intensität und Schönheit ist der bedeutungsschwerste des orthodoxen Jahres, da er die Auferstehung symbolisiert. Die Gläubigen versuchen, die Kerze auf dem Nachhauseweg nicht ausgehen zu lassen, um damit ihr Haus zu segnen.

Die Fastenzeit endet gleich nach dem Kirchgang. Die Gläubigen entzünden ihre Kerzen an der geheiligten Flamme und brechen zu Hause ihr Fasten durch den rituellen Verzehr der *mayiritsa* (Ostersuppe mit Innereien). Zum Eierpecken nimmt man hier rot gefärbte Eier. Am folgenden Nachmittag gibt es ein großes Festmahl im Freien mit Lamm vom Spieß, gefolgt von Tanz und ausgelassenem Feiern.

Auf dem Land geht es nach wie vor recht konservativ zu. Mädchen ohne Ausbildung heiraten meist jung. Bei geselligen Anlässen bleiben die Gruppen schwarz gekleideter Frauen oft für sich – von den Männern abgesondert.

Die kretischen Frauen sind stolz auf ihre haushälterischen Fähigkeiten und wenden nicht wenig Zeit für die Perfektionierung ihrer kulinarischen Talente auf. Die meisten Männer tun kaum einen Handschlag im Haushalt (oder würden es zumindest nie zugeben).

In den Städten und größeren Orten ist man liberaler. Die alten Ansichten darüber, welche Rolle „sich für Frauen schickt", verändern sich rasant, da immer mehr Frauen eine Ausbildung machen und sich ins Berufsleben stürzen. Junge Kreterinnen in hautengen Hosen trifft man jedenfalls eher in einer Bar als am Webstuhl an.

KUNST & KULTUR

Die bildenden Künste

MINOISCHE KUNST

Siehe detaillierte Geschichte der minoischen Kunst auf Kreta, S. 38.

DORISCHE & RÖMISCHE ZEIT

Vom 8. bis 7. Jh. v. Chr. erlebte Kreta eine kurze Phase der künstlerischen Wiedergeburt. In der Bildhauerei entwickelte sich der so genannte dädalische Stil – nach dem Bildhauer Daedalos. Ob es diesen wirklich gegeben hat, ist jedoch unsicher. Jedenfalls perfektionierte eine Gruppe von Bildhauern, die man Dädaliden nennt, eine neue Technik, Skulpturen aus gehämmerter Bronze herzustellen. Ihr Stil verschmolz die orientalische mit der griechischen Ästhetik, und ihr Einfluss reichte bis aufs griechische Festland. Ab Ende des 7. Jh. v. Chr. verfiel die kretische Kultur. Unter den Römern kam es zu einer kurzen Wiederbelebung: Am bemerkenswertesten an dieser Zeit sind ihre prachtvollen Mosaikböden und Marmorskulpturen.

BYZANTINISCHE ZEIT

Die seit Beginn der byzantinischen Herrschaft geschaffenen Ikonen und Fresken wurden bei Volksaufständen im 13. und 14. Jh. größtenteils zerstört. Im 11. Jh. brachten Emigranten aus Konstantinopel Ikonen mit nach Kreta, doch das einzig erhaltene Exemplar aus dieser Zeit ist die Ikone der Jungfrau Maria in Mesopantitissa – heute in Venedig. Vom 13. bis ins frühe 16. Jh. wurden zahlreiche Kirchen auf Kreta mit Wandmalereien verschönert, von denen viele noch heute zu sehen sind. Die byzantinische Kunst blühte unter den Paläologen-Kaisern von 1258 bis 1453, und ihr Einfluss erstreckte sich bis nach Kreta. Der größte sakrale Maler des 14. Jhs. war Ioannis Pagomenos, der im Westen Kretas wirkte.

DIE KRETISCHE SCHULE

Nach dem Untergang Konstantinopels 1453 flohen viele byzantinische Künstler nach Kreta. Zugleich stand die italienische Renaissance in voller Blüte, und viele kretische Künstler studierten in Italien. Das Resultat war die „kretische Schule" der sakralen Malerei, die technische Brillanz mit einer besonderen Üppigkeit kombinierte. Allein in Iraklion arbeiteten von der Mitte des 16. bis zur Mitte des 17. Jhs. über 200 Maler, die den venezianischen Stil ebenso mühelos beherrschten wie den byzantinischen. Der Kreter Theophanes Sterlitzas malte Klöster in ganz Griechenland aus und verbreitete so die Techniken der kretischen Schule.

Leider sind auf Kreta nur wenige Beispiele der kretischen Schule zu besichtigen. In Iraklion kann man ein paar schöne Exemplare im Kirchenmuseum Agia Ekaterini (S. 166) sehen – Kernstück der Sammlung sind sechs Ikonen des großen Michael Damaskinos, des besten Vertreters der kretischen Schule. Damaskinos erlernte während seines langen Venedigaufenthalts neue perspektivische Techniken, die er in den byzantinischen Stil der Ikonenmalerei einbrachte.

DOMENIKOS THEOTOKOPOULOS (EL GRECO)

Der geniale Renaissancemaler El Greco (spanisch für „der Grieche"; ursprünglich hieß er Domenikos Theotokopoulos) wurde auf Kreta geboren und ausgebildet, doch zu Ruhm gelangte er erst in Spanien.

El Greco kam 1541 in der kretischen Hauptstadt Candia (dem heutigen Iraklion) zur Welt. Es war die Phase reger künstlerischer Aktivität nach der Ankunft zahlreicher Maler, die aus dem türkisch besetzten Konstantinopel geflohen waren. Diese Maler übten einen prägenden Einfluss auf den jungen El Greco aus. Sie sorgten für seine frühe Verankerung in den Traditionen der spätbyzantinischen Wandmalerei, die seinen späteren Gemälden ihre eindringliche spirituelle Note gaben.

Vom venezianischen Candia war es für El Greco ein logischer Schritt nach Venedig, um seine Studien fortzusetzen. Mit Anfang zwanzig lernte er dort im Atelier von Tizian. Doch erst als er 1577 nach Spanien ging, konnte er sich als Maler richtig entfalten. Sein extrem emotionaler Stil kam bei den Spaniern gut an, und die Stadt Toledo wurde bis zu seinem Tod 1614 seine Heimat. Um seine berühmtesten Werke zu sehen, z. B. sein Meisterwerk *Das Begräbnis des Grafen Orgaz* (1586), muss man sich nach Toledo bemühen. Der einzige El Greco, den man auf Kreta besichtigen kann, ist der *Blick auf den Berg Sinai und das Katharinenkloster* (1570) aus seiner Zeit in Venedig. Das Bild hängt in Iraklions Historischem Museum (S. 163).

Auf Iraklions Plateia El Greco steht eine weiße Marmorbüste des Malers, und überall auf der Insel sind Straßen nach ihm benannt.

Tanz

Szenen tanzender Minoer auf Wandgemälden deuten darauf hin, dass die Geschichte des kretischen Tanzes in den altgriechischen Tempeln begann. Tänze werden auch auf Vasen der griechischen Antike dargestellt und bei Homer erwähnt, der das Geschick der kretischen Tänzer besonders lobte.

Kretische Tänze sind dynamisch, schnell und kriegerisch. Viele von ihnen werden von Männern in Gruppen getanzt. Tänze für Frauen stehen traditionell mit Hochzeit oder Werbung in Zusammenhang und sind graziöser und anmutiger. Wie die meisten griechischen Tänze tanzt man sie normalerweise im Kreis – in alter Zeit bildeten die Tänzer einen Kreis, um sich gegen böse Einflüsse abzuschotten.

Die beliebtesten kretischen Tänze sind der langsame und graziöse *sirtos* und der *pentosalis*, der einst von bewaffneten Kämpfern getanzt wurde. Von ihm gibt es eine langsame und eine schnellere Version, die sich bis zur Raserei steigert, wobei der führende Tänzer Sprünge, Variationen und Fantasiebewegungen vollführt, denen die anderen mit gemäßigteren Schritten folgen. Ebenfalls populär ist der *sousta*, ein hüpfender Paartanz mit kleinen, exakten Schritten. Der *maleviziotikos* (auch *kastrino* oder *pidikto* genannt) ist ein schneller, triumphierender Tanz.

Gut zu tanzen ist Ehrensache, und die Tänzer übernehmen abwechselnd die Führung, um ihr Können zur Schau zu stellen. Achtung: Jemandes Tanz zu unterbrechen gehört sich absolut nicht, da die Familien normalerweise für den Tanz bezahlt haben (viele kretische Musiker verdienen so ihren Lebensunterhalt).

Die beste Gelegenheit, kretische Tänze zu sehen, sind Feste, Hochzeiten und Taufen. Außerdem gibt es in vielen Gegenden Folkloreveranstaltungen für Touristen. Trotz des etwas künstlichen Rahmens vermitteln sie eine gute Vorstellung von den traditionellen Tänzen.

Außer der kretischen Musik- und Tanztradition bekommt man auf der Insel auch Musik und Tanz aus dem übrigen Griechenland zu hören und zu sehen.

GEWUSST?

Griechenlands älteste überlieferte Volkslieder, die man auf dem Athos fand, stammen aus dem 17. Jh. und entpuppten sich als *rizitika* aus Westkreta.

Musik

Die Musik durchzieht auf Kreta das ganze Alltagsleben und begleitet Hochzeiten, Geburten, Feiertage, Ernte und praktisch jeden festlichen Anlass.

Im Laufe der Jahrhunderte haben viele Musiktraditionen die kretische Musik beeinflusst. Hauptinstrumente sind die Lyra, ein dreisaitiges Streichinstrument, das man aufs Knie stützt, die achtsaitige *lautros* (Laute), die wie eine Gitarre gespielt wird, und die *mandolino* (Mandoline). Außerdem gibt es *askomantoura* (eine Art Dudelsack), *habioli* (Flöte) und *daoulaki* (Trommel).

Die *bouzouki*, das in Griechenland allgegenwärtige mandolinenähnliche Instrument mit langem Hals, gehört nicht zur kretischen Musik. Zwar ist sie auch auf Kreta im Radio und bei Livekonzerten mit Gastmusikern vom Festland zu hören, doch spielt sie hier hinter den traditionell kretischen Instrumenten entschieden die zweite Geige und wird selten in der Öffentlichkeit gespielt.

Zu den beliebtesten musikalischen Ausdrucksformen der Kreter gehören die *mantinades*, Reimpaare von 15 Silben, die uralte Themen wie Liebe, Tod und die Launen des Schicksals behandeln. Tausende von *mantinades*, die wohl auf venezianische Liebeslieder des 15. Jhs. zurückgehen, halfen während der jahrhundertelangen Besetzungen, ein kretisches Nationalgefühl zu schmieden. Die besten „Verseschmiede" improvisieren bei kretischen Festen Reime auf und für die Gäste und versuchen sich dabei in Witz und Komposition zu übertrumpfen. Diese Tradition setzen auch die jungen Kreter fort, wobei sie manchmal mogeln, indem sie *mantinades* auf ihren Handys speichern (man findet sie auch im Internet).

Tiefe Einblicke in die kretische Musikszene bietet www.cretan-music.com – auf Englische und Griechisch.

Eine weitere populäre Musikform heißt *rizitika*. Das sind jahrhundertealte Lieder aus den Levka Ori, die vielleicht von den Liedern der Grenzposten des byzantinischen Reichs abgeleitet sind, vielleicht aber auch in noch ältere Zeiten zurückreichen.

Es gibt zwei Arten von *rizitika*: *tis tavlas* (Tafellieder), die man zu Festmählern singt, und *tis stratas* (Rundgesänge), die Reisende begleiten. Viele der *rizitika*-Lieder handeln von historischen Themen oder Heldengeschichten. Zu den beliebtesten gehört das Lied über Daskalojannis, den sfakiotischen Helden, der 1770 die Rebellion gegen die Türken anführte. Es besteht aus 1034 Versen.

Mit ihren über 10 000 Zeilen hat auch die epische Romandichtung *Erotokritos* von Vitsentsos Kornaros Vortragskünstlern reichlich Material geliefert und inspiriert die kretischen Musiker bis heute. Sie ist unzählige Male vertont worden: Jeder Künstler liefert eine neue, eigene Interpretation dieses großen Werks.

Kreta hat ein reiches Spektrum an Musik und Musikern hervorgebracht, wobei auffallend viele Künstler – darunter der legendäre Nikos Xylouris – aus dem Dorf Anogeia stammen (s. Kasten unten).

Unter den Komponisten moderner, urbaner griechischer Musik sind die Kreter deutlich überrepräsentiert. Der zeitgenössische Komponist Giannis Markopoulos aus Ierapetra hat die Komposition geschrieben, die international als *Who Pays the Ferryman* bekannt wurde. Das exzellente Sextett Haïnides gehört mit seiner ganz eigenständigen und unverwechselbaren Musik zu den populärsten Bands, die Kreta in den letzten Jahren hervorgebracht hat.

Kreta hat eine gesunde Musikszene mit temperamentvollen, etablierten Volksmusikern, die bei Hochzeiten und Festen aufspielen (die kretische Musik ist unauflöslich mit dem Tanzen verbunden) und regelmäßig Aufnahmen produzieren. Eine jüngere, „ordentlich" ausgebildete Musiker-

DAS MUSIKERDORF ANOGIA

Das Bergdorf Anogia (S. 143) an den Hängen des Psiloritis in Rethymnon hat eine überproportional große Zahl musikalischer Talente hervorgebracht. Auch der viel geliebte und heftig betrauerte Sänger und Lyriker Nikos Xylouris stammte von hier. Sein Haus wird im Unterdorf von Anogia als eine Art musikalischer Schrein verehrt und bewahrt.

Mittlerweile ist sein eigenwilliger Bruder Psarantonis in seine Fußstapfen getreten und ist heute bei den Kretern äußerst beliebt. Psarantonis' Sohn, Giorgos Xylouris, musiziert auf Kreta und in Australien, wo er viele Jahre gelebt hat. Auch sein Bruder Giannis Xylouris zählt zu den meistgeachteten Musikern der Insel.

Vasilis Skoulas, der letzte einer langen Reihe von Lyraspielern aus derselben Familie, spielt Lyra und singt auf der Weltbühne und für seine kretischen Landsleute. Weitere angesehene Musiker aus Anogia sind der Lyraspieler Manolis Manouras, Mitsos und Vasilis Stavrakakis und Nikiforos Aerakis.

Neuerdings bringt der talentierte, wenn auch kapriziöse Georgos Tramoundanis unter dem Künstlernamen Loudovikos ton Anogion (Ludwig von Anogia) kretische Kompositionen in eigenwillig-volkstümlichem Balladenstil unters gesamtgriechische Volk. Seine Konzerte beginnen oft zu höchst unchristlicher Zeit: um 4 Uhr morgens.

DIE TOP 10 DER KRETISCHEN MUSIK

Diese breit gefächerte Auswahl ist ein guter Einstieg in die kretische Musik der Vergangenheit und Gegenwart.

- **The Great Masters 1920–1955** Zehn CDs als ultimative Einführung in das Schaffen von Größen der kretischen Musik wie Rodinos, Baxevanis, Skordalos und Koutsourelis und Kalogridis. Die CDs werden auch einzeln verkauft. Mit ausgezeichnetem 220-seitigem Begleitheft auf Griechisch und Englisch.
- **Nikos Xylouris** (1982) Wohl die beste Möglichkeit, sich mit Musik und Stimme des viel geliebten und innig betrauerten kretischen Musikers vertraut zu machen.
- **Kostas Mountakis** (2002) Die fünf CDs sind eine Sammlung rarer Liveaufnahmen des Nachkriegsmeisters der kretischen Musik, den man auch „den Lehrer" nennt. Sie umfassen privates und unveröffentlichtes Material, Auftritte bei Hochzeiten sowie Konzerte auf Kreta und in der Diaspora.
- **NOGO** (1998) Diese CD von Psarantonis Xylouris gilt als bestes Instrumentalwerk des unangepassten Lyraspielers und ist etwas zugänglicher als manches von seinem traditionellen und sprunghaften Hardcorematerial. Seinen außergewöhnlichen Gesang kann man auf *My Thoughts are like Old Wine* (1994) hören.
- **Echo of Time** (1982) Ross Dalys erste Aufnahme kretischer Musik, die entscheidenden Einfluss auf die neue Generation kretischer Musiker ausgeübt hat. Doppel-CD mit Texten von Mitsos Stavrakakis und Gesang von Vasilis Stavrakakis.
- **Palaiina Seferia** (1997) Ausgezeichnetes erstes Album der modernen kretischen Musikergruppe gleichen Namens, die sich von der frühen kretischen Musik inspirieren lässt. Geleitet wird sie von Zacharias Spyridakis, Schüler des Lyrameisters Mountakis.
- **Drosostalides** (1993) Vielleicht beste Aufnahme des beliebten Vasilis Skoulas, der zu Anogeias fleißigsten Produzenten traditioneller kretischer Musik gehört.
- **Oi Dikoi Mou Filoi** (2002) Mit Originalkompositionen von Stelios Petrakis aus Sitia, einem hoch geachteten Musiker der neuen Generation, der sich in der Weltmusikszene mit seiner neuartigen Interpretation kretischer Musik einen Namen gemacht hat. Er wird begleitet von Giorgos Xylouris, Vasilis Stavrakakis, Ross Daly und dem iranischen Schlagzeuger Bhijan Chemirani.
- **Antipodes** (2002) Bemerkenswert an dieser Aufnahme des Xylouris-Ensembles ist nicht nur die exzellente Musik , sondern auch die Zusammensetzung der Band. Das repräsentativste Werk von Giorgos Xylouris wurde in Australien aufgenommen – australische Musiker spielen und singen die kretischen Songs.
- **Agrimi kai Koraso** (2002) „Das wilde Tier und das junge Mädchen" von Papa Stefanis Nikas ist eine schöne Aufnahme mit Originaltexten und tief in der kretischen Tradition verwurzelter Musik. Mitwirkende Musiker sind Manos Mountakis, Dimitris Sgouros, Vasilis Skoulas und Psarantonis.

generation experimentiert u. a. mit neuen Formen musikalischen Ausdrucks, die von der frühen kretischen Musik beeinflusst sind.

Der berühmteste kretische Musiker unserer Tage ist der legendäre Psarantonis, für seinen einzigartigen Musizierstil bekannt und durch seinen wilden Bart und die lange Haarmähne auch optisch unverwechselbar. Er tritt dauernd irgendwo auf – im winzigsten kretischen Dorf ebenso wie in den Clubs von Athen und auf internationalen Tourneen.

Die kretische Musik ist auch in der Weltmusikszene ziemlich populär. Der neue Musikworkshop, den der auf Kreta ansässige Lyrameister Ross

Unter www.hellenicbookservice.co.uk gibt es eine hilfreiche, wenn auch keineswegs erschöpfende Liste von Büchern über Kreta – samt Besprechungen.

NIKOS KAZANTZAKIS – KRETAS VERLORENER SOHN

Kretas berühmtester Schriftsteller der Gegenwart ist Nikos Kazantzakis. Er wurde 1883 unter der Türkenherrschaft in der damaligen Hauptstadt Iraklion geboren. Seine frühe Kindheit war von der gärenden Revolution und dem sich anbahnenden Umbruch geprägt. 1897 zwang ihn der Ausbruch der Revolution gegen die türkische Herrschaft, Kreta zu verlassen, um in Naxos, Athen und später Paris zu studieren. Erst 1914, mit 31, wandte er sich dem Schreiben zu, indem er philosophische Werke ins Griechische übersetzte. Jahrelang bereiste er Europa – die Schweiz, Deutschland, Österreich, Russland und Großbritannien – und legte so den Grundstein für eine Reihe von Reisebüchern in seiner späteren literarischen Laufbahn.

Nikos Kazantzakis war ein komplexer Schriftsteller und sein frühes Werk stark von den aktuellen philosophischen Ideen seiner Zeit beeinflusst. Nietzsches nihilistische Philosophie floss in seine Schriften ein, in denen die metaphysischen und existenzialistischen Ängste, die Kazantzakis plagten, deutlich spürbar werden. Sein Verhältnis zur Religion war schwierig – offiziell gab er sich als Ungläubiger, doch schien er immer mit dem Gedanken zu spielen, dass es vielleicht doch einen Gott gebe.

In seinen Augen war sein größtes Werk seine *Odyssee*, ein modernes Epos, das scih anlehnt an die Abenteuer und Reisen des antiken Odysseus. Doch mit dem umfangreichen und alles andere als eingängigen Opus aus 33 333 jambischen Versen konnte Kazantzakis sein Ziel, in einem Atemzug mit Homer, Vergil oder dem italienischen Renaissancedichter Tasso genannt zu werden, nie ganz verwirklichen.

Erst als sich Kazantzakis viel später in seiner Karriere der Romanschriftstellerei zuwandte, ging sein Stern endlich auf. Werke wie *Griechische Passion* (1948), *Kapetan Mihalis* (1950; heute als *Freiheit oder Tod* bekannt) und *Alexis Sorbas* (1946) machten ihn international berühmt. In Letzterem schuf er das Image des ultimativen, neuzeitlichen griechischen Manns, das Anthony Quinn in dem Film gleichen Namens unsterblich machte.

Kazantzakis starb am 26. Oktober 1957 während einer Reise in Freiburg im Breisgau. Gegen den Widerstand der orthodoxen Kirche erhielt er ein religiöses Begräbnis; sein Grab befindet sich auf der südlichen Martinengo-Bastion der alten Stadtmauer von Iraklion.

Daly in der Nähe von Iraklion eingerichtet hat, soll diesen Dialog mit den führenden traditionellen Musikern der Welt weiter fördern (s. Kasten S. 53).

Der Roman *Kalamaki Affairs* (2003) von Hans-Joachim Vormann erzählt, wie der Deutsche Andreas der Liebe in ein kleines kretisches Dorf folgt, und versteht sich selbst als „eine Liebeserklärung an all die herrlichen Unzulänglichkeiten des kretischen Lebens".

Literatur

Kretas üppige literarische Tradition wurzelt in der Freude der Kreter an Liedern, Versen und Wortspielen. Im späten 16. oder frühen 17. Jh. erlebte die kretische Literatur unter den Venezianern eine grandiose Blüte.

Das größte Meisterwerk der Ära war ohne Frage *Erotokritos* von Vitsentsos Kornaros aus Sitia. Die über 10 000 Verse lange höfische Romandichtung ist durchdrungen von Trauer um die verblühende venezianische Ära, die durch die wachsende türkische Macht bedroht war. Das Gedicht wurde jahrhundertelang rezitiert – von Bauern, die nicht lesen und schreiben konnten, ebenso wie von Profisängern. Es verkörperte den Freiheitstraum, der es den Kretern ermöglichte, die vielen Entbehrungen zu ertragen. Viele seiner Verse wurden in Kretas beliebte *mantinades* eingearbeitet. Eine englische Übersetzung bekommt man beim **Hellenic Bookservice** (☎ 020 7267 9499; www.hellenicbookservice.co.uk; 91 Fortress Rd, Kentish Town, London, NW5 1AG).

Griechenlands bekanntester und meistgelesener Schriftsteller seit Homer ist Nikos Kasantzakis, der 1883 inmitten der letzten Phase des kretischen Freiheitskampfs gegen die Türken auf der Insel zur Welt kam. Seine Romane sind voller Dramatik und kraftvoll gezeichneter Charaktere. Seine berühmtesten Werke sind *Die letzte Versuchung, Alexis Sorbas, Griechische Passion* und *Freiheit oder Tod*, die teils auch verfilmt wurden. *Alexis Sorbas* spielt auf Kreta und bietet faszinierende Einblicke in die raueren Seiten der kretischen Kultur.

Kasantzakis' bewegte literarische Laufbahn verlief nicht immer reibungslos. Als bekennender Atheist geriet er häufig mit der orthodoxen Kirche aneinander (s. Kasten S. 54).

Iraklion hat Kasantzakis, dafür kann Rethymnon Anspruch auf Pantelis Prevelakis erheben. Der 1909 in Rethymnon geborene Prevelakis studierte in Athen und an der Sorbonne. Am bekanntesten ist er für seine Dichtung, doch er schrieb auch Stücke und Romane. Sein berühmtestes Werk ist die *Chronik einer Stadt* (1938, dt. 1981), die von seiner Heimatstadt handelt.

David Holtons Kommentar *Erotokritos* (1991, in engl. Sprache) ist die beste akademische Studie über die epische kretische Liebesgeschichte von Vitsentsos Kornaros.

Zu Kretas vielversprechendem literarischem Nachwuchs gehört u. a. Rhea Galanaki. Ihre bisherigen drei Romane sind bei der Kritik gut angekommen. Das preisgekrönte *Leben von Ismail Ferik Pascha* (2002) wurde in sechs Sprachen übersetzt. Die Erzählung spielt auf Kreta und beschreibt den Zusammenstoß zwischen Christentum und osmanischem Islam.

Film

Die Kreter sind eifrige Kinogänger; allerdings stammen die meisten Filme aus Nordamerika oder Großbritannien.

Die griechische Filmindustrie erholt sich gerade von einer langjährigen Flaute. Diese wurzelte vor allem in unzureichender staatlicher Unterstützung und einem Hang zu schleppenden, esoterischen, mit Symbolismus überfrachteten Filmen, die zwar gut gemacht waren und zum Teil durch geniale Kameraführung brillierten, für ein breites Publikum aber viel zu avantgardistisch waren.

Exponent dieser Schule ist Griechenlands berühmtester Kinoregisseur, Theodoros Angelopoulos, der 1998 für *Die Ewigkeit und ein Tag* die Goldene Palme von Cannes erhielt. Weitere bekannte Filme von ihm sind *Der Blick des Odysseus* mit Harvey Keitel, *Der Bienenzüchter*, *Der große Alexander* und *Landschaft im Nebel*.

Neuerdings produzieren griechische Filmemacher aber auch kommerziell erfolgreiche Filme. Dieser Trend begann mit dem Kassenschlager *Safe Sex* (1999), einer komischen Betrachtung des griechischen Sexuallebens von Thanasis Papathanasiou und Michalis Reppas, die seither im selben Stil weitermachen.

Kreta von Knossos bis Kazantzakis (2002) von Pavlos Tzermias ist eine Führung durch die kretische Kulturgeschichte unter besonderer Berücksichtigung der Minoer, des Malers El Greco und der größte Dichter Kretas: Vitsentsos Kornaros und Nikos Kazantzakis.

Moderne griechische Filmemacher finden inzwischen auch bei den internationalen Filmfestivals Beachtung. Richtig bergauf geht es, seit der von den Kritikern bejubelte Film *Zimt und Koriander* 2004 alle Kassenrekorde brach. Er startete als erster griechischer Film seit Jahrzehnten auch international im kommerziellen Kinoprogramm.

Kreta hat keine lokale Filmindustrie. Verträumte Inselfilme wie *Im Rausch der Tiefe – The Big Blue* oder *Mediterraneo* wurden in anderen Ecken der griechischen Inselwelt gedreht. Der berühmteste auf Kreta gedrehte Film war *Alexis Sorbas,* der u. a. in Stavros auf der Halbinsel Akrotiri entstand. 1956 wählte der amerikanische Regisseur Jules Dassin *(Sonntags nie)* Kritsa als Kulisse für *Der Mann, der sterben muss*, seine Filmversion von Kasantzakis' Roman *Griechische Passion*, in der Dassins Frau Melina Mercouri mitspielte. Der Film fing auch die verbrauchten Gesichter der mitwirkenden Dorfbewohner liebevoll ein.

Der griechische Satiriker Lakis Lazopoulos und die griechisch-australische Schauspielerin Zoe Carides spielten die Hauptrollen in *Killer wider*

Willen (2000), einer romantischen Komödie über eine kretische Vendetta. Die griechisch-australische Koproduktion wurde auf Kreta und in Melbourne gedreht.

Natur & Umwelt

GEOGRAFIE

Kreta ist mit einer Fläche von 8335 km² die größte der griechischen Inseln. Die Insel ist 250 km lang, an der breitesten Stelle gut 60 km und an der schmalsten 12 km breit. Zu ihrer extrem abwechslungsreichen Landschaft gehören Gebirgsregionen, Schluchten, eine ewig lange Küstenlinie und eine Unmenge von Höhlen.

Drei große Gebirge dominieren das schroffe Inselinnere: die Levka Ori (Weißen Berge) im Westen, der Psiloritis (auch Ida genannt) in der Mitte und die Lassithi-Berge im Osten. Die Levka Ori sind berühmt für ihre spektakulären Schluchten, wie z. B. die Samaria, und für ihren Schnee, der sich bis weit ins Frühjahr hält. Die Omalos-Hochebene liegt auf 1000 m in den Levka Ori. Der höchste Gipfel Kretas ist der Psiloritis (S. 141) mit 2456 m. Er ist mit Hunderten von Höhlen gespickt, darunter die Ida-Höhle (Ideon Andron), die angebliche Kinderstube des Zeus. An der Südseite des Bergs liegt der Rouvas-Wald.

Die Lassithi-Berge umfassen die berühmte Lassithi-Hochebene (S. 205) und den Dikti (2148 m). Auf seinen Südhängen ist einer jener prachtvollen Wälder erhalten geblieben, die einst die ganze Insel bedeckten.

Westkreta ist der gebirgigste und grünste Teil der Insel, während Ostkreta eher karg und felsig daherkommt. Das Inselinnere ist größtenteils bergig und mit Olivenbäumen, Gestrüpp und Wildkräutern bewachsen. Die Hochebenen werden entweder zum Ackerbau (wie die Lassithi-Hochebene) oder als Ziegenweiden (wie die Omalos-Hochebene) genutzt. Die größte Anbaufläche bietet die fruchtbare Messara-Ebene im Süden. Der Kournas-See in der Nähe von Chania ist der einzige See der Insel.

Zu Kreta gehört außerdem noch die Insel Gavdos (S. 120), nur 300 km nördlich von Afrika – der südlichste Punkt Europas.

GEWUSST?

Der *meltemi* ist ein Nordwind, mit dem in der Ägäis den ganzen Sommer über gerechnet werden muss. Er kann im August und September tagelang mit Sturmstärke blasen und die Schiffsfahrpläne gehörig durcheinander wirbeln.

TIERE & PFLANZEN

Tiere

Kretas Säugetiere bilden zwei Kategorien: Nutztiere und bedrohte Arten. Schafe, Ziegen und Kühe genießen den Respekt, der einer profitablen Geldanlage zusteht. Alle anderen Säugetiere wurden erbarmungslos gejagt. Kretas berühmtestes Tier ist die Wildziege *Kri-kri* – schon in der minoischen Kunst häufig dargestellt. Von ihr sind nur in der Samaria-Schlucht (S. 108) und ihrer Umgebung ein paar Exemplare übrig geblieben. Weitere einheimische Säugetiere sind die nur auf Kreta heimische Stachelmaus und eine große Fledermauspopulation.

Eine besonders rätselhafte, seltene Tierart Kretas ist die *fourokattos* (Wildkatze), von der die Hirten seit Jahrhunderten erzählen. Die Fachwelt hielt sie für ein Fabeltier, bis ein britischer Wissenschaftler 1905 auf einem Markt in Chania zwei seltsame Felle erstand. Den einzigen weiteren Anhaltspunkt lieferte eine Untersuchung der kretischen Fauna durch italienische Wissenschaftler 1996: Ihnen ging eine 5,5 kg schwere Katze in die Falle. Es bleibt unklar, ob dies eine heimische Katze oder eine verwilderte Hauskatze war.

GEWUSST?

Es gibt über 3000 Höhlen auf Kreta, von denen nur rund 850 erforscht sind. Die Tafkos-Höhle, in der Nähe von Petradolakia in der Anogia-Region, wurde zur tiefsten Höhle Griechenlands erklärt: Sie führt 475 m bis zu einem unterirdischen Flussbett hinab.

VÖGEL

Kretas vielfältige Vogelwelt setzt sich aus standorttreuen Vögeln und Zugvögeln zusammen. An den Küsten sieht man im Frühjahr und Herbst viele durchziehende Vögel, z. B. verschiedene Reiherarten. An Steilküsten

Der tolle Bildband *Proud Beauty* mit Fotos von Dimitris Talianis (www.topio.gr) macht schon vor der Reise Appetit auf die spektakulären Naturschönheiten der Insel.

und auf vorgelagerten Inselchen nisten diverse Möwenarten. Seltene Habichte kommen im Sommer von Afrika herauf, um auf den Inseln vor der Küste zu brüten. Ringeltauben nisten noch an steilen Küstenfelsen, wurden aber durch Jäger fast ausgerottet.

Auch die Berge beherbergen eine Fülle interessanter Vögel. Hier gibt es Blaumerlen, Bussarde und den gewaltigen Gänsegeier zu sehen. Mit Glück erspäht man in der Samaria-Schlucht (S. 108) sogar einen Lämmergeier – dieser seltenste Raubvogel Europas ist akut vom Aussterben bedroht. Außerdem gibt es in den Bergen Alpensegler, Schwarzkehlchen, Amseln und Samtkopfgrasmücken. Auf den Wiesen und Feldern rund um Malia tummeln sich Brach- und Rotkehlpieper, Triele, Cistensänger und Kurzzehenlerchen.

An den Hängen unterhalb des Moni Preveli (S. 149) zwitschern Masken- und Weißbartgrasmücken. Die Halbinsel Akrotiri (S. 94) ist ein Paradies für Vogelbeobachter – rund um die Klöster Agia Triada und Gouverneto leben Halsband- und Trauerschnäpper, Wendehälse, Brachpieper, Mittelmeersteinschmätzer, Blaumerlen, Schwarzkehlchen, Chukarhühner und Steinschmätzer. Zu den Zugvögeln in der Bucht von Souda gehören u. a. Watvögel, Reiher und Möwen.

MEERESTIERE

Hardcore-Vogelbeobachter sollten sich vor einer Kretareise mit *Die Vögel am Mittelmeer* (2004) von Paul Sterry ausrüsten, dem ersten deutschsprachigen Bestimmungsbuch, das mit rund 1000 Farbfotos alle Arten rund ums Mittelmeer (Europa, Nordafrika und Vorderasien) abdeckt.

Vor der steil ins Meer abfallenden Südküste Kretas lebt die bedeutendste Pottwalpopulation des Mittelmeers. Untersuchungen in den 1990ern ergaben, dass die Pottwale sich hier das ganze Jahr über versammeln, auf Futterjagd gehen, Junge bekommen und sich vielleicht auch paaren. Außerdem gibt es an der Südküste große Gruppen von blau-weißen Delphinen, Rundkopfdelphinen und Cuvier-Schnabelwalen. Im seichten Wasser zwischen Gavdos und Gavdopoula und vor der Südküste werden häufig Große Tümmler gesichtet.

Das kretische Pottwalprojekt des Pelagos Cetacean Research Institute überwacht die Walpopulation unter Mitarbeit freiwilliger Ökohelfer. Früher wurden von Paleochora aus Walbeobachtungstouren fürs allgemeine Publikum angeboten. Diese wurden jedoch 2004 ausgesetz (über den aktuellen Stand der Dinge informiert www.pelagosinstitute.gr).

MEERESSCHILDKRÖTEN

Seit 1990 arbeitet die **Sea Turtle Protection Society of Greece** (www.archelon.gr) mit staatlichen Stellen, lokalen Behörden, Hotelkonzernen, Reiseveranstaltern, Fischern und Anwohnern daran, den Rückgang der Meeresschildkrötenpopulation durch ein Managementprogramm umzukehren. In der Zeit der Eiablage und des Schlüpfens werden rund 33 km Strand patrouilliert. Beschilderte Metallkäfige schützen Nester vor Strandliegen und Touristen. Viele Eiablagegebiete werden abgezäunt. Auch am Problem der „Lichtverschmutzung" der Strände wird gearbeitet. Für Touristen geltende folgende Verhaltensregeln:

- Die Strände in der Brutsaison von Mai bis Oktober nachts freihalten.
- Sonnenschirme und Liegen über Nacht wegräumen.
- Frisch geschlüpfte Schildkröten auf ihrem Weg zum Meer nicht anfassen. Sie müssen sich orientieren, und der Fußmarsch kräftigt sie.
- Bei den Betreibern von Hotels und Tavernen darauf dringen, dass sie mit der Schutzgesellschaft kooperieren und ihre Lichter nötigenfalls abdunkeln.
- Abfall ordentlich entsorgen. Die Schildkröten können Plastiktüten mit Quallen verwechseln, was für sie tödliche Folgen hat.

Die Unechten Karettschildkröten *(Caretta caretta)* brüten seit der Dinosaurierzeit auf Kreta. Die Strände von Rethymnon, Chania und der Messara-Bucht beherbergen jeden Sommer über 500 Nester. Leider stören die vielen Hotels und Tavernen an den Stränden die Bruttätigkeit. Weil sie an Land so schutzlos sind, lassen sich die Schildkrötenweibchen nachts durch Gegenstände am Strand verunsichern und von der Eiablage abschrecken. Die nachts schlüpfenden Jungschildkröten verlieren durch die Lichter der Tavernen und Hotels leicht die Orientierung.

Die Pflanzen der Ostägäischen Inseln inklusive Kreta und Zypern (2005) von Walter Strasser behandelt rund 3000 Arten und erleichtert mit Zeichnungen und Farbfotos die Identifizierung der kretischen Pflanzenwelt.

Pflanzen

Kreta ist bekannt für seine erstaunliche Vielfalt an Pflanzen und Wildblumen. Es gibt auf der Insel schätzungsweise 2000 Pflanzenarten, von denen rund 160 nur auf Kreta vorkommen.

Im März oder April sind die Aussichten am besten, die Insel in voller Blüte zu erleben, doch die Gebirgspflanzen blühen oft später. Späte Regenfälle können die Wachstumsperiode verlängern.

An der Küste blühen im August und September die Pankrazlilien. Im April und Mai stehen an der Westküste die Flockenblumen in Blüte. Zur gleichen Zeit leuchten die purpurnen und violetten Blüten der Levkojen als hübsche Farbtupfer an den Sandstränden. Die Strände im Osten Kretas sind im April und Mai von knallroten Mohnblumen gesäumt – vor allem rund um Sitia. Die Ränder der Sandstrände, an denen die Hotels noch nicht dicht an dicht stehen, sind mit zarten rosa Zaunwinden und Jujubebäume bewachsen, die von Mai bis Juni Blüten und im September und Oktober Früchte tragen. An den gleichen Standorten blühen im Frühjahr die Tamarisken.

Denen, die es ganz genau wissen wollen, eröffnet die *Exkursionsflora für Kreta* (1995) von Ralf Jahn und Peter Schönefelder Nikos umfassenden Einblick in die kretische Vegetation. Das Buch hilft mit exakten Beschreibungen und rund 100 Farbfotos bei der Bestimmung der wild wachsenden Farn- und Blütenpflanzen.

Weiter von den Stränden entfernt gedeihen im Tiefland Wacholder und Steineichen, im Frühjahr sorgen Mohn und lila Lupinen für leuchtende Farbtupfer. Auch wer im Sommer kommt, muss auf bunte Blütenpracht nicht verzichten: Von Juni bis Ende August blühen die milchweißen und purpurroten Oleander. An den Berghängen sieht man im Frühsommer Zistrosen und Besenginster, auf den Wiesen von März bis Mai phantastische gelbe Chrysanthemen.

Im Frühjahr blühen an den unteren Berghängen viele Arten von Orchideen und Ragwurz, die die Hügel und Wiesen rosa, purpurn und violett färben. Auf der Lassithi-Hochebene gedeihen dicht blühende Orchideen, rosafarbene Waldhyazinthen und kretische Alpenveilchen. An den gleichen Standorten findet man zu Frühjahrsbeginn purpurne und blutrote Anemonen und im späteren Frühjahr gelbe Butterblumen.

KRETAS KRÄUTER

Der intensive Duft der wilden Bergkräuter wird den Inselbesuchern lange in der Nase bleiben. Kreta ist weltweit eine der Regionen mit der größten Vielfalt einheimischer Kräuter. Die Kreter sammeln sie für die verschiedensten Zwecke – vom Kochen bis zur Zahnschmerzbehandlung. Der Kretische Diptam *(diktamo)*, aus dem vor allem Kräutertee bereitet wird, hat eine lange Geschichte. Es hieß, dass er die Wundheilung fördere und den Wehenschmerz lindere. Die Göttin Aphrodite hielt ihn für ein Aphrodisiakum. Oregano *(rigani)* gedeiht überall auf der Insel in Hülle und Fülle. Man kann ihn als Tee gegen Durchfall trinken; häufiger wird er aber getrocknet, um Fleischgerichte damit zu würzen. Der Salbei *(faskomilo)* hat ein sehr intensives Aroma und wird vor allem gegen Erkältungen oder Magenbeschwerden eingesetzt. Sein Öl eignet sich bestens, um Zahnweh zu lindern. Der Rosmarin *(dendrolivano)* – an seinen langen, dünnen, aromatischen Blättern leicht zu erkennen – dient als Würze für Fisch, Schnecken oder Lamm. Medizinisch wird er als Antiseptikum, Kopfschmerzmittel und sogar gegen Haarausfall verwendet.

NATIONALPARKS

Kretas einziger Nationalpark ist die Samaria-Schlucht (S. 108), die größte und eindrucksvollste Schlucht Europas. Sie ist 18 km lang und hat ein eigenes Besucherzentrum. Die unbewohnte Schlucht ist ein wichtiges Schutzgebiet für Vögel und andere Tiere.

GEWUSST?

Ein Fünftel der saubersten Strände Griechenlands befindet sich auf Kreta. 2004 erhielten 79 kretische Strände die „Blaue Flagge", ein europäisches Gütesiegel für Strände, das auf der Bewertung von 27 Kriterien beruht. 32 dieser Strände lagen im Regierungsbezirk Lassithi (die komplette Liste gibt es unter www.blueflag.org).

UMWELTPROBLEME

Das Umweltbewusstsein auf Kreta entwickelt sich ganz allmählich, doch an Umweltschutzvorschriften mangelt es noch.

Es gibt keine Recyclingprogramme, obwohl die sommerliche Touristeninvasion tonnenweise Müll produziert. Die meisten Touristengegenden werden einigermaßen müllfrei gehalten, doch im Inselinneren steigt einem oft der durchdringende Gestank illegaler Müllkippen in die Nase. Nachdem die EU Griechenland wegen seiner Giftmülldeponie in Kouroupitos, Westkreta, mit einer Geldstrafe von über 5 Mio. € belegt hat, wurden erste Schritte für ein Großreinemachen des Landes eingeleitet.

Außerhalb der größeren Städte sind Kretas Luft und Wasser sauber. Die Tier- und Pflanzenwelt leidet aber unter der Entwaldung. Olivenanbau, Brennholzgewinnung, Schiffsbau, unkontrollierte Viehhaltung und Brandstiftung haben im Laufe der Jahrhunderte die Wälder zerstört, die die Insel früher bedeckten. Es gibt kein Wiederaufforstungsprogramm – vielleicht, weil die 90 000 Ziegen auf der Insel den Jungpflanzen sowieso den Garaus machen würden. Der Pestizid- und Herbizideinsatz in der Landwirtschaft hat viele Vogel- und Pflanzenarten ausgerottet. Die Tierwelt wurde durch Jäger stark dezimiert.

Informationen über die Wasserqualität der kretischen Strände sind unter www.thalassa.gr zusammengestellt.

Am schlimmsten sind die Umweltschäden an Kretas Küsten. Die Meeresfauna hat unter der hier gebräuchlichen Dynamitfischerei gelitten. Die touristische Übererschließung der Nordküste vertreibt die Zugvögel. Die Situation der Unechten Karettschildkröten, die zur Eiablage an die gleichen Sandstrände streben wie die Touristen zum Baden, wird weltweit mit Sorge gesehen (s. S. 58).

Durch den Touristenboom der letzten zwei Jahrzehnte ist der Strombedarf stark gestiegen, aber die Pläne zum Bau eines gewaltigen Solarkraftwerks kommen nicht voran. Im häuslichen Bereich wird häufig Solarenergie zur Warmwasserbereitung genutzt. Auch die über Kreta verstreuten riesigen Windräder speisen dringend benötigte Energie ins Stromnetz der Insel ein.

Allmählich kommt aber ein Wandel in Gang. Ökolandwirtschaft und ein Trend zum nachhaltigen Tourismus sind im Kommen. Mehrere große Hotelkonzerne, z. B. Grecotel, haben in ihren Anlagen preisgekrönte Umweltmanagementprogramme eingeführt. In den letzten zehn Jahren sind in Griechenland Umweltorganisationen wie der WWF Griechenland und Greenpeace immer aktiver geworden, und auf Kreta bilden sich lokale Umweltschutzgruppen.

Outdooraktivitäten

Die kretische Sommerhitze lässt viele Besucher nur noch nach dem nächsten Strand lechzen, doch eigentlich ist Kreta ein Ganzjahresziel für Aktivurlauber. Seine schroffe Landschaft ist mit ihren majestätischen Bergen, dramatischen Schluchten und dem kobaltblauen Meer ein Traum für alle Naturfreunde, und Unternehmungslustigen bieten sich immer mehr Möglichkeiten für anregende Urlaubsaktivitäten. Im Winter kann man an den Hängen der Levka Ori Ski fahren, im Frühjahr ihre steilen Gipfel erklimmen und im Sommer über die Lassithi-Hochebene radeln. Frühjahr und Herbst sind ideal für tolle Wanderungen und anspruchsvolles Trekking. Außerdem gibt es ausgezeichnete Reitwege und jede nur vorstellbare Wassersportart – neben extremeren Betätigungen wie Paragliding und Canyoning.

RADFAHREN & MOUNTAINBIKING

Trotz des gebirgigen Terrains ist Radfahren auf Kreta in den letzten Jahren extrem populär geworden. Wer will, kann von einem Ende der Insel zum anderen radeln, ohne ernstlich ins Schwitzen zu geraten, aber die Nord-Süd-Routen und Radtouren an der felsigen Südküste entlang sind eher etwas für willens- und konditionsstarke Pedalritter. Radstrecken mit dezenteren Höhenunterschieden führen z. B. durch die Dörfer und Täler der Nordküste und über die Messara-Ebene im Süden.

Viele machen es sich noch leichter: Sie lassen sich und ihr Fahrrad von Tourveranstaltern auf die Bergkuppen transportieren und fahren dann bergab. Plateautouren (wie überall auf der Lassithi-Hochebene zu sehen) sind ein gutes Geschäft. Auch Gruppentouren durch die ostkretischen Dörfer sind sehr beliebt: Ein Anbieter hat mindestens sieben maßgeschneiderte Touren verschiedener Schwierigkeitsgrade für Gruppen von 12 bis 15 Radfahrern im Programm. In Chania bietet Trekking Plan (s. unten) Extrembiking und achttägige All-inclusive-Touren für Rennradler über eine Strecke von mehr als 650 km an.

Wer mit dem eigenen Rad anreist, ist gut beraten, ein robustes Tourenrad mit ausreichender Gangzahl mitzubringen. Wer zu einem kürzeren Urlaub einfliegt, kann für 10 bis 16 € pro Tag ein Moutainbike ausleihen.

Anbieter wie **Trekking Plan** (☎/Fax 28210 60861; www.cycling.gr) in Agia Marina, 10 km westlich von Chania, oder **Exception Biking** (☎ 28410 89073; www.exception-biking.de) in Chavania, nördlich von Agios Nikolaos, vermieten Fahrräder und organisieren Touren.

Mit einem anständigen Mountainbike und ausreichender Beinkraft lässt sich ein sehr abwechslungsreiches Terrain erradeln – ein wahres Paradies für Mountainbiker. Es gibt aber noch keine speziellen Mountainbike-Reiseführer für Kreta, weshalb eine geführte Tour für manchen vielleicht die bessere Lösung ist. Beide oben genannten Veranstalter bieten alternative Mountainbiketouren an. Trekking Plan hat außerdem Radtouren für alle Leistungsstufen im Programm, u. a. eine Extrembikingtour der Stufe drei für topfitte Fahrradfreaks.

WANDERN & TREKKING

Kreta hat begeisterten Wanderern enorm viel zu bieten. Leider sind die traumhaften Wanderstrecken nicht immer optimal dokumentiert, obwohl es eine Reihe guter, deutschsprachiger Wanderführer gibt. Die Wege selbst sind generell unzureichend markiert. Eine Ausnahme bildet nur der Europäische Fernwanderweg E4, der in West-Ost-Richtung über die

DER E4-TRAIL

Der Europäische Fernwanderweg E4 beginnt in Portugal und endet auf Kreta. Auf Kreta startet der Trail am Hafen von Kastelli Kisamos im Westen und endet nach 320 km am Kiesstrand von Kato Zakros im Osten. Wer den gesamten Kreta-Trail absolvieren will, sollte dafür mindestens drei Wochen ansetzen: Das bedeutet gut 15 km pro Tag. Etwas gemütlicher geht es mit vier Wochen Zeit; dann kann man Zwischenstopps und/oder kürzere Wanderetappen einplanen. Wer mit der Zeit knapp ist, kann natürlich auch Teilstrecken des Trails begehen. Man muss sich frühzeitig zwischen zwei Alternativrouten durch Westkreta entscheiden: der Küstenroute und der Gebirgsroute. Der Trail ist auf seiner gesamten Länge mit schwarz-gelben Stangen und Tafeln markiert.

Von Kastelli Kisamos geht es zuerst ein langes Stück abwärts nach Süden und dann an der Westküste entlang über Elafonisi nach Paleochora. Von Paleochora führt eine schöne Wanderstrecke nach Sougia (s. Kasten S. 116). In Sougia fällt die Entscheidung: Etwas weiter östlich verläuft die Gebirgsroute des E4 nach Norden und bergauf über die kahle Hochgebirgsregion der Levka Ori. Die Küstenroute des E4 folgt dagegen der zerklüfteten Küste bis nach Kato Rodakino, zwischen Frangokastello und Plakias. Die Gebirgsroute ist nur für geübte Bergwanderer geeignet. Übernachten kann man in einer der drei Berghütten an der Strecke (s. Infos zu Kretas Berghütten auf S. 65). Die Küstenroute ist zwar auch kein Spaziergang, aber insgesamt einfacher. Einige Abschnitte, besonders der zwischen Sougia und Chora Sfakion, können trotzdem strapaziös werden.

Keine der beiden Routen führt durch die Samaria-Schlucht, aber auf Wunsch lässt sie sich leicht einbeziehen. Dazu von Sougia der ersten Etappe der E4-Gebirgsroute bis Omalos folgen und dann durch die Samaria-Schlucht nach Süden bis zur Küste (und der E4-Küstenroute) bei Agia Roumeli wandern. Wer die Gebirgsroute bevorzugt, kann natürlich auch von Agia Roumeli in Nordrichtung durch die Schlucht wandern und dann ab Omalos der E4-Gebirgsroute folgen. Die E4-Gebirgsroute ab Omalos ist vielleicht der härteste Teil des Trails. In den heißen, trockenen Monaten Juli und August sollte man sich das nicht antun. Die Route verläuft hoch und ungeschützt, und es gibt keinerlei Wasser – bis auf vereinzelte Schneereste vom Winter.

In der Nähe von Argyroupolis kreuzen sich die beiden Routen. Ab hier verläuft die E4-Gebirgsroute südlich der E4-Küstenroute. Die Küstenroute schlängelt sich jetzt nordwärts am Steilabbruch des Psiloritis-Massiv entlang. Die E4-Gebirgsroute führt ein Stück weit durch das Amari-Tal, über Spili und Fourfouras, bevor sie nach Westen zum Gipfel des Psiloritis (2456 m) abbiegt. Die beiden Routen laufen schließlich auf der Nida-Hochebene an der Ostseite des höchsten kretischen Bergs wieder zusammen (Wanderungen in dieser Region: s. Kasten S. 142).

Von hier windet sich der wieder vereinte Trail durch den dichter bevölkerten Regierungsbezirk Iraklion an den Orten Profitis Ilias, Archanes und Kastelli vorbei, bevor er auf die Lassithi-Hochebene zurückkehrt.

Ab Lassithi wird die Route wieder alpin: Sie überquert das Dikti-Gebirge (2148 m) Richtung Süden und biegt dann nach Osten, um die kretische Landenge zwischen Ierapetra und dem Mirambellou-Golf zu passieren. Dann geht es wieder ins Gebirge: zwischen dem Thryptis (1476 m) im Süden und dem Orno (1238 m) im Norden hindurch. An diesem Ende der Insel liegen die Orte weiter verstreut, weshalb die Tagesetappen sorgfältig zu planen sind.

Das letzte Stück von Papagiannades durch die Dörfer Chandras und Ziros ist nicht mehr so anstrengend. Am letzten Dorf, Zakros, beginnt der Weg durch das „Tal der Toten" zum Strand von Kato Zakros (s. Kasten S. 218). Dies ist die Schlussetappe des langen Wegs von Portugal (für diejenigen, die den kompletten E4-Trail gegangen sind!).

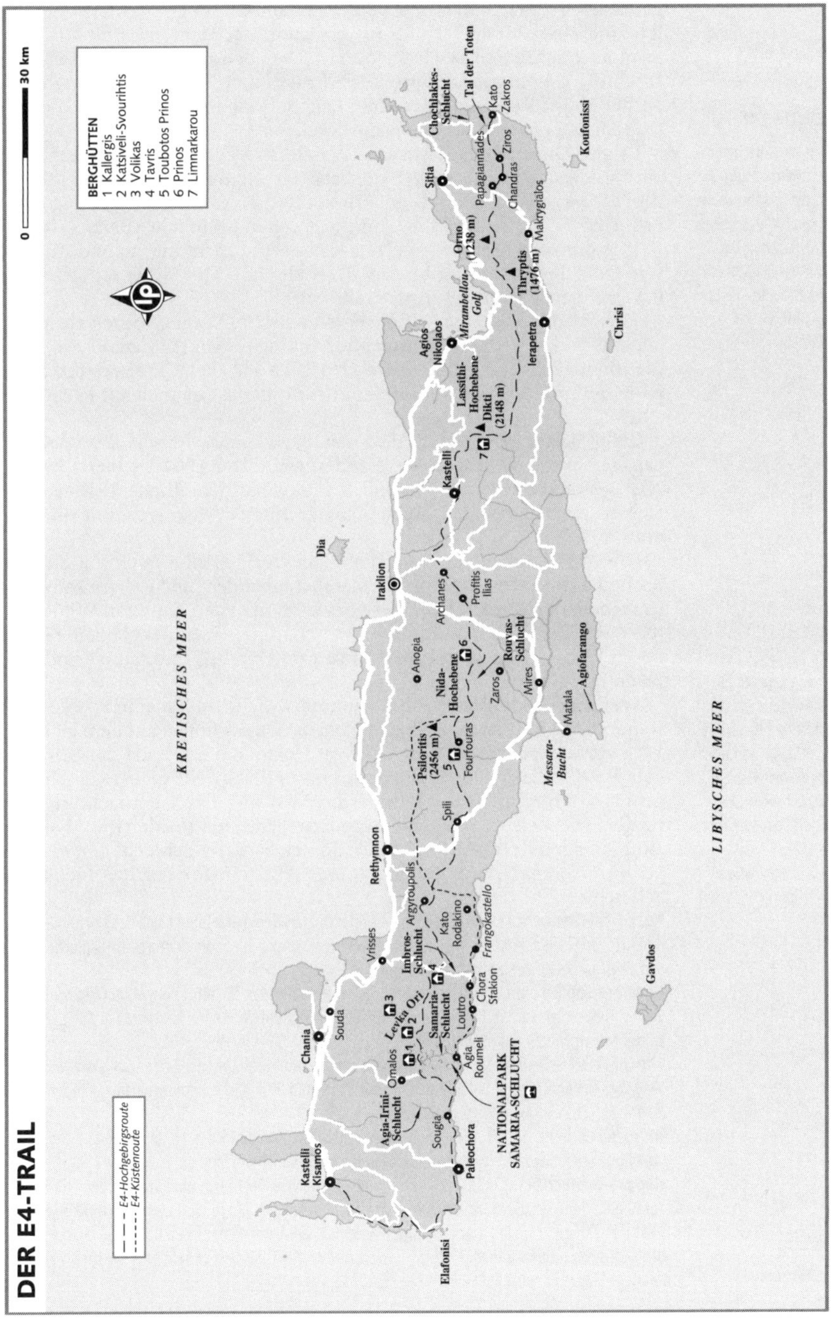
DER E4-TRAIL
E4-Hochgebirgsroute
E4-Küstenroute
BERGHÜTTEN
1 Kallergis
2 Katsiveli-Svourihtis
3 Volikas
4 Tavris
5 Toubotos Prinos
6 Prinos
7 Limnarkarou
0
30 km
KRETISCHES MEER
LIBYSCHES MEER
Kastelli Kisamos
Elafonisi
Paleochora
Sougia
Agia-Irini-Schlucht
Omalos
Chania
Souda
Lefka Ori
Samaria-Schlucht
Agia Roumeli
NATIONALPARK SAMARIA-SCHLUCHT
Loutro
Chora Sfakion
Imbros-Schlucht
Vrisses
Kato Rodakino
Frangokastello
Argyroupolis
Rethymnon
Spili
Psiloritis (2456 m)
Fourfouras
Nida-Hochebene
Anogia
Zaros
Rouvas-Schlucht
Mires
Messara-Bucht
Matala
Agiofarango
Gavdos
Iraklion
Dia
Archanes
Profitis Ilias
Kastelli
Lassithi-Hochebene
Dikti (2148 m)
Agios Nikolaos
Mirambellou-Golf
Ierapetra
Chrisi
Thryptis (1476 m)
Orno (1238 m)
Makrygialos
Sitia
Papagiannades
Chandras
Ziros
Chochlakies-Schlucht
Tal der Toten
Kato Zakros
Koufonissi

ganze Insel führt (s. Kasten S. 62). Dazu kommt das größtenteils zerklüftete und ausgedörrte Terrain. So verwundert es nicht, dass die Insel für Wanderer Segen und Fluch zugleich ist. Dennoch zählt das menschenleere Inselinnere wohl zu ihren größten Attraktionen. Während sich viele Besucher an geführte Wandertouren halten, finden erfahrene Trekker hier jede Menge anregender Herausforderungen.

GEWUSST?

Einige kretische Schluchten stellen selbst für die fittesten und abenteuerlustigsten Wanderer eine Herausforderung dar. So wurde die Cha-Schlucht in der Nähe des Thryptis angeblich erst von 11 Personen durchquert.

Es gibt Dutzende fantastischer Wanderstrecken überall auf Kreta, die zu abgelegenen Dörfern, über Hochebenen und durch Schluchten führen. Einige der beliebtesten Wandertouren, u. a. die durch die Samaria-Schlucht (S. 108), sind in diesem Buch detailliert beschrieben.

Wandern auf Kreta ist eine tolle Sache – nur nicht im Juli und August, wenn die Temperaturen bis auf 40 °C klettern. Die ideale Jahreszeit ist das Frühjahr (besonders April und Mai).

Verschiedene Veranstalter bieten organisierte Wandertouren auf Kreta an, u. a. Trekking Plan und Exception Biking (s. Kontaktdaten S. 61). Der in Athen ansässige Anbieter **Trekking Hellas** (☎ 210 323 4548; www.trekking.gr), einer der größten Tourveranstalter des Festlands, ist auch auf Kreta sehr aktiv.

Happy Walker (☎ /Fax 28310 52920; www.happywalker.com; Tobazi 56, Rethymnon) organisiert weniger strapaziöse Wanderungen. **Strata Walking Tours** (☎ 28220 24336; www.stratatours.com) in Kastelli Kisamos hat gemütliche Tageswanderungen und sieben- bis fünfzehntägige Intensivwandertouren im Programm.

Kretas viele Schluchten locken Wanderer aus aller Welt an. So eine Schluchtenwanderung kann ein atemberaubendes (und extrem schweißtreibendes) Erlebnis sein. Unterwegs kann man den Duft von Wildkräutern und -blumen schnuppern, an schattigen Picknickplätzen rasten, durch Wasserläufe waten (im Frühjahr und Herbst) und seine Kondition mächtig trainieren.

Die besten Karten für Wanderungen entlang dem E4-Trail sind die im Harms Verlag erschienene *Kreta Touristikkarte*, 1:100 000, oder die vierteilige 1:100 000-Karte von Giorgos Petrakis aus Iraklion. Mehr Infos zu Karten gibt es auf S. 231.

Wer mit dem eigenen Fahrzeug unterwegs ist, sollte eine Schluchtenwanderung gut planen. Entweder geht es notgedrungen auf dem gleichen Weg zurück, oder man lässt sich von jemandem am Ende der Schlucht abholen. Oft fährt aber auch ein Bus bis in Reichweite eines Schluchteingangs. Am Endpunkt der Wanderung lässt sich eine Übernachtung einplanen. Die meisten Schluchtenwanderungen sind für jeden machbar, der einigermaßen fit ist. Außer der berühmten Samaria-Schlucht gibt es noch genug andere schöne Schluchtentouren. Hier einige der gut erreichbaren Schluchten:

Agia-Irini-Schlucht (S. 116) Eine Tageswanderung, als deren Startpunkt sich das Dorf Agia Irini nördlich von Sougia anbietet. Die anspruchsvolle Wanderung durch die dramatische Schlucht führt von Gebirgs- bis Küstenlandschaft und endet in Sougia.

Agiofarango Beliebte Wanderstrecke im Süden Zentralkretas. Sie führt vom Moni Odigitrias, 24 km südwestlich von Mires, bis zum Agios-Nikolaos-Strand. Alternativ kann man in Kali Limenes weiter östlich wieder auf Asphalt stoßen.

Chochlakies-Schlucht Sie ist weniger bekannt als ihre Nachbarin, die Zakros-Schlucht, und der Weg vom Ort Chochlakies bis zur Küste ist nur 3 km lang. Wer damit unterfordert ist, kann noch die 7 km bis nach Palekastro weiterwandern.

Imbros-Schlucht (S. 128) Diese wohl zweitbeliebteste Wandertour nach der Samaria führt vom Dorf Imbros 8 km weit bis nach Komitades in der Nähe von Chora Sfakion.

Rouvas-Schlucht (S. 178) Kurze Verbindungsstrecke vom Dorf Zaros am Südhang des Psiloritis zur Gebirgsroute des E4-Trails. Sie ist ein günstiger Einstiegspunkt in die Transkreta-Trekkingroute.

„Tal der Toten" (S. 218) Zweistündige Wanderung am Ostende der Insel. Das auch Zakros-Schlucht genannte Tal bildet den letzten Abschnitt des E4-Trails und verläuft von Zakros bis zum Palast von Kato Zakros.

BERGSTEIGEN

Kreta bietet vielleicht keine so überwältigende Hochgebirgslandschaft wie Österreich oder die Schweiz, besitzt aber eine ganze Menge Berge und alteingesessene Bergsteigervereine, die sich um einheimische und ausländische Bergsteiger kümmern.

Der **Mountaineering and Skiing Club of Iraklio** (EOS; ☎ 2810 227 609; www.interkriti.org/orivatikos/orivat.html; Dikeosynis 53, Iraklion; ☎ 20.30–22.30 Uhr) wurde 1940 gegründet und ist Mitglied im Verband der griechischen Bergsteigervereine (EOS). Der Club hat rund 200 aktive Mitglieder, zu deren Aktivitäten Bergsteigen, Crosscountrywandern und Skifahren gehören. Er organisiert fast jedes Wochenende Exkursionen in verschiedene Gegenden Kretas, an denen auch Besucher teilnehmen können.

Den **Mountaineering Club of Hania** (EOS; ☎ 28210 74560; www.interkriti.org/orivatikos/hania1.htm; Tzanakaki 90, Chania) gibt es seit 1930; er ist ebenfalls Mitglied des EOS. Der Club pflegt den E4-Trail und organisiert Kletter-, Ski-, Kanu- und Höhlentouren.

Der **Mountaineering Club of Rethymno** (EOS; ☎ 28310 57766; Dimokratias 12, Rethymnon) unterhält eine Reihe von Berghütten (s. unten stehende Liste). Der **Mountaineering Club of Lasithi** (EOS; ☎ 28970 23230) ist für die Region der Lassithi-Hochebene zuständig.

Die Begehung des E4-Trails erfordert etwas Vorausplanung. Mit sechs- bis siebenstündigen Tageswanderungen ist zwar fast immer irgendeine Art von Unterkunft zu erreichen, aber einige davon müssen im Voraus gebucht werden – vor allem die Berghütten auf den Gebirgsetappen des E4.

Die Bergsteigervereine (EOS) von Chania, Iraklion und Rethymnon (s. oben) betreiben die folgenden Hütten:

Name	Lage	Höhe (m)	Kapazität (Betten)	EOS
Kallergi	Nähe Samaria-Schlucht	1680	50	Chania
Katsiveli-Svourihtis	Svourihtis-Ausläufer	1970	25	Chania
Prinos	Asites, Ostseite des Psiloritis	1100	45	Iraklion
Limnarkarou	Lassithi-Hochebene	1350	15	Lassithi
Tavris	Askifou-Hochebene	1200	42	Chania
Toubotos Prinos	Psiloritis	1500	28	Rethymnon
Volikas	Volikas Keramion	1400	40	Chania

Interessenten müssen sich mit den Clubs vorab in Verbindung setzen, um Hüttenübernachtungen zu buchen und die Schlüsselübergabe zu vereinbaren.

„Climb in Crete" (www.climbincrete.com) liefert äußerst hilfreiche Tipps zum Klettern und Bergsteigen auf der Insel, u. a. einen Erfahrungsbericht über die Cha-Schlucht.

WASSERSPORT

Kreta ist ein Traum für Wassersportler. An fast jedem größeren Strand werden Parasailing, Wasserski, Jetskier, Tretboote und Kanus angeboten. Die meisten Luxushotels an der Nordküste haben eigene Wassersportzentren, die auch Nichtgästen offen stehen. Anderswo bieten Spezialveranstalter Schnorchel- und Tauchkurse sowie Windsurfing an. Nur Wellen hat die kretische Küste kaum zu bieten; das Board kann also getrost zu Hause bleiben.

SCHNORCHELN & TAUCHEN

In den warmen, klaren Gewässern rund um Kreta macht das Schnorcheln und Tauchen richtig Spaß. Zum Schnorcheln ist das Gebiet rund um die versunkene Stadt Olous in der Nähe von Elounda (S. 204) besonders interessant. Das klarste Wasser lockt an der generell dünner besiedelten Südküste.

Verschiedene Tauchzentren bieten Anfängern die Möglichkeit, Schnupperkurse zu belegen und Tauchscheine zu machen; zertifizierte Taucher können die Wunder der Unterwasserwelt erkunden. Nach den griechischen Gesetzen darf man nur mit einem lizenzierten Anbieter auf Tauchstation gehen und muss die Finger von etwaigen Altertümern lassen, auf die man unter Wasser stößt. Es empfiehlt sich, Tauchgänge mindestens einen Tag im Voraus zu buchen. Einige Anbieter in den verschiedenen Städten:

Agios Nikolaos Cretas Happy Divers (☎ 28410 82546) Am Strand des Coral Hotels.
Bali Hippocampos (☎ 28340 94193; www.ippocampos.com) In Hafennähe.
Chania Blue Adventures Diving (☎ 28210 40608; Arholeon 11)
Iraklion Diver's Club (☎ 2810 811 755; www.diversclub-crete.gr; Agia Pelagia); Cretas Diving Centre (☎ 2821 093 616; Gefyra Klarissou 1)
Rethymnon Paradise Dive Centre (☎ 28310 26317; pdcr@otenet.gr; Eleftheriou Venizelou 57)

WINDSURFEN

Nennenswerten Wellengang gibt es in Griechenland nicht. Dafür lässt sich hier ausgezeichnet windsurfen, vor allem im Juli und August, wenn der *meltemi* weht. Allgemeine Auskünfte gibt die **Hellenic Windsurfing Association** (☎ 210 323 0330).

Das beste Windsurfingrevier auf Kreta liegt vor dem Kouremenos-Strand (S. 216), dem Stadtstrand von Palekastro, östlich von Sitia. Sehr beliebt bei der Windsurferzunft sind auch Paleochora (S. 117) und Almyrida (S. 125), in der Nähe von Chania. Einige der größten Wassersportzentren auf Kreta:

Agapi Beach Water Sports (☎ 2810 250 502) In Ammoudara, bei Iraklion.
Almyrida Sports Centre (☎ 28250 32062) In der Nähe von Chania.
Driros Beach (☎ 6944 932 760; www.spinalonga-windsurf.com) In Plaka bei Elounda.
Kouremenos Watersports Centre (☎ 28430 61116, 6979 254967; www.freak-surf.com)
Vai Watersports Centre (☎ 28430 61070) In Vai bei Sitia.
Water Sports Lefteris (☎ 28340 94102) In Bali bei Rethymnon.

GUT FÜR DIE SEELE

Die therapeutischen Wirkungen des Meers nutzen die Thalassotherapiezentren, mit denen sich verschiedene große Luxusresorts auf Kreta schmücken. Hier gibt es Meerwasser-Thalassotherapiepools, Hydrospas, Ganzkörperpackungen mit Meeresalgen und jede nur vorstellbare Wellness- und Verjüngungsbehandlung, die irgendwas mit „Meer" zu tun hat.

Das **Elounda Spa & Thalassotherapy Centre** (☎ 28410 65660; www.bluepalace.gr; halbtägige Kurbehandlungen ab 140 €), das zum Blue Palace Resort bei Elounda gehört, ist das neueste und modernste Wellnesszentrum der Insel. Neben Meerwasser setzt das Zentrum auch andere kretische „Nährstoffe" für ausgefallene Behandlungsangebote ein: z. B. ein Ganzkörperpeeling mit Zucker und Olivenöl, eine traditionelle Olivenölmassage und Meerwasser-Hydromassagebäder mit kretischen Kräutern. Es gibt sogar eine Anwendung mit Raki – eine ganz andere Art von „Rakotherapie" als die, der sich der gemeine Tourist unterzieht!

Wer sich einen Aufenthalt im Resort mit vollem Behandlungsprogramm nicht leisten kann oder will, kann das Wellnesszentrum trotzdem nutzen. Es bietet zu bestimmten Zeiten Behandlungspakete und Rabatte für externe Gäste an.

SEGELN

Segeln ist eine tolle Möglichkeit, Kreta zu erleben. Allerdings sind die Winde unbeständig, und wegen der großen Entfernung zu den anderen Inseln lässt sich ein Abstecher nach Kreta schlecht in einen Segeltörn durch die griechische Inselwelt einbinden. Einige Veranstalter bieten aber Tagestörns an. Wer an der Südküste entlangsegelt, bekommt einige der schönsten und einsamsten Strände Kretas zu sehen.

Nautilus Yacht Rentals (☎ 28420 89986) in Ierapetra bietet private Törns rund um die Südküsteninseln Chrissi and Koufonissi an und segelt um die Küste bis nach Sitia.

Segler können sich unter www.sailing.gr oder www.yachting.gr über die Segelreviere rund um Kreta und Griechenland informieren. Hier gibt es haufenweise Links zu griechisch- und englischsprachigen Websites zum Thema Segeln.

SONSTIGE AKTIVITÄTEN

GOLF

Nachdem Kreta bislang nur ein paar 9-Loch-Golfplätze hatte, wurde 2003 der erste 18-Loch-Platz auf der Insel angelegt. Der **Crete Golf Club** (☎ 28920 26000; www.crete-golf.com; Chersonisos) ist ein Gemeinschaftsunternehmen einiger Spitzenhotels und -resorts der Insel. Sie hoffen, dass andere ihrem Beispiel folgen, um Kreta zu einem noch attraktiveren Golfurlaubsziel zu machen – das richtige Wetter hat die Insel auf jeden Fall. Die Par-72-Anlage bei Chersonisos wurde als „Wüstenplatz" gestaltet, der sich optimal in die Umgebung einfügt. Der ziemlich anspruchsvolle Platz hat eine beidseitig bespielbare Drivingrange, eine Golfschule und ein Clubhaus. Für blutige Anfänger ist er jedoch ungeeignet. Genügend Kleingeld sollte man jedenfalls dabeihaben: Eine 18-Loch-Runde schlägt im Sommer mit 65 € zu Buche – und darin sind weder Schläger noch Buggys enthalten.

REITEN

Es gibt auf Kreta mehrere Reitzentren, die Reitmöglichkeiten und geführte Ausritte in die kretische Landschaft anbieten.

Horseriding Club of Akrotiri (☎ 28210 39366; www.mjpr.com/zefiros) in Tersanas auf der Halbinsel Akrotiri: Hier gibt es für Kinder und Anfänger Reitunterricht auf Ponys und Pferden und für erfahrene Reiter einstündige bis halbtägige Ausritte zu den Klöstern und Stränden der Halbinsel.

Zoraida's Horseriding (☎ 28250 61745; www.georgioupoli.net/zoraida/index.htm) in Georgioupoli bietet Strandreiten und Ausritte auf Naturpfaden für Anfänger und Fortgeschrittene, u. a. einen sechstägigen Kurs für erfahrenere Reiter. Die Tagessafari mit Mittagessen in einer Taverne kostet 70 €.

PARAGLIDING

Kreta ist mit seinem Klima und Terrain ideal fürs Paragliding (hier *parapente* genannt). Das ist eine prima Art, die Insel zu sehen – zumindest für die, die den Mumm haben, mit den Vögeln zu fliegen. Es gibt rund zwanzig ausgezeichnete Startplätze für Paraglider auf Kreta. Die meisten liegen rund um die drei höchsten Berge oder an den Küsten, z. B. bei Falasarna und Paleochora.

Der zertifizierte Paragliding-Lehrer Grigoris Thomakakis hat sich mit seinem **International Centre of Natural Activities** (☎ 28970 51200; www.icna.gr) im Dorf Avdou, südlich von Chersonisos, niedergelassen: Dank des speziellen Mikroklimas kann er hier seiner Leidenschaft an 187 Tagen im Jahr, von

April bis Oktober, frönen. Die Bedingungen sind so gut, dass man an mehr als 180 dieser Tage von 10 bis 19 Uhr fliegen kann. Auch auf der übrigen Insel unternimmt Grigoris Paraglidingtouren mit Gruppen aus aller Welt. Das Unternehmen hat sein Angebot erst kürzlich um Aktivitäten wie Höhlentouren (hierfür ist Grigoris Experte), Mountainbiketouren, Trekking, Reiten und Klettern erweitert.

Essen & Trinken

Die kretische Küche gehört zu den Highlights eines Kretaurlaubs – wenn man die faden Touristenlokale meidet und sich seine Restaurants sorgfältig aussucht.

Die kretische Kost ist eng mit der Küche des Festlands und des übrigen Mittelmeerraums verwandt. Sie ist herzhaft, ausgewogen und gesund und beruht auf der Vielfalt frischer saisonaler Produkte, die die Insel im Überfluss hervorbringt. Es gibt viele kretische Spezialitäten, die sich von den Gerichten des Festlands unterscheiden. Auch die einzelnen Regionen Kretas haben ihre Spezialitäten und eigene kulinarische Bräuche. So gibt es bei Hochzeiten und anderen Festen in Anogia z. B. Spaghetti zum Fleisch, auf der übrigen Insel dagegen meist Reis-*pilafi*.

Der gesundheitliche Nutzen der kretischen Kost ist weltweit bestens dokumentiert. Viele Forscher – u. a. in einer 1987 von der Weltgesundheitsorganisation durchgeführten Studie – haben festgestellt, dass Herzkrankheiten auf Kreta viel seltener vorkommen als in vielen anderen Weltgegenden. Dies wird darauf zurückgeführt, dass die Kreter mehr Hülsenfrüchte, Frischgemüse und Obst als Fleisch und Fertigprodukte verzehren. Das auf Kreta in Strömen produzierte native Olivenöl gehört zu den besten der Welt und ist unentbehrlicher Bestandteil fast aller kretischen Mahlzeiten. Es wirkt nicht nur selbst gesundheitsfördernd, sondern verfeinert auch das Aroma von Gemüse und Salaten und steigert damit deren Verzehr. Heutzutage essen die Kreter zwar mehr Fleisch als früher, aber sein Anteil an einem traditionellen kretischen Familienessen ist immer noch gering. Dafür spielen Fisch und Meeresfrüchte eine wichtige kulinarische Rolle.

Angelika Illies gibt in *Kretas Küche* (2003) eine gute Einführung in die „gesunde und sonnenverwöhnte" Kost der Insel. Ein Honiglöffel aus Olivenholz zur Portionierung des regionaltypischen Thymianhonigs wird gleich mitgeliefert.

Die Kreter sind begeisterte Esser und gehen unabhängig von ihrem gesellschaftlichen und finanziellen Status oft zum Essen aus, weil eine Mahlzeit mit Freunden für sie höchste Lebensfreude bedeutet. Für ein gutes Restaurant oder besondere Spezialitäten nehmen sie weite Wege auf sich und fahren z. B. eigens in die Berge, um Fleisch aus lokaler Aufzucht, oder ans Meer, um frischen Fisch zu genießen.

Leider ist das Essen in den Restaurants der touristischen Ballungszentren oft mäßig. Wo die Kreter selbst essen, stimmt die Qualität fast immer. Als Faustregel gilt: Je weiter man sich von der Nordküste entfernt (wo sich die meisten Touristen tummeln), desto besser wird das Essen – besonders in den Dörfern, wo die Mahlzeiten vorwiegend aus frischen Produkten der Gegend zubereitet werden.

Die meisten Restaurants bieten eine Auswahl an Schmortöpfen und Aufläufen *(mayirefta)* und nach Bestellung zubereitete Gerichte *(tis oras)* wie Grillteller und Spezialitäten. *Mayirefta* kommen normalerweise lauwarm auf den Tisch. Das ist nach Meinung der Kreter gesünder und für die Restaurants praktischer, weil es schwierig wäre, alle Gerichte ständig kochend heiß zu halten. Die Mikrowelle hat hier kaum Freunde.

Die Kreter bestellen immer eine Menge Gerichte auf einmal, sodass am Ende der Mahlzeit einiges übrig bleibt. Einen Bauernsalat oder *tzatziki* als komplette Mahlzeit zu bestellen – wie es junge und besonders sparsame Touristen gern tun – gilt als unfein, und die Bedienung rümpft oft insgeheim die Nase darüber.

Jedes Esslokal ist gesetzlich verpflichtet, eine Speisekarte mit Preisen auszuhängen. Brot kommt automatisch auf den Tisch, und es wird eine Gedeckpauschale berechnet.

Die Original-Kreta-Diät (2005) von Myrsini Lambraki und Ingrid Kiefer lässt die Leser mit authentischen Rezepten rund um das Lebenselixier Olivenöl an der gesunden Wirkung der kretischen Ernährung teilhaben.

TYPISCHES & SPEZIALITÄTEN

Die griechische und die kretische Küche überschneiden sich in vielen Punkten, aber es gibt eine Menge kretischer Spezialitäten, die man probieren sollte.

Dakos oder *koukouvagia* ist eine Art runder Gerstenzwieback, der zuerst in Wasser eingeweicht, dann mit Öl und geriebenen Tomaten getränkt und schließlich mit Käse und Oregano bestreut wird. *Kalitsounia* sind kurz frittierte Teigtaschen mit einer Füllung aus Käse oder *chorta* (Wildkräutern). Die gleiche Käseart wird mit Honig als Dessert gereicht. Die Kreter essen viel Lamm- und Ziegenfleisch und mögen auch Kaninchen gern, das zu *stifado* oder Eintopf verarbeitet wird.

Seit Jahrhunderten sammeln die Kreter *chorta* in den Hügeln und bereiten daraus Gemüsebeilagen zu oder geben das Grün an Pastetenfüllungen und Eintopfgerichte. Typische Gemüsegerichte sind z. B. *dolmades* (gefüllte Weinblätter) und *anthous* (mit Reis gefüllte Zucchiniblüten). Okra wird gern mit Huhn zu Eintopfgerichten kombiniert.

Nach Regenfällen werden an den Hängen Schnecken gesammelt und nach Dutzenden interessanter Rezepte zubereitet. Versuchen sollte man z. B. *chochlii boubouristi,* das sind in Essig gedünstete Schnecken, oder Schnecken mit Gerste.

Auf Kreta wird auch wunderbarer Käse hergestellt, u. a. *myzithra,* ein milder, ricottaähnlicher Weichkäse, der so verzehrt oder zum Reiben gehärtet werden kann, der gelbe *anthotiro*, ein ähnlicher, weicher Molkekäse, und *graviera*, ein Rohmilchkäse aus Schafsmilch. Häufig werden Ziegen- und Schafsmilch gemischt. *Staka* ist ein fetter, weicher Rahmkäse, der mit Mehl gekocht wird. Er kommt oft an Reis-*pilafi*, um es cremiger zu machen.

Zu den typisch kretischen Süßspeisen gehören die vor allem in der Region Chania verbreiteten *sfakianes pittes:* eine Art dünne Pfannkuchen mit leichter *myzithra*-Füllung, die mit Honig serviert werden.

Snacks

An Snacks gibt es z. B. *tyropitta* (Käsetaschen) oder *spanakopitta* (Spinattaschen), *loukoumades* (eine Art Krapfen), *bougatsa* (Teigschnitten mit Cremefüllung) und *koulouria* (Brezelringe). Straßenverkäufer bieten Tüten mit verschiedenen Nüssen und getrockneten Samen wie Kürbiskernen an.

Mezedes

Die meisten Restaurants haben eine große Auswahl an *mezedes* (Appetithappen). Übliche *mezedes* sind z. B. *taramosalata* (Dip aus Fischrogen), *tzatziki* (Joghurtdip mit Gurke und Knoblauch), Oliven mit Feta, *ochtapodi* (Tintenfisch), *garides* (Krabben), *kalamaria* (Kalmar), *dolmades* und *melitzanosalata* (Auberginenpüree).

Zu den warmen *mezedes* gehören *keftedes* (Fleischbällchen), *gigantes* (weiße Riesenbohnen), *loukanika* (kleine Würstchen), *bourekaki* (winzige Fleischpasteten), *fava* (Erbsenpüree), *kolokythakia* (frittierte Zucchini), *melitzana* (frittierte Auberginen), *saganaki* (gebackener Käse), *apaki* (ein Räucherfleischgericht) und Muschel- oder Krabben-*saganaki* (mit Tomaten und Käse überbacken).

Niemand hat etwas dagegen, wenn man sich daraus eine Komplettmahlzeit zusammenstellt, statt ein Hauptgericht zu bestellen. Drei *mezedes*-Teller entsprechen in Menge und Preis etwa einem Hauptgericht. Wer will, kann auch eine *pikilia* (gemischten Teller) ordern und hat dann von allem etwas.

Suppen

Suppe ist normalerweise keine Vorspeise, sondern kann für sich genommen mit Brot und Salat als preiswerte und gehaltvolle Mahlzeit dienen. *Psarosoupa* ist eine sättigende Fischsuppe mit Gemüse. Die auf Bestellung zubereitete *Kakavia* (griechische Bouillabaisse) ist teurer, weil sie verschiedene Meeresfrüchte enthält. *Fasolada* (Bohnensuppe) ist ebenfalls eine Komplettmahlzeit. *Avgolemono* (Ei-Zitronen-Suppe) wird meist mit Hühnerbrühe gekocht. Wer auf Innereien steht, sollte sich die *mayiritsa*, die traditionelle Ostersuppe, nicht entgehen lassen.

Kretischer Raki – Raki-Kultur (1999) von Thomas Balistier führt in die Kunst des Rakitrinkens ein und informiert ausführlich über die Herstellung des kretischen Nationalgetränks und seine Rolle in Alltag und Kulturgeschichte der Insel.

Salate

Der allgegenwärtige (und nicht mehr so billige) griechische Bauernsalat, *choriatiki salata*, ist für die Griechen nur Beilage, während viele sparsame oder gesundheitsbewusste Touristen ihn als Hauptgericht wählen. Er besteht aus Tomaten, Gurke, Zwiebeln, Oliven und Schafskäse und wird mit Oregano und Olivenöl angerichtet. Es gibt auch Varianten mit Paprika oder Kapern. Kopfsalat und Krautsalat werden je nach Saison angeboten. *Chorta* sind sehr lecker als warmer Salat. Heutzutage haben die meisten guten Restaurants und sogar Tavernen auch *roka* (Rucola) und andere Salatsorten im Angebot. Im Frühling sollte man den *radikia salata* (Löwenzahnsalat) probieren.

Hauptgerichte

Die gebräuchlichsten *mayirefta* sind *moussaka* (geschichteter Auflauf aus Aubergine oder Zucchini, Hackfleisch und Kartoffeln, mit Käsesauce überbacken), *pastitsio* (Auflauf aus Makkaroni und Hackfleisch mit Käsekruste), *boureki* (Auflauf mit Käse, Zucchini und Kartoffeln), *yemista* (gefüllte Tomaten oder grüne Paprika), *giouvetsi* (Schmortopf mit Lamm oder Kalb und Nudeln), *stifado* (Fleischeintopf mit Zwiebeln), *soutzoukakia* (würzige Fleischbällchen in Tomatensauce) und *salingaria* (Schnecken in Öl mit Kräutern). *Ladera* ist eine spezielle Bezeichnung für in Olivenöl gegarte *mayirefta*.

Auch Fleischgerichte vom Holzkohlegrill gibt es oft als Hauptgang – hauptsächlich Schwein, Lamm und Ziege oder würzige *loukanika* (Würstchen). Diese teilt man sich normalerweise nach den Vorspeisen und Salaten. Fisch wird in den Restaurants meist zum Kilopreis offeriert, ist aber nicht mehr so billig und in solchem Überfluss erhältlich wie früher. Er wird in der Regel gegrillt oder gebraten.

Gesund mit der Kreta-Diät (2006) von Ingeborg Münzing-Ruef und Stefanie Latzin erklärt die Geheimnisse der kretischen Küche vom ernährungswissenschaftlichen Standpunkt und liefert dazu eine Menge typische Rezepte der Insel.

Desserts

Die meisten Tavernen reichen nach der Mahlzeit Obst. In manchen Lokalen gibt es *halva* (Süßspeise aus Grieß oder Sesam) und *pagoto* (Eiscreme). Zu den griechischen Süßspeisen gehören *baklava, loukoumades* (eine Art Krapfen mit Honig oder Sirup), *kataïfi* (gehackte Nüsse in honiggetränktem Strudel- oder Filoteig), *rizogalo* (Reispudding), *loukoumi* (Fruchtgelee mit Puderzucker) und *galaktoboureko* (Teigtaschen mit Cremefüllung in Sirup). Solche Leckereien verkaufen vor allem die *galaktopoleia* (Milchläden) oder *zaharoplasteia* (Patisserien). In Sirup eingelegtes Obst, das so genannte „Löffelsüße", wird gelegentlich nach dem Abendessen gereicht oder wenn man jemanden zu Hause besucht.

Obst

Auf Kreta werden viele schmackhafte Obstsorten angebaut, u.a. *syka* (Feigen), *rodakina* (Pfirsiche), *stafylia* (Trauben), *karpouzi* (Wassermelone), *mila* (Äpfel), *portokalia* (Orangen) und *kerasia* (Kirschen).

GEWUSST?

Die Griechen haben weltweit den höchsten Olivenölverbrauch pro Kopf – nach einer Studie von 1996 verzehrt auf Kreta jeder Einzelne durchschnittlich 31 l pro Jahr.

Besuchern wohl weniger vertraut ist die *frangosyko* (Kaktusfeige), die Frucht einer Kakteenart namens Opuntia. Sie ist köstlich, muss aber mit größter Vorsicht behandelt werden, weil ihre Schale mit Tausenden winziger Stachelhärchen bedeckt ist (die man mit bloßem Auge nicht sieht). Man darf sie nie mit bloßen Händen anfassen. Zum Schälen am besten beide Enden mit dem Messer abschneiden und die Schale dann der Länge nach aufschlitzen.

Eine weitere exotische Frucht ist die *mousmoulo* (Loquat). Diese kleinen, orangefarbenen Früchte gehören zu den ersten des Sommers und kommen schon Mitte Mai auf den Markt. Ihr Fleisch ist saftig und angenehm säuerlich.

GETRÄNKE

Kaffee & Tee

Der griechische Kaffee kämpft darum, sich als Nationalgetränk gegen die scharfe Konkurrenz des allgegenwärtigen Frappés zu behaupten. Er ist ein Vermächtnis der Osmanenherrschaft: Bis zur türkischen Zyperninvasion 1974 nannten die Griechen ihn noch türkischen Kaffee. Traditionell wird er auf heißem Sand in einem speziellen *briki* (Topf) aufgebrüht und in einer kleinen Tasse serviert, in der der Kaffeesatz auf den Boden sinkt (nicht mittrinken).

Kenner behaupten, es gäbe mindestens 30 Varianten des griechischen Kaffees, aber die meisten Leute kennen nur drei: *glykos* (süß), *metrios* (mittelsüß) und *sketos* (ohne Zucker).

Frappé ist ein schaumig aufgeschlagener, gekühlter Pulverkaffee – meist aus Nescafé, der marktbeherrschenden Marke in Griechenland. Espresso und Filterkaffee sind inzwischen weit verbreitet und auch kalt – *freddo* – erhältlich.

Tee ist auf Kreta nicht so angesagt, aber man bekommt ihn durchaus – meist in Beutelform. Zunehmend beliebter wird Kräutertee, besonders der aus *diktamo* (Diptam).

GESUND MIT KRETISCHER KÜCHE

Dass die kretische Kost besonders gesund ist, fiel erstmals 1960 auf: Eine maßgebliche 15-Jahres-Studie ergab, dass die kretischen Männer aller sieben untersuchten Nationen (Finnland, USA, Niederlande, Italien, Jugoslawien, Japan und Kreta) am seltensten Herz-Kreislauf-Erkrankungen oder Krebs bekamen. Als des Rätsels Lösung gilt die kretische Kost, die reich an Obst, Gemüse, Hülsenfrüchten und Vollkornprodukten ist und als Kochfett nur jede Menge Olivenöl verwendet. Ein weiterer Faktor sind vielleicht die *chorta* (Wildkräuter), die die Kreter in den Hügeln sammeln und an Pastetenfüllungen und Salate geben. Ihre möglichen Schutzwirkungen sind noch nicht vollständig erforscht.

Auch das regelmäßige Fasten könnte eine Rolle spielen und die Verwendung von Schafs- und Ziegenmilch statt Kuhmilch. Viele schwören auf die medizinischen Eigenschaften von Raki und Wein und ihre Bedeutung für ein langes Leben. Leider verändern sich durch Wohlstand und Verstädterung der Insel auch Ernährung und Lebensstil der Kreter. Seit die Kreter mehr Fleisch und Käse essen und nicht mehr so hart auf den Feldern arbeiten, nehmen Herz-Kreislauf-Erkrankungen und Krebs zu.

Doch die Grundsätze der traditionellen kretischen Küche rücken zunehmend wieder ins Bewusstsein. Restaurants, die strikt nach den Regeln der kretischen Küche kochen, können eine Zulassung nach „Concred“ beantragen: Dieses Zertifizierungsprogramm wurde 2004 zur Förderung der traditionellen Kretaküche eingeführt. Auch bei uns macht die so genannte „Kreta-Diät“ von sich reden (s. Buchtipps S. 70 und 71) – wobei es sich nicht um eine Diät im eigentlichen Sinne handelt, sondern eben um die gesunde Ernährungsweise der Kreter.

Wasser

Das kretische Leitungswasser kann man ohne Bedenken trinken. Viele Touristen bevorzugen aber Mineralwasser aus der Flasche, das fast überall zu bekommen ist. Es gibt mehrere lokale Mineralwassermarken – mit und ohne Kohlensäure.

Bier

Freunde des Biers werden feststellen, dass der Markt von den großen nordeuropäischen Brauereien beherrscht wird. Die beliebtesten Biere sind Amstel und Heineken, die in Griechenland in Lizenz gebraut werden. Ebenfalls lokal gebraut werden Henninger, Kaiser, Kronenbourg und Tuborg. Heimische Biersorten sind z. B. Mythos und Alfa.

In den Touristenregionen findet man diverse Importbiersorten. Am billigsten ist Bier im Supermarkt, und Flaschen sind billiger als Dosen. Die Kioske verkaufen ebenfalls Bier.

Griechenland. Kulinarische Streifzüge (2005): Werner O. Feißt bettet viele leckere Rezepte in Schilderungen seiner Reisen auf dem griechischen Festland und auf Kreta ein und liefert ein fesselndes, sehr persönliches Bild von den Menschen, ihrem Leben und ihrer Esskultur.

Wein

Nach alter Sage sollen die Griechen den Wein erfunden bzw. entdeckt haben. Auf Kreta wird er jedenfalls seit über 3000 Jahren im großen Stil produziert. Schon die Minoer hatten Weinpressen in ihren Palästen.

Bis in die 1950er wurden die meisten griechischen Weine nur vom Fass verkauft und gelangten selten weiter als in die nächste Stadt. Erst mit der Industrialisierung (und dem rapiden Wachstum der Stadtbevölkerung) stieg die Nachfrage nach Flaschenweinen. Qualitätskontrolle blieb ein Fremdwort, bis 1969 im Vorfeld der Bewerbung um die EG-Mitgliedschaft gesetzliche Vorschriften für die Herkunftsbezeichnungen eingeführt wurden.

Seitdem haben sich die griechischen Weine sehr gemausert. Griechische Winzer produzieren heute hervorragende Weine aus einheimischen und internationalen Rebsorten. Viele in Kleinstserien hergestellte – und relativ teure – „Boutiqueweine" erringen internationale Preise und Anerkennung, und es ist von einer „Renaissance" des griechischen Weins die Rede.

Im Großen und Ganzen wird der kretische Wein Kenner vielleicht nicht in Ekstase versetzen, aber es sind angenehme und sogar ausgezeichnete Tropfen dabei. Die meisten Weine sind aus mehreren Rebsorten verschnitten und werden von Kooperativen in großen Mengen produziert, wobei die Qualität schwankt. Die besten Sorten kommen vor allem aus Peza, Dafnes, Sitia und Archanes, die eigene Appellationen haben.

Allerdings produzieren auf Kreta inzwischen einige kleinere Winzerbetriebe hervorragende „Boutiqueweine" aus lokalen Rebsorten. Die besten Weine sind mit klarer Herkunftsbezeichnung etikettiert. Die beliebtesten Rebsorten sind *Villana* und *Thrapsathiri*. Die älteste Rebsorte heißt *Liatiko*; aus ihr wird schon seit 4000 Jahren Rotwein gemacht. Weitere einheimische rote Sorten sind z. B. *kotsifali* und *mandelari*.

Griechenland genießen (2004) von Monica Kellermann und Rudolf Knoll ist vor allem wegen seiner Schilderung der uralten Geschichte des Weinbaus in Griechenland und seiner kundigen Führung durch die moderne griechische Weinszene lesenswert.

Die in Restaurants ausgeschenkten Hausweine sind in der Regel recht annehmbar und viel billiger als Flaschenweine. Sie haben oft eine leichte Portweinnote. Man hat die Auswahl zwischen *kokkino* (rot), *roze* (rosé) oder *lefko* (weiß). Hausweine werden in Halbkilo- oder Kilokaraffen serviert und kosten um die 3 € pro kg (ca. 1 l).

Spirituosen

Das beliebteste Getränk auf Kreta ist der Raki – oft *tsikoudia* genannt. Er wird aus den Traubenresten destilliert, die beim Pressen der Trauben für

Griechische Küche und Weine (1997) von Sophia Souli enthält typische und ausgefallenere Rezepte und viele Infos über Festessen, regionale Spezialitäten, Süßspeisen sowie griechischen Wein und andere landestypische Getränke.

die Weinherstellung übrig bleiben, und ähnelt dem italienischen *grappa* und irischen *poteen*. Jedes Jahr im Oktober produzieren Brennereien auf ganz Kreta gewaltige Mengen Raki; im Anschluss gibt es oft ein Festmahl. Heutzutage darf Raki nur noch mit Konzession gebrannt werden, doch daran hält sich nicht jeder.

Guter Raki hat ein rundes, mildes Aroma, ohne merklich in der Kehle zu brennen. Wer zum Raki etwas isst, ihn nicht mit anderem Alkohol mischt und zwischendurch das eine oder andere Glas Wasser trinkt, muss schon erhebliche Mengen zu sich nehmen, um unangenehme Nachwirkungen oder einen Kater befürchten zu müssen. Raki wird normalerweise in Minikaraffen zu etwa 3 € serviert.

Ouzo ist zwar überall auf Kreta zu bekommen, hat aber viel weniger Anhänger und wird hauptsächlich von Fest- oder Ausländern getrunken. Er ist klar und farblos und verfärbt sich milchig weiß, wenn man ihn mit Wasser mischt. Die beliebtesten Marken sind Ouzo 12, Mini und Ploumariou. Ouzo kommt pur auf den Tisch – mit einem separaten Glas Wasser zum Verdünnen.

FESTESSEN

Essen spielt eine zentrale Rolle im Leben der Kreter und somit auch bei ihren religiösen und kulturellen Festen, zu denen meist ein Festmahl gehört.

Die griechische Leidenschaft fürs Essen wird in dem visuellen Festschmaus *Zimt und Koriander* (Politiki Kouzina), einem Kinohit über die Griechen in Kleinasien, wunderbar dargestellt.

Vor Ostern herrscht Fastenzeit. Es gibt spezielle Fastengerichte ohne Fleisch oder Milchprodukte – die ganz strikte Variante verzichtet sogar auf Öl. Doch gleich nach der Auferstehung beginnen die Festlichkeiten mit einer Schüssel *mayiritsa* – Suppe aus Innereien – und dem Mittagsmahl des Ostersonntags mit Lamm und *kreatotourta* (Fleischpasteten). Rot gefärbte Eier sind wichtiger Bestandteil der Osterfeiern und zieren oft das *tsoureki*, ein Hefebrot, das mit Mastix (Harz aus der Rinde des Mastixbaums) und *machlepi* (Gewürz aus den Kernen der Felskirsche) aromatisiert wird.

Zu den österlichen Süßspeisen gehören *koulouria* (frische Brezelringe), *melomakarona* (Honigplätzchen) und *kourambiedes* (Mandelplätzchen).

Bei Hochzeiten und Taufen kommt zu Beginn des Abendessens normalerweise Reis-*pilafi* auf den Tisch. *Kouloura* – ein kunstvoll verziertes Brot – gehört ebenfalls zu den traditionellen Hochzeitsspeisen. Dem Brautpaar werden Honig und Walnüsse als Aphrodisiakum gereicht.

Zu Neujahr gibt es einen besonderen Kuchen mit eingebackener Münze, die dem Empfänger das ganze Jahr Glück bringen soll.

Im Verlauf des Jahres drehen sich viele Feiern um die Nahrungsproduktion, so z. B. die verschiedenen Erntefeste – von Kastanien bis zu Sultaninen (s. komplette Liste S. 227).

DOs & DON'Ts

- Ruhig darum bitten, in die Kochtöpfe schauen oder seinen Fisch selbst auswählen zu dürfen.
- Unbedingt nach Spezialitäten der jeweiligen Region fragen.
- Nicht aufs Bezahlen bestehen, wenn man zum Essen im Restaurant eingeladen wird – das beleidigt den Gastgeber.
- Einen Kaffee oder Raki nie ablehnen – das Angebot ist eine Geste der Gastfreundschaft und des Wohlwollens.

WOHIN ZUM ESSEN?

Das Abendessen ist auf Kreta eine gemächliche, gesellige Angelegenheit. Entsprechend kann auch das Bedienungstempo nach unseren Maßstäben recht gemütlich sein. Dafür haben die Restaurants es aber auch nie eilig, abzurechnen und einen loszuwerden. Auf der Rechnung steht immer eine kleine „Gedeckpauschale“ für jeden Gast. Ein Trinkgeld ist nicht zwingend, aber es ist üblich, die Rechnung aufzurunden und für guten Service ca. 10 % draufzulegen.

Ausführliche Informationen über Weinregionen und Winzer des Landes gibt es unter www.greekwine.gr oder www.greekwinemakers.com.

Estiatorio (Restaurant) Meist gehobener als eine Taverne oder *psistaria*. Restaurants haben Tischdecken, elegant gekleidete Kellner und für jeden Tisch gedruckte Speisekarten mit englischer Übersetzung.

Galaktopoleia Wörtlich: „Milchladen“. Diese verkaufen Milchprodukte, u. a. Milch, Butter, Joghurt, Reispudding, Maispudding, Vanillecreme, Eier und Brot. Bei manchen gibt es auch selbst gemachte Eiscreme.

Kafenia Manche Ausländer betrachten sie als letztes Bollwerk des männlichen Chauvinismus in Europa, da sich in ländlichen Gegenden kaum je eine Kreterin in einem *kafenion* blicken lässt. Touristinnen werden hier aber immer höflich und freundlich behandelt, besonders wenn sie ein paar griechische Begrüßungsworte beherrschen.

Ouzeri/Rakadiko Sie servieren Ouzo und kleine *mezedes*-Teller bzw. auf Kreta Raki (weshalb sie hier oft *rakadika* heißen). Viele Ouzerien haben heutzutage eine Speisekarte mit großer *mezedes*-Auswahl und sogar Hauptgerichten.

Psistaria Solche Lokale sind auf Spießbraten und andere Grillgerichte spezialisiert – meist Lamm, Schwein oder Huhn –, die sie oft auch zum Mitnehmen verkaufen.

Taverna Schlichtes Lokal mit rustikalem Ambiente. Es gibt sie auch in noblerer Ausführung, besonders in Iraklion, Chania und Rethymnon.

Zaharoplasteia Patisserie, die Kuchen (traditioneller und westlicher Art), Pralinen, Plätzchen, Süßigkeiten, Kaffee, Softdrinks und manchmal alkoholische Getränke in Flaschen verkauft.

Auf die Schnelle

Griechisches Fastfood ist kaum zu toppen. An erster Stelle stehen dabei *gyros* und *souvlaki*. Das *gyros* besteht aus einem riesigen, mit gewürzten Fleischscheiben bestückten Spieß, der sich langsam vor einem Grill dreht. Das Fleisch wird portionsweise von der Außenseite abgesäbelt. *Souvlakia* sind kleine, einzeln verkaufte Grillspießchen. Beide werden mit Tomate, Zwiebel und reichlich *tzatziki* in Pittabrot gefüllt.

VEGETARIER & VEGANER

Richtige vegetarische Restaurants sind auf Kreta rar, und viele Gemüsesuppen und -eintöpfe werden mit Fleischbrühe zubereitet. Gebratenes Gemüse ist ein sicherer Tipp, weil hierzu immer Olivenöl und nie Schmalz verwendet wird. Die Kreter machen tolle Dinge mit *anginares* (Artischocken), die gefüllt, als Salat, als *meze* (besonders mit *raki*) oder als Eintopf mit Kartoffeln und Karotten zubereitet werden. Vegetarier, die Eier essen, können sich überall ein Omelett zaubern lassen. Salate sind billig, frisch, gehaltvoll und sättigend. Meist stehen auch *chorta* auf der Speisekarte.

Die Fastenzeit ist für Vegetarier eine gute Sache, da dann bei vielen Gerichten das Fleisch weggelassen wird.

GEWUSST?

Es gibt mindestens hundert essbare Wildkräuter *(chorta)* auf Kreta, doch selbst die kundigsten Kräutersammler erkennen davon nicht mehr als ein Dutzend.

FÜR KLEINE ESSER

Kreta ist sehr kinderfreundlich. Familien werden sich in den zwanglosen Tavernen und *psistarias* wohl fühlen, wo Kinder willkommen sind und nett behandelt werden. Oft essen Familien noch spätabends auswärts: Die Kinderhorde spielt vor den Tavernen, während die Eltern ihr ausgiebiges Abendessen genießen. Spezielle Kindergerichte auf der Speisekarte sind selten, aber die meisten Lokale machen auf Nachfrage spezielle Teller zurecht oder gehen auf Sonderwünsche ein.

ESSKULTUR

Für die meisten Kreter besteht das Frühstück aus griechischem Kaffee (und Zigaretten) und vielleicht einem Stück Kuchen oder Gebäck. Hotels der unteren Preiskategorie bieten meist „kontinentales" Frühstück an (Brötchen oder Brot mit Marmelade und Tee oder Kaffee). Vornehmere Hotels fahren komplette Frühstücksbüfetts auf. Manchmal wird auch ein „kretisches Frühstück" angeboten, das aus einem gekochten Ei, Brot, Schafskäse, Schinken, Oliven – und Raki – besteht. Ansonsten servieren Restaurants und *galaktopoleia* Brot mit Butter, Marmelade oder Honig, Eier und *yiaourti* (Joghurt) mit Honig und Obst.

Das Mittagessen wird spät verzehrt – zwischen 13 und 15 Uhr – und kann ein Snack oder die Hauptmahlzeit des Tages sein. Viele Kreter essen zwei große Mahlzeiten am Tag.

Das Abendessen beginnt ebenfalls spät – nach 21 Uhr –, kommt in Touristengegenden aber auch früher auf den Tisch. Ein komplettes Abendessen geht mit Appetithappen und Salaten los, gefolgt von einem Hauptgang oder gegrilltem Fleisch bzw. Fisch. Zu *mayirefta* werden üblicherweise Brot und Salat gereicht.

Als Dessert gibt es häufig Wassermelone auf Kosten des Hauses oder frisches Saisonobst mit einem Schluck Raki. Nur ganz feudale Restaurants und reine Touristenlokale haben Desserts im westlichen Stil auf ihrer Speisekarte.

GEWUSST?

Auf Kreta stehen die ältesten Olivenbäume Griechenlands. Das führte zu einem heftigen Streit zwischen zwei Dörfern (Kavourisio und Kolimbari): Beide wetteiferten um die Ehre, die Siegerkränze für den Marathon der Olympischen Spiele 2004 in Athen liefern zu dürfen. Schließlich wurden Blätter von beiden Bäumen verwendet.

DAS GUTE ÖL

Seit den Anfängen der Zivilisation gehört die Olive zum Leben im östlichen Mittelmeerraum. Der Olivenanbau lässt sich über 6000 Jahre zurückverfolgen. Als Erste erkannten die Bauern der Levante (heute Syrien und Libanon) das Potenzial des wilden europäischen Ölbaums *(Olea europaea)* – eines schütteren, dornigen Bäumchens, das in der Region gedieh. Der von diesen Bauern begonnene Ausleseprozess brachte die kompakteren, dornenlosen, ölreichen Sorten hervor, die heute im Mittelmeerraum vorherrschen.

Während bei uns die meisten das Olivenöl bloß als Speiseöl kennen, war es für die Menschen der alten mediterranen Kulturen viel mehr als das. Für sie war es gleichbedeutend mit dem zivilisierten Leben. Es diente nicht nur als wichtiges Nahrungsmittel, sondern auch als Brennstoff für Lampen, als Schmiermittel und – mit Essenzen gemischt – als Grundstoff für Duftöle.

Die Minoer waren die Ersten, die durch die Olive reich wurden. Westkreta ist bis heute ein bedeutendes Olivenanbaugebiet und hat sich auf hochwertige Salatöle spezialisiert. Das Aushängeschild der Region, die Kolimbari-Kooperative, vertreibt ihr „natives Olivenöl extra" unter den Markennamen *Athena* und *Kydonia* in den USA und Europa. Biolea ist ein Bio-Olivenöl der Spitzenklasse. Auch die Sitia-Region im Osten produziert hervorragendes Öl, u. a. das preisgekrönte Bio-Olivenöl des Klosters Toplou.

Am höchsten geschätzt wird das *agoureleo* (d. h. „unreif"), ein dickflüssiges, grünes Öl, das aus unreifen Oliven gepresst wird.

Viele Familien auf Kreta haben eigene Olivenbäume. Deshalb bekommen viele Arbeitnehmer in der Erntezeit frei, um beim Pflücken zu helfen.

Wenige Bäume werden älter als der Olivenbaum. Einige der unglaublich knorrigen und verkrümmten Olivenbäume, die in der westkretischen Landschaft verstreut stehen, sind über 1000 Jahre alt.

Viele dieser älteren Bäume werden gefällt, um verbesserten Sorten Platz zu machen. Das Holz wird in den Brennöfen der Töpfer verfeuert und dient Drechslern als Ausgangsmaterial für die ultimative Salatschüssel. Das feste gelbbraune Holz hat eine wunderschöne Wirbelmaserung.

KOCHKURSE

Es gibt nicht viele organisierte Kochkurse auf Kreta, aber viele Anbieter veranstalten Seminare und Kurse für Gruppen.

Rodialos (☎ 28340 51340; www.rodialos.gr) organisiert regelmäßig ein- bis siebentägige Kochseminare in einer wunderschönen Villa in Panormo (s. S. 153), in der Nähe von Rethymnon. Die Teilnehmer werden in die Grundlagen der kretischen Küche eingeführt, helfen, Gemüse aus dem Garten zu ernten sowie Kräuter und Wildgemüse zu pflücken, und kochen dann ein mehrgängiges Mahl. Die längeren Seminare umfassen manchmal auch Marktbesuche und Angeltouren und können auf die individuellen Interessen zugeschnitten werden. Die Workshops kosten 50 € pro Tag und schließen den Verzehr der selbst gekochten Mahlzeiten ein. Die Teilnehmer können in der Villa wohnen.

Lonely Planets *World Food Greece* vermittelt tiefe Einblicke in die griechische Ess- und Trinkkultur.

Enagron (☎ 28340 61611; www.enagron.gr) bietet in Axos (s. S. 143) ähnliche Kochworkshops unter Mitwirkung lokaler Experten wie Nikos und Maria Psilakis an. Außerdem organisieren sie saisonale Veranstaltungen rund um die Herstellung von Käse, Wein und Raki.

Crete's Culinary Sanctuaries (www.cookingincrete.com) organisieren ein umfangreiches öko- und agrartouristisches Programm, das sich auf Kretas Kultur, Ökolandwirtschaft und traditionelle Küche konzentriert. Die Kurse werden von der griechisch-amerikanischen Profiköchin und Autorin Nikki Rose geleitet und finden auf einem Bauernhof bei Rethymnon statt, der von Agrarwissenschaftlern bewirtschaftet wird. Die drei-, fünf- und zehntägigen Kurse beinhalten praktische Unterweisung im Gärtnern, Kochunterricht und kulturelle Touren mit Führung durch einheimische Bauern und Köche. Die Kurse sind von der American Culinary Federation zertifiziert. Die Preise reichen von etwa 440 bis 2560 € inklusive Unterbringung und einigen Mahlzeiten.

SPRACHFÜHRER ESSEN

Ein paar grundlegende Sprachkenntnisse sind nützlich, um tiefer in die Geheimnisse der kretischen Küche einzudringen. Aussprache s. S. 256.

Was heißt ... ?

Ich möchte für heute Abend reservieren. — Θέλω να κλείσω ένα τραπέζι για απόψε.
the-lo na *kli*-so e-na tra-pe-si ja a-po-pse

Ein Tisch für ... bitte. — Ένα τραπέζι για ... παρακαλώ.
e-na tra-*pe*-si ja ..., pa-ra-ka-*lo*

Die Speisekarte, bitte. — Το μενού, παρακαλώ.
to me-*nu*, pa-ra-ka-*lo*

Haben Sie eine Speisekarte auf Englisch? — Εχετε το μενού στα αγγλικά;
e-che-te to me-*nu* sta ang-li-ka?

Ich hätte gern ... — Θα ήθελα ...
tha *i*-the-la ...

Die Rechnung bitte. — Το λογαριασμό, παρακαλώ.
to lo-ghar-ja-*smo*, pa-ra-ka-*lo*

Ich bin Vegetarier. — Είμαι χορτοφάγος.
i-me chor-to-*fa*-ghos

Ich esse weder Fleisch noch Milchprodukte. — Δε τρώω κρέας ή γαλακτοκομικά προϊόντα.
dhen *tro*-o *kre*-as i gha-la-kto-ko-mi-*ka* pro-i-*on*-da

Aktuelle Infos und Artikel über die griechische und mediterrane Küche sind unter www.gourmed.gr zu finden.

GRUNDNAHRUNGSMITTEL

Brot	pso-*mi*	ψωμί
Butter	w*u*-ti-ro	βούτυρο
Käse	ti-*ri*	τυρί

Eier	a-*wgha*	αυγά
Honig	*me*-li	μέλι
Milch	*gha*-la	γάλα
Olivenöl	e-le-*o*-la-dho	ελαιόλαδο
Oliven	e-*lies*	ελιές
Pfeffer	pi-*pe*-ri	πιπέρι
Salz	a-*la*-ti	αλάτι
Zucker	*sa*-cha-ri	ζάχαρη
Essig	*ksi*-dhi	ξύδι

FLEISCH, FISCH & MEERESFRÜCHTE

Rindfleisch	mos-*cha*-ri	μοσχάρι
Schwarzer Sägebarsch	ro-*fos*	ροφός
Huhn	ko-*to*-pu-lo	κοτόπουλο
Tintenfisch	sou-pi*a*	σουπια
Meeräsche	*ke*-fa-los	κέφαλος
Zackenbarsch	sfi-*ri*-da	σφυρίδα
Schinken	sam-*bon*	ζαμπόν
Hase	la-*ghos*	λαγός
Zicklein	ka-tsi-*ka*-ki	κατσικάκι
Lamm	ar-*ni*	αρνί
Hummer	a-sta-*kos*	αστακός
Makrele	ko-li-*os*	κολιός
Muscheln	*mi*-dhi-a	μύδια
Oktopus	chta-*po*-dhi	χταπόδι
Schwein	chi-ri-*no*	χοιρινό
Garnelen	gha-*ri*-dhes	γαρίδες
Kaninchen	kou-*ne*-li	κουνέλι
Meerbarbe	bar-*bu*-nya	μπαρμπούνια
Sardinen	sar-*dhe*-les	σαρδέλες
Meerbrasse	fa-*ghri*/li-*thri*-ni/me-la-*nu*-ri	φαγρί/λιθρίνι/μελανούρι
Kalmar	ka-la-*ma*-ri	καλαμάρι
Schwertfisch	ksi-*fi*-as	ξιφίας
Kalb	mos-*cha*-ri ga-*la*-*k*tos	μοσχάρι γαλάκτος
Fischchen (frittiert)	ma-*ri*-dhes	μαρίδες

OBST & GEMÜSE

Apfel	*mi*-lo	μήλο
Artischocke	ang-gi-*na*-ra	αγγινάρα
Spargel	spa-*rang*-gi-a	σπαράγγια
Aubergine	me-li-*dsa*-nes	μελιτζάνες
Kohl	*la*-ha-no	λάχανο
Karotte	ka-*ro*-to	καρότο
Kirsche	ke-*ra*-si	κεράσι
Knoblauch	*skor*-dho	σκόρδο
Trauben	sta-*fi*-li-a	σταφύλια
Wildkräuter der Saison	(*a*-ghri-a) *chor*-ta	(άγρια) χόρτα
Zitrone	le-*mo*-ni	λεμόνι
Zwiebeln	re-*mi*-dhi-a	κρεμμύδια
Orange	por-to-*ka*-li	πορτοκάλι
Pfirsich	ro-*dha*-ki-no	ροδάκινο
Erbsen	a-ra-*kas*	αρακάς
Paprika	pi-per-*yes*	πιπεριές
Kartoffeln	pa-*ta*-tes	πατάτες
Spinat	spa-*na*-ki	σπανάκι

Erdbeere	*fra*-u-la	φράουλα
Tomate	do-*ma*-ta	ντομάτα

GETRÄNKE

Bier	*bi*-ra	μπίρα
Kaffee	ka-*fes*	καφές
Tee	*tsa*-i	τσάι
Wasser	ne-*ro*	νερό
Wein (rot/weiß)	kra-*si* (*ko*-ki-no/*a*-spro)	κρασί (κόκκινο/άσπρο)

Chania Χανια

INHALT

Chania	**83**
Geschichte	83
Orientierung	83
Praktische Informationen	84
Sehenswertes	84
Aktivitäten	85
Chania für Kinder	88
Geführte Touren	88
Feste & Events	88
Schlafen	88
Essen	90
Unterhaltung	91
Shoppen	92
An- & Weiterreise	93
Unterwegs vor Ort	93
Die Halbinsel Akrotiri & die Bucht von Souda	**94**
Die Halbinsel Akrotiri	94
Souda	95
Die Bucht von Chania	**96**
Schlafen	97
Essen	97
Unterhaltung	97
An- & Weiterreise	97
Chanias Westen	**97**
Die Halbinsel Rodopou	98
Kastelli Kisamos	99
Rund um Kastelli Kisamos	101
Falasarna	101
Die Halbinsel Gramvousa	102
Innahorion	103
Moni Chrisoskalitissa	106
Elafonisi	106
Die Sfakia & die Levka Ori	**106**
Von Chania nach Omalos	107
Omalos	107
Die Samaria-Schlucht	108
Chora Sfakion	110
Die Südküste	**111**
Frangokastello	111
Loutro	112
Agia Roumeli	114
Sougia	115
Rund um Sougia	116
Paleochora	117
Rund um Paleochora	120
Gavdos	120
Chanias Osten	**122**
Georgioupoli	122
Der Kournas-See	124
Kalyves	124
Almyrida	125
Plaka	125
Aptera	126
Vamos	126
Rund um Vamos	127
Vrisses	127
Askifou	128
Die Imbros-Schlucht	128

Chania und Kreta – das ist für viele Leute ein und dasselbe. Obwohl Kretas westlichster Regierungsbezirk mit der Samaria-Schlucht eine der Hauptattraktionen der Insel besitzt, hat er seine Seele nicht an den Tourismus verkauft, sondern viel von seinem ursprünglichen Charakter bewahrt. Er ist berühmt für die schroffe Schönheit seiner Natur mit sensationellen Schluchten und Gebirgsformationen wie den Levka Ori und dem Gingilos im kargen Inneren. Die Hauptstadt Chania, das romantischste Hafenstädtchen der Insel, ist mit zahlreichen Überbleibseln venezianischer und osmanischer Architektur gesegnet.

Die Nordküste ist sehr touristisch, vor allem westlich von Chania. Einsamere Fleckchen findet man am ehesten auf der Halbinsel Akrotiri, die auch mehrere interessante Klöster besitzt, und weiter westlich auf den fast unbewohnten Halbinseln Rodopou und Gramvousa.

An Chanias felsiger Südküste verteilen sich ein paar relaxte Strandorte wie Paleochora und Sougia. Die fast menschenleere Westküste lockt mit zwei der schönsten Strände Kretas – Falasarna im Norden und Elafonisi am Südende.

Die im Landesinneren verstreuten Bergdörfer bleiben ihren traditionellen Lebensformen treu. Hier begegnet man heute noch Schafhirten mit ihren Herden und kehrt in Tavernen ein, wo man sicher sein kann, dass die Wirtsfamilie nur selbst Angebautes und Geschlachtetes auf den Tisch bringt. In der Sfakia erinnern Straßenschilder mit Schusslöchern daran, dass das hier der Wilde Westen der Insel ist.

Chanias Osten hat außer dem Kournas-See – Kretas einzigem natürlichem Süßwassersee – auch die spektakuläre Imbros-Schlucht zu bieten, Samarias unterbewertete Rivalin. Im Libyschen Meer vor der Südküste liegt Gavdos, Griechenlands südlichste Insel und die ultimative Zuflucht für Stressgeplagte.

Auf jeden Fall gibt es in Chania für Besucher mehr als genug zu tun und zu erleben: ob man nun bergsteigen, durch Schluchten wandern, tauchen oder lieber faul am Strand herumliegen und sich abends in den Fischerdörfchen am Tagesfang gütlich tun will.

HIGHLIGHTS

- Wandern durch die wilden Schluchten **Samaria** (S. 108) und **Imbros** (S. 128)
- Bummel durch die Gässchen der venezianischen und türkischen Altstadtviertel von **Chania** (S. 84)
- Entspannung pur an geruhsamen **Südküstenstränden** (S. 111)
- Abschalten auf der Insel **Gavdos** (S. 120)
- Streifzüge durch die **Bergdörfer** (S. 103) mit kulinarischer Erkundung der Region

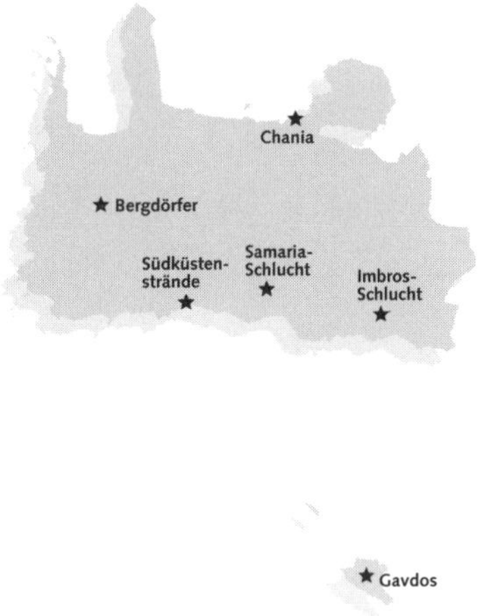

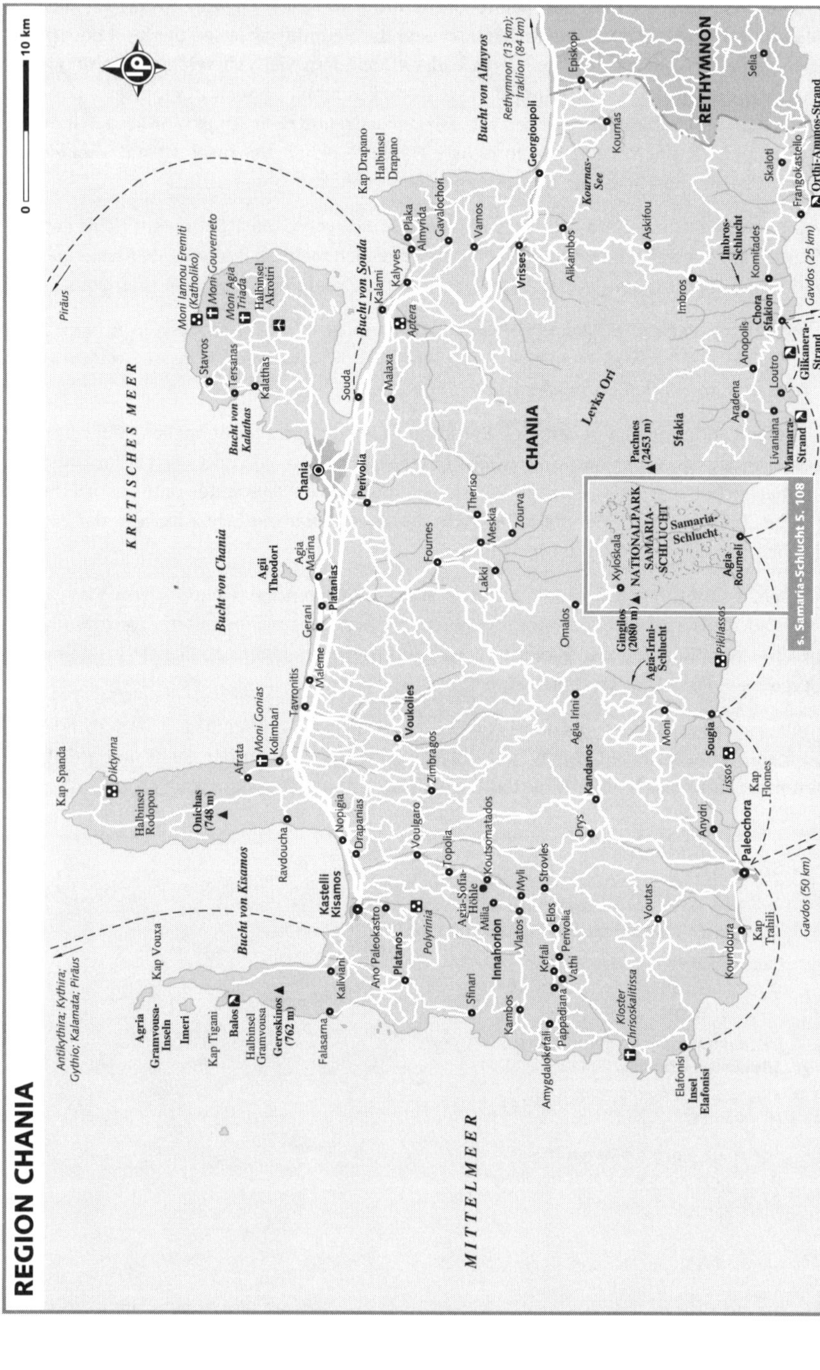
REGION CHANIA
0
10 km
KRETISCHES MEER
MITTELMEER
Piräus
Antikythira; Kythira; Gythio; Kalamata; Piräus
Rethymnon (13 km); Iraklion (84 km)
Gavdos (25 km)
Gavdos (50 km)
Agria Gramvousa-Inseln
Imeri
Kap Tigani
Balos
Halbinsel Gramvousa
Geroskinos (762 m)
Falasarna
Kap Vouxa
Kalivliani
Bucht von Kisamos
Kastelli Kisamos
Platanos
Ano Paleokastro
Polyrinia
Kap Spanda
Diktynna
Halbinsel Rodopou
Onichas (748 m)
Ravdoucha
Afrata
Moni Gonias
Kolimbari
Nopigia
Drapanias
Voulgaro
Topolia
Koutsomatados
Agia-Sofia-Höhle
Milia
Innahorion
Vlatos
Myli
Strovles
Elos
Kefali
Perivolia
Vathi
Pappadiana
Amygdalokefali
Kambos
Sfinari
Kloster Chrisoskalitissa
Elafonisi
Insel Elafonisi
Koundoura
Kap Trahili
Voutas
Paleochora
Anydri
Kap Flomes
Lissos
Sougia
Moni
Drys
Kandanos
Agia Irini
Zimbragos
Voukolies
Tavronitis
Maleme
Gerani
Platanias
Agia Marina
Agii Theodori
Bucht von Chania
Chania
Perivolia
Fournes
Lakki
Meskia
Theriso
Zourva
Omalos
Gingilos (2080 m)
Agia-Irini-Schlucht
Pikilassos
Xyloskala
NATIONALPARK SAMARIA-SCHLUCHT
Samaria-Schlucht
Agia Roumeli
s. Samaria-Schlucht S. 108
Pachnes (2453 m)
CHANIA
Levka Ori
Sfakia
Bucht von Kalathas
Stavros
Tersanas
Kalathas
Moni Iannou Eremiti (Katholiko)
Moni Gouverneto
Moni Agia Triada
Halbinsel Akrotiri
Souda
Bucht von Souda
Kalami
Aptera
Malaxa
Kalyves
Almyrida
Plaka
Gavalochori
Vamos
Kap Drapano
Halbinsel Drapano
Vrisses
Alikambos
Kournas-See
Kournas
Georgioupoli
Bucht von Almyros
Episkopi
Askifou
Imbros
Imbros-Schlucht
Komitades
Chora Sfakion
Anopolis
Aradena
Loutro
Livaniana
Marmara-Strand
Glikanera-Strand
Frangokastello
Skaloti
Orthi-Ammos-Strand
Selia
RETHYMNON

CHANIA XANIA

53 373 Ew.

Chania (cha-ni-aa) ist ohne Frage die stimmungsvollste aller kretischen Städte. Überreste der venezianischen Stadtmauer säumen ein Labyrinth atmosphärischer Altstadtgässchen, das sich auf einen malerischen Hafen öffnet. Die restaurierten venezianischen Stadthäuser an der Hafenpromenade beherbergen heute Restaurants, Cafés, schicke kleine Hotels und nette Pensionen. Die markante ehemalige Moschee gleich am Hafen und die in der Altstadt verstreuten osmanischen Gebäude sind Hinterlassenschaften der Türkenherrschaft.

Kriegszerstörungen haben Chania um viele seiner Baudenkmäler gebracht, doch die Stadt trägt ihre Kriegsnarben mit Stolz. An den Altstadtstraßen Zambeliou, Theotokopoulou und Angelou stößt man auf dachlose venezianische Ruinen, die zu Outdoorrestaurants mit besonderem Flair umfunktioniert worden sind.

Viele Holzhäuser aus der Osmanenzeit wurden sorgfältig restauriert. Selbst auf dem Höhepunkt der Tourismussaison, wenn viele der Gebäude mit Touristenware zugemüllt sind, bewahrt sich Chania die Exotik einer Stadt in der Schwebe zwischen Ost und West.

Ihre lebendige Kunsthandwerkstradition macht die Stadt zu einem kleinen Shoppingparadies. Und der innere Hafen ist der ideale Ort, um zwischendurch im Café zu relaxen und die Leute an sich vorbeiziehen zu lassen. Chania hat außerdem einige der besten Restaurants der Insel zu bieten.

GESCHICHTE

Chania geht auf die minoische Siedlung Kydonia zurück, deren Zentrum auf dem Hügel östlich des Hafens lag. Ausgrabungen waren bislang nur eingeschränkt möglich, weil die Ruinen unter der heutigen Stadt liegen. Immerhin wurden Tontafeln mit Linear-B-Schrift gefunden (s. Kasten S. 40), aus denen Archäologen schließen, dass Kydonia Standort eines Palasts und eine bedeutende Stadt war.

Kydonia wurde wie die meisten minoischen Siedlungen um 1450 v. Chr. durch Feuer zerstört, stieg aber bald zu neuer Macht auf. In der griechischen Antike blühte hier ein Stadtstaat, der auch unter römischer und byzantinischer Herrschaft noch bestens gedieh.

Etwa zu Beginn des 13. Jhs. übernahmen dann die Venezianer die Herrschaft über die Stadt und tauften sie in La Canea um. 1266 verloren sie die Stadt an die Genuesen, konnten sie ihnen aber 1290 wieder entreißen. Die Venezianer errichteten gewaltige Befestigungen, um die Stadt gegen plündernde Piraten und eroberungslustige Osmanen zu verteidigen. Doch vergebliche Liebesmüh: 1645 wurde Chania nach zweimonatiger Belagerung von den Türken eingenommen.

Bis zum Ende der türkischen Herrschaft 1898 war Chania Sitz des türkischen Paschas. Die Türken wandelten die Kirchen in Moscheen um und orientalisierten die Architektur der Stadt mit Holzbauweise und Gitterwerkfenstern.

1898 machten die europäischen Großmächte Chania zur Hauptstadt der Insel. Diesen Status verlor die Stadt erst 1971, als die Inselverwaltung nach Iraklion verlegt wurde.

Im Zweiten Weltkrieg tobte die Schlacht um Kreta vor allem an der Küste westlich von Chania. Auch die Stadt selbst wurde heftig bombardiert, doch blieb von der historischen Bausubstanz immerhin so viel erhalten, dass sie noch heute als schönste Stadt Kretas gilt.

ORIENTIERUNG

Chanias Busbahnhof liegt an der Odos Kydonias, zwei Blocks südwestlich der Platia 1866, eines der Hauptplätze der Stadt. Von der Platia 1866 bis zum alten Hafen ist es nur ein kurzes Stück die Odos Halidon hinauf.

Wenn man am Hafen steht, befindet sich die Gegend mit den meisten Unterkünften zur Linken – dort, wo die Akti Koundourioti rund um den Hafen zur alten Festung auf der Landspitze führt. Diese trennt den venezianischen Hafen vom überfüllten Stadtstrand des modernen Viertels Nea Hora.

Die Odos Zambeliou, die die Halidon kurz vor dem Hafen kreuzt, war einmal Chanias Hauptverkehrsstraße. Heute liegen an der schmalen, gewundenen Straße viele Kunsthandwerksläden, kleine Hotels und Tavernen.

Obwohl die Altstadt bei den Einheimischen nach wie vor beliebt ist, bevorzugen viele Chanioten inzwischen die Lokale in Koum Kapi, einer vor kurzem neu aufgemöbelten Gegend im alten Türkenviertel weiter östlich. Diese schier endlose Aneinanderreihung von Cafés, Bars und Restaurants gleich am Wasser beginnt kurz hinter dem Ostende des Hafens.

Die Fähren nach Chania legen ca. 7 km südöstlich der Stadt in Souda an.

PRAKTISCHE INFORMATIONEN

Buchläden

Zeitungskiosk (☎ 28210 95888; Skalidi 8) Große Auswahl internationaler Zeitungen und Zeitschriften und brauchbares Büchersortiment mit Kreta-Reiseführern und -Landkarten.

Geld

Die meisten Banken befinden sich im neuen Teil der Stadt; in der Altstadt gibt es jedoch einige Geldautomaten.

Citibank-Geldautomat (Halidon)
Commercial Bank-Geldautomat (Markthalle)
Griechische Nationalbank (Ecke Tzanakaki & Giannari)

Gepäckaufbewahrung

Busbahnhof (☎ 28210 93053; Platia 1866; 1,50 €/Tag)

Infos im Internet

www.chania.gr Website der Kommune Chania mit diversen Informationen zur Stadt und Veranstaltungsterminen.
www.chania-guide.gr Nützliche Infos über Stadt und Regierungsbezirk.

Internetzugang

Notos Internet C@fe (☎ 28210 98722; Akti Koundourioti 31; 3 €/Std.; 🕑 9–1 Uhr)
Vranas Studios (☎ 28210 58618; Agion Deka 10; 3 €/Std.; 🕑 9–23 Uhr)

Medizinische Versorgung

Das **Krankenhaus Chania** liegt etwas südlich der Stadt in Mournies.

Notfall

Touristenpolizei (☎ 28210 73333; Iraklion 23; 🕑 8–14.30 Uhr)

Post

Postamt (Tzanakaki 3; 🕑 Mo–Fr 7.30–20, Sa 7.30–14 Uhr)

Reisebüros

Diktynna Travel (☎ 28210 41458 oder ☎ 28210 43930; www.diktynna-travel.gr; Sfakion 36)
Tellus Travel (☎ 28210 91500; Halidon 108; 🕑 8–23 Uhr) Hier kann man Autos mieten, Flug- und Fährtickets kaufen, Touren und Ausflüge buchen.

Telefon

OTE (Tzanakaki 5; 🕑 7.30–22 Uhr)

Touristeninformation

Touristeninformation (EOT; ☎ 28210 36155; Platia 1866 16–18; 🕑 8–14.30 Uhr) Gleich vor dem Rathaus; hier gibt es hilfreiche Infos und Stadtpläne/Landkarten.

Wäschereien/Waschsalons

Afroditi (Agion Deka 18; Waschen & Trocknen 6 €)
Fidias (☎ 28210 52494; Kallinikou; Waschen & Trocknen 6 €)
Waschsalon in der Altstadt (☎ 28210 59414; Karaoli & Dimitriou 38; Waschen & Trocknen 7 €; 🕑 Mo–Sa 9–14 & 18–21 Uhr) Auch Reinigung.

SEHENSWERTES

Die mächtigen Stadtbefestigungen der Venezianer wirken bis heute imposant. Am besten erhalten ist die Westmauer von **Fort Firkas** bis zur **Shiavo-Bastion**. Sie war Teil einer Wehranlage, die 1538 von Michele Sanmichele begonnen wurde, dem Baumeister, der auch die Festungsanlagen von Iraklion entwarf. Oben von der Shiava-Bastion hat man einen guten Blick auf die Altstadt.

Der venezianische **Leuchtturm** an der Hafeneinfahrt könnte eine Sanierung vertragen, aber der 1,5 km lange Rundgang um die Hafenmole lohnt sich auf jeden Fall.

Wer vom Gedränge im venezianischen Viertel die Nase voll hat, kann in das türkische **Splantzia-Viertel** mit seinem malerischen Gewirr aus schmalen Gässchen und kleinen Plätzen ausweichen.

Am Ostende des inneren Hafens steht die restaurierte **Hassan-Pascha-Moschee** (auch Janitscharenmoschee genannt), die heute wechselnde Kunstausstellungen beherbergt.

Chanias **Archäologisches Museum** (☎ 28210 90334; Halidon 30; Eintritt 2 €; 🕑 Di–So 8.30–15 Uhr) ist in der ehemaligen venezianischen San-Francesco-Kirche aus dem 16. Jh. untergebracht, die unter den Türken als Moschee, ab 1913 als Kino und im Zweiten Weltkrieg als deutsches Munitionsdepot diente. Im Museumshof steht ein türkischer Brunnen aus der Zeit als Moschee. Das Museum präsentiert eine Sammlung westkretischer Fundstücke vom Neolithikum bis zur Römerzeit. Vom Eingang aus links liegt der Ausstellungsbereich über die Zeit von 3400 bis 1200 v. Chr., u. a. mit Linear-A-Schrifttafeln. Beachtenswert sind auch die Vasen aus der geometrischen Epoche (1000–700 v. Chr.) und, in der griechisch-römischen Sammlung, eine besonders eindrucksvolle Dianastatue. Vor Verlassen des Museums lohnt ein Blick auf den Marmorbrunnen und den mit venezianischen Löwenköpfen geschmückten Hof.

Das **Nautische Museum** (☎ 28210 91875; Akti Koundourioti; Eintritt 2 €; 🕑 9–16 Uhr) beherbergt eine interessante Sammlung von Schiffsmodellen ab der Bronzezeit sowie nautische Instrumente, Gemälde, Fotos und Erinnerungen an die Schlacht um Kreta. Das Museum befindet sich auf der Landspitze im Fort Firkas, dem einstigen türkischen Gefängnis. In einer alten Werft am Hafen (Akti Enoseos) ist der lebensgroße Nachbau eines minoischen Schiffs zu bewundern, der zur Eröffnung der Olympischen Spiele in Athen den Wasserweg von Kreta bis nach Athen zurücklegte. Der Bau des Ruderschiffs nach Vorbildern aus dem 15. Jh. v. Chr. war ein Jointventure des Museums mit einem Forschungsteam für experimentelle Archäologie.

Die **Byzantinische und nachbyzantinische Sammlung von Chania** (☎ 28210 96046; Theotokopoulou; Eintritt 2 €, inkl. Archäologischem Museum 3 €; 🕑 Di–So 8.30–15 Uhr) logiert in der bewundernswert restaurierten Kirche San Salvatore westlich von Fort Firkas. Zu der kleinen, aber faszinierenden Sammlung von Artefakten, Ikonen, Schmuck und Münzen gehören u. a. ein Fragment des Mosaikbodens einer frühchristlichen Basilika und eine wertvolle Ikone des Hl. Georg als Drachentöter. Das Gebäude selbst ist ein bunter Mix interessanter Architekturelemente aus seinen verschiedenen Nutzungsepochen.

Chanias interessantes **Kretisches Volkskundemuseum** (☎ 28210 90816; Halidon 46; Eintritt 2 €; 🕑 9.30–15 & 18–21 Uhr) zeigt Volkskunst, wie z. B. traditionelle Webarbeiten, und das dazugehörige Handwerkszeug.

Das **Historische Museum und Archiv** (☎ 28210 52606; Sfakianaki 20; Eintritt frei; 🕑 Mo–Fr 9–13 Uhr), südöstlich der Altstadt, zeichnet Kretas von Kriegen geprägte Vergangenheit nach und erinnert an den Widerstandskampf gegen die Türken, aber auch an die Zeit der deutschen Besatzung. Hier gibt es auch eine kleine Volkskunstsammlung.

Im prachtvoll restaurierten **Großen Arsenal** (☎ 28210 40101; www.kam-arsenali.gr; Platia Katehaki) hat sich das Zentrum für Mediterrane Architektur einquartiert, das regelmäßig Ausstellungen und andere Veranstaltungen organisiert.

Die 1999 restaurierte **Etz-Hayyim-Synagoge** (Parodos Kondylaki; ☎ 28210 86286; www.etz-hayyim-hania.org; 🕑 9–12.30 & 18–20 Uhr) gehört zu den hundert bedeutendsten gefährdeten jüdischen Denkmälern der Welt.

Chanias überwältigende **Markthalle** (s. S. 90) sollten selbst Einkaufsmuffel sich nicht entgehen lassen. Ihre hervorragenden und dabei billigen Imbissstände bieten ein einmaliges gastronomisches Erlebnis. Leider musste die Zentralbastion der Stadtmauer weichen, um Platz für diese schöne, kreuzförmig angelegte Konstruktion zu schaffen, die 1911 nach dem Vorbild der Markthalle von Marseille errichtet wurde.

DAS MINOISCHE CHANIA

Östlich des alten Hafens, zwischen Akti Tombazi und Karaoli Dimitriou, lag das **antike Kydonia**. Die Suche nach Überbleibseln der Minoerzeit begann Anfang der 1960er; die Ausgrabungen laufen heute noch. 2004 fand man auf dem Agios-Ioannis-Areal, das zum Friedhof von Kydonia gehörte, fünfzig spätminoische Gräber. Die Stätte ist an der Ecke Kanevaro und Kandanoleou zu besichtigen. Viele der Fundstücke sind im Archäologischen Museum ausgestellt (S. 84).

Die vielen Eroberer bauten Kydonia immer wieder um. Nach Vertreibung der Araber errichteten die Byzantiner ihr *kastelli* am gleichen Ort – teils auf den alten Mauern und unter Wiederverwendung des alten Baumaterials. Dieser Teil der Stadt wurde im Zweiten Weltkrieg am stärksten zerbombt.

AKTIVITÄTEN

Wandern & Bergsteigen

Alpine Travel (☎ 28210 50939; www.alpine.gr; Boniali 11–19; 🕑 Mo–Fr 9–14 Uhr & an manchen Tagen ab 19 Uhr), im Boniali-Komplex, bietet ein umfangreiches Wanderprogramm an. Betreiber George Antonakakis, zugleich Mitorganisa-

CHANIA

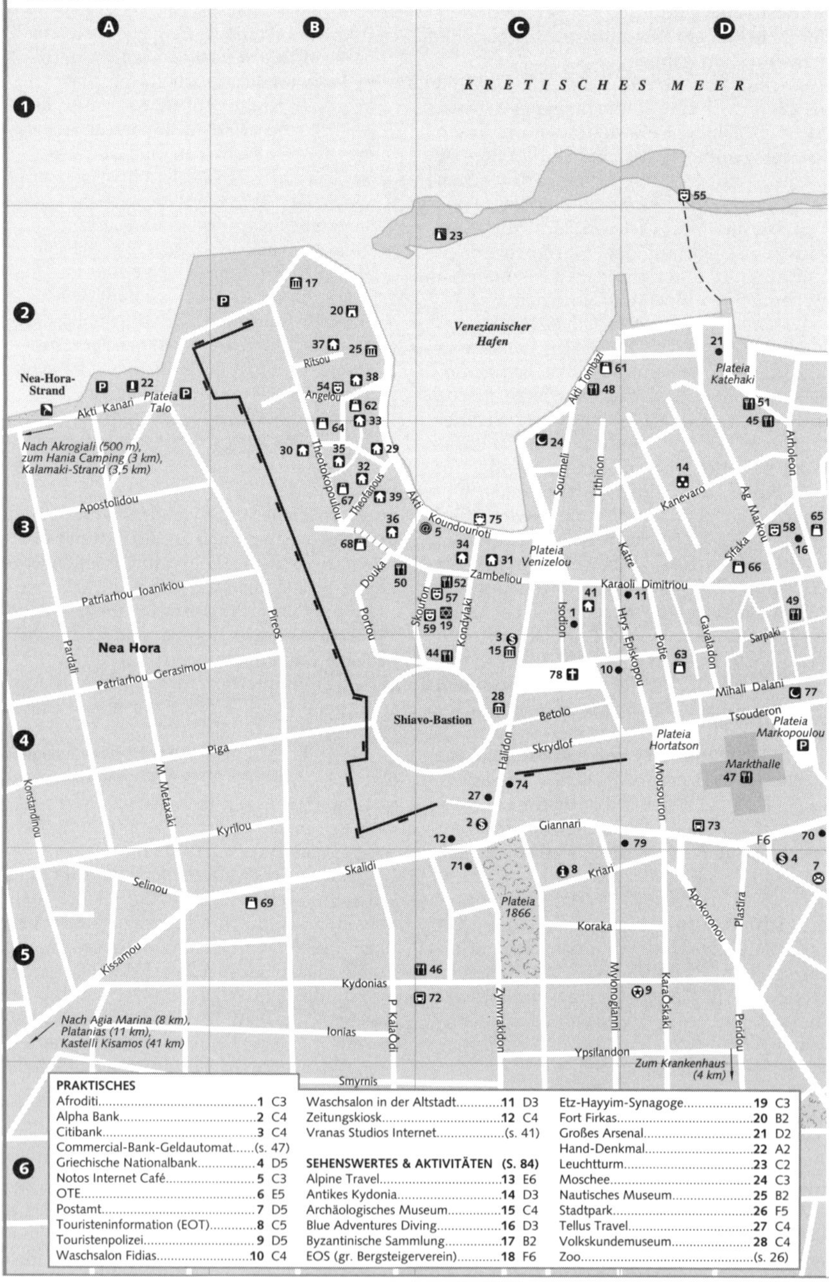

PRAKTISCHES

- Afroditi 1 C3
- Alpha Bank 2 C4
- Citibank 3 C4
- Commercial-Bank-Geldautomat .... (s. 47)
- Griechische Nationalbank 4 D5
- Notos Internet Café 5 C3
- OTE 6 E5
- Postamt 7 D5
- Touristeninformation (EOT) 8 C5
- Touristenpolizei 9 D5
- Waschsalon Fidias 10 C4
- Waschsalon in der Altstadt 11 D3
- Zeitungskiosk 12 C4
- Vranas Studios Internet .... (s. 41)

SEHENSWERTES & AKTIVITÄTEN (S. 84)

- Alpine Travel 13 E6
- Antikes Kydonia 14 D3
- Archäologisches Museum 15 C4
- Blue Adventures Diving 16 D3
- Byzantinische Sammlung 17 B2
- EOS (gr. Bergsteigerverein) 18 F6
- Etz-Hayyim-Synagoge 19 C3
- Fort Firkas 20 B2
- Großes Arsenal 21 D2
- Hand-Denkmal 22 A2
- Leuchtturm 23 C2
- Moschee 24 C3
- Nautisches Museum 25 B2
- Stadtpark 26 F5
- Tellus Travel 27 C4
- Volkskundemuseum 28 C4
- Zoo .... (s. 26)

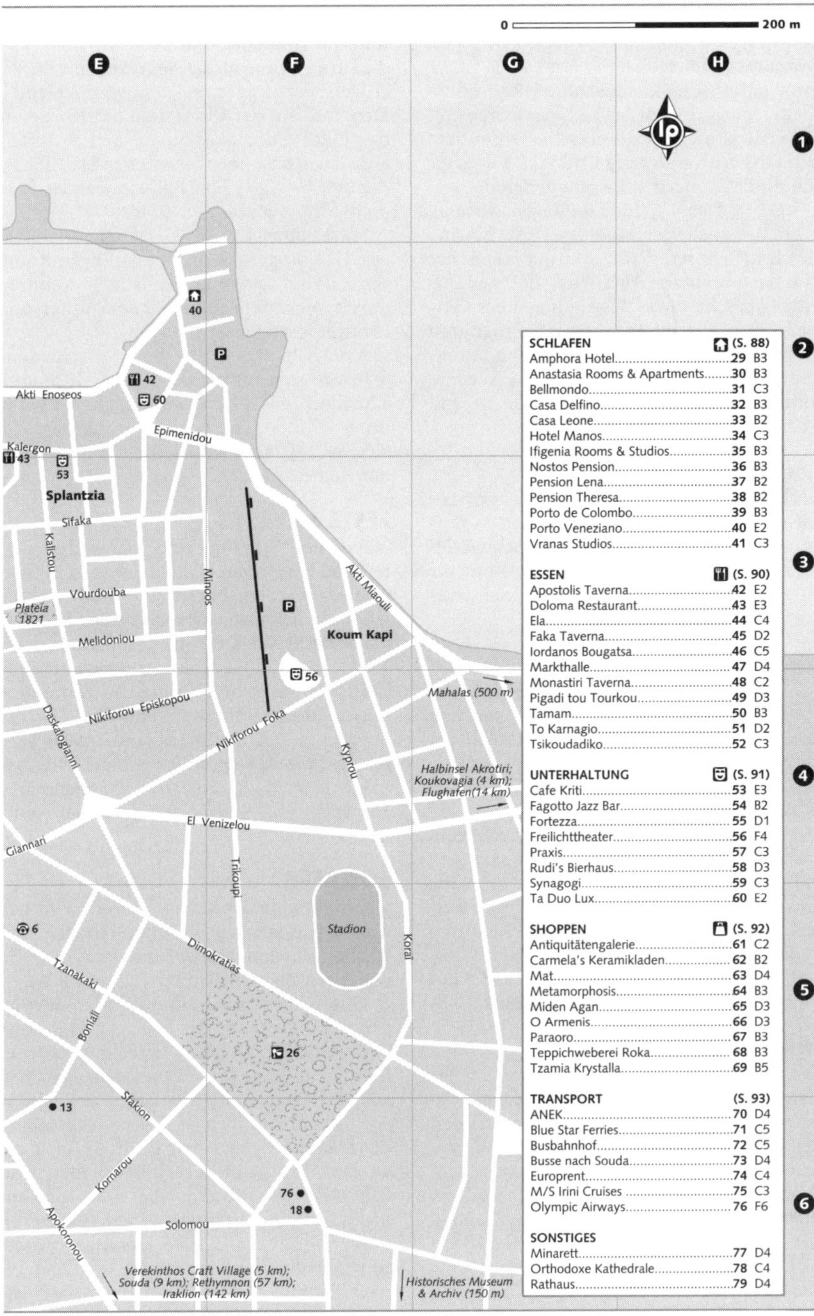

SCHLAFEN (S. 88)

Amphora Hotel ... 29 B3
Anastasia Rooms & Apartments ... 30 B3
Bellmondo ... 31 C3
Casa Delfino ... 32 B3
Casa Leone ... 33 B2
Hotel Manos ... 34 C3
Ifigenia Rooms & Studios ... 35 B3
Nostos Pension ... 36 B3
Pension Lena ... 37 B2
Pension Theresa ... 38 B2
Porto de Colombo ... 39 B3
Porto Veneziano ... 40 E2
Vranas Studios ... 41 C3

ESSEN (S. 90)

Apostolis Taverna ... 42 E2
Doloma Restaurant ... 43 E3
Ela ... 44 C4
Faka Taverna ... 45 D2
Iordanos Bougatsa ... 46 C5
Markthalle ... 47 D4
Monastiri Taverna ... 48 C2
Pigadi tou Tourkou ... 49 D3
Tamam ... 50 B3
To Karnagio ... 51 D2
Tsikoudadiko ... 52 C3

UNTERHALTUNG (S. 91)

Cafe Kriti ... 53 E3
Fagotto Jazz Bar ... 54 B2
Fortezza ... 55 D1
Freilichttheater ... 56 F4
Praxis ... 57 C3
Rudi's Bierhaus ... 58 D3
Synagogi ... 59 C3
Ta Duo Lux ... 60 E2

SHOPPEN (S. 92)

Antiquitätengalerie ... 61 C2
Carmela's Keramikladen ... 62 B2
Mat ... 63 D4
Metamorphosis ... 64 B3
Miden Agan ... 65 D3
O Armenis ... 66 D3
Paraoro ... 67 B3
Teppichweberei Roka ... 68 B3
Tzamia Krystalla ... 69 B5

TRANSPORT (S. 93)

ANEK ... 70 D4
Blue Star Ferries ... 71 C5
Busbahnhof ... 72 C5
Busse nach Souda ... 73 D4
Europrent ... 74 C4
M/S Irini Cruises ... 75 C3
Olympic Airways ... 76 F6

SONSTIGES

Minarett ... 77 D4
Orthodoxe Kathedrale ... 78 C4
Rathaus ... 79 D4

tor der Chania-Sektion des griechischen Bergsteigervereins **EOS** (☎ 28210 44647; www.interkriti.org/orivatikos/hania1.htm; Tsanakaki 90), ist *die* Informationsquelle schlechthin für größere Klettertouren in den Levka Ori. George gibt auch Auskunft über griechische Berghütten, den E4-Fernwanderweg und zum Bergsteigen und Wandern auf Kreta generell.

Trekking Plan (☎ 28210 60861; www.cycling.gr), 8 km westlich der Stadt in Agia Marina gleich neben dem Santa Marina Hotel, hat Wandertouren zur Agia-Irini- und zur Imbros-Schlucht sowie Besteigungen des Gingilos für ca. 45 € im Angebot. Das Programm umfasst neuerdings auch Canyoning, Abseiling, Felsklettern und Kajaktouren. Weitere Informationen zu Outdooraktivitäten und Abenteuertouren: s. S. 61.

Mountainbiking

Trekking Plan (☎/Fax 28210 60861; www.cycling.gr) hat ein umfangreiches Angebot an Mountainbiketouren unterschiedlicher Schwierigkeitsgrade, z. B. eine geführte Tagestour für 50 € und ein achttägiges All-inclusive-Racingprogramm für 169 €.

Tauchen

Bei **Blue Adventures Diving** (☎ 28210 40608; Arholeon 11) kann man den PADI-Schein machen (322 €) und Tauchausflüge rund um Chania buchen (70 €), auch für Anfänger.

Schwimmen

Der Stadtstrand in **Nea Hora** ist überlaufen, aber meist sauber und für eine kurze Abkühlung und zum Bräunen durchaus brauchbar. Die besseren Strände liegen weiter westlich entlang der Küste Richtung Platanias; dorthin fahren regelmäßig Busse. Gut schwimmen kann man z. B. ca. 3,5 km weiter im Westen am **Kalamaki-Strand**.

CHANIA FÜR KINDER

Falls der kleine Fünfjährige schon in der ersten Altstadtgasse jegliches Interesse an der venezianischen Architektur verloren hat, ist ein Abstecher zum **Stadtpark** zwischen Tzanakaki und Dimokratias angesagt. Dort warten ein großer Spielplatz und ein **Minizoo** mit Kri-kri-Ziegen auf die Kleinen.

GEFÜHRTE TOUREN

Der Historiker **Tony Fennymore** (☎ 28210 87139; ☎ 69725 37055; www.fennyscrete.ws; 2-stündiger Rundgang 12 €; ⌚ April–Juli & Sept.–Okt.) vermittelt ein sehr persönliches Bild von Chanias Geschichte und Kultur. Seine englischsprachigen Führungen starten vom „Hand“-Denkmal auf der Platia Talo am Nordende der Odos Theotokopoulou. Seinen unterhaltsamen und unentbehrlichen Stadtführer *Fenny's Hania* (7,50 €) gibt es bei der Teppichweberei Roka (s. S. 93).

Steve Outram (☎ 28210 32201; www.steveoutram.com) ist Fotograf, stammt aus England und veranstaltet zweimal im Jahr Fototouren durch Westkreta für Amateurknipser und Profifotografen.

Von Chania kann man verschiedene Schiffstouren zur nahe gelegenen Insel Agii Theodori und durch die Bucht von Chania unternehmen. Die Schiffsrundfahrten von **M/S Irini** (☎ 28210 52001; 15 €) legen täglich vor der Remezzo-Bar ab.

FESTE & EVENTS

Neben den religiösen und historischen Festen und Feiertagen, die auf der ganzen Insel gefeiert werden, begeht die Stadt Chania jeweils in der letzten Maiwoche den **Jahrestag der Schlacht um Kreta** mit Sportturnieren, Volkstanz und Gedenkfeierlichkeiten.

Im Sommer organisiert die Kommune verschiedene kulturelle Events überall in der Stadt, u. a. im Stadtpark und im **Freilichttheater** (www.chania.gr) außerhalb der östlichen Stadtmauer (Odos Kyprou), wo regelmäßig Konzerte und Theatervorstellungen stattfinden.

SCHLAFEN

Chanias venezianisches Viertel wimmelt nur so von aparten Boutique-Hotels, familienbetriebenen Hotels und Pensionen in restaurierten venezianischen Gebäuden.

Gute Unterkünfte gibt es z. B. in der Gegend am Westende des Hafens und entlang der Odos Zambeliou. Allerdings kann es hier nachts ziemlich laut werden, vor allem an der Hafenfront, was gegen die schöne Aussicht abzuwägen ist. Die meisten Hotels der Stadt sind ganzjährig geöffnet. Viele der älteren und Boutique-Hotels haben statt Fahrstuhl romantische, aber Schwindel erregende Wendeltreppen. Hotelanlagen mit Pool findet man in Nea Hora, am Strand westlich des Stadtzentrums. Von hier bis nach Platanias und noch weiter ist die Küste mit Resorts gepflastert.

Budgetunterkünfte

Pension Theresa (☎ /Fax 28210 92798; Angelou 2; DZ 35–45 €; ❄) Drei Stockwerke voller antik eingerichteter Zimmer in einem vor Alter knarrenden Haus mit steiler Wendeltreppe: ganz sicher Chanias stimmungsvollste Pension. Wer kein Zimmer mit Aussicht ergattert, tröstet sich mit dem umwerfenden Blick von der Dachterrasse, wo auch die Gemeinschaftsküche ist. Die pieksauberen Zimmer – alle mit TV, Klimaanlage und zusätzlichem Hochbett auf Empore – sind ideal für Kleinfamilien, aber auch bei Künstlern und Schriftstellern sehr beliebt.

Pension Lena (☎ 28210 86860; lenachania@hotmail.com; Ritsou 5; EZ/DZ 32/50 €; ❄) In der sympathischen Pension in einem türkischen Altbau können Neuankömmlinge schon mal ein Zimmer mit Beschlag belegen, wenn Hauswirtin Lena gerade nicht da ist. Ein paar antike Stücke unterstützen die altertümliche Atmosphäre, und Lena, die aus Hamburg stammt, sorgt dafür, dass alle Gäste sich willkommen fühlen.

Hotel Manos (☎ 28210 94156; www.manoshotel.gr; Zambeliou 24; DZ mit Aussicht 25 €; ❄ 💻) Eines der ältesten kleinen Hotels an Chanias Hafenpromenade. Es kann sein Alter nicht verleugnen, ist aber abgesehen von seiner biederen und schlichten Ausstattung sauber und geräumig, mit Kühlschrank und Klimaanlage in allen Zimmern. Die Zimmer nach vorn haben einen kleinen Balkon und Blick auf den Hafen.

Anastasia Rooms & Apartments (☎ 28210 88001; anastasia_ap@acn.gr; Theotokopoulou 21; Apartment 38/50 €; ❄) Die schicken, supersauberen und gut ausgestatteten Apartments sind frisch gestrichen; Betten und sonstiges Mobiliar sind neu. Jedes Apartment hat zwei Ebenen und ein Bettsofa. Die Badezimmer sind schlicht; die Räume im Obergeschoss haben Balkon.

Ifigenia Rooms & Studios (☎ 28210 94357; www.ifigeniastudios.gr; Gamba & Parodos Angelou; Studio 30–70 €; ❄) Fünf restaurierte Häuser rund um den venezianischen Hafen mit Unterkünften für verschiedene Ansprüche und Geldbeutel – alle klimatisiert. Einige der Luxusapartments haben Kochecke, Whirlpool und Hafenblick. Manche Bäder sind sehr schlicht, und die auf urig getrimmte Aufmachung einiger Zimmer wirkt etwas gekünstelt.

Hania Camping (☎ 28210 31138; camhania@otenet.gr; Agii Apostoli; Person/Zelt/Wohnwagen 5/3,50/6 €; 🏊) Chanias nächstgelegener Campingplatz, 3 km westlich der Stadt gleich am Strand, bietet Schatten, ein Restaurant, eine Bar und einen Minimarkt. Von Chania nimmt man den Kalamaki-Bus (alle 15 Min.) an der Südostecke der Platia 1866 und bittet den Busfahrer, einen am Campingplatz rauszulassen.

Mittelklassehotels

Nostos Hotel (☎ 28210 94740; Fax 28210 94743; Zambeliou 42–46; EZ/DZ mit Frühstück 40/80 €; ❄) Gut gemachte Kombination aus venezianischem Stil und moderner Ausstattung: Das umgebaute 600 Jahre alte Gebäude beherbergt heute edle Zimmer/Wohneinheiten auf zwei Ebenen – alle mit Küche, Kühlschrank, Telefon und TV. Die Zimmer nach vorn haben Blick auf den Hafen.

Vranas Studios (☎ 28210 58618; www.vranas.gr; Agion Deka 10; Studio 40–55 €; ❄) Das Haus an einer lebhaften Fußgängerzone bietet großzügige, äußerst gepflegte Studios mit Kochnische. Alle Zimmer haben polierte Holzböden, Balkon, TV, Telefon und Klimaanlage.

Amphora Hotel (☎ 28210 93224; www.amphora.gr; Parodos Theotokopoulou 20; EZ/DZ 75/90 €, Frühstück 10 €; ❄) Von allen Hotels in Chania hat dies am meisten historische Atmosphäre. Es befindet sich in einer beispielhaft sanierten und gepflegten venezianischen Villa rund um einen Innenhof. Alle Zimmer sind elegant eingerichtet, größtenteils mit Doppelbetten. Die Zimmer im Obergeschoss haben Klimaanlage und Blick auf den Hafen. Die nach vorn gelegenen Zimmer sind im Sommer nicht unbedingt die ruhigsten.

Porto de Colombo (☎ 28210 70945; colompo@otenet.gr; Theofanous & Moschon; DZ/Suite mit Frühstück 74/94 €; ❄) Die venezianische Villa, ehemals französische Botschaft und Amtssitz von Elefterios Venizelos, ist heute ein reizendes Boutique-Hotel mit zehn bezaubernden, schön ausgestatteten Zimmern. Die Suiten im Obergeschoss haben herrlichen Hafenblick. Wer auf die Klimaanlage verzichtet, zahlt weniger.

Bellmondo (☎ 28210 36216; Zambeliou 10; DZ/Suite mit Frühstück 75/95 €; ❄) In dem relativ neu etablierten Hotel mit Hafenblick, schmiedeeisernen Betten und eher traditioneller Einrichtung herrscht eine etwas förmliche Atmosphäre. Das restaurierte Haus weist türkische und venezianische Architekturelemente auf, u.a. Teile eines alten türkischen Bads in einem Zimmer. Kinder bis zwölf Jahre übernachten umsonst.

Spitzenklassehotels

Casa Leone (☎ 28210 76762; www.casa-leone.com; Parodos Theotokopoulou 18; EZ & DZ mit Frühstück 80–130 €; ❄) Diese Residenz wurde erst vor kurzem zu einem luxuriösen wie romantischen Boutique-Hotel umgebaut. Die großzügigen, nobel ausgestatteten Zimmer haben Balkons mit Blick auf den Hafen. Hier gibt es Suiten für Hochzeitsreisende und allerlei Extras, wie z.B. Fön.

Porto Veneziano (☎ 28210 27100; www.portoveneziano.gr; Akti Enoseos; EZ/DZ/Suite mit Frühstücksbüfett 90/125/200 €; ❄) Die komfortable Nobelherberge am Ostende des Hafens bietet großräumige Zimmer mit TV, Telefon und Klimaanlage. Die Einrichtung ist hell und freundlich; ein Innengarten lädt zum Relaxen ein.

Casa Delfino (☎ 28210 93098; www.casadelfino.com; Theofanous 7; DZ/Apt. mit Frühstücksbüfett 140/295 €; ❄) Modernisiertes Palais aus dem 17. Jh. mit prachtvollem, im traditionellen Muster gepflastertem Hof sowie 22 individuell eingerichteten Suiten. Das palastartige Apartment, das sich über zwei Ebenen erstreckt, kann bis zu vier Personen aufnehmen und hat im Hauptbad einen Whirlpool.

ESSEN

Da Chania einige der besten Restaurants von ganz Kreta besitzt, sollte man sich nicht mit dem erstbesten Lokal zufrieden geben. Leider sind die meisten Tavernen in Spitzenlage am Wasser mittelmäßig, überteuert und von lästigen Kundenfängern umlagert. Besser sieht es in den Seitenstraßen der Altstadt und des Splantzia-Viertels aus, wo sich einige der besten Tavernen in venezianischen Ruinen unter freiem Himmel verstecken.

Günstig

Besonders billig gibt es gute traditionelle Küche in den beiden Tavernen der Markthalle. Ihre Preise sind fast identisch, und die Qualität ist einfach toll. An der Halidon findet man jede Menge Imbisse.

Iordanis Bougatsa (☎ 28210 90026; Kydonias 96; Portion Bougatsa à 150 g 2,10 €) Als würdiger Nachfolger seines Urgroßvaters, der das Geschäft 1924 begründete, bäckt Iordanis hier unermüdlich seine köstliche und zu Recht berühmte *bougatsa* (Filoteig mit cremigem *myzithra*-Käse gefüllt und mit etwas Puderzucker bestäubt) – gleich gegenüber vom Busbahnhof.

Doloma Restaurant (☎ 28210 51196; Kalergon 8; Mayirefta 3,50–5,80 €; 🕑 Mo–Sa) Das unaufdringliche Restaurant verschwindet fast hinter dem üppigen Grün, das seine Terrasse umwuchert. Ein gemütlicher Zufluchtsort vor dem Touristentrubel, mit einwandfreier traditioneller Küche.

Mittelteuer

To Karnagio (☎ 28210 53366; Platia Katehaki 8; kretische Spezialitäten 5–10,50 €) Ein Lieblingsrestaurant aller Chanioten. Mit seinen vielen Tischen im Freien und in Hafennähe lockt es zwar auch viele Touristen an, wirkt aber dennoch völlig echt. Neben einer schönen Auswahl an Fischgerichten (besonders lecker: der gegrillte Tintenfisch) und kretischen Klassikern hat es auch eine gute Weinkarte.

Tamam (☎ 28210 58639; Zambeliou 49; veg. Gerichte 3–6,50 €; 🕑 13–0.30 Uhr) Das urige Lokal in einem alten türkischen Bad hat sich seine treue Fangemeinde redlich verdient: mit einer Spitzenauswahl vegetarischer Spezialitäten (z.B. Kartoffeln mit würzigem Avocadodip) und genialen Rezepten wie einer göttlichen Rauchfleisch-Feta-Tomaten-Kreation und exzellentem Hühnchen *beyendi* mit Auberginenpüree.

Pigadi tou Tourkou (☎ 28210 54547; Sarpaki 1–3; Hauptgerichte 8,50–14,50 €; 🕑 nur Abendessen) Teile des ehemaligen Dampfbads aus dem 19. Jh. wurden in die anheimelnde Einrichtung dieses hervorragenden Restaurants einbezogen, so etwa der Brunnen, dem es seinen Namen verdankt (Brunnen der Türken). Die britische Wirtin Jenny Payavia präsentiert eine verführerische Speisekarte mit kretischen, marokkanischen und orientalischen Einflüssen, auf der z.B. Spezialitäten wie Auberginen-Fleischklößchen mit Joghurt zu finden sind.

Monastiri Taverna (☎ 28210 55527; Akti Tombazi; Mezedes 2,50–8,80 €) An der Ostseite des Hafens gelegen und eines der wenigen Uferrestaurants, das mit Fischgerichten und exzellenter kretischer Kost auch vor der anspruchsvolleren einheimischen und internationalen Klientel bestehen kann.

Ela (☎ 28210 74128; Kondylaki 47; Tagesgerichte 5–15 €; 🕑 12–1 Uhr) Das Gebäude aus dem

14. Jh. war zuerst eine Seifenfabrik, später dann Schule, Brennerei und Käserei. Heute bringt Ela erfreulich zubereitete kretische Spezialitäten auf den Tisch, während einheimische Musiker an den Sommerabenden, an denen man unter der Markise im Freien speist, für Atmosphäre sorgen. Etwas protzig wirkt das Schild mit dem Hinweis, dass dieses Restaurant in keinem Reiseführer fehlt, aber die Lobgesänge sind zumindest wohlverdient.

Tsikoudadiko (☎ 28210 72873; Zambeliou 31; kretische Spezialitäten 4–7,50 €) Trotz des freundlichen Kundenfängers vor der Tür wartet dieses Lokal in einer bezaubernden venezianischen Ruine ohne Dach, dafür aber voller Pflanzen, mit anständiger kretischer Kost auf. Zu den Spezialitäten gehören köstliche Ofenkartoffeln mit Schinken und Käse. Abends gibt es meist Livekonzerte mit Akustikmusik.

Mahalas (☎ 28210 55492; Akti Miaouli & Sparti; Meze-Platte für 2–3 Pers. 15 €) Das ausgezeichnete *mezedopoleio* (Meze-Restaurant) am von Chanioten bevorzugten Ostende des Hafens fährt eine große *mezedes*-Auswahl und ein tolles Ouzo-Sortiment auf. Hausspezialität ist der gemischte Vorspeisenteller mit Meeresfrüchten und Fleisch. Tische im Freien mit Meerblick und drinnen behagliche Steinmauern.

Faka Taverna (☎ 28210 42341; Platia Katehaki; Hauptgerichte 5,30–8,50 €) Noch ein ruhiges, einfaches Lokal, das seine Gäste nicht mit fadem Touristenfraß abspeist. Was hier auf den Tisch kommt, ist solide und authentisch. Gute Tipps sind z. B. der kretische Reis oder die Artischocken mit dicken Bohnen. Auch an Kinderteller und eine kleine Spielecke ist gedacht.

Teuer

Akrogiali (☎ 28210 71110; Akti Papanikoli 20, Nea Hora; 🕓 nur Abendessen) Gilt bei den meisten Leuten als Chanias bestes Fischrestaurant. Der Fisch ist hier so frisch, dass er quasi auf dem Teller zappelt, und auch die Beilagen sind spitzenmäßig. Das luftige Restaurant öffnet sich auf die Uferpromenade – mit traumhaftem Sonnenuntergangspanorama.

Apostolis Taverna (☎ 28210 43470; Akti Enoseos 6; Meeresfrüchteteller mit Salat für 2 Pers. 26 €) Das renommierte Restaurant serviert Fisch und kretische Gerichte an der ruhigeren Ostseite des Hafens. Die Bedienung ist freundlich und fix, die Weinkarte gut. Blick auf den Hafen.

Nykterida (☎ 28210 64215; Korakies, an der Flughafenstraße; Hauptgerichte 8–15 €). Das gastronomische Nonplusultra: Dieses alteingesessene Restaurant steht im Ruf, das beste in Chania zu sein, und hat schon Größen wie Churchill, Anthony Quinn, Melina Mercouri und Andreas Papandreou bewirtet. Es existiert seit 1933 und wurde im Zweiten Weltkrieg in einen deutschen Club umgewandelt. Phantastische Süßspeisen und umfangreiche Weinkarte.

UNTERHALTUNG

Trubelige Pop- und Rock-Läden beherrschen Chanias Nachtleben, aber es gibt auch ein paar ruhigere Lokale mit Jazz, Schmuserock und kretischer Musik. Die Bars und Clubs an der Hafenpromenade sind fest in Touristenhand, die Clubs an der Sourmeli von amerikanischen Soldaten der umliegenden Stützpunkte bevölkert. Wenn die Chanioten sich die Nacht um die Ohren schlagen wollen, tun sie dies meist in Platanias, einem Strandort ca. 11 km westlich von Chania. Getränke sind oft teuer.

Ta Duo Lux (☎ 28210 52519; Sarpidona 8; 🕓 10 Uhr–spät) Die phantasievoll wechselnde Dekoration des flippigen Cafés wirkt äußerst erfrischend (auch sehr nett: das Teezimmer im Obergeschoss). Dieser etablierte Treffpunkt der etwas alternativeren chaniotischen Jugend ist tagsüber wie abends gleichermaßen beliebt. An Musik gibt es von allem etwas und dazu ein kleines, aber leckeres Sandwichsortiment.

Fagotto Jazz Bar (☎ 28210 71877; Angelou 16; 🕓 Juli–Mai 19–2 Uhr) Eine alteingesessene Institution der Stadt. Der Club in einem restaurierten venezianischen Gebäude spielt eher gefälligen Jazz, sanften Rock und Blues. Außerdem wird das ganze Jahr über Livejazz geboten, teils von renommierten internationalen Musikern. Klar, dass hier auch ein Zapfhahn in Form eines Saxofons zum Dekor gehört.

Fortezza (☎ 28210 46546) Café, Bar und Restaurant in der alten venezianischen Hafenmauer – der optimale Platz für einen Drink zum Sonnenuntergang. Ein eigenes Boot schippert Gäste umsonst vom Ende der Sarpidona hinüber zur Hafenmole. Von der Bar auf dem Dach hat man einen tollen Blick auf den venezianischen Hafen.

Cafe Kriti (☎ 28210 58661; Kalergon 22; ⌚ 20 Uhr – spät) Ist auch unter dem Namen Lyrakia bekannt. Rustikale Einrichtung mit einer Vorliebe für Uriges wie Sägen, Töpfe, alte Nähmaschinen und Tierköpfe – trotzdem ist dies ist der beste Ort in Chania, um kretische Musik live zu hören.

Synagogi (☎ 28210 96797; Skoufou 15) Das Lokal in einer nach oben offenen venezianischen Ruine, die früher eine Synagoge beherbergte, serviert tagsüber frisch gepresste Obstsäfte, Kaffee, Drinks und Snacks. Abends verwandelt es sich in eine Loungebar für ein gestyltes einheimisches Publikum. Eindrucksvolles Innendesign in Stein und Holz.

Praxis (☎ 28210 57157; Skoufon 5; ⌚ 24 Uhr–spät) In der angesagten Bar trifft sich die trendbewusste einheimische Jugend, unter die sich vereinzelte Touristen auf der Suche nach authentischem Nachtleben mischen. Tolle Atmosphäre in funkigem Ambiente.

Rudi's Bierhaus (☎ 28210 50824; Sifaka 26; ⌚ Di–So 18 Uhr–spät) Der Österreicher Rudi Riegler schenkt in seiner kleinen Bar leckeres belgisches *gueuze* und *kriek* und andere ausgezeichnete Biersorten aus. Seine *mezedes* gehören zu den besten der Stadt.

Koukouvagia (☎ 28210 27449; Venizelos-Grabstätte) Wer einen fahrbaren Untersatz hat, ist in 10 Minuten oben auf dem Hügel, wo der große Staatsmann Elefterios Venizelos begraben liegt. Die Cafébar mit tollem Blick auf Chania, die ganz im Zeichen der Eule steht (mit einer wirklich erstaunlichen Kollektion von Eulen-Dekostücken), ist an Sommerabenden eine kühle Oase. Delikate Pitta-Kreationen und selbst gebackene Kuchen.

SHOPPEN

Chania hat auf der ganzen Insel die beste Mischung von Souvenir- und Kunsthandwerksläden. Haupteinkaufsstraße ist die Halidon, an der niemand vorbeikommt, da sie die Innenstadt mit dem Hafen verbindet. Die besten Läden liegen aber in den Seitengassen der Altstadt verstreut. In der Odos Skridlof, der „Lederstraße", findet man handgemachte Schuhe, Sandalen und Taschen. An der Odos Minoos ist samstags von 7 bis 14 Uhr Markt mit Obst, Gemüse, lokalen Produkten und billigen Klamotten.

Antiquitätengalerie (☎ 6994 427070; Akti Tombazi 1) Vieles von dem, was die in der Nähe der Pascha-Hassan-Moschee gelegene Galerie anbietet, passt beim besten Willen nicht in den Koffer, aber neben gerahmten Gemälden und antiken Möbeln gibt es hier auch handlichere Kuriositäten aus der Zeit der türkischen Herrschaft.

O Armenis (☎ 28210 54434; Sifaka 29, Werkstatt im Haus Nr. 14) Ladenbesitzer Apostolos Pahtikos stellt seit dem zarten Alter von 13 Jahren traditionelle kretische Messer her und hat längst auch seinen Sohn in diese Kunst eingewiesen. Wer mag, kann den beiden zusehen, wie sie die Klingen in die kunstvoll geschnitzten Griffe einpassen. Scharf gewetzte Küchenmesser gibt es ab 15 €.

Carmela's (☎ 28210 40487; Angelou 7) Außer Carmelas einzigartiger, in alter Technik hergestellter Keramik und originellem Schmuckdesign bekommt man hier auch unkonventionelle Arbeiten junger griechischer Kunsthandwerker.

Mat (☎ 28210 42217; Potie 51) Wenn das Hobby zur Obsession wird: Dieser winzige Laden, ein Pilgerort für Schachbegeisterte aus aller Welt, wurde von dem kürzlich verstorbenen Schachmeister Athanasios Diamantopoulos ins Leben gerufen. Seine Frau verkauft hier auch weiterhin eine große Auswahl seiner ausgefallenen Entwürfe, u. a. Schachfiguren aus Bronze, Holz und Stein. Ein Schachspiel schlägt je nach Gewicht und Design mit 60 bis 1000 € zu Buche; am beliebtesten sind die „Athener".

Metamorphosis (☎ 28210 70545; Theotokopoulou 50) Die meisten Schmuckstücke in diesem Laden stammen von dem jungen einheimischen Juwelier Lefteris Drakakis: originelle Kreationen von Blumenthemen über menschliche Gestalten bis zu Gabel-und-Messer-Motiven.

Miden Agan (☎ 28210 27068; Daskalogianni 70) Feinschmecker und Weinliebhaber werden entzückt sein von diesem vortrefflichen Geschäft. Es bietet neben seinen eigenen Weinen und Likören über 400 der interessantesten griechischen Weine an. Außerdem ein großes Sortiment hübsch verpackter traditioneller Delikatessen aus der Region, darunter Öl und Honig.

Paraoro (☎ 28210 88990; Theotokopoulou 16) Künstler Stamatis Fasoularis fertigt eine faszinierende Auswahl dekorativer Metallschiffe, die alle einen praktischen Verwendungszweck haben, z. B. Kerzenhalter, Lampen oder Ölbrenner. Außerdem gibt es hier

Schmuck und Kunsthandwerk von einheimischen und Athener Künstlern und eine Werkstatt.

Teppichweberei Roka (☎ 28210 74736; Zambeliou 61) Hier kann man Mihalis Manousakis zuschauen, wie er seine wundersamen Teppiche auf einem 400 Jahre alten Webstuhl nach Techniken webt, die seit den Zeiten der Minoer praktisch unverändert geblieben sind. Einer der wenigen Orte auf Kreta, wo man garantiert echte, traditionelle Handwebarbeiten bekommt. Preise ab 30 € für einen kleinen Teppich.

Verekinthos Craft Village (☎ 28210 81261; Verekinthos-Viopa an der Straße nach Souda) In diesem innovativen Werkstattkomplex im Gewerbegebiet am Stadtrand von Chania stellen zahlreiche Kunsthandwerker ihr Können zur Schau. Außer 16 Töpfereien sind hier auch Schmuck-, Web-, Stick-, Leder- und Glasarbeiten zu bewundern.

Tzamia-Krystalla (☎ 28210 71172; Skalidi 35; Mo–Sa 9.30–14 & 18–21 Uhr) Die einstige Glasbläserei ist heute eine ansprechende Kunstgalerie mit Café, die kleine und große Arbeiten lokaler Kunsthandwerker ausstellt, so etwa Keramik und andere originelle Stücke zu zivilen Preisen.

AN- & WEITERREISE

Flugzeug

Chanias Flughafen (CHQ) liegt 14 km östlich der Stadt auf der Akrotiri-Halbinsel.

Olympic Airlines (☎ 28210 58005; www.olympicairlines.com; Tzanakaki 88) fliegt mindestens fünfmal täglich nach/von Athen (86,50 €). Außerdem gibt es pro Woche vier Flüge nach/von Thessaloniki (109,50 €).

Aegean Airlines (☎ 28210 63366; www.aegeanair.com) bietet täglich viermal Flüge nach Athen an (83 € plus Gebühr).

Schiff/Fähre

Chanias Haupthafen ist in Souda, ca. 7 km südöstlich der Stadt. Von hier fahren regelmäßig Busse nach Chania (0,90 €). Die Taxifahrt kostet ca. 8 €.

Die Fähren von **ANEK** (☎ 28210 27500; www.anek.gr; Platia Sofokli Venizelos) fahren einmal täglich um 21 Uhr von Piräus nach Chania (21,70 €, 9 Std.) und um 20 Uhr von Chania nach Piräus. Im Juli und August gibt es zusätzlich eine Morgenfähre um 9 Uhr ab Piräus (16,60 €).

Blue Star Ferries (☎ 28210 75444; www.bluestarferries.com; Platia 1826 14) bietet täglich eine schnellere Fährverbindung mit neueren Schiffen, die nur sechs Stunden brauchen (23,50 €). Sitzplatzangebot im Flugzeugstil; man kann auch Kabinen buchen. Die Fähren legen um 16 Uhr von Piräus und um 23.30 Uhr von Chania ab.

Die **Hafenpolizei** (☎ 28210 89240) gibt ebenfalls Auskunft über Fährverbindungen.

Bus

In den Sommermonaten verkehren Busse von Chanias **Busbahnhof** (☎ 28210 93052) zu folgenden Zielen:

Zielort	Fahrtdauer	Fahrpreis	Häufigkeit
Elafonisi	2 Std. 15 Min.	8 €	2-mal tägl.
Falasarna	1½ Std.	5,50 €	3-mal tägl.
Chora Sfakion	2 Std.	5,40 €	3-mal tägl.
Iraklion	2½ Std.	10,50 €	halbstündlich
Kastelli Kisamos	1 Std.	3,40 €	stündlich
Kolimbari	45 Min.	2,30 €	halbstündlich
Lakki	45 Min.	2,30 €	6-mal tägl.
Moni Agia Triada	30 Min.	1,70 €	2-mal tägl.
Omalos (zur Samaria-Schlucht)	1 Std.	5 €	4-mal tägl.
Paleochora	2 Std.	5,40 €	5-mal tägl.
Rethymnon	1 Std.	5,55 €	halbstündlich
Sougia	2 Std.	5,40 €	1-mal tägl.
Stavros	30 Min.	1,50 €	6-mal tägl.

Busverbindungen außerhalb der Hauptsaison beim Busbahnhof erfragen.

UNTERWEGS VOR ORT

Auto, Motorrad & Fahrrad

Die meisten Motorradverleiher sind an der Halidon. Die Autoverleiher in Agia Marina bringen ihre Fahrzeuge auch nach Chania.

Auto Papas (☎ 28210 68124; Agia Marina)
Europrent (☎ 28210 40810, 28210 27810; Halidon 87)
National (☎ 28210 38185; Agia Marina)

Bus

Die **blauen Stadtbusse** (☎ 28210 27044) halten im Hafen von Souda in der Nähe des Fähranlegers. In Chania fährt der Bus nach Souda (0,90 €) an der Markthalle ab. Busse zu den Stränden im Westen verkehren vom Busbahnhof an der Platia 1866.

Die Stadtbusse fahren teils bis nach Panormos und halten unterwegs an allen Stränden.

Zum/Vom Flughafen

Es gibt keinen Flughafenbus. Ein Taxi vom Stadtzentrum zum Flughafen kostet ungefähr 13 €.

DIE HALBINSEL AKROTIRI & DIE BUCHT VON SOUDA

DIE HALBINSEL AKROTIRI

ΧΕΡΣΟΝΗΣΟΣ ΑΚΡΩΤΗΡΙ

Die Halbinsel Akrotiri (ak-roh-*tii*-rii) östlich von Chania ist eine karge, hügelige, von Gestrüpp überwucherte Felsenlandschaft. Außer ein paar Strandorten gibt es hier noch Chanias Flughafen und einen Marinestützpunkt an der Bucht von Souda. Busse sind rar, Wegweiser ebenso, was die Erkundung der Halbinsel erschwert. Dafür bietet sie Abstand vom touristischen Treiben und mehrere interessante Klöster.

Klöster

Auf Akrotiri liegen drei kretische Klöster. Gründer des imposanten **Moni Agia Triada** (☎ 28210 63310; Eintritt 1,50 €; ⌚ 8–19 Uhr) aus dem 17. Jh. waren die Brüder Jeremia und Laurentio Giancarolo, venezianische Mönche, die zum orthodoxen Glauben übergetreten waren. Im 19. Jh. befand sich hier eine Ordensschule. Das heute noch aktive Kloster hat eine hervorragende Bibliothek. Ein Blick in die Kirche mit der venezianisch beeinflussten, kuppelgekrönten Fassade lohnt sich schon des Altarbilds wegen. Berühmt ist das Kloster auch für seinen *agiotriaditiko*-Wein.

Das aus dem 16. Jh. stammende **Moni Gouverneto** (Unsere Liebe Frau von den Engeln; ☎ 28210 63319; Museumseintritt 1,50 €; ⌚ 8–14 & 16–20 Uhr), 4 km nördlich vom Moni Agia Triada, geht vielleicht sogar bis auf das 11. Jh. zurück, als solche landeinwärts gelegenen Zufluchtsstätten auch Schutz vor Küstenpiraten boten. Das Bauwerk selbst ist enttäuschend schlicht, doch die Kirche innerhalb seiner Mauern hat eine aufwändig gestaltete venezianische Fassade. Das Kloster betreibt auch ein kleines Museum. Vom Moni Gouverneto geht man 20 Minuten (auf dem Rückweg bergauf eher 30 Minuten) bis zu dem Pfad, der hinunter zur Küste und zu den Ruinen des **Moni Ioannou Erimiti** führt (auch Moni Katholiko genannt). Das seit vielen Jahren verlassene Kloster war Johannes dem Eremiten geweiht, der in der Höhle hinter den Ruinen hauste. Kurz hinter dem Eingang der Höhle befindet sich ein kleines Becken, dessen Wasser als heilig gilt. Am Feiertag des Hl. Johannes (7. Okt.) wird hier ein Fest gefeiert, das am Vorabend mit einer Nachtwache beginnt. Das Grab des Hl. Johannes liegt im hinteren Teil einer Höhle am Fuß einer Felstreppe.

Montags bis samstags fahren täglich zwei Busse – um 6.30 und 13 Uhr – von Chanias Busbahnhof zum Moni Agia Triada (1,70 €, 40 Min.).

Kalathas Καλαθάς

329 Ew.

Kalathas ist ein winziger Strandort 10 km nördlich von Chania, der im Winter kom-

KRETISCHE MESSER

Bei der unfriedlichen Vergangenheit der Insel wundert es niemanden, dass Kreta eine gewachsene Tradition bei der Herstellung von Messern hat. Zur angestammten Tracht kretischer Männer mit Hemd, Hose und Stiefeln in Schwarz gehört immer ein Messer, oft mit weißem Griff. Die Kräfte, die man Messern zuschreibt, grenzen ans Mystische. Ältere Kreter glauben, dass in der Karwoche geschmiedete Messer vor bösen Geistern schützen. In Ostkreta bringt es Unglück, Messer zu verschenken. In Westkreta dagegen bringt es Glück, wenn bei einer Hochzeit der Pate oder Trauzeuge des Bräutigams ein Messer als Geschenk erhält.

Sicher stellten auch die Minoer schon Messer her, doch die heutige Technik entwickelte sich wohl unter der Türkenherrschaft. Damals fertigte man die Griffe aus Büffelhorn oder dem Gehörn der Bergziegen. Seit diese rar geworden sind, nimmt man auch Rinderknochen. Leider macht sich auch die Kundschaft rar, und so stirbt die Kunst der Messerschmiede allmählich aus.

plett dichtmacht. Im Sommer kann es an den beiden kiefernbestandenen Sandstränden ziemlich voll werden; trotzdem ist Kalathas ein nettes Ziel für einen Tagestrip von Chania oder auch für ein paar Tage Strandurlaub. Das finden auch die Chanioten, von denen viele hier Sommer- und Wochenendhäuschen haben.

Die Busse von Chania nach Stavros halten auch in Kalathas.

Esplanade Apartments (☎ 28210 64253; espland@otenet.gr; Studio 55 €;) Hübscher zweistöckiger Bau mit Pool. Die geräumigen, hellen und luftigen Studios haben Telefon, TV und Kochnische.

Georgi's Blue Apartments (☎ 28210 64080; www.blueapts.gr; Studio/Apt. 75/105 €;) Ein Schild an der Straße von Chania weist den Weg nach links zu diesem geschmackvollen und recht exklusiven Komplex mit Zimmern und Apartments. Alle sind stilvoll eingerichtet und mit Telefon, Satelliten-TV, Kühlschrank und Kochnische ausgestattet; dazu gibt es auch einen Pool.

3 km nördlich von Kalathas liegt der kleine Strandort Tersanas; ein Schild an der Hauptstraße Kalathas-Stavros weist den Weg dorthin. Hier kann man nach billigeren Quartieren Ausschau halten.

Tersanas Lodges (☎ 28210 39684; www.tblodges.com; Studio 42 €;) Auch wenn die Studios etwas klein geraten sind, ist dieser gepflegte Apartmentblock 10 Minuten zu Fuß von Tersanas und ganze 10 m vom Strand entfernt nicht die schlechteste Wahl. Hier genießt man die übliche Ausstattung mit Kochnische, Bad, TV und Balkon in absolut ruhiger Lage.

Stavros Σταυρός

323 Ew.

Das kleine Dorf Stavros, 6 km nördlich von Kalathas, ist eigentlich nur eine lose Ansammlung von Häusern und einigen Hotels an der Bucht von Stavros – einer dieser Orte, an denen man so richtig ausspannen kann. Es gibt keine „Dorfszene", da die meisten Häuser, Restaurants und Unterkünfte relativ weit verstreut liegen. Die Hauptbucht mit ihrem schmalen Sandstrand überragt ein kolossaler Felsbuckel, vor dem eine Szene von *Alexis Sorbas* gedreht wurde.

Es gibt ein paar Unterkünfte in Strandnähe; hier logieren allerdings auch einige Pauschaltouristen, denen Stavros' relaxte Atmosphäre mehr zusagt als der Trubel westlich von Chania. Ein felsiger Außenposten etwa 1 km westlich vom Strand mit weiteren Hotels und *domatia* beherbergt ebenfalls ein gemischtes Publikum aus Pauschal- und Individualreisenden.

Villa Eleana Apartments (☎ /Fax 28210 39480; eleana@chania.forthnet.gr; Studio/Apt. 45–80 €;) Ziemlich versteckt gelegen, aber auffallend beschildert. Sehr großzügige, saubere Studios und Apartments mit Mikrowelle, TV und Telefon, die meisten davon mit Meerblick.

Blue Beach (☎ 28210 39404; vepe@cha.forthnet.gr; DZ 50 €;) Unaufdringliche Ferienanlage gleich am Strand; hier sind auch Individualreisende willkommen. Die komfortablen Zimmer sind mit Kühlschrank und Kochnische ausgestattet, außerdem hat die Anlage einen Pool. Klimaanlage kostet 8 € extra.

Der Bus von Chania nach Stavros verkehrt sechsmal täglich (1,50 €, 30 Min.). Mit dem Auto von Chania zuerst den Schildern zum Flughafen und dann den Wegweisern nach Stavros folgen.

SOUDA ΣΟΎΔΑ

6425 Ew.

Der Hafen von Souda gehört zu den größten auf Kreta und bildet zugleich den Fährhafen für Chania. Die Venezianer errichteten eine Festung an der Einfahrt zur Bucht von Souda und hielten sie bis 1715, lange nachdem die Türken den Rest der Insel erobert hatten. Heute befindet sich in Souda die größte Reparaturwerft der griechischen Marine, was der Gegend eine massive Militärpräsenz beschert.

Etwa 1 km westlich von Souda liegt ein untadelig gepflegter **britischer Soldatenfriedhof**. Hier sind rund 1500 britische, australische und neuseeländische Soldaten begraben, die in der Schlacht um Kreta ihr Leben verloren. Die langen Reihen weißer Grabsteine in traumhafter Lage am Ufer erinnern auf eindrucksvolle Weise an Kretas heldenhafte Verteidiger.

Die Busse zum Fährhafen Souda, die in Chania von der Giannari vor der Markthalle abfahren, setzen einen auf Wunsch am Friedhof ab.

Der Ort Souda, 2 km vom Hafen, entstand vor 130 Jahren unter türkischer Herrschaft, doch davon ist nicht mehr viel zu sehen. Heute drängen sich praktisch alle wichtigen Einrichtungen – einschließlich der Reisebüros, Banken und Geschäfte – am Hafen rund um den Hauptplatz in der Nähe des Fähranlegers.

Das Angebot an Unterkünften und Restaurants ist mickrig; da ist man in Chania besser dran.

Orientierung & Praktische Informationen

Die Hauptstraße des Hafenbezirks von Souda ist die 3 Septemvriou, parallel zum Hafen. Der Hafen öffnet sich auf einen großen, von Reisebüros und Cafés gesäumten Platz.

Auch die Griechische Nationalbank (mit Geldautomat) ist hier vertreten. Postamt und OTE findet man an der 3 Septemvriou, gleich am Hauptplatz.

Gelasakis Travel/Blue Star Ferries (☎ 28210 89065; ⏲ 8–23 Uhr) am Hauptplatz verkauft Flug- und Fährtickets und vermietet Autos.

Schlafen & Essen

Hotel Parthenon (☎ 28210 89245; El Venizelou 29; DZ 35 €; ❄) Für den Fall, dass man unbedingt am Hafen übernachten muss. Das kleine Hotel liegt gegenüber vom Hauptplatz über einer Taverne, die *souvlaki* serviert, und hat modernisierte Zimmer mit Kühlschrank, TV und Klimaanlage.

Vlachakis Brothers (☎ 28210 89219; 16 Ellis St) Beliebte und erst vor kurzem frisch aufgestylte Fischtaverne im Ort Souda. Ihre Spezialität, das Krabbenomelett (7 €), lässt sich angenehm mit einer Auswahl von Fassweinen herunterspülen.

Paloma (☎ 28210 89081; Fischgerichte 6–8 €, Spitzenfische 45 € pro kg) liegt noch weiter im alten Souda, an der Küstenstraße zum Flughafen, und ist eine von zwei netten Fischtavernen mit Stühlen im klassischen Blau und karierten Tischtüchern gleich am Wasser mit Blick auf den Hafen.

Auf dem Weg kommt man am Soldatenfriedhof vorbei.

An- & Weiterreise

Souda liegt rund 7 km östlich von Chania. Vom Fähranleger fahren regelmäßig Busse nach Chania (0,90 €). Ein Taxi nach Chania kostet ca. 8 €.

DIE BUCHT VON CHANIA

Die Küste westlich von Chania – zwischen den Halbinseln Akrotiri und Rodopou, die die Bucht von Chania begrenzen – ist eine 13 km lange, lückenlose Abfolge von Hotels, *domatia*, Souvenirläden, Reisebüros, Minimärkten und Restaurants. Die einstigen Dörfer an diesem Küstenstreifen sind praktisch zu reinen Vergnügungsmeilen verkommen. Nichts für einen ruhigen Erholungsurlaub, aber das Nachtleben geht hier richtig ab und die touristische Allroundversorgung ist gesichert.

Der erste Touristenort ist **Agia Marina**, 9 km von Chania. Hier ist man vor allem auf Pauschaltouristen eingerichtet, aber an der Hauptstraße finden sich auch ein paar mittelprächtige *domatia*. Der Strand ist mit Reihen einheitlicher Liegestühle und Sonnenschirme vollgestellt, das Wasser eher trüb. Dafür ist Agia Marina für Chanias Partyvolk erste Anlaufstelle für abendliche Action.

Als Nächstes kommt, 12 km von Chania entfernt, **Platanias**, von Agia Marina kaum zu unterscheiden. Auch hier wimmelt es von mittelmäßigen Unterkünften, Fastfoodgrills, Bars, Clubs und Geschäften. Platanias besteht aus einer betriebsamen Hauptstraße und einer Altstadt, die auf einem steilen Hügel an der Südseite der Straße liegt. Die Sträßchen der Altstadt sind malerisch, aber sehr touristisch. Von oben hat man allerdings eine tolle Aussicht. Auch hier ist der Strand überfüllt und wenig berauschend.

Ein klein wenig besser ist da schon **Gerani** am Ende der Touripiste. Der Strand am Westende ist weniger überlaufen, ansonsten aber auch nichts Besonderes und eher zum Bräunen als zum Schwimmen geeignet.

Noch ein Stück weiter liegt **Maleme**, ein friedlicher Küstenort mit weniger touristischer Infrastruktur. Hier gibt es nur ein paar Hotels und Apartmentkomplexe in Nähe des schönen Kiesstrands. Oben auf dem Hügel liegen auf einem bestens gepflegten **deutschen Soldatenfriedhof** über 3000 deutsche Fallschirmspringer, die in der Schlacht um Kreta getötet wurden. Langjähriger Friedhofswärter war ausgerechnet George Psychoundakis, der einstige Hirtenjunge, der seine Geschichte als Kurier der Widerstandsbewegung während der deutschen Besatzung in dem Buch *The Cretan Runner* erzählt.

SCHLAFEN

Unzählige Zimmervermietungen und Hotels säumen die Uferstraße. Manche sind allerdings komplett an Reiseveranstalter vermietet oder operieren als Privatclubs.

Ilianthos Village Apartments (☎ 28210 60667; www.ilianthosvillage.gr; Agia Marina; DZ mit Frühstück ab 160 €;) Die große Ferienanlage an einem breiten Strandstück gehört zu den feudaleren Bleiben in Agia Marina. Sie hat einen Pool, Einrichtungen für Kinder, ist rollstuhlgerecht und mit allem modernen Komfort ausgestattet.

Haris Hotel (☎ 28210 68816; www.hotel-haris.com; Agia Marina; EZ/DZ mit Frühstück 42/60 €;) Kleines Hotel am Strand von Agia Marina, das seine etwas altbackene Ausstrahlung mit Zimmern in familiengerechter Größe und einem Pool wettmacht.

Tassos Cottages (☎ 28210 61352; tassosgerani@hotmail.com; Gerani; Apt. 40–60 €) Die gut ausgestatteten Apartments mit ein oder zwei Schlafzimmern, TV und Ventilator liegen in einer netten Gartenanlage zwischen Strand und Hauptstraße. Auch bei Tassos' Taverne an der Hauptstraße kann man durchaus mal reinschauen.

Hotel Theodori (☎ 28210 68342; Agia Marina; DZ 45 €;) Das saubere, bescheidene Hotel im Zentrum von Agia Marina vermietet Zweibettzimmer mit Balkon und Blick auf Garten und Meer. Die meisten Zimmer haben Klimaanlage.

Indigo Mare (☎ 28210 68156; www.indigomare.gr; Platanias; Studio/Apt. mit Frühstück 78/100 €;) Gehobener Apartmentkomplex mit bestens ausgestatteten Studios und Apartments für bis zu vier Personen. Vom schönen Pool hat man Strandblick.

Eria Hotel (☎ 28210 62790; www.eria-resort.gr; Maleme; DZ 120 €;) Eines der wenigen speziell behindertengerecht gebauten Hotels in ganz Griechenland. Es bietet u. a. besonders große Bäder, spezielle Geräte in den Fitnessräumen und einen behindertengerechten Bus zur Abholung der Gäste.

Coco Beach Camping (☎ 28240 23220; www.eurocamps.net/cocobeach; Tavronitis; Person/Zelt 4/3,50 €;) Der Campingplatz mit Bar, Restaurant, Internetzugang, Spielplatz und Minimarkt liegt knapp außerhalb von Chania.

ESSEN

Mylos tou Kerata (☎ 28210 68578; Platanias; Grillfilets 11,50–15 €) Das Restaurant in einer alten Wassermühle gilt als das beste der Gegend. Das Ambiente ist ansprechend, Speise- und Weinkarte umfangreich und das Essen um mehrere Klassen besser als in den nichts sagenden Lokalen der Nachbarschaft. Hier bekommt man eine große Auswahl an gegrilltem Hähnchen, Lamm- und Rinderfilet.

Drakiana (☎ 28210 61677; kretische Spezialitäten 1,80–5 €) Die hübsche Wanderung durch 3 km Oliven- und Orangenhaine zu dieser Taverne in umwerfender Lage unter riesigen Platanen am Fluss lohnt sich. Manolis Mavromatis bringt hier wunderbare kretische Leckereien auf den Tisch, so z. B. Fenchelpitta, Fleischbällchen in Tomatensauce und nicht alltägliche Fleischgerichte wie am Spieß gebratenes Spanferkel. In der Nähe liegt ein öffentlicher Picknick- und Grillplatz.

Maria's Restaurant (☎ 28210 68888; Kato Stalos; Hauptgerichte 5–8 €) Auf Marias großzügig begrünter Terrasse am Ostende von Agia Marina kann man sich an kretischer und mediterraner Kost angenehm satt essen. Empfehlenswert: die ortstypische Fleischpastete.

UNTERHALTUNG

In Platanias und Agia Marina wimmelt es von Sommerclubs, deren Beliebtheit von Jahr zu Jahr schwankt, während sie sich permanent neu erfinden. In Platanias könnte man mit einem gepflegten Drink im To Milo, neben dem Restaurant, anfangen und dann zu den angesagten Clubs Utopia und Mylos weiterziehen oder auch zu Neromylos, der trendigen Strandbar nebenan. Beim elitäreren Privilege Club scheitert so mancher an der Gesichtskontrolle. In Agia Marina waren zuletzt Ammos & Ilios, Newcomer Costa Costa und Okeanos die In-Läden.

AN- & WEITERREISE

Die Busse, die stündlich zwischen Chania und Kastelli Kisamos verkehren (3,40 €, 1 Std.), halten in Platanias, Gerani und Agia Marina.

CHANIAS WESTEN

Kretas Westzipfel ist nicht so stark vom Tourismus geprägt wie der Rest des Regierungsbezirks Chania. Die Nordküste besteht vor allem aus den praktisch unbewohnten Halbinseln Gramvousa und Rodopou. Am meisten auf Touristen ausgerichtet ist hier noch Kolimbari am Fuß der Halbinsel Rodopou. Die Provinz Kisamos ist eine unwirtliche Region mit verstreuten Dörfern und Städtchen, die nur wenige Touristen anlockt. Ihre Hauptstadt, Kastelli Kisamos, ist Anlaufhafen für Fähren vom Peloponnes. Die verlassene Westküste kann mit zwei der schönsten (und erstaunlich unerschlossenen) Strände Kretas aufwarten: Falasarna am Nordende und Elafonisi am Südende. Zur Provinz Selinos gehört die Region Innahorion mit zahlreichen kleinen Bergdörfern.

DIE HALBINSEL RODOPOU

Nur am Fuß der wüsten, felsigen Halbinsel Rodopou drängen sich ein paar kleine Dörfer; der Rest ist unbewohnt. Eine geteerte Straße führt bis Afrata und verwandelt sich dann in einen besseren Feldweg, der sich über die Halbinsel schlängelt. Das Diktynna-Heiligtum an der Spitze der Halbinsel ist zu Fuß, per Geländewagen oder Motorrad zu erreichen. Dabei aber unbedingt auf ausreichende Ausrüstung achten, denn hinter Afrata bekommt man keinen Tropfen Benzin oder Wasser und keinen Bissen Proviant mehr. Von Afrata führt eine gewundene Straße hinunter zum kleinen, kiesigen **Afrata-Strand**. Dort hat während der Saison eine kleine Snackbar geöffnet.

Kolimbari Κολυμπάρι

952 Ew.

Kolimbari, 23 km westlich von Chania am unteren Ende der Halbinsel Rodopou, ist optimal für einen ruhigen Erholungsurlaub. Das Fischerdörfchen war bislang kaum vom Tourismus berührt, doch das ändert sich rasch: Immer mehr Hotels und *domatia* schießen am langen Kiesstrand aus dem Boden. Kolimbari ist ein guter Ausgangspunkt für einen Spaziergang zum Moni Gonias und ideal, um in einer der beliebten Fischtavernen im Ortszentrum lokale Fischspezialitäten zu probieren.

ORIENTIERUNG & PRAKTISCHE INFORMATIONEN

Der Bus von Chania hält draußen an der Schnellstraße; von hier sind es 500 m bis in den Ort. Am Ende der Straße liegt links ein Postamt. Hier links abbiegen; ca. 100 m weiter kommt ein OTE. Der Ort hat einen Geldautomaten an der Hauptstraße und eine Post im Zentrum. Unter www.inkmonitor.com gibt eine Zugewanderte vergnügliche Einblicke in das Leben auf der Halbinsel Rodopou.

SCHLAFEN & ESSEN

Rooms Lefka (☎ 28240 22211; Fax 28240 22211; EZ/DZ 22/30 €; Frühstück 5 €) Auf dem Weg von der Bushaltestelle in den Ort liegt diese Herberge am rechten Straßenrand. Die Zimmer mit Kühlschrank sind sehr gemütlich. Die Taverne im Erdgeschoss serviert gute, einfache kretische Kost.

Hotel Minerva (☎ 28240 22485; EZ/DZ/Apt. 35/45/70 €; ❄) Von den Strandhotels ist dies für größere Gruppen oder Familien am besten geeignet. Geräumige Zimmer mit Kochnische und Balkon und ein Apartment mit zwei Schlafzimmern.

Argentina (☎ 28240 22243; Fisch 15–44 € pro kg) hat sich inzwischen auf die andere Straßenseite ausgedehnt, wo man vom Tisch direkt aufs Meer sieht. Auf der Speisekarte stehen vor allem Fisch und Meeresfrüchte und die üblichen Grillgerichte. Die Fischtaverne gilt als eine der besten der Gegend.

Diktina (☎ 28240 22611; Fisch 15–44 € pro kg) Fischtaverne mit Meerblick und einer Aus-

ABSTECHER: RAVDOUCHA

Das Fischerdörfchen **Ravdoucha Beach** auf der Westseite der Halbinsel Rodopou hat sich zum Supertipp für frische Fischküche entwickelt. Den Schildern bis zur Straßengabelung folgen. Die unbefestigte Straße nach links führt 700 m weit zum **Waves on the Rock** (☎ 28240 23133; Spitzenfische 35 € pro Kilo), wo Fischer Theodoris Falelakis famosen Frischfisch auftischt. Wer allen Touritrubel leid ist, kann auch eins der 5 **Zimmer** (25–30 €) im Obergeschoss – mit Kochnische und Klimaanlage – mieten.

Der rechte Abzweig führt zu einem kleinen Kiesstrand mit Landungssteg und einer Hand voll Tavernen. Ein toller Newcomer ist das **Don Rosario** (☎ 28240 23781; Spaghetti marinara 8 €), wo ein italienischer Chefkoch im „Ruhestand" auf seiner schattigen Terrasse geniale Meeresfrüchtespaghetti und raffinierte mediterrane Küche anrichtet.

wahl anderer Gerichte neben den zu erwartenden und gemeinhin guten Fischspezialitäten.

Palio Arhondiko (☎ 28240 22124; Mezedes 2–6 €) Das schmucke Restaurant direkt am Strand bietet außer hervorragenden *mezedes* und erlesenen Fischgerichten auch richtig guten Service.

Milos tou Tzerani (☎ 28240 22210) Die Cafébar am Meer ist ein ausgesprochen netter Platz für einen Kaffee oder abendlichen Drink mit leichten Snacks und *mezedes*.

AN- & WEITERREISE

Die Busse von Chania nach Kastelli Kisamos halten am Ortsrand von Kolimbari (2,30 €, 40 Min., stündlich).

Moni Gonias

Das 1618 gegründete **Moni Gonias** (☎ 28240 22313; Kolimbari; Eintritt frei; ⌚ Mo–Fr 8–12.30 & 16–20 Uhr, Sa 16–20 Uhr) wurde 1645 teilweise von den Türken zerstört, aber 1662 wieder aufgebaut und im 19. Jh. noch erweitert. Das Kloster hütet eine einzigartige Sammlung von Ikonen aus dem 17. und 18. Jh., die teils in der Kirche und teils im Klostermuseum aufbewahrt werden. Die wertvollste davon ist die Ikone des *Agios Nikolaos*, 1637 von Palaiokapas gemalt. Sie ist ein hervorragendes Beispiel der kretischen Schule der Ikonenmalerei, die ihre Blütezeit im 17. Jh. unter der venezianischen Herrschaft erlebte. Das Kloster, zugleich Standort der theologischen Akademie von Kreta, ist von Kolimbari leicht zu erreichen: Vom Ortszentrum einfach der Uferstraße rund 500 m nach Norden folgen.

Diktynna

An der Spitze der Halbinsel Rodopou liegen die Überreste eines Tempels der kretischen Göttin Diktynna. In römischer Zeit war dies das wichtigste Heiligtum der ganzen Region. Diktynna war die Göttin der Jagd und wurde in Westkreta glühend verehrt.

Der Legende zufolge rührt ihr Name von dem Wort *diktyon* her, was „Netz" bedeutet. Ein Fischernetz war nämlich ihre Rettung, als sie sich ins Meer stürzte, um den Avancen von König Minos zu entgehen. Der Tempel stammt aus dem 2. Jh. n. Chr., steht aber vermutlich auf den Resten eines noch früheren Heiligtums.

Nach dem Zusammenbruch des Römischen Reichs wurde der Tempel zerstört, doch seine Grundmauern, ein Opferaltar und einige römische Zisternen sind noch zu besichtigen. Wer sich daran satt gesehen hat, kann sich am hübschen Sandstrand erholen.

Diktynna ist nur über eine unbefestigte Straße von Kolimbari zu erreichen, aber viele Reisebüros in Chania bieten auch Bootstouren hierher an.

KASTELLI KISAMOS
ΚΊΣΣΑΜΟΣ-ΚΑΣΤΈΛΛΙ

3821 Ew.

Größter Ort und Hauptstadt der Provinz Kisamos ist das Hafenstädtchen Kastelli Kisamos, meist schlicht Kisamos genannt. Hier kommen auch die Fähren vom Peloponnes und von Kythira an. Der ruhige Ort, in dem vorwiegend ältere Semester wohnen, hat mit dem Tourismus nicht viel am Hut. Dabei ist er durchaus einen genaueren Blick wert. Einige schöne Kiesstrände säumen die Bucht von Kisamos, und das Städtchen ist eine gute Ausgangsbasis für Wanderungen und Ausflüge in die Umgebung, etwa auf die ebenso schönen wie einsamen Halbinseln Gramvousa im Westen und Rodopou im Osten.

Geschichte

In der Antike hieß die Stadt Kisamos. Dann kamen die Venezianer und bauten hier eine Festung, die ihr den Namen Kastelli bescherte. Das blieb so, bis die Obrigkeit 1966 befand, dass zu viele Leute dieses Kastelli mit Kretas anderem Kastelli, südöstlich von Iraklion, verwechselten. Also wurde die Stadt offiziell wieder in Kisamos umgetauft. Viele Einheimische bevorzugen aber hartnäckig Kastelli (viele Reiseführer und Landkarten auch), weshalb man heute oft beide Namen kombiniert, um Missverständnisse zu vermeiden.

Das antike Kisamos fungierte als Hafen für den bedeutenden Stadtstaat Polyrinia 7 km landeinwärts. Einige römische Ruinen hat man schon zu Tage gefördert, aber der größere Teil der alten Stadt liegt unter dem heutigen Kisamos und kann daher nicht ausgegraben werden. Im 3. Jh. n. Chr. erlangte Kisamos seine Unabhängigkeit und wurde dann unter den Byzantinern Bischofssitz. Im 9. Jh wurde es von den Sarazenen besetzt, bevor es unter den Venezianern seine Glanzzeit erlebte.

Orientierung & Praktische Informationen

Der Hafen liegt 3 km westlich der Stadt. Im Sommer verkehrt ein Pendelbus vom Fähranleger; sonst kann man ein Taxi für ca. 3,50 € nehmen. Der Busbahnhof befindet sich gleich unterhalb der Platia Kissamou. Die Hauptstraße, Skalidi, verläuft von der Platia Kissamou ostwärts.

Kisamos hat keine Touristeninformation, aber eine leidlich informative Website (www.kissamos.net). Eine gute Informationsquelle ist auch **Horeftakis Tours** (☎ 28220 23250; Skalidi).

Das Postamt befindet sich an der Schnellstraße; mehrere Banken mit Geldautomaten sind an der Skalidi angesiedelt. Der Stadtstrand ist (noch) durch offenes Feld vom Ort abgetrennt; bis zur Strandpromenade sind es ca. 200 m.

Strata Walking Tours (☎ 28220 24336; www.stratatours.com) Betreiber Stelios Milonakis und seine britische Frau Angela bieten verschiedene Wandertouren für Kleingruppen an – von gemütlichen Tagestouren durch die Umgebung inkl. Mittagessen in einer Taverne für 40 € bis zu kompletten 15-tägigen Rundwanderungen (895 €) bis an die Südküste hinunter.

Schlafen

Bikakis Family (☎ 28220 24257; www.familybikakis.gr; Odos Polemiston 1941; EZ/DZ/Studio 20/25/30 €; ❄) Sicher das beste Billigquartier der Stadt: Die 15 Zimmer und fünf Studios sind mustergültig sauber und haben größtenteils Blick auf Garten und Meer. Betreiber Giannis sorgt nicht nur dafür, dass seine Gäste sich wie zu Hause fühlen, sondern ist auch Experte für Kräutertees und kennt sich vor Ort bestens aus.

Thalassa (☎ 28220 31231; www.thalassa-apts.gr; Paralia Drapanias; Studio 40–55 €; ❄ 💻) Eine der schönsten Bleiben entlang der ganzen Kisamos-Küste – ideal für Entspannungsurlaub mit einem Stapel Bücher. Die topgepflegten, luftigen Studios liegen knapp 30 m vom Strand und 100 m östlich vom Camping Mithymna.

Christina Beach Hotel (☎ 28220 83333; Studio 65–75 €; P ❄ 💻) Der 2002 eröffnete todschicke Apartmentkomplex am Westende von Kisamos ist das Beste, was die örtliche Hotellerie aufzubieten hat. Seine modernen Studios direkt am Ufer sind geräumig, luftig und mit ISDN-Internetanschluss ausgestattet.

Camping Mithymna (☎ 28220 31444; Fax 28220 31000; Paralia Drapania; Person/Zelt 6/4 €) Rund 6 km östlich der Stadt in ausgezeichneter schattiger Lage unweit vom schönsten Strand der Gegend und mit Restaurant, Bar und Laden bestens versorgt. In der Nähe sind auch Zimmer und Apartments zu mieten (35–55 €). Man kann den Bus bis Drapanias nehmen und von dort 15 Minuten durch Olivenhaine bis zum Campingplatz gehen (oder 4 km am Strand entlang wandern).

Ebenfalls nett ist der schattige **Camping Nopigia** (☎ 28220 31111; www.campingnopigia.gr; Nopigia; Person/Zelt 4,80/3,50 €; 🏊) 2 km östlich von Mithymna; allerdings taugt der Strand hier nicht zum Schwimmen.

Essen

Restaurant Makedonas (☎ 28220 22844; Ladera 3–5 €) Lokalkolorit gibt's gratis dazu in diesem schnickschnackfreien Lokal gleich westlich der Platia Kissamou, das seiner Kundschaft unverfälschte Hausmannskost vorsetzt. Der Wirt selbst empfiehlt seine *biftekia stifado* (Rinderhacksteaks in Tomatensauce).

Papadakis Taverna (☎ 28220 22340; Spitzenfische 44 € pro kg) Die renommierte, alteingesessene Fischtaverne gegenüber der Zimmervermietung Argo direkt am Strand wird auch von den Einheimischen gern besucht. Besonders lecker sind der im Ofen gebackene Fisch und die *kakavia* (Fischsuppe).

O Stimadoris (☎ 28220 22057; Hauptgerichte 4–7 €) Die Betreiber dieser namhaftesten Fischtaverne 2 km westlich der Stadt, kurz vor dem Fischerhafen, holen ihren Fang selbst aus dem Meer – beste Garantie für frischen Fisch. Einen Versuch wert ist der ausgefallene Salat aus Algen in Essig – *salata tou yialou.*

Restaurant Kastell (☎ 28220 22144; Hauptgerichte 4–6 €) Die zweite der beiden ältesten und beliebtesten Tavernen in Kisamos macht optisch nicht viel her, aber auf die Qualität des Essens ist Verlass. Gegenüber vom Busbahnhof am Hauptplatz verwöhnt sie ihre Gäste mit sättigenden Gerichten wie *hirino kapamas* (Schmortopf mit Schweinefleisch) und anderen *mayirefta* (Schmorgerichten).

Kellari Taverna (☎ 28220 23883; kretische Spezialitäten 4–6 €) Die Taverne gleich am Strand mit umfangreicher Auswahl an hausgemachten kretischen Gerichten und frischem Fisch gehört der Betreiberfamilie von Strata Walking Tours und genießt ebenfalls einen ausgezeichneten Ruf.

Leckeres Gyros, *souvlaki* und *kondosouvli* nach zypriotischer Art gibt's in der **Taverna Petra** (☎ 28220 24387; Grillgerichte 4–5 €) am Hauptplatz.

An- & Weiterreise

FÄHRE

ANEN Ferries betreibt die *F/B Myrtidiotissa*, die Antikythira (8,80 €, 2 Std.), Kythira (15,20 €, 4 Std.) und Gythio (20,50 €, 6 Std.) anläuft, je einmal pro Woche auch Kalamata (21,80 €, 7 Std.) und Piräus (22 €, 19 Std.). Sie fährt im Hochsommer ab Kisamos fünfmal pro Woche, in der Nebensaison seltener; Abfahrt ist jeweils zwischen 9 und 10.30 Uhr. Tickets gibt's bei **Horeftakis Tours** (☎ 28220 23250) und im **ANEN-Büro** (☎ 28220 22009; Skalidi).

BUS

Vom **Busbahnhof** (☎ 28220 22035) in Kisamos verkehren täglich 16 Busse nach Chania (3,40 €, 1 Std.); dort kann man nach Rethymnon und Iraklion umsteigen. Außerdem gibt es täglich drei Busse nach Falasarna (2,40 €, 20 Min.) und einen nach Paleochora (5,40 €, 1½ Std.).

Unterwegs vor Ort

Hermes (☎ 28220 23678; Skalidi) vermietet Autos; Bikes bekommt man bei **Moto Fun** (☎ 28220 23440; www.motofun.info; Platia Tzanakaki).

RUND UM KASTELLI KISAMOS

Die Ruinen der antiken Stadt **Polyrinia** (pol-ii-rin-*ii*-a) liegen 7 km südlich von Kastelli Kisamos, oberhalb des Dorfs Ano Paleokastro (manchmal auch Polyrinia genannt). Wer den steilen Aufstieg wagt, wird mit einer umwerfenden Aussicht belohnt – im Frühling überschwemmt ein Meer von Wildblumen die Region. Die im 6. Jh. v. Chr. von den Dorern gegründete Stadt lag im permanenten Krieg mit den Kydoniern von Chania. Münzen aus dieser Zeit zeigen die Kriegsgöttin Athena, die von den kriegerischen Polyriniern offenbar leidenschaftlich verehrt wurde.

Im Gegensatz zur Erzrivalin Kydonia leistete Polyrinia den römischen Invasoren keinen Widerstand und blieb so von der Zerstörung verschont. Sie war die am besten befestigte Stadt auf ganz Kreta und diente von der Römerzeit bis in die byzantinische Epoche als Verwaltungszentrum des Westteils der Insel. Später wurde sie von den Venezianern erobert, die sie als Festung nutzten. Viele der historischen Überbleibsel datieren aus römischer Zeit, darunter auch ein von Hadrian erbautes Aquädukt.

Die imposanteste der Ruinen ist die von den Byzantinern und Venezianern errichtete **Akropolis**. Außerdem steht hier eine Kirche, die auf die Grundmauern eines **hellenistischen Tempels** aus dem 4. Jh. v. Chr. gebaut wurde. Interessant ist auch eine den Nymphen geweihte **Höhle** in der Nähe des **Aquädukts**, in der man heute noch die Nischen für die Nymphenstatuetten sehen kann.

Der Fußweg von Kastelli Kisamos nach Polyrinia ist landschaftlich sehr schön. Um die Straße nach Polyrinia zu erreichen, geht man auf der Hauptstraße von Kastelli Kisamos ostwärts und biegt gleich hinter dem OTE rechts ab. Es gibt keine Busse zu der Ruinenstätte.

FALASARNA ΦΑΛΆΣΑΡΝΑ

21 Ew.

Der lange breite Sandstrand von Falasarna, 16 km westlich von Kastelli Kisamos, gilt als einer der schönsten von Kreta und lockt Urlauber aller Fraktionen an. Felszungen unterteilen ihn in mehrere kleine Buchten. Seine Sonnenuntergänge sind spektakulär.

Hinter diesem westlichsten Zipfel von Kreta erstreckt sich bis nach Malta nur offenes Meer. Hier gibt es kein Dorf, nur ein paar verstreute Unterkünfte und Tavernen zwischen den Gewächshäusern, die den Anfahrtsweg zum Strand optisch etwas beeinträchtigen. Die organisierte „Strandszene" beschränkt sich auf eine Strandbar in der Mitte und einige Ansammlungen der unvermeidlichen Sonnenschirme und Liegen. Wer die Einsamkeit sucht, ist in Falasarna richtig – nur nicht in der Zeit des größten Andrangs von Mitte Juli bis Mitte August.

Geschichte

Falasarna war mindestens seit dem 6. Jh. v. Chr. besiedelt und erreichte im 4. Jh. v. Chr. den Gipfel seiner Macht. Die Ruinen der ursprünglich gleich am Meer erbauten Stadt liegen heute 400 m landeinwärts, weil sich Kretas Westküste im Laufe der Jahrhunderte gehoben hat. Die Stadt verdankte ihren Reichtum der Landwirtschaft in dem fruchtbaren Tal weiter südlich. Sie diente als

Westküstenhafen für Polyrinia, wurde aber später Polyrinias größte Rivalin um die Vorherrschaft über Westkreta. Als die Römer Kreta 67 v. Chr. eroberten, war Falasarna schon zum Piratenhafen verkommen. Steinblöcke, die rund um die Einfahrt zum alten Hafen ausgegraben wurden, deuten darauf hin, dass die Römer versuchten, den Hafen zu blockieren, um die Piraten fern zu halten.

Orientierung & Praktische Informationen

Auf dem Anfahrtsweg nach Falasarna gabelt sich die von Platanos ausgehende Hauptstraße nach Norden und Süden. Die nördliche Straße führt zu den Stränden, die sich über mehrere Kilometer erstrecken. Mehr los ist am großen Südstrand, in dessen mittlerer Felsbucht sich auch FKKler tummeln; der Strand weiter nördlich ist kleiner und ruhiger. Die meisten Hotels und *domatia* liegen am nördlichen Ende. Man muss hier ohne Postamt, Bank, OTE, Touristeninformation und Reisebüros auskommen, aber immerhin gibt es Handyempfang und Kartentelefone.

Sehenswertes

Hauptsehenswürdigkeit der Gegend sind die Ruinen der alten Stadt Falasarna, von denen allerdings nicht mehr viel zu erkennen ist. Der Weg zur Ruinenstätte ist von der Hauptstraße beschildert; das letzte Stück ist nicht asphaltiert.

Zuerst kommt ein großer Steinthron, dessen Funktion ungeklärt ist. Ein Stück weiter stößt man auf die Überreste der Stadtmauer und eines kleinen Hafens. Die Öffnungen in der Hafenmauer dienten dazu, die Schiffe zu vertäuen. Oben auf dem Hügel liegen die Trümmer der Akropolismauer und eines Tempels sowie vier tönerne Badebecken.

Schlafen & Essen

An den Stränden von Falasarna gibt es viele Stellen zum Wildcampen, auch wenn dies hier wie überall auf Kreta offiziell verboten ist. Das Quartierangebot für Traveller ist auch nicht zu verachten.

Rooms Anastasia-Stathis (☎ 28220 41480; Fax 28220 41069; DZ/Apt. 35/40 €; ❄) Anastasia hat in ihrem Haus eine überaus anheimelnde Atmosphäre geschaffen. Die luftigen, hübsch eingerichteten Zimmer mit Kühlschrank und großem Balkon sind, wie sie sagt, ideal zum Entstressen. Das auch optisch überwältigende Frühstücksangebot (6 €) steht allen offen. Ihr Wegweiser ist kaum zu übersehen.

Petalida Rooms (☎ 28220 41449; Zi. 35 €) Angenehmer Mix aus antiquierteren und neuen Zimmern in zwei separaten Gebäuden ganz in der Nähe der Hauptstraße. Das dazugehörige Restaurant ist nett und solide; hier gibt es Frischfisch (bis zu 38 € pro kg) und lokale Spezialitäten.

Rooms for Rent Panorama (☎ 28220 41336; panorama@chania-cci.gr; DZ/3BZ 46/50 € ❄) Eine der ersten Herbergen, an denen man vorbeikommt – dem Wegweiser nach links über eine Schotterstrecke folgen. Die Studios mit Kühlschrank sind blitzsauber und komfortabel. Das effiziente und freundliche Restaurant im Erdgeschoss hat einen tollen Strandblick und bietet gute kretische Küche. *Pilafi* (Spezialität mit Huhn und Reis) schon am Vortag bestellen (16 € für 2 Pers.).

Galasia Thea (☎ 28220 41421; Mayirefta 4,50–6 €) Das Café auf den Küstenfelsen bietet von seiner riesigen Terrasse einen phänomenalen Blick auf den weitläufigen Strand. Hier gibt es eine große Auswahl an Ofengerichten und *mayirefta* wie z. B. Lamm *sfakiano* mit Zitrone.

Auch zu empfehlen ist das **Sun Set** (☎ 28220 41204), eine Taverne mit Fisch und klassisch-kretischer Kost am Ende des langen Strands.

An- & Weiterreise

Von Juni bis Ende August gibt es täglich drei Busverbindungen von Kisamos nach Falasarna (2,40 €, 20 Min.); außerdem kommen Busse aus Chania (5,50 €, 1½ Std.).

DIE HALBINSEL GRAMVOUSA
ΧΕΡΣΌΝΗΣΟΣ ΓΡΑΜΒΟΎΣΑ

Nördlich von Falasarna erstreckt sich die wilde, weltabgeschiedene Halbinsel Gramvousa. Die Schotterpiste zum Sandstrand **Balos** (phantastische Lagune mit türkisfarbenem Wasser) am **Kap Tigani** beginnt am Ende der Hauptstraße von Kaliviani und schmiegt sich an die Ostflanke des Bergs Geroskinos. Die Ausblicke auf die Küste und die Halbinsel Rodopou sind phantastisch. Etwa 2 km vor dem Strand verwandelt sich die Straße in einen Fußpfad. Ein Abzweig der Gabelung führt zum Strand, der andere am Berg entlang, bevor er sich schließlich wieder mit dem Strandweg vereint. Die schattenlose Wanderung von Kaliviani dauert rund drei Stunden – Kopfbedeckung und reichlich Wasser nicht vergessen. Vor der Küste liegen zwei Inseln: Agria (die wilde) und Imeri (die zahme) Gramvousa.

Man kann sich den Fußweg auch ersparen: Von Juni bis Ende August fahren täglich Boote von Kastelli Kisamos. Die **Gramvousa Express** (☎ 28220 24344; www.gramvousa-balos.com.gr) zur Imeri Gramvousa und zum Balos-Strand (10 €) legt um 10.15 Uhr in Kisamos ab und läuft um 17.30 Uhr wieder ein. Die *Balos Express* startet um 11.30 Uhr, fährt nur Balos an (15 €) und kehrt um 18 Uhr zurück. Tickets bekommt man am gleichen Tag im Hafen von Kisamos.

Eine gute Ausgangsbasis zur Erkundung der Region ist das Dorf **Kaliviani**, 7 km westlich von Kisamos.

Geschichte

Die vorgelagerte Insel Imeri Gramvousa war ein wichtiger Stützpunkt der Venezianer, die hier ein Kastell errichteten, um die Schiffe zu schützen, die die Insel auf dem Weg nach und von Venedig passierten. Die bis an die Zähne bewaffnete Festung galt als uneinnehmbar. So gelang es auch den Türken 1645 nicht, Imeri Gramvousa zusammen mit dem restlichen Kreta zu erobern. Das Kastell blieb in venezianischer Hand, ebenso wie die Festungen Souda und Spinalonga. Schließlich zogen die Venezianer ab und das Kastell verfiel, bis kretische Revolutionäre es 1821 zu ihrer Operationsbasis machten. Später war es ein berüchtigtes Piratennest, bevor die Türken es übernahmen, um während des Unabhängigkeitskriegs von dieser Basis aus die Küste zu blockieren. Man munkelte, die Piraten hätten sagenhafte Schätze angehäuft und in Höhlen rund um die Insel versteckt.

Um eine „Attraktion" ist die Halbinsel Gramvousa vor kurzem ärmer geworden: Das **Wrack** eines 1981 an der Küste bei Kaliviani gestrandeten libanesischen Frachters, das seit über 20 Jahren als unrühmliches Wahrzeichen am Westende des Kaliviani-Strands vor sich hinrostete, wurde 2004 weggeräumt.

Schlafen & Essen

Kaliviani besitzt eine Superadresse zum Übernachten und Essen.

Kalyviani (☎ /Fax 28220 23204; DZ/3BZ 45/55 €; ⛞) ist ein ökotouristisch orientiertes Hotel mit gemütlichen, geschmackvoll eingerichteten Zimmern samt Kühlschrank und Balkon. Das vorzügliche **Restaurant** (kretische Gerichte 2,50–5 €) bereitet seine echt kretische Kost so weit eben möglich aus Bioprodukten zu. Besonders lecker sind der *boureki*-Auflauf (4,80 €) und der lokaltypische Schmortopf *gramvousiano yiani* (6 €). Auch der Wein aus eigener Herstellung ist prima.

An- & Weiterreise

Um nach Kaliviani zu kommen, nimmt man in Kastelli Kisamos einen Bus Richtung Westen und bittet den Fahrer, einen an der Abzweigung nach Kaliviani abzusetzen (5 km von Kastelli Kisamos). Von der Schnellstraße sind es dann noch 2 km bis zum Ort.

INNAHORION ΙΝΝΑΧΟΡΙΟΝ

Innahorion ist die landschaftlich grandiose und für ihre Kastanienbäume berühmte Gebirgsregion südlich von Kastelli Kisamos. Die Einheimischen nennen sie „Ennia Horia", d. h. „neun Dörfer", doch es liegen deutlich mehr als neun Dörfer in der Region verstreut.

Wer einen fahrbaren Untersatz hat, kann die Region auf dem Weg zum Moni Chrisoskalitissa und nach Elafonisi besichtigen oder auch, mit einem kleinen Schlenker, auf der Route nach Paleochora. Oder man macht eine Rundfahrt und kehrt über die Küstenstraße zurück. Südlich von Kisamos liegen einige der grünsten und fruchtbarsten Gegenden der Insel.

Erste Station ist das Dorf **Voulgaro** mit zwei byzantinischen Kirchen. Drei Kilometer weiter südlich beginnt das bezaubernde Örtchen **Topolia**, dessen weiß getünchte Häuser von Wein und anderem Grün überwuchert sind.

Hinter Topolia windet sich die Straße am Rand der **Koutsomatados-Schlucht** entlang, wobei sich atemberaubende Ausblicke bieten. Kurz vor einem schmalen Tunnel steht am linken Straßenrand eine **Snackbar** – ein gutes Plätzchen, um anzuhalten und ein Foto von der Schlucht zu machen. Kurz darauf taucht die **Höhle Agia Sofia** auf, die Zeugnisse einer Besiedlung seit neolithischer Zeit birgt. Sie wird gern für Taufen genutzt; am 13. April feiert man hier den

Tag ihrer Schutzpatronin. Zur Höhle hinauf führen 250 Felsstufen. Nach einem Drittel des Wegs erreicht man die **Taverna Romantza** mit herrlichem Blick auf die Schlucht. Betreiber Manolis ist ein schräger Vogel in traditioneller kretischer Tracht. Von hier geht es weiter zum winzigen **Koutsomatados** und zum Dorf **Vlatos**.

Knapp südlich von Milia (s. Kasten S. 105) zweigt von der Hauptdurchgangsstraße eine Straße nach Paleochora über **Strovles** und **Drys** ab. Obwohl sie auf den meisten Landkarten wenig Vertrauen erweckend aussieht, ist sie asphaltiert und bringt einen viel schneller nach Paleochora als die naheliegendere Route über Tavronitis.

Die Straße von Milia nach Süden verläuft durch ausgedehnte Kastanienwälder, die das wichtigste „Agrarprodukt" der Region liefern. In **Elos**, dem größten Ort und Zentrum des Kastanienhandels, findet jeweils am dritten Sonntag im Oktober ein Kastanienfestival statt. Der Dorfplatz von Elos ist mit seinen Platanen-, Eukalyptus- und Kastanienbäumen ein angenehm schattiger Rastplatz. Hinter der Taverne am Platz sieht man die Überreste eines Aquädukts, das früher Wasser aus den Bergen herableitete, um die Mühle anzutreiben.

Auf der Weiterfahrt nach Süden passiert man das bezaubernde Dörfchen **Perivolia**, bevor man nach **Kefali** kommt, dessen Kirche Fresken aus dem 14. Jh. beherbergt. Von Kefali kann man entweder nach Elafonisi weiterfahren oder nach rechts abbiegen und an der malerischen Westküste entlang zum Startpunkt zurückkehren. Die Küstenstraße schlängelt sich an den Bergflanken entlang, wobei hinter jeder Kurve ein neues, herrliches Panorama auftaucht. Dies ist eine der landschaftlich schönsten Strecken auf Kreta.

Hier geht es an der winzigen Siedlung **Pappadiana** vorbei eine Schlucht entlang und dann in die Berge hinauf bis nach **Amygdalokefali**, wo sich außerhalb des Orts ein phantastischer Fernblick aufs Meer bietet. Rund 50 Minuten hinter Kefali erreicht man **Kambos**, ein Minidorf am Rand einer Schlucht, das sich als Übernachtungsstopp anbietet. Von hier führt ein Wanderweg durch die Schlucht zum Strand hinab, ein anderer über eine holperige, unbefestigte Straße zurück nach Kisamos. Diese Route, eine Alternative zum bekannteren **E4-Trail**, trägt die Bezeichnung **F1-Trail**. Bei Hartzoulakis Rent Rooms (s. S. 105) bekommt man eine von dem Niederländer **John Filos** (afto_odiki@planet.nl) erstellte, grobe Streckenkarte des F1-Trails einschließlich der südlichen Verlängerung zum Moni Chrisoskalitissa und nach Elafonisi.

Nördlich von Kambos umrundet die Straße die andere Seite der Schlucht und schlängelt sich nach 9 km schließlich hinunter nach **Sfinari**. Der geruhsame Ort, der von der Landwirtschaft lebt, erstreckt sich bis zu einem ausgedehnten Strand, dessen Nordende von Gewächshäusern umzingelt ist. Dafür gibt es am Südende eine kleine kiesige Badebucht, einen einfachen Campingplatz und ein paar anständige Fischtavernen.

Hinter Sfinari gibt es weitere schöne Ausblicke auf die Küste, bevor die Straße schließlich nach **Platanos** abfällt, einem ruhigen, baumbestandenen und recht weit auseinander gezogenen Dorf mit weiß getünchten Häusern.

Von hier kann man noch den Abstecher nach links zum **Falasarna-Strand** machen oder sich nach rechts halten, wo es weiter bergab nach Kisamos geht. Für Fälle akuter Bargeldknappheit steht am Ortsausgang von Platanos rechts ein deutlich ausgeschilderter Geldautomat.

Schlafen & Essen

Unterkunft bieten in der Region nur spärlich verteilte *domatia*. Größere Hotelkomplexe gibt es hier nicht.

Topolia Rooms (☎ 28220 51273; Topolia; DZ 30–35 €; ❄) Die funktionellen *domatia* an der Hauptstraße am Südende des Dorfs haben Klimaanlage und Bad. Eine Taverne im Erdgeschoss ist in Planung.

Panorama Taverna and Rooms (☎ 28220 51163; Koutsomadatos; DZ 25 €) Die einfachen, aber sauberen Zimmer, von deren Balkon man auf die Schlucht blickt, sind eine ausgezeichnete Ausgangsbasis für Wanderungen. Klimaanlage gibt es nicht, aber nachts ist es auch so kühl. Die von Manolis und seiner niederländischen Frau Antonia betriebene Taverne hat eine Auswahl an *mayirefta* und bereitet für Gäste, die länger bleiben, auf Bestellung auch andere Gerichte zu.

Taverna and Rooms Kokolakis (☎ 28220 61258; Elos; DZ 25 €) Die einzige Unterkunftsmöglichkeit in Elos befindet sich über der Taverne

DAS DORF MILIA

Vor einigen Jahren sicherten sich die beiden Familien, denen die verfallenen Bauernhäuser des einsamen Orts **Milia** (☎ 28220 51569; www.milia.gr; Häuschen mit Frühstück 50–56 €) gehörten, die Unterstützung der EU zur Wiederherstellung des Dorfs im alten Stil mit traditionellen Materialien, umweltgerechten Prinzipien und „Zurück zur Natur"-Philosophie. Sie kauften die übrigen Ruinen auf und schufen eines der urtümlichsten und ruhigsten Feriendörfchen auf ganz Kreta. Die 16 akkurat restaurierten Steinhäuschen haben Öfen für den Winter und dicke Steinmauern gegen die Sommerhitze, aber keinen Stromanschluss – Laptop und Fön können getrost zu Hause bleiben (es gibt eine Notbeleuchtung für nachts). Sie sind mit antiken Betten und rustikalem Mobiliar eingerichtet. Solarenergie sorgt für die Grundbedürfnisse.

Ein gutes **Restaurant** (Hauptgerichte 5,50–8 €) im gleichen Stil bewirtet Feriengäste und Besucher von überall mit solider, traditioneller Küche auf der Basis von Bioprodukten aus Milias Gärten, u. a. Öl, Wein, Milch und Käse aus eigener Produktion. Hühner, Ziegen und Schafe stammen aus eigener Haltung. Spitze sind z. B. das *boureki*-Spezialrezept oder ihr Winterhit – Kartoffeln, Kastanien und Minizwiebeln in Rotweinsauce –, aber auch das gefüllte Kaninchen mit *myzithra* oder Joghurt und das über Nacht sanft geschmorte Schweinefleisch mit Zitronenblättern. Cola und andere Fertiggetränke gibt es hier nicht.

Hinter dem Ort Vlatos ist eine Abzweigung zum „Traditional Village" Milia ausgeschildert. Die schmale Straße ist auf den ersten 2 km asphaltiert; die restlichen 3 km sind unbefestigt, aber gut befahrbar. Man kann vor dem Dorf auf dem ausgewiesenen Parkplatz parken und den kurzen Halepa-Fußweg (nach links) an einem schattigen Wasserlauf entlang zum Dorf nehmen oder der Zufahrtsstraße bis zum Hauptkomplex folgen.

Kastanofolia, gleich an der Hauptstraße und am kleinen Fluss, der durchs Dorf fließt. Spartanische Zimmer mit Gemeinschaftsbädern.

Taverna Polakis (☎ 28220 61260; Kefali; Zi. 30 €) Der einzige Platz in Kefali, wo man Unterkunft und Essen bekommt. Die Zimmer sind einfach, mit Deckenventilator und toller Aussicht.

Sunset Rooms (☎ 28220 41128; Kambos; EZ/DZ 15/25 €) Der wunderbare Panoramablick aufs Tal ist ein großer Pluspunkt dieser schlichten, aber durchaus angenehmen Zimmer, die sehr hell und mit Ventilator ausgestattet sind. Die dazugehörige Sunset Taverna tischt Grillgerichte (2–5 €) und große Salate für rund 3 € auf.

Hartzoulakis Rent Rooms (☎ 28220 41445; manolis _hartzoulakis@yahoo.gr; Kambos; EZ/DZ 20/25 €) Die Zimmer sind klein und bescheiden, aber blitzsauber, mit großen Veranden. Sie eignen sich bestens als Stützpunkt für Wanderer. Die Taverne auf der Terrasse serviert gute kretische Kost und hervorragenden Raki.

Rooms Nerida (☎ 28220 41621; Sfinari; DZ/3BZ 40/45 €) Das zweigeschossige Gebäude an der Straße zum Strand bietet bezaubernde Ausblicke und Zimmer mit Kochnische und Kühlschrank, aber ohne Klimaanlage.

Rooms for Rent Georgia (☎ 28220 41668; Sfinari; DZ 30 €) Gleich gegenüber vom Nerida liegt diese ebenso annehmbare, geräumige Herberge mit Kochnischen.

Captain Fidias (☎ 23220 41107; Sfinari-Strand) Das beliebte Lokal ist eine von drei Fischtavernen am Strand von Sfinari. Der freundliche Wirt Fidias hat vier Söhne, die alle als Fischer arbeiten. Wenn die Zutaten ausgehen, laufen sie auch schon mal rasch nach Hause, um den für ihr Abendessen vorgesehenen Fisch aus dem Kühlschrank zu holen.

Andonis Theodorakis (☎ 28220 41125; Sfinari; Mayirefta 4–7 €) Die kleine Taverne mit angrenzender Zimmervermietung liegt an der Hauptstraße nach Platanos. Alle Gerichte sind nach dörflicher Art hausgemacht; es gibt auch frisch vor Ort gefangenen Fisch. Sehr lecker ist z. B. das Huhn mit Okra. Die schlichten, aber wohnlichen **Zimmer** (EZ/DZ 15/24 €) haben schönen Meerblick.

The Castle (☎ 28220 41372; Platanos; DZ 30 €; ❄) Die Zimmer der Herberge an der Hauptdurchgangsstraße sind ziemlich klein, aber adrett, sauber und alle mit Kühlschrank ausgerüstet. Alle bieten Aussicht vom Balkon.

O Zaharias (☎ 28220 41285; Platanos; Mayirefta 4–6 €) „Essen wie bei Großmuttern" ist das Motto dieses sehr sympathischen Lokals ganz in der Nähe der Hauptdurchgangsstraße. Besonders bestellenswert: *avgokolokytho* – eine Art Omelett mit Zucchini, Tomaten und Olivenöl – oder *boureki* (ein Auflauf aus Zucchini, Kartoffeln und Käse).

MONI CHRISOSKALITISSA ΜΟΝΗ ΧΡΥΣΟΣΚΑΛΊΤΙΣΣΑΣ

Moni Chrisoskalitissa (mo-*nii* chris-os-ka-*lii*-ti-ssa), 5 km nördlich von Elafonisi, ist ein hübsches Kloster in traumhafter Lage auf einem Fels hoch über dem Meer. Chrisoskalitissa heißt „goldene Treppe". Eine Version der Legende besagt, die oberste Stufe sei aus Gold gewesen, was nur die wahren Gläubigen erkennen konnten. Den Mönchen zufolge, die heute dort leben, war eine der 90 Stufen zum Kloster hohl und diente als Versteck für den Kirchenschatz. Während der Türkenherrschaft ging das Gold, zusammen mit Erlösen aus dem Verkauf der Ländereien, für die horrenden Steuern drauf, die die osmanischen Herrscher verlangten.

Die Kirche ist neueren Datums, doch das angeblich tausend Jahre alte Kloster steht vielleicht auf den Resten eines minoischen Tempels. In der Umgebung gibt es Tavernen und *domatia*. Die Busse nach Elafonisi setzen einen auf Wunsch hier ab.

ELAFONISI ΕΛΑΦΟΝΉΣΙ

12 Ew.

Es ist nicht schwer zu verstehen, warum so viele Leute von Elafonisi als einem der Traumstrände Kretas schwärmen. Zwischen dem langen, breiten Strand am Südende der Westküste und dem Inselchen Elafonisi liegen nur etwa 50 m knietiefes Wasser. Das klare, flache Wasser und der feine, weiße Sand verbreiten Karibikfeeling. Es gibt ein paar Snackbars am Strand und Stände, die Sonnenschirme und Liegestühle vermieten. Die kleine Insel lockt mit niedrigen Dünen und halb versteckten Buchten auch FKK-Anhänger an.

Tagsüber sind die Strände meist von Ausflüglern überlaufen. Zwei kleine Hotels und eine Pension auf einer Anhöhe mit Blick auf den Hauptstrand bieten Quartiere für diejenigen, die den Strand nach Abflauen des Massenbetriebs am Spätnachmittag genießen wollen. In der Nähe gibt es einen Minimarkt.

Schlafen & Essen

Rooms Panorama (☎ 28220 61548; EZ/DZ-Studio 20/25 €) Zu der Unterkunft gehört eine Taverne mit eindrucksvollem Meerblick von hoher Warte. Von den Zimmern mit Kochnische und Kühlschrank werden jedoch viele monatsweise an Saisonarbeiter vermietet.

Rooms Elafonisi (☎ 28250 61274; Fax 28250 97907; EZ/DZ 30/35 €; ❄) Die 21 geräumigen Zimmer sind mit Kühlschrank ausgestattet; zudem kann man hübsch eingerichtete größere Räume weiter hinten zwischen den Olivenhainen sowie Apartments mit Küche mieten. Die Anlage hat eine Terrasse mit Panoramablick und ein angeschlossenes Restaurant.

Innahorion (☎ 28250 61111; DZ/3BZ 30/35 €; ❄) Diese Herberge ist ca. 2,5 km von der Küste entfernt und damit nicht ganz so attraktiv wie die anderen beiden. Die 15 Zimmer mit Kühlschrank und Kochnische liegen eben doch ziemlich weit vom Strand entfernt. Dafür ist das Restaurant, das auf seiner Terrasse kretische Küche zelebriert, das beste der Gegend.

An- & Weiterreise

Von Mitte Juni bis Ende September gibt es täglich ein Schiff von Paleochora nach Elafonisi (4,50 €, 1 Std.): Abfahrtzeit ist 10 Uhr, Rückkehr um 16 Uhr.

Außerdem kommen täglich zwei Busse von Chania (8 €, 2¼ Std.) und Kisamos (3,40 €, 1½ Std.), die am Nachmittag zurückfahren.

SFAKIA & LEVKA ORI

Die Region gehört mit der Samaria-Schlucht, dem Levka-Ori-Gebirge und dem Berg Gingilos zu den landschaftlich eindrucksvollsten auf Kreta. Die Provinz Sfakia erstreckt sich von der Omalos-Hochebene bis zur Südküste hinunter. Dies ist der gebirgigste und zugleich kulturell interessanteste Teil von Kreta.

Die Sfakia war Zentrum des Widerstands während der jahrhundertelangen Besatzung durch wechselnde Fremdmächte. In ihren tiefen Schluchten und steilen Bergen fanden die kretischen Rebellen ausgezeichnete Verstecke. Die Bewohner der Sfakia sind für ihren unbeugsamen Kampfgeist berühmt

ABSTECHER: THERISO

Als Tagesausflug oder Alternativroute nach Omalos eignet sich die landschaftlich schöne Strecke über Perivolia nach **Theriso**, 14 km von Chania. Die spektakuläre Straße folgt einem Wasserlauf durch eine grüne Oase und durch die 6 km lange Theriso-Schlucht. Das Dorf am Fuß der Levka Ori, 500 m über dem Meer, war Schauplatz einer historischen Schlacht gegen die Türken. Heute richten seine tollen Tavernen sonntags marathonmäßige Mittagessen aus.

O Leventis (☎ 28210 77102) serviert im hübschen Hof unter gewaltigen Platanen frisches Fleisch aus der Umgebung und kretische Spezialitäten. Lecker und großzügig portioniert ist die *kreatotourta* (Fleischpastete). Gute Noten bekommt auch das **O Antartis** (☎ 28210 78943) mit famosen *mezedes* und kretischen Gerichten.

Gleich hinter dem Dorf rechts sieht man ein kleines **Widerstandsmuseum**, vor dem ein schauriges Denkmal an eine Widerstandskämpferin erinnert. Den alten Mühlstein benutzten die türkischen Besatzer 1821, um Chrysi Tripiti in der Olivenpresse vor Ort totzuquetschen.

Vom Ortsausgang windet sich eine steile Straße durch das zerklüftete Bergland mit seiner wechselnden Vegetation aus Platanen, Oliven-, Orangen-, Eukalyptusbäumen und Kiefern. Durch die Dörfer **Zourva** und **Meskla** kommt man nach Lakki und von dort entweder nach Omalos oder zurück nach Chania.

– selbst in jüngerer Vergangenheit kam es noch zu unerbittlichen Familienfehden, die ganze Dörfer entvölkerten.

Ausführliche Infos über die Region liefert die Website www.sfakia-crete.com.

VON CHANIA NACH OMALOS

Die Straße von Chania zur Samaria-Schlucht ist eine der spektakulärsten der Insel. Durch Orangenhaine führt der Weg zunächst nach **Fournes**. Hier zweigt links eine kurvenreiche Straße nach **Meskla** ab, die unterwegs immer wieder herrliche Ausblicke auf eine Schlucht bietet. Der untere Teil von Meskla wirkt dank seiner mit Brettern vernagelten Gebäude weniger attraktiv, doch das Ambiente wird zunehmend reizvoller, während sich die Straße bergauf bis zur modernen, farbenfrohen **Panagia-Kirche** windet. Daneben steht eine Kapelle aus dem 14. Jh. auf den Grundmauern einer Basilika aus dem 6. Jh., ihrerseits vielleicht auf den Resten eines noch früheren Aphroditetempels erbaut. Am Ortseingang weist ein Schild den Weg zur Kapelle der **Metamorfosis Sotiros** (Verklärung Christi) mit Fresken aus dem 14. Jh. Besonders eindruckvoll ist das Fresko der Verklärung an der Südwand.

Die Hauptstraße führt derweil weiter zum urwüchsigen Dorf **Lakki** (*la*-kii), 24 km von Chania. Von hier ist die Aussicht in jede Richtung umwerfend. Das Dorf war ein Zentrum des Widerstands unter der Türkenherrschaft wie auch im Zweiten Weltkrieg.

Rooms for Rent Nikolas (☎ 28210 67232; Lakki; DZ mit Gemeinschaftsbad 25 €) offeriert gemütliche, schlichte Zimmer über einer Taverne – mit phantastischem Blick aufs Tal.

OMALOS ΟΜΑΛΌΣ

28 Ew.

Für die meisten Touristen ist Omalos, 36 km südlich von Chania, nur Zwischenstation auf dem Weg zur Samaria-Schlucht, dabei hätte der Ort mehr Aufmerksamkeit verdient. Im Sommer ist es hier im Vergleich zur schwülen Küste erfrischend kühl, und in der Umgebung lassen sich herrliche Bergwanderungen unternehmen. Nach der morgendlichen Rushhour zur Samaria ist die Hochebene bis auf Ziegen und Hirten erfreulich leer. Omalos besteht hauptsächlich aus ein paar Hotels rechts und links der Hauptstraße über die Hochebene. Bank, Postamt, OTE oder Reisebüros sucht man hier vergebens, und im Winter ist der Ort praktisch verlassen. Er liegt rund 6 km vor dem Eingang zur Samaria-Schlucht.

Schlafen & Essen

Die Öffnungszeiten der Omalos-Hotels richten sich generell nach denen der Samaria-Schlucht, doch der Wintertourismus ist im Kommen. Die Restaurants der meisten Hotels verdienen gut am Frühstücksangebot für die Wanderer und öffnen ansonsten zu den üblichen Essenszeiten.

Hotel Neos Omalos (☎ 28210 67269; www.neos-omalos.gr; EZ/DZ 20/30 €) Das feudalste Hotel am

Platz mit komfortablen, modernen, hübsch eingerichteten Zimmern samt Telefon, Bad mit Duschvorhang und Satelliten-TV. Im Empfangsbereich gibt es eine gemütliche Lounge.

Elliniko (☎ 28210 67169; EZ/DZ/3BZ 20/25/30 €) Diese Unterkunft liegt der Samaria-Schlucht, am nächsten, allerdings sind ihre schlichten Doppelzimmer mit TV etwas eng. Das angeschlossene Restaurant macht ein reges Mittagsgeschäft mit dem Reisebuspublikum.

Hotel Exari (☎ 28210 67180; Fax 28250 67124; EZ/DZ 20/25 €) Der große Steinbau beherbergt nette, gut ausgestattete Zimmer mit TV, Badewanne und Balkon. Betreiber Yiorgos fährt Wanderer zum Eingang der Samaria-Schlucht und befördert für Wandergruppen auf Wunsch auch Gepäck bis nach Sougia. Zum Hotel gehört eine Taverne.

Hotel Gingilos (☎ 28250 67181; EZ/DZ/3BZ 17/25/30 €) Die Zimmer der freundlichen Herberge sind groß (die Dreibettzimmer sogar riesig), supersauber und mit geschmackvollem Holzmobiliar und TV ausgestattet. Es gibt einen Gemeinschaftsbalkon und eine Taverne im Erdgeschoss.

Kallergi-Hütte (☎ 28250 33199; B für Mitglieder/Nichtmitglieder 8/12 €) Der griechische Bergsteigerverein EOS betreibt diese Hütte in den Bergen zwischen Omalos und der Samaria-Schlucht. Mit 43 Betten, Strom und Warmwasser ist dies ein ausgezeichneter Stützpunkt für die Erwanderung des Gingilos und umgebender Gipfel.

BLUTRACHE

Die Kreter sind ein ganz eigener Menschenschlag, ein Mix all der Völker, die die Insel über Jahrtausende besiedelten. Auch die kulturelle und religiöse Vereinheitlichung hat ihnen keine Harmonie beschert. Sie sind in ganz Griechenland berühmt für blutige Familienfehden, die Generationen überdauern und Hunderte von der Insel vertrieben haben.

Besonders in der Sfakia kann sich eine Vendetta am Raub eines Schafs, einer verirrten Kugel bei einer Hochzeit oder überhaupt allem entzünden, was als Kränkung der Familienehre gilt. Das ist nur durch Mord zu rächen, der durch einen weiteren Mord gerächt wird und so weiter. Neue Zeiten haben das Gemetzel etwas eingedämmt, dafür haben Wohlstand und Mobilität potenzielle Rächer in die Lage versetzt, ihre Opfer rund um die Welt zu verfolgen (in dem Film *Killer wider Willen* witzig dargestellt).

An- & Weiterreise

Es fahren täglich vier Busse von Chania nach Omalos (5 €, 1 Std.). Wer die Schlucht durchwandern und dann zu seinem Zimmer (und Gepäck) in Omalos zurück will, kann für rund 35 € das Nachmittagsschiff von Agia Roumeli nach Sougia und dann ein Taxi nach Omalos nehmen.

DIE SAMARIA-SCHLUCHT
ΦΑΡΑΓΓΙ ΤΗΣ ΣΑΜΑΡΙΑΣ

Die **Samaria-Schlucht** (☎ 28250 67179; Eintritt 5 €; 🕒 1. Mai–Mitte Okt. 6–15 Uhr) zu durchwandern, gehört zum Kreta-Pflichtprogramm. Sie zieht erfahrene Trekker ebenso an wie Leute, für die dies eine grenzwertige Erfahrung ist. Trotz des Massenansturms bleibt die Wanderung durch diese großartige Schlucht ein denkwürdiges Erlebnis.

Angeblich ist die Samaria (sah-mah-rih-*ah*) mit ihren 18 km die längste Schlucht Europas. Sie beginnt gleich unterhalb der Omalos-Hochebene – von dem Fluss ausgewaschen, der zwischen den Gipfeln Avlimaniko (1858 m) und Volakias (2147 m) hindurchfließt. Ihre Breite schwankt zwischen 150 und 3 m; ihre Steilwände ragen bis zu 500 m in die Höhe. Ihre unglaubliche Fülle an Wildblumen kommt im April und Mai am besten zur Geltung.

Zudem beherbergt sie viele gefährdete Arten, u. a. die kretische Wildziege Kri-kri, die in freier Natur nur noch hier und auf der kleinen Insel Kri-Kri, vor der Küste bei Agios Nikolaos, vorkommt. Die Schlucht wurde 1962 zum Nationalpark erklärt, um die Kri-kri vor dem Aussterben zu retten. Die scheuen Tiere hegen allerdings eine ausgeprägte Abneigung gegen Wanderer und zeigen sich höchst selten.

Ein früher Start (vor 8 Uhr) hilft, den größten Trubel zu vermeiden, aber im Juli und August ist selbst der erste Bus von Chania zur Schlucht oft rappelvoll. Da Übernachten in der Schlucht verboten ist, muss man sich darauf einstellen, die Wanderung in der verfügbaren Zeit zu absolvieren.

Der Weg von **Xyloskala** (dem steilen Felspfad mit hölzernem Geländer, der den Ein-

ÜBERLEBENSTIPPS FÜR DIE SCHLUCHT

Eine Wanderung durch die Samaria-Schlucht ist kein Sonntagsspaziergang. Sie dauert lange und ist zum Teil richtig hart – absolut nichts für Untrainierte. Wer schon relativ schnell merkt, dass er sich übernommen hat: In der Schlucht sind Parkwärter mit Eseln unterwegs, um alle, die schlapp machen, zum Ausgangspunkt zurückzubringen.

Solides Schuhwerk ist auf dem holperigen Untergrund voller spitzer Steine ein Muss. Wer mit ungeeigneten Schuhen loszieht, wird es garantiert bereuen. Der Weg von Xyloskala bis Agia Roumeli geht bergab und zwar meist auf unebenem Boden. Auf keinen Fall einen Hut, Sonnenschutzmittel und eine Wasserflasche vergessen, die man an den vielen Quellen mit köstlich kühlem Wasser auffüllen kann (das Flusswasser lieber nicht trinken). Unbedingt genug Energiefutter einpacken, da es nichts Essbares zu kaufen gibt.

stieg in die Schlucht bildet) bis nach Agia Roumeli (S. 114) an der Küste lässt sich in vier (Sprinttempo) bis sechs Stunden (Schlendertempo) bewältigen. Zu Beginn der Saison muss man mitunter durch Wasserläufe waten. Später, wenn der Wasserstand sinkt, kann man sie meist auf Trittsteinen überqueren.

Die Schlucht ist auf den ersten 6 km breit und offen, bis das verlassene Dorf **Samaria** erreicht ist. Die Einwohner wurden umgesiedelt, als man den Nationalpark einrichtete. Gleich südlich des Dorfs liegt die kleine Kirche **Ossia Maria**, von der die Schlucht ihren Namen hat.

Dann verengt sich die Schlucht immer dramatischer, bis ihre Wände an der 11-km-Marke auf nur noch 3,5 m zusammenrücken – die berühmten **Eisernen Pforten** (Sidiroportes). Hier führt ein klapperiger Holzsteg rund 20 m übers Wasser auf die andere Seite der Pforten.

Die Schlucht endet an der 12,5-km-Marke gleich nördlich der verlassenen Ortschaft des alten Agia Roumeli. Dann sind es noch ereignislose 2 km Wanderweg bis zum neuen Agia Roumeli, einem freundlichen Touristenort mit schönem Kiesstrand. Hier suchen die meisten Wanderer zwischen 13 und 15 Uhr Abkühlung im glitzernden Meer oder baden zumindest ihre schmerzenden Füße.

Touren zur Samaria-Schlucht kann man ab jedem größeren Ort oder Touristenzentrum auf Kreta buchen. Die meisten Reisebüros bieten zwei Varianten an: den „langen“ und den „einfachen“ Weg. Ersterer besteht in der kompletten Wanderung von der Omalos-Hochebene bis nach Agia Roumeli; der zweite startet in Agia Roumeli und führt nur bis zu den Eisernen Pforten, um von dort aus auf demselben Weg zurückzukehren.

Natürlich kommt es billiger, die Samaria-Schlucht auf eigene Faust zu durchwandern. Dafür ist Chania der günstigste Ausgangspunkt. Von hier starten Busse nach Xyloskala (Omalos; 5 €, 1 Std.) um 6.15, 7.30, 8.30 und 16.30 Uhr. Auch von Paleochora gibt es um 6 Uhr morgens eine direkte Busverbindung nach Xyloskala (8,10 €, 1½ Std.).

SAMARIA-SCHLUCHT

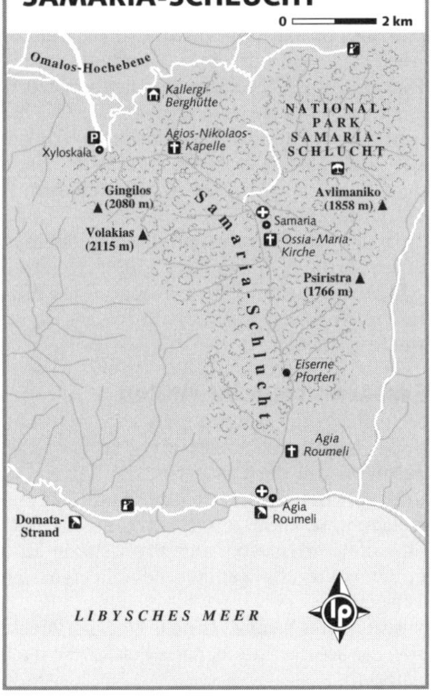

CHORA SFAKION ΧΟΡΑ ΣΦΑΚΙΩΝ

351 Ew.

Chora Sfakion (*cho*-ra sfa-ki-*on*) ist der kleine Hafenort, wo Horden von Samaria-Wanderern vom Schiff in die Busse strömen. Die meisten verweilen nur gerade so lange, bis der nächste Bus abfährt. Dabei lassen sich hier gut ein paar erholsame Tage verbringen.

Unter venezianischer und türkischer Herrschaft war Chora Sfakion ein wichtiger Handelshafen und, als Hauptstadt der Sfakia, Brennpunkt des Freiheitskampfs der Kreter. Die Türken übten im 19. Jh. harte Vergeltung an den rebellischen Bewohnern der Stadt. Der darauf folgende wirtschaftliche Niedergang endete erst mit dem Beginn des Touristenbooms vor wenigen Jahrzehnten.

Im Zweiten Weltkrieg spielte Chora Sfakion noch einmal eine bedeutende Rolle: Nach der Schlacht von Kreta wurden von hier Tausende alliierter Soldaten per Schiff evakuiert.

Orientierung & Praktische Informationen

Der Fähranleger befindet sich im östlichen Teil des Hafens. Die Busse fahren vom Dorfplatz ab, der an der Nordostseite hangaufwärts liegt. Es gibt einen Geldautomaten. Postamt und OTE befinden sich am Dorfplatz, die Polizeiwache ebenso. Der Ort hat weder Touristeninformation noch Touristenpolizei. **Sfakia Tours** (☎ 28250 91130) neben dem Postamt vermietet Autos und vermittelt Unterkünfte.

In der Nähe der Bushaltestelle findet man einen großen Parkplatz; einen weiteren gibt es unweit des Fährterminals. Eine hilfreiche Website mit Lokalinfos ist www.sfakia-crete.com.

Sehenswertes & Aktivitäten

So richtig viel zu tun gibt es hier nicht, außer herumsitzen, essen und trinken und zusehen, wie die Passagiere die Fähren zu und von diversen Orten der Südküste besteigen bzw. verlassen. Der Ort besitzt zwei Strände: einen vor der Promenade und einen weiteren, weniger bevölkerten, am Westende.

Ein dritter Strand namens **Ilingas** erstreckt sich ca. 2 km westlich, nahe der Straße nach Anopoli.

Schlafen & Essen

Die Quartiere im Ort sind qualitativ und preislich annehmbar.

Hotel Samaria (☎ 28250 91261; Fax 28250 91161; EZ/DZ 25/35 €; ❄) Ordentliches Hotel gleich am Wasser mit properen, nett eingerichteten Zimmern samt Balkon.

Livikon (☎ 28250 91211; Zi. 45 €; ❄) Diese Unterkunft neben dem Hotel Samaria hat ähnliche Preise, aber größere, farbenfrohe Zimmer – ideal für Familien oder größere Gruppen.

Rooms Stavris (☎ 28250 91220; stavris@sfakia-crete.com; EZ/DZ 21/24 €; ❄) Über die Treppe am Westende des Hafens gelangt man zu dieser Herberge mit sauberen Zimmern – einige davon mit Kochnische und Kühlschrank.

Sofia Rooms (☎ 28250 91259; Fax 28250 91259; EZ/DZ 20 €) Das billigste Nachtlager liegt einen Block hinter dem Hafen – mit Gemeinschaftskühlschrank für die Gäste.

Ileana Apartments (Zi. 40–50 €) Die geräumige, komplett ausgestattete Zweizimmerunterkunft mit Klimaanlage für bis zu vier Personen wird von der gleichen Familie betrieben wie Sofia Rooms.

Samaria Taverna (☎ 28250 91320; Mayirefta 4–6 €) bietet außer den üblichen Grillgerichten eine gute Auswahl an *mayirefta* und Vegetarischem.

An- & Weiterreise

FÄHRE

Schiffstickets bekommt man am **Verkaufsstand** (☎ 28250 91221) auf dem Parkplatz. Von Juni bis Ende August fährt täglich eine Fähre von Chora Sfakion nach Paleochora (8,50 €, 3 Std.) über Loutro, Agia Roumeli und Sougia. Sie legt um 13 Uhr ab. Ferner gibt es täglich drei weitere Fähren nach Agia Roumeli (4,60 €, 1 Std.) über Loutro (1,80 €, 15 Min.). Ab dem 1. Juni kann man freitags, samstags und sonntags um 10.30 Uhr nach Gavdos (s. S. 120) übersetzen (9,50 €, 1½ Std.) und um 17 Uhr zurückkehren.

BUS

Es gibt täglich drei Busverbindungen von Chora Sfakion nach Chania (5,40 €, 2 Std.); der letzte Bus fährt um 19 Uhr.

Nur im Sommer verkehren täglich zwei Busse nach Rethymnon über Plakias (3,30 €, 1¼ Std.) und Frangokastello (1,50 €, 25 Min.).

DIE SÜDKÜSTE

An der felsigen Südküste liegen ein paar beschauliche Badeorte wie Paleochora, Sougia, Frangokastello und Loutro verteilt – optimal zum Abhängen und Ausspannen. Die Samaria-Schlucht endet am Ort Agia Roumeli. Die Region bietet phantastische Wandermöglichkeiten und sehr hübsche Strände.

FRANGOKASTELLO ΦΡΑΝΚΟΚΑΣΤΕΛΛΟ

153 Ew.

Frangokastello liegt 82 km südöstlich von Chania. Hier gibt es einen der schönsten Strandabschnitte der Südküste, ein gut erhaltenes Kastell, eine weit auseinander gezogene Ansiedlung, bewegte Historie und die Gespenster tragischer Helden. Der breite, weiße, sanft ins flache Wasser abfallende Sandstrand unterhalb der Festung aus dem 14. Jh. ist für Kinder optimal. Die touristische Erschließung hält sich noch in Grenzen. Die meisten Unterkünfte befinden weit genug hinter dem Strand, um die wunderbare Naturkulisse nicht zu verschandeln. Frangokastello ist bei Tagesausflüglern beliebt, aber ansonsten der ideale Ort, um fernab von allem Stress die Seele baumeln zu lassen.

Östlich des Kastells liegt der herrliche **Orthi-Ammos-Strand** mit seinen weiten, steilen Sanddünen (an windigen Tagen weniger angenehm).

Geschichte

Die mächtige, sandfarbene Festung erbauten die Venezianer zum Schutz gegen Piraten, aber auch als Bollwerk gegen das chronisch aufsässige Chora Sfakion 14 km westlich. Jahrhunderte später blieb die Sfakia-Region auch für die türkischen Herrscher ein anhaltendes Problem.

Der legendäre sfakianische Patriot Ioannis Daskalojannis führte 1770 einen verhängnisvollen Aufstand gegen die Türken an. Er wurde schließlich überlistet, sich in Frangokastello auszuliefern, worauf die Türken ihm bei lebendigem Leib die Haut abzogen.

Am 17. Mai 1828 lieferten hier 385 kretische Rebellen unter Chatzimichali Dalianis den Türken eine der blutigsten Schlachten des kretischen Freiheitskampfs, in der außer sämtlichen Rebellen auch rund 800 Türken umkamen.

Orientierung & Praktische Informationen

Es gibt kein richtiges Ortszentrum in Frangokastello, sondern bloß eine Reihe von *domatia*, Tavernen und Quartieren zu beiden Seiten der Hauptstraße, die von Chora Sfakion zum Kastell führt. Mit Bank, Postamt oder OTE kann der Ort nicht dienen. Immerhin gibt es Kartentelefone und ein paar Minimärkte zur Versorgung. Der Bus hält an mehreren Stellen entlang der Hauptstraße.

Schlafen & Essen

Fata Morgana (☎ 28250 92077; Hauptgerichte 3,20–5,80 €) Die Strandtaverne neben der Festung ist hier der einzige Platz, wo man gleich aus dem Wasser an den Mittagstisch fallen kann. Zum Frühstück gibt es simple, aber leckere Omeletts. Außerdem vermieten die Betreiber neue, komplett ausgestattete Apartments und Studios im **Paradisos-Komplex** (www.paradisos-kreta.com; Zi. 40–80 €; ⛶) weiter

DIE GESPENSTER VON FRANGOKASTELLO

Die Legende von den *drosoulites* geht auf das Blutvergießen vom 17. Mai 1828 zurück. Der Name kommt vom griechischen *drosia* für „Feuchtigkeit". Er mag sich auf den Morgennebel beziehen, in dem die Gespenster erscheinen, oder auf ihre nebelhafte Erscheinung selbst. Man sagt, dass sich am Jahrestag der Schlacht – oder immerhin in der zweiten Maihälfte – im Morgengrauen geisterhafte Gestalten rund um die Festung materialisieren und zum Meer ziehen. Das Phänomen wurde von unabhängigen Beobachtern bestätigt.

Einheimische sind überzeugt, dass es sich um die Geister der getöteten Rebellen handelt. Andere erklären das Ganze als optische Täuschung durch bestimmte atmosphärische Bedingungen: Die Gestalten seien Luftspiegelungen aus der libyschen Wüste. Auf Nachfragen reagieren die Einheimischen zurückhaltend. Die meisten glauben aber, dass an den Erscheinungen etwas dran ist, und versichern, ältere Bürger von Frangokastello hätten sie selbst gesehen. Ob Reisende sie zu sehen bekommen, ist wohl Glück- oder auch Glaubenssache.

östlich neben der Faros-Taverne am Orthi Ammos, darunter zwei urgemütliche Minikastelle.

Artemis Rooms (☎/Fax 28250 92096; DZ/3BZ 30/35 €; ☎) Die großen, schlichten Zimmer haben Kühlschrank und einen kleinen Balkon mit Meerblick. Sie befinden sich über einer Taverne am Strand unweit des Kastells.

Stavris Rooms (☎ 28250 92250; stavris@sfakia-crete.com; Studio 28 €; ❄) Wenn man von Chora Sfakion aus in den Ort kommt, liegt diese Herberge auf der rechten Seite. Ihre Zimmer mit Balkon bieten Blick aufs Meer. Besonders praktisch: Der Minimarkt ist gleich auf der anderen Straßenseite.

Castello Apartments & Studios (☎ 28250 92333; Fax 28250 92334; Studio & Apt. 45–65 €; ❄) Die geräumigen Studios und Apartments mit ein oder zwei Schlafzimmern haben Mikrowelle, Kühlschrank in Normgröße, Waschmaschine, Fön und überhaupt alles, was man für einen längeren Aufenthalt braucht. Die Anlage an der Hauptstraße mit schönem Garten und Minimarkt ist besonders für Familien ideal.

Flisvos (☎ 28250 92069; Fax 28250 92042; Zi. 35 € ❄) Nette Zimmer in direkter Strandlage östlich der Festung. Außer Kühlschrank und Balkon gibt es hier auch erfreuliche Extras wie Mückendraht vor den Fenstern. Verpflegung bietet eine brauchbare Fischtaverne im Erdgeschoss.

Milos (☎ 28250 92161; http://milos-sfakia.com; Studio 28–40 €; ❄) Die umgebaute alte Windmühle gleich am Strand beherbergt ein Apartment; vier Steinhäuschen wurden in anheimelnde Studios mit Klimaanlage und Kühlschrank verwandelt.

Kriti (☎ 28250 92214; Grillgerichte 6–7 €) Hübsch gestalteter Bau gegenüber der Festung mit mehreren Terrassen und einem ganzen Wald von Topfpflanzen. Das Ganze ist etwas touristisch, aber das Essen kann sich sehen lassen.

An- & Weiterreise

Nur im Juli und August verkehren täglich zwei Busse von Chora Sfakion nach Plakias, die unterwegs in Frangokastello halten (1,50 €, 25 Min.). Weitere Anreisemöglichkeiten sind der tägliche Nachmittagsbus von Chania (6,50 €, 2½ Std.) und zwei tägliche Busse aus Rethymnon (5,50 €, 1¼ Std). Ein **Taxi** (☎ 28250 92109) nach/von Chora Sfakion kostet etwa 15 €.

LOUTRO ΛΟΥΤΡΌ

81 Ew.

Das kleine, aber zusehends expandierende Fischerdorf Loutro (lu-*tro*) zwischen Agia Roumeli und Chora Sfakion ist nicht viel mehr als ein Halbkreis weiß-blauer *domatia* rund um einen schmalen Kiesstrand. Der reizende, verschlafene Badeort wird nie von Touristenmassen überschwemmt, auch wenn im Juli und August manchmal etwas mehr los ist.

Loutro ist der einzige natürliche Hafen an Kretas Südküste und nur mit dem Schiff oder zu Fuß zu erreichen. Autos und Motorräder gibt es hier nicht, was zur himmlischen Ruhe beiträgt.

Seine vorteilhafte Lage wusste man schon in der Antike zu schätzen; damals diente der Ort als Hafen für Phoenix und Anopoli. Der Legende nach war Paulus auf dem Weg nach Loutro, als ihn ein Sturm vom Kurs ab- und an der Insel Gavdos vorbeitrieb und ihn schließlich auf Malta stranden ließ.

Orientierung & Praktische Informationen

Der Ort hat weder Bank, Postamt noch OTE. Die Schiffe von Chora Sfakion und Agia Roumeli legen am westlichen Strandende vor dem Sifis Hotel an. Schiffstickets gibt es an einem Stand am Ufer, der jeweils eine Stunde vor Abfahrt öffnet. **Internetzugang** (☎ 28250 91514; www.loutro.com; 4 €/Std., Mindestgebühr 2,50 €) findet man im Daskalogiannis Hotel.

Aktivitäten

Loutro ist ein guter Ausgangspunkt für Bootsausflüge entlang der Südküste. Im **Hotel Porto Loutro** (☎ 28250 91433) wird Auskunft über die Abfahrtszeiten der Schiffe erteilt.

Vor dem Hotel vermietet ein Stand **Kanus** (2/7 € pro Std./Tag).

Schlafen & Essen

Die Unterkünfte in Loutro sind generell super und bieten größtenteils Blick auf den Hafen.

The Blue House (☎ 28250 91127; bluehouseloutro@chania-cci.gr; DZ 35 €) Die Brüder Vangelis und George vermieten diese schönen, geräumigen Zimmer über ihrer hervorragenden Taverne. Zur Ausstattung gehören auch Extras wie Kaffeemaschine. Von den großen

WANDERUNGEN RUND UM LOUTRO

Läden in Loutro verkaufen für 5 € einen kleinen Wanderführer mit dem Titel *Walks around Loutro.*

Von Loutro über Livaniana zum Marmara-Strand (Marmorbucht)

Strecke: 6,5 km; Dauer: 3½ Stunden

Neben dem Hotel Daskalogiannis beginnt der Weg, dessen gelb-schwarze E4-Markierungen über die Landzunge nach Phoenix führen. Auf dem Abstieg trifft man auf ein Schild nach Phoenix: Den rechten Weg um die Häuser herum nehmen. Die unbefestigte Straße überqueren und hangaufwärts auf das ferne Livaniana zusteuern. Auf der Kuppe den ausgeschilderten Weg nach Livaniana einschlagen (blaue Markierungen). Dann quert man die Straße wieder und nimmt den offensichtlichen Weg zu der Straße am Dorfrand hinüber. 200 m weiter schenkt eine Taverne kalte Getränke aus.

Hangaufwärts bis zur Kirche gehen und weiter den blauen Markierungen bis zu einem Wegweiser zum **Marble Beach** (der Marmorbucht) folgen. Die Markierungen führen rund ums Feld und an einer alten Oliventerrasse entlang. Nach 100 m kommt eine Lücke im Zaun mit Blick in die Aradena-Schlucht. Mit Glück sieht man hier Habichtsadler im Aufwind segeln. Links abbiegen und den blauen Farbmarkierungen in die Schlucht folgen. Unten führt ein Weg nach links zum Meer und zum Marmara-Strand, blass rot markiert. Am Marmara-Strand serviert eine Taverne schlichte Kost.

Rückkehr nach Loutro: Dem gelb-schwarz markierten E4-Trail folgen, der hinter dem Strand beginnt. Nach einer halben Stunde kommt man zum Weiler Likkos. Zwischen den Tavernen durchgehen und dann dem blau markierten Pfad über die Landzunge folgen, wo man auf den Weg nach Livaniana stößt.

Von Loutro nach Anopoli & zur Aradena-Schlucht

Strecke: 7 km (9 km, wenn man über den E4-Trail nach Loutro zurückkehrt)
Dauer: 5–6 Stunden

Anstrengende Tageswanderung mit Besuch eines ursprünglichen Bergdorfs und einer grandiosen Schlucht mit Strand an ihrem Ende.

Am besten bricht man früh auf, denn das Schwerste kommt zuerst: 680 m Anstieg bis zur Anopoli-Hochebene. Der Weg beginnt hinter der Kri-Kri-Taverne: durch das neue Metalltor hindurch, dann nach links und dem Pfad hangaufwärts folgen. Nach einer Stunde quert man eine unbefestigte Straße. Wenn man ihr das zweite Mal begegnet, nach rechts einbiegen. Nach 100 m kommt links eine Zisterne, hier den Fußweg wieder aufnehmen. Nach 200 m gabelt sich der Weg; hier geht es nach links den Hügel hinauf. Ziel ist der Punkt unterhalb des ummauerten Komplexes, den man über sich sieht. Von hier hat man einen tollen Blick. Die Asphaltstraße führt zum Dorfplatz mit einigen Tavernen.

Nun dem Straßenschild nach Aradena folgen. Wenn nach ca. 1,5 km die Ruinen von Aradena in Sicht kommen, nach einem Steinhaufen auf der rechten Straßenseite Ausschau halten: Hier geht ein Weg ab, markiert mit verblasster blauer Farbe. Er führt zuerst auf Aradena zu, dann in die Schlucht hinab. Am Grund der Schlucht nach links wenden. Nach 20 Minuten kommt eine in die Schluchtwand gehauene Treppe. Dieser vorsichtig 300 m weit folgen. Den Steinhaufen und verblassten roten Farbmarkierungen bis zum Pfad nach Livaniana folgen. Weiter geht es wie oben für den Weg von Loutro über Livaniana zum Marmara-Strand beschrieben.

Von Chora Sfakion zum Glikanera-Strand (Süßwasserbucht) & nach Loutro

Strecke: 5,5 km; Dauer: 2 Stunden

Von Chora Sfakion die Straße nach Westen Richtung Omalos nehmen. Nach 20 Minuten quert man einen Kanal und geht zur ersten Serpentine hinauf, wo man auf ein E4-Schild zum **Glikanera-Strand** (Süßwasserbucht bzw. Sweetwater Bay) stößt. Der mit Pfählen und gelb-schwarzer Farbe markierte Pfad führt durch einen unwegsamen Felssturz. Nach einer Stunde erreicht man Glikanera. Auf der anderen Seite der Bucht führt der Pfad an der Taverne vorbei auf die Landzunge. Von hier geht man nach Loutro eine Stunde; der Weg ist einfach, aber schattenlos.

Graham Williams

Graham Williams arbeitet für das Londoner Lonely-Planet-Büro. Er wandert seit 1988 alljährlich auf Kreta.

Veranden hat man einen herrlichen Blick auf den Hafen. Die Taverne bereitet ausgezeichnete *mayirefta* (4–5 €) zu, z. B. köstlichen Spinat mit reichlich Knoblauch und *boureki*-Auflauf mit Zucchini, Kartoffeln und Ziegenkäse.

Apartments Niki (☎/Fax 28250 91259; www.loutro-accommodation.com; Studio/Apt. 40–65 €;) Schön eingerichtete Studios für vier Personen mit Holzbalkendecken und Steinböden nur wenig oberhalb des Dorfs. Hier gibt es traumhafte Aussicht, Deckenventilatoren und für 5 € extra auch Klimaanlage. Zum Angebot gehört auch eine Villa mit drei Schlafzimmern (110 €).

Restaurant and Rent Rooms Ilios (☎ 28250 91460; DZ/3BZ/4BZ 25/35/50 €;) am Ostende des Strands hat einfache, nette Zimmer mit Kühlschrank und kleinem Balkon.

Sifis Hotel (☎ 28250 91346; Fax 28250 91447; EZ/DZ mit Frühstück 26/40 €;) Die hübschen, gepflegten Zimmer des kleinen Hotels können mit Klimaanlage, Kühlschrank und Meerblick aufwarten.

Faros (☎/Fax 28250 91334; DZ/3BZ 38/45 €;) Die relativ neuen, großzügigen und luftigen Zimmer samt Klimaanlage, Kühlschrank und Balkon liegen nur einen Steinwurf vom Strand entfernt.

Rooms Sofia (☎ 28250 91354; DZ/3BZ 20/25 €) Diese Zimmer über dem Sofia-Minimarkt, eine Straße hinter dem Strand, sind vermutlich die billigsten im Ort. Sie sind schlicht und sauber, haben allerdings keine Klimaanlage.

Für ihre Monopolstellung sind die Tavernen, die den Hafen von Loutro säumen, erstaunlich gut. Die meisten haben eine große Auswahl an *mayirefta*; auch an dem überwältigenden Kuchen- und Süßspeisenangebot kommt man kaum vorbei. Bei Notos locken exzellente *meze*, bei Pavlos die besten Grillgerichte.

An- & Weiterreise

Loutro liegt an der Schiffsroute Paleochora–Chora Sfakion. Von April bis Oktober stoppen hier täglich vier Schiffe von Chora Sfakion (1,80 €, 50 Min.), drei aus Agia Roumeli (2,80 €, 45 Min.) und eins von Paleochora (7,50 €, 2½ Std.). Die Taxiboote, die vor dem Hotel Porto Loutro ablegen, nehmen 12 € für die Fahrt zum Glikanera-Strand (Süßwasser-Bucht) und 25 € nach Chora Sfakion.

AGIA ROUMELI ΑΓΙΑ ΡΟΥΜΕΛΗ

121 Ew.

Die meisten Touristen kennen Agia Roumeli als Ort, wo das Schiff nach Chora Sfakion abfährt. Dabei kann man hier durchaus einen netten Zwischenstopp einlegen, auch wenn es wegen der umliegenden Berge mitunter sehr heiß und drückend wird. Der Kiesstrand heizt sich dann so auf, dass einem kaum etwas anderes übrig bleibt, als Strandschirm und Liege zu mieten (3 €).

Es gibt hier einiges an Quartieren und eine Menge anständiger Esslokale.

Der Verkaufsschalter für die Schiffstickets ist ein kleiner Betonbau in Strandnähe. Postamt, OTE und Reisebüros besitzt der Ort nicht.

Schlafen & Essen

Farangi Restaurant & Rooms (☎ 28250 91225; Tagesgerichte 4–6 €) Hier kann man köstliche kretische Spezialitäten probieren, wie z. B. Zucchiniblüten in leichtem Backteig mit *myzithra*-Käsefüllung. Wer nach Wanderung und Mittagsschmaus zu erledigt ist, um sich von der Stelle zu rühren, findet über dem Restaurant ein paar ordentliche **Zimmer** (EZ/DZ/3BZ 18/30/35 €;) für die Nacht.

Hotel-Restaurant Kri-Kri (☎ 28250 91089; Fax 28250 91489; EZ/DZ/3BZ 25/35/45 €;) Eines der größeren Hotels am Ort, mit schlichten, reinlichen Zimmern samt Kühlschrank und kleinem Balkon. Das Restaurant im Erdgeschoss ist sehr gut.

Samaria Rooms & Taverna (☎ 28250 91215; Tagesgerichte 4–6 €;) Die modernen Zimmer sind picobello und mit Kühlschrank, Frisiertoilette und hübschem Bad gut ausgestattet. Manche haben auch Meerblick.

Oasis (☎ 28250 91391; EZ/DZ/3BZ 20/25/30 €;) Die Familie, die diese Unterkunft betreibt, wohnt im Erdgeschoss, was für eine recht heimelige Atmosphäre sorgt. Die Zimmer sind einfach eingerichtet, haben aber Klimaanlage.

An- & Weiterreise

Von Agia Roumeli fahren täglich drei Schiffe nach Chora Sfakion (4,60 €, 1 Std.) über Loutro (2,80 €, 45 Min.). Sie haben Anschluss an den Bus nach Chania. Ferner gibt es um 16.45 Uhr ein Schiff von Agia Roumeli nach Paleochora (6,80 €, 2 Std.) mit Zwischenstopp in Sougia (3,20 €, 50 Min.).

SOUGIA ΣΟΥΓΙΑ

109 Ew.

Sougia war einst ein weltabgeschiedenes Mekka für Hippies, und viele Exhippies kehren immer noch Jahr für Jahr hierher zurück. Der Ort mit dem schönen, weit geschwungenen Sandkiesstrand und der baumbestandenen Uferstraße hat sich seine friedliche Atmosphäre teilweise bewahrt, weil er am Ende einer schmalen, gewundenen Straße liegt, die die meisten Touristenbusse fern hält. So bleibt dies eines der trägen Südküstenörtchen, wo man kaum etwas anderes tun kann, als ein paar Tage zu relaxen. Allerdings ist die Umgebung mit den Samaria- und Agia-Irini-Schluchten ein ausgezeichnetes Trekkingrevier.

Die antike Siedlung lag westlich des heutigen Orts. Sie florierte unter den Römern und Byzantinern als Hafen für Elyros, eine bedeutende Stadt weiter landeinwärts, die heute nicht mehr existiert. Am westlichen Ortsrand stand einst eine Basilika aus dem 6. Jh., deren schöner Mosaikboden heute im Archäologischen Museum von Chania zu bewundern ist (s. S. 84).

Orientierung & Praktische Informationen

Vom Fähranleger geht man bis zum Ortszentrum 150 m nach Osten am Ufer entlang. Der Bus setzt seine Fahrgäste an der Uferstraße vor dem Santa Irene Hotel ab. Die einzige andere Straße kreuzt die Uferstraße am Santa Irene Hotel; sie führt nach Norden zur Agia-Irini-Schlucht und nach Chania. Sougia hat weder Postamt noch OTE oder Bank. Weitere Infos über den Ort bekommt man unter www.sougia.info.

Roxana's Snackladen (☎ 28230 51668; ⌚ 5 Uhr–spät) vermittelt Kontakt zu Einheimischen, die einen mit dem Boot zu umliegenden Stränden schippern, und verkauft Bustickets.

Bei **Internet Lotos** (☎ 28230 51191; 3 €/Std.; ⌚ 7 Uhr–spät) kann man online gehen.

Schlafen

Einen Campingplatz gibt es hier nicht, aber das Ostende des langen Kiesstrands ist bei Wildcampern und Textilverächtern sehr beliebt. Es gibt auch diverse Zimmer und Studios zu mieten; die meisten davon am Ostende der Promenade und an der Straße nach Chania.

Idemeneas Apartments (☎/Fax 28230 51540; EZ/DZ 46/58 €; ❄) Die geräumigen, neuen Studios und Apartments sind ideal für längere Aufenthalte oder Familien. Sie haben Marmorböden und auch sonst nette Einrichtung, inkl. Telefon, Musikanlage und hübschen Veranden. Die oberen Zimmer blicken aufs Meer.

Aretousa Rooms to Rent (☎ 28230 51178; Fax 28230 51178; EZ/DZ 25/35 €; ❄) Landeinwärts, an der Straße nach Chania gelegene Herberge mit sehr ansprechenden, großen und tadellos sauberen Zimmern: holzgetäfelte Decken, neue Bäder und Balkon. Einige der größeren Familienzimmer haben komplett ausgestattete Küchen (55 €).

Pension Galini (☎/Fax 28230 51488; DZ 35 €; ❄) Die reizende Pension gleich neben Aretousa vermietet gut ausgestattete Zimmer mit Deckenventilator, Klimaanlage und Miniküche. Mit hervorragenden Grilleinrichtungen im Garten.

Santa Irene Hotel (☎ 28230 51342; www.sougia.info/hotels/santairene; EZ/DZ 36/45 €; ❄) Die schickste Unterkunft am Strand – mit Marmorböden, TV und Kochnischen. Hier gibt es auch zwei Familienzimmer mit Kinderbetten.

Lotos (☎ 28230 51178; Fax 28230 51178; DZ/3BZ 30/35 €; ❄ 💻) Gleich über dem Café (mit super Musik und prima Frühstück) liegen diese hellen und freundlichen (wenn auch teils etwas voll gestopften) Zimmer mit Kühlschrank.

Empfehlenswert ist auch das gemütliche **Rooms Ririka** (☎ 28230 51167; EZ/DZ 35/40 €; ❄) an der Ostseite des Strands und, gleich nebenan, **Rooms Maria** (☎ 28230 51337; EZ/DZ 30/35 €; ❄) mit bescheidenen, aber sauberen und brauchbaren Zimmern, teils auch mit Klimaanlage.

Essen

Diverse Restaurants säumen das Ufer und die Hauptstraße.

Polyfimos (☎ 28230 51343; Hauptgerichte 5,50–6 €; ⌚ nur Abendessen) Diese Taverne etwas abseits der Straße nach Chania, hinter der Polizeiwache, wird von dem berühmt-berüchtigten Althippie Yianni betrieben, der in Sougia eine Institution ist. Öl, Wein und Raki macht er selbst; *dolmadakia* bereitet er aus den Weinblättern, die ein schattiges Dach über dem Hof seines Restaurants bilden. Das Essen ist spitze.

KÜSTENWANDERUNG VON PALEOCHORA NACH SOUGIA

Vom Ortszentrum Paleochora den Schildern zu den Campingplätzen im Nordosten folgen. An der Kreuzung mit der Straße nach Anydri rechts abbiegen; hier kommt man bald auf den als European Footpath E4 beschilderten Küstenpfad. Nach einigen Kilometern steigt der Weg steil an, sodass man einen tollen Blick zurück auf Paleochora hat. Dann geht es am **Anydri-Strand** und mehreren **Badebuchten** vorbei, wo so mancher nahtlos bräunt. Am besten hier abkühlen, denn nun verläuft der Pfad landeinwärts über das **Kap Flomes**. Das mit Gestrüpp bewachsene Plateau bietet atemberaubende Aussicht auf das Libysche Meer. Bald erreicht man das minoische **Lissos**. Dann führt der Weg durch einen Kiefernwald und in die oleanderbewachsene **Agia-Irini-Schlucht** (s. unten) mit schönen Picknickplätzen. Die Straße endet am Hafen von Sougia. Auf die fast schattenlose Wanderung unbedingt mehrere Liter Wasser und Sonnenschutzmittel mitnehmen. Von Juni bis Ende August startet man am besten mit Sonnenaufgang, um Sougia vor der schlimmsten Tageshitze zu erreichen.

Taverna Rembetiko (☎ 28230 51510; Vorspeisen 2–3 €) Auf der umfangreichen Speisekarte der beliebten Taverne an der Straße nach Chania stehen u. a. kretische Spezialitäten wie *boureki* und gefüllte Zucchiniblüten. Super Atmosphäre und gute griechische Musik.

Kyma (☎ 28230 51670; gemischter Fisch für 18 € pro kg) an der Uferstraße, gleich am Ortseingang, hat einiges zu bieten: eine große Auswahl an *mayirefta*, Fleisch aus eigener Schlachtung und Frischfisch aus der Umgebung. Besonders lecker sind *tsigariasto* (Ziege in Wein) oder das Kaninchen.

An- & Weiterreise

Von Chania fährt täglich um 13.30 Uhr ein Bus nach Sougia (5,40 €, 2½ Std.). Busse von Sougia nach Chania starten um 7 und um 18 Uhr. Außerdem gibt es um 7 Uhr einen Bus zu den Schluchten Agia Irini (2,50 €) und Samaria (4 €).

Sougia liegt an der Schiffsroute Paleochora–Chora Sfakion. Abfahrtzeit der Schiffe nach Agia Roumeli (3,20 €, 50 Min.), Loutro (5 €, 1½ Std.) und Chora Sfakion (6,10 €, 2 Std.) ist um 10.30 Uhr. Ein Schiff nach Paleochora (4,30 €, 1 Std.) im Westen legt um 17.30 Uhr ab.

Außerdem kann man dienstags um 9 Uhr zur Insel Gavdos übersetzen (8,20 €, 2 Std.).

Der Ort besitzt zwei Taxis, die Fahrgäste zur Samaria-Schlucht befördern.

RUND UM SOUGIA

12 km nördlich von Sougia beginnt die hübsche **Agia-Irini-Schlucht.** Sie ist bei Wanderern zwar nicht so angesagt wie die Samaria-Schlucht, dafür aber auch weniger überlaufen und weniger strapaziös.

Die 7 km lange Schlucht ist mit Oleander und Kastanien bewachsen und von Rosmarin-, Salbei- und Thymianduft erfüllt. Wer von Sougia kommt, sieht den Eingang zur Schlucht rechts der Straße. Nach Überquerung eines Wasserlaufs erreicht man Olivenhaine, die 1994 durch ein Feuer stark zerstört wurden. Der Weg folgt einem ausgetrockneten Flussbett, an dessen Rändern aus dem Fels ausgewaschene Höhlen liegen. Am Wanderweg gibt es mehrere Rastplätze und viele ruhige Stellen, an denen man sich niederlassen und die schöne Landschaft bestaunen kann.

Reisebüros in Paleochora bieten **geführte Wanderungen** durch die Schlucht an. Dasselbe lässt sich aber leicht auf eigene Faust organisieren: Einfach den Bus von Paleochora nach Omalos oder von Sougia nach Chania nehmen und in Agia Irini aussteigen.

Zu den Ruinen des antiken **Lissos** sind es von Sougia 1,5 Stunden Fußweg über den Küstenpfad nach Paleochora (s. Kasten oben). Lissos entstand unter den Dorern, blühte unter den Byzantinern und wurde im 9. Jh. von den Sarazenen zerstört. Es gehörte zu einem Stadtstaatenbund unter Vorherrschaft des antiken Gortyna, der seine eigenen Goldmünzen mit der Aufschrift „Lission" prägte.

Hier gab es einst einen Brunnen, ein Theater und Thermalquellen, die aber noch nicht ausgegraben sind. Die Ruinen, die heute zu sehen sind, stammen hauptsächlich aus dem 1. bis 3. Jh. v. Chr., als Lissos für seine Heilquellen berühmt war. Der im

MIT ODER OHNE?

Die im gastfreundlichen Umgang mit Fremden geübten Kreter sind anderen Sitten gegenüber recht tolerant. Oben ohne ist an den meisten Stränden kein Problem. Die paar Südküstenstrände, wo das nicht gern gesehen wird, sind entsprechend beschildert. Völlig textilfreies Baden ist unüblich und offiziell verboten, doch lässt an einsamen Stränden und in versteckten Buchten so mancher alles fallen. Die FKK-Strände verlagern sich von Jahr zu Jahr. Steht an einem beliebten Nacktbadestrand plötzlich eine Taverne, verziehen sich die Nackedeis oft in eine andere Bucht. Momentane Favoriten der FKK-Fraktion sind Kommos bei Matala, Glikanera (Süßwasserbucht) in der Nähe von Loutro, das Südende des Sandstrands von Paleochora und das Ostende des Kiesstrands in Sougia. Ein bewährter Tipp für Textilallergiker ist auch Orthi Ammos, 1 km östlich von Frangokastello. Dyskos, westlich von Lentas, ist der langlebigste von Kretas Nacktbadestränden.

3. Jh. v. Chr. neben einer der Quellen erbaute **Asklepiostempel** war dem griechischen Gott der Heilkunde geweiht.

Ausgrabungen förderten hier eine kopflose Statue des **Asklepios** und 20 andere Fragmente von Statuen zu Tage, die sich jetzt im Archäologischen Museum in Chania befinden (S. 84). Vor Ort verbleibt der marmorne Altarsockel, auf dem die Statue stand, neben der Vertiefung für die Opfergaben. Der **Mosaikboden** des Tempels zeigt kunstvolle geometrische Muster und Vogeldarstellungen aus vielfarbigen Steinchen.

Auf dem Weg zum Meer hinunter kommt man an Resten römischer Ruinen vorbei. Am Westhang des Tals wurden ungewöhnliche Grabstätten mit Tonnengewölben gefunden.

In der Nähe befinden sich die Ruinen zweier frühchristlicher Basiliken unter zwei Kapellen – **Agios Kirkos** und **Panagia** – aus dem 13. Jh.

PALEOCHORA ΠΑΛΑΙΟΧΩΡΑ

2213 Ew.

Nachdem die Hippies Paleochora (pal-ee-o-*chor*-a) in den 1960ern entdeckten, waren seine Tage als stilles Fischerdorf gezählt. Aber die Tourismusindustrie ist hier nicht völlig aus dem Ruder gelaufen, sodass dem Ort etwas von seiner Beschaulichkeit geblieben ist. Dies ist auch der einzige Strandort auf Kreta, der außerhalb der Saison nicht in tiefsten Winterschlaf verfällt.

Das Städtchen liegt auf einer schmalen Halbinsel mit einem langen, geschwungenen, dem Wind ausgesetzten Sandstrand auf der einen und einem geschützten Kiesstrand auf der anderen Seite. An den Sommerabenden wird die Hauptstraße zur Fußgängerzone, in der sich die Tavernen breit machen. Der malerischste Teil von Paleochora ist das Labyrinth enger Gassen rund um die Burg.

Orientierung & Praktische Informationen

Paleochoras Hauptstraße, die Eleftheriou Venizelou, verläuft in Nord-Süd-Richtung. An ihr findet man zwei Geldautomaten, ein OTE und einen Waschsalon. Wenn man von der Bushaltestelle die El Venizelou nach Süden geht, zweigen links mehrere Straßen zum Halikia-Strand (Kiesstrand) ab, an dessen hübscher Uferpromenade am frühen Abend reichlich Betrieb herrscht. Schiffe legen vom alten Hafen am Südende dieses Strands ab. Die Kondekaki führt vom alten Hafen zum Pachia Ammos (Sandstrand) mit seinem schattigen Tamariskensaum.

Kommunale Touristeninformation (☎ 28230 41507; Eleftheriou Venizelou; ⌚ Mai–Okt., Mi–Mo 10–13 & 18–21 Uhr)

Notos Internet (☎ 28230 42110; notos@grecian.net; Eleftheriou Venizelou; 4,40 €/Std.; ⌚ 8–22 Uhr)

Postamt Am Nordende des Pachia-Ammos-Strands.

Sehenswertes & Aktivitäten

Es lohnt sich, auf die Ruinen der **venezianischen Burg** aus dem 13. Jh. hinaufzuklettern, um die phänomenale Aussicht auf Meer und Berge zu genießen. Von dieser hohen Warte aus hatten die Venezianer ein wachsames Auge auf die Südwestküste. Von der Burg selbst ist allerdings nach Zerstörungen durch die Venezianer, die Türken, den Freibeuter Barbarossa im 16. Jh. und schließlich die Deutschen im Zweiten Weltkrieg nicht allzu viel übrig.

Von Paleochora führt eine sechsstündige Wanderung über einen landschaftlich schönen **Küstenpfad** nach Sougia; dabei kommt man an den Ruinen des antiken Lissos vorbei (s. Kasten S. 116).

Paleochora ist ein ausgezeichnetes Revier zum **Windsurfen**. Am kräftigsten bläst der Wind am Sandstrand; die höchsten Windstärken entwickeln sich normalerweise am späteren Vormittag sowie am frühen Nachmittag.

Aqua Creta Diving & Adventures (☎ 28230 41393; www.aquacreta.gr; Kondekaki 4) bietet eine Reihe von Tauchkursen an, von Anfängertauchgängen (50 €) bis zu 7–10-tägigen Fortgeschrittenenkursen (580 €). Außerdem veranstaltet das Team eintägige Beachhopping-Trips zu abgelegenen Stränden entlang der Südküste und bis nach Gavdos (80 Min.).

Geführte Touren

Bei mehreren Reisebüros im Ort kann man Touren zum antiken Lissos (29 €) und zur Delphinbeobachtung (6 €) buchen. Gute Anbieter sind z. B. **Tsiskakis Travel** (☎ 28230 42110; notosgr@yahoo.gr; Eleftheriou Venizelou) oder **Selino Travel** (☎ 28230 42272), die auch Schiffstickets verkaufen.

Schlafen

Homestay Anonymous (☎ 28230 41509; EZ/3BZ mit Gemeinschaftsbad 22/25 €) Eine prima Adresse für Backpacker mit sauberen, simpel eingerichteten Zimmern rund um einen kleinen Garten.

Hier gibt's auch eine Gemeinschaftsküche. Betreiber Manolis spricht gut eng-

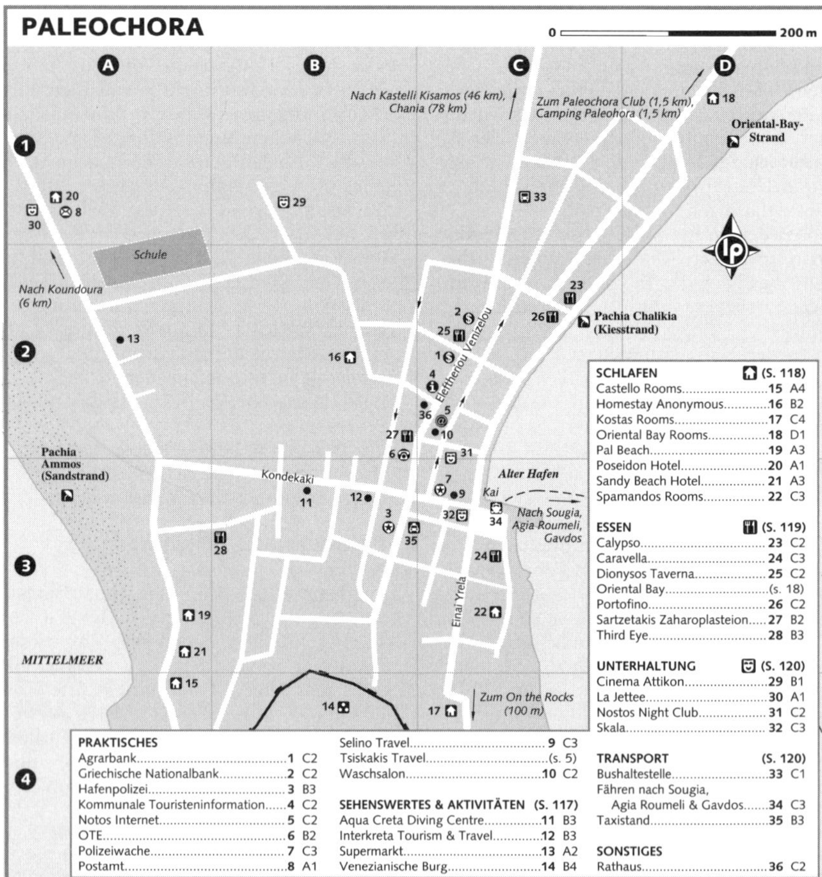

lisch und ist eine extrem hilfreiche Informationsquelle für Traveller.

Kostas Rooms (☎/Fax 28230 41248; DZ 30 €) Kostas vermietet attraktive Zimmer mit Deckenventilator, Kochnische, Kühlschrank, Meerblick und großem Balkon.

Spamandos Rooms (☎ 28230 41197; DZ/3BZ 40/45 €; ❄) Quartier im Altstadtviertel mit supersauberen, hübsch eingerichteten Zimmern gleich am Wasser. Alle haben Kühlschrank und Klimaanlage.

Poseidon Hotel (☎ 28230 41374; www.interkriti.net/hotel/paleohora/poseidon; DZ/3BZ 30/35 €; ❄) Die Studios des freundlich-zwanglosen Hotels am Pachia-Ammos-Strand verfügen über Kühlschrank, Kochnische und haben kleine Balkone.

Oriental Bay Rooms (☎ 28230 41076; DZ 35 €; ❄) In dem großen, modernen Gebäude am Nordende des Kiesstrands. Die Zimmer sind mustergültig gepflegt. Zur Anlage gehört ein schattiges Terrassenrestaurant mit Blick aufs Wasser (s. unten).

Niki House (☎ 28230 41374; www.interkriti.net/hotel/paleohora/niki-houses; Apt. 35 €; ❄) Die beiden großen, komplett ausgestatteten Apartments im Schatten der Burgmauern bieten bis zu sechs Personen Obdach. Ideal für Selbstverpfleger, die länger hier bleiben wollen.

Sandy Beach Hotel (☎ 28230 42138; Fax 28230 42139; DZ mit Frühstück 45 €; ❄ P) Betreiber des relativ neuen Hotels mit zwölf Zimmern am Ende des Sandstrands unweit der Burgruine sind der sympathische Nektarios und sein Bruder. Die pieksauberen, ansprechenden Zimmer haben Balkon und Blick aufs Meer. Die beiden sind auch Besitzer der schlichteren **Castello Rooms** (☎ 28230 41143; DZ 25–30 €) ein Stück weiter.

Camping Paleohora (☎ 28230 41120; Zelt/Person 2/3,50 €) Der große Campingplatz liegt 1,5 km nordöstlich des Orts, ca. 50 m vom Kiesstrand entfernt in der Nähe der Disko. Hier gibt es eine Taverne, aber keinen Minimarkt.

Essen

An der östlichen Uferstraße reiht sich ein Lokal ans andere. Außerdem gibt es noch einige gute Restaurants im Ort und vereinzelte weiter landeinwärts.

Dionysos Taverna (☎ 28230 41243; Hauptgerichte 4–6 €) Eine der ältesten Tavernen im Ort. Sie ist bekannt für ihre spitzenmäßige Küche, ganz besonders ihre *mayirefta*. Daneben besteht eine gute Auswahl an Vegetarischem und Grillgerichten. Außer dem geräumigen Innenraum gibt es ein paar Tische draußen unter den Bäumen.

Fleischverächter zieht es ins **Third Eye** (☎ 28230 41234; Hauptgerichte 4 €) etwas landeinwärts vom Pachia Ammos. Auf der komplett vegetarischen Speisekarte stehen u.a. Currygerichte und eine raffinierte Auswahl griechisch-asiatischer Kreationen.

Caravella (☎ 28230 41131; Hauptgerichte 5–7 €) Das Restaurant in Spitzenlage mit Blick auf den alten Hafen serviert griechische Gerichte zu sehr zivilen Preisen sowie Fisch und Meeresfrüchte – alles superfrisch zubereitet.

Oriental Bay (☎ 28230 41322; Hauptgerichte 6,50–9 €) Die Strandtaverne, die zu den Oriental Bay Rooms gehört (s. oben), ist einer der besten Tipps auf dieser Seite des Orts. Außer billigen vegetarischen Gerichten, wie z.B. grünen Bohnen mit Kartoffeln, bekommt man hier auch solche Sachen wie den „Hahnenkuss" (Hähnchenfilet mit Speck) und „besoffenes Kotelett" (Schweinekotelett in Rotwein).

Portofino (☎ 28230 41114; Pasta 5–8 €) Das Strandrestaurant auf der Hafenseite hat auf seiner griechisch-international-italienischen Karte eine schöne Auswahl an Pastagerichten, Pizza aus dem Holzofen und Crêpes. Die Portionen sind großzügig.

Calypso (☎ 28230 83019; 💻) Das von einem britischen Pärchen betriebene Lokal bietet anspruchsvolles Fusion-Cooking mit tgl. wechselnden Suppen, Salaten und Pastagerichten sowie allerlei Vegetarischem.

Außerdem veranstaltet es Spezialabende mit indischer, mexikanischer oder anderweitig exotischer Küche. Kinderteller und **Internetzugang** (1,50 €/30 Min.) komplettieren das Angebot.

Absolut empfehlen kann man die tollen Süßspeisen und die hausgemachte Eiscreme bei **Sartzetakis Zaharoplasteion** (☎ 28230 41231).

Auch im Umland gibt es ein paar gute Lokale. Ausgezeichnete klassisch-kretische Küche macht z.B. den Abstecher zu **Grammeno** (☎ 28230 41505) im Dörfchen Koundoura, 2 km westlich von Paleochora, lohnenswert.

Gleich am Krios-Strand – am Ostende von Koundoura, rund 4 km von Paleochora – versteckt sich zwischen Bambus und Kiefern eine *kantina*, die ihren Gästen wirklich gute und dabei billige kretische Speisen vorsetzt; genial sind z.B. *kalitsounia* (mit Käse oder Wildkräutern gefüllte Teigtaschen) oder *sfakianes pittes* (Pfannkuchen) mit Honig.

Unterhaltung

Das alljährliche Musikfestival von Paleochora präsentiert vom 1. bis 10. August Konzerte, Ausstellungen und Gesangswettbewerbe.

Cinema Attikon (Tickets 5 €) Die meisten Paleochora-Besucher verbringen mindestens einen Abend in diesem gut ausgeschilderten Outdoorkino. Die Vorführungen starten um 22 Uhr.

Nostos Night Club (☎ 28230 42145; zw. El Venizelou & altem Hafen ⌚ 18–2 Uhr) Mit Outdoorbar auf der Terrasse und einem kleinen Club drinnen, der griechische und westliche Musik spielt. La Jettee, hinter dem Elman Hotel direkt am Strand, hat einen netten Garten. Das Skala am Hafen ist eine klassische Bar im alten Stil.

Paleohora Club (☎ 28230 42230; ⌚ 23 Uhr–spät) neben dem Camping Paleohora, 1,5 km nordöstlich des Orts am Keratidies-Strand. Hier stiegen früher sehr beliebte Allnight-Vollmondpartys im Freien, aber jetzt gibt es nur noch den weniger ansprechenden Indoorclub.

An- & Weiterreise

FÄHRE

Im Sommer verkehrt täglich eine Fähre von Paleochora nach Chora Sfakion (8,50 €, 3 Std.) – über Sougia (4,30 €, 1 Std.), Agia Roumeli (6,80 €, 2 Std.) und Loutro (7,50 €, 2½ Std.). Die Fähre legt um 9.45 Uhr in Paleochora ab und macht sich um 13 Uhr von Chora Sfakion auf den Rückweg.

Ferner kann man im Sommer dreimal die Woche mit dem Schiff nach Gavdos hinüberfahren (9,70 €, 2½ Std.); Abfahrt in Paleochora ist um 8.30 Uhr, Rückkehr um 15 Uhr. Tickets für alle Schiffsverbindungen gibt es bei den Reisebüros.

BUS

Im Sommer fahren vom kleinen **Busbahnhof** (☎ 28230 41914) täglich fünf Busse nach Chania (5,40 €, 2 Std.). Außerdem existiert eine tägliche Verbindung nach Omalos (8,10 €, 1½ Std.) morgens um 6 Uhr – für diejenigen, die in der Samaria-Schlucht wandern wollen.

Unterwegs vor Ort

Notos Rentals (☎ 28230 42110; notosgr@yahoo.gr; Eleftheriou Venizelou) vermietet Autos, Motorräder und Fahrräder.

Ab Mitte April schippert die M/B *Elafonisos* Badegäste zum Westküstenstrand Elafonisi (4,50 €, 1 Std.) – zunächst dreimal wöchentlich, von Juni bis Ende September dann täglich. Sie legt um 10 Uhr ab und kehrt um 16 Uhr zurück.

Die **Taxizentrale** (☎ 28230 41128) befindet sich in Hafennähe. Einige Fahrpreise als Anhaltspunkt: Kisamos (35 €), Chania (50 €; Flughafen 55 €) und Elafonisi (50 €).

RUND UM PALEOCHORA

Im Dörfchen **Anydri** 5 km nordöstlich von Paleochora kann man die **Agios-Georgios-Kirche** besichtigen – mit Fresken des einheimischen Meisters Pagomenos aus dem 14. Jh. Gründerväter des Dorfs waren zwei Brüder, die vor einer mörderischen Vendetta aus Chora Sfakion geflohen waren. Deshalb tragen die meisten Dorfbewohner noch heute den gleichen Familiennamen.

Wer von Paleochora nach Anydri wandern möchte, folgt zuerst der Straße, die am Campingplatz vorbeiläuft, und nimmt dann die asphaltierte Straße, die von dieser nach links abzweigt; sie ist von steilen Felswänden gesäumt. Am Eingang des Dorfs weist ein Schild den Weg zur Anydri-Schlucht.

Nach einigen hundert Metern Fußpfad geht dann ein überwucherter Pfad nach links ab. Den roten Markierungen zur Schlucht folgen. Hier führt der Weg am ausgetrockneten Flussbett entlang, bis die Wegweiser zum breiten, einsamen Anydri-Strand am Ende der Schlucht auftauchen. Von dort kann man auf einem anderen Weg nach Paleochora zurückkehren, indem man den E4-Trail-Markierungen folgt, die an der Steilküste entlangführen.

GAVDOS ΓΑΥΔΟΣ

55 Ew.

Für viele Leute ist Gavdos (*gaw*-dos) gar keine Insel, sondern eher ein Gemütszustand. Es gibt wohl kaum irgendwo einen ruhigeren, abgeschiedeneren Ort, um allen Stress von sich abfallen zu lassen. Gavdos hat eine treue Fangemeinde von Campern, FKK-lern und anderen Freigeistern, denen naturbelassene Strände, lange Wanderungen und entspanntes Urlauben über alles gehen.

Es ist der perfekte Ort, um alle viere von sich zu strecken, den Bart wachsen zu lassen, Zigaretten zu drehen und des Nachts verträumt in den Sternenhimmel zu starren.

Die unterhalb von Kreta im Libyschen Meer, 65 km vor Paleochora gelegene Insel ist das südlichste Fleckchen Europas. Geografisch gehört sie schon eher zu Afrika als zu Europa, und ihr Klima ist überaus mild. Hier ist das Meer schon im Februar warm genug zum Schwimmen. Zugleich ist Gavdos überraschend grün: Fast 65 % des wenig fruchtbaren Areals sind von niedrigen Kiefern, Zedern und anderer Vegetation bedeckt. Die Insel hat mehrere phantastische Strände, die teils nur zu Fuß oder mit dem Boot zu erreichen sind. Die meisten davon liegen an der Nordostküste, während die Südküste nur aus Fels besteht.

Auf Gavdos gibt es drei „Hauptdörfer", die nahezu verlassen und voller Ruinen sind, und einen Strandort, der im Juli und August vergleichsweise betriebsam wird. Auf dem Höhepunkt der Saison kann die Bevölkerung von den rund 55 Dauerbewohnern auf gut 1000 anwachsen.

Archäologische Ausgrabungen haben ergeben, dass Gavdos schon im Neolithikum bewohnt war. In griechisch-römischer Zeit gehörte die damals Clauda genannte Insel zur Stadt Gortyna. An ihrer Nordwestecke gab es eine römische Siedlung. Als Paulus auf seiner Reise von Kali Limenes nach Rom durch einen schweren Sturm vom Kurs abkam, trieb er an der Insel Gavdos vorbei bis nach Malta, wo er Schiffbruch erlitt. Unter den Byzantinern war Gavdos Bischofssitz, doch nachdem die Araber Kreta im 9. Jh. eroberten, sank die Insel zum Piratennest herab.

Bis Ende der 1960er gab es auf Gavdos kaum Wasser, Strom oder Telefonanschlüsse, und die meisten Bewohner wanderten nach Paleochora, ins übrige Kreta oder nach Athen ab. Inzwischen gibt es zwar reichlich Wasser, doch kann es im Sommer immer noch zu Stromknappheit und -ausfällen kommen, da nur ein Teil der Insel Stromanschluss hat. Der Rest ist auf Generatoren angewiesen, die oft über Nacht und um die Mittagszeit herum abgeschaltet werden. Der neue Hafen befand sich 2004 noch im Bau.

Tagesausflüge nach Gavdos sind zwar machbar, aber so richtig entfaltet sich der Zauber der Insel erst, wenn man genug Zeit mitbringt, um total abzuschalten und ihre Atmosphäre auf sich wirken zu lassen.

Orientierung & Praktische Informationen

Der Inselhafen Karabe liegt an der Ostseite der Insel. Ihr Hauptort ist Kastri in der Inselmitte. Er wird allerdings nur von zwei Familien bewohnt; außerdem residiert hier die „Klinik". Es gibt Kartentelefone auf der Insel; Bank, OTE oder Postamt fehlen dagegen. Post kann man über den Postboten Babis in Sarakiniko versenden. Ein Minimarkt in Sarakiniko deckt die Grundbedürfnisse des täglichen Lebens.

Unbedingt mitbringen sollte man eine Taschenlampe, um sich nachts zurechtzufinden, da einem hier sonst nur die Sterne leuchten. Die Saison auf Gavdos ist kurz; die meisten Tavernen und Zimmer machen zum Schulbeginn Anfang September dicht.

Sehenswertes & Aktivitäten

Außer den Stränden gibt es auf Gavdos nicht viel zu sehen. Der größte Strandort ist **Sarakiniko** in der Nordostecke mit einem breiten Sandstrand und mehreren Tavernen sowie einem neuen **Amphitheater** für gelegentliche Veranstaltungen. Am traumhaften **Agios-Ioannis**-Strand an der Nordspitze lässt sich im Sommer eine lose zusammengewürfelte Kolonie von FKKlern und Campern nieder. An der Nordküste gibt es einige wunderbare Strände wie **Potamos** und **Pyrgos**, die man von Kastri zu Fuß erreicht (ca. 1 Std.), indem man dem Fußweg zum nördlichen Ambelos und darüber hinaus folgt. Am Kap **Tripiti** – Europas Südspitze – hat das Meer drei gewaltige Felsbogen ausgewaschen, die bekannteste Naturattraktion der Insel. Der Strand ist mit dem Boot oder zu Fuß zu erreichen (1¼ Std. 15 Min. Fußweg von Vatsiana).

Der restaurierte **Leuchtturm** von 1880 am Weg nach Ambelos wurde soeben in ein Museum mit Café umgebaut. Bevor die Deutschen ihn 1941 zerbombten, brannte hier das zweithellste Leuchtfeuer der Welt – nach Tierra del Fuego.

Im Dörfchen **Vatsiana** hat der Geistliche der Insel in einem alten Steinhaus ein kleines **Privatmuseum** eingerichtet (☎ 28230 42167; 🕓 Juli–Aug. 10–18 Uhr, außerhalb dieser Zeiten nebenan klopfen). Zu den auf der Insel zusammengetragenen Ausstellungsstücken gehören u. a. Landwirtschafts- und Haushaltsgeräte, ein Webstuhl und Webarbeiten. Nebenan ist ein kleiner traditioneller Holzofen in Betrieb. Maria, die Frau des Geistlichen, kredenzt in dem urigen *kafenion* (Kaffeehaus) ihren Ouzo und Kokoskuchen.

Im kleinen **Openairkino** der Taverne Metohi laufen an den meisten Sommerabenden Spielfilme. Trotz ihrer spärlichen Besiedelung hat die Insel nicht weniger als 16 kleine Kirchen. Die meisten Bootsbesitzer bieten ganz- oder halbtägige **Bootsausflüge** an, u. a. zum abgelegenen, unbewohnten Inselchen Gavdopoula, das allerdings keine guten Strände hat. Einfach bei den Tavernen nachfragen.

Schlafen & Essen

Es gibt nicht allzu viele Unterkünfte auf Gavdos, wo Kühlschrank und Kocher schon zur gehobenen Ausstattung zählen. Dafür ist wildes Campen sehr beliebt. Die Tavernen bieten alle recht brauchbares Essen fürs Geld.

Sarakiniko Studios (☎ 28230 42182; www.gavdostudios.gr; Studio für 1/2 Pers. 30/50 €, kl. Apt. 60 €, alle mit Frühstück) Diese Studios oberhalb des Sarakiniko-Strands sind wohl das beste Quartier der Insel. Man kann sich am Hafen abholen lassen; zu Fuß geht man vom Hafen 20 Minuten nach Norden. Für 5 € pro Person kann man auch in der Nähe unter Bäumen kampieren und die Sanitäreinrichtungen nutzen.

Nychterida Taverna & Rooms (☎ 28230 42120; DZ/Studio 35/50 €) Schlichte, aber gemütliche Zimmer direkt am Sarakiniko-Strand und geräumigere Studios mit einfachen Kochgelegenheiten gleich dahinter.

In der **Taverna Sarakiniko** (☎/Fax 28230 41103; DZ 35 €) serviert Fischer Manolis seinen jeweiligen Tagesfang. Dazu gehören nahe gelegene, steingemauerte Studios mit Kiefernmobiliar und schlichter Küchenausstattung.

Akrogiali Taverna & Rooms (☎ 28230 42384; EZ/DZ 20/30 €) Die Fischtaverne am Korfos-Strand bereitet herzhafte kretische Kost, u. a. aus frisch vor Ort gefangenem Fisch und den selbst gehaltenen Ziegen. Die Zimmer sind schlicht, mit Blick auf den Strand.

Die **Theophilos Taverna** (☎ 28230 41311) oberhalb des Agios-Ioannis-Strands beköstigt die Camperhorden vom Strand täglich mit prima *mayirefta*.

Anreise & Unterwegs vor Ort

Im Sommer wird die Insel montags, dienstags und donnerstags von Schiffen aus Paleochora angesteuert (9,70 €, 2½ Std.). Diese legen meist kurz nach der Ankunft wieder ab, aber das Schiff am Dienstagmorgen ist das schnellste und verlässt Gavdos erst um 15 Uhr, was einen Besuch der Insel als Tagestour ermöglicht. Außerdem verkehren im Sommer donnerstags, freitags, samstags und sonntags Schiffe von Chora Sfakion nach Gavdos (9,50 €, 1½ Std.); dienstags kommt ein Schiff von Sougia (8,20 €, 2 Std.). Die einzige Autofähre legt montags um 19 Uhr von Chora Sfakion ab (2½ Std.) und fährt am Dienstag um 7 Uhr zurück.

Ein Motorrad oder Auto kann man im Hafen oder in Sarakiniko mieten.

CHANIAS OSTEN

Auch die Nordostecke des Regierungsbezirks Chania hat einiges an Attraktionen zu bieten, z. B. den Kournas-See – den einzigen Süßwassersee der Insel – und Strandorte wie Kalyves, Almyrida und Georgioupoli, wo es wesentlich geruhsamer zugeht als in den Tourizentren an der Küste westlich von Chania. Einen Besuch wert sind auch das restaurierte Dorf Vamos, die Ruinenstätte Aptera und einige Örtchen abseits der ausgetretenen Touristenpfade, wie Plaka und Gavalochori.

GEORGIOUPOLI ΓΕΩΡΓΙΟΎΠΟΛΗ

513 Ew.

Georgioupoli ist zwar längst kein Geheimtipp mehr, doch geht's in dem kleinen Touristenort am Meer immer noch sehr gemütlich zu. Am auffallendsten sind hier die Eukalyptusbäume entlang der vom Dorfplatz ausgehenden Wohnstraßen des Orts, der besonders von Familien und Naturfreunden gern besucht wird.

Georgioupoli liegt an der Mündung des Flusses Almyros. Hier brüten im Sommer nicht nur die gefährdeten (unechten) Karettschildkröten, sondern auch gewaltige Mückenschwärme. Georgioupoli wurde nach Prinz Georg benannt, der von 1898 bis 1906 Hochkommissar von Kreta war und hier ein Jagdhaus hatte. Im Altertum hieß der Ort Amphimalla und diente als Hafen für das antike Lappa.

Orientierung & Praktische Informationen

Die Hauptstraße verläuft von der Schnellstraße ins Ortszentrum, wo es eine Reihe von Reisebüros, Tavernen und Geschäften gibt. **Ballos Travel** (☎ 28250 83088; ballos@hol.gr), knapp abseits des Dorfplatzes, besorgt Schiffstickets, vermittelt Touren und Unterkünfte, vermietet Autos und fungiert auch als Postagentur des Orts. Außerdem findet man an der Hauptstraße vor dem Dorfplatz eine Hania Exchange Bank und rund um den Platz mehrere Geldautomaten. Das **Planet Internet Cafe** (☎ 28250 61732; www.alchemist.gr; 4 €/Std.; 9 Uhr–spät) befindet sich ebenfalls in der Nähe des Dorfplatzes. Es gibt zwei Strände: einen langen, schmalen Streifen festen Sand östlich der Stadt und einen kleineren Strand nördlich des Hafens, wo eisiges Flusswasser ins Meer strömt.

Sehenswertes & Aktivitäten

Die **Feuchtgebiete** rund um den Fluss sind für ihre interessante Vogelwelt bekannt – im April treffen hier Reiher und Eisvögel ein. Am Ende der Hauptstraße von Georgioupoli vermietet **Yellowboat** (6 € pro Person und Stunde) Tretboote und Kanus, mit denen man den Fluss hinauffahren kann, um Schildkröten, Fische, Enten und andere Vögel zu beobachten.

Am Nordstrand stößt man auf zwei kleine **Kapellen** – die Agios-Nikolaos-Kirche, die auf ihrer schmalen Felsmole von Wellen umspült wird, und Agios Kyriakos weiter nördlich. Wer keinen fahrbaren Untersatz hat, kann den **Touristenzug** zum nahen Kournas-See und nach Argyroupolis nehmen. **Zoraida's Horseriding** (☎ 28250 61745; www.georgioupoli.net/zoraida) veranstaltet Ausritte in die Umgegend.

Schlafen

Egeon (☎ 28250 61161; Fax 28250 61171; Studio 40 €;) Die netten Zimmer links der Hauptstraße werden von der sympathischen Polly, halb Griechin, halb Amerikanerin, und ihrem Mann vermietet, dessen Fischernetze oft im Foyer ausgebreitet liegen. Sie haben die Möblierung verbessert und Mückengitter an den Fenstern der Zimmer angebracht, von denen einige Kochnischen, Duschvorhänge und TV besitzen.

Andy's Rooms (☎ 28250 61394; DZ 29,50 €; Studio 35–60 €;) Diese Herberge rechts von der Hauptstraße gegenüber der Kirche hat große Zimmer mit Mückengittern, Kochnische und TV. Es gibt auch größere Apartments für Familien.

Nicolas Hotel (☎ 28250 61375; Fax 28250 61011; DZ mit Frühstück 55 €;) Das am Ortseingang an der Hauptstraße gelegene Haus hat seine Doppelzimmer mit attraktiven Kiefernmöbeln und Safe ausgestattet und serviert liebevoll hausgemachtes Frühstück.

Apartments Sofia (☎ 28250 61325; www.river-side.gr; Studios DZ/4BZ 35/40 €;) Das Gebäude in Lachsrosa besitzt Balkone mit Meerblick und gut ausgestattete Zimmer samt Kochnische und Fön.

Hotel Gorgona (☎ 28250 61341; DZ 25 €) Das antiquierte Hotel am Strand südlich des Ortszentrums ist so ziemlich die billigste Bleibe direkt am Ufer. Die Zimmer sind sehr spartanisch, die Badezimmer ziemlich klein.

Essen

Poseidon Taverna (☎ 28250 61026; Fisch 20–40 € pro kg) Am besten und frischesten speist man in der Fischtaverne Poseidon: Vom Ortseingang kommend dem Schild nach links in eine schmale Gasse folgen. Hier wählt man sein Abendessen aus dem auf der Theke aufgefahrenen Angebot an Fisch und Meeresfrüchten und genießt sein exzellentes Mahl unter den Maulbeerbäumen im lauschigen Hof.

Taverna Platia (☎ 28250 61567; Grillgerichte 5–7 €) Die Taverne knapp südlich vom Dorfplatz ist schmucklos, aber recht annehmbar und tischt außer Grillgerichten auch eine Reihe kretischer Spezialitäten auf.

Fanis (☎ 28250 61374; griech. Spezialitäten 4,50–6,50 €) am Flussufer kann mit brauchbarer kretischer Küche dienen und ist für Frischfisch und -fleisch aus der Umgebung bekannt.

Oder man schaut mal bei **Arolithos** (☎ 28250 61406) in der Nähe von Andy's Rooms rein, wo es eine Riesenauswahl an Vorspeisen gibt.

Unterhaltung

Nightlifemäßig ist in Georgioupoli nicht viel los. In der Georgoupolis Bar am Dorfplatz geht es noch am muntersten zu. Die Edem Cocktail Bar mit Restaurant, ein Stück den Strand hinunter, hat einen großen, für die Öffentlichkeit zugänglichen Pool. Im Sommer präsentiert sie einmal in der Woche kretische Livemusik – ebenso wie viele andere Hotels und Tavernen im Ort.

An- & Weiterreise

Die Busse der Strecke Chania-Rethymnon halten an der Schnellstraße außerhalb des Orts.

DER KOURNAS-SEE ΛΊΜΝΗ ΚΟΥΡΝΆΣ

Der Kournas-See, 4 km landeinwärts von Georgioupoli, ist ein hübscher Platz für einen entspannten Nachmittag. Unterirdische Quellen speisen den einzigen natürlichen See der Insel mit ca. 1,5 km Durchmesser und 45 m Tiefe. Ein schmaler Sandstreifen umgibt den See; einen richtigen Strand gibt es jedoch nicht, und man kann nur zu zwei Dritteln um ihn herumgehen. In seinem kristallklaren Wasser, das je nach Jahres- und Tageszeit die Farbe wechselt, schwimmt es sich wunderbar.

Man kann hier **Tretboote** und **Kanus** ausleihen und die Schildkröten, Krebse, Fische und Wasserschlangen beobachten, die den See bevölkern. In der Hochsaison kommen allerdings auch jede Menge Touristenbusse.

Rund um den See findet man mehrere Tavernen und ein paar einfache Quartiere.

Omorfi Limni (☎ 28250 61665; www.pinelopi-hotel.gr; DZ/3BZ 35/45 €;) Die Studios haben Kühlschrank und TV; außerdem gibt es ein Zweizimmerapartment (60 €). Zu dem Ganzen gehört eine recht ordentliche Taverne.

Limni (☎ 28250 61674; DZ 18 €) liegt an der Abzweigung zum See. Die Doppelzimmer sind für den Preis in Ordnung, haben aber keinen Kühlschrank.

Nice View Apartments & Studio (☎ 28250 61315; DZ 30 €) Die Zimmer auf einer Anhöhe am See bieten herrliche Aussicht und gute Ausstattung einschließlich Kochnische und Badewanne.

To Mati tis Limnis (☎ 28250 61695; Hauptgerichte 5–5,50 €) Die Taverne „Auge des Sees" gleich am Ufer desselben lockt mit kühlem Schatten und leckeren kretischen Gerichten, darunter Kaninchenschmortopf mit Zwiebeln oder äußerst sättigenden *mizythropittes* (Käsetaschen).

Vom See sind es steile 5 km Anstieg zum **Dorf Kournas** mit schönem Panoramablick ins Tal. Es ist ein traditionelles Dorf mit weiß getünchten Häusern, einer Handvoll Steinbauten und ein paar *kafenia*. Richtig reinhauen kann man in der **Kali Kardia Taverna** (☎ 28250 96278; Grillgerichte 5 €) an der Hauptstraße.

Kostas Agapinakis ist bekannt für seine preisgekrönten Würste (drittplatziert unter allen griechischen Würsten), ausgezeichnetes *apaki* (geräuchertes Schweinefleisch) und die auf dem Außengrill zubereiteten Fleischspezialitäten. Mit Glück bekommt man die phantastische *galaktoboureko* (Teigtasche mit Vanillecreme) in noch warmem Zustand zu kosten.

Gleich hinter dem Ortseingang stößt man auf den hervorragenden **Keramikladen** (☎ 28250 96434; 9–20.30 Uhr) des liebenswürdigen Kostas Tsakalakis, der mit Ton aus der Umgebung und speziellen, bleifreien Glasuren arbeitet. Er verkauft sein riesiges Sortiment zu sehr zivilen Preisen.

Im Sommer verkehrt ein Touristenzug, das einzige öffentliche Verkehrsmittel von Georgioupoli zum Kournas-See.

ABSTECHER: KOUMOS

Zu den kurioseren Attraktionen der Gegend gehört **Koumos** (☎ 28250 32256; 10 Uhr–spät), das steinerne Phantasiewerk des hier ansässigen Baumeisters Yiorgos Havaledakis. Jahrelang hat er Steine, Kiesel und Felsbrocken jeder Form, Farbe und Größe aus den umliegenden Bergen zusammengetragen, um daraus diese bizarre Tavernenlandschaft mit *kafenion* zu erschaffen. Kirche, Brücken, Bogen, Skulpturen, Laternenmasten und sogar der Toilettenblock sind ein einzigartiges und bemerkenswertes *work in progress*. Mittwochs gibt es hier kretische Musikabende.

KALYVES ΚΑΛΎΒΕΣ

1419 Ew.

Das einst bäuerliche Dorf Kalyves hat sich inzwischen zu einem ausgewachsenen Ferienort gemausert. Es liegt 18 km östlich von Chania an der Bucht von Souda und ist bei griechischen Urlaubern wie ausländischen Touristen gleichermaßen beliebt. Der Ort breitet sich zu beiden Seiten der Hauptstraße aus und lockt mit einem langen Sandstrand und beschaulich-dörflicher Atmosphäre.

Orientierung & Praktische Informationen

Alles Notwendige findet man entlang der Hauptstraße, darunter auch das Postamt und eine Bank mit Geldautomat. Der Sandstrand dehnt sich vom Ortszentrum nach Osten bis zum Kalyves Beach Hotel aus. Westlich des Zentrums ist die Küste felsiger; hier liegen die meisten *domatia*.

Flisvos Tours (☎ 28250 31337; www.flisvos.com; ⌚ 8.30–13.30 & 17.30–22 Uhr) vermietet Autos, Roller und Motorräder und ist generell eine gute Informationsquelle.

Digiland (☎ 28250 32376; dland@otenet.gr) bietet Internetzugang für 4 € die Stunde.

Schlafen & Essen

Die privat geführten *domatia* drängen sich hauptsächlich am Westende des Orts.

Thamiris (☎ 28250 31637; www.thamiris.georgioupoli.net; DZ/Studio 20–60 €; ❄) hat eine Reihe von sorgsam gepflegten Zimmern und komplett ausgestatteten Studios in zwei Komplexen und zwei abgeschiedenere Studios direkt am Strand neben der Taverne Piperia. Tägliche Reinigung.

Maria (☎ 28250 31748; Zi. 30 €) vermietet kleine Zimmer mit Kochnische und Meerblick: Auf dem Weg in den Ort nach dem Riesenschwan gegenüber vom Supermarkt Ausschau halten.

Piperia (☎ 28250 31245; Hauptgerichte 6,50–7 €) Das Restaurant in direkter Strandlage gleich vor dem Ort gehört mit seinem tollen Angebot an kretischen Spezialitäten und Fischgerichten zu den besten in Kalyves. Auf der Speisekarte stehen auch Gerichte aus Bioprodukten, z. B. ein genialer griechischer Biosalat.

Gut ernähren kann man sich auch beim wohl angesehenen Koumandros an der Hauptstraße oder im Provlita gleich am Wasser. Im Ortszentrum versorgt einen die „Alte Bäckerei" mit leckerem Kuchen, Brot und Plätzchen frisch aus dem eigenen Ofen.

An- & Weiterreise

Von Chania fahren täglich sieben Busse nach Kalyves (1,80 €, 45 Min.).

ALMYRIDA ΑΛΜΥΡΊΔΑ

133 Ew.

Das Dorf Almyrida, 3 km östlich von Kalyves, steckt touristisch noch in den Kinderschuhen, obwohl die Entwicklung auch hier ihren Lauf nimmt.

Aber noch ist es ein gutes Plätzchen, um ein paar Tage abzuhängen, und für Traveller vermutlich eine bessere Wahl als das viel touristischere Kalyves. Mit seinem langen, windigen Strand lockt Almyrida viele Windsurfer an. Entsprechend gibt es einige Läden, die sich auf Nachtlager und Beköstigung für die durchziehenden Windsurfnomaden spezialisiert haben. Für Geschichtsinteressierte: Am Westende des Dorfs liegen die Überreste einer frühchristlichen Basilika.

Es gibt nur eine Straße durchs Dorf am Strand entlang. Ein Postamt hat der Ort nicht, aber einen Geldautomaten. **Flisvos Tours** (☎/Fax 28250 31100; ⌚ 8–13.30 & 17–21.30 Uhr) an der Hauptstraße vermietet Autos, Motorroller und Mountainbikes und gibt Informationen jeder Art.

Rooms Marilena (☎ 28250 32202; DZ 25 €), bei der Windsurferzunft geschätzt, ist eine akkurate Ansammlung eher kleiner, aber blitzsauberer Zimmer mit Deckenventilator, Kühlschrank, auf Wunsch auch Kochgelegenheit. In einer Seitenstraße am hinteren Strandende.

Almyrida Beach Hotel & Studios (☎ 28250 32138; www.almyridabeach.com; EZ & DZ mit Frühstück 80–110 €; ❄ 🏊), das neueste Hotel in Almyrida, betreibt einen Haupthotelkomplex gegenüber vom Strand inklusive Pool und einige komplett ausgestattete Studios direkt am Strand mit verbundenen Zimmern für Familien oder Gruppen.

Die Uferstraße ist von Tavernen gesäumt. **Psaros** (☎ 28250 31401; gemischter Meeresfrüchteteller für zwei 25 €) am hinteren Ende des Strands hat frischen Fisch und freundliches Personal.

PLAKA ΠΛΆΚΑ

302 Ew.

Von Almyrida führt eine hübsche Straße hinauf zum Örtchen Plaka, das aber leider gerade durch hektische Bautätigkeit in eine britisch dominierte Touristensiedlung verwandelt wird. Die gewundenen Sträßchen und niedrigen weißen Gebäude sind immer noch Welten entfernt vom Touristenbetrieb der Küste, aber der von Eukalyptusbäumen beschattete Dorfplatz wirkt doch etwas bedrängt von den Massen identischer Ferienhäuschen. Es gibt ein paar Tavernen mit wunderbarer Aussicht aufs Meer hinunter.

Eva Papadomanolakos, die Betreiberin der **Studios Koukourou** (☎ 28250 31145; fax 28250 31879; Studio 35 €; ❄), hat sich große Mühe gegeben, für ihre Gäste u. a. mit zahlreichen Tropenpflanzen und Blumen eine heimelige Kretaatmosphäre zu schaffen. Vom Dachgarten hat man einen Panoramablick auf die Küste. Die Zimmer sind absolut sauber und mit Kochnischen ausgestattet. Die Unterkunft ist vom Ortseingang deutlich ausgeschildert.

APTERA ΑΠΤΕΡΑ

Die Ruinen der antiken Stadt **Aptera** (Eintritt 1,50 €; 🕑 Di–So 8–14.30 Uhr), rund 3 km westlich von Kalyves, erstrecken sich über zwei Hügel mit Blick auf die Bucht von Souda. Das im 7. Jh. v. Chr. begründete Aptera war einer der bedeutendsten Stadtstaaten in Westkreta und durchgehend bewohnt, bis es im 7. Jh. n. Chr. durch ein Erdbeben zerstört wurde.

Als die Byzantiner Kreta im 10. Jh. zurückeroberten, erwachte es zu neuem Leben und wurde Bischofssitz. Im 12. Jh. wurde hier das Johannes dem Evangelisten geweihte Kloster gegründet, das heute im wieder aufgebauten Zustand das Zentrum der Ruinenstätte bildet.

Die Ausgrabungsarbeiten laufen noch. Gut zu sehen sind römische Zisternen, ein griechischer Tempel aus dem 2. Jh. v. Chr. und einige mächtige Befestigungsmauern. Am Westende liegt ein türkisches Kastell aus dem Jahr 1872 mit phänomenalem Blick auf die Bucht von Souda. Es war Teil eines groß angelegten Festungsbauprogramms der Türken in einer Phase, in der sich die Kreter praktisch permanent im Aufstand befanden.

Interessant ist auch die „Inschriftenmauer", die wohl zu einem wichtigen öffentlichen Gebäude gehörte und 1862 von französischen Archäologen ausgegraben wurde. Das griechische Kulturministerium betreibt die weitere Restaurierung der Ruinenstätte samt Verbesserung der Wege und der Beschilderung.

Es gibt weder Café noch Snackbar an der Ruinenstätte, aber ein paar Tavernen auf dem Weg hinauf, wie z. B. **Ta Aptera** (☎ 28250 31313; Hauptgerichte 5–6 €), bieten die übliche kretische Kost.

Öffentliche Verkehrsmittel fahren nicht nach Aptera.

VAMOS ΒΆΜΟΣ

665 Ew.

Das im 12. Jh. gegründete Vamos, 26 km südöstlich von Chania, war von 1867 bis 1913 Hauptort der Provinz Sfakia und 1896 Schauplatz einer Revolte gegen die Türkenherrschaft. Heute ist es Hauptort der Provinz Apokoronas.

1995 tat sich eine Gruppe von Dorfbewohnern zusammen, um die traditionelle Lebensweise in Vamos zu erhalten. Sie überredeten die EU, ein Sanierungsprogramm zu finanzieren, um Kunsthandwerk und andere Produkte der Region zu fördern und eine alternative Form des Kretatourismus zu entwickeln. Die alten Steinbauten des Dorfs wurden mit traditionellen Werkstoffen und Techniken restauriert und in Gästehäuser verwandelt. Die Dorfbewohner eröffneten Läden und Cafés, in denen Besucher Produkte der Region kosten können, und organisieren regelmäßige Ausstellungen und Musikabende.

Vamos ist ein netter Zwischenstopp, auch wenn sein authentisches Flair vielleicht etwas überbewertet wird. Die Gästehäuser sind ohne Frage äußerst geschmackvoll, aber dafür sind die Preise auch gesalzen und wohl eher auf betuchte kretische Wochenendgäste als auf finanzschwächere Reisende zugeschnitten.

Es gibt eine **Touristeninformation** (☎/Fax 28250 23233; 🕑 8–21 Uhr im Sommer) neben der Taverne Bloumosifi, wo man Autos mieten und Touren buchen kann.

Ende März oder Anfang April feiert Vamos die **Hohliovradia** (Schneckennacht) mit einem großen Festschmaus gekochter Schnecken, die mit Wein und *tsikoudia* (einem Tresterschnaps) heruntergespült werden.

Schlafen & Essen

Traditionelle Gästehäuser (☎ 28250 22932; Häuschen 88–110 €) Die schnuckeligen Steinhäuschen haben Küche, offenen Kamin und TV und sind mit traditionellen Möbeln und Textilien eingerichtet. Die meisten können bis zu vier Personen beherbergen; in einem der Häuschen mit zwei Schlafzimmern können bis zu sieben Personen unterkommen.

Parthenagogio (☎ 28250 23398; DZ/3BZ 40/50 €) Die stilvoll eingerichtete frühere Mädchenschule (der Name bedeutet „Jungfrauenschule") wird von der Kommune betrieben und hat in ihren acht Doppelzimmern die Pensionatsatmosphäre noch nicht ganz abgelegt.

I Sterna tou Bloumosifi (☎ 28250 22932; Hauptgerichte 5–9,80 €) Die Taverne in einem alten Steinhaus ist für ihre hervorragende kretische Küche bekannt. Als Vorspeise munden mit Weinblättern umwickelte *gavro* (milde Sardellen) oder die Champignons mit Knoblauch und Kräutern; eine gute Fortsetzung wäre z. B. *hilopita* (Tagliatelle) mit Hähnchen.

Liakoto (☎ 28250 23251) Unaufdringliche Cafébar mit Kunstgalerie, die leichte Snacks zubereitet. Ihre erfreuliche Terrasse mit Blick auf Berge und Meer ist der ideale Ort, um den Sonnenuntergang zu erleben.

Myrovolo Wine Store & General Store (☎ 28250 22996) In diesem Geschäft gleich neben dem Liakoto bekommt man Raki, Kräuter, Öl aus biologischem Anbau und andere Produkte der Region.

An- & Weiterreise

Von Chania gibt es täglich vier Busverbindungen nach Vamos (2,30 €, 45 Min.).

RUND UM VAMOS

Das Dörfchen **Gavalochori**, 25 km südöstlich von Chania, ist ein gutes Zwischenziel für eine Rundfahrt durch die Region.

Seine Hauptattraktion ist das **Volkskundemuseum** (☎ 28250 23222; Eintritt 1,50 €; 🕑 Mo–Fr 9–20 Uhr, Sa bis 19 Uhr, So 10–13.30 & 17–20 Uhr) in einem restaurierten Gebäude, das in venezianischer Zeit erbaut und unter den Türken erweitert wurde. Prägendes Stilmerkmal sind die Steinbogen, die das Erdgeschoss in Schlafzimmer, eine Küche, einen Raum für die Weinpresse und einen Lagerraum unterteilen.

Zu den englisch beschrifteten Ausstellungsstücken gehören Keramik, Webarbeiten, Holzschnitzereien, Steinmetzarbeiten und anderes kretisches Kunsthandwerk, darunter auch aufwändig gearbeitete *kapaneli*-Seidenspitze. Die historische Abteilung des Museums dokumentiert die kretischen Freiheitskämpfe.

Schilder weisen den Weg zu den **byzantinischen Brunnen**, **venezianischen Bogen** und **römischen Gräbern** ca. 1,5 km oberhalb des Dorfs.

Die **Frauenkooperative** (☎/Fax 28250 22038, 🕑 9–22 Uhr) am Dorfplatz verkauft einige der raren, von Frauen der Umgebung angefertigten *kapaneli*-Arbeiten. Oft sieht man hier Frauen konzentriert an dieser langwierigen Fleißarbeit sitzen.

Die Preise für hochwertige Spitzenarbeiten bewegen sich je nach Größe des Teils zwischen 15 und 1500 €.

VRISSES ΒΡΎΣΕΣ

848 Ew.

Die meisten Reisenden durchfahren Vrisses, 30 km südöstlich von Chania, bloß auf ihrem Weg zur oder von der Südküste, doch dieser kühle, sympathische Ort verdient durchaus einen längeren Abstecher. Mitten durch den Ort fließen die Flüsschen Voutakas und Vrysanos und bewässern die riesigen Platanen an ihren Ufern. Es gibt zwar nicht viel zu tun, aber wenn es an der Küste drückend heiß wird, sitzt es sich hier in den Ufertavernen unter den Bäumen herrlich kühl.

Vrisses, das erst seit 1925 existiert, ist Marktzentrum für die landwirtschaftlichen Produkte der Region.

Orientierung & Praktische Informationen

Die Busse halten an der Kreuzung im Ortszentrum, an der ein Unabhängigkeitsdenkmal steht. Von hier führt die Hauptstraße nach rechts über den Fluss zu Tavernen, Geschäften, einem Supermarkt und der Griechischen Nationalbank mit Geldautomat. Folgt man der Hauptstraße nach links, erreicht man ca. 100 m weiter ein Postamt und OTE.

Schlafen & Essen

Spyridakis (☎ 28250 51206; Studio/3BZ 30/40 €; ❄) im Ortszentrum vermietet einfache, große und einigermaßen gemütliche Studios mit Kühlschrank, Kochnische und TV. Einige haben auch Klimaanlage, die man aber hier nicht zwingend braucht.

Taverna Progoulis (☎ 28250 51086; Grillgerichte 4,50–6 €) Das Essen ist zwar nur Durchschnitt, dafür sitzt man unter den Bäumen am Fluss zur Mittagszeit extrem angenehm. Meist brutzelt hier ein Lamm neben anderem Fleisch am Grillspieß.

Vryses Way (☎ 28250 51705; Gyros 1,80 €) Das bescheidene Lokal an der Kreuzung im Ortszentrum serviert tolles Gyros, *sfakianes pittes* und Joghurt mit Honig, eine Spezialität des Orts, dessen Mikroklima für Joghurt einfach optimal ist.

An- & Weiterreise

Die drei Busse, die täglich von Chania nach Chora Sfakion fahren, halten unterwegs in Vrisses (3 €, 30 Min.).

ASKIFOU ΑΣΚΎΦΟΥ

444 Ew.

Die Straße von Vrisses nach Süden führt über die Hochebene von Askifou, Schauplatz einer der erbittertsten Schlachten des kretischen Aufstands von 1821. Die Sfakioten triumphierten hier über die Türken in einem blutigen Kampf, der noch heute in Liedern der Region besungen wird. Über ein Jahrhundert später war die Hochebene wieder in Kampfhandlungen verstrickt, als alliierte Truppen sich auf diesem Weg zum Evakuierungshafen Chora Sfakion zurückzogen.

Zentraler Ort der Region ist das Dorf Askifou, das sich rund um einen Hügel ausbreitet. Das Postamt, ein Minimarkt sowie mehrere Tavernen, die relativ billige Zimmer vermieten, befinden sich oben auf der Hügelkuppe.

Wer von Chania nach Askifou hereinkommt, wird durch eine Abfolge von Schildern zum **Militärmuseum** (☎ 28250 95289; Eintritt frei; ☎ Mo–Sa 8–19 Uhr) dirigiert, das die Waffen- und Militariasammlung von Georgios Hatzidakis zeigt. Der Sfakiote führt Besucher mit Freuden durch seine Sammlung, die allerlei Erinnerungsstücke aus Kriegen des 20. Jh. umfasst.

O Barba Geronymos (☎ 28250 95211), eine traditionelle Taverne neben der Bäckerei, tischt vor allem lokale Spezialitäten auf, so etwa köstliche Wildziege *tsigariasto, sfakiano vrasto* (gekochtes Lamm- oder Ziegenfleisch), *pilafi* und die in der Region obligatorischen *sfakianes pittes* und *kalitsounia* (Teigtaschen). Durchschnittsesser müssen hier für Essen und Wein des Hauses insgesamt nicht mal 10 € auf den Tisch legen.

DIE IMBROS-SCHLUCHT
ΦΑΡΆΓΓΙ ΙΜΠΡΟΥ

Die **Imbros-Schlucht** (Eintritt 2 €; ganzjährig), 57 km südöstlich von Chania, wird weniger begangen als ihre berühmtere Schwester, die Samaria, ist aber ebenso schön. Der üppige Bewuchs aus Zypressen, Steineichen, Feigen- und Mandelbäumen lichtet sich nach und nach, bis tief im Inneren der Schlucht nur noch Zypressen und Strauchiges Brandkraut bleiben. An der schmalsten Stelle misst die Schlucht nur 2 m, während die Felswände 300 m in die Höhe streben. Mit nur 8 km Länge ist sie auch viel fußfreundlicher als die Samaria. Als Ausgangspunkt bietet sich der Ort **Komitades** am Südende an, aber die meisten Wanderer bevorzugen dafür eher das Bergdörfchen **Imbros**. Beide haben sich mit Minimärkten und Tavernen auf die Abfütterung der Wanderer eingestellt. Im Ort Imbros gibt es kein Nachtlager. Der gut ausgeschilderte Eingang zur Schlucht liegt direkt neben der Taverne Porofarango (s. u.) knapp hinter dem Ortsausgang von Imbros an der Straße nach Chora Sfakion. Der Pfad ist kaum zu verfehlen, da er dem Flussbett folgt – an Felsstürzen und Höhlen vorbei. Er endet im Ort Komitades. Von dort kann man die 5 km nach Chora Sfakion gehen oder ein Taxi nehmen (17–20 €).

Am Eingang zur Schlucht liegt die freundliche Familientaverne **Porofarango** (☎ 28250 95450; Hauptgerichte 6–7 €) mit großem Balkon, tollem Panoramablick auf die Schlucht und preiswerter kretischer Küche sowie großzügigen Raki-Portionen. Das Fleisch stammt meist aus eigener Schlachtung; oft gibt es auch Wildziege. Ebenfalls sehr lecker: das Schweinefleisch *tsigariasto.*

Es verkehren täglich drei Busse von Chania nach Chora Sfakion (5,40 €, 2 Std.), die unterwegs am Ort Imbros halten. Die Busse von Chora Sfakion nach Rethymnon legen in Komitades einen Zwischenstopp ein. Um den Bus nach Chania zu erwischen, muss man rund 3 km in Richtung Chora Sfakion bis zur Gabelung mit der Straße Chora Sfakion–Vrisses laufen.

Rethymnon
Ρεθυμνο

INHALT

Rethymnon **131**
Geschichte 131
Orientierung 132
Praktische Informationen 132
Sehenswertes 133
Aktivitäten 135
Geführte Touren 135
Feste & Events 135
Schlafen 135
Essen 136
Unterhaltung 138
Shoppen 138
An- & Weiterreise 139
Unterwegs vor Ort 139
Rund um Rethymnon 139
Argyroupolis 139
Das Hinterland 141
Das Amari-Tal 141
Psiloritis 141
Moni Arkadi 141
Margarites 142
Von Perama nach Anogia 143
Anogia 143
Armeni 145
Spili 146
Die Südküste 146
Plakias 147
Rund um Plakias 149
Agios Pavlos & Triopetra 151
Agia Galini 151
Die Nordküste 153
Panormos 153
Bali 154

Mit Kretas längstem Sandstrand und einem zauberhaften venezianischen Hafenstädtchen als Hauptstadt mangelt es dem Regierungsbezirk Rethymnon nicht an Attraktionen und Besuchern, auch wenn ihm die großen Trümpfe der Nachbarn Chania und Iraklion fehlen. Außerdem gefällt sich Rethymnon in seiner Rolle als kultureller Mittelpunkt der Insel – mit reichhaltiger Musiktradition und historischer Bedeutung zur Renaissancezeit. Seine Nähe zu Chania und Iraklion macht es zum idealen Stützpunkt, um die Hauptsehenswürdigkeiten der Insel zu besuchen und eine üppige Kostprobe von dem zu bekommen, was Kreta zu bieten hat.

Die Stadt Rethymnon gehört mit ihrer gewaltigen Festung und dem Mix venezianischer und türkischer Häuser in ihrem Altstadtlabyrinth zu den architektonischen Highlights der Insel. Am langen Oststrand Richtung Iraklion reiht sich eine große Hotelanlage an die andere. Ein Stück dahinter folgen die freundlichen und kleineren Strandorte Panormos und Bali.

Rethymnon ist Kretas gebirgigster Regierungsbezirk. Im Osten ragt der Psiloritis auf, der höchste Gipfel der Insel, im Westen grenzt der Bezirk an die Levka Ori. Der Psiloritis hat zwei berühmte Höhlen: die Sventoni- und die Ida-Höhle, die angebliche Kinderstube des Zeus.

Im Landesinneren gibt es diverse traditionsreiche Dörfer zu erkunden: Anogia ist für hitzige Temperamente, Topmusiker und gigantische Hochzeiten berühmt, Margarites für seine Töpfertradition. Die meisten Touristen halten auf dem Weg nach Süden in Spili an, um aus den löwenköpfigen venezianischen Wasserspeiern am Dorfplatz zu trinken. Der Sommerhitze wunderbar entfliehen kann man auch an den Quellen von Argyroupolis.

An der Südküste haben die Badeorte Agia Galini und Plakias ihre treue Fangemeinde. Weiter westlich verstecken sich zwischen schroffen Küstenfelsen einige der schönsten naturbelassenen Strände der Insel.

Außerdem besitzt Rethymnon zwei der historisch bedeutsamsten Klöster Kretas – das Moni Arkadi im Norden und das Moni Preveli hoch über dem Libyschen Meer im Süden.

Da der Regierungsbezirk größtenteils aus kahlen Bergen und Hügeln besteht, wird nur ein Drittel der Fläche landwirtschaftlich genutzt.

HIGHLIGHTS

- Streifzug durch die Gässchen von **Rethymnons venezianischem Viertel** (S. 132)
- Abkühlen an den Quellen von **Argyroupolis** (S. 139)
- Relaxen an den unberührten **Südküstenstränden** (S. 149 & 151)
- Bummeln durch die Nordküstenorte **Bali** (S. 154) und **Panormos** (S. 153)
- Besuch im **Kloster Preveli** (S. 149)
- *Mantinades*-Sessions (Reimvorträge) bei Mondschein in **Anogia** (S. 143)

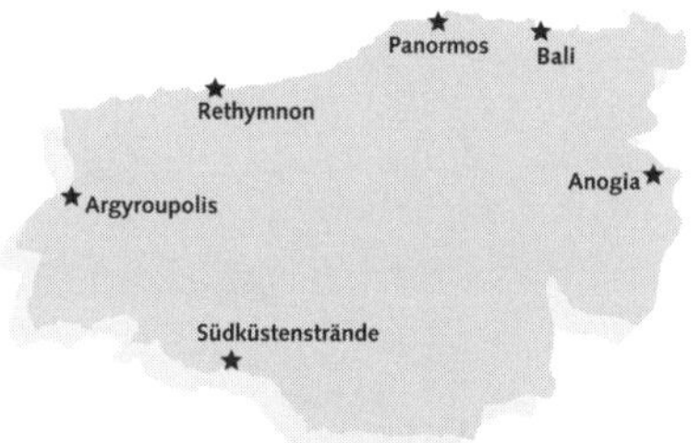

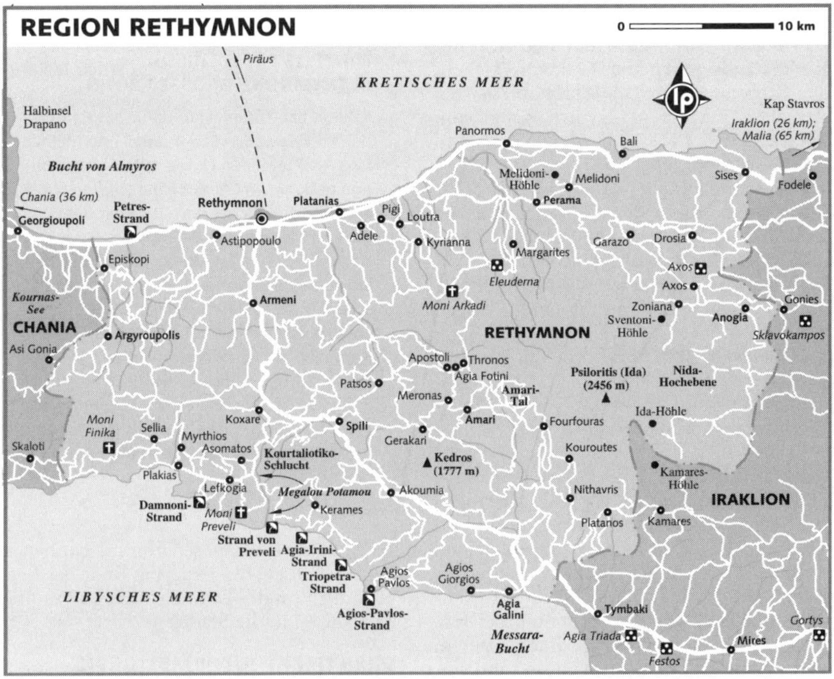

RETHYMNON ΡΕΘΥΜΝΟ

27 868 Einw.

Rethymnon (*reth*-im-non) ist die drittgrößte Stadt der Insel und eine ihrer malerischsten – mit einem bezaubernden Hafen und einer reizvollen venezianisch-osmanischen Altstadt.

Das Altstadtviertel besteht aus einem Gewirr enger Gässchen voller charmanter Häuser mit Holzbalkonen und verschnörkelter venezianischer Monumente. Minarette geben dem Ganzen einen orientalischen Touch. Dabei besitzt Rethymnon trotz aller architektonischer Ähnlichkeiten mit Chania seinen ganz eigenen reizvollen Charakter.

GESCHICHTE

Der Name Rethymnon bedeutet „Wasserstrom". Funde, die heute im Archäologischen Museum der Stadt zu sehen sind, deuten darauf hin, dass das Stadtgebiet seit spätminoischer Zeit besiedelt war. Im 3. und 4. Jh. v. Chr. mauserte sich „Rythymna" zum autonomen Staat, der bedeutend genug war, um eigene Münzen herauszugeben. Das alte Rythymna lag wohl unter dem Palekastro-Hügel, wurde aber nie ausgegraben. Unter der modernen Stadt wurden römische Mosaike aus späterer Zeit gefunden.

Die Stadt florierte erneut unter der Herrschaft der Venezianer von 1210 bis 1645. Sie machten Rethymnon zum wichtigen Handelszentrum, das Wein und Öl der Region exportierte. Damals erlebte die Stadt eine künstlerische Blütezeit und war Sitz eines venezianischen Präfekten. Die Venezianer legten den venezianischen Hafen an und begannen im 16. Jh., die Stadt gegen die wachsende Bedrohung durch die Türken zu befestigen. Sanmichele, der beste militärische Baumeister seiner Zeit, entwarf die mächtigen Außenmauern, von denen nur die Porta Guora übrig ist. Der Pirat Barbarossa ließ sich dadurch aber nicht abhalten, die Stadt 1538 zu plündern.

Als Reaktion darauf errichteten die Venezianer auf dem Hügel die imposante Festung. Genützt hat es wenig: Sie war dem türkischen Angriff 1646 nicht gewachsen und fiel nach 22-tägiger Belagerung. Unter den Türken war Rethymnon wichtiger Verwaltungssitz, aber auch ein Zentrum des Widerstands gegen die Türkenherrschaft. Die Türken straften die Stadt mit harten Vergeltungsaktionen für ihre Rolle beim Aufstand von 1821, doch der Widerstand ließ nicht nach.

Die Türken hielten die Stadt bis 1897. Dann wurde Kreta den Großmächten unterstellt, und Russland übernahm Rethymnon. Nach der Aufnahme zahlreicher Vertriebener aus Smyrna 1923 wurde Rethymnon zu einem künstlerischen und geistigen Zentrum.

Heute ist in Rethymnon ein Teil der Universität von Kreta angesiedelt, deren Studenten auch außerhalb der Tourismussaison für Leben in der Stadt sorgen.

ORIENTIERUNG

Rethymnon ist ziemlich kompakt. Die meisten Sehenswürdigkeiten, Unterkünfte und Tavernen liegen innerhalb eines kleinen zentralen Bereichs am alten venezianischen Hafen. Die Altstadt belegt die kleine Halbinsel nördlich der Dimakopoulou. Diese verläuft von der Platia Vardinogianni im Westen zur Platia Iroon im Osten (und verwandelt sich unterwegs in die Gerakari). Hier sind die stimmungsvollsten Hotels und Lokale versammelt. Banken und Ämter befinden sich weiter südlich am Rand der Neustadt.

Der Strand liegt östlich vom Stadtzentrum, auf der anderen Seite des venezianischen Hafens. Wer von Süden her kommt, betritt die Altstadt am besten durch die Porta Guora. Sie öffnet sich auf die Ethnikis Andistasis, die Hauptstraße des Zentrums von Rethymnon. Die Eleftheriou Venizelou führt im Bogen am Strand entlang. Parallel dahinter verläuft die Arkadiou, die Hauptgeschäftsstraße.

Beide Straßen führen zum Arimondi-Brunnen, dem bekanntesten Wahrzeichen der Altstadt. Um ihn herum wimmelt es nur so von Cafés, Restaurants und Souvenirläden. Im Gewirr der Gassen kann man sich leicht verirren, denn Straßenschilder haben hier Seltenheitswert.

Wer mit dem Bus nach Rethymnon kommt, landet am ungünstig gelegenen Busbahnhof am Westende der Igoumenou Gavriil – ca. 600 m westlich der Porta Guora (der Busbahnhof soll aber bald verlegt werden).

PANTELIS PREVELAKIS – RETHYMNONS GROSSER SOHN

Iraklion hat Kasantzakis, dafür hat Rethymnon Prevelakis. Der Schriftsteller und Dichter Pantelis Prevelakis wurde 1909 in Rethymnon geboren, in *Chronik einer Stadt zeichnet er* ein eindringliches Porträt seiner Geburtsstadt. Eine der bewegendsten Passagen schildert die Aussiedlung der türkischen Einwohner Rethymnons 1923 nach dem gescheiterten griechischen Invasionsversuch in Smyrna (dem heutigen Izmir). Es kam zu Krawallen, als verzweifelte Türken ihre Häuser zerstörten, während griechische Flüchtlinge aus Smyrna schon zum Einzug bereitstanden. Prevelakis ist auch als Dichter und für seine kritischen Schriften über Kasantzakis bekannt.

Die Fähre legt dagegen unmittelbar neben der Altstadt an, die gleich am Ende des Kais beginnt. Von der Schnellstraße gibt es drei Ausfahrten in die Stadt.

PRAKTISCHE INFORMATIONEN

Buchläden

Buchladen Mediterraneo (☎ 28310 23417; Mavrokordatou 2) Führt Reiseführer und internationale Presse.

Ilias Spondidakis' Buchladen (☎ 28310 54307; Souliou 43) Hier gibt's Bücher über Griechenland, griechische Musikkassetten und ein kleines Antiquariat.

Geld

Die meisten Banken befinden sich rund um die Kreuzung Dimokratias und Pavlou Koundouriotou.

Alpha Bank (Pavlou Koundouriotou 29) Mit Geldautomat.

Griechische Nationalbank (Dimokratias) Auf der anderen Platzseite gegenüber vom Rathaus.

Nationale Hypothekenbank (National Mortgage Bank) Gleich neben dem Rathaus, mit Geldautomat.

Gepäckaufbewahrung

KTEL (☎ 28310 22659; Ecke Kefalogiannidon & Igoumenou Gavriil) Die Gepäckaufbewahrung am Busbahnhof kostet 1,50 €/Tag.

Internetzugang

Galero (☎ 28310 54345; Platia Rimini; 3 €/Std.; 🕒 6 Uhr–spät)

Internet Café (☎ 28310 21324; Arkadiou 186; 4,50 €/Std.; 🕒 9–24 Uhr)

Medizinische Versorgung

Krankenhaus Rethymnon (☎ 28210 27491; Triandalydou 17; 🕑 24 Std.)

Notfall

Touristenpolizei (☎ 28310 28156; 🕑 7–22 Uhr) Im gleichen Gebäude wie die städtische Touristeninformation.

Post

Mobiles Postamt (Eleftheriou Venizelou; 🕑 Mai–Sept.) Etwa 200 m südöstlich der Touristeninformation.

Postamt (☎ 28310 22302; Moatsou 21; 🕑 7–19 Uhr)

Reisebüros

Ellotia Tours (☎ 28310 24533; elotia@ret.forthnet.gr; Arkadiou 161; 🕑 März–Nov. 9–21 Uhr) Das hilfreiche Büro verkauft Schiffs- und Flugtickets, vermietet Autos und Motorräder und vermittelt Buchungen für Touren.

Telefon

OTE (☎ 28310 35000; Pavlou Koundouriotou 28)

Toiletten

Das Zentrum von Rethymnon hat eine passable öffentliche Toilette in einer Seitenstraße gleich in der Nähe der Arkadiou.

Touristeninformation

Städtische Touristeninformation (☎ 28310 29148; Eleftheriou Venizelou; 🕑 Mo–Fr 9–14 Uhr) Ausgesprochen praktisch und hilfreich.

Waschsalon

Laundry Mat – Selfservice-Waschsalon (☎ 28310 28316; Tombazi 45) Gleich neben der Jugendherberge. Waschen & Trocknen 8,50 €.

SEHENSWERTES

Dort, wo sich heute Rethymnons **Festung** (Fortezza; ☎ 28310 28101; Palekastro-Hügel; Eintritt 3 €; 🕑 8–20 Uhr) aus dem 16. Jh. erhebt, stand früher einmal die antike Akropolis der Stadt. Von den vielen Bauten im Inneren ihrer mächtigen Mauern sind nur eine Kirche und eine Moschee erhalten. Die Aussicht von den Festungsmauern reicht über die ganze Stadt; im Inneren gibt es jede Mengen Ruinen zu bestaunen. Das Haupttor liegt gegenüber vom Archäologischen Museum an der Ostseite der Festung. Früher gab es zwei weitere Tore an der West- und Nordseite zur Belieferung mit Proviant und Munition.

Das **Archäologische Museum** (☎ 28310 54668; Fortezza; Eintritt 1,50 €; 🕑 Di–So 8.30–15 Uhr) gegenüber vom Festungseingang war einmal ein Gefängnis. Die Ausstellungsstücke sind auf Englisch gut beschriftet: neolithische Werkzeuge, minoische Keramik aus Gräbern der Umgebung, mykenische Figurinen und ein Relief der Aphrodite aus dem 1. Jh. n. Chr. sowie eine bedeutende Münzsammlung.

Außerdem gibt es einige ausgezeichnete Beispiele der Glasbläserei aus klassischer Zeit. Schaukästen skizzieren die Geschichte der archäologischen Grabungen in der Region.

Rethymnons **Historisches & volkskundliches Museum** (☎ 28310 23398; Vernardou 28–30; Eintritt 3 €; 🕑 Mo–Sa 9.30–14 Uhr) gibt einen ausgezeichneten Überblick über das ländliche Leben der Gegend. Zu sehen ist eine Sammlung alter Kleidungsstücke, Körbe, Webarbeiten und landwirtschaftlicher Geräte, deren Sinn und Zweck den Besuchern erst durch die hilfreiche Beschriftung so richtig klar wird.

Auf die vielen venezianischen Überbleibsel in der Altstadt sind die Rethymner mächtig stolz, vor allem auf den **Arimondi-Brunnen** mit seinen Wasser speienden Löwenköpfen und korinthischen Kapitellen. Er wurde 1588 erbaut und 1629 von Rimondi neu errichtet. Ein weiterer Hingucker ist die **Loggia** aus dem 16. Jh. – früher Versammlungshaus des venezianischen Adels, heute Museumsshop mit hochwertigen Repliken.

Am Südende der Ethnikis Andistasis steht die gut erhaltene **Porta Guora** (Großes Tor), ein Reststück der Befestigungsmauern. Das Wahrzeichen Venedigs, der Markuslöwe, der sie vor vielen Jahren krönte, wurde längst ins Archäologische Museum entführt. Rund um die Porta Guora liegt ein Gewirr alter Sträßchen, die zuerst von den Venezianern bebaut und dann von den Türken umgemodelt wurden. Das **Zentrum für byzantinische Kunst** (☎ 28210 50120; Ethnikis Antistaseos) ist ein schönes Beispiel einer restaurierten venezianisch-türkischen Villa. Hier gibt es Ausstellungen, Workshops und ein Terrassencafé mit genialem Blick auf die Altstadt.

Weitere türkische Hinterlassenschaften in der Altstadt sind die **Kara-Mussa-Pascha-Moschee** mit Gewölbebrunnen und die **Moschee tis Nerandses**, die ihr Dasein als Franziskanerkirche begann und 1657 umgebaut wurde. Ihr Minarett stammt aus dem Jahr 1890.

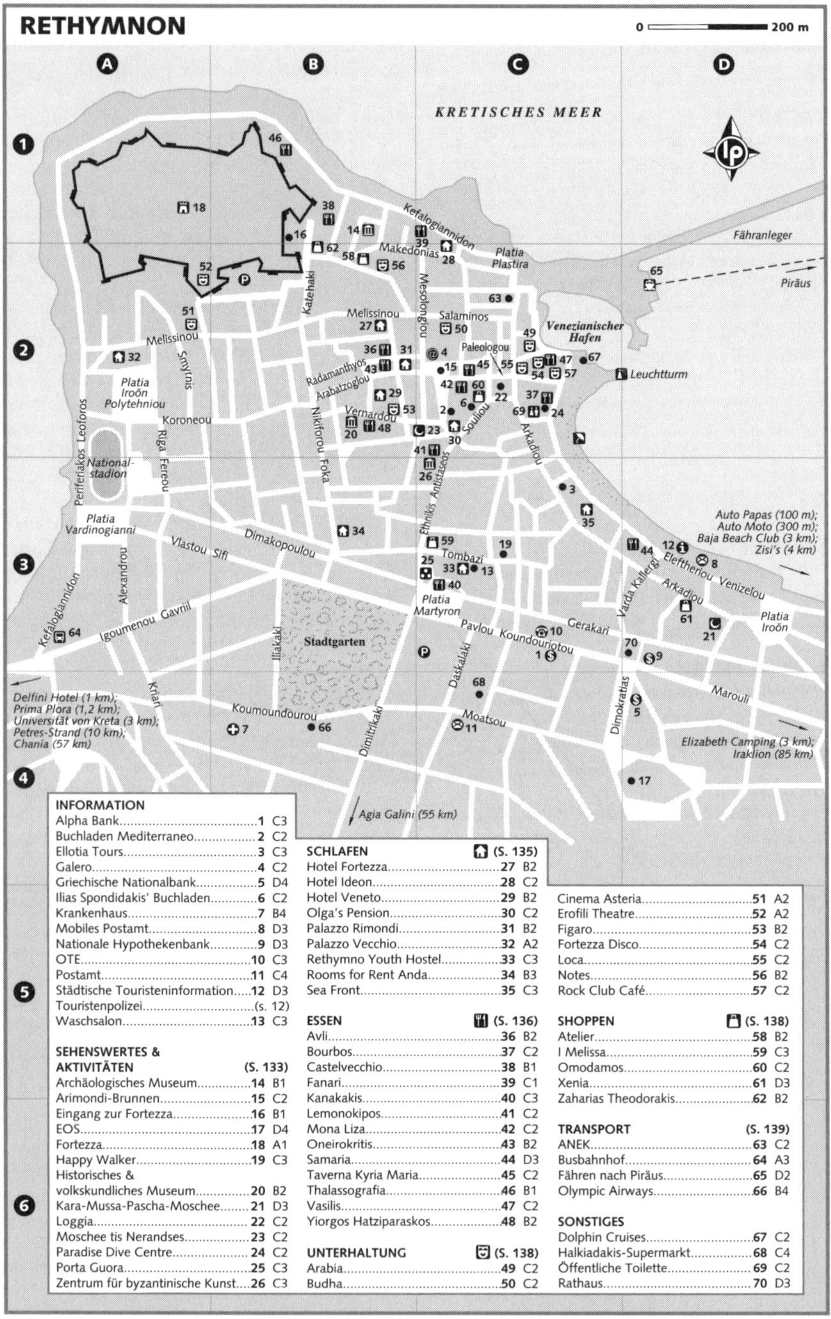

INFORMATION
- Alpha Bank 1 C3
- Buchladen Mediterraneo 2 C2
- Ellotia Tours 3 C3
- Galero 4 C2
- Griechische Nationalbank 5 D4
- Ilias Spondidakis' Buchladen 6 C2
- Krankenhaus 7 B4
- Mobiles Postamt 8 D3
- Nationale Hypothekenbank 9 D3
- OTE 10 C3
- Postamt 11 C4
- Städtische Touristeninformation 12 D3
- Touristenpolizei .... (s. 12)
- Waschsalon 13 C3

SEHENSWERTES & AKTIVITÄTEN (S. 133)
- Archäologisches Museum 14 B1
- Arimondi-Brunnen 15 C2
- Eingang zur Fortezza 16 B1
- EOS 17 D4
- Fortezza 18 A1
- Happy Walker 19 C3
- Historisches & volkskundliches Museum 20 B2
- Kara-Mussa-Pascha-Moschee 21 D3
- Loggia 22 C2
- Moschee tis Nerandses 23 C2
- Paradise Dive Centre 24 C2
- Porta Guora 25 C3
- Zentrum für byzantinische Kunst 26 C3

SCHLAFEN (S. 135)
- Hotel Fortezza 27 B2
- Hotel Ideon 28 C2
- Hotel Veneto 29 B2
- Olga's Pension 30 C2
- Palazzo Rimondi 31 B2
- Palazzo Vecchio 32 A2
- Rethymno Youth Hostel 33 C3
- Rooms for Rent Anda 34 B3
- Sea Front 35 C3

ESSEN (S. 136)
- Avli 36 B2
- Bourbos 37 C2
- Castelvecchio 38 B1
- Fanari 39 C1
- Kanakakis 40 C3
- Lemonokipos 41 C2
- Mona Liza 42 C2
- Oneirokritis 43 B2
- Samaria 44 D3
- Taverna Kyria Maria 45 C2
- Thalassografia 46 B1
- Vasilis 47 C2
- Yiorgos Hatziparaskos 48 B2

UNTERHALTUNG (S. 138)
- Arabia 49 C2
- Budha 50 C2
- Cinema Asteria 51 A2
- Erofili Theatre 52 A2
- Figaro 53 B2
- Fortezza Disco 54 C2
- Loca 55 C2
- Notes 56 B2
- Rock Club Café 57 C2

SHOPPEN (S. 138)
- Atelier 58 B2
- I Melissa 59 C3
- Omodamos 60 C2
- Xenia 61 D3
- Zaharias Theodorakis 62 B2

TRANSPORT (S. 139)
- ANEK 63 C2
- Busbahnhof 64 A3
- Fähren nach Piräus 65 D2
- Olympic Airways 66 B4

SONSTIGES
- Dolphin Cruises 67 C2
- Halkiadakis-Supermarkt 68 C4
- Öffentliche Toilette 69 C2
- Rathaus 70 D3

Gleich südlich der Altstadt liegt der schöne **Stadtgarten** – der perfekte Ort, um sich von Hitze und Menschenmassen zu erholen.

AKTIVITÄTEN

Trekking

Rethymnons Sektion des **Ellinikos Orivatikos Syllogos** (EOS – Griechischer Bergsteigerverein; ☎ 28310 57766; http://rethymnon.com/clients/mountain/bindexgr.html; Dimokratias 12) gibt nützliche Ratschläge zum Bergsteigen in der Region.

The Happy Walker (☎/Fax 28310 52920; www.happywalker.com; Tombazi 56) bietet diverse Wanderungen durch die Region an. Die meisten starten frühmorgens und enden mit einem Mittagessen. Sie kosten ab 25 € aufwärts. Für eingefleischte Wanderfreaks organisiert das Unternehmen auch komplette Wanderurlaube.

Tauchen

Paradise Dive Centre (☎ 28310 26317; pdcr@otenet.gr; Eleftheriou Venizelou 57) hat Tauchausflüge und PADI-Kurse für Taucher aller Leistungsstufen im Programm. Ausgangspunkt ist meist der nahe Petres-Strand. Erfahrene Taucher können vom Boot (32 €) oder Ufer (25 €) auf Tauchstation gehen. Tauchgänge für Anfänger kosten 65 €, Schnorchelausflüge 36 €. Wer mit dem eigenen Fahrzeug anrückt, bekommt 5 € Rabatt.

GEFÜHRTE TOUREN

Rethymnon ist für Schiffsausflüge günstig gelegen. An der Hafenpromenade bieten mehrere Veranstalter Schiffstouren an.

Dolphin Cruises (☎ 28310 57666) veranstaltet dreistündige Piratenschiffstouren zu Höhlen der näheren Umgebung und nach Panormos (Erwachsene/Kinder unter zwölf Jahren 20/10 €), Tagesausflüge zum Marathi-Strand samt Mittagessen (34/17 €) und Speedboattrips.

FESTE & EVENTS

Rethymnons wichtigstes Kulturevent ist das alljährliche **Renaissancefestival** (☎ 28310 51199; www.cultureguide.gr) von Juli bis September. Die meisten Veranstaltungen finden im Erofili-Theater der Fortezza statt; präsentiert werden Auftritte der führenden Theatertruppen Griechenlands sowie Tanz, Musik und andere Shows aus ganz Europa. Das Festival dreht sich um die kretische und europäische Renaissance, sodass hier mit allem zu rechnen ist: von Shakespeare über Molière bis zu kretischen Stückeschreibern. Eintrittskarten gibt's im Rathaus oder eine Stunde vor Veranstaltungsbeginn im Theater.

In den meisten Jahren findet Mitte Juli ein **Weinfest** im Stadtgarten statt – die optimale Gelegenheit, lokale Weine und Spezialitäten zu probieren. Auskünfte hierzu gibt die Touristeninformation.

SCHLAFEN

Rethymnon hat für jeden das richtige Nachtlager. Viele Hotels sind ganzjährig geöffnet. Am Strand östlich der Stadt ist alles mit größeren Hotelanlagen zugepflastert, die Stadt selbst bietet dafür eine Menge wunderschön restaurierter Villen und charmanter Pensionen.

Budgetunterkünfte

Sea Front (☎ 28310 51981; www.forthnet.gr/elotia; Arkadiou 159; EZ/DZ 30/35 €; ❄) Äußerst sympathische Pension mit sechs frisch-fröhlichen Studios samt Meerblick und Deckenventilator. Ungestörte Nachtruhe ist hier allerdings nicht garantiert.

Olga's Pension (☎ 28310 28665; Souliou 57; EZ/DZ 25/35 €; ❄) Olgas freundliche Pension versteckt sich an der touristischen, aber sehr farbigen Souliou. Kurios verschachtelte Terrassen, alle voller mit Blumen und Grünpflanzen, säumen eine Anzahl schlichter, aber farbenfroher Räume – manche davon mit, andere ohne Bad und Meerblick. Die meisten haben Kühlschrank, TV, Ventilator und einfache Badezimmer.

Rooms for Rent Anda (☎ 28310 23479; Nikiforou Foka 33; DZ/3BZ 30/40 €; ❄) Für Reisende mit Kindern bestens geeignet: Von hier ist man zu Fuß rasch im Stadtgarten. Die hübsch eingerichteten Zimmer bieten außer eigenem Bad keinen besondere Ausstattung. Einige haben Klimaanlage.

Rethymno Youth Hostel (☎ 28310 22848; www.yhrethymno.com; Tombazi 41; B 8 €) Warme Duschen sind in dieser freundlichen, gut geführten Jugendherberge im Preis enthalten. Frühstück (2 €) und abendliche Bar gibt es auch, und die Gäste können so spät heimkommen, wie sie wollen. Die Herberge ist ganzjährig geöffnet.

Elizabeth Camping (☎ 28310 28694; Erwachsener/Zelt 6,50/4,35 €) Der nächste Campingplatz liegt in der Nähe des Mysiria-Strands, 3 km östlich von Rethymnon. Zum Angebot gehören Taverne, Snackbar, Minimarkt, Gemeinschaftskühlschrank, gekühltes Trinkwasser, kostenlose Strandschirme und Sonnenliegen und einmal in der Woche ein großes Strandbarbecue. Der Bus nach Iraklion hält auf Wunsch vor der Tür.

Mittelklassehotels

Hotel Fortezza (☎ 28310 55551; www.fortezza.gr; Melissinou 16; EZ/DZ mit Frühstück 57/69 €; ❄ P 🏊) Eine Oase der Ruhe in einer betriebsamen Gegend. Die geschmackvoll eingerichteten Zimmer in einem sanierten Altbau im Herzen der Altstadt bieten TV, Telefon und auf Wunsch auch Klimaanlage. Nach einem ausgiebigen Streifzug durch die Stadt lädt der Pool zum Relaxen ein.

Hotel Ideon (☎ 28310 28667; ideon@otenet.gr; Plastira 10; EZ/DZ 55/78 €, Studio/Suite mit Frühstück 92/108 €; 🏊) Die zentral gelegene, elegante Unterkunft gehört zu den ältesten Hotels der Stadt und umfasst zwei restaurierte Altbauten und einen modernen Flügel. Die Zimmer sind hübsch eingerichtet und gut ausgestattet, es gibt Balkone mit Meerblick. Der Pool im Hof erspart den Weg zum Stadtstrand.

Hotel Veneto (☎ 28310 56634; www.veneto.gr; Epimenidou 4; Studio/Suite mit Frühstück 100/120 €; ❄) Der älteste Teil des Hotels stammt aus dem 14. Jh. Viele traditionelle Elemente wurden erhalten, auf modernen Komfort muss dennoch niemand verzichten: Die attraktiven Zimmer mit polierten Holzböden und -decken haben Klimaanlage, Satelliten-TV, Telefon, Safe und Kochnischen. Außerhalb der Hochsaison sinken die Preise erheblich.

Delfini Hotel (☎ 28310 35245; www.delfinibeach.gr; Stamathioudaki 89; Suite mit Frühstück 80 €; ❄ 🏊) Wer in einem urigen Altbau gleich am Strand wohnen will, ist mit diesem wunderschön restaurierten Bruchsteinbau aus dem 19. Jh. am westlichen Strandende gut bedient. Das Hotel 15 Fußminuten von der Altstadt hat wunderschöne Maisonettestudios und das renommierte Pastopoiion-Restaurant am Strand.

Palazzo Rimondi (☎ 28310 51289; Fax 28310 51013; Xanthoulidou 21 & Trikoupi 16; Suite 80–110 €; ❄) Jedes der bezaubernden Studios mitten in der Altstadt ist individuell eingerichtet und mit Kochnische ausgestattet. Ein großes kontinentales Frühstück ist im Übernachtungspreis enthalten.

SÜSSE VERLOCKUNGEN

Als einer der letzten traditionellen Filomeister in ganz Griechenland ist **Yiorgos Hatziparaskos** (☎ 28310 29488; Vernardou 30) überaus geschickt in der Technik, diesen superdünnen Teig von Hand herzustellen. Dazu wird der Teig geknetet, dann zu einer Riesenblase geworfen und über einen großen Tisch gedehnt. Seine Frau Katerina lädt die Passanten ein, sich das Schauspiel anzusehen und die unvergleichlich leckeren *baklava* und *kataifi* zu probieren.

Das **Mona Liza** (☎ 28310 23082; Paleologou 36), eine Patisserie gleich um die Ecke von der Loggia, ist das Reich von Nikos Skartsilakis, der für seine „crema" – Eiscreme aus Schafsmilch – ebenso berühmt ist wie für seine phantastischen Süßspeisen. Unbedingt probieren: *galaktoboureko* (Teigtaschen mit Cremefüllung), die Walnusstorte oder *vrachaki* – Schokolade mit Mandeln.

Und dann sind da noch die *loukoumades*, krapfenähnliche Kreationen mit Honig und Zimt, die **Kanekakis** (Plateia Martyron) am Hauptplatz gleich außerhalb der Porta Guora perfektioniert hat.

Spitzenklassehotels

Palazzo Vecchio (☎ 28310 35352; Fax 28310 25479; www.palazzovecchio.gr; Platia Iroon Polytehniou & Melissinou; Studio/Apt. mit Frühstück 121/140 €; ❄ 🏊) Kleines, exklusives „Boutiquehotel" in ruhiger Umgebung in der Nähe der Fortezza. Das Frühstück wird am Pool serviert.

Palazzini di Corina (☎ 28310 21205; www.corina.gr; Damvergi 9; EZ/DZ mit Frühstück 170/212 €, Suite mit Frühstück 255–306 €; ❄ 🏊) Die fürstliche venezianische Villa in direkter Hafenlage gehört zu den edelsten Einzelhotels der Stadt. Sie ist wunderschön restauriert – mit unverputzten Steinwänden, gewölbten Holzbalkendecken und einem charmanten Innenhof mit Mosaikboden. Die erlesene Einrichtung besteht aus antiken Möbeln.

ESSEN

Die Hafenpromenade Eleftheriou Venizelou ist voller austauschbarer Touristenrestaurants mit wortgewaltigen Kundenfängern. Rund um den venezianischen Hafen sieht es nicht viel anders aus, nur dass hier das Ambiente besser ist und die Preise höher sind. Dabei besitzt Rethymnon einige hervorragende Restaurants. Die besten Lokale verstecken sich im Labyrinth der Seitensträßchen landeinwärts vom Hafen. Für einige lohnt sich auch ein Abstecher in die Gebiete jenseits des Touristenbezirks.

Günstig

Taverna Kyria Maria (☎ 28310 29078; Moshovitou 20; kretische Gerichte 2,40–6,50 €) Authentische Atmosphäre in einer traditionellen Taverne gibt's ein Stück landeinwärts bei Kyria Maria hinter dem Arimondi-Brunnen. Das Essen wird draußen unter einer üppig belaubten Pergola serviert, und zum Abschluss winkt ein Gratisdessert mit einem Schluck Raki.

Zisi's (☎ 28310 28814; alte Straße Rethymnon-Iraklion, Mysiria; Grillgerichte 4–6 €) Dieses Lokal mit billiger und guter kretischer Küche wird von den Einheimischen heiß empfohlen – ganz besonders das Fleisch vom Holzkohlegrill. Es liegt etwas außerhalb der Stadt zwischen den Strandhotels (auf der rechten Seite gleich vor dem Creta Palace), ist den Fußweg aber absolut wert. Dessert und Raki gehen aufs Haus.

Samaria (☎ 28310 24681; Eleftheriou Venizelou) Von den Tavernen an der Hafenpromenade ist dies eine der wenigen, wo man auch einheimische Familien essen sieht. Große Auswahl an *mayirefta* (Ofen- und Schmortopfgerichten), die Suppen und Grillgerichte sind prima, Obst und Raki gibt's umsonst.

Mittelteuer

Oneirokritis (☎ 28310 58440; Radamanthyos 16; Hauptgerichte 4–7 €) Innovative Speisekarte, klasse Interieur und Tische im Freien an einer der hübschesten Straßen der Altstadt. Der Salat des Hauses wird mit Avocado zubereitet; für Vegetarier gibt es getrocknete Tomaten und gebackene Auberginen.

Thalassografia (☎ 28310 52569; Kefalogiannidon 33; Mezedes 2–8 €) Das ausgezeichnete *mezedopoleio* ist der ideale Platz, um zum Sonnenuntergang ein paar leckere kretische *mezedes* oder gehaltvollere Gerichte zu genießen. Die Lage ist atemberaubend – mit Blick aufs Meer und die imposante Fortezza –, die Bedienung freundlich.

Bourbos (☎ 28310 52214; Eleftheriou Venizelou 75; Mezedes 2,70–4,50 €) An dieser kleinen *ouzeri* am Hafen läuft man leicht vorbei, dabei ist sie eine wahre Perle inmitten des Rummels der Strandpromenade. Ihre erstklassigen *mezedes* kommen in geschmackvollem Tongeschirr auf den Tisch. Nichts ist vorgekocht, und es gibt wechselnde Tagesgerichte aus dem Tontopf. Sehr lecker sind das geniale Pilz-*saganaki* und würzige, in Teig frittierte rote Paprika.

Fanari (☎ 28310 54849; Kefalogiannidon 15; Mezedes 2,50–4,90 €) Einladende Ufertaverne westlich des venezianischen Hafens mit guten *mezedes*, Frischfisch und kretischer Küche. Ausgezeichnet sind *bekri meze* (Schweinefleisch mit Wein und Paprika) und die hiesige Spezialität *apakia* (geräuchertes Schweinefleisch). Auch der Wein aus eigener Herstellung ist nicht zu verachten.

Castelvecchio (☎ 28310 50886; Himaras 29; Grillgerichte 6–10,30 €) Der freundliche Valantis sorgt dafür, dass sich seine Gäste auf der Gartenterrasse dieser Familientaverne am Rand der Fortezza wie zu Hause fühlen. Tipp: Lamm aus dem Ofen, *kleftiko*, oder die hauseigene *mousaka*-Variante mit Joghurt.

Lemonokipos (☎ 28310 57087; Ethnikis Antistaseos 100; Hauptgerichte 5,50–8 €) Die angesehene Taverne in der Altstadt serviert in ihrem lauschigen Hof unter Zitronenbäumen gute kretische Kost – u. a. eine schöne Auswahl vegetarischer Gerichte und jede Menge leckere Vorspeisen.

Teuer

Avli (☎ 28310 26213; www.avli.com; cnr Xanthoudidou 22 & Radamanthyos; Hauptgerichte 11–16 €). Die einstige venezianische Villa ist genau das Richtige für einen romantischen Abend oder zumindest für ein Mahl mit einem Maximum an Atmosphäre. Das spitzenmäßige Essen kann draußen im idyllischen Garten inmitten kunstvoller Dekoration eingenommen werden. Die Weinstube im alten Stall nebenan kredenzt über dreihundert griechische Weine.

Prima Plora (☎ 28310 24925; Akrotiriou 2; Meeresfrüchte-Meze 5,50–16 €) Das atemberaubend moderne Restaurant am aufstrebenden Strandabschnitt auf der Westseite der Stadt ist den Weg unbedingt wert. Drinnen ist alles weiß und hell; draußen sitzt man gleich am Wasser neben einer alten venezianischen Wasserpumpe. Vom coolen Dekor einmal abgesehen, zaubert Chefkoch Michalis hier raffinierte Meeresfrüchtegerichte wie Garnelen mit Ouzo auf Reis und einen tollen gemischten Salat mit Rucola, Wildkräutern und Pistazien.

Vasilis (☎ 28310 22967; Nearhou 10; Fisch 45 € pro kg) Die verlockende Fischauslage im Schaukasten ist keine bloße Schau, sondern feinste Qualität. Für einheimische Kenner ist dies die beste der Fischtavernen am Hafen. Gut bedient ist man auch mit den Fisch-*mezedes* oder der *kakavia* (einer Art kretische Bouillabaisse).

UNTERHALTUNG

Bars & Diskos

Die Bars und Cafés an der El Venizelou füllen sich an den Sommerabenden mit Touristen, die ganz offensichtlich zu viel Sonne abbekommen haben und sich an ihren Tropendrinks festhalten.

Lebhafter geht es im Getummel der Bars, Musikclubs und Diskos rund um die Nearhou am venezianischen Hafen und in den Uferbars in der Nähe des Platia Plastira zu, die bei der einheimischen Jugend angesagt sind.

Die trendigen neuen Loungebars sind meist teurer und eher ein ziemlich lauter Ort für einen Drink als ernstzunehmende Partylocation. Um richtig abzufeiern, muss man entweder die echten Clubs ansteuern oder bis spätnachts durchhalten.

Fortezza Disco (Nearhou 20; 🕑 23 Uhr–Sonnenaufgang) Die Paradedisko der Stadt: groß und protzig mit drei Bars, Lasershow und aufgestyltem internationalem Publikum, das so ab Mitternacht eintrudelt.

Rock Club Cafe (☎ 28310 31047; Petihaki 8; 🕑 21 Uhr–Sonnenaufgang) Das RCC gehört schon eine ganze Weile zu Rethymnons In-Läden und ist immer noch angesagt. Es füllt sich Nacht für Nacht mit jungen Karrieremenschen und Touristen.

Notes (☎ 28310 29785; Himaras 27; 🕑 22 Uhr–spät) Betreiber der kleinen klassischen Bar mit polierter Holztheke ist ein Musiker und Kunstförderer mit einer ausgezeichneten Sammlung griechischer Musik.

Figaro (☎ 28310 29431; Vernardou 21; ☎ 12 Uhr–spät) Stimmungsvolle, ganztägig geöffnete „Kunst und Musik"-Bar in einem genial restaurierten Altbau. Hier findet sich ein eher gesetztes Publikum zu Drinks und Snacks ein. Gute Musikauswahl.

Baja Beach Club (☎ 28310 20333; Platanias) An der alten Hauptstraße östlich der Stadt liegt diese wohl größte Strandbar der Insel, in der Tag und Nacht die Party abgeht. Tagsüber wimmelt es hier von Menschen jeder Altersstufe, die sich am Strand und am riesigen Pool vergnügen.

Von den Clubs rund um den venezianischen Hafen waren die angesagtesten zur Zeit der Recherche **Arabia** (☎ 28310 20375; Nearhou 26) und **Loca** (Nearhou 24), die den Sommer über Mainstreammusik für die Touris auflegen, sowie **Budha** (Salaminos 30), ein riesengroßer Tanzschuppen in einem alten Kino.

Kinos

Cinema Asteria (☎ 28310 22830; Melissinou 21; Tickets 6 €; 🕑 21 Uhr) Kleines Openairkino, das aktuelle Filme mit einiger Verzögerung bringt.

SHOPPEN

Rethymnons Einkaufsviertel ist relativ kompakt. Die dortigen Läden verkauft alles von Souvenirs bis zu kostbarem Schmuck. An der Uferpromenade liegen hauptsächlich Souvenirläden, während auf der Arkadiou alle möglichen Trendartikel besserer Qualität zu ergattern sind. Die Souliou ist mit Läden jeder Art voll gestopft; es macht einfach Spaß, hier durchzuschlendern. Nicht verpassen: Der Donnerstagsmarkt auf der Dimitrakaki bietet frische Lebensmittel, Klamotten und allen möglichen Krimskrams.

Omodamos (☎ 28310 58763; www.omodamos.com; Souliou 3) Die Keramikarbeiten in diesem Geschäft sind Originalentwürfe von führenden Keramikern aus ganz Griechenland. Besonders interessant sind die ausgefallenen Steingutpuppen von Vangelis Patseas.

Xenia (☎ 28310 27411; Arkadiou 32) In der kretischen Sommerhitze fällt es schwer, über Lederklamotten nachzudenken, aber hier gibt es butterweiches Velours- und Glattleder in Form eleganter Damenkostüme, Jacken und Mäntel.

Zaharias Theodorakis (☎ 28310 22738; Katehaki 4) Zaharias Theodorakis produziert auf der Drehbank seiner kleinen Werkstatt Schalen und Becher aus Onyx.

I Melissa (☎ 28310 29601; Ethnikis Andistasis 23) Außer handgemalten Ikonen verkauft Melissa auch Kerzen, Räucherstäbchen, Öllampen und andere Duftstoffe.

Atelier (☎ 28310 24440; Himaras 27) Frosso Boras Töpferwerkstatt bietet neben einer großen Auswahl eigener Keramikkreationen auch Ikonen an. Über der Töpferei gibt es günstige Zimmer zu mieten.

AN- & WEITERREISE

Fähre

ANEK (☎ 28310 29221; www.anek.gr; Arkadiou 250) betreibt eine tägliche Fährverbindung zwischen Rethymnon und Piräus (24 €, 9 Std.). Abfahrtzeit in Rethymnon und Piräus ist 20 Uhr.

Bus

Vom **Busbahnhof** (☎ 28310 22212; Igoumenou Gavriil) verkehren regelmäßig Busse nach Chania (5,55 €, 1 Std.) und Iraklion (5,90 €, 1½ Std.). Sie fahren im Sommer halbstündlich und im Winter stündlich. Außerdem gibt es im Sommer täglich acht Busse nach Plakias (3,30 €, 1 Std.), vier nach Agia Galini (4,40 €, 1½ Std.), drei zum Moni Arkadi (2 €, 40 Min.), einen nach Omalos (10,20 €, 2 Std.) und zwei nach Preveli (3,30 €). Der morgendliche Bus nach Plakias fährt bis nach Chora Sfakion durch (6,30 €, 2 Std.). Außerhalb der Saison werden die Verbindungen zu diesen Zielen stark eingeschränkt.

UNTERWEGS VOR ORT

Auto Pappas (☎ 28310 58324; Sofoklis Venizelou 21) vermietet Autos zu annehmbaren Preisen.

Auto Motor Sports (☎ 28310 24858; www.automotosport.com.gr; Sofoklis Venizelou 48) hat außer Autos auch dreihundert Motorräder im Verleih – von Mopeds und 50-Kubik-Maschinchen bis zur 1200er Harley.

RUND UM RETHYMNON

Die Dörfer im Umland von Rethymnon sind schöne Ziele für Motorroller- oder Motorradtouren. Die Hügel sind nicht zu steil, die Straßen nicht zu verkehrsreich, und die Landschaft ist hübsch grün. Einige Dörfer im Südwesten Rethymnons eignen sich perfekt für einen Nachmittagsausflug.

Das Dorf **Atsipopoulo**, knapp westlich von Rethymnon, ist schon für seine berühmten *souvlaki* aus Frischfleisch der Region einen Besuch wert – einfach die vollste Taverne am Dorfplatz ansteuern.

Episkopi, 23 km westlich von Rethymnon, ist ein hübscher, traditioneller Ort mit gewundenen Sträßchen, winzigen Häusern und Blick ins Tal. In Argyroupolis locken die wunderbar kühlen Quellen und Wasserfälle, während das bezaubernde Dörfchen **Asi Gonia** Besuchern Einblicke in das traditionelle kretische Leben bietet. Jedes Jahr um den Georgstag (23. April) findet in Asi Gonia ein Viehzüchterfest statt, bei dem sich Tausende von Schafen und Ziegen rund um die Kirche drängen. Nach der Messe wird die Herde gemolken und die Milch an die Besucher verteilt. Das Fest geht bis in die Abendstunden.

ARGYROUPOLIS ΑΡΓΥΡΟΎΠΟΛΗ

402 Ew.

Wenn die Sommerhitze am Strand zu heftig wird, findet man in Argyroupolis, 25 km südwestlich von Rethymnon, eine Art natürliche Klimaanlage im Freien. Am unteren Ende des Dorfs liegt eine Oase, gebildet von Bergquellen, die die Temperatur deutlich niedriger halten als an der Küste. Das sprudelnde Quellwasser strömt durch Aquädukte, fließt an Wänden herab, sickert aus Steinen, rinnt aus Wasserhähnen und versorgt die gesamte Stadt Rethymnon.

Gewaltige Kastanienbäume, Platanen und üppiges Grün schaffen einen schattigen, erholsamen Rastplatz für ein Mittagessen zwischen Wasserfällen und Brunnen, die in sämtliche Tavernen integriert wurden.

Argyroupolis steht auf den Ruinen der antiken Stadt Lappa, und so gibt es im Dorf und rundherum eine Menge zu sehen. Die Dorfbewohner führen ein traditionelles Leben und scheren sich nicht groß um den Tourismus, sind aber stolz auf ihr historisches Erbe und führen Besucher gern herum.

Praktische Informationen

Postamt, OTE, Touristeninformation oder Reisebüro sind hier Fehlanzeige. Dafür versorgt der findige Stelios Marousakas im **Lappa-Avocado-Laden** (☎ 28310 81070), in direkter Nähe des Dorfplatzes, Besucher mit Informationen und Ortsplänen. Wer will, kann sich dabei auch gleich mit seinen hervorragenden Avocadocremes und -seifen eindecken, die aus der Ernte der familieneigenen Avocadoplantage hergestellt und bis nach Athen und Frankreich exportiert werden.

Sehenswertes

Den Dorfplatz prägt die venezianische **Kirche des Agios Ioannis** aus dem 17. Jh. An der Hauptstraße gibt es ein kurioses privates

RETHYMNON

ABSTECHER: ADELE

Einen Einblick in das historische und moderne Landleben gibt **Agreco** (☎ 28310 72129; www.grecotel.gr; Eintritt frei; telefonische Anmeldung ist erwünscht), die Rekonstruktion eines Bauernhofs aus dem 17. Jh. mit Minidorf auf einem Landgut beim Dorf Adele, ca. 13 km von Rethymnon. Der aktiv bewirtschaftete Bauernhof gehört der Familie Daskalantonakis, die auch die Hotelkette Grecotel leitet, und ist ein Musterbeispiel für biologische, umweltfreundliche traditionelle Methoden der Landwirtschaft. Er arbeitet mit modernen Geräten und alten Maschinen wie einer mit Eselskraft betriebenen Olivenpresse, einer Wassermühle und einer Weinpresse. Wer mag, kann bei den verschiedenen Aktivitäten zugucken – etwa bei der Herstellung von Käse, Brot, Raki und Wein – und durch Viehhof und Garten spazieren. Zum *kafenion* (Kaffeehaus) gehört ein Laden, der traditionelle Produkte vom Bauernhof und aus der Region verkauft. Zum Abschluss am besten ein Mahl in der ausgezeichneten Taverne mit Blick auf den Weingarten einnehmen, die unverfälschte kretische Kost aus den Produkten des Bauernhofs auftischt.

Dorfmuseum über einem Minimarkt, der von der benachbarten Zografakis-Familie betrieben wird (s. u. Schlafen & Essen). Die dynamische Kyria Eleftheria hat über 40 Jahre eine kunterbunte Sammlung von Familienerbstücken und historischen Gegenständen aus den umliegenden Dörfern zusammengetragen, u. a. ein altes Flintfeuerzeug und ein ledernes Hufeisen-Reparaturset. Falls das Museum geschlossen ist, findet sich in der Taverne oder im Laden sicher jemand, der eine Privatführung veranstaltet.

Der alten Ortsteil beginnt hinter dem Steinbogen gegenüber der Kirche mit dem Lappa-Avocado-Laden zur Linken. Zwischen den venezianischen und türkischen Bauten sind noch einige Überbleibsel aus der Römerzeit zu sehen.

Die gepflasterte Hauptstraße führt an einem **Römertor** auf der linken Seite vorbei, das die Inschrift „Omnia Mundi Fumus et Umbra" trägt („Alle Dinge dieser Welt sind Rauch und Schatten"). Ein paar Meter weiter führt eine enge Gasse nach rechts zu einem **marmornen Wasserreservoir** aus dem 3. Jh. v. Chr. mit sieben Innenbogen.

Weiter die Hauptstraße hinunter gibt es linkerhand ein **römisches Bodenmosaik** aus dem 1. Jh. v. Chr. zu sehen. Das gut erhaltene Mosaik aus siebentausend Teilen in sechs Farben ist ein gutes Beispiel für den Stil der geometrischen Epoche.

Mehrere beschilderte Straßen führen zu den Tavernen, die sich um die Wasserfälle unterhalb des Orts drängen. Am besten besorgt man sich beim Lappa Avocado einen Ortsplan. Vom unteren Ortsende gibt es einen Fußweg zu einem **römischen Bad** und einer wassergetriebenen **Walkmaschine**. Mit ihr wurde Stoff angefeuchtet und geknetet und dadurch verfestigt. In der Nähe steht eine **Marienkirche** auf den Resten eines Neptuntempels.

Nördlich des Orts führt ein Fußweg nach rechts zu einer ca. 50 m entfernten **römischen Nekropole** mit Hunderten von Felsgräbern. Von dort geht der schattige Weg weiter zu einer **Platane**, die zweitausend Jahre alt sein soll und so riesig ist, dass der Weg geradewegs durch sie hindurchläuft.

Schlafen & Essen

Lappa Apartments (☎ 28310 81204; DZ 20–25 €; ⛶) Die gemütlichen neuen Apartments rund um einen Innenhof mit hübschem Garten bieten einen herrlichen Blick auf die Berge. Sie sind komplett ausgestattet – mit großem Kühlschrank und brauchbarem Bad. Grilleinrichtungen gibt es auch: Alles in allem ein ideales Quartier für längere Aufenthalte oder Familien.

Mikedakis (☎ 28310 81225; Zi. 20 €) Sympathische, halb hinter Bäumen und blühenden Sträuchern versteckte Herberge. Von den Balkonen eröffnen sich spektakuläre Aussichten auf die Umgebung.

Im Ort tischt die Taverne **Zografakis** (☎ 28310 81269) traditionelle Hausmannskost auf. Außerdem vermietet die Familie anständige, saubere und billige Zimmer im Obergeschoss und lässt Gäste, die länger bleiben, gern ihren Bauernhof und ihre Obstgärten besichtigen.

Die Tavernen an den Quellen sind etwas touristisch und überteuert, aber sonst kann man hier nicht viel falsch machen. Gleich neben der drolligen kleinen Kapelle in einer

Grotte, nach der sie benannt ist, serviert die Taverne **Agia Dynamis** (☎ 28310 81210; Grillgerichte 6,50 €) anständiges kretisches Essen, auch wenn der Hauswein ein bisschen kratzig war. Ein Stück weiter liegt linkerhand **Athivoles** (☎ 28310 81101; Forelle 20 € pro kg) mit spitzenmäßiger frischer Forelle, Fleisch aus der Umgebung und guter kretischer Küche.

An- & Weiterreise

Montags bis freitags fahren drei Busse von Rethymnon nach Argyroupolis (2,30 €, 40 Min.).

DAS HINTERLAND

DAS AMARI-TAL ΚΟΙΛΆΔΑ ΑΜΑΡΊΟΥ

Um das Amari-Tal zu erkunden, das südöstlich von Rethymnon zwischen dem Psiloritis und dem Kedros liegt, braucht man einen fahrbaren Untersatz. Die Region beherbergt rund vierzig wasserreiche, urwüchsige Dörfchen, die sich zwischen Olivenhainen, Mandel- und Kirschbäumen in die Landschaft schmiegen, und jede Menge schöne byzantinische Kirchen. Das Tal beginnt beim malerischen Dorf **Apostoli**, 25 km südöstlich von Rethymnon. Dorthin führt eine spektakuläre Strecke durch eine wilde, einsame Schlucht mit steilen Felswänden. Die Straße nach Apostoli zweigt 3 km östlich von Rethymnon von der Küstenstraße ab. Sie gabelt sich in Apostoli und läuft 38 km südlich wieder zusammen – ideal für eine Rundfahrt durchs Tal. Alternativ geht es weiter Richtung Süden nach Agia Galini.

In Apostoli führt eine Nebenstraße nach links zum Dorf **Thronos**, dessen Panagia-Kirche auf den Resten einer frühchristlichen Basilika steht. Die Fresken aus dem 14. Jh. sind verblasst, aber hervorragend ausgeführt. Am ältesten sind die im Chorgestühl. Den Schlüssel hütet das *kafenion* (Kaffeehaus) nebenan.

Dann geht es zurück nach Apostoli und von dort auf der Hauptstraße südwärts. Als Nächstes kommt **Agia Fotini**, ein größerer Ort mit Supermarkt. Die Straße windet sich weiter durch das malerische Tal bis nach **Meronas**, einem Dörfchen mit großen Platanen und einer schönen Panagia-Kirche. Ihr ältester Teil ist das Mittelschiff aus dem 14. Jh. Die Südseite der Kirche mit dem eleganten Portal wurde unter den Venezianern angebaut. Größte Attraktion der Kirche sind die wunderbar restaurierten Fresken aus dem 14. Jh.

Von hier verläuft die Straße weiter südwärts nach **Gerakari**. Diese Gegend ist für ihre köstlichen Kirschen bekannt. Von Gerakari führt eine neue Straße nach Spili.

PSILORITIS ΟΡΟΣ ΨΕΙΛΟΡΊΤΗΣ

Der imposante Psiloritis, auch Ida genannt, ist mit 2456 m der höchste Berg Kretas. An seiner Ostseite liegt die als Schafweide genutzte **Nida-Hochebene** inmitten mächtiger Berge. Die 22 km lange, kurvenreiche Asphaltstraße von Anogia auf die Hochebene hinauf ist zu Frühjahrsbeginn von Wildblumen umwuchert. Unterwegs passiert man viele *mitata* (runde, steingemauerte Schäferhütten). Das größte historische Highlight des Bergs ist die **Ida-Höhle (Idaio Antro)** – hier wurde der Sage nach der Gott Zeus aufgezogen. Sie war vielleicht schon im frühen Neolithikum bewohnt. Besucher dürfen hineinschauen, die Höhle ist aber hauptsächlich vom historischen Standpunkt interessant.

MONI ARKADI ΜΟΝΉ ΑΡΚΑΔΊΟΥ

Das **Kloster** (☎ 28310 83076; Museumseintritt 2 €; 🕒 8–13 & 15.30–20 Uhr) aus dem 16. Jh. liegt in einer hübschen Hügellandschaft 23 km südöstlich von Rethymnon. Das eindrucksvollste Gebäude der Anlage ist die venezianische Barockkirche. Ihre bemerkenswerte Fassade mit acht schlanken korinthischen Säulen wird von einem verschnörkelten Glockenturm mit drei Glocken gekrönt. Ihr Bild schmückte früher die 100-Drachmen-Scheine.

Im November 1866 schickten die Türken eine gewaltige Armee, um die Aufstände niederzuschlagen, die überall auf der Insel aufflammten. Hunderte von Männern, Frauen und Kindern flohen aus ihren Dörfern in das Kloster. Als zweitausend türkische Soldaten das Gebäude angriffen, ergaben sich die Kreter nicht, sondern setzten ein Pulvermagazin in Brand. Die Explosion tötete alle Beteiligten, einschließlich vieler Türken – bis auf ein kleines Mädchen. Diese einzige Überlebende erreichte in einem Nachbardorf ein ziemlich hohes Alter. Vor dem Kloster stehen Büsten dieser Frau und des Abts, der das Pulver entzündete.

WANDERN AM PSILORITIS

Von der Nida-Hochebene führt der E4-Trail auf den Gipfel des Psiloritis, der auch **Timios Stavros** (Heiliges Kreuz) genannt wird. Die Wanderung zum Gipfel und zurück dauert von der Nida-Ebene etwa sieben Stunden. Hochgebirgskondition ist dabei kein Muss, aber der Weg ist lang und strapaziös und der Blick vom Gipfel wird manchmal durch Hitzedunst oder Wolken getrübt. Knapp oberhalb der Nida-Ebene führt eine kurze Abzweigung zur **Ida-Höhle** auf 1495 m Höhe. Auf dem Weg zum Gipfel bieten einige *mitata* (runde, gemauerte Schäferhütten) Schutz vor unfreundlichem Wetter. Auf dem Gipfel selbst steht eine kleine Kapelle in Trockenmauerbauweise mit Doppelkuppel.

Ein alternativer Hin- oder Rückweg beginnt (bzw. endet) in **Fourfouras** am Rand des Amari-Tals, weitere 3½ Wanderstunden westlich des Gipfels. Etwa auf halbem Wege dieser Strecke liegt eine kaum zu übersehende Berghütte des griechischen Bergsteigervereins EOS. Von Fourfouras führt der E4-Trail weiter nach **Spili** – wer auf die Extraetappe keine Lust hat, steigt hier in den Bus. Eine dritte Route zum bzw. vom Berg verläuft südlich ab dem Dorf **Kamares** (5 Std.). Auf halbem Weg liegt die **Kamares-Höhle**, in der zahlreiche bemalte Vasen aus der Minoerzeit gefunden wurden. Sie ist bei Besuchern der Südseite des Psiloritis beliebtes Ziel für eine Tageswanderung.

Die besten Karten für Wanderungen in dieser Region sind die *Kreta Touristikkarte,* 1:100 000, oder Petrakis' *Rethymno*-Karte (s. S. 230).

Das Äußere des Moni Arkadi (das heute noch als Kloster aktiv ist) wirkt kühl und imposant, während die venezianische Kirche im Inneren aus dem Jahr 1587 eine üppig dekorierte Renaissancefassade aufweist. Rechts von der Kirche führt eine Treppe zu dem kleinen **Museum**, das die Geschichte des Klosters dokumentiert.

Zum Moni Arkadi fahren täglich Busse von Rethymnon (2 €, 40 Min.): Abfahrtszeit ist um 6, 10.30 und 14.30 Uhr, Rückfahrt um 7, 12 und 16 Uhr.

MARGARITES ΜΑΡΓΑΡΊΤΕΣ

331 Ew.

Der Ort ist für seine schöne Keramik bekannt. Deswegen wird er vormittags von Touristenbussen überschwemmt, aber das ist nur ein kurzes Intermezzo – nachmittags herrscht wieder Ruhe. Dann ist der richtige Zeitpunkt, um die herrliche Aussicht aufs Tal von den Terrassen der Tavernen am Dorfplatz zu genießen, der im Schatten gigantischer Eukalyptusbäume liegt. Nur eine Straße führt durch den Ort bis zum Dorfplatz, wo der Bus hält. Bank, Postamt und Reisebüros gibt es hier nicht, dafür aber über zwanzig Töpferateliers rund um die Hauptstraße. Qualität und Kitschpegel der Keramik variieren, aber wer einen Bogen um die krasseren Exemplare an der Hauptstraße macht, findet in manchen Läden authentisches lokales Design und hochwertige Stücke. Einen Besuch wert ist z. B. die traditionelle Werkstatt des über siebzigjährigen **Manolis Syragopoulos** (☎ 28340 92363), der einer langen Ahnenreihe von Töpfern entstammt. Als Einziger stellt er heute noch mit manuellen Töpferscheiben und holzbefeuertem Ofen Keramik auf die gleiche Weise her wie schon sein Urgroßvater. Seine Werkstatt liegt ca. 1 km außerhalb des Orts auf der linken Straßenseite.Die schönsten Stücke des Orts sind in Konstantinos Gallios' ausgezeichnetem Atelier **Ceramic Art** (☎ 28340 92304) an einem Sträßchen am Ortsende zu finden und im schicken **Kerameion** (☎ 28340 92135) an der Hauptstraße, wo George Dalamvelas Besuchern gern etwas über Keramiktechniken und die Geschichte des Orts erzählt. Er arbeitet hauptsächlich mit Ton aus der Gegend und stellt viele Stücke nach minoischen Vorlagen her. Die traditionellen Töpfer verwenden Ton, der rund 4 km entfernt am Fuß des Psiloritis abgebaut wird. Er ist von so hoher Qualität, dass er nur einmal gebrannt werden muss und keine Glasur benötigt – die Außenseite wird mit einem Kiesel geglättet. Viele Stücke tragen das typische Blütenmotiv der Gegend.

Von Margarites aus bietet sich ein Besuch des **antiken Eleuderna** und anderer minoischer Siedlungen sowie byzantinischer Klöster der Umgebung an.

Schlafen & Essen

Kouriton House (☎ 28340 55828; DZ mit Frühstück 85 €) Die denkmalgeschützte, wunderbar restaurierte Villa von 1750 liegt knapp außerhalb von Margarites in Tzanakiana und ist eines von Kretas neuesten Kultur- und Agrartourismusprojekten. Die Philologin Anastasia Friganaki zeigt ihren Gästen gern die Naturschönheiten und historischen Sehenswürdigkeiten der Gegend und führt sie in die traditionelle Honigherstellung, das Kräutersammeln und die kretische und minoische Kochkunst ein.

Irini Apartments (☎ 28340 92494; piterm@hotmail.com; DZ 25 €) Die einzige Herberge im Ort hat gut ausgestattete Zimmer mit Kochnische und TV. Sie befindet sich an der Südseite des Dorfs – von der Straße aus Rethymnon gesehen links.

Mandalos (☎ 28340 92294) Beliebte Taverne mit *kafenion* am schattigen Dorfplatz.

Dionysios (☎ 28340 92100) Dieser Laden in einer kleinen Seitenstraße der Hauptstraße ist ein guter Ort, um Schinken, Wurst und Blaubeerkuchen zu kaufen. Auf der anderen Straßenseite befindet sich ein Käsegeschäft mit gewaltigen Käselaiben aus der Region.

An- & Weiterreise

Montags bis freitags fahren täglich zwei Busse ab Rethymnon (2 €, 30 Min.).

VON PERAMA NACH ANOGIA

Die Straßen vom kleinen Geschäftszentrum **Perama** zum südöstlich gelegenen Anogia sind umwerfend und führen durch eine Reihe schnuckeliger Dörfer und geschäftiger Marktorte an den Ausläufern des Psiloritis entlang.

Von Perama zweigt eine kleine Nebenstraße nach Nordosten zur faszinierenden **Melidoni-Höhle** ab. 1824 flüchteten über dreihundert Dorfbewohner vor der türkischen Armee in diese Höhle. Als sie sich weigerten herauszukommen, warfen die Türken brennendes Material durch eine Öffnung oben in der Höhle, sodass sämtliche Flüchtlinge im Inneren erstickten. Ein Monument erinnert an die Toten. Außerdem sind hier Höhlenkammern mit Stalaktiten und Stalagmiten zu besichtigen.

Weiter östlich geht es links zum hübschen Dörfchen **Garazo** mit einigen Tavernen und einem Postamt. Unterwegs führt in Moutzana ein Abzweig nach **Episkopi**, einem reizvollen kleinen Dorf, das unter den Venezianern Bischofssitz war. Hier gibt es viele Bruchsteinhäuser, u. a. mehrere gut erhaltene venezianische Villen, die zurzeit restauriert und in Museen verwandelt werden. In den Ruinen der **Kirche von Episkopi** aus dem 15. Jh. sind noch einige Fresken zu sehen. Am Ortsende steht neben der Brücke ein venezianischer **Brunnen**.

Von Episkopi führt eine landschaftlich schöne Strecke nach Südosten zum größten Ort der Gegend, **Zoniana**. In dieser Gegend scheinen alle Leute Schwarz zu tragen und Pick-ups zu fahren.

Hier die Augen offen halten nach Schildern zur **Sventoni-Höhle**. Es heißt, sie sei nach einem Rebellen oder Räuber benannt. Jedenfalls ist dies die spektakulärste Höhle der Insel. Stalaktiten, Stalagmiten und bizarre Felsformationen schaffen eine gespenstische Atmosphäre. Der vordere Teil der Höhle diente den Rebellen gegen die Türkenherrschaft als Unterschlupf, aber der größte Teil der weitläufigen Höhle blieb unberührt. Stege erleichtern die Erkundung, aber trotzdem vorsichtig sein beim Herumlaufen!

Die nördliche Route führt von Garazo zum Dorf **Axos** – dank seiner geruhsamen kretischen Atmosphäre ein beliebter Zwischenstopp für Touristenbusse aus Iraklion und Rethymnon. Tagsüber herrscht Ruhe im Dorf, doch abends veranstalten die wenigen Tavernen mit Außenterrassen „kretische Folkloreabende" für die Touristen.

ANOGIA ΑΝΏΓΕΙΑ

2454 Ew.

Wenn ein Ort auf Kreta die wesentlichen Elemente verkörpert, die das „echte" Kreta ausmachen, dann Anogia, ein ländliches Dorf an den Hängen des Psiloritis, 37 km südwestlich von Iraklion. Anogia hat ein gemäßigteres Klima als die Küstenregionen und ist bekannt für das rebellische Temperament seiner Bewohner und ihre Entschlossenheit, am unverfälschten kretischen Charakter des Orts festzuhalten. Außerdem ist es berühmt für seine mitreißende Musik und hat eine überproportionale Anzahl der bekanntesten Musiker Kretas hervorgebracht (s. S. 51).

Anogia ist eine Machohochburg: Seine *kafenia* am Dorfplatz sind Domänen der Schnurrbartträger, von denen die älteren oft noch in traditioneller Tracht gehen. Die Frauen bleiben hinter den Kulissen oder verkaufen traditionelles Kunsthandwerk,

RETHYMNON

mit dem die Läden des Orts voll gestopft sind.

Im Zweiten Weltkrieg war Anogia ein Zentrum des Widerstands gegen die Deutschen, die alle Männer des Dorfs erschossen, weil sie alliierte Soldaten versteckt und an der Entführung von General Kreipe mitgewirkt hatten. Heute ist es Zentrum einer gut gehenden Schafwirtschaft und eines blühenden Tourismusgeschäfts. Neugierige Griechen zählen ebenso zu den Besuchern wie ausländische Urlauber, die ein Kreta jenseits des Touristenrummels der Küste suchen. Es empfiehlt sich, für Anogia mehrere Tage einzuplanen: Hier weiß man nie, was passiert.

Orientierung & Praktische Informationen

Der Ort erstreckt sich über einen Berghang, wobei die Textilläden in der unteren Ortshälfte und die meisten Unterkünfte und sonstigen Geschäftsbetriebe in der oberen Hälfte zu finden sind. Es gibt eine Agrarbank mit Geldautomat, ein Postamt und ein OTE im Oberdorf. Zwischen Unter- und Oberdorf sind oft steile Kletterpartien zurückzulegen.

Infocost (☎ 28340 31808; 3 €/Std.; 🕑 17 Uhr–spät) im Oberdorf bietet Internetzugang.

Festivals & Events

Irgendwelche Veranstaltungen (ob offizieller oder inoffizieller Natur) laufen eigentlich immer in Anogia. Mit spontanen, lebhaften *mantinades*-Sessions ist jederzeit zu rechnen, vor allem aber während der Zeit der Schafschur im Juli; dazu fließen reichliche Mengen Raki. Die Nachtruhe wird oft durch Pistolenschüsse gestört.

Hochzeiten sind in Anogia ganz besondere Ereignisse, an denen das ganze Dorf teilnimmt. Alle putzen sich heraus, ziehen von Musik begleitet durchs Dorf und tanzen die ganze Nacht auf dem Dorfplatz (s. Kasten S. 145) oder in einer der riesigen Tavernen am Ortsrand. Einfach den Pick-ups folgen, die mit riesigen Fleischstücken herumfahren.

Ende Juli findet in und um Anogia alljährlich das **Yakinthia-Festival** statt (www.yakinthia.com). Zu diesem Musik-, Kultur- und Theaterfest gehören u. a. Openairkonzerte, für die meist Behelfsbühnen auf den Schafweiden an den Hängen des Psiloritis aufgebaut werden. Das genaue Programm ist den Plakaten zu entnehmen, die ab Mitte Juli in Anogia aushängen, oder auch im Internet zu finden.

LANDLEBEN

Agrartourismus ist ein angesagter Trend auf Kreta: **Enagron** (☎ 28340 61611; www.enagron.gr; Studios für bis zu 4 Pers. 58–75 €) bei Axos ist ein gutes Beispiel für ein hochklassiges ländliches Tourismusprojekt. In der Anlage mit Bauernhof und Unterkünften finden von Zeit zu Zeit kretische Kochseminare mit heimischen Produkten statt, und die Gäste können an allen Aktivitäten in Landwirtschaft und Produktion teilnehmen – von der Raki- oder Käseherstellung durch den örtlichen Schäfer bis zum Sammeln von Wildkräutern. Hier geht es nicht gerade spartanisch zu: Es gibt einen zentralen Pool mit Blick auf die Berge, komfortable, traditionell eingerichtete Studios in Bruchsteinbauweise mit Kamin sowie eine hübsche Taverne, die frische Bioprodukte vom Bauernhof serviert, außerdem einen Gemeinschaftsbereich mit Antiquitäten und Landgutatmosphäre. Enagron folgt dem Trend zum Ganzjahrestourismus. Zum Angebot gehören auch geführte Wanderungen und Ausritte – auf Pferden oder Eseln. Bauernhof- und Restaurantbesuche sind im Voraus zu buchen.

Schlafen

Die meisten *domatia* befinden sich im Oberdorf, das Blick nach Norden und kühle Brisen bietet.

Hotel Aristea (☎ 28340 31459; DZ mit Frühstück 40 €) Freundliches Hotel im Oberdorf mit schlichten, aber gut ausgestatteten Zimmern, die mit TV, eigenem Bad und Balkon samt schöner Aussicht aufwarten. Nebenan wird gerade an neuen Studios gebaut.

Rooms Aris (☎ 28340 31460; DZ 30 €) Gleich nebenan. Dieses Quartier bietet außer dem vielleicht schönsten Panoramablick in Anogia saubere, gemütliche Zimmer mit neuen Bädern.

Rent Rooms Arkadi (☎ 28340 31055; DZ/3BZ 30/40 €) Die Herberge an der betriebsamen Hauptstraße im Oberdorf hat komfortable Zimmer mit Kühlschrank, aber nur Gemeinschaftsbäder.

Rent Rooms Kitros (☎ 28340 31429; DZ 25 €) ist die einzige Unterkunft im unteren Ortsteil.

Zivile Preise, und das wesentlich stimmungsvollere Unterdorf ist nur einen Steinwurf entfernt. Die Zimmer haben TV, müssen sich aber jeweils zu zweit ein Bad teilen.

Essen

In Anogia zu essen, ist mitunter ein heikles Experiment. Das Angebot ist sehr fleischlastig. Einige der attraktiven Restaurants am unteren Dorfplatz bieten wenig mehr als die örtliche Spezialität Spaghetti mit Käse und halb verkohlte Stücke vom Lamm.

Aetos (☎ 28340 31262; Grillgerichte 4–7,50 €) Die beliebte Taverne hat nach vorn hinaus einen gigantischen, fleischbestückten Holzkohlegrill und nach hinten hinaus eine phantastische Aussicht. Sie ist traditionell eingerichtet und serviert gute kretische Kost. Eine lokale Spezialität ist *ofto* – auf offener Flamme geröstetes Lamm- oder Ziegenfleisch.

Ta Skalomata (☎ 28340 31316; Grillgerichte 3,50–6,80 €) Das älteste Restaurant am Ort wartet mit einer großen Auswahl an Grillfleisch und kretischen Gerichten zu sehr annehmbaren Preisen auf. Die Zucchini mit Käse und Aubergine (3,20 €) sind sehr lecker; ebenso das selbst gebackene Brot. Von dem Restaurant auf der Ostseite des Oberdorfs genießt man einen wunderbaren Ausblick.

Taverna Kitros (☎ 28340 31429; Grillgerichte 5–6,50 €) Das Lokal im Unterdorf leistet gute Arbeit mit Gerichten wie *gigantes* (weiße Riesenbohnen) in Öl oder Lamm mit Kartoffeln. Auch der hausgemachte Wein und Raki sind prima.

Delina (☎ 28340 31701) Diese Perle unter den Tavernen von Anogia gehört dem international bekannten kretischen Lyraspieler Vasilis Skoulas, der sich hier gelegentlich blicken lässt. Die *mezedes* sind spitzenmäßig, ebenso die Grillgerichte und Salate. Die riesige Taverne, in der viele Veranstaltungen stattfinden, liegt ca. 2 km außerhalb von Anogia an der Straße zur Nida-Hochebene.

Falls der Dorfplatz des Unterdorfs für eine Kaffeepause etwas zu einschüchternd wirkt, ist der hübsche Platz neben der Agios-Yiorgos-Kirche weiter oben eine gute Alternative. Unbedingt die himmlischen, mit Schafsmilch zubereiteten *galaktoboureko* (Teigtaschen mit Cremefüllung) von **Skandali Zaharoplasteio** (☎ 28340 31236) probieren – und dazu die hausgemachte Eiscreme.

EINE KRETISCHE AFFÄRE

Kreter von überall her strömen nach Anogia, wenn sie wissen, dass eine Hochzeit in der Luft liegt. Das ist ein absolut unvergessliches Erlebnis, an dem das ganze Dorf teilnimmt – 2000 Gäste sind völlig normal. Am Hochzeitstag versammeln sich Familie und Freunde, um den Bräutigam in einem Musikzug durchs Dorf zum Haus der Braut zu geleiten. Die Stakkatosalve eines Maschinengewehrs oder in die Luft abgefeuerte Pistolenschüsse zeigen den Start der Prozession an. Am Haus der Braut werden der Bräutigam und seine Begleitung mit Maschinengewehrfeuer, Wein, Lamm und Wassermelonen begrüßt. Dann marschieren beide Gruppen zusammen zur Trauungszeremonie in die Kirche. Danach ziehen sich die Gäste zum Essen und Trinken zurück, bevor Musik und Tanz auf dem Dorfplatz beginnen. Das Fest dauert bis zum Sonnenaufgang. Wer am Wochenende in Anogia ist, sollte sich ruhig mal umhören: Manchmal kann man eine Einladung zu so einem denkwürdigen Ereignis abstauben.

An- & Weiterreise

Täglich kommen fünf Busse aus Iraklion (2,30 €, 1 Std.) und von montags bis freitags täglich zwei Busse aus Rethymnon (3,90 €, 1 Std. 15 Min.).

ARMENI ΑΡΜΕΝΟΙ

Auf dem Weg von Rethymnon nach Süden zweigt 2 km vor dem heutigen Ort Armeni rechts eine Straße zur spätminoischen **Nekropole von Armeni** ab. Hier wurden zwischen 1300 und 1150 v. Chr. rund zweihundert Gräber in den Fels im Herzen eines Eichenwalds gehauen. Das Merkwürdige an dieser Begräbnisstätte ist, dass bislang keine größere Siedlung in der Nähe gefunden wurde, die so viele Gräber erklären könnte. Keramik, Waffen und Schmuck, die in den Gräbern entdeckt wurden, sind heute im Archäologischen Museum (S. 133) in Rethymnon zu besichtigen. Als lohnender Stopp für eine Mittagspause bietet sich in Armeni die schlichte **Alekos Taverna** (☎ 28320 41185) mit einer kleinen, aber guten Auswahl traditioneller Gerichte an (das Kaninchen ist zu empfehlen).

SPILI ΣΠΗΛΙ

642 Ew.

Spili (*spii*-lii) ist ein hübsches Bergdorf mit Kopfsteinpflaster, rustikalen Häusern und Platanen. Seine Hauptattraktion ist ein venezianischer Brunnen, dessen Wasser aus 19 Löwenköpfen sprudelt. Wer einen Wasserbehälter dabei hat, kann ihn hier mit dem besten Wasser der Insel füllen.

Ein Geheimtipp ist Spili nicht mehr. Tagsüber halten hier regelmäßig Reisebusse auf dem Weg zur Südküste, doch abends gehört Spili den Einheimischen. Es ist ein prima Stützpunkt, um die Region zu erkunden, oder zumindest ein schöner Ort für die Mittagspause.

RETHYMNON

Orientierung & Praktische Informationen

Postamt und Bank befinden sich an der Hauptstraße. Das OTE liegt an einer Seitenstraße nördlich des Dorfplatzes. Es gibt zwei Geldautomaten an der Hauptstraße. E-Mails kann man im Café Babis in Brunnennähe abrufen.

Schlafen & Essen

Heracles Rooms (☎/Fax 28320 22411; DZ 30 €) Der Beschilderung ab der Hauptstraße folgen. Die sauberen und nett eingerichteten Zimmer mit großartigem Gebirgspanorama haben große Insektengitter an den Türen. Herzhaftes Frühstück gibt es für 8,50 € pro Person.

Costas Inn (☎ 28320 22040; Fax 28320 22043; DZ/3BZ mit Frühstück 35/45 €) Auf den angenehmen, gepflegten Zimmern dieser Pension gibt es Bademäntel, was die heimelige Atmosphäre unterstreicht. Außerdem bieten sie Satelliten-TV, Radio, Deckenventilatoren, Kühlschrank und Waschmaschinenbenutzung. Wer länger bleibt, kann den Pool einer benachbarten Wohnanlage nutzen. Frühstück gibt's eine Treppe tiefer in der **Taverna Costas** (kretische Spezialitäten 2,50–5 €), die gute, einfache Küche sowie Biowein und -Raki kredenzt. Ein perfektes Dessert sind die traditionellen Süßspeisen.

Maria und Costas (☎ 28320 22436; Grillgerichte 4–6 €) Die Taverne ist leicht an den Flaschenkürbissen zu erkennen, die in ihrem Hof an der Hauptstraße in einem Meer von Wein und Blauregen hängen. Hier kommen gute kretische Spezialitäten (empfehlenswert: Kaninchen oder gefüllte Zucchiniblüten) und Fleisch vom Holzkohlegrill auf den Tisch.

Einen Besuch wert sind auch **Yianni's** (☎ 28320 22707; Spezialitäten 4–5 €) hinter dem Brunnen mit ausgezeichneten *mayirefta*, wie z. B. Lamm in Wein, oder die **Taverna Stratidakis** (☎ 28320 22006; Hauptgerichte 4,50–5 €), die Tagesgerichte aus den Töpfen im hinteren Teil des Lokals auf ihrem zauberhaften Balkon serviert.

ABSTECHER: PATSOS

Nur wenige Schritte vom reizvollen Dorfs **Patsos** entfernt liegt die **Kirche des Agios Antonios** in einer Höhle über einer malerischen Schlucht. Die Höhle war ein bedeutendes Heiligtum der Minoer und Römer und wird heute noch an jedem 17. Januar zum Pilgerziel. Von Rethymnon aus ist sie mit dem Auto oder von Spili über eine schöne, 10 km lange, unbefestigte Strecke zu Fuß zu erreichen.

Hierzu in Spili die Straße des 28. Oktobers hinuntergehen – mit dem Löwenbrunnen zur Rechten. Nach rechts in die Thermopylon einbiegen und zur Straße Spili–Gerakari hinaufgehen. Hier rechts einbiegen. Nach einer Weile kommt ein Schild nach Gerakari. Auf den unbefestigten Weg nach links einbiegen, dann an der Gabelung rechts halten. An der Wegkreuzung rechts abbiegen und etwa eine Stunde auf dem Hauptweg weitergehen – bis zu einer Abzweigung am Ortsrand von Patsos. Hier nach links zur Höhle abbiegen.

An- & Weiterreise

Spili liegt an der Busstrecke Rethymnon–Agia Galini, auf der täglich vier Busse in beide Richtungen fahren.

DIE SÜDKÜSTE

Auf dem Weg von Spili zur Küste wird die Landschaft immer dramatischer und bietet herrliche Ausblicke aufs Libysche Meer. Die Strecke zum Küstenort Plakias führt zuerst nach Westen und dann nach Süden, sie durchquert dabei die wilde **Kourtaliotiko-**

Schlucht, durch die der Megalou Potamou rauscht, bevor er sich am **Strand von Preveli** ins Meer ergießt.

PLAKIAS ΠΛΑΚΙΑΣ

177 Ew.

Der Südküstenort Plakias war ein ruhiges Fischerdörfchen, bevor er zum Mekka der Backpacker aufstieg. Die Reiseveranstalter haben es noch nicht ganz geschafft, die Atmosphäre und das relaxte Lebensgefühl des inzwischen ziemlich touristischen, aber dennoch sympathischen Badeorts zu ruinieren. Er ist bei Rucksacktouristen und Individualreisenden nach wie vor beliebt und lockt außerhalb der Saison viele Familien und ein reiferes Publikum an.

Plakias bietet eine große Auswahl an Unterkünften für Individualtouristen, einige recht anständige Esslokale, schöne Wanderstrecken durch die Umgebung, einen großen Sandstrand und genug Nachtleben, dass keine Langeweile aufkommt.

Orientierung & Praktische Informationen

In Plakias kann man sich kaum verlaufen. Eine Straße führt am Strand entlang, eine weitere verläuft einen Block dahinter parallel. Die Bushaltestelle ist in der Mitte der Strandpromenade.

In Plakias gibt es zwei Geldautomaten. **Monza Travel Agency** (☎ 28320 31882) in der Nähe der Bushaltestelle vermittelt Unterkünfte, Mietwagen und Touren. Das Postamt ist in der Straße, die bei Monza Travel abzweigt.

E-Mails kann man in der **Ostraco Bar** (☎ 28320 31710; 4,50 €/Std.; 🕑 9 Uhr–spät) an der Hauptstraße oder im **Youth Hostel Plakias** (☎ 28320 32118; 4,50 €/Std.) abrufen.

Aktivitäten

Plakias ist eine tolle Ausgangsbasis, um die umliegende Region zu erkunden. Belebte **Wanderwege** führen bergauf nach Myrthios hoch über dem Meer, zum wunderbar gelegenen Dorf Sellia, zum Moni Finika und nach Lefkogia. Ein echter Traum ist die Wanderung durch die spektakuläre Kourtaliotiko-Schlucht zum Moni Preveli. Der einfache, 30-minütige Fußweg zum Dorf Myrthios oberhalb von Plakias beginnt gleich vor der Jugendherberge. Einen kleinen Wanderführer mit Wanderkarte für die Umgebung von Plakias gibt es im Minimarkt an der Bushaltestelle zu kaufen.

Phoenix Diving Club (☎ 28320 31206; pheondiv@otenet.gr), in der Nähe der Ostraco Bar, bietet ganztägige Tauchprogramme, einen Kurs zum Erwerb des Tauchscheins und Schnorchelausflüge an. Außerdem gibt es Openwater-Kurse (300 €), Schnuppertauchkurse (65 €), Tauchgänge vom Ufer aus (47 €) und Schnorchelkurse (27 €).

Schlafen

Plakias hat jede Menge selbständige *domatia*, die in der Hochsaison mitunter proppenvoll sind. Die meisten sind an einem gemeinschaftlichen hölzernen Aushängebrett neben Monza Travel angeschlagen.

Pension Thetis (☎ 28320 31430; Fax 28320 31987; Studio 35 €; ❄) Die sehr netten, familienfreundlichen Studios wurden 2004 modernisiert und verfügen über Kühlschrank, Kochgelegenheit, Kaffeemaschine und TV. Der kühle, schattige Garten lädt zum Relaxen ein, und es gibt einen kleinen Spielpark für den Nachwuchs.

Castello (☎/Fax 28320 31112; Studio 28–33 €; ❄ Ⓟ) Der gelassene Betreiber Christos und sein üppig grüner, schattiger Garten machen diese Herberge zu einem Wohlfühlparadies. Alle Zimmer sind kühl und sauber sowie mit Kühlschrank und Kochgelegenheit ausgerüstet. Die großen Apartments mit zwei Schlafzimmern sind ideal für Familien (45–55 €).

Pension Afrodite (☎ 28320 31266; EZ/DZ 30/40 €; ❄) Die gehobene Pension liegt in einem wunderschönen Garten. Ihre fröhlichen, mustergültig sauberen Zimmer sind mit mehr modernem Komfort ausgestattet als so manches Hotel, u. a. mit Wasserkocher, Safe und Fön. Das Frühstück ist ausgezeichnet; wer trotzdem darauf verzichten möchte, kommt etwas billiger weg.

Morfeas Rent Rooms (☎/Fax 28320 31583; www.morpheas-apartments-plakias-crete-greece.com; EZ/DZ 25/38 €, Studio 43–63 €; ❄) Über einem Supermarkt in der Nähe der Bushaltestelle; luftige und hübsch eingerichtete Zimmer mit Kühlschrank und Telefon. Im Angebot sind auch Selbstversorgerstudios und -Apartments für zwei bis vier Personen.

Neos Alianthos Garden (☎ 28320 31280; www.alianthos.gr; DZ mit Frühstück 55 €; ❄ 🏊) Das kleine Hotel liegt am Ortseingang gleich neben der Straße mit Blick aufs Meer. Es ist im tradi-

RETHYMNON

ABSTECHER: ASOMATOS

An der Straße Richtung Süden nach Plakias und Preveli liegt das Dorf **Asomatos**. Hier lohnt das faszinierende **Privatmuseum von Papa Mihalis Georgoulakis** (☎ 28320 31674; www.plakias.net; Eintritt 2,50 €; ⌚ 10–15 Uhr) einen Stopp. Der über achtzigjährige Priester hat eine außergewöhnliche Sammlung zusammengetragen: kirchliche und historische Gegenstände, Erinnerungsstücke, Waffen, Briefe und Plakate der kretischen Widerstandsbewegung, Ikonen und Haushaltsgegenstände. Die Exponate sind in einem kuriosen, voll gestopften Haus mitten im Dorf ausgestellt – mit bezauberndem Innenhof und kleinem Café, wo man Raki und Öl der Familie kaufen kann.

tionellen Kretastil gemütlich eingerichtet und hat zwei Pools.

Hotel Livykon (☎ 28320 31216; Fax 28320 31420; EZ/DZ 20/25 €) Das eher mittelmäßige Hotel direkt am Wasser hat schlichte, kleine und relativ billige Zimmer. Immerhin ist die Klimaanlage im Zimmerpreis enthalten, und es gibt einen Kühlschrank.

Youth Hostel Plakias (☎ 28320 32118; www.yhplakias.com; B 7,50 €; 💻) Für Leute, die auf eigene Faust unterwegs sind, das ideale Nachtlager in Plakias. Herbergsvater Chris aus Großbritannien hat hier eine sehr anheimelnde Unterkunft mit pieksauberen Schlafräumen, Grünflächen, Volleyballplatz und Internetzugang geschaffen. Außerdem hat er vor kurzem Toiletten und Duschen modernisiert und eine schattige neue Veranda angebaut. Hier wird fleißig gefeiert, und Chris' breit gefächerte Musiksammlung tut ihr Übriges dazu. Viele Gäste bleiben bis zu einem Monat. Die Jugendherberge liegt zehn Fußminuten von der Bushaltestelle entfernt und ist von dort beschildert.

Camping Apollonia (☎ 28320 31318; Erwachsener/Zelt 5/3 €; 🏊) Der Platz rechts der Hauptzufahrtstraße nach Plakias ist mit Restaurant, Minimarkt, Bar und Pool ausgestattet. Er ist angenehm schattig, wirkt aber sonst ziemlich schmuddelig und heruntergekommen.

Essen

Bis auf wenige Ausnahmen sind die Restaurants an der Uferpromenade, die mit bebilderten Speisekarten um Kundschaft werben, mittelmäßig und farblos. Also sorgfältig auswählen!

O Tasomanolis (☎ 28320 31129; Fisch 33–38 €) Die traditionelle Fischtaverne am Westende des Strands wird von einem begeisterten Fischer betrieben. Seinen Fang serviert er in gegrilltem Zustand mit Wildkräutern und Wein, das Ganze auf einer hübschen Terrasse mit Blick auf den Strand. Die Taverne ist leicht an dem bunten Fischerboot auf der anderen Straßenseite zu erkennen.

Kri Kri (☎ 28320 32223; Pizza 4,50–7,10 €) in der Nähe der Bushaltestelle bäckt ausgezeichnete Pizza im Holzofen. Die vegetarische Pizza „rustic" ist eine verlässliche und gute Wahl aus der langen Liste von Pizzazusammenstellungen, aber wer gerade abenteuerlustig drauf ist, kann auch mal die Bananenpizza probieren.

Taverna Sofia (☎ 28320 31333; Hauptgerichte 3,90–6,50 €), seit 1969 im Geschäft, ist mit ihren wechselnden Tagesgerichten immer ein sicherer Tipp. Der Blick auf die Auslage im Fenster ersetzt hier die Speisekarte. Einen Versuch wert sind das Lamm in Joghurt oder das Lammfrikassee. Dieselbe Familie betreibt auch das andere Sofia an der Uferpromenade unweit der Bushaltestelle.

Siroko (☎ 28320 32055; Grillgerichte 4,20–6,50 €) Ein Stück hinter O Tasomanolis liegt diese beliebte familienbetriebene Taverne. Tipp: Lamm in Ei-Zitronen-Sauce oder der Grillteller mit gemischten Meeresfrüchten. Vegetarier werden die täglich wechselnde Auswahl verlockender *ladera*-Gerichte zu schätzen wissen.

Taverna Christos (☎ 28320 31472; Hauptgerichte 4,10–9,50 €) Eine der besten Ufertavernen – mit romantischer Terrasse und Meerblick sowie mit einer guten Auswahl an kretischen Gerichten und Frischfisch.

Nikos Souvlaki (☎ 28320 31921; Grillgerichte 4–5 €) Bei Rucksackreisenden beliebt und gleich landeinwärts der Monza Travel Agency gelegen. Diese billige Souvlaki-Bude mit dem ganz besonderen Kick hat einen gigantischen Grillteller mit Gyros, Souvlaki, Würstchen, Hacksteak und Pommes Frites im Angebot.

Ebenfalls zu empfehlen ist das **Apanemo** (☎ 28320 31144; Grillgerichte 3–5 €) mit seinen leckeren Grillgerichten. Es liegt am Westende des Orts.

Unterhaltung

Im Sommer hat Plakias eine rege Partyszene. Die meisten Touristen zieht es in eine Hand voll angesagter Schuppen. Die Jungen und im Herzen jung Gebliebenen steuern das Nufaro neben dem Kri Kri an, wo abends das Jugendherbergsteam auflegt. Meltemi am Ostende des Strands legt erst um 2 Uhr morgens los und ist der beliebteste Club im Ort. Hier sollte man sich auf eine lange Nacht einstellen!

An- & Weiterreise

Die Busverbindungen nach Plakias sind im Sommer gut, im Winter hingegen praktisch nicht existent. An der Bushaltestelle hängt ein Fahrplan aus. Im Sommer verkehren acht Busse pro Tag nach Rethymnon (3,30 €, 1 Std.) und ein saisonabhängiger Bus nach Chora Sfakion. Wer von Plakias nach Agia Galini will, nimmt den Rethymnon-Bus bis zur Koxare-Kreuzung (in den Fahrplänen als „Bale" aufgeführt) und wartet dort auf den Bus nach Agia Galini.

Unterwegs vor Ort

Cars Allianthos (☎ 28320 31851) ist eine zuverlässige Autovermietung.

Easy Ride (☎ 28320 20052; www.easyride.reth.gr), in der Nähe des Postamts, verleiht relativ neue Mountainbikes und Fahrräder (7–10 €/Tag), auf Wunsch auch Kindersitze und Kinderfahrräder, sowie Motorroller und Motorräder (16–36 €/Tag). Bei längerer Mietdauer wird es billiger.

RUND UM PLAKIAS

Myrthios Μύρθιος

235 Ew.

Dieses freundliche Dorf an einem Hang oberhalb von Plakias war einmal beliebt als billigere Alternative zu Plakias in bequemer Strandnähe. Heute sind die Unterschiede minimal (das beliebte Hostel hat zugemacht), aber Myrthios ist immer noch ein brauchbarer Stützpunkt für einen Aufenthalt in der Region. Neben dem Schwelgen in schöner Aussicht ist die Hauptaktivität hier das Wandern. Wer keinen fahrbaren Untersatz hat, bekommt dazu auch reichlich Gelegenheit. Plakias ist ca. zwanzig Fußminuten entfernt.

Niki's Studios & Rooms (☎ 28320 31593; Zi./Studio/3BZ 18/20/25 €; ⛞) ist gemütlich und hat schlichte Zimmer sowie Studios mit Kochnische, Kühlschrank und Klimaanlage. Das Quartier liegt gleich unterhalb der populären Taverne **Panorama** (☎ 28320 32077; Hauptgerichte 4–6,50 €). Ihr Wirt ist einer der vielen Deutschen, die sich in Kreta verliebt haben.

Platia (☎ 28320 31560; Hauptgerichte 4,40–6,50 €) Das freundliche Lokal mit überwiegend griechischem Publikum bietet einen schönen Blick aus dem steingemauerten Hof, das Essen stellt auch anspruchsvolle einheimische Gaumen zufrieden. Sehr lecker ist das Schweinefrikassee mit Kartoffeln (5,80 €) – mit einem Gläschen Hauswein dazu.

Moni Preveli Μονή Πρέβελη

Das gut erhaltene **Moni Preveli** (☎ 28320 31246; www.preveli.org; Eintritt 2,50 €; 🕑 Mitte März–Mai 8–17 Uhr, Juni–Okt. 9–13.30 & 15.30–20 Uhr) liegt in grandioser Einsamkeit hoch über dem Libyschen Meer. Der Weg zum Kloster führt an einem Kriegsdenkmal an der Steilküste vorbei, mit Statuen eines gewehrschwenkenden Priesters und eines Commonwealth-Soldaten. Am Parkplatz außerhalb des Klosters gibt es einen Aussichtspunkt mit phantastischem Panoramablick auf die Südküste.

Die Ursprünge des Klosters sind ungewiss. Die meisten historischen Dokumente sind durch die wiederholten Zerstörungen im Laufe der Jahrhunderte verloren gegangen. Der Klosterbrunnen trägt die Jahreszahl „1701", doch das Kloster wurde vielleicht viel früher gegründet. Wie die meisten kretischen Klöster spielte es eine bedeutende Rolle bei den Aufständen gegen die Türkenherrschaft. 1866 war es ein Zentrum des Widerstands, was die Türken veranlasste, es in Brand zu stecken und die Ernte der umliegenden Felder zu vernichten. Nach der Schlacht um Kreta im Zweiten Weltkrieg versteckte Abt Agathangelos hier viele Soldaten der Alliierten bis zu ihrer Evakuierung nach Ägypten. Als Vergeltung plünderten die Deutschen das Kloster.

Das **Museum** des Klosters hütet einen Leuchter, den dankbare britische Soldaten dem Kloster nach dem Krieg schenkten. Die 1836 erbaute Kirche lohnt einen Besuch schon wegen ihrer hervorragenden Sammlung von über hundert Ikonen – einige davon aus dem frühen 17. Jh. Es gibt mehrere schöne Arbeiten des Mönchs Mihail

Prevelis, u.a. eine wunderbare Ikonentafel mit einer farbenfrohen Darstellung von *Adam und Eva im Paradies* in der Altarmitte.

Ein neuer Museumsbau zur Unterbringung der kostbaren Ikonen und anderen Gegenstände aus dem derzeitigen Museum ist in Planung.

Von der Straße zum Kloster führt eine Abzweigung bergab zu einem großen Parkplatz. Von hier geht es über einen steilen Fußweg zum Strand von Preveli hinunter.

Von Juni bis Ende August gibt es täglich zwei Busverbindungen von Rethymnon zum Moni Preveli (3,30 €).

Der Strand von Preveli Παραλία Πρέβελη

Der Strand von Preveli, offiziell Paralia Finikodasous (Palmenstrand), am unteren Ende der Kourtaliotiko-Schlucht gehört zu Kretas meistfotografierten und beliebtesten Stränden. Der Fluss Megalou Potamou legt sich am hinteren Strandende in einem Bogen um die Badegäste und ergießt sich dann ins Libysche Meer. Der von Oleandersträuchern und Palmen gesäumte Strand war bei wilden Campern sehr beliebt, bis selbst dieses schlichte Vergnügen offiziell verboten wurde. Der Strand ist vorwiegend sandig und bietet an beiden Enden natürlichen Schatten – es gibt aber auch Sonnenschirme und Liegen zu mieten. Das kühle, saubere Wasser der geschützten Bucht ist ideal zum Schwimmen und Tauchen. In der Saison sind hier ein paar Snackbars geöffnet.

Am palmengesäumten Flussufer stromaufwärts gibt es einige kalte Süßwasserbecken, in denen es sich wunderbar schwimmt. Man kann auch Tretboote mieten. Ein steiler Pfad führt von einem Parkplatz unterhalb des Moni Preveli zum Strand hinunter. Um mit dem Auto bis auf wenige hundert Meter an den Strand heranzukommen, einer beschilderten, 5 km langen Schotterstraße folgen, die von der Hauptstraße zum Moni Preveli an einer Steinbrücke links abzweigt. Vom Ende dieser Straße geht es 500 m zu Fuß nach Westen über die Landzunge und schon ist man da.

Von Plakias verkehrt im Sommer ein Boot nach Preveli (hin und zurück 8 €); in Agia Galini bieten Taxiboote ihre Dienste an (hin und zurück 15 €).

Strände zwischen Plakias & Preveli

Zwischen den Stränden von Plakias und Preveli liegen mehrere abgeschiedene Buchten, die bei Wildcampern und FKKlern sehr beliebt sind. Einige lassen sich von Plakias über den **Damnoni-Strand** gut zu Fuß erreichen. Dazu den Fußweg hinter dem Plakias Bay Hotel hinaufgehen. Knapp bevor es wieder bergab geht, nach rechts in einen Olivenhain abbiegen.

An der ersten Einmündung links und an der zweiten rechts abbiegen. Da, wo sechs Wege aufeinander treffen, den beschilderten Weg zum Strand nehmen. Bis zum Ende des Damnoni-Strands gehen und den Weg nach rechts einschlagen, der oberhalb der Buchten entlangführt. Der Damnoni-Strand selbst ist trotz seiner gigantischen Hapimag-

DER WEG NACH PREVELI

Im August 1941 geriet der australische Soldat Geoff Edwards in die Schlacht um Kreta und wurde von den deutschen Invasionstruppen in die Enge getrieben. Ein Schäfer rettete ihn aus den rauen Bergen Südkretas und brachte ihn zum Kloster Preveli, wo die Mönche ihm Schutz und Zuflucht boten. Später wurde er auf der HMS *Thrasher* evakuiert und konnte nach dem Krieg nach Westaustralien zurückkehren.

Aus Dankbarkeit für seine Rettung durch die Mönche von Preveli baute er eine Kapelle in einem Ort im Süden Westaustraliens, den er Prevelly nannte. Die St. John the Theologian Chapel von Prevelly wurde geweiht und den Mönchen und Dorfbewohnern rund um das Kloster Preveli geschenkt. Verschiedene Einheiten der australischen Armee steuerten Geld und Material zur Einrichtung der Kapelle bei. Die Eröffnungszeremonie fand 1979 statt.

Im Laufe der Jahre machte Geoff Edwards dem Kloster verschiedene Schenkungen, darunter ein jährliches Stipendium für einen Universitätsstudenten aus den Regierungsbezirken Chania, Rethymnon und Iraklion und einen Gedenkbrunnen, der auf dem Gelände des Klosters Preveli errichtet wurde. Sein Buch *The Road to Prevelly*, in dem er seine Erlebnisse schildert, ist im Klostermuseum ausgestellt.

Ferienanlage außerhalb der Hochsaison ein angenehmes Plätzchen.

AGIOS PAVLOS & TRIOPETRA
ΑΓΙΟΣ ΠΑΥΛΟΣ & ΤΡΙΟΠΕΤΡΑ

Kein Wunder, dass sich Yogazentren in der Nähe der herrlichen, abgelegenen Sandstrände von Agios Pavlos und Triopetra angesiedelt haben (s. S. 232): Die friedlichen, naturbelassenen Strände sind von Sanddünen und schroffen Felsen gesäumt und gehören wohl zu den schönsten unberührten Abschnitten der kretischen Küste.

Agios Pavlos nimmt für sich in Anspruch, der Ort zu sein, von dem Ikarus und Dädalus ihren sagenhaften Flug antraten. Diese Ehre wird dem Ort allerdings vom nahen Agia Galini streitig gemacht, das den gleichen Anspruch erhebt.

Agios Pavlos besteht aus wenig mehr als ein paar Zimmervermietungen und Tavernen rund um eine kleine Bucht mit Sandstrand. Die besten Strände liegen gleich auf der anderen Seite der Felsen. Es gibt ein paar eindrucksvolle Felsformationen auf dem Kap, das zur ersten der drei sandigen Buchten weiter unterhalb führt (ca. zehn Minuten Fußweg, danach wird es mühsamer). Die Sanddünen erstrecken sich bis ganz nach oben, was umwerfend aussieht, aber an sehr windigen Tagen etwas lästig werden kann. In den am weitesten entfernten Buchten ist am wenigsten los. Doch selbst dort stehen ein paar Strohsonnenschirme und Liegen für die bereit, die es bis hierhin schaffen.

Triopetra ist nach den drei riesigen Felsen benannt, die gleich vor der Küste aus dem Meer ragen. Zu erreichen ist es von Agios Pavlos (ca. 300 m der Strecke sind unbefestigt, aber befahrbar) oder über eine asphaltierte, gewundene, 12 km lange Straße vom Dorf **Akoumia** aus, das an der Straße von Rethymnon nach Agia Galini liegt. Gleich hinter Akoumia steht die byzantinische Kirche **Metamorphosis tou Sotira** mit schönen Fresken aus dem Jahr 1389.

Es gibt auch eine asphaltierte Straße zum **Agia-Irini-Strand**. Sie führt über das Dorf **Kerames**.

Obwohl die Straßen zu diesen Stränden seit einigen Jahren asphaltiert sind und 2005 bis nach Ligdes verlängert wurden – eine Fortführung bis Preveli ist geplant –, hat der Tourismus hier bislang noch nicht allzu sehr gewütet. Dies ist eine ideale Gegend Kretas, um mal völlig abzuschalten.

Es gibt keine öffentlichen Verkehrsmittel zu diesen Stränden.

Agios Pavlos Hotel & Taverna (☎ 28320 71104; www.agiospavloshotel.gr; DZ 30 €) ist eine Herberge in Familienbesitz. Als sie eröffnet wurde, war die Gegend nur über eine holperige Schotterstraße zu erreichen und hatte weder Strom- noch Wasseranschluss. Es gibt schlichte Zimmer im Hauptgebäude, deren kleine Balkone Meerblick haben, oder geräumigere Zimmer unter der schattigen Terrasse unterhalb der Taverne.

Der **Kavos-Melissa-Komplex** (Zi. 40 €) weiter oben auf den Felsen vermietet große, komplett ausgestattete Studios. Die **Taverne** (Spezialitäten/Mayirefta 3,50–6 €) tischt gute kretische Kost auf. Die Cafébar nebenan ist der ideale Ort für Frühstück und Drinks und bietet Internetzugang. Zur Taverne gehört ein Minimarkt.

Yirogiali Taverna & Rooms (☎ 28320 71122; DZ/3BZ/4BZ 25/30/35 €; Triopetra;) direkt am großen Strand wird von zwei Brüdern betrieben; in der Küche steht ihre Mutter am Herd. Die Zimmer sind erst vor kurzem dazugekommen; sie haben Marmorböden, Bad, attraktives Holzmobiliar, Kühlschrank, TV und Balkon.

Pavlos Taverna Pension (☎/Fax 28310 25189; www.triopetra.com.gr; DZ/3BZ/4BZ 26/28/30 €) am kleineren Oststrand ist das Quartier der Wahl für alle, die echte Einsamkeit suchen. Es bietet anständige Zimmer mit kleinen Kochnischen und großartigem Meerblick hinter der Taverne, die Fleisch der Region, Frischfisch und Hummer (36 €) serviert.

AGIA GALINI ΑΓΙΑ ΓΑΛΗΝΗ

1260 Ew.

Agia Galini (a-ya ga-*lii*-nii) ist ein weiteres einstiges Fischerdorf, das durch übertriebenen Ausbau für den Pauschaltourismus viel von seinem ursprünglichen Charme verloren hat.

Der Ort ist zwischen dem Meer und hohen Sandsteinfelsen sowie Reihen von Hotels und *domatia* eingezwängt. Er kann dadurch recht erdrückend wirken – und die hässlichen Zementblöcke im Hafen machen die Sache nicht besser.

Von den Strandorten der Südküste ist dies wohl der touristischste. Er ist vor allem bei Briten und Deutschen beliebt. In der

Hochsaison geht hier die Post ab, aber sonst ist Agia Galini inzwischen ein gesetzter Ferienort für Leute mittleren Alters und Familien.

In grauer Vorzeit, lange vor dem Ansturm des Massentourismus, diente Agia Galini als Hafen für die antike Siedlung Sybritos. Um die Jahrhundertwende wurde es von Familien aus den umliegenden Bergdörfern besiedelt, die eine Ansammlung weißer Häuser rund um den Hafen bauten.

Das Dorf aus dem späten 19. Jh. macht den eigentlichen Reiz von Agia Galini aus, auch wenn der unbestreitbare Charme und Charakter des Fischerdorfs auf dem Höhepunkt der Saison inmitten der Menschenmassen verloren geht. Immerhin gibt es hier 340 Sonnentage pro Jahr, und einige Lokale bleiben auch außerhalb der Saison geöffnet – was sicherlich die beste Zeit für einen Besuch ist.

Dies ist eine gute Ausgangsbasis, um Festos und Agia Triada zu besuchen. Der Ortsstrand ist überfüllt, aber es gibt Boote zu besseren Stränden. Doch trotz der freundlichen, lebhaften Atmosphäre des Orts sind alle, die nicht so scharf auf Nachtleben sind, anderswo vielleicht besser dran.

Orientierung & Praktische Informationen

Der Busbahnhof befindet sich am oberen Ende der Eleftheriou Venizelou, die eine Verlängerung der Zufahrtstraße darstellt. Der zentrale Dorfplatz, mit Blick auf den Hafen, liegt etwas unterhalb des Busbahnhofs. Auf dem Weg kommt man am Postamt vorbei. Es gibt vier Geldautomaten und mehrere Reisebüros. Das OTE ist am Dorfplatz; gleich abseits des Platzes steht ein **Waschsalon** (🕒 10–14 & 17–22 Uhr). Internetzugang gibt es bei **Cosmos Internet** (☎ 28320 91262; 5 €/Std.; 🕒 9 Uhr–spät).

Geführte Touren

Monza Travel (☎ 2832 091 278) veranstaltet Bustouren in die Region und vermietet Autos und Motorräder.

Cretan Holidays (☎ 28320 91241), in Hafennähe, vermittelt Unterkünfte und bietet Minibustouren nach Knossos für 35,50 € an, außerdem eine Tour durch Südkreta einschließlich Zaros und Festos für 32 € und eine Tour durch Westkreta einschließlich Moni Arkadi, Kournas-See und Rethymnon für 32,50 €. Die Samaria-Schlucht kostet 35,50 €.

Boote im Hafen bieten Tagesausflüge zu Stränden der Umgebung an (s. S. 249).

Schlafen

Eigentlich herrscht in Agia Galini kein Mangel an Übernachtungsmöglichkeiten, aber in der Hochsaison kann es schwierig werden, ein Zimmer zu finden, da ein Großteil der Unterkünfte von Reiseveranstaltern vorgebucht ist.

Stohos Rooms & Taverna (☎ 28320 91433; DZ mit Frühstück 50 €; ❄) Das einzige Quartier am Hauptstrand. Im Obergeschoss gibt es Apartments mit Kochnischen und großen Balkonen, die großen Studios im Erdgeschoss sind ideal für Familien oder Gruppen. Betrieben wird das Ganze vom sympathischen Fanourios, der auch die ausgezeichnete Taverne im Erdgeschoss führt (besonders gut sind die Gerichte aus dem Lehmofen).

Erofili Hotel (☎ 28320 91319; hotelerofili@hotmail.com; DZ mit Frühstück 35–45 €; ❄) Das angenehme, farbenfrohe Hotel mit insgesamt zehn Zimmern hat jede Menge Charakter und ein traditionelles Flair. Neben einfachen Zimmer gibt es auch ein paar mit Klimaanlage, Kühlschrank und TV. Alle haben tollen Meerblick. Auf das Schild von der Hauptstraße nach rechts achten.

Areti Hotel (☎ 28320 91240; EZ/DZ mit Frühstück 30/40 €; ❄ P) Sticht durch seinen Pool aus der Masse der anderen Hotels auf dem Hügel am Ortseingang heraus. Die Zimmer haben Standardausstattung sowie Balkon mit Meerblick. Klimaanlage kostet 6 € extra.

El Greco (☎ 28320 91187; Fax 28320 91491; EZ/DZ mit Frühstück 40/50 €; ❄) Das familienbetriebene Hotel im alten Stil liegt oben auf dem Hügel, der in den Ort führt, und bietet komfortable Zimmer mit Balkon und Meerpanorama.

Hotel Rea (☎/Fax 28320 91390; hoter-rea@gmx.net; EZ/DZ 20,50/23,50 €; ❄) Das Billighotel an der Hauptstraße in Hafennähe ist etwas antiquiert, hat aber saubere Zweibett- und Doppelzimmer in annehmbarer Größe mit Kiefernmobiliar.

Agapitos Rooms (☎ 28320 91164; DZ/3BZ/4BZ 30/35/40 €; ❄) Die wohnlichen Studios auf halber Höhe des Hügels machen den Mangel an Aussicht durch ihren zivilen Preis wett. Sie haben Balkone und Hinterveranden, teils auch neue Bäder.

Agia Galini Camping (☎ 28320 91386; Erwachsener/Zelt 5/3 €) Der Campingplatz am Strand liegt 2,5 km östlich des Orts und ist von der Straße Iraklion–Agia Galini beschildert. Er hat reichlich Schatten, ein Restaurant und einen Minimarkt.

Essen

Die Restaurants in Agia Galini genießen allgemein einen ganz guten Ruf.

Kostas (☎ 28320 91323; Fisch ab 4,70 € pro kg) Die alteingesessene Fischtaverne am Ostende des Strands ist für ihren ausgezeichneten Frischfisch und Meeresfrüchte bekannt. Zu empfehlen sind die Sardinen und die Fischsuppe.

Madame Hortense (☎ 28320 91215; mediterrane Spezialitäten 6–12 €) Das stimmungs- und stilvollste Restaurant des Orts (mit Bar) befindet sich im obersten Geschoss des dreistöckigen Zorbas-Komplexes am Hafen. Die Küche ist griechisch-mediterran mit einem Hauch von Orient.

Faros (☎ 28320 91346; Fisch bis zu 40 € pro kg) Das schnickschnackfreie Lokal liegt landeinwärts des Hafens und gehört zu den ältesten Fischtavernen des Orts. Es beköstigt seine Gäste mit Frischfisch zu annehmbaren Preisen sowie einer Auswahl an Grillgerichten und *mayirefta*.

La Strada (☎ 28320 91053; Pizza 5–7,50 €; Pastagerichte 4,50–6 €) Vom Busbahnhof aus liegt diese Pizzeria in der ersten Straße links. Sie serviert ausgezeichnete Pizza, Pasta- und Risottogerichte.

An der Hafenpromenade liegen die bewährten Lokale Bozos und Zefyros mit umfangreichen Speisekarten, auf denen auch traditionelle kretische Gerichte stehen. Die *rakadiko* Petrino lockt mit authentischer Atmosphäre und leckeren *mezedes*.

An- & Weiterreise

BUS

In der Hochsaison verkehren täglich neun Busse nach Iraklion (5,50 €, 2 Std.), sieben nach Rethymnon (4,40 €, 1,5 Std.), neun nach Festos (1,50 €, 40 Min.) und fünf nach Matala (2,50 €, 45 Min.).

TAXIBOOT

Im Sommer fahren täglich Boote vom Hafen zu den Stränden von Agios Giorgios, Agiofarango und Preveli (Palmenstrand), die aber ziemlich teuer sind (15–20 €). Diese Strände westlich von Agia Galini sind über Land schwer zu erreichen und deshalb weniger übervölkert als der Ortsstrand von Agia Galini. Die Abfahrtzeiten liegen zwischen 9.30 und 10.30 Uhr.

Unterwegs vor Ort

Mano's Bike (☎ 28320 91551), gegenüber vom Postamt, vermietet Motorroller und Motorräder. **Monza Travel** (☎ 28320 91278) vermietet Autos und organisiert Busausflüge.

DIE NORDKÜSTE

Die Provinz Mylopotamos hat einige der dramatischeren Landschaften Nordkretas zu bieten. Die zerklüftete Küstenlinie östlich von Rethymnon ist voller Wasserhöhlen und abgeschiedener Buchten, die nur per Boot zu erreichen sind. Hauptstrandorte an der Nordküste sind Bali und Panormos. Im bergigen Hinterland liegen Dörfer und ländliche Siedlungen, die gerade erst vom Tourismus entdeckt werden. In dieser Region sind einige der schönsten kunsthandwerklichen Produkte Kretas zu finden, so z. B. die Töpferwaren von Margarites und die Webarbeiten von Anogia.

PANORMOS ΠΆΝΟΡΜΟ

887 Ew.

Panormos ist einer der weniger bekannten und noch relativ unverdorbenen Strandorte der Nordküste. Er hat mehrere gute Sandstrände und ist von Rethymnon aus gut zu erreichen. Die Strände sind nicht immer makellos, aber der Ort selbst bietet sich mit seiner relaxten Atmosphäre als ruhigere Alternative zum mitunter beklemmenden Rummel unmittelbar östlich von Rethymnon und im nahen Bali an.

Westlich des Orts liegen ein paar große Hotelanlagen, aber Panormos selbst hat sich seinen authentischen Dorfcharakter bewahrt.

Der Ort steht auf den Überresten einer antiken Siedlung, über die wenig bekannt ist. Die hier gefundenen Münzen deuten darauf hin, dass das Dorf vom 1. bis. 9. Jh. n. Chr. gedieh und dann von den Sarazenen zerstört wurde. Es gab einmal eine frühchristliche Basilika, die wohl um das 6. Jh.

errichtet wurde, und am Hafen liegt die Ruine einer genuesischen Festung. Panormos war früher geschäftiger Handelshafen zum Export von Zitrusfrüchten und Johannisbrot.

Orientierung & Praktische Informationen

Die Bushaltestelle liegt an der Schnellstraße außerhalb des Orts. Das Postamt befindet sich einen Straßenblock hinter der Festungsruine. Es gibt weder OTE noch Bank, aber einen Geldautomaten in einem der Hotels knapp außerhalb des Orts. Das neue Kulturzentrum in der alten Johannisbrotfabrik hinter der Bushaltestelle ist als Industriedenkmal geschützt, weil hier die alten Maschinen zur Verarbeitung von Johannisbrot erhalten sind. Infos über Konzerte, kulturelle Veranstaltungen und den Ort selbst gibt es unter www.panormo.com. Ein kleiner Touristenzug fährt von der Hauptstraße zur nahen Melidoni-Höhle (S. 142) und zum Töpferdorf Margarites (S. 143). In Panormos werden kretische Kochseminare angeboten, die einen guten Ruf genießen (s. S. 77).

RETHYMNON

Schlafen & Essen

Villa Kynthia (☎ 28340 51102; www.kynthia.gr; DZ 97–129 €; ❄ 🅿) Die liebevoll restaurierte historische Villa im Ortszentrum bietet bezaubernde Zimmer und Suiten im Bed&Breakfast-Stil mit schmiedeeisernen Betten, antikem Mobiliar und Wandgemälden. Eines der Zimmer hat einen kunstvoll gemalten Odysseefries. Es gibt auch ein Apartment in familiengerechter Größe. Pool und Frühstücksbereich liegen in einem wunderschönen privaten Gartenhof.

Idyli (☎ 28340 20240; Studio 70–100 €; ❄) Das restaurierte Bruchsteinhaus ist traditionell eingerichtet und mit schönen Stickereien ausgeschmückt (es gehört der Familie, die das Volkskundemuseum in Chania betreibt). Die geräumigen Studios mit Emporen haben Platz für bis zu vier Personen. Sie sind mit Küchen, Satelliten-TV und Telefon ausgestattet und ideal für Familien oder längere Aufenthalte.

Lucy's Pension (☎ 28340 51212; www.lucy.gr; DZ & Studio 35–50 €) In der gut beschilderten Pension im Ortszentrum vermietet Wirtin Lucy altmodische, aber gepflegte schlichte Zimmer mit Kochnischen. Sie verwaltet auch die lichtdurchfluteten, geräumigen Kastello-Apartments gleich an der Uferpromenade mit TV und kleinen Küchen.

Konaki Studio-Apartments (☎ 28340 51026; www.geocities.com/konakihotel; Studios 60 €; 🅿) Garten und Pool dieser kleinen Anlage sind hübscher als die Zimmer, aber insgesamt gehört das freundliche Hotel zu den angenehmeren Unterkünften hier. Es liegt oberhalb des Strands am Nordende des Orts.

To Steki tou Sifaka (☎ 28340 51230; Mayirefta 4,50 €) Die gemütliche Taverne und Ouzeri liegt in einer gepflasterten Straße einen Block hinter der Uferpromenade. Hier kommt gute kretische Hausmannskost auf den Tisch.

Angira (☎ 28340 51022; Grillgerichte 4,50–6 €) Fischtaverne am Ufer, der ein ausgezeichneter Ruf vorauseilt. Ein riesiger Anker am Ostende des Hafens weist den Weg dorthin. Hier gibt es vor Ort gefangenen Frischfisch und Meeresfrüchte sowie die üblichen Grillgerichte und kretischen Spezialitäten.

Taverna Kastro (☎ 28340 51362; Mezedes 2,70–6 €) Das imitierte Kastell unweit der Bushaltestelle hat einen netten, schattigen Hof und eine Auswahl von über dreißig Vorspeisen, u. a. famose frittierte Zucchini und Sahnepilze.

An- & Weiterreise

Die Busse von Rethymnon nach Iraklion (5,90 €) halten an der Schnellstraße gleich außerhalb des Orts. Außerdem verkehrt von Rethymnon alle 20 Minuten ein Nahverkehrsbus (1,70 €).

BALI ΜΠΑΛΊ

347 Ew.

Bali, 38 km östlich von Rethymnon und 51 km westlich von Iraklion, liegt in so herrlicher Umgebung wie nur wenige Orte der Nordküste. Nicht weniger als fünf kleine Buchten reihen sich entlang der zerklüfteten Küste, die von Hügeln, Felsenkaps und schmalen Sandstränden geprägt ist. Doch die unkontrollierte Erschließung rund um die Küste hat die ursprüngliche Schönheit dieses früheren Fischerdorfs arg getrübt, und an den schmalen Stränden wird es im Sommer unangenehm eng. Trotzdem ist es kein übler Platz, um ein Boot zu mieten und die dramatische Landschaft auf sich wirken zu lassen.

Der Name Bali hat nichts mit der tropischen Namensschwester in Indonesien zu tun. Er bedeutet auf Türkisch „Honig“, denn in alten Zeiten wurde hier ausgezeichneter Honig gesammelt und verarbeitet. In der Antike hieß der Ort Astali, doch vom alten Astali sind keine Spuren erhalten.

Orientierung & Praktische Informationen

Bali ist eine weit auseinander gezogene Ansiedlung, und der Weg von einem Ende zum anderen ist lang – 25 Minuten oder mehr – und hügelig. Bei der Auswahl von Unterkunft und Esslokalen besser daran denken!

Den Ort säumen mehrere Buchten mit Hotels und Restaurants: vom Paradiesstrand über den Kyma-Strand bis zum Bali-Strand. Der Hafen gleich nebenan hat einen kleinen, aber beliebten Badebereich, aber am schönsten ist der Evita-Strand ganz am Nordende. Wer zu Fuß unterwegs ist, kann vom Hafen die Abkürzung über einen Küstenpfad nehmen; Auto- und Motorradfahrer müssen den umständlicheren Anfahrtsweg am oberen Rand der Küstenfelsen entlang in Kauf nehmen.

Es gibt einen Geldautomaten in der Nähe der Küstenwache. Links vom Ortseingang bietet Racer Rent-a-Car (s. S. 156) seine Dienste an. Die Reisebüros drängen sich rund um die Strandbuchten.

Posto Cafe (☎ 28340 94003; 4 €/Std.) am Hafen bietet Internetzugang.

Aktivitäten

In Bali werden alle möglichen Wassersportarten angeboten.

Hippocampos Dive Centre (☎ 28340 94193; www.ippocampos.com; Tauchgänge inkl. Ausrüstung ab 42 €) in Hafennähe veranstaltet Tauchgänge für Anfänger und Fortgeschrittene.

Water Sports Lefteris (☎ 28340 94102) vermietet Tretboote (5 €/Std.), kleine Kanus (5 €/Std.), Segelboote (25 €/2 Std.) und Jetskis (32 €/15 Min.). 15 Minuten Paragliding kosten 38 €. Außerdem gibt es Tages- und Sonnenuntergangskreuzfahrten.

Schlafen

Billigquartiere sind in Bali dünn gesät. Die meisten Unterkünfte sind für Paare oder Familien konzipiert, die länger vor Ort bleiben, oder mit Pauschalreisegruppen belegt. In der Hochsaison ist es schlau, vorab zu reservieren.

Sunrise Apartments (☎ 28340 94267; DZ/Apt. 35/45 €; ❄) Direkt am Evita-Strand mit blitzsauberen, netten und geräumigen Zimmern samt Kühlschrank und einfacher Kochgelegenheit. Die Betreiber holen Gäste vom Flughafen in Iraklion ab.

Bali Blue Bay (☎ 2810 20111; mooky@otenet.gr; DZ mit Frühstück 45 €; ❄ 🏊) Schickes neues Hotel mit toller Aussicht auf Bali von den Zimmern und dem Pool auf dem Dach. Die Zimmer sind großzügig, geschmackvoll und modern eingerichtet und haben TV, Kühlschrank und Fön.

Rose Apartments (☎ 28340 94440; Fax 28340 94256; DZ/4BZ 45/60 €; ❄) Die stilvollen Studios kurz hinter dem Ortseingang links haben Kochnischen, Balkone mit Sonnenschirm und einen großzügigen Parkplatz. Eine der besseren Übernachtungsmöglichkeiten für Individualreisende (von zwei Personen aufwärts) in Bali.

Apartments Ikonomakis (☎ 28340 94125; DZ/4BZ 20/40 €; ❄) Zentral gelegene Herberge an einer ruhigen Straße ein Stückchen landeinwärts vom Hafen. Das Gebäude sieht etwas heruntergekommen aus und die Badezimmer sind spartanisch, aber die Zimmer sind komfortabel und mit Kochnischen ausgerüstet.

Kyma Rooms (☎ 28340 94240; DZ 20 €) Die zur Taverne gleichen Namens gehörigen Zimmer sind überaus schlicht, aber mit Kühlschrank und Ventilatoren ausgestattet, außerdem sind sie billig und liegen direkt am Strand.

Essen

Taverna Karavostasi (☎ 28340 94267; griech. Spezialitäten 4–6 €) Das schnuckelige kleine Lokal, das zu den Sunrise Apartments gehört, serviert 30 m hinter dem Evita-Strand einfache Hausmannskost und Snacks. Ein beliebtes Gericht ist Okra mit Lamm.

Taverna Nest (☎ 28340 94289; Grillgerichte 5–7 €) Die Familientaverne gleich oberhalb des Hafens liegt zwar nicht an der Uferpromenade, dafür bringt sie Küche nach Hausmacherart und ausgezeichnete Grillgerichte auf den Tisch und ist schon seit den 80er-Jahren eine Institution. Lauschige, von Wein überwucherten Terrasse, außerdem Frischgemüse und Fleisch aus eigener Produktion.

Kyma Restaurant (☎ 28340 94240; Hauptgerichte 4,50–6 €) Das Restaurant am Kyma-Strand serviert preiswerte Mahlzeiten in angenehmer Umgebung. Der Küchenchef empfiehlt seine Gemüsegerichte aus dem Ofen.

Panorama (☎ 28340 94217; Hauptgerichte 4,50–6 €) Das schon wegen seiner tollen Lage am Hafen beliebte Lokal hat sich auf Frischfisch und kretische Küche spezialisiert.

Unterhaltung

Zu den quirligsten Tanzschuppen gehört der Highway Club am Ortseingang – eine als Tropengarten gestaltete Openairanlage. On The Rocks gegenüber der Kirche ist eher was für Teenager.

An- & Weiterreise

Die Busse von Rethymnon nach Iraklion (5,90 €) halten an der Schnellstraße. Von dort sind es 2 km Fußweg zum Hafen von Bali.

Racer Rent-a-Car (☎ 28340 94149; Fax 28340 94249) Die Autovermietung hat eine Filiale am Ortseingang und eine weitere am Hafen.

Iraklion
Ηρακλειο

INHALT

Iraklion	**160**
Geschichte	160
Orientierung	161
Praktische Informationen	161
Sehenswertes	162
Iraklion mit Kindern	166
Aktivitäten	166
Geführte Touren	166
Festivals	166
Schlafen	166
Essen	167
Unterhaltung	169
Shoppen	169
An- & Weiterreise	170
Unterwegs vor Ort	171
Rund um Iraklion	**171**
Knossos	171
Ammoudara	174
Arolythos	175
Tylisos	175
Myrtia	176
Bezirk Iraklion – Mitte	**176**
Archanes	176
Rund um Archanes	177
Zaros	178
Bezirk Iraklion - Süden	**179**
Gortys	179
Festos	181
Vori	183
Agia Triada	183
Kommos	184
Matala	184
Rund um Matala	186
Kamilari	186
Kalamaki	187
Lentas	188
Ano Viannos	188
Kastri & Keratokambos	189
Die Nordostküste	**189**
Chersonisos	190
Malia	191
Palast von Malia	192

In der Gegend um Iraklion liegen die bedeutendsten und beeindruckendsten archäologischen Ausgrabungsstätten Kretas. Wer durch die minoischen Paläste von Knossos, Festos, Agia Triada, Gortys und Malia schlendert, kann sich richtig vorstellen, wie das Leben der Minoer ausgesehen hat. Viele Ausgrabungsfunde stehen heute in der reichhaltigen Sammlung des Archäologischen Museums in Iraklion. In der Hauptstadt und dem wichtigsten Hafen der Insel kommen die meisten Kretabesucher an. Der moderne Teil Iraklions erinnert ein bisschen an Athen – auch hier wird momentan viel renoviert und gepinselt, vor allem in den Küstenvierteln, die es auch bitter nötig haben.

Der Regierungsbezirk Iraklion ist eine abwechslungsreiche Region mit dem Besten und dem Schlechtesten, das Kreta zu bieten hat. Die Nordküste hat sich ganz schamlos dem Massentourismus verschrieben, der sich in Malia und Chersonisos von seiner schlimmsten Seite zeigt. Und daran ist wohl auch nichts mehr zu ändern. Iraklion ist aber auch das Zentrum der kretischen Weinindustrie, die zunehmend anspruchsvollere Kunden findet und zu sich einlädt. Ein neuer 18-Loch-Golfplatz ist noch ein Schritt in Richtung „anderer" Tourismus.

Mit Naturschönheiten ist die Region auch reich gesegnet. Ein Spaziergang durch die ursprünglichen Dörfer im Landesinneren oder die ruhigeren Strandorte ist erholsam und lohnt sich auf jeden Fall. Archanes ist ein gelungenes Beispiel für ein modernes kretisches Dorf, von Zaros aus lässt sich die spektakuläre Rouvas-Schlucht durchwandern und gleich die Besichtigung einiger malerischer Bergklöster dranhängen. An der ruhigeren Südküste ist aus dem Ex-Hippietreff Matala ein quirliger Ferienort geworden, aber Kastri und Keratokambos sind entspanntere Flecken, klasse zum Erholen. Eine wildromantische Bergstraße führt in das abgeschiedene Küstendorf Lentas mit einsamen Stränden.

HIGHLIGHTS

- Herumstöbern in den steinernen Überresten der minoischen Kultur in **Knossos** (S.171), **Gortys** (S. 179) und **Festos** (S. 181)
- Abtanzen in den Clubs und Relaxen in den Cafés der Inselhauptstadt **Iraklion** (S. 160)
- Streifzug durch die Frühgeschichte Kretas im Archäologischen Museum in **Iraklion** (S. 162)
- Sonne anbeten und Wellen zählen an den Stränden von **Matala** (S. 184) und **Lentas** (S. 188) an der Südküste
- Bergluft schnuppern und Klöster besichtigen rund um **Zaros** (S. 178)

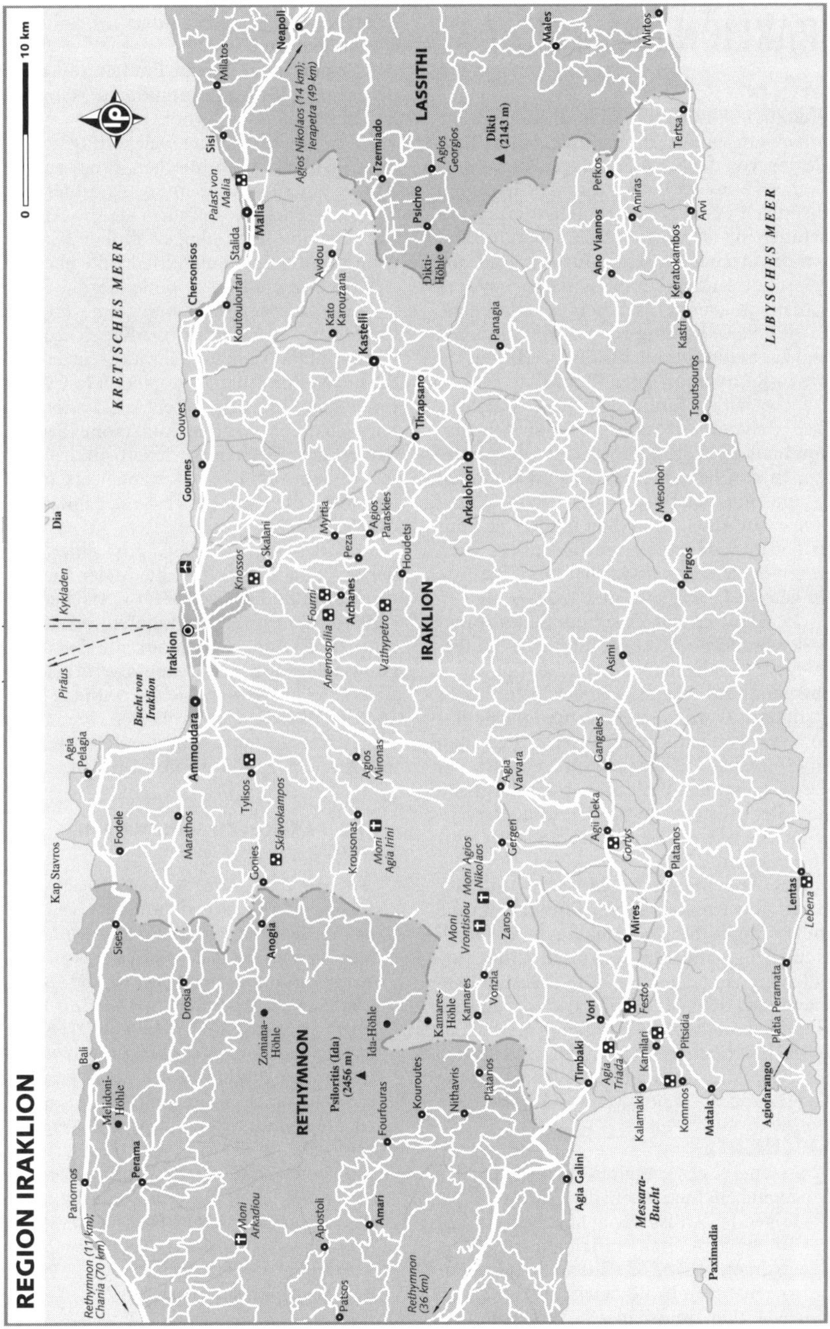
REGION IRAKLION
0
10 km
KRETISCHES MEER
LIBYSCHES MEER
LASSITHI
IRAKLION
RETHYMNON
Neapoli
Milatos
Agios Nikolaos (14 km); Ierapetra (49 km)
Sisi
Palast von Malia
Malia
Stalida
Chersonisos
Koutouloufari
Avdou
Tzermiado
Psichro
Agios Georgios
Dikti-Höhle
Dikti (2143 m)
Males
Mirtos
Tertsa
Pefkos
Amiras
Arvi
Ano Viannos
Keratokambos
Kastri
Tsoutsouros
Kato Karouzana
Kastelli
Panagia
Thrapsano
Arkalohori
Gouves
Gournes
Dia
Kykladen
Piräus
Iraklion
Bucht von Iraklion
Knossos
Skalani
Myrtia
Agios Paraskies
Peza
Houdetsi
Archanes
Fourni
Anemospilia
Vathypetro
Mesohori
Pirgos
Asimi
Ammoudara
Agia Pelagia
Fodele
Kap Stavros
Marathos
Tylisos
Sklavokampos
Gonies
Agios Mironas
Krousonas
Moni Agia Irini
Agia Varvara
Gergeri
Gangales
Agii Deka
Gortys
Platanos
Lentas
Lebena
Sises
Anogia
Drosia
Zoniana-Höhle
Moni Vrontisiou
Moni Agios Nikolaos
Zaros
Mires
Vorizia
Kamares
Kamares-Höhle
Ida-Höhle
Psiloritis (Ida) (2456 m)
Bali
Melidoni-Höhle
Panormos
Perama
Rethymnon (11 km); Chania (70 km)
Moni Arkadiou
Apostoli
Patsos
Amari
Rethymnon (36 km)
Fourfouras
Kouroutes
Nithavris
Platanos
Agia Galini
Timbaki
Agia Triada
Vori
Festos
Kamilari
Pitsidia
Kalamaki
Kommos
Matala
Agiofarango
Platia Peramata
Messara-Bucht
Paximadia

IRAKLION

IRAKLION ΗΡΑΚΛΕΙΟ

130 914 Ew.

Wer in Iraklion ankommt und eigentlich von einem ruhigen Inselurlaub träumt, läuft Gefahr, von der Stadt erschlagen zu werden. Kretas Hauptstadt ist hektisch, laut und chronisch verkehrsinfarktgefährdet. Viele nehmen sie als notwendiges Übel in Kauf, um das Archäologische Museum und den Palast von Knossos zu besichtigen, bevor es zu den einladenderen Orten der Insel geht. Es gibt hier eindeutig zu viele Betonburgen und zu wenige architektonische Hingucker wie in Rethymnon oder Chania.

Dabei hat die fünftgrößte Stadt Griechenlands außer ihrem Status als Finanzzentrum durchaus auch städtischen Charme zu bieten. In den letzten Jahren hat sich einiges getan, zum Teil wegen der Olympischen Spiele von Athen 2004 (hier fanden die Fußball-Vorrundenspiele statt), aber auch wegen des Wirtschaftswachstums – hier wie im ganzen Land.

Die Stadt erhielt eine neue Uferpromenade, moderne Straßen und eine Umgehungsstraße, die die Verkehrssituation etwas entspannt hat. Weite Teile des historischen Stadtkerns wurden in eine nette Fußgängerzone verwandelt. Ganze Viertel bekamen eine massive Frischzellenkur verpasst, sodass sie jetzt den malerischen Hintergrund für die pulsierende Café- und Restaurantszene und ein ziemlich lebhaftes Nightlife abgeben.

Das Archäologische Museum und der Palast von Knossos geben Einblicke in die minoische Kultur, aber Iraklion besitzt noch eine Menge anderer Zeugnisse seiner turbulenten Vergangenheit. Die Befestigungsmauer aus dem 14. Jh. und das Kastell sind Überbleibsel der venezianischen Herrschaft in Iraklion (damals Candia genannt), ebenso der Morosini-Brunnen, die Venezianische Loggia und die Agios-Markos-Kirche.

GESCHICHTE

Wahrscheinlich siedelten bereits in der Jungsteinzeit Menschen in Iraklion. Über die folgende Zeit ist wenig bekannt, bis 824 n. Chr. die Sarazenen einfielen und der Ort den Namen Rhabd el Chandak (Grabenburg) erhielt, weil die befestigte Stadt von einem Graben umgeben war. Sie wurde zum Zentrum des Sklavenhandels im östlichen Mittelmeer und zum Basislager für die in der Region gefürchteten Piraten, die Handelsschiffe plünderten und deren Matrosen an Sklavenhändler verhökerten.

Nach fast einjähriger Belagerung gelang es schließlich byzantinischen Truppen, die Araber 961 zu vertreiben. Ihr Anführer, Nikephoros Phokas, beeindruckte die Araber vor allem mit seiner Angewohnheit, Gefangene zu enthaupten und ihre Köpfe über die Befestigungsmauern zu schleudern.

Der Name der Inselhauptstadt verkümmerte nun zu Chandax, bis Kreta 1204 an die Republik Venedig verkauft wurde und die neuen Fürsten die Hauptstadt in Candia umbenannten. Unter der venezianischen Herrschaft entstanden kunstvolle Prunkbauten und Kirchen sowie ein solides Kastell, in dem sich die Venezianer verschanzten, wenn die rebellischen Kreter ihnen auf die Pelle rücken wollten.

In dieser Zeit wurde Candia eine Stadt der schönen Künste, brachte Maler wie Damaskinos und El Greco hervor. Als die Türken Konstantinopel einnahmen, verstärkte man in Kretas Hauptstadt die Verteidigungsanlagen in Erwartung des türkischen Angriffs. Und obwohl sie die restliche Insel 1648 im Handstreich eroberten, brauchten die Türken 21 Jahre, um die Befestigungsanlagen von Candia zu überwinden.

WIE IRAKLION ZU SEINEM NAMEN KAM

Nachdem König Minos' Gattin Pasiphae den Minotaurus geboren hatte, wurde ihr Liebhaber, der Stier, zum Berserker und verwüstete Kreta. In wilder Rage durchbrach er Begrenzungsmauern und zertrampelte die Felder. Da kam die Stunde des Ironman Herakles, der einem Löwen mit bloßer Hand den Garaus machen konnte. Sein Abstecher nach Kreta, um sich den durchgedrehten Bullen vorzuknöpfen, war die siebte seiner zwölf Großtaten. Auf Minos' Hilfe hat er dabei großzügig verzichtet. Als der Stier Feuer und Rauch spuckte, klemmte Herakles sich die Bestie kurzerhand unter den Arm, setzte sie am Meer ab und ließ sie zum Festland schwimmen, um sich abzukühlen. Dafür waren die alten Kreter Herakles so dankbar, dass sie ihre Hafenstadt nach ihm benannten.

Zwar schickten diverse europäische Länder sporadisch Verstärkung und Nahrungsmittel, aber in erster Linie waren es die dicken Stadtmauern, dank derer die Bewohner sich die Türken so lange vom Leib halten konnten. Denen blieb schließlich nichts anderes übrig, als einen venezianischen General zu bestechen, dass er ihnen die Schwachstellen in der Verteidigungsanlage verriet, und so fiel Candia 1669, unter hohen Verlusten auf beiden Seiten: Die Venezianer beklagten 30 000 Tote, die Türken verloren 118 000 Mann. Unter den Türken erhielt die Stadt zwar den Namen Megalo Kastro – großes Schloss –, aber alle sonstigen Zeichen früherer Größe wurden erstickt. Die künstlerischen Aktivitäten fanden ein Ende und viele Kreter flohen – wenn sie nicht vorher niedergemetzelt wurden.

Im August 1898 ermordete der türkische Mob Hunderte von Kretern, 17 britische Soldaten sowie den britischen Konsul. Innerhalb nur weniger Wochen lief eine europäische Armada von Kriegsschiffen, darunter auch deutschen, im Hafen von Iraklion ein und beendete die türkische Herrschaft.

Chania wurde 1898 die neue Hauptstadt des unabhängigen Kreta, aber Candia/Megalo Kastro entwickelte sich aufgrund seiner verkehrsgünstigen Lage rasch zu einem Wirtschaftszentrum. Die Stadt erhielt nun ihren endgültigen Namen, Iraklion, und wurde 1971 wieder Verwaltungssitz der Insel.

Schwere Schäden erlitt die Stadt während des Zweiten Weltkriegs, als Großteile der alten venezianischen und türkischen Stadtviertel zerstört wurden.

ORIENTIERUNG

Die wichtigsten Plätze in Iraklion sind der Platia Venizelou im Stadtzentrum und der Platia Eleftherias am östlichen Stadttor. Der Platia Venizelou ist das Herz der Stadt und an seinem Wahrzeichen zu erkennen, dem berühmten Morosini-Brunnen, auch Löwenbrunnen genannt. Im Süden des Platzes kreuzen sich die Hauptschlagadern der Stadt: die Odos 25 Avgoustou und die Odos 1821, die Odos Dikeossinis und die Odos Kalokerinou.

Die Odos Dedalou, die Odos Korai und die Odos Perdikari sind Fußgängerzonen und locken mit zahlreichen *kafenia* und Restaurants. Iraklion hat drei Überlandbusbahnhöfe (s. S. 170), der Fährhafen liegt 500 m östlich des alten Hafens und der Flughafen 3 km östlich des Stadtzentrums.

PRAKTISCHE INFORMATIONEN

Buchläden

Newsstand (☎ 2810 220 135; Plateia Venizelou) Großes Angebot an ausländischen Zeitungen und Zeitschriften, Reiseführer, Karten und Literatur über Kreta.

Planet International Bookshop (☎ 2810 281 558; Ecke Hortatson & Kydonias) Bietet einige der in diesem Führer empfohlenen Bücher an.

Road Editions (☎ 2810 344 610; Handakos 29) Spezialisiert auf Reiseliteratur, hat die beste Kartenauswahl.

Geld

Die meisten Banken liegen an der Odos 25 Avgoustou. Die American-Express-Vertretung sitzt im Adamis Travel Bureau (Adresse siehe unten).

National Bank of Greece (25 Avgoustou 35) Geldautomat rund um die Uhr in Betrieb.

Gepäckaufbewahrung

Bus Station A (☎ 2810 344 097; 1 € pro Tag; 🕑 6.30–19.30 Uhr)

Heraklion Airport (☎ 2810 397 349; 3,50 € pro Tag; 🕑 rund um die Uhr) In der Nähe der Stadtbushaltestelle am Flughafen.

Iraklio Youth Hostel (2 € pro Tag) Nähere Angaben s. S. 167.

Wäscherei Washsalon (Handakos 18; 1,50 € am Tag)

Internetzugang

Gallery Games (☎ 2810 282 804; www.gallerygames.net; Korai 14; 1,50 € pro Stunde; 🕑 rund um die Uhr) Highspeed-Zugang, Drucker, Computerspiele.

Sportc@fe (Ecke 25 Avgoustou & Zotou; 2 € pro Stunde; 🕑 rund um die Uhr) Treffpunkt von Spieljunkies, Highspeed-Zugang, keine Drucker.

Medizinische Versorgung

Apollonia Hospital (☎ 2810 229 713; Mousourou) Innerhalb der alten Stadtmauer.

University Hospital (☎ 2810 392 111) In Voutes, 5 km südlich von Iraklion, bestausgestattete Klinik der Stadt.

Notfall

Touristenpolizei (☎ 2810 210 171; Dikeosynis 10; 🕑 rund um die Uhr)

Post

Hauptpost (☎ 2810 234 468; Platia Daskalogianni; 🕑 Mo–Fr 7.30–20 Uhr, Sa 7.30–14 Uhr)

Mobiles Postamt (El-Greco-Park; 🕑 Juni–Aug. Mo–Fr 8–18 Uhr, Sa 8–13.30 Uhr) Gleich nördlich des Platia Venizelou.
OTE (☎ 2810 395 217; Minotaurou 10; 🕑 tägl. 7.30–23 Uhr) Gleich westlich des El-Greco-Parks.

Reisebüros
Adamis Travel Bureau (☎ 2810 346 202; 25 Avgoustou 23) Renommierte Firma.
Skoutelis Travel (☎ 2810 280 808; 25 Avgoustou 20; skoutel1@otenet) Buchen Flüge, Fähren und Zimmer und vermitteln Mietwagen.

Touristeninformation
Iraklions offizielle Touristeninformation wurde geschlossen, aber wertvolle Auskünfte bietet die Website www.heraklion-city.gr.

Auch das KTEL-**tourist office** (in der Busstation A) liefert brauchbare Hinweise für Touren vor Ort und in die nähere Umgebung sowie für Wanderungen zur beliebten Samaria-Schlucht.

Wäschereien
In den meisten Wäschereien kostet Waschen und Trocknen 6 €; Reinigung wird ebenfalls angeboten.
Wäscherei Inter (☎ 2810 343 660; Mirabelou 25; 🕑 9–21 Uhr)
Wäscherei Perfect (☎ 2810 220 969; Idomeneos & Malikouti 32; 🕑 9–21 Uhr)

SEHENSWERTES
Archäologisches Museum Iraklion (AMI)
Dieses spektakuläre **Museum** (☎ 2810 226 092; Xanthoudidou 2; Eintritt 6 €, inkl. Knossos 10 €; 🕑 April–Okt. Mo 12.30–19 Uhr, Di–So 8–19 Uhr ; Ende Okt.–Anfang Aug. Mo 12–17 Uhr, Di–So 8–17 Uhr) ist nach dem Nationalen Archäologischen Museum in Athen das größte und bedeutendste seiner Art in ganz Griechenland. Wer sich ernsthaft für die minoische Kultur interessiert, wird ihm mehrere Besuche abstatten müssen, und selbst ein oberflächlicher Streifzug nimmt einen halben Tag in Anspruch.

Die Exponate werden in chronologischer Reihenfolge präsentiert. Töpferwaren, Schmuck, Statuen und Sarkophage sowie einige berühmte Fresken, hauptsächlich aus Knossos und dem Kloster Agia Triada, belegen die außerordentliche Phantasie und hoch entwickelte Handwerkskunst der Minoer. Leider sind die Erläuterungen zu den einzelnen Stücken nicht sehr erschöpfend, deshalb lohnt es sich, für € 6,50 den bunt illustrierten Museumsführer zu erwerben.

Saal 1 widmet sich dem Neolithikum und der Vorpalastzeit.

Saal 2 zeigt Funde aus der Älteren Palastzeit. Besonders beeindruckend sind die zierlichen, farbig glasierten Keramikreliefs, so genannte „Stadtmosaiken", auf denen Hausfassaden dargestellt sind.

Saal 3 enthält Exponate aus der gleichen Ära, diesmal aus Festos, darunter auch der berühmte **Diskos von Festos** (s. Kasten S. 181). Auf dieser 16 cm breite Scheibe sind verschiedene Piktogramme eingeritzt, die bis heute nicht entschlüsselt wurden. Ebenfalls sehenswert sind die berühmten Keramikvasen im **Kamares-Stil**, die nach der heiligen Kamares-Höhle benannt sind, wo die ersten Exemplare solcher Vasen gefunden wurden. Die Vitrine Nr. 40 enthält Fragmente so genannter „Eierschalenkeramik", die besonders dünn ist. Die vier großen Vasen in Vitrine Nr. 43 gehörten einst zu einem königlichen Festservice und sind Paradebeispiele für die außerordentlich feine Kamares-Keramik.

Saal 4 behandelt die Jüngere Palastzeit. Auffällig ist ein 20 cm großer schwarzer, steinerner **Stierkopf**, der als Kultgefäß (Rython) diente. Fein ziselierte Stirnlocken umspielen seine kühn herausragenden goldenen Hörner, die Augen aus funkelndem Bergkristall wirken fast lebendig. Weitere Hingucker sind die Statuen zweier Schlangengöttinnen aus einer Schatzkammer des Palastes von Knossos.

Saal 5 beherbergt Keramiken, Bronzefiguren und Siegel, dazu Vasen aus Ägypten und Tontafeln mit Linear-A- und Linear-B-Schrift, die als Haushalts- oder Geschäftsabrechnungen des Palastes von Knossos gedeutet wurden.

Saal 6 lockt mit Funden aus minoischen Nekropolen, darunter zwei bezaubernde kleine Tonplastiken mehrerer Personen, die in einem tholos-Grab gefunden wurden. Die eine stellt vier männliche Tänzer dar, die sich gegenseitig die Arme um die Schultern legen und einen Kreis bilden. Vielleicht vollführen sie ein Begräbnisritual. Die andere besteht aus zwei Gruppen mit je drei Figuren in einem Raum, der von zwei Säulen eingerahmt wird. Zwei Figuren der Dreierteams sind deutlich größer und sitzen, die dritte, kleinere Figur bringt ihnen ein Trankopfer dar. Es ist nicht klar, ob die größeren Figuren Götter repräsentieren oder wichtige Verstorbene. Gruselfans können sich an Skelettresten eines Pferdes berauschen, das als Opfer für einen minoischen Kult herhalten musste.

Saal 7 kann mit Funden aus der Nachpalastzeit aufwarten, darunter ein wunderschöner, goldener Anhänger aus Malia in Form von zwei Bienen, die einen Honigtropfen umringen.

Weitere bekannte Stücke sind die drei Gefäße aus Agia Triada: Die **Schnittervase** stellt fröhlich singende Männer nach der Ernte dar. Die **Boxervase** zeigt Minoer bei der Ausübung zweier ihrer beliebtesten Hobbys, Ringen und Stierkampf. Die Szene auf dem **Prinzenbecher** dagegen ist nicht ganz eindeutig: ein Herrscher mit einem Zepter und drei Männer, die Tierfelle tragen.

Saal 8 beherbergt die Fundstücke aus dem Palast von Zakros. Unbedingt sehenswert ist die phantastische Kristallvase, die in über dreihundert Stücken gefunden und in mühevoller Kleinarbeit wieder zusammengesetzt wurde. Außerdem ist hier ein sehr schönes, längliches Trankopfergefäß ausgestellt, das mit Muscheln und anderen Meeresmotiven verziert ist.

Saal 10 gibt einen Überblick über die Nachpalastzeit (1580–1200 v. Chr.), die den Niedergang der minoischen Kultur einleitete und in der sich die kriegerischen Mykener auf Kreta breit machten. Trotzdem gibt es auch sehenswerte Exponate aus dieser Zeit, darunter das (kopflose) Kind auf einer Schaukel in Vitrine 143.

Saal 13 widmet sich minoischen Sarkophagen, deren berühmtester, der **Sarkophag aus Agia Triada**, allerdings einen Stock höher im Saal 14 steht (Freskenhalle). Dieser Steinsarg ist mit Blumen- und abstrakten Mustern verziert und zeigt darüber hinaus Darstellungen verschiedener Rituale – schon beeindruckend, was die alten Minoer auf dem Kasten hatten!

Saal 14 besitzt außerdem die exquisitesten minoischen Fresken: Unter den Wandmalereien aus Knossos finden sich das **Prozessionsfresko**, das **Griffinfresko** (aus dem Thronsaal), das **Delphinfresko** (aus dem Zimmer der Königin) und das berühmte **Stierspringerfresko**, auf dem ein Akrobat einen Salto über den Rücken eines angreifenden Stiers vollführt. Erwähnung verdienen auch die beiden **Lilienfresken** aus Amnisos sowie Bruchstücke von Fresken aus Agia Triada.

Saal 15 hat für alle, die nicht genug kriegen können, noch mehr Fresken in petto. Saal 16 zeigt außerdem noch ein großes Holzmodell von Knossos.

Historisches Museum von Kreta

Eine interessante Auswahl von Exponaten aus Kretas jüngerer Vergangenheit ist im **Historischen Museum** zu finden (☎ 2810 283 219; Sofokli Venizelou; Eintritt 3 €; ⌚ Sommer Mo–Fr 9–16 Uhr, Sa 9–14 Uhr, Winter Mo–Sa 9–15 Uhr). Im Erdgeschoss wird die Periode von der byzantinischen Zeit bis zur osmanischen Herrschaft an Hand von Plänen, Schaubildern, Karten, Fotografien und Keramiken veranschaulicht; im ersten Stock ist das einzige El-Greco-Bild auf Kreta zu bewundern, der Blick von Sinai auf das Kloster der hl. Katharina (1570). In weiteren Räumen werden Fragmente von Fresken aus dem 13. und 14. Jh. ausgestellt, ergänzt durch Münzen, Schmuck, Messgewänder und mittelalterliche Gefäße.

Im zweiten Stock wurde das **Arbeitszimmer des Schriftstellers Nikos Kasantzakis** rekonstruiert, komplett mit Briefen, Manuskripten und Büchern. Ein weiterer Raum ist dem früheren Ministerpräsidenten Emmanouil Tsouderos gewidmet, der in Rethymnon geboren wurde. In der Abteilung **Schlacht von Kreta** sind einige dramatische Fotos des zerstörten Iraklion zu sehen, und eine hübsche Sammlung zu **Volkskunde und Kunsthandwerk** lohnt den Aufstieg in den dritten Stock.

Naturkundemuseum

Das anspruchsvolle **Naturkundemuseum** (☎ 2810 324 711; www.nhmc.uoc.gr; Paraliaki Leoforos; Erw./Ki. 4,50 €/frei; ⌚ Mo–Fr 9–19 Uhr, Sa & So 10–19 Uhr) wurde von der Universität von Kreta eingerichtet und sollte Mitte 2005 in das renovierte Gebäude des ehemaligen Elektrizitätswerks an der Hafenpromenade umziehen. Neben der Evolutionsgeschichte des Menschen werden Fauna und Flora Kretas dargestellt, das Ökosystem und die verschiedenen Lebensräume der Insel, ihre Höhlen, Küsten und Berge.

Auch die Lebensbedingungen der Minoer werden erörtert und durch die Nachbildung einer minoischen Behausung inklusive aller Gegenstände des täglichen Lebens veranschaulicht.

IRAKLION

PRAKTISCHES

- Adamis Travel Bureau … 1 C3
- Alpha Bank … 2 C3
- American Express … (s. 1)
- Apollonia Hospital … 3 B5
- EOS … 4 D4
- Gallery Games … 5 C4
- International Travel Service … 6 D4
- Mobiles Postamt … 7 C3
- National Bank of Greece … 8 C3
- OTE … 9 B3
- Planet International Bookshop … 10 B3
- Postamt … 11 C4
- Road Editions … 12 B3
- Skoutelis Travel … 13 C2
- SportC@fé … 14 C2
- Summerland Travel … 15 D3
- Touristeninformation … (s. 83)
- Touristenpolizei … 16 C4
- Wäscherei Inter … 17 D3
- Wäscherei Perfect … 18 D3
- Wäscherei Waschsalon … 19 B3
- Zeitungskiosk … 20 C4

SEHENSWERTES & AKTIVITÄTEN (S. 162)

- Agia-Ekaterini-Kirche (Ikonen-Museum) … 21 B4
- Agios-Dimitrios-Kirche … 22 C3
- Agios-Markos-Basilika … 23 C4
- Agios-Minas-Kathedrale … 24 B4
- Agios-Titos-Kirche … 25 C3
- Archäologisches Museum Iraklion … 26 D4
- Bembo-Brunnen … 27 C5
- Historisches Museum … 28 B2
- Kasantzakis' Grab … 29 B6
- Morosini-Brunnen … 30 C4
- Museum der Schlacht von Kreta … 34 D3
- Naturkundemuseum (neuer Standort) … 32 A3
- Ricoco … 33 B4
- Stadtgarten … 35 B6
- Städtische Kunstgalerie … 31 C4
- Venezianische Arsenale … 36 D2
- Venezianische Loggia … 37 C3
- Venezianisches Kastell Koules … 38 D2

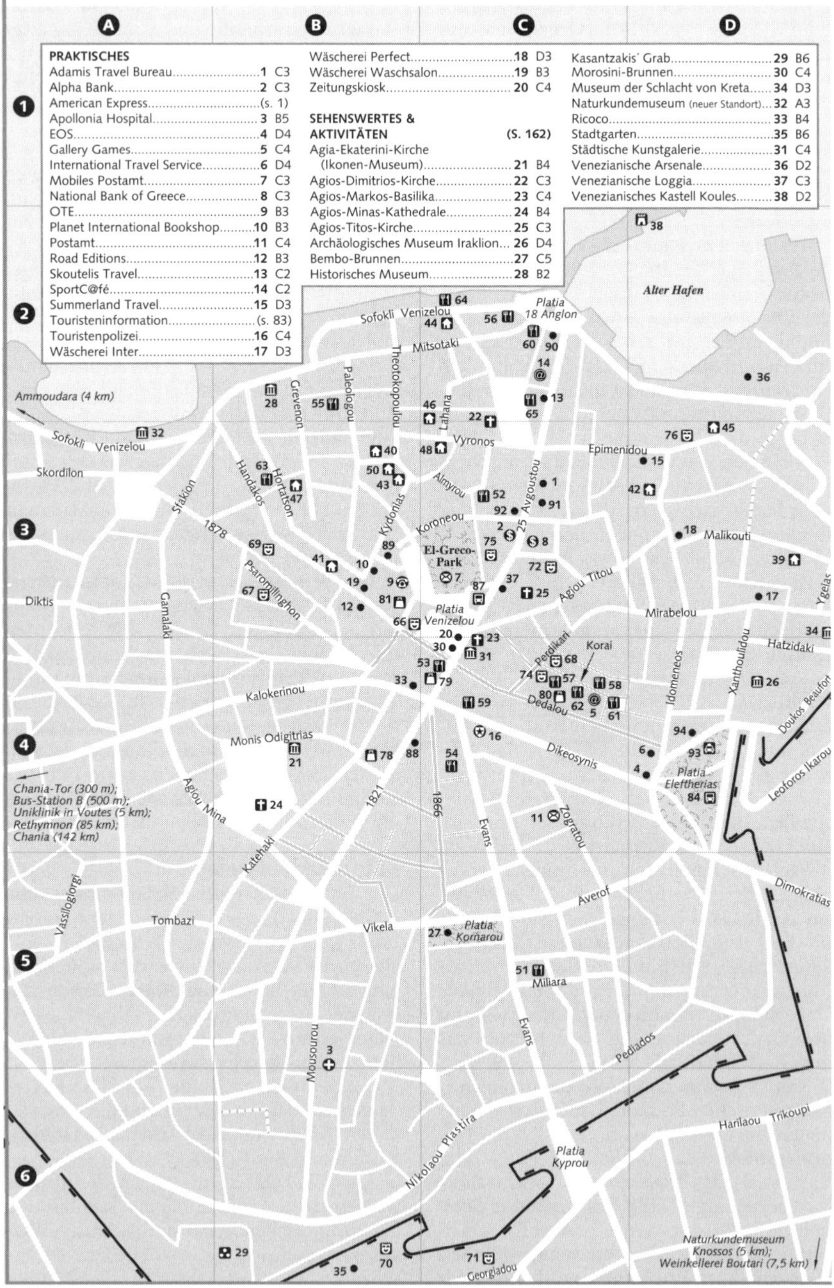

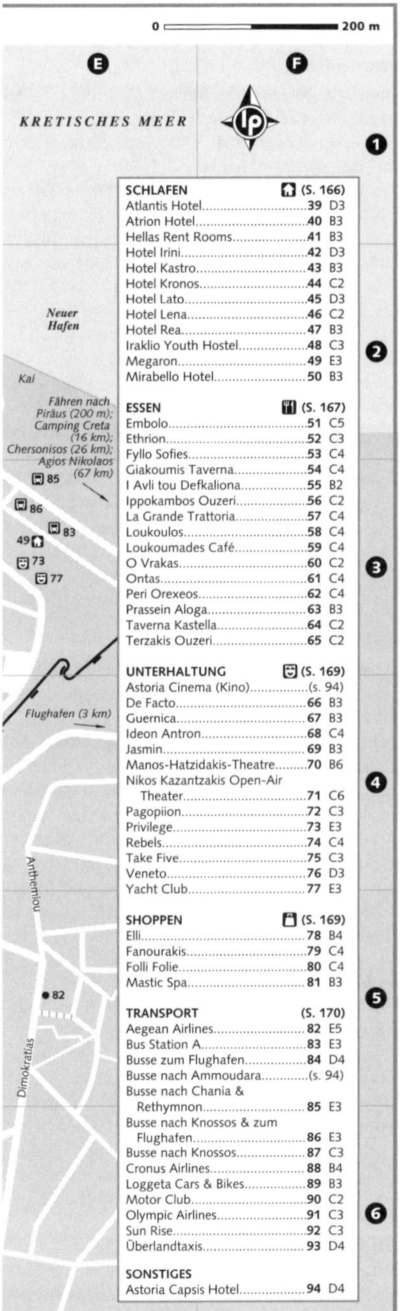

Noch mehr Sehenswertes

Iraklion ist schon vor langer Zeit aus den Nähten – den **Stadtmauern** – geplatzt. Doch die alten Befestigungsmauern mit ihren sieben Bastionen und vier Toren haben immer noch etwas Geheimnisvoll-Bedrohliches an sich und stellen die Betonklötze aus dem letzten Jahrhundert locker in den Schatten. Die Verteidigungsanlagen wurden von den Venezianern zwischen 1462 und 1562 errichtet. Wer dem Verlauf der Mauer um das Herz der Stadt folgt, erhält einen guten Einblick in Iraklions verschiedene Stadtviertel, aber insgesamt ist die Stadt nicht sonderlich spektakulär.

Das venezianische **Kastell Koules** aus dem 16. Jh. (Rocca al Mare; am Hafen; Eintritt 2 €; Di–So 8.30–15 Uhr) thront am Ende der Mole des Alten Hafens. Knapp 22 Jahre lang hat es dem Ansturm der Osmanen getrotzt, dann haben es die Eroberer zum Gefängnis für aufmüpfige Kreter umfunktioniert. Seine imposante Fassade besticht mit Reliefs, die den Markuslöwen zeigen; die 26 schön renovierten Räume im Inneren werden heute als Kunstgalerien, für Konzerte und Theateraufführungen genutzt. Von den Zinnen bietet sich ein toller Panoramablick.

Die **Venezianischen Arsenale** mit ihren geschwungenen Arkaden liegen am Hafenbecken gegenüber dem Kastell.

Iraklion hat noch weitere sehenswerte Bauwerke aus seiner venezianischen Vergangenheit zu bieten: Das berühmteste ist der **Morosini-Brunnen** am Platia Venizelou. Vier Steinlöwen speien ihre Fontänen in acht kreisförmig angeordnete U-förmige Marmorbecken mit reichen Verzierungen. Bauherr war 1628 Francesco Morosini, damals Gouverneur von Kreta. Ursprünglich stand eine Marmorstatue des Poseidon mit seinem Dreizack in der Brunnenmitte, unter der osmanischen Herrschaft wurde sie aber zerstört.

Gegenüber dem Brunnen erhebt sich die **Agios-Markos-Basilika** aus dem 13. Jh., die in ihrer bewegten Vergangenheit mehrmals umgebaut wurde und heute für Kunstausstellungen genutzt wird. Etwas weiter nördlich steht die **Venezianische Loggia** aus dem 17. Jh. Das prachtvolle Bauwerk entsprach der damaligen Vorstellung eines Herrenclubs; der venezianische Adel konnte hier ein Schwätzchen abhalten und sich dabei einen ordentlichen Schluck genehmigen.

Heute residiert hier Iraklions Bürgermeister.

Der hübsche **Bembo-Brunnen** am Südende der Odos 1866 wird auf Karten oft als Türkischer Brunnen bezeichnet, wurde aber von den Venezianern im 16. Jh. errichtet. Als Baumaterial diente alles, was gerade herum lag, darunter eine alte, römische Statue. Das schmucke, sechseckige Brunnenhäuschen nebenan haben die Türken beigesteuert, heute beherbergt es ein gemütliches kafenion (typisch griechisches Kaffeehaus).

Die frühere **Agia-Ekaterini-Kirche** (☎ 2810 288 825; Monis Odigitrias; Eintritt 2 €; 🕒 Mo–Fr 9–18 Uhr), ganz in der Nähe der Agios-Minas-Kathedrale, ist heute ein Museum mit einer eindrucksvollen Ikonensammlung, darunter sechs Exponate von Michael Damaskinos, dem Lehrmeister von El Greco.

Die **Agios-Titos-Kirche** (Agio Titou) wurde nach der Befreiung Kretas 961 n. Chr. erbaut, mutierte von einer orthodoxen zu einer katholischen Kirche und dann zur Moschee. Nach einer Feuersbrunst 1554 und einem Erdbeben 1856 wurde sie jeweils wieder aufgebaut und ist nun seit 1925 wieder eine orthodoxe Kirche.

Fans von Kretas berühmtesten modernen Schriftsteller, Nikos Kasantzakis (1883–1957, s. S. 54) werden es sich nicht nehmen lassen, an sein **Grab** zu pilgern, das im Südteil der Stadt in der Martinengo-Bastion (die größte und am besten erhaltene Bastion Iraklions) untergebracht ist. Die Grabinschrift ist ein Zitat aus einem seiner Bücher: „Ich erwarte nichts, ich fürchte nichts, ich bin frei."

Das **Museum der Schlacht von Kreta** (☎ 2810 346 554; Ecke Doukos Beaufort & Hatzidaki; Eintritt frei; 🕒 8–15 Uhr) dokumentiert dieses für die deutsche Wehrmacht historische Ereignis anhand von Fotos, Briefen, Uniformen und Kriegsgerät.

IRAKLION MIT KINDERN

Wenn die Kiddies kein Museum mehr sehen können und sich langsam der erste Hitzekollaps anbahnt, ist es Zeit für den Indoorspielplatz **Ricoco** (☎ 2810 222 333; Arkaden hinter der Platia Venizelou; 4 € pro Kind; 🕒 Mo–Sa 10–22 Uhr, So 16–22 Uhr) in der Arkade beim Löwenbrunnen im ersten Stock. Auch das **Naturkundemuseum** von Kreta (s. S. 163) rangiert auf der Hitliste ganz vorne.

AKTIVITÄTEN

Der **Mountaineering and Skiing Club of Iraklio** (EOS; ☎ 2810 227 609; www.interkriti.org/orivatikos/orivat.html; Dikeosynis 53, Iraklion; 🕒 8.30–22.30 Uhr) organisiert an fast allen Wochenenden Klettertouren, Wandertouren und Skiausflüge auf der ganzen Insel.

Wer in den glasklaren, wohltemperierten Fluten vor Kreta auf Tauchstation gehen will, wendet sich am besten an den **Diver's Club** (☎ 2810 811 755; www.diversclub-crete.gr; Agia Pelagia) oder das **Cretas Diving Centre** (☎ 2821 093 616; Gefyra Klarissou 1).

GEFÜHRTE TOUREN

In Iraklion gibt es Reisebüros wie Sand am Meer, und alle bieten Busreisen kreuz und quer durch Kreta an. Manche spezialisieren sich auf bestimmte Themen, andere machen Kombiangebote mit Wanderungen. Manolis Tsagarakis vom **International Travel Service** (☎ 2810 228 413; www.forthnet.gr/its; Dedalou 36) hat viele verschiedene Ziele im Programm, darunter auch das „Traditional Village" in Kato Karouzana (s. Kasten S. 191)

FESTIVALS

Beim **Sommer-Kunstfestival** treten sowohl internationale Orchester und Tanzkompanien als auch einheimische Talente auf. Hauptveranstaltungsort ist das riesige **Nikos Kazantzakis Open Air Theatre** (☎ 2810 242 977; Jesus Bastion; Kartenverkauf 🕒 9–14.30 und 18.30–21.30 Uhr) in der Nähe des Burggrabens vor der Stadtmauer. Weitere Anlaufpunkte: das Manos-Hatzidakis-Theater ganz in der Nähe und das Koules-Kastell. Ein Veranstaltungskalender ist unter www.heraklion-city.gr zu finden.

SCHLAFEN

Die Übernachtungsmöglichkeiten in Iraklion sind eher auf Geschäftsreisende zugeschnitten und liegen hauptsächlich im Stadtzentrum.

Viele Hotels wurden für die Olympischen Spiele 2004 modernisiert. Es gibt eine Hand voll domatia, aber bei weitem nicht genug Billighotels für alle Rucksackreisenden, die die Stadt in der Hochsaison bevölkern.

Budgetunterkünfte

Mirabello Hotel (☎ 2810 285 052; www.mirabello-hotel.gr; Theotokopoulou 20; EZ/DZ mit Gemeinschaftsbad 37/40 €, DZ mit eigenem Bad 68 €; ❄) Eines der angenehmsten Billighotels der Stadt in einer ruhigen Straße im Zentrum. Die Zimmer sind picobello, aber etwas vollgestopft, mit TV und Telefon. Zu sieben der Zimmer gehören nach Geschlechtern getrennte Gemeinschaftsbäder.

Hotel Lena (☎ 2810 223 280; www.lena-hotel.gr; Lahana 10; EZ/DZ ohne Bad 30/40 €, DZ mit Bad 50 €; ❄) Nach einer umfassenden Renovierung 2003 bietet das Hotel Lena nun 16 geräumige Zimmer mit Telefon, TV und Doppelglasfenstern. Nur die Bäder sind noch immer recht primitiv. Billiger wird es ohne eigenes Bad.

Hellas Rent Rooms (☎ 2810 288 851; Fax 2810 284 442; Handakos 24; B/DZ/3BZ 10/28/40 €) Vielen gefällt das fröhliche Gewusel, das stark an eine Jugendherberge erinnert. Es gibt eine Bar auf dem Dach, die Gemeinschaftsbäder sind einfach, aber sauber, die meisten Zimmer haben einen Balkon. Frühstück wird auf der Terrasse serviert.

Hotel Rea (☎ 2810 223 638; hotelrea@tellas.gr; Kalimeraki; EZ/DZ 25/30 €) Beliebt bei Rucksackreisenden wegen der relaxten Atmosphäre. Alle Zimmer haben Ventilatoren und Waschbecken, geduscht wird dafür im Gemeinschaftsbad. Wer mag, kann sich in einer sparsam eingerichteten Küche seinen Greek Salad selbst schnippeln.

Iraklio Youth Hostel (☎ 2810 286 281; heraklioyouthhostel@yahoo.gr; Vyronos 5; B/DZ/3BZ 10/12/12 € p. P.) Dieses Jugendherberge gehört zum griechischen Jugendherbergsverband und ist ziemlich heruntergekommen, aber die preiswerteste Übernachtungsmöglichkeit für Alleinreisende. Die nach Geschlechtern getrennten Schlafsäle sind hart an der Schmerzgrenze. Gepäckaufbewahrung kostet 2 € pro Tag und Stück.

Camping Creta (☎ 2897 041 400; Fax 2897 041 792; pro Zelt/Pers. 3,50/4,30 €) Der Iraklion am nächsten gelegene Campingplatz, 16 km östlich der Stadt, in Gouves. Das Gelände ist eben, Schatten gibt es keinen, dafür einen Sandkiesstrand.

Mittelklassehotels

Atrion Hotel (☎ 2810 246 000; www.atrion.gr; Hronaki 9; EZ/DZ 93/110 €; ❄) Nach einer Generalüberholung 2003 ein recht angenehmer Ort. Die Zimmer sind geschmackvoll-dezent eingerichtet und haben TV, Kühlschrank, Fön und Internetanschluss. Wer tiefer in die Tasche greift, bekommt dafür noch Meerblick und einen kleinen Balkon.

Hotel Kastro (☎ 2810 284 185; www.kastro-hotel.gr; Theotokopoulou 22; EZ/DZ 90/110 €; ❄ 💻) Ein aufpoliertes, modernes und freundliches B-Klasse-Hotel in einer Seitenstraße. Zu empfehlen. Die geräumigen Zimmer haben Kühlschrank, TV, Fön, Telefon und ISDN-Internetanschluss.

Hotel Kronos (☎ 2810 282 240; www.kronoshotel.gr; Sofokli Venizelou 2; DZ 55 €; ❄ 💻) Ein gut erhaltenes Hotel an der Uferpromenade mit bequemen Zimmern, die mit Doppelglasfenstern, Balkonen, Telefon, TV und meist auch einem Kühlschrank aufwarten können. Für ein C-Klasse-Hotel sehr angenehm. Zimmer mit Meerblick verlangen!

Hotel Irini (☎ 2810 226 561; www.hotelirini.com; Idomeneos 4; EZ/DZ inkl. Frühstück 55/70 €; ❄) Ein modernes Hotel in der Nähe des Alten Hafens mit 59 großen, hellen Räumen, komplett mit Radio, Telefon, Blumen und Topfpflanzen auf dem Balkon.

Spitzenklassehotels

Hotel Lato (☎ 2810 228 103; www.lato.gr; Epimenidou 15; EZ/DZ 109/139 €; ❄) Eines der ersten Hotels am Platz mit Romantikblick über den Alten und Neuen Hafen aus fast allen Zimmern, die recht schnieke eingerichtet sind. Die Penthouse-Suite soll sogar den schönsten Ausblick der ganzen Stadt haben, außerdem lockt die Dachbar.

Atlantis Hotel (☎ 2810 229 103; www.grandhotel.gr; Ygias 2; EZ/DZ 105/145 €; ❄ 🏊 💻) Nach einer Frischzellenkur erst recht eine Topadresse. Die Zimmer sind komfortabel und geschmackvoll eingerichtet mit allem Pipapo. Weitere Verwöhnfaktoren: Fitnessstudio, Sauna und kleiner Pool.

Megaron (☎ 2810 305 300; www.gdmmegaron.gr; Doukis Beaufort 9; EZ/DZ 225/255 €; ❄ 🏊) Dieser Newcomer lässt die gesamte alte Garde im Regen stehen. Hier wurde aus einer heruntergekommenen alten Ruine am Hafen ein Designhotel allererster Sahne gezimmert. Alle Zimmer haben Fax, die VIP-Suiten auch Whirlpool und Plasmabildschirm. Restaurant und Bar auf der Dachterrasse bieten Panoramablick, getoppt wird das Ganze durch einen Pool mit Glaswänden.

ESSEN

Iraklion bietet eine große Auswahl für jeden Geschmack und Geldbeutel, von der einfachen, aber exzellenten Fischtaverne über internationale und exotische Küche bis hin zum konventionellen Luxusrestaurant. Achtung: Die meisten Restaurants haben sonntags geschlossen.

Günstig

Giakoumis Taverna (☎ 2810 280 277; Theodosaki 5–8; Mayirefta 2,50–5 €; 🕑 Mo–Sa) Die Odos Theodosaki ist eine richtige Fressgasse, die vielen Tavernen beliefern auch den Markt in der Odos 1866, und diese hier ist eine der Besten. Auf der Speisekarte lauter kretische Spezialitäten, der Laden brummt, und das bedeutet wiederum, dass in der Küche nichts vergammelt.

Loukoumades Cafe (☎ 2810 346 005; Dikeosynis 8; Loukoumades, das Dutzend 1,70 €; 🕑 5–24 Uhr) Der beste Ort für *loukoumades* (frittiertes, in Honig getauchtes Gebäck) in ganz Iraklion.

Fyllo...Sofies (☎ 2810 284 774; Platia Venizelou 33; Bougatsa 1,90 €; 🕑 5 Uhr–spät) Das beste Geschäft macht dieses Café in der Nähe des Löwenbrunnens in den frühen Morgenstunden, wenn die ersten Touristen mit der Fähre eintreffen und ebenso wie die Nightclubber nichts Eiligeres zu tun haben, als ein *bougatsa* (warmes, mit Pudding gefülltes Gebäck) zu verspeisen.

O Vrakas (☎ 6977 893 973; Platia 18 Anglon; Hauptgerichte 2,90–3,50 €) In dieser kleinen *ouzeri* kann man zuschauen, wie der bestellte Fisch gegrillt wird. Das Ambiente macht nicht viel her und die Speisenauswahl ist sehr begrenzt, trotzdem ist das Lokal bei den Einheimischen sehr beliebt. Wer auf Nummer sicher gehen will, bestellt gegrillten Tintenfisch und einen Ouzo.

Mittelteuer

Terzakis Ouzeri (☎ 2810 221 444; Marineli 17; Mezedes 2,80–6,80 €) Diese ausgezeichnete Taverne an einem kleinen Platz gegenüber der Agios-Dimitrios-Kirche bietet eine leckere Auswahl an *mezedes*, daneben *mayirefta* (Eintöpfe) und Gegrilltes. Ein guter Tipp ist der Seeigelsalat, und ganz Unerschrockene, die eine echte kretische Spezialität probieren wollen, sollten *ameletita* (Unaussprechliches) bestellen: gebratene Schafhoden.

Peri Orexeos (☎ 2810 222 679; Korai 10; Hauptgerichte 6–8 €) Hier wird moderne griechische Küche serviert, wie *kataifi* mit zartem Hühnchen, aber auch traditionell kretische Gerichte auf neue Art zubereitet. Das Ambiente verdient Wohlfühlpunkte, die Preisgestaltung ist vernünftig und das Schokoladendessert einfach unwiderstehlich.

Ippokambos Ouzeri (☎ 2810 280 240; Sofokli Venizelou 3; Mezedes mit Fisch und Meeresfrüchten 4,20–7 €) Diese Taverne in der Nähe der Touristenabfütterungsmeile am Ufer ist auch bei Einheimischen beliebt. Ein Blick in die Vitrinen und Töpfe macht Appetit auf Tintenfisch und mehr. Besonders gemütlich sind die Tische auf dem Gehweg oder über der Straße an der Promenade.

I Avli tou Defkaliona (☎ 2810 244 215; Kalokerinou 8; Fleischgerichte 4,20–13 €; 🕑 nur Abendessen) Korbstühle, karierte Tischdecken und Plastikweintrauben sorgen für eine fröhlich-umkomplizierte Atmosphäre, und die hervorragenden Gerichte machen die Urlaubsstimmung perfekt. Wenn die Touristen weg sind, kommen gegen 23 Uhr die Einheimischen, der Wirt zerrt sein Akkordeon aus der Ecke und die Nacht kann lang werden.

La Grande Trattoria (☎ 2810 300 225; Korai 6; Pasta 6,50–12,50 €) Wer nach all den kretischen Spezialitäten Lust auf Pasta & Co. bekommt, wird bei diesem recht anständigen Italiener mitten auf dem trubeligen Platia Korai fündig.

Embolo (☎ 2810 284 244; Miliara 7; Hauptgerichte 3,20–4,50 €) Hier tischt der Ex-Musiker aus Anogia, Giannis Stavrakakis, delikates kretisches Essen auf: Grillspezialitäten, *pitta* (gefüllter Brotfladen) und voluminöse Salate. Am Donnerstag, Freitag und Samstag gibt's dazu noch Livemusik.

Ethrion (☎ 2810 289 542; Almyrou 2; Hauptgerichte 5–9 €; 🕑 nur Abendessen) Konventioneller geht es im Ethrion zu, das eine anspruchsvolle Karte mit griechischen Spezialitäten bietet. Üppige Pflanzkübel, Leinentischdecken und ein Pianist steuern das ihre zum romantischen Candlelight-Dinner auf der Terrasse bei.

Ebenfalls empfehlenswert:

Ontas (☎ 2810 244 449) Taverne in einer Seitenstraße hinter dem Platia Korai.

Taverna Kastella (☎ 2810 284 432; Sofokli Venizelou 3) An der Uferpromenade.

Teuer

Prassein Aloga (☎ 2810 283 429; Ecke Handakos & Kydonias 21; Hauptgerichte 9,50–15 €) Dieses kleine, rustikal eingerichtete Café-Restaurant mit angeschlossenem Feinkostgeschäft (gegenüber) verwöhnt mit innovativer Mittelmeerküche. Doch es steht auch traditionell Griechisches auf der oft wechselnden Karte, z. B.

Schweinemedaillons mit Trockenfrüchten auf Wildreis.

Loukoulos (☎ 2810 224 435; Korai 5; Hauptgerichte 10–19 €) Ein wahrhaft lukullischer Ort: Gaumenkitzler aus dem Mittelmeerraum, serviert auf feinstem Porzellan, untermalt von klassischer Musik. Serviert wird entweder im eleganten Speisesaal oder auf der Terrasse unter einem Zitronenbaum.

UNTERHALTUNG

Wenn im Sommer keine Liveaufführungen auf dem Programm stehen (s. S. 166), dient das Nikos Kazantzakis Open-Air Theatre als Freiluftkino (☎ 2810 242 977; Jesus Bastion; Kartenverkauf 🕑 9–14.30 & 18.30–21.30 Uhr).

Von dem halben Dutzend Kinos in Iraklion liegt das **Astoria** (☎ 2810 226 191; Platia Eleftherias) am zentralsten und zeigt brandneue Streifen in Originalfassung (also meist in Englisch).

Cafés & Bars

In den Cafés rund um den Morosini-Brunnen herrscht immer viel Betrieb, aber die Szene tummelt sich eher in den angesagten Kneipen der Fußgängerzone zwischen Odos Korai und Odos Perdikari. In den alten Gebäuden der Odos Handakos haben sich gemütliche Bars mit stimmungsvollen Innenhöfen eingenistet, die eher zum Klönen als zum Leute gucken geeignet sind.

Pagopiion (☎ 2810 346 028; Platia Agiou Titou; 🕑 22 Uhr–spät) Diese ehemalige Eisfabrik beherbergt das originellste Lokal der Insel. Im Restaurant werden einfallsreiche Menüs und Salate serviert, die allerdings ihren Preis haben. Nach 23 Uhr brummt es in der Bar, die auch gerne von Schwulen frequentiert wird.

Guernica (☎ 2810 282 988; Apokoronou Kritis 2; 🕑 22 Uhr–spät) Die geniale Mischung von traditionell kretischer Einrichtung und moderner Musik machen das Guernica zu einer der angesagtesten Café-Bars der Insel. Im Sommer lockt die romantische Gartenterrasse, im Winter ein gemütlicher offener Kamin.

Veneto (☎ 2810 223 686; Epimenidou 9) Wahrscheinlich das einzige Café mit Blick auf den Hafen und das Kastell, in historischen Gemäuern nicht weit vom Hotel Lato.

Take Five (☎ 2810 226 564; Akroleondos 7; 🕑 22 Uhr–spät) Ein Bar-Klassiker am Rande des El-Greco-Parks, in dem es erst nach Sonnenuntergang so richtig lebendig wird, wenn das bunt gemischte Publikum die Tischchen im Freien belagert. Musik und Atmosphäre sind gediegen, Kaffee ist teuer, Schwule sind gern gesehen.

Jasmin (☎ 2810 288 880; Handakos 45; 🕑 12 Uhr–spät) Diese gemütliche Café-Bar mit hübscher Terrasse nach hinten verwöhnt mit Kräutertees und heißer Schokolade. Am Abend verwandelt sie sich in eine Musikkneipe, in der Rock- und Weltmusik aufgelegt wird.

Ideon Antron (☎ 2810 242 041; Perdikari 1; 🕑 22 Uhr–spät) Unter den trendigen postmodernen *kafenia* am Odos Korai ist dieses eine wohltuende Ausnahme. Die urigen Mauern und der polierte Holztresen sorgen für eine relaxte und einladende Atmosphäre.

Rebels (Ecke Korai & Perdikari) Gibt es schon eine ganze Weile, hat aber seinen Biss nicht verloren.

Clubszene

In puncto Nightlife macht Iraklion von allen Orten auf der Insel sicher am meisten her. Die nachfolgend aufgelisteten Clubs öffnen gegen Mitternacht und schließen erst in den frühen Morgenstunden. Der Eintritt kostet meist um die 6 € und sollte ein Getränk beinhalten.

Privilege (Doukos Beaufort 7) Iraklions Yuppies drängeln sich hier auf der Tanzfläche, die locker 2000 zappelnde Füße fasst. Bis 2 Uhr ist die Playlist international (Rock, Techno usw.), danach wird's griechisch.

Yacht Club (☎ 2810 343 500; Doukos Beaufort 9) Sehen und gesehen werden ist das Motto gleich nebenan, und wer sich gerne mal so richtig in Schale wirft, findet hier sein Publikum (und harte Konkurrenz).

Die wildesten Partys bieten diverse Clubs in der Leoforos Ikarou, die am Südende vom Platia Eleftherias abgeht. Hier werden vor allem aktueller Rock, Techno und griechische Dance Music gespielt.

SHOPPEN

Kein Problem, in Iraklion sein Geld loszuwerden: Ob Souvenirs, Mode oder Accessoires, die Läden bieten alles in allen Preisklassen.

Die Fußgängerzone der Odos Dedalou bietet das ganze konventionelle Programm, spaßiger wird's in der Marktstraße Odos 1866. Dort drängeln sich die Shopper um die Stände mit Schwämmen, Kräutern, Obst und Gemüse, Haushaltsgeräten, T-Shirts,

Nüssen, Honig, Schuhen und Schmuck. Wer sich für Gold- und Silberschmiedekunst interessiert, wird in der Odos Kalokerinou oder der geschäftigen Odos 25 Avgoustou fündig, z. B. im Juweliergeschäft Fanourakis (☎ 2810 282 708; Platia N Foka).

Elli (☎ 2810 288 880; M Odigitiras 37) Die junge, begabte Goldschmiedin Elli Terzakis verkauft in ihrem kleinen Laden eigene Kreationen sowie den berühmten Thallo-Schmuck aus echten Blüten.

Folli Follie (☎ 2810 346 354; Daedalou 23) Ein Geschäft des international bekannten griechischen Handtaschen- und Schmuckherstellers.

Mastic Spa (☎ 2810 390 567; Kantanoleon 2) Hier gibt es originelle Produkte aus Mastix von der Insel Chios, unter anderem Lebensmittel und Kosmetikprodukte.

Aerakis Music (☎ 2810 225 758; Daedalou 35; www.seistronmusic.gr) Größte Auswahl an kretischer Musik; sowohl alte, seltene Aufnahmen wie auch Aktuelles, viele davon bei Michalis Aerakis' eigenem Label Seistron Music erschienen.

AN- & WEITERREISE

Flugzeug

Aegean Airlines (☎ 2810 344 324; Fax 2810 344 330; Leof Dimokratias 11); Flughafenbüro (☎ 2810 330 475)
Olympic Airlines (☎ 2810 244 824; 25 Avgoustou 27; 🕒 Mo-Fr 8–15.30 Uhr); Flughafenbüro (☎ 2810 337 203)

INLAND

Olympic Airlines bietet täglich mindestens sechs Flüge nach Athen (83 €) ab Iraklion Nikos Kazantzakis Airport. Ebenfalls täglich gehen Flüge nach Thessaloniki (110 €) und Rhodos (73 €).

Aegean Airlines fliegt siebenmal täglich nach Athen (88 €) und zweimal täglich nach Thessaloniki (110 €). Bei beiden Fluglinien gibt es regelmäßig Sonderangebote, aber meist nicht in der Hauptsaison.

INTERNATIONAL

In Iraklion sind Charterfluganbieter aus ganz Europa vertreten, mehr dazu S. 244. Interessante Angebote auch bei **Skoutelis Travel** (☎ 2810 280 808; 25 Avgoustou 20).

Schiff/Fähre

Minoan Lines (☎ 2104 145 700; www.minoan.gr) Fähren nach Piräus und von dort nach Iraklion verkehren täglich abends (Fahrtzeit 7 Std.), Abfahrt jeweils um 22 Uhr. Tickets für die Deckklasse kosten 29,50 €; wer eine Kabine haben möchte, zahlt 49,50 €. Die Hochgeschwindigkeitsboote Festos Palace und Knossos Palace, die für Minoan Lines fahren, sind viel moderner und bequemer als die Kähne der Konkurrenz ANEK.

Im Sommer verkehren am Wochenende und an manchen Wochentagen zusätzliche Minoan-Fähren, die nur sechs Stunden unterwegs sind. Sie legen in Piräus und Iraklion um 11 Uhr ab und sind um 17 Uhr am Ziel (Deckklasse 28,50 €) – die beste Möglichkeit, um Iraklion anzusteuern oder zu verlassen.

Außerdem bietet Minoan wöchentliche Fähren nach Thessaloniki (31,50 €; 23 Std.) über Santorin (15 €; 3¾ Std.), mit Zwischenstopps auf wechselnden Inseln, z. B. auf Mykonos (23 €; 9 Std.), Paros (22,50 €; 7½ Std.), Tinos (24,50 €; 10¼ Std.), Naxos (20 €; 7 Std.), Syros (21,50 €; 10 Std.) und Skiathos (36 €; 17¾ Std.).

ANEK Lines (☎ 2810 244 912; www.anek.gr) bietet täglich eine Fähre zwischen Iraklion und Piräus (25,70 €; 9 Std.), Abfahrt 20.30 Uhr.

LANE Lines hat Fähren nach Sitia, Karpathos (16,40 €; 7 Std.), Rhodos (22,90 €; 10½ Std.) und von dort aus weiter nach Kasos, Chalki, Kos, Kalymnos, Samos, Chios, Mytilini und Alexandroupoli (Ticket bis dort 39,50 €; 36½ Std.).

Iraklio Port Authority (☎ 2810 244 912) Hat Informationen zu den Fahrplänen.

Bus

In Iraklion gibt es drei Überlandbusstationen: Station A für Busse nach Ostkreta (und Knossos) liegt am Ufer in Kainähe, soll aber demnächst verlegt werden. Gegenüber von Station A befindet sich eine weitere Haltestelle für Busse nach Chania und Rethymnon.

Westlich des Stadtzentrums, direkt hinter dem Chania-Tor, liegt Station B für Busse in Richtung Festos, Agia Galini und Matala.

Halbstündlich (im Winter stündlich) fährt ein Bus nach Rethymnon (5,90 €; 1½ Std.) und Chania (10,50 €; 2½ Std.), Abfahrt an der Rethymnon/Chania-Haltestelle gegenüber Station A.

Fahrpläne für Busse ab **Bus Station A** (☎ 2810 245 020; www.ktel.org) and Bus Station B s. unten.

BUSSE AB STATION A

Zielort	Fahrtdauer	Fahrpreis	Häufigkeit
Agia Pelagia	45 Min.	2,50 €	5-mal tägl.
Agios Nikolaos	1½ Std.	5 €	halbstündl.
Archanes	30 Min.	1,30 €	stündl.
Chersonisos/Malia	45 Min.	2,20/2,70 €	halbstündl.
Ierapetra	2½ Std.	7,50 €	7-mal tägl.
Knossos	20 Min.	0,95 €	alle 6 Std.
Lassithi-Plateau	2 Std.	5 €	2-mal tägl.
Milatos	1½ Std.	3,50 €	2-mal tägl.
Sitia	3½ Std.	10 €	5-mal tägl.

BUSSE AB STATION B

Zielort	Fahrtdauer	Fahrpreis	Häufigkeit
Agia Galini	2 Std.	5,50 €	9-mal tägl.
Anogia	1 Std.	2,60 €	6-mal tägl.
Matala	2½ Std.	5,50 €	9-mal tägl.
Festos	1½ Std.	4,50 €	8-mal tägl.

UNTERWEGS VOR ORT

Bus Nr. 1 pendelt viertelstündlich von 6 bis 1 Uhr zwischen Flughafen und City, Haltestelle ist in der Nähe des Astoria Capsis Hotel am Platia Eleftherias. Ein Taxi zum Flughafen kostet ca. 8 €.

Überlandtaxis (☎ 2810 210 102/168/124) sind an der Platia Eleftherias gegenüber dem Astoria Capsis Hotel und an der Busstation B zu finden, sie fahren alle Ziele auf Kreta an. Preisbeispiele: Agios Nikolaos (40 €), Rethymnon (50 €), Chania (85 €).

Am Flughafen sind alle bekannten Mietwagenfirmen vertreten, darunter Hertz, National, Eurodollar und Europcar. Günstigere Angebote machen die einheimischen Auto- und Motorradverleiher; die meisten von ihnen haben ihr Büro in der Odos 25 Avgoustou. Empfehlenswert sind:

Loggeta Cars & Bikes (☎ 2810 289 462; Platia Kallergon 6) Nähe El-Greco-Park.

Motor Club (☎ 2810 222 408; Platia 18 Anglon)

Sun Rise (☎ 2810 221 609; 25 Avgoustou 46)

RUND UM IRAKLION

KNOSSOS ΚΝΩΣΟΣ

Zu minoischen Zeiten war **Knossos** (☎ 28102 31940; Eintritt 6 €, zus. mit Archäologischem Museum Iraklion 10 €; 🕑 Apr.–Okt. 8–19 Uhr, Nov.–März 8–17 Uhr) die Hauptstadt Kretas. Heute ist Knossos die Haupttouristenattraktion der gesamten Insel. Vom Süden Iraklions führt eine ca. 5 km lange Landstraße, gesäumt von den üblichen langweiligen Souvenirläden und Fruchtsaftständen, zu dem berühmten Palast, der wirklich sehenswert ist. Inmitten von grünen Hügeln und Schatten spendenden Pinien ist der Hauch der Geschichte hier besonders deutlich zu spüren.

Die Ruinen von Knossos wurden 1900 von dem britischen Archäologen Sir Arthur Evans ausgebuddelt. Schon der legendäre Entdecker des alten Troja, Heinrich Schliemann, hatte ein Auge auf diese niedrige,

DIE SAGE VOM MINOTAURUS

Poseidon zürnte Kretas König Minos, als dieser sich weigerte, ihm einen stattlichen weißen Bullen zu opfern, den er ihm extra zu diesem Zweck geschenkt hatte. Aus Rache brachte er Minos' Gattin Pasiphae dazu, sich in den Bullen zu verlieben. Da der Bulle eher auf Vierbeiner(innen) stand, bat Pasiphae den Heimwerker Daedalus aus Knossos, ihr eine Kuh aus Holz zu basteln, in die sie hineinschlüpfen konnte. So fand der Bulle sie unwiderstehlich, und rund neun Monate später erblickte Minotaurus das Licht der Welt, ein Menschen fressendes Ungeheuer mit dem Körper eines Mannes und dem Kopf eines Stieres.

König Minos befahl Daedalus, ein Labyrinth zu bauen, in das Minotaurus verbannt wurde. Um dessen Frischfleischgelüste zu stillen, mussten die Athener jährlich sieben Jünglinge und sieben Jungfrauen liefern – als Sühne für die Ermordung von Minos' Sohn Androgeos, der bei Kampfspielen gesiegt hatte und deshalb von den beleidigten Athenern umgebracht worden war.

Verständlicherweise waren die Athener über diese Tributzahlung alles andere als begeistert. Ihr Lokalheld Theseus schwor, den Minotaurus umzubringen, und schmuggelte sich als einer der sieben Jünglinge nach Kreta. Dort verliebte er sich in Minos' Tochter Ariadne, die versprach, ihm zu helfen, wenn er anschließend mit ihr durchbrennen würde. Sie gab ihm das Garnknäuel, das er im Labyrinth abwickelte, um den Ausgang wieder zu finden, nachdem er das Ungeheuer um die Ecke gebracht hatte. Am Ende verließ das junge Paar Kreta.

oben abgeflachte Kuppe geworfen und darunter eine Stadt vermutet. Doch leider konnte er sich mit den Landbesitzern nicht einigen.

Sir Arthur Evans dagegen, ein weit gereister Journalist, Museumskurator und Altphilologe, der sich für alte Schriften interessierte, war irgendwo auf Steine gestoßen, in die offenbar Hieroglyphen eingraviert waren. Nachdem er herausgefunden hatte, dass die Steine aus Kreta stammten, reiste er 1894 dorthin. Er vermutete, dass die von Schliemann entdeckte flache Kuppe den Schlüssel zu den Hieroglyphen beherbergen könnte, kaufte einen Teil des Gebiets und erwarb auch das Exklusivrecht, dort zu graben. Fünf Jahre später machte er sich mit einem Trupp kretischer Helfer an die Arbeit.

Schon bald kamen unter dem Hügel namens Kefala die Reste eines Palastes zum Vorschein. Die erste Attraktion, auf die die Schatzgräber stießen, war ein Fresko, das einen minoischen Mann zeigte. Als Nächstes entdeckten sie den Thronsaal. Nun wurden Archäologen aus der ganzen Welt aufmerksam. Vor Beginn der Ausgrabungen hatte keiner eine so hoch entwickelte Zivilisation in Europa vermutet, die parallel zu den großen Pharaonen Ägyptens existiert hatte. Manche vermuteten sogar, es handele sich hier um die legendäre verschwundene Stadt Atlantis, auf die Plato einige Jahrhunderte später anspielte. Evans Ausgrabungen nahmen 25 Jahre in Anspruch, und seine Rekonstruktionsmaßnahmen sind bis heute umstritten (s. Kasten S. 41).

Eine ausführliche Besichtigung von Knossos dauert rund vier Stunden. Da nichts beschildert ist, empfiehlt es sich, spezielle Literatur zu besorgen oder gleich einen Führer zu mieten – sonst rauschen viele Details einfach an einem vorbei. Es lohnt sich, schon frühmorgens aufzubrechen, bevor Hitze und Touristenhorden Knossos in einen deutlich weniger angenehmen Ort verwandeln. Die majestätische Aura des Thronsaals z. B. verliert ziemlich, wenn sich dort Busladungen voller fotoverrückter Pauschaltouristen drängeln. Und wer sich nicht über die Preise im dortigen Café ärgern will, bringt seinen (gefüllten) Picknickkorb mit. Noch ein Spartipp: Die Kombikarte für Knossos plus Archäologisches Museum Iraklion kostet 10 €.

Geschichte

Der erste Palast von Knossos wurde ca. 1900 v. Chr. erbaut, durch ein Erdbeben zerstört und 1700 v. Chr. in größerer und aufwändigerer Ausführung neu errichtet – die meisten Ruinen stammen aus dieser Zeit. Irgendwann zwischen 1500 und 1450 v. Chr. wurden erneut Teile der Anlage zerstört; der intakte Trakt blieb aber weiterhin bewohnt, bevor ein Feuer rund 50 Jahre später alles verschlang.

Der Neue Palast wurde dann sorgfältig geplant, er sollte den Bedürfnissen einer vielfältigen Gesellschaft genügen. Es gab Wohnräume für König und Königin, Residenzen für Beamte und Priester, Unterkünfte für das gemeine Volk, Friedhöfe. Öffentliche Versammlungsräume, Andachtsstätten, Werkstätten, Vorratsräume und Schatzkammern gruppierten sich um einen gepflasterten Innenhof, und ihre Anordnung war so unübersichtlich, dass viele darin den Ursprung für die Sage vom Labyrinth des Minotaurus vermuten. Früher waren die königlichen Wohnräume zur Besichtigung freigegeben, doch Anfang 1997 wurde der Bereich abgesperrt, weil man befürchtete, dass ihn die Millionen Besucher buchstäblich in Grund und Boden trampeln würden. Zwar sind umfangreiche Restaurationsarbeiten im Gang, aber eine erneute Freigabe für die Öffentlichkeit ist unwahrscheinlich.

Rundgang

Angesichts der zahllosen Säle, Gänge, Treppen, Kammern und Nischen ist es unmöglich, präzise Anleitungen für einen Rundgang zu geben. Doch zumindest muss niemand damit rechnen, in Knossos von einem undefinierbaren Steinhaufen zum nächsten zu stolpern: Dank Evans' Rekonstruktionsarbeiten sind die wichtigsten Teile der Anlage als solche erkennbar (wenn auch nicht ohne weiteres auffindbar). Und immer wieder gibt es nachgebaute minoische Säulen zu bewundern, meist in dunklem Braunrot mit goldgerändertem schwarzem Kapitell, die sich nach unten hin verjüngen.

Strategisch günstig angeordnete minoische Fresken zeugen von der hohen künstlerischen Fertigkeit dieses Volkes und geben dem Palast ein besonderes Flair. Mindestens ebenso anspruchsvoll wie die Malereien sind die Kanalisationsanlagen: Rohre und Rinnen sind unter Ausnutzung der Zentri-

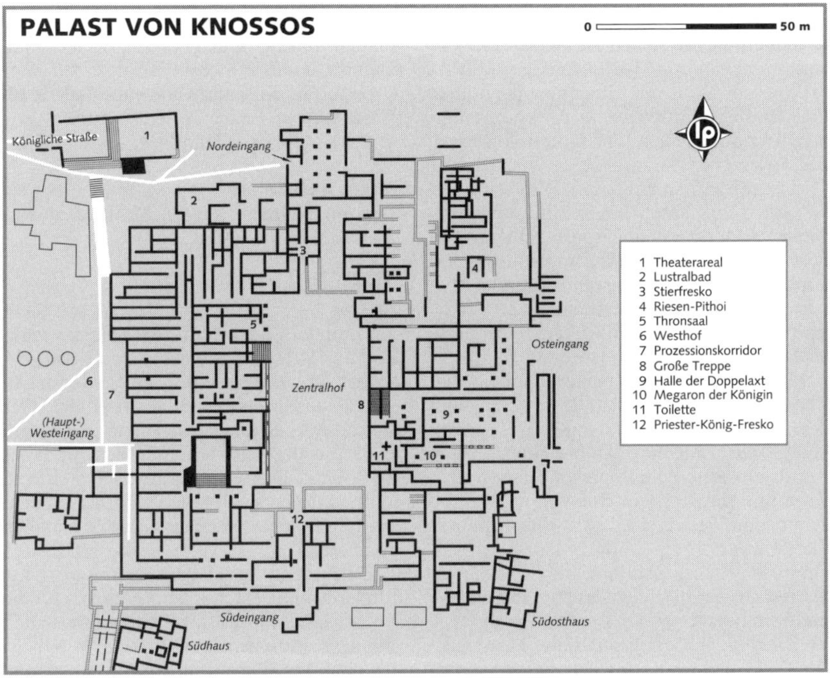

fugalkraft so angeordnet, dass Überschwemmungen verhindert werden konnten. An manchen Stellen läuft das Wasser sogar bergauf, ein Beweis dafür, dass sich die Minoer physikalische Gesetze zu Nutze machen wussten. Die geschickte Anordnung von Lichtschächten in Verbindung mit Durchgängen, Vordächern und Veranden sorgte für ein angenehmes Raumklima sowohl im Sommer wie im Winter.

Die meisten Besucher betreten den Palastkomplex durch den Westeingang und gelangen in den **Prozessionskorridor** mit seinen Fresken. Sie stellen eine lange Reihe von Minoern dar, welche Geschenke für den König tragen. Da diese Gemälde nur noch fragmentarisch erhalten sind, ist eine Nachbildung des **Priester-König-Fresko** im südlichen Zentralhof aufgestellt.

Eine alternativer Weg führt am Prozessionskorridor vorbei geradeaus und betritt das Areal vom nördlichen Ende her. Dort liegt das **Theaterareal**, das aus zwei Treppenfluchten besteht, deren exakte Funktion unbekannt ist. Wahrscheinlich zeigten dort Tänzer und Akrobaten ihre Künste, vielleicht haben sich aber dort auch die Bewohner versammelt, um hohen Besuch zu empfangen, der die Königliche Straße entlang kam.

Die **Königliche Straße** ist Europas erste Straße (Knossos kann mit einigen „Erstlingen" aufwarten). Sie führt nach Westen und wird von Werkstätten und Wohnhäusern der Unterschicht flankiert. Nicht weit davon liegt das **Lustralbad**, von dem Evans annahm, dass die Minoer dort rituelle Waschungen als Vorbereitung auf eine religiöse Zeremonie durchführten.

Wer den **Zentralhof** von Norden her betritt, kommt am **Stierfresko** vorbei, das einen angreifenden Bullen zeigt. Solche Relieffresken wurden aus feuchtem Gips modelliert und bemalt, bevor der Gips getrocknet war.

Ebenfalls sehenswert im nördlichen Bereich sind die **Riesen-Pithoi**. Pithoi sind Tonkrüge, in denen Olivenöl, Wein und Getreide aufbewahrt wurden. Über 100 solcher Krüge hat Evans auf dem Gelände gefunden, manche davon 2 m hoch. Die Seile, mit deren Hilfe die Krüge transportiert wurden, inspirierten die Minoer zu den erhabenen Ornamenten, mit denen die Gefäße verziert sind.

Am Zentralhof, der früher von den hohen Palastmauern umgeben war, beginnt der Streifzug durch die interessantesten Räume der Anlage.

Am nördlichen Ende der Westseite des Palastes führt eine Treppe hinunter zum **Thronsaal**, der zwar abgesperrt, aber trotzdem gut einsehbar ist. Ins Auge fallen der einfache, harmonisch proportionierte Alabasterthron und das **Greifen-Fresco**. Greife sind mythische Vögel, die von den Minoern als heilige Tiere verehrt wurden.

Manche Altertumsforscher glauben, der Thronsaal sei eine Kultstätte gewesen und der Thron hätte nicht einem König, sondern einer Priesterin gehört. Unbestritten besitzt der Raum eine geheimnisvolle, mystische Aura und hat so gar nichts von höfischem Pomp und Zeremoniell. Außerdem haben die Minoer ihren Göttern keine großen Tempel gebaut, sondern sie in kleinen Schreinen verehrt, von denen jeder Palast mehrere besaß.

Im ersten Stock liegt auf dieser Palastseite der Trakt, den Evans den **Piano Nobile** nannte. Er nahm an, dass sich hier Empfangs- und Prunksäle befanden. In einem Raum am Nordende sind Kopien einiger Fresken von Knossos ausgestellt.

Wieder zurück im Zentralhof führt von der Mitte der Ostseite die imposante **Große Treppe** hinauf in die **königlichen Gemächer**, die bei Evans die Megara von König und Königin heißen. Auch diese Räume sind abgesperrt. Das Megaron des Königs, auch **Halle der Doppelaxt** genannt, besteht aus zwei geräumigen, zusammenhängenden Zimmern, in denen der Herrscher schlief und bestimmten höfischen Pflichten nachkam. Ein Lichtschacht an einem und ein Balkon am anderen Ende sorgten für Belüftung.

Der Name der Halle rührt von den Spuren einer Doppelaxt auf dem Lichtschacht her. Solche Spuren finden sich vielerorts in Knossos, denn die Doppelaxt – labrys – war bei den Minoern ein geheiligtes Symbol, und aus ihr soll sich auch das Wort „Labyrinth" ableiten.

Eine Passage führt von der Halle der Doppelaxt in das **Megaron der Königin**. Über der Tür ist eine Nachbildung des **Delphinfreskos** angebracht, eines der schönsten minoischen Exemplare. Das Portal ist mit einem blauen Blumenmuster verziert. Nebenan liegt das Badezimmer der Königin mit einer Terracotta-Badewanne und einer **Toilette mit Wasserspülung** – auch das ein „Erstling", das Wasser wurde per Hand hineingeschüttet.

An- & Weiterreise

Bus Nr. 2 fährt alle zehn Minuten ab Bus Station A in Iraklion.

AMMOUDARA ΑΜΜΟΥΔΆΡΑ

1083 Ew.

Ammoudara liegt 4 km westlich von Iraklion und ist sozusagen der „Hausstrand" der Stadt, ein idealer Standort für alle, denen das Großstadtleben zu hektisch ist. Der weitläufige Sandstrand bietet genügend Platz für alle, aber wirklich lauschig ist es dort nicht: Der Wildwuchs an Hotel- und Wohnanlagen sowie Souvenirläden hat dem landschaftlichen Erscheinungsbild ziemlich geschadet.

Dafür kann der Ort mit einem abwechslungsreichen Nachtleben aufwarten, die Discos sind sowohl für Touristen als auch für Einheimische attraktiv. Auch Windsurfer kommen hier auf ihre Kosten; Ausrüstung kann bei **Agapi Beach Water Sports** (☎ 2810 250502) ausgeliehen werden, Tipps gibt's gratis dazu.

Wer zum Strand will, steht zwar erst einmal ratlos vor einer geschlossenen Reihe von Betonburgen, aber zwischen dem Agapi Beach Hotel und dem Candia Maris Hotel findet sich ein Schlupfloch.

Schlafen & Essen

Ammoudara wird von riesigen Hotelanlagen beherrscht, aber es gibt hier und da auch ein paar domatia (Privatzimmer).

Rent Rooms (☎ 28102 50265; EZ/DZ 25/30 €; Ⓟ) Gegenüber den Tennisplätzen des luxuriösen Candia Maris Hotels bietet dieses Haus einfache, geräumige Zimmer mit Kochgelegenheit und Balkonen mit Meerblick. Die Anlage ist eher karg, dafür gibt es nach hinten raus Parkplätze.

Hotel Armonia (☎ 28102 58770; www.hotelarmonia.com; DZ 35 €;) Nicht weit von der Hauptstraße. Kleine Apartments, außerdem einige Zimmer in einem neuen Gebäude in Strandnähe mit Pool und Pfauengehege. Die Bäder sind recht primitiv, aber das Preis-Leistungs-Verhältnis ist akzeptabel.

Ammoudara ist kulinarisch betrachtet nicht gerade ein Schlaraffenland. Von den Restaurants im Zentrum sind das China-Restaurant Golden Wheat (vernünftige Preise), der Italiener La Bussola und die Petousis Taverna mit kretischen Grillgerichten akzeptabel.

Unterhaltung

In der Hauptstraße und ihren Seitengassen machen Clubs und Kneipen mit neongreller Lichtreklame auf sich aufmerksam, und dort ist im Sommer auch der Bär los. Die In-Spots ändern sich von Saison zu Saison, am angesagtesten zur Zeit der Recherche waren das Barracuda, die Buddha Bar und das Plus Soda. Das Skol Pub ist eine beliebte Rockkneipe, oft mit Livemusik. Alle öffnen gegen 23 Uhr, gezappelt wird bis zum Morgengrauen.

An- & Weiterreise

Von Iraklion fährt Bus Nr. 6 ab dem Capsis Astoria Hotel zum Cretan Beach Hotel und zum Agapi Beach Hotel in Ammoudara. Ein Taxi kostet 4,50 €.

AROLYTHOS

An der Straße nach Tylisos liegt 11 km von Iraklion entfernt das künstliche kretische Dorf **Arolythos** (A-ro-ly-thos), das neuerdings auch mit einem **Museum für Landwirtschaft und Folklore** aufwarten kann (☎ 28108 21050; www.arolithosvillage.gr; Erw./Ki. 3/1,50 €; ⌚ Sommer 9–21 Uhr; Winter Mo–Fr 9–17 Uhr, Sa 10–18 Uhr). Das Baumaterial wurde in den 80er-Jahren aus allen Teilen der Insel zusammengetragen. Heute lockt das von Familien betriebene Kunstdorf mit einer Töpferei, einer Weberei, einer Schmiede, einer Taverne, *kafenia*, einem Kramladen mit Kunsthandwerk und einem riesigen Hof, der von den Kretern gerne für Hochzeiten und Taufen genutzt wird. Das dreistöckige Museum besitzt eine ganz ansehnliche Sammlung von Haushalts- und landwirtschaftlichen Geräten, die nach Themen geordnet den ländlichen Alltag veranschaulichen. Auch eine **Übernachtungsmöglichkeit** (EZ/DZ 40/60 €) in traditionell eingerichteten Zimmern wird angeboten.

Aus Richtung Iraklion führt die Straße an der Koumbedes-Taverne vorbei. Das renovierte ottomanische Gebäude, ursprünglich eine Moschee, wurde zu einem türkischen kafenion umgestaltet, das leckere Gerichte und einen schönen Ausblick auf das Tal bietet.

TYLISOS ΤΥΛΙΣΟΣ

Die kleine **minoische Ausgrabungsstätte** (☎ 28108 31498; Eintritt 2 €; ⌚ Di–Sa 8.30–15 Uhr) in Tylisos (*Tyl*-i-sos), 13 km südlich von Iraklion, kann nur unersättliche Enthusiasten vom Hocker reißen. Zu sehen sind drei Herrenhäuser aus verschiedenen Perioden. Wer dorthin fahren möchte, nimmt den Bus von Iraklion nach Anogia, der in Tylisos und in **Sklavokambos** (8 km weiter in Richtung Anogia) Station macht.

Die dortigen Ruinen stammen von einer Villa, die wahrscheinlich von einem Gebietsverwalter bewohnt und 1500 v. Chr. erbaut wurde.

ABSTECHER NACH KROUSONAS

Am Fuße des Berges Psiloritis haben die Frauen aus dem Dorf Krousonas ein originelles Geschäft auf die Beine gestellt: Sie backen typisch kretisches Gebäck und andere einheimische Köstlichkeiten, alles nach Urgroßmutters Geheimrezept. Die florierende **Kroussaniotissa Cooperative** (☎ 28107 11989; ⌚ 8–23 Uhr) bezieht demnächst größere Geschäftsräume, wo 25 Frauen *kalitsounia*-Gebäck, Mandelkekse, Zwieback, Pasta, *baklava*, *galaktoboureko* (Puddingteilchen) und andere süße Gaumenkitzler zubereiten. Ihre Spezialität sind *kouloura* (Gebildebrote), die bei Hochzeiten und Taufen sehr beliebt sind. Für die phantasievollen Verzierungen sind oft zwei Frauen bis zu acht Stunden beschäftigt. Die Kooperative ist der wichtigste Brötchengeber des Dorfes; sie beliefert Hochzeiten und andere Events in ganz Griechenland und exportiert sogar nach Deutschland.

Wen nach dem Genuss der Kalorienbomben das schlechte Gewissen plagt, der macht einen Verdauungsspaziergang zum nahe gelegenen Kloster **Moni Agia Irini**. In den letzten Jahren der venezianischen Herrschaft erbaut, wurde es 1822 von den Türken zerstört, die auch alle Mönche meuchelten. 1940 wurde das Kloster wieder aufgebaut, heute beherbergt es Nonnen.

> **WEINANBAU**
>
> Wer einmal die nagelneue Weinkellerei **Boutari** (☎ 28107 31617; www.boutari.gr; Eintritt 3 €; 🕓 10–18 Uhr) besucht hat, wird alles andere auf der Insel hoffnungslos veraltet finden. Dieser ultramoderne Betrieb bei Skalani, rund 8 km von Iraklion entfernt, liegt auf einem der Hügel des Fantaxometocho-Weinguts mit Panoramablick und ist definitiv einen Besuch wert: ein beeindruckender Probier- und Verkaufsraum, Besichtigungstouren und ein schräges, futuristisches Kreta-Video im Felsenkeller. Bei der High-Tech-Show mit Kopfhörern (vier Sprachen stehen zur Auswahl) lernt man u. a. einiges über das fachmännische Verkosten von Wein.
>
> Nicht weit davon, in Peza, befinden sich die Weinkellerei Minos (☎ 28107 41595; www.minoswines.gr; Video/Führung 1/3 €; 🕓 Mo–Fr 9–16 Uhr, Sa 9–15 Uhr) und die Genossenschaft der Weinbauern von Peza (☎ 28107 41945; Peza; Eintritt frei 🕓 Mo–Sa 9–17 Uhr). Bei beiden kann man Wein probieren und Videos sowie kleine Ausstellungen über die lokale Weinproduktion anschauen. Außerdem kostet der Wein hier weniger als in den Läden.

MYRTIA

Der Ort 15 km südlich von Iraklion steht ganz im Zeichen von Kretas berühmtestem Schriftsteller, der dort geboren wurde. An ihn erinnert das **Nikos Kazantzakis Museum** (☎ 28107 42451; www.kazantzakis-museum.gr; Erw./Stud. & Ki. 3 €/frei; 🕓 März–Okt. 9–19 Uhr, Nov.–Feb. So 10–15 Uhr). Die ausgezeichnete Sammlung von Memorabilia rund um den Autor und sein Werk wird durch eine Filmvorführung und Theaterplakate von Aufführungen seiner Stücke in aller Welt ergänzt (s. Kasten S. 54).

BEZIRK IRAKLION – MITTE

Die meisten Traveller durchqueren das Hinterland Iraklions auf ihrem Weg zur Südküste ohne Zwischenstopp, dabei gibt es dort durchaus einiges zu entdecken. Am besten geht das mit dem eigenen Fortbewegungsmittel. Im Regierungsbezirk Rethymnon im Westen erhebt sich der Berg Psiloritis, dessen Ostflanke in eine Reihe von Hochebenen mit tiefen Höhlen übergeht. Die berühmteste ist die **Ida-Höhle**, in der Göttervater Zeus entweder geboren sein oder als Kind gespielt haben soll, je nachdem an welche Version der Sage man glaubt. In der Höhle selbst gibt's nicht viel zu sehen, und die Straße dorthin ist auch nicht geteert, aber mit dem Motorrad oder Jeep macht der Trip trotzdem Spaß. Der Weg biegt hinter Anogia von der Hauptstraße ab und ist beschildert.

Die Landstraße von Iraklion in Richtung Süden führt durch einige belebte Städtchen und Dörfer, in die es nur wenige Touristen verschlägt, deswegen sind Hotels und *domatia* dort auch dünn gesät. Anogia mit mehreren interessanten Ausgrabungsstätten und ausgezeichneten Tavernen bietet sich als Ausflugsziel an, und Zaros ist ein günstiger Ausgangspunkt für Streifzüge durch die Umgebung.

ARCHANES ΑΡΧΆΝΕΣ

4498 Ew.

16 km südlich von Iraklion liegt das Zentrum der wichtigsten kretischen Weinanbauregion. Das fruchtbare Archanes-Becken ist seit dem Neolithikum besiedelt. Die Minoer hatten dort einen prächtigen Palast errichtet, der als Verwaltungszentrum für die Archanes-Region diente, später aber wie so viele andere minoische Bauwerke zerstört wurde.

Unter den Mykenern erlebte der Ort eine neue Blütezeit, die mit dem Einfall der Dorer 1100 v. Chr. abrupt endete. Heute ist Archanes ein lebhaftes Städtchen mit liebevoll restaurierten historischen Gebäuden und einladenden Plätzen. Es gilt als Musterbeispiel eines mit EU-Geldern subventionierten ländlichen Sanierungsprojekts und hat seine Einwohnerzahl auch dank der günstigen Verkehrsanbindung deutlich vergrößert.

Stadtmüde Iraklioner fahren gerne nach Archanes, um dort in den Tavernen zu essen und in den kafenia rund um den Marktplatz im Zentrum zu relaxen.

Das kleine, aber äußerst informative Archäologische Museum ist einen Besuch wert, und es gibt mehrere neu eröffnete Hotels.

Orientierung & Praktische Informationen

Das Städtchen ist zweigeteilt. In Ano (Ober-) Archanes liegt das Museum, in Kato (Unter-) Archanes befinden sich der Hauptplatz, das Postamt und die Bushaltestelle, die gegenüber der restaurierten Kirche liegt. Von dort aus den Berg hoch an der Gabelung rechts geht es zu einem weiteren, kleineren Platz. Es gibt mehrere Banken im Ort.

Sehenswertes

Von dem minoischen Palast sind nur noch kümmerliche Reste übrig (zu denen Hinweisschilder an der Hauptstraße führen). Das Archäologische Museum (☎ 28107 52712; Eintritt frei; ⌚ Mi–Mo 8.30–15 Uhr) zeigt einige interessante Funde von Ausgrabungsstätten in der Umgebung, darunter *larnakes* (Särge) und Musikinstrumente aus Fourni und ein ziselierter Dolch aus dem Anemospilia-Tempel (s. unten).

Schlafen & Essen

Billige Zimmer gibt es in Archanes nicht.

Diahroniko Apartments (☎ 28107 51505; www.diahroniko-cafe.com; EZ/Apt. 50/60 €) Die neuen Studios und Apartments am Stadteingang rechts gehören zu dem Café gleichen Namens.

Villa Arhanes (☎ 28103 90770; www.maris.gr) Etwas teurer ist diese renovierte kretische Villa aus dem 19. Jh. Die Gäste können an ländlichen Arbeiten und anderen für die Jahreszeit typischen Dorfaktivitäten teilnehmen.

Alle örtlichen Tavernen haben einen guten Ruf, die beliebtesten sind **Lakaotos** (☎ 28107 52433) und **To Spitiko** (☎ 28107 51591) an der Hauptstraße.

An- & Weiterreise

Es fahren stündlich Busse von Iraklion nach Archanes (1,30 €, 30 Min.)

RUND UM ARCHANES

Wer den Wegweisern an der Bushaltestelle in Archanes folgt, erreicht nach einem steilen Anstieg die Ausgrabungsstätten von Fourni. Die Kuppelgräber erinnern an steinerne Bienenstöcke und gehören zu Kretas größtem minoischen Friedhof, der um 2500 v. Chr. angelegt wurde. Eine der Grabstätten barg eine Frau der Oberschicht, deren reichhaltiger Schmuck im Archäologischen Museum Iraklion ausgestellt ist.

5 km südlich von Archanes liegt die minoische **Villa von Vathypetro** (Eintritt frei; ⌚ 8.30–15 Uhr), der Weg dorthin ist gut beschildert. Das Gebäude von 1600 v. Chr. gehörte wohl einem reichen minoischen Adligen. Zur Villa gehören mehrere Vorratsräume, in denen die Archäologen Wein- und Ölpressen, einen Webstuhl und einen Dörrofen fanden. Die Eingänge der Räume mit den Pressen sind zwar versperrt, aber die vergitterten Fenster lassen einen Blick auf die Geräte zu. Öffentliche Verkehrsmittel fahren die Villa nicht an, doch einige der Reiseagenturen in Iraklion haben sie in ihrem Tourprogramm.

1,5 km nordwestlich von Ano Archanes liegt die minoische Fundstätte **Anemospilia** (Höhlen des Windes). Der Tempel aus der Älteren Palastzeit sorgte unter den Archäologen für eine Sensation, denn hier fanden

ABSTECHER NACH HOUDETSI

Einige Kilometer südlich von Archanes liegt **Houdetsi**. In diesem an sich unauffälligen Dorf hat sich der berühmte Musiker Ross Daly niedergelassen. Mit Unterstützung der Ortsverwaltung verwandelte der Virtuose auf der kretischen Lyra ein baufälliges Steinhaus in den Labyrinth Musical Workshop, in dem er auch ein **Museum für Musikinstrumente** (☎ 28107 41027; www.labyrinthmusic.gr; Eintritt 3 €; ⌚ März–Okt. 10–14 Uhr) betreibt. Zu sehen ist ein Teil seiner umfangreichen Sammlung von Saiteninstrumenten aus aller Welt. Über 250 seltene und wertvolle Exemplare können bestaunt und dank eines interaktiven Audiosystems gehört werden.

Jeden Sommer strömen Weltmusik-Fans aus aller Herren Länder zu seinen Workshops und Meisterklassen, und die malerischen Grünanlagen rund um das Museum sind die perfekte Kulisse für Openairkonzerte. Dass oft Türken, Afghanen, Pakistani, Bulgaren und Mongolen hierher kommen, liegt daran, dass der Ire Ross Daly eine Koryphäe der modalen Musik aus Griechenland, dem Balkan, der Türkei, dem Nahen Osten, Nordafrika und Nordindien ist. Er hat schon rund zwei Dutzend Platten aufgenommen (s. S. 53).

sich Hinweise darauf, dass Menschenopfer in der minoischen Gesellschaft eine Rolle spielten. Die Ausgrabungsstätte ist ohne Genehmigung leider nicht öffentlich zugänglich. Für Erläuterungen zu den Opferriten s. Kasten S. 43.

ZAROS ΖΑΡΌΣ

2215 Ew.

Wem dieser Name bekannt vorkommt, der hat höchstwahrscheinlich schon einige Liter Mineralwasser der Marke „**Zaros**" hinuntergespült. Rund 46 km südlich von Iraklion steht das wohltuend unverdorbene, traditionelle Dorf Zaros, zu dessen Berühmtheit die Mineralquelle und Abfüllanlage sicher einiges beigetragen haben. Zahlreiche Ausgrabungen in der Umgegend zeigen, dass schon die Minoer und Römer die reichen Wasservorkommen zu nutzen wussten. Das Quellwasser von Zaros sprudelte auch in den Brunnen der großen römischen Siedlung Gortys. Ebenfalls reich gesegnet ist die Gegend mit byzantinischen Klöstern. Viele davon lassen sich auf einem Spaziergang zur beeindruckenden Rouvas-Schlucht besichtigen. Zaros ist als Hauptquartier für Wanderer hervorragend geeignet, auch zu den Stränden von Kommos ist es nur ein Katzensprung, und Ausgrabungsstätten gibt's dort ebenfalls mehr als genug.

Orientierung & Praktische Informationen

Das Geschäftsviertel von Zaros liegt am südlichen Ortseingang. Das Postamt und ein Supermarkt befinden sich gegenüber der Polizeistation, ein Geldautomaten in der Hauptstraße; OTE-Amt oder Internet-Café fehlen dagegen. Auskünfte über den besten Weg zur Rouvas-Schlucht und zu den Klöstern erteilt das Hotel Idi.

Sehenswertes & Aktivitäten

Wer ein eigenes Fahrzeug dabeihat, sollte die schöne Gegend mit ihren urwüchsigen Dörfern und byzantinischen Klöstern näher erkunden. An der Straße, die von Zaros nach Westen führt, weisen Schilder den Weg nach **Moni Agios Nikolaos**. Das Kloster liegt am Eingang zur **Rouvas-Schlucht** und wird noch von Mönchen bewohnt. In der Klosterkirche hängen Gemälde aus dem 14. Jh. Einige Kilometer weiter liegt das **Moni Agios Andonios Vrondissi**, bekannt durch seinen venezianischen Brunnen aus dem 15. Jh. und die schönen Fresken aus dem frühen 14. Jh., die als Paradebeispiele für die kretische Schule der Freskomalerei gelten.

Die Fahrt zu den Klöstern und weiter zu den Bergdörfern **Vorizia** und **Kamares** lohnt schon allein der malerischen Landschaft wegen. Von dort aus empfiehlt sich eine Wanderung auf den Gipfel des Psiloritis – beim Abstieg wahlweise den E4-Wanderweg westwärts nach Fourfouras einschlagen oder demselben Weg in östlicher Richtung zum Nida-Plateau folgen. Eine asphaltierte Straße führt nach Anogia (s. Kasten S. 142).

In der **Wasserabfüllanlage** am Nordende von Zaros hat man normalerweise nichts dagegen, wenn jemand einen Blick in die Fabrik werfen will. Kurz davor lädt der idyllische, schattige Park **Votomos** mit seinem kleinen See, einer Taverne, einem Café und einem Kinderspielplatz zum Relaxen ein. Am See beginnt ein Fußpfad, der über das Moni-Agios-Nikolaos-Kloster (900 m) zum Eingang der Rouvas-Schlucht führt (2,5 km). Sinnvoller wäre es allerdings anders herum: die Straße entlang zum Kloster und über den Fußweg zurück mit Endziel Park und Picknick.

Schlafen & Essen

Studios Keramos (☎/fax 28940 31352; EZ/DZ inkl. Frühstück 30/35 €; ❄) Das heimelige Hotel in Zentrumsnähe hat die Besitzerin Katerina liebevoll mit kretischem Kunsthandwerk, Webereien und Familienerbstücken dekoriert. In vielen Zimmern und Studios stehen antike Möbel, die meisten haben TV und eine Kochgelegenheit. Katerina steht extra früh auf, um das lukullische kretische Frühstück zuzubereiten – also nicht verschlafen!

Hotel Idi (☎ 28940 31301; votomos@otenet.gr; EZ/DZ inkl. Frühstück 33/47 €; ❄ 🏊) Das Hotel liegt einen Kilometer außerhalb des Dorfes inmitten von Bäumen und grünen Wiesen und bietet neben der Landidylle eine alte Mühle und ein kleines Museum. Es ist das ganze Jahr über geöffnet, hat hübsche Zimmer, einen Tennisplatz, Whirlpool und Sauna.

Gruppen sind im komplett ausgestatteten und mit traditionellen Möbeln eingerichteten **Anastasia guesthouse** (☎ 28940 31132; pro Pers. 20 €, das ganze Haus 140 €) bestens aufgehoben. Es gibt acht Schlafplätze.

I Limni (☎ 28940 31338; Forellen 22 € pro kg; ⏲ 9 Uhr–spät) Diese Taverne ist eine Oase direkt am See, wo fangfrische Forellen vom Grill und andere kretische Spezialitäten serviert werden. Die Appetithäppchen, die mit dem Brot auf den Tisch kommen, steigern die Vorfreude.

Votomos (☎ 28940 31666; Forellen 25 € pro kg) Forellen sind die Spezialität dieses exquisiten Fischrestaurants, das mit dem Hotel Idi verbandelt ist. Da sich die Flossentiere vor ihrem Küchenauftritt in einem riesigen Frischwasserbassin tummeln, ist die Ware garantiert frisch.

Vengera (☎ 28940 31730) Das stimmungsvolle rakadiko (Raki-Restaurant) im Dorfzentrum mit traditioneller kretischer Küche wird von Vivi und ihrer Mutter Irini geführt.

An- & Weiterreise

Täglich fahren nachmittags zwei Busse von Iraklion nach Zaros (3,40 €, 1 Std.).

BEZIRK IRAKLION – SÜDEN

Die Fernverkehrsstraße von Timbaki nach Pirgos trennt den nördlichen Teil des Regierungsbezirks Iraklion von der südlichen Küstenregion. Entlang dieser Verkehrsader liegen betriebsame Kleinstädte wie z.B. Mires oder Agii Deka, die die landwirtschaftlichen Produkte aus der Gegend vermarkten. Sie bieten zwar keine besonderen touristischen Attraktionen, vermitteln aber einen guten Eindruck von der Dynamik der aufstrebenden kretischen Wirtschaft.

Der Süden Mittelkretas kann mit einem Trio bedeutender Ausgrabungsstätten aufwarten: Festos, Agia Triada und Gortys. Daneben gibt es eine Vielzahl kleinerer Fundorte, die zusammen die bewegte kretische Geschichte von den Minoern bis zu den Römern widerspiegeln. Auch hier sind alle im Vorteil, die über einen eigenen fahrbaren Untersatz verfügen.

Eine mögliche Alternative wäre, eine organisierte Tour ab Iraklion zu buchen. Jedenfalls lohnt es sich unbedingt, einige dieser archäologischen Perlen zu besichtigen und dafür ein oder zwei Tage einzuplanen. Und wenn dann irgendwann die staubigen Steinhaufen ihren Reiz verloren haben, bieten die weitläufigen Sandstrände der Südküste um Matala, Kommos, Kalamaki und Lentas willkommene Abwechslung.

Weiter östlich locken die ruhigeren Küstendörfer Kastri und Keratokambos und das bezaubernde Bergdorf Viannos.

GORTYS ΓΟΡΤΥΝΑ

Die Ausgrabungsstätte in **Gortys** (☎ 28920 31144; Eintritt 4 €; ⏲ 8–19 Uhr, im Winter bis 17 Uhr), 46 km südwestlich von Iraklion, ist die größte ihrer Art in ganz Kreta und ziemlich beeindruckend. Gortys (Gor-tis), auch Gortyn oder Gortyna genannt, kann nicht viel aus der minoischen Periode vorweisen, da es zu der Zeit nur eine kleine Trabantenstadt des florierenden Festos war – erst unter den Dorern kam Gortys zu Reichtum, der hauptsächlich aus der Piraterie stammte. Im 5. Jh. v. Chr. war die Stadt dann schon so bedeutend wie Knossos. Als die Insel von den Römern erobert wurde, waren die Einwohner Gortys' so schlau, sich auf die Seite der Besatzer zu schlagen, und die revanchierten sich, indem sie Gortys 67 v. Chr. zur Hauptstadt Kretas erkoren. Unter der römischen Herrschaft florierte die Stadt und wurde großzügig mit öffentlichen Gebäuden ausgestattet, darunter ein Praetorium (Verwaltungsgebäude), ein Amphitheater, öffentliche Bäder, eine Musikschule und diverse Tempel. Mit Ausnahme des Apollon-Pythis-Tempels aus dem 7. Jh. v. Chr. und der Titus-Basilika aus dem 7. Jh. n. Chr. stammen die meisten Ruinen in Gortys aus der römischen Periode. Gortys' Höhenflug nahm 824 n. Chr. ein jähes Ende, als die Sarazenen auf Kreta einfielen und die Stadt zerstörten.

Die Dimensionen der Ausgrabungsstätte verdeutlichen, welchen Status die Stadt unter den Römern innehatte. Sie erstreckt sich auf über 1 km² Gelände, das aus der Ebene langsam bis zum Gipfel des Agios Ioannis ansteigt. Wie in den meisten römischen Städten war auch hier Wasser ein kostbares Gut. Es speiste das ausgeklügelte Leitungssystem, das die Brunnen und öffentlichen Bäder verband. Früher muss es hier Kanäle sowie ein Aquädukt gegeben haben, die das Wasser aus dem 15 km entfernten Votomos-See in die Stadt leiteten. Die sicher ebenfalls vorhandenen Straßen

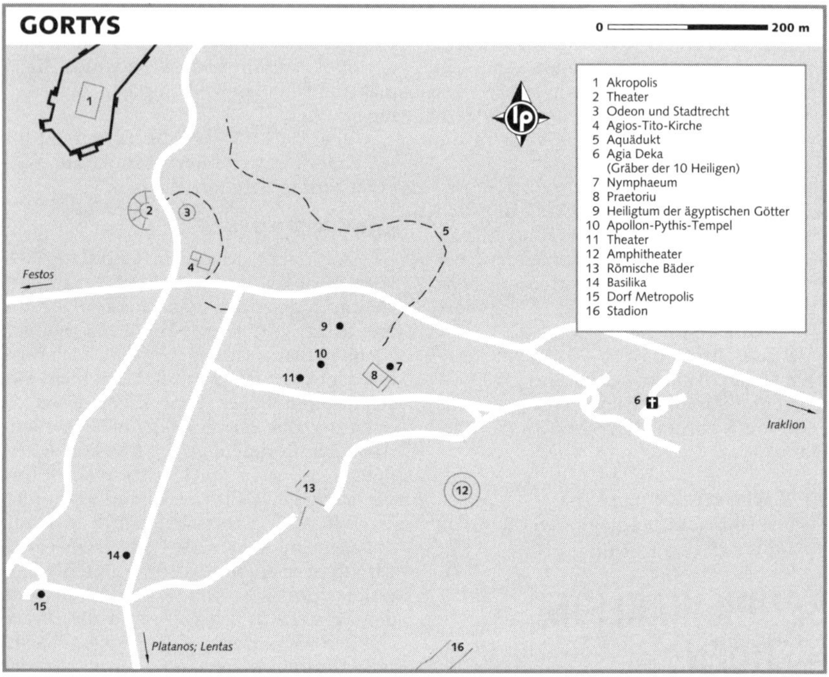

und ein Marktplatz wurden bisher nicht ausgegraben.

Begonnen hatte der italienische Archäologe Federico Halbherr mit den Ausgrabungen in den 80er-Jahren des 19. Jhs., doch sie dauern bis heute an. Nördlich der Hauptstraße wurde ein Bezirk mit zahlreichen Ruinen abgesperrt, aber die vielen Ausgrabungen nördlich und südlich der Hauptstraße von Agii Deka sind frei zugänglich.

Südlich der Hauptstraße von Gortys steht der **Apollon-Pythis-Tempel**, das wichtigste Heiligtum der Stadt in der vorrömischen Periode. Der Tempel wurde im 7. Jh. v. Chr. erbaut und im 3. Jh. v. Chr. erweitert. Im 2. Jh. n. Chr. hat man ihn in eine christliche Basilika umgewandelt. Nicht weit davon befindet sich das **Praetorium**, der Palast des römischen Verwalters von Kreta, zu dem auch eine Basilika und eine Privatresidenz gehören.

Die meisten der ausgegrabenen Gebäude wurden im 2. Jh. n. Chr. errichtet und im 4. Jh. n. Chr. erneuert. Weiter nördlich steht das Nymphaeum, ein öffentliches Bad, das über ein **Aquädukt** mit Wasser aus Zaros gespeist wurde. Ursprünglich war es mit Nymphenstatuen ausgeschmückt. Südlich des **Nymphaeums** erhebt sich das **Amphitheater**, das ebenfalls aus dem späten 2. Jh. n. Chr. stammt.

Herausragend im abgesperrten Bezirk ist die **Titus-Basilika**, die großartigste frühchristliche Kirche auf Kreta. Sie wurde möglicherweise auf den Fundamenten einer früheren Kirche erbaut, stammt selbst aber aus dem 6. Jh. Ihr Grundriss in Form eines lateinischen Kreuzes weist zwei Seitenschiffe auf. Das zum Teil erhalten gebliebene Tonnengewölbe lässt die frühere Pracht des Bauwerks erahnen. Als nächstes folgt das Odeon, ein Theater aus dem 1. Jh. v. Chr. Daneben steht eine Platane, in deren Schatten Zeus der entführten Europa das Lager für die Hochzeitsnacht bereitete – so will es jedenfalls die Sage.

Das Odeon wartet schließlich mit einer archäologischen Kostbarkeit auf, die ihresgleichen sucht: den Gesetzestafeln aus dem 6. Jh. v. Chr. mit dem **Stadtrecht von Gortys**. Sechshundert Zeilen in einem dorischen

Dialekt sind in die Steinplatten eingemeißelt, und dies ist der älteste bekannte Gesetzestext der griechischen Kultur. Er zeigt uns, dass die alten Kreter die gleichen Probleme hatten, die uns auch heute noch vor den Kadi treiben: Heirat, Scheidung, Eigentumsrecht, Erbschaft, Adoption und Verbrechen aller Art. Die dorischen Vorstellungen von Justiz sind interessant, aber noch wichtiger ist die Einsicht, die uns diese Gesetzestafeln in die Gesellschaftsordnung des vorrömischen Kreta geben. Es herrschte eine strenge Hierarchie, die aus Sklaven und mehreren Kategorien freier Bürger bestand, mit jeweils genau definierten Rechten und Pflichten.

Wer vor einer zum Teil etwas mühsamen Kletterpartie nicht zurückschreckt, wird nicht enttäuscht: Die **Akropolis** thront auf einem Hügel in der Nordwestecke des Geländes und bietet einen herrlichen Rundblick.

Der Weg dorthin folgt dem Wasserlauf in der Nähe des Odeons bis zu einem Tor, wo der Pfad zum Gipfel abgeht. Sehenswert sind auch die gewaltigen Überreste des vorrömischen Befestigungswalls.

Die Busse von Iraklion nach Festos halten auch in Gortys, Näheres dazu S. 183.

FESTOS ΦΑΙΣΤΟΣ

Die minoische Fundstätte von **Festos** (☎ 28920 42315; Eintritt 4 €, inkl. Agia Triada 6 €; 🕑 Juni–Okt. 8–19 Uhr, Nov.–Apr. 8–17 Uhr), 63 km südwestlich von Iraklion, gilt als zweitwichtigste Palastanlage der Minoer auf Kreta. Der Ausblick von hier auf die Messara-Ebene und den Psiloritis ist wirklich einzigartig. Die Anlage von Festos (Fes-tos) ist Ehrfurcht gebietend; sie gleicht der von Knossos, wo sich auch eine Vielzahl von Räumen um einen zentralen Hof gruppieren.

Keramikfunde belegen, dass sich in Festos bereits in der Jungsteinzeit um 4000 v. Chr. Menschen niedergelassen hatten; die ersten Siedlungen entstanden an den Hängen des Kastri-Hügels. Der erste Palast wurde ungefähr 2000 v. Chr. erbaut und durch jenes Erdbeben zerstört, das so vielen minoischen Palästen zum Verhängnis wurde. Die Ruinen verschwanden unter einer Schicht von Kalk und Geröll, die das Fundament für den neuen Palast bildete, mit dessen Bau um 1700 v. Chr. begonnen wurde. Dieser wiederum fiel der Katastrophe von 1450 v. Chr. zum Opfer. In der Periode dazwischen war Festos das politische und administrative Zentrum der Messara-Ebene. Alte Schriften bezeugen die Vormachtstellung der Stadt und erwähnen, dass dort eigene Münzen geprägt wurden. Auch in den folgenden Jahrhunderten war Festos bewohnt, verlor jedoch durch Gortys' Aufstieg an Bedeutung. Unter den Dorern stand Festos einem Verband mehrerer Städte, darunter Matala und Polyrinia in Westkreta, vor. Diese Allianz befand sich in permanentem Kriegszustand, und Festos musste sich schließlich im 2. Jh. v. Chr. Gortys geschlagen geben.

Die Ausgrabungen wurden 1900 durch Professor Federico Halbherr von der Italienischen Archäologischen Schule angestoßen und dauern bis heute an. Im Gegensatz zu Knossos wurden in Festos kaum Fresken gefunden – offensichtlich waren die Palastmauern zum Großteil mit einer weißen Gipsschicht bedeckt.

Die Ruinen wurden nicht rekonstruiert, und die Vorstellung, wie die Anlage ursprünglich wohl ausgesehen haben mag, wird noch dadurch erschwert, dass hier sowohl Reste des alten wie auch des neuen Palastes herumliegen.

DER DISKOS VON FESTOS

Diese 3600 Jahre alte Tonscheibe von 16 cm Durchmesser, ein Relikt aus minoischen Archiven, wurde 1908 in Festos gefunden und gibt seitdem allen Altertumsforschern Rätsel auf. Die Scheibe trägt Piktogramme, insgesamt 241 Zeichen, die in einer Spirale von außen nach innen (oder von innen nach außen?) eingeritzt sind. Noch ist es keinem gelungen, die Botschaft zu entziffern. Viele der naiven Symbole sind leicht zu deuten, sie erinnern an Körperteile, Tiere, Werkzeuge usw., aber sie weisen kaum Ähnlichkeit mit anderen kretischen Schriften wie Linear A und Linear B auf. Da es außer dieser Scheibe auf der Insel keine weiteren Funde mit solchen Zeichen gab, vermuten einige Experten, dass der Diskos von Festos ursprünglich nicht aus Kreta stammt. Kaum jemand glaubt, dass das Rätsel um seine Inschrift in absehbarer Zeit gelöst wird.

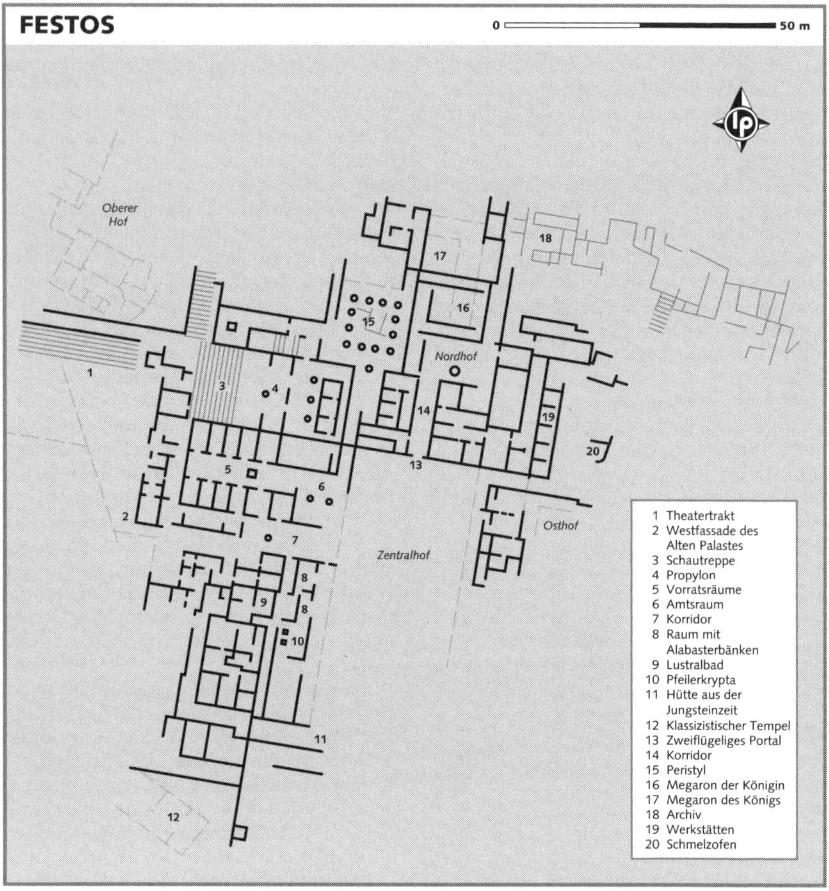

Rundgang

Hinter dem Kartenhäuschen beginnt der **Obere Hof**, der im Alten wie auch im Neuen Palast genutzt wurde. Hier finden sich Gebäudereste aus der hellenischen Epoche. Eine Treppe führt herunter in den **Theatertrakt**, in dem früher Darbietungen aller Art stattfanden. Die Sitze befinden sich am Nordende, das Südende ist gleichzeitig die **Westfassade des Alten Palastes**. Die 15 m breite **Schautreppe** führt zum **Propylon**, einem großen, überdachten Portal. Unterhalb davon liegen die Magazine, in denen heute noch große steinerne Pithoi (Vorratsbehälter) stehen. Die anschließende **Halle** wurde vermutlich als Amtsraum genutzt; 1955 kamen dort unter dem Boden Steintafeln mit Linear-A-Schrift zum Vorschein. Südlich der Magazine führt ein Korridor zur Westflanke des **Zentralhofs**. Im Süden des Korridors liegen ein **Lustralbad**, Räume mit Alabasterbänken und eine **Pfeilerkrypta**, ähnlich der in Knossos. Der Zentralhof ist das Herzstück des Palastes mit herrlichem Rundblick auf die Umgebung. Er ist sehr gut erhalten und vermittelt einen Eindruck von der ehemaligen Pracht des Palastes. Früher waren die Längsseiten des Zentralhofs von Säulenkolonnaden gesäumt. In der Südwestecke des Zentralhofs lohnt ein Blick auf die **Hütte aus der Jungsteinzeit**. Am unversehrtesten sind die Empfangsräume und Privatgemächer nördlich des Zentralhofs, wo immer noch gegraben wird. Der Weg dorthin beginnt an einem **zweiflügeligem Portal**, das von Halbsäulen flankiert wird, deren untere Hälften alle in ihrer ursprünglichen Form erhalten sind. Ein Korridor führt in den Nordhof, an dessen Westflanke das **Peristyl** liegt, zu dem früher eine gepflasterte Terrasse gehörte.

Die königlichen Gemächer (**Megaron des Königs** und **Megaron der Königin**) schließen sich im Nordosten an das Peristyl an, sind zurzeit aber nicht zugänglich. Der berühmte Diskos von Festos (s. Kasten) wurde in einem Gebäude im Nordteil der Anlage gefunden und ist nun im Archäologischen Museum Iraklion zu bewundern (s. S. 162).

An- & Weiterreise

Täglich fahren acht Busse ab Bus Station B in Iraklion nach Festos (4,50 €, 1½ Std.), die auch in Gortys halten. Außerdem gibt es täglich neun Busverbindungen ab Agia Galini (1,50 €, 30 Min.) und fünf ab Matala (1,30 €, 30 Min.).

VORI ΒΩΡΟΙ

755 Ew.

Ein nettes, unverfälschtes Dorf 4 km östlich von Timbaki mit einem ansprechenden Marktplatz, umgeben von verwinkelten Gässchen mit weiß gekalkten Häusern – und mit einer angenehmen Überraschung: dem hervorragend konzipierten **Ethnologischen Museum** (☎ 28920 91112; Eintritt 3 €; ⌚ Apr.–Okt. 10–18 Uhr, im Winter nach Absprache, ☎ 28920 91110) unter privater Leitung. Die Exponate (mit englischen Hinweisschildern) behandeln Themen wie ländliches Leben, Krieg, Sitten und Gebräuche, Architektur, Musik sowie Kräuter, Fauna und Flora, die Basisprodukte der kretischen Küche, und geben so einen faszinierenden Einblick in die kretische Kultur. Echte Hingucker sind einige Webarbeiten, Möbel, Holzschnitzereien und Musikinstrumente. Der Weg zum Museum ist beschildert.

Rund um den Marktplatz locken mehrere Tavernen, Hinweisschilder führen zu den **Portokali Apartments** (☎ 28920 91128; Studio 25 €; ✇) 400 m hinter dem Ethnologischen Museum. Zur Auswahl stehen vier attraktive Studios; ein idyllischer Garten mit Grillgelegenheit und weitere nette Details wie Fahrräder für die Gäste tragen zur Wohlfühlatmosphäre bei.

AGIA TRIADA ΑΓΙΑ ΤΡΙΑΔΑ

Eingebettet in die idyllische Hügellandschaft, inmitten von Orangenhainen, liegt 3 km westlich von Festos die Ausgrabungsstätte **Agia Triada** (☎ 28920 91564; Eintritt 3 €, inkl. Festos 6 €; ⌚ Sommer 10–16.30 Uhr, Winter 8.30–15 Uhr). Auch hier scheinen bereits im Neolithikum Menschen gesiedelt zu haben. Einige der im Archäologischen Museum Iraklion ausgestellten Attraktionen wie z. B. die Schnittervase, die Boxervase und der Prinzenbecher stammen von hier, doch die Anlage selbst hatte lange nicht die Bedeutung wie der Palast von Festos. Das Hauptgebäude war im gleichen Stil erbaut, nur erheblich kleiner. Deswegen und aufgrund der luxuriösen ausgegrabenen Objekte ist anzunehmen, dass es sich hier ebenfalls um eine königliche Residenz handelt, eventuell um den Sommersitz der Herrscher von Festos.

Hinter dem Eingang führt der Weg durch die Ruinen eines **minoischen Wohnhauses** zu einer **Kultstätte** aus dem 14. Jh. v. Chr. Zu ihr gehörte einst ein Fußboden mit üppigen Freskenmalereien, die Delphin- und Oktopusmotive zeigten. Sie sind nun im Archäologischen Museum Iraklion ausgestellt. Nordwestlich der Kultstätte liegt ein gepflasterter Hof, dem die Archäologen den Namen **Hof der Schreine** verpassten. Im Südwestflügel lohnt ein Streifzug durch die **Magazine und Werkstätten**, wo auch der berühmte Prinzenbecher gefunden wurde. Nördlich der Werkstätten liegt der **Hauptsaal** und daran anschließend ein **Privatraum** mit einem Steinpodest, das früher vielleicht als Bettsockel diente – ein Hinweis darauf, dass es sich hier um den Wohntrakt handelt. Im **Archiv** nebenan hat man über 200 Schrifttäfelchen sowie das so genannte Wildkatzenfresko gefunden, die ebenfalls ins Archäologische Museum Iraklion wanderten. Die **Rampa al Mare**, eine lange Terrasse, verläuft an der Nordseite der Residenz. Vermutlich führte sie einstmals zur Küste hinunter, daher der Name. Vom abgesperrten Areal führt ein Trampelpfad hügelaufwärts zur Nekropole, die um 2000 v. Chr. angelegt wurde und zwei **Kuppelgräber** beherbergt.

Öffentliche Verkehrsmittel fahren Agia Triada nicht an. Zu Fuß ist es von den umliegenden Dörfern aus ein rund 5 km langer Spaziergang. Die Straße nach Agia Triada zweigt 500 m nach Festos von der Hauptstraße in Richtung Matala rechts ab.

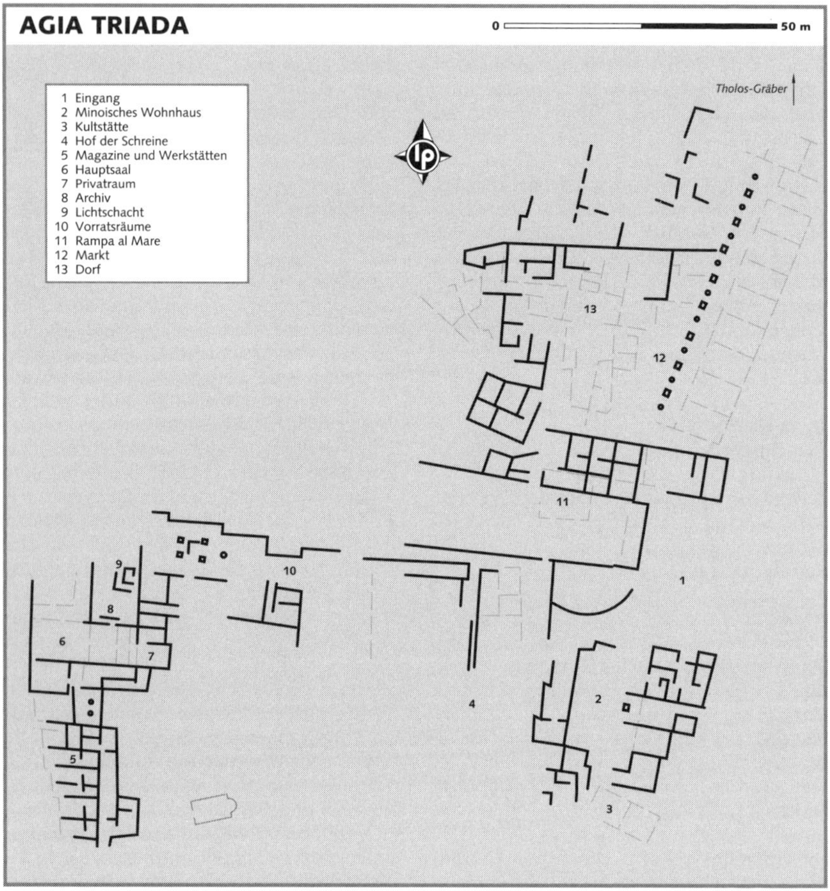

KOMMOS ΚΟΜΜΟΣ

Kanadische und amerikanische Archäologen buddeln in Kommos, 12 km südwestlich von Mires, direkt am Meer. Die Ausgrabungsstätte ist zwar abgesperrt, aber von außen gut einsehbar. Kommos soll der Hafen von Festos gewesen sein und wartet ebenfalls mit reichhaltigen minoischen Steinrelikten auf. Die Anlage der früheren Stadt mit ihren Straßen, Höfen, Werkstätten, Wohnhäusern und Tempeln ist gut zu erkennen. Ins Auge fällt die mit Kalkstein gepflasterte Straße, die vom Südteil der Anlage in Richtung Festos verläuft. Gut erkennbar sind die Fahrspuren, die die minoischen Gefährte hinterlassen haben, und der Abfluss an der Nordseite.

Kommos liegt 3 km nördlich von Matala und ist das ideale Ziel für einen Spaziergang.

MATALA ΜΑΤΑΛΑ

100 Ew.

Matala (*Ma*-ta-la), ein Küstenort 11 km südwestlich von Festos, war früher einmal der In-Treff auf Kreta. Wer die bizarren Felswände mit den unzähligen Höhlen in luftiger Höhe sieht, versteht gut, dass die Hippies der 60er-Jahre Lust bekamen, hier Caveman zu spielen. Dabei sind diese Höhlen eigentlich Grabstätten, die die Römer im 1. Jh. n. Chr. aus dem weichen Sandstein herausgemeißelt hatten. Darin richteten sich die Kreta-Freaks dann gemütlich ein, klopften Fensteröffnungen hinein und sogar Tische und Betten.

Viel mehr als die Höhlen ist vom historischen Matala nicht mehr übrig, das wahrscheinlich von den Herren in Festos ebenfalls als Hafen genutzt wurde. Der Ort erlebte unter den Römern eine Blütezeit, die von 67 v. Chr. bis ins 9. Jh. n. Chr. andauerte, als die Araber auf Kreta einfielen. In dieser Periode diente Matala als Hafen für Gortys, denn bei Ausgrabungen kamen hier Münzen, Vasen und Amphoren aus Gortys ans Tageslicht.

Heute ist Matala ein entwickelter und ziemlich gesichtsloser Touristenort; im Sommer herrscht Highlife, im Winter tote Hose. Die Szene tummelt sich längst anderswo, nur die Karettschildkröten scheinen sich hier wohl zu fühlen, denn in Matala und Umgebung brüten zahlreiche Exemplare. Die griechische Sea Turtle Protection Society hat einen Stand in der Nähe des Parkplatzes. Der Sandstrand am Fuße der Klippen ist immer noch schön, und Festos und Agia Triada sind von hier aus gut zu erreichen.

Orientierung & Praktische Informationen

Am Marktplatz, einen Häuserblock landeinwärts, ist die Bushaltestelle. Wer mit dem Auto unterwegs ist, stellt es am besten auf dem großen Areal vor dem Ortseingang ab und geht zu Fuß weiter zum Strand. Nicht weit von dort ist ein mobiles Postamt; im Ort selbst gibt es drei Geldautomaten, aber keine Touristeninformation.

Monza Travel (☎ 28920 45757), am Ortseingang rechts, vermietet Zimmer, Apartments, Autos und Motorräder und organisiert Bootstouren.

Zafiria Internet (☎ 28920 45498; 4 € pro Std.; ⏲ 10 Uhr–spät) bietet Onlinezugang.

Sehenswertes & Aktivitäten

Zur Abwechslung gibt's hier mal keine Museen, Denkmäler und Ausgrabungsstätten. Matala, das heißt in erster Linie Strand und **Höhlen** (Eintritt 2 €; ⏲ Juni–Sept. 8–19 Uhr), die übrigens nachts nicht zugänglich sind. Am **Strand** lässt es sich wunderbar schwimmen, ein Pinienwäldchen am Rand verspricht etwas Schatten, außerdem sind wie überall Sonnenschirme und Liegestühle im Angebot.

Wer es einsamer liebt, nimmt eine halbstündige Kraxelei über die Klippen auf sich und erreicht den **Kokkoni Ammos** (roten Strand) im Süden Matalas, wohin sich die textilfreien Sonnenanbeter gerne zurückziehen.

Schlafen

Mehrere ansprechende Möglichkeiten in Matala City stehen zur Auswahl, darunter ein schöner Campingplatz. Die Straße, die links des Hauptgetümmels landeinwärts führt, kann mit diversen Billigunterkünften aufwarten – angesichts der Konkurrenz ist Handeln kein Problem. Außerhalb der Saison machen fast alle Hotels vernünftige Angebote.

Pension Andonios (☎ 28920 45123; Fax 28920 45690; EZ/DZ/3BZ 25/30/35 €) Antonis, der Chef dieser Pension, ist einfach ein genialer Typ. Die Zimmer sind okay und haben oft Kochnischen, im oberen Stock auch Balkon.

Fantastic Rooms to Rent (☎ 28920 45362; Fax 28920 45292; DZ/3BZ 25/30 €, DZ mit Küche 30 €; ❄) Erinnert ein bisschen an die guten alten Hippiezeiten, hat aber hinten neu angebaut. Die Zimmer sind eher nichtssagend, aber bequem, viele davon mit Kochgelegenheit, Telefon, Wasserkocher und Kühlschrank.

Silvia Rent Rooms (☎ 28920 45127; DZ/3BZ 25/30 €) Diese Pension liegt ganz in der Nähe von Fantastic Rooms. Die neun Zimmer sind einfach und sauber, haben einen Kühlschrank und einen Balkon mit Blick auf die Klippen. Die Bäder sind ein bisschen veraltet, und von Klimaanlagen hat man hier auch noch nichts gehört.

Hotel Zafiria (☎ 28920 45366; Fax 28920 45725; DZ inkl. Frühstück 40 €; ❄ Ⓟ 🏊) Das Hotel beansprucht einen kompletten Häuserkomplex an der Hauptstraße. Dafür bietet es aber auch eine weitläufige Lobby-Bar und geräumige Zimmer mit Balkon, Seeblick und Telefon. Der neu gebaute Pool liegt direkt unterhalb der Klippen.

Matala Community Camping (☎/Fax 28920 45720; Zelt/Erw. 2,90/4,10 €) liegt direkt hinter dem Strand. Nicht schlecht; es gibt Schattenplätze, aber das Gelände ist ziemlich uneben.

Essen

Kulinarische Highlights sind hier kaum zu finden, aber verhungern muss dennoch niemand, auch nicht außerhalb der Touristenabfütterungsstätten.

Nikos (☎ 28920 45335; Hauptgerichte 4–7,50 €, Fisch 27–41 € pro kg) Das Fischrestaurant punktet hauptsächlich mit seiner Toplage auf den Klippen über dem Strand in der Nähe des römischen Friedhofs, ist aber trotzdem nicht schlecht.

Scala (☎ 28920 45489; Fischplatte für zwei 10 €) In der Nähe von Nikos; noch schönere Lage, abgeschieden, mit Vogelperspektive auf den Strand.

Gianni's Taverna (☎ 28920 45719; Hauptgerichte 4–7 €) Ziemlich am Ende der Hauptstraße; einfach, aber gut, vor allem die Sachen vom Grill. Preisbeispiel: Grillteller mit Salat und Kartoffeln 7 €.

Lions (☎ 28920 45108; Tageskarte 5,50–9 €) Ein Dauerbrenner, sei es wegen des Strandblicks oder der für hiesige Verhältnisse guten Küche. Lohnt sich auch nur für einen Drink, da abends immer was los ist.

Selbstversorger werden in den verschiedenen Mini-Markets, einer Bäckerei und weiteren Läden fündig.

HIPPIE-HOCHBURG

Lange bevor Mykonos und los angesagt waren, hatten die Blumenkinder und Aussteiger Matala für sich entdeckt. Als moderne Höhlenmenschen nisteten sie sich Ende der 60er- und Anfang der 70er-Jahre in den Felsen ein und zogen immer weiter nach oben, um sich den sporadischen Säuberungsaktionen der örtlichen Polizei zu entziehen. Auch Joni Mitchell gehörte zeitweise zu dieser Hippie-Community und ließ ihre Eindrücke in den Song „Carey" auf dem Album Blue von 1970 einfließen: „…but let's not talk about fare-thee-wells now, the night is a starry dome and they're playin' that scratchy rock and roll beneath the Matala moon."

Gratisunterkunft in Felsenhöhlen, ein wunderschöner Strand, jede Menge billiger Kneipen, freie Liebe und Marihuana bis zum Abwinken, was begehrt das Hippieherz mehr? So konnte sich Matala zeitweise vor langhaarigen nackten Sonnenanbetern mit Stirnband und Gitarre kaum retten. Die Höhlen sind heute noch da – mittlerweile eingezäunt –, aber ihre Bewohner längst aufgebrochen zu neuen Ufern. Wie bemerkte einer der Ex-Freaks treffend: „Things ain't just cool no more…man!"

An- & Weiterreise

Täglich fahren neun Busse von Iraklion nach Matala (5,50 €, 2½ Std.) und fünf von Matala nach Festos (1,30 €, 30 Min.).

RUND UM MATALA

Wenn es in Matala nervig wird, vor allem im Sommer, flüchten viele nach **Pitsidia**, ein kleines Dorf 5 km weiter landeinwärts. Viel geboten wird dort nicht, Bekanntschaften mit anderen Travellern sind aber garantiert, und wer will, kann mit Pferden Ausflüge in die Umgebung machen – zu buchen bei **Melanouri Horse Farm** (☎ 28920 45040). Alle Busse nach Matala halten auch in Pitsidia im Dorfzentrum vor dem Hotel Aretousa.

Hotel Aretousa (☎ 28920 45555; EZ/DZ 21/29 €) Ein kleines, gemütliches Hotel an der Hauptstraße mit hübscher Gartenterrasse, auf der das Frühstück serviert wird. Die Zimmer sind sauber, nett eingerichtet und haben Moskitonetze. Die Gemälde stammen von dem Hotelbesitzer Michalis.

Bodikos Rooms & Pizzeria (☎ 28920 45438; www.bodikos-matala.com; DZ/3BZ 25/30 €) Außer leckeren Pizzas aus dem Holzbackofen (4–4,90 €) sind hier im ersten Stock auch bequeme Zimmer und Studios zu bekommen, ebenso eine Privatunterkunft in der Nähe.

Komos Beach camp site (☎ 28920 42332; Zelt/Pers. 2,50/3,50 €). Der Campingplatz liegt am Komos Beach, rund 4 km vor Matala an der Straße nach Festos.

KAMILARI ΚΑΜΗΛΑΡΙ

289 Ew.

Dieses Dorf, gebaut auf drei Hügeln, wirkt wie eine Kulisse, vor der sich das „echte kretische Leben" abspielt. Übernachtungsmöglichkeiten gibt es nur am Dorfrand. Weitere Attraktionen sind der Kalamaki-Strand ganz in der Nähe und ein minoisches Grabmal direkt vor dem Dorf. Da Kamilari nur 2,5 km von Festos entfernt liegt, ist es ein idealer Standort, um sowohl die Ausgrabungsstätten als auch die Südküste zu erkunden.

Sehenswertes

Das minoische **Hügelgrab** von Kamilari wurde 1900 v. Chr. geschaufelt; seine 2 m hohen Steinwände stehen noch heute wie eine Eins. Archäologen zufolge war das Grab einstmals von fünf kleinen Räumen umringt, in denen die Begräbnisriten abgehalten wurden. Bei Ausgrabungen hat man

Tontafeln mit bildlichen Darstellungen solcher Riten gefunden, die im Archäologischen Museum Iraklion zu besichtigen sind. Am Ortseingang von Kalimari ist die Straße zum Hügelgrab ausgeschildert. Zu Fuß sind es rund 30 Minuten, das Grab liegt inmitten von Feldern 3 km außerhalb des Dorfes.

Schlafen & Essen

Am Marktplatz werben diverse Schilder für freie Zimmer.

Apartments Ambeliotissa (☎/fax 28920 42690; www.ambeliotissa.com; Studio 25–47 €; ❄) Alle Studios und Apartments haben Klimaanlage und – für Gäste, die im Winter kommen – Heizung. Das mit weiß-rosa Stuck verzierte Gebäude kann außerdem mit einem offenen Kamin, Veranda und Freiluftgrill aufwarten. Dem Haus angeschlossen sind die Studios Pelekanos in der Nähe.

Asterousia Apartments (☎ 28920 42832; www.asterousia.com; EZ/DZ 27/32 €) Die vor dem Haus aufgespannte Hängematte, die vielen Antiquitäten und die in frischen Farben gestrichenen, offenen Räume sorgen für eine relaxte Atmosphäre. Dazu passen auch der große, alte Holztisch auf der Veranda und der schöne Garten. Viele Gäste fühlen sich hier sofort heimisch und wollen gar nicht mehr weg – ein idealer Platz für längere Aufenthalte und für Familien.

Plaka Apartments (☎ 28920 42697; www.plakakreta.com; DZ 30 €; ❄) Geschmackvoll eingerichtete Apartments in kühlem Blau mit weißen Jalousien, dazu Balkon mit Meerblick auf einem Hügel direkt vor den Toren von Kamilari. Ein Garten mit Liegestühlen lädt zur Siesta ein. Weitere Auskünfte in der Taverna Mylonas.

Taverna Mylonas (☎ 28920 42156; Hauptgerichte 5,50–6,50 €) Hier wird gekocht wie bei Muttern: traditionell Kretisches, dazu Gerichte mit italienischem und chinesischem Einschlag. Die Taverne liegt im Ortszentrum und bietet von der Terrasse einen tollen Blick auf die umliegenden Berge.

An- & Weiterreise

Jeden Morgen fährt ein Bus von Iraklion über Mires nach Kamilari (5 €, 1½ Std.)

KALAMAKI ΚΑΛΑΜΆΚΙ

75 Ew.

Attraktion von Kalamaki ist der kilometerlange breite Sandstrand, der zu ausgedehnten Spaziergängen einlädt. Langsam streckt der Tourismus aber auch in dieses verschlafene Nest 2,5 km südwestlich von Kamilari seine Fühler aus. Es gibt jetzt eine Teerstraße zum Strand, und allmählich verwandeln sich die halbfertigen Betonkonstruktionen, die dort leider herumstehen, in bezugsfertige Hotels. Trotzdem ist Kalamaki bislang noch ziemlich ruhig, und das Meer hier eignet sich hervorragend zum Schwimmen.

Orientierung & Praktische Informationen

Es gibt nur eine richtige Straße, die zum Dorfplatz direkt am Strand führt. Postamt, Touristeninformation oder OTE sind Fehlanzeige, aber **Monza Travel** (☎/Fax 28920 45692; 🕑 9–14 & 17–22 Uhr) vermietet Autos und Motorräder, kümmert sich um Hotelreservierungen, bucht Flüge, besorgt Schiffstickets und bietet Ausflüge auf ganz Kreta an.

Schlafen

Babis Studios (☎ 28920 45220; www.studio-babis.gr; DZ 30 €; ❄) Dieser Hotelkomplex direkt am Strand wurde 2004 eröffnet. Die Zimmer sind geschmackvoll eingerichtet, TV und Fön gehören zum Standard, die Balkone haben Meerblick.

Kostas Hotel (☎/Fax 28920 45692; www.kreta-kalamaki.com; DZ 25–60 €; ❄) Die Zimmer liegen über dem Büro von Monza Travel und sind mit Kühlschrank, TV-Gerät und Kaffeemaschine ausgestattet. Größe und Bettenzahl je nach Bedarf, maximal sechs Schlafplätze.

Pension Galini (☎ 28920 45042; Fax 28920 23442; EZ/DZ 25/30 €; ❄) Eine der schönsten Übernachtungsmöglichkeiten im Dorf, nur 100 m vom Strand entfernt. Die geräumigen Zimmer sind mit Kiefernholzmöbel eingerichtet und haben Balkon, manche auch eine gut ausgestattete Kochnische. Die Dachterrasse bietet einen schönen Meerblick.

Essen

Yiannis (☎ 28920 45685; gemischte Mezedes 6,50–10,50 €) Das kleine Strandlokal ist leicht zu übersehen, seit sich immer mehr Hotels dort breit machen, aber die Stammkundschaft bleibt ihm wegen seiner schnörkellosen, vorzüglichen *mezedes* zu angemessenen Preisen treu. Auf der Karte stehen auch viele vegetarische Gerichte, und zum Abschluss gibt's einen Raki gratis.

Taverna Avra (☎ 28920 45052; Fisch 30 € pro kg) Am Nordende der Strandpromenade tischt diese Taverne frischen Fisch und kretische Spezialitäten auf, dazu gibt es täglich wechselnde Angebote an Ofengerichten.

Ebenfalls empfehlenswert ist das Fischrestaurant **Delfinia** (☎ 28290 45697) am Nordende der Strandpromenade.

An- & Weiterreise

Jeden Morgen fährt ein Bus ab Iraklion über Mires (5 €, 2 Std.).

LENTAS ΛΈΝΤΑΣ

77 Ew.

Lentas besticht durch Abgeschiedenheit und relaxtes Urlaubsfeeling. Der Weg in das kleine Küstendorf, das wie ein Adlerhorst in den Felsen nistet, führt über ein kurvenreiches Sträßchen, das auf den letzten paar Kilometern hinunter zum Strand ein paar Schwindel erregende Ausblicke bietet. Der Hausstrand ist nett, aber ziemlich schmal und steinig, deshalb lohnt sich ein Spaziergang durch die bizarren Felsklippen, um sich seinen Privatsandstrand zu suchen. Zwar haben auch schon ein paar Reiseveranstalter Lentas im Programm, aber trotzdem kommen hauptsächlich Individualreisende her – manche regelmäßig seit zwanzig Jahren! In der Ferienzeit im Sommer ist spürbar mehr los, aber es artet nie in Rummel aus, was sicher auch der Tatsache zu verdanken ist, dass es hier keine Durchgangsstraße gibt. Alles in allem ein friedliches Örtchen, das Leben spielt sich hauptsächlich am Strand ab, wo es eine Reihe von Bars gibt.

Bequem zu Fuß zu erreichen sind eine Ausgrabungsstätte und der FKK-Strand Dytikos, wo ein paar Althippies aus Matala ihre Zelte aufgeschlagen haben. Manche wohnen hier das ganze Jahr über. Lentas ist ideal für alle, die spazieren gehen, Fisch essen und abschalten wollen.

Orientierung & Praktische Informationen

Am Ortseingang gabelt sich die Hauptstraße. Rechts geht es zum Dorfplatz, links zum Parkplatz, wo auch der Bus hält. Dort gibt es ein paar Läden mit dem Allernotwendigsten, und damit hat sich's. Postamt, Bank oder OTE: Fehlanzeige, aber immerhin hält ein **Internet Café** (☎ 28290 95206; 3 € pro Std.) in der Nähe des Strandes den Kontakt zur Außenwelt. Zum Dytikos-Strand auf der Hauptstraße 1 km in Richtung Westen gehen oder den Fußweg über die Klippen nehmen.

Sehenswertes

Die Ausgrabungsstätte **Lebena** direkt vor dem Ort war ein Heilbad, das die Römer wegen der therapeutischen Wirkung der Quellen besuchten. Von dem dazugehörigen Tempel aus dem 4. Jh. v. Chr. sind nur noch zwei Granitsäulen übrig. Nicht weit vom Tempel gab es eine Schatzkammer mit Mosaikboden, die Besuchern offen steht. Der Rest gibt nicht viel her, die Quellen wurden in den 60er-Jahren geschlossen.

Schlafen & Essen

Studios Gaitani (☎ 28920 95341; www.studios-gaitani.gr; Studio 25–40 €; ❄) Näher am Strand geht's nicht. Ein geräumiges Apartment über zwei Etagen und mehrere neue Studios mit Kochnische, TV und Kühlschrank; die größeren bieten bis zu vier Schlafplätze.

Rooms & Taverna El Greco (☎ 28920 95322; EZ/DZ 35 €; ❄) Einige Zimmer haben einen Balkon mit Meerblick. Auch in der ausgezeichneten Taverne ist die Aussicht auf Garten und Meer wunderschön. Die Karte bietet eine reiche Auswahl an mayirefta, griechischer und internationaler Küche. Der fangfrische Schwertfisch (8,50 €) ist besonders gut.

Rent Rooms Zorbas (☎ 28920 95228; 25 €; ❄) An der Gabelung der Hauptstraße rechts gehen, um zu diesem Hotel-Restaurant auf den Klippen zu gelangen. Die Zimmer sind ansprechend, manche haben einen Balkon mit Meerblick.

An- & Weiterreise

Täglich fährt nachmittags ein Bus ab Iraklion (5 €, 3 Std.).

ANO VIANNOS ΑΝΩ ΒΙΆΝΝΟΣ

878 Ew.

Ano Viannos liegt im südöstlichen Zipfel des Regierungsbezirks Iraklion, an der Südflanke des Berges Dikti. Früher gab es dort ein Folkloremuseum, um das sich anscheinend keiner mehr kümmert. So ist die zierliche **Agia-Pelagia-Kirche** (Eintritt frei; 🕒 Sommer 9–20 Uhr) aus dem 14. Jh. zur Hauptattraktion aufgerückt. Die Innenwände sind reich mit Fresken von Nikiforos Fokas verziert; sie hätten zwar eine Auffrischung nötig, sind aber trotzdem sehenswert. Wer die Kirche besichtigen will, folgt den Hinweisschildern, die ans obere Dorfende führen.

Unterkunft und gutes Essen gibt's bei **Taverna & Rooms Lefkes** (☎ 28950 22719; Zi. 15 €), von der Hauptstraße bergabwärts. Die Zimmer unterhalb der Taverne sind etwas dunkel und ungemütlich; dafür Maria verwendet in der Küche nur gartenfrische Zutaten und zaubert daraus herrliche Salate und kretische Gerichte (4–6 €), z. B. Lamm im Tontopf.

Von Ano Viannos fahren täglich drei Busse nach Iraklion (4,70 €, 2 Std.) und drei nach Ierapetra (3,05 €, 1 Std.) über Myrtos.

KASTRI & KERATOKAMBOS
ΚΑΣΤΡΊ & ΚΕΡΑΤΌΚΑΜΠΟΣ

353 Ew.

Nach 13 halsbrecherischen Kilometern hinunter zur Küste sind die beiden kleinen Zwillingsdörfer Kastri und Keratokambos erreicht. Ein malerischer, baumbestandener Strand und diverse Hotels und Restaurants bieten Erholung für Leib und Seele. Schon einige Deutsche haben sich von der Atmosphäre bezaubern lassen und hier ein Haus gekauft.

Wer also wirklich ein paar Tage lang einfach mal nichts tun will außer abschalten und lesen, der ist hier richtig.

Orientierung & Praktische Informationen

Es gibt weder Bank noch Postamt, Telefonzelle oder Mietwagenagentur, nur einen kleinen Lebensmittelladen. Die Taverna Kriti vermietet Autos.

Schlafen & Essen

Filoxenia Apartments (☎ 28950 51371; Studio 32 €; ❄) Das beste Hotel in der Mittelklasse. Die Studios für zwei bis drei Personen sind ansprechend eingerichtet und haben Kochnische, Kühlschrank und TV, zum Haus gehört ein prächtiger Blumengarten – ideal für ein paar ruhige Tage (oder auch länger).

Komis Studios (☎ 28950 51390; www.komisstudios.gr; Keratokambos; Apt. inkl. Frühstück 94 €; ❄) Diese anspruchsvollen Apartments für zwei bis vier Personen sind rustikal, aber nicht bieder eingerichtet, TV und Telefon inklusive. Auf Ökologie wird hier viel Wert gelegt: Wind- und Sonnenenergie werden genutzt, Abwässer biologisch geklärt.

Taverna Nikitas (☎ 28950 51477; Hauptgerichte 4–5 €) Unter den diversen Tavernen am Strand von Keratokambos bietet Nikita hervorragende Grillspezialitäten in gleichbleibender Qualität und zu erstaunlich niedrigen Preisen. Besonders lecker: Ziege in roter Soße und Schwertfisch.

To Livyko (☎ 28950 51290; Grillgerichte 5–6 €) Grillgerichte mit Fleisch aus eigener Schlachtung, frischer Fisch und Kretisches. Stimmungsvolles Ambiente.

Morning Star Taverna (☎ 28950 51209; Kastri; Hauptgerichte 5–6 €) Köstliche Grill- und Fischspezialitäten; Vegetarier werden sich über den delikaten Artischockeneintopf freuen.

An- & Weiterreise

Keratokambos wird von den öffentlichen Verkehrsmitteln ignoriert. Die 8 km lange Straße nach Arvi dürfte für normale Pkw kein Hindernis sein.

DIE NORDOSTKÜSTE

Seit der Fertigstellung der Nationalstraße entlang der Nordküste 1972 hat sich zwischen Iraklion und Malia einiges getan. Betonburgen, Schnitzelkneipen, Burgerläden und Souvenirshops sind wie Pilze aus dem Boden geschossen und haben die Sandstrände bis auf den letzten Quadratzentimeter zugepflastert. Selbst wenn das Einzelreisende nicht stört, so bringt es ihnen doch wenig, weil die Hotels sich ausschließlich auf Pauschaltouristen eingestellt haben, und die Veranstalter buchen ja schon Monate im Voraus. Die Zimmerpreise sind für Individualtouristen meist gnadenlos überteuert im Vergleich zu dem, was die Massen zahlen, und der Service lässt bisweilen zu wünschen übrig, weil Einzelreisende ja nicht den Druck der großen Firmen hinter sich haben. Vielleicht ändert sich das ein wenig nach der schlechten Saison von 2004, als viele Veranstalter ihre Kontingente nicht voll bekamen oder andere Reiseziele bevorzugten.

Hauptschauplätze sind die vom Tourismusinfarkt bedrohten Städte Chersonisos und Malia, nicht ganz so schlimm ist es in Gournes, Gouves und Stalida. Die Dörfer Sissi und Milatos weiter östlich sind noch

MASSENTOURISMUS

Es gibt zwar immer noch Leute, die sich in Chersonisos und Malia wohl fühlen, aber die meisten Kretareisenden packt doch instinktiv das gleiche Gefühl, wenn sie diese Touristenhochburgen sehen: Nichts wie weg hier! Die Einheimischen haben sich längst in die Dörfer am Berghang jenseits der Hauptstraße zurückgezogen und die tiefer liegenden, strandnahen Gebiete dem Kommerz überlassen. Dort ist alles grell, laut und ramschig – so wie es die Ballermänner lieben.

Beide Ferienorte haben es auf Schnäppchen jagende Pauschaltouristen abgesehen, in den Randgebieten von Chersonisos gibt es auch ein paar Luxushotels. Das Publikum ist überwiegend jugendlich; vor allem in Malia kommen sich Menschen mit über 22 oft fehl am Platz vor, und die Leber würde die dort üblichen Alkoholexzesse wohl auch nicht mehr so einfach mitmachen. Der gewöhnliche Chersonisos-Tourist lässt sich volllaufen, geht abtanzen und wacht neben einem/einer Fremden auf; in Malia lässt man sich volllaufen, fällt um und wacht im Straßengraben wieder auf. Für wen das nach Traumurlaub klingt, der weiß jetzt, wo er hin muss – aber irgendwann sollte man sich auch Kreta anschauen.

etwas weniger entwickelt und deshalb bei Familien beliebt. Die einzige kulturelle Attraktion dieser Gegend ist der minoische Palast von Malia. Milatos kann mit einer Höhle aufwarten, und an einem ehemaligen Stützpunkt der US-Luftwaffe in Gouves ist ein riesiges Aquarium aufgestellt worden. In dem Meer von Massenabsteigen haben sich einige wenige Nobelherbergen etabliert, und 2003 wurde hier Kretas erster 18-Loch-Golfplatz internationalen Standards eröffnet.

CHERSONISOS ΧΕΡΣΌΝΗΣΟΣ

882 Ew.

Chersonisos, 27 km östlich von Iraklion, war einst ein malerisches Fischerdorf – wer dieses schrille, laute Mekka der Pauschaltouristen heute betritt, mag das kaum glauben. Am Strand reiht sich eine Neonreklame an die andere, folgt ein gesichtsloser Hotelkoloss dem nächsten. Vor lauter Sonnenschirmen und Liegestühlen ist fast schon kein Sand mehr zu sehen, aber das interessiert auch keinen, denn die Action läuft nachts in den Clubs und Discos – das gleiche gilt auch für Malia. Für Chersonisos spricht immerhin das große Angebot an Aktivitäten ebenso wie die Tatsache, dass sich von hier aus schöne Ausflüge zu allen Teilen der Insel organisieren lassen.

Orientierung & Praktische Informationen

Die Küstenstraße von Iraklion nach Agios Nikolaos schlängelt sich auch durch Chersonisos und heißt dort Eletheriou Venizelou. Hier haben die meisten Reiseagenturen, Banken und sonstigen Dienstleister ihre Filialen. Das Büro der Telefongesellschaft OTE liegt nördlich der Eletheriou Venizelou, das Postamt ist im Stadtzentrum in der Digeni Akrita. An der Strandpromenade haben sich die ganzen Tavernen, Hotels und Clubs angesiedelt. Es gibt keine Touristeninformation in der Stadt, aber bei **Hermes Rent a Bike** (☎ 28970 32271) ist alles Wissenswerte zu erfahren.

Auf der anderen Seite der Hauptstraße in Richtung der Berge liegt das Dorf **Koutouloufari**, das sich trotz des Touristenansturms noch etwas von seiner ländlichen Atmosphäre erhalten hat.

Sehenswertes & Aktivitäten

Am Ortsausgang von Limin Chersonisos führen Hinweisschilder zum **Lychnostatis Museum** (☎ 28970 23660; www.lychnostatis.gr; Eintritt 4,50 €; ⌚ So–Fr 9.30–14 Uhr), ein schön gestaltetes Openairmuseum, das Einblick in das ländliche Leben und die Kultur Kretas gibt. Anstatt ihr Grundstück zu verkaufen oder einen Hotelbunker hochzuziehen, hat die Familie Markakis sich zu diesem nachahmenswerten Unternehmen entschlossen. Gezeigt werden kunsthandwerkliche Aktivitäten wie Weberei und Raki-Herstellung, ein kretischer Kräutergarten und ein kleines *kafenion*. Anstelle von Hinweisschildern geben mandinades – Verszeilen aus Liedern und Gedichten – Erläuterungen zu den Exponaten; die auf die Mauern der Mühle aufgemalten Reime sind eine Widmung an die Ehefrau.

Crete Golf Club (☎ 28970 26000; www.crete-golf.gr; 18 Löcher 65 €) Der einzige 18-Loch-Golfplatz

Kretas ist nichts für Amateure. Das wüstenähnliche, recht schwierige Gelände liegt in den Hügeln rund 7 km südlich von Chersonisos.

Schlafen & Essen

Die meisten Hotels sind ausschließlich auf Gruppen eingestellt, aber viele lokale Reiseagenturen haben Beziehungen zu bestimmten Hotels und können Unterkünfte vermitteln. Einigermaßen annehmbare – und ruhige – Zimmer gibt es in dem Dorf Koutouloufari.

Elen Mari Apartments (☎ 28970 25525; Apt. 35–44 €) Mit Abstand die beste Unterkunft am Ort. Die gut ausgestatteten Studios sind sauber und gepflegt, manche haben einen wunderschönen Blick über Chersonisos.

Emmanuel Taverna (☎ 28970 21022; Platia Eleftheriou Venizelou; Tagesgerichte 10 €) Die gemütliche Taverne wird von einer griechisch-australischen Familie betrieben, sie serviert Fleisch vom Spieß und Gerichte aus dem Holzofen. Empfehlung des Besitzers: Lamm in Roséwein mit Lorbeerblättern (10 €) und alle Spezialitäten vom Spieß, der sich jeden Abend über dem Feuer dreht.

Rahati (☎ 28970 29303; Evropis 86; Frühstück 4,75 €) Nach einer anstrengenden Nacht ist ein ausgedehntes Frühstück in dem Bistro unter holländischer Leitung nur zu empfehlen. Verschiedene Kuchen, Apfeltorte, dazu ein starker Kaffee – ein Genuss!

Fabrica (☎ 28970 23981; Crêpes 2,50–6,50 €) Ein Tipp für den Abend: Diese Café-Bar hat eine große Dachterrasse mit spektakulärem Blick auf Chersonisos. Zu finden in einem alten Steinhaus rechts hinter der Odos Sergiani.

Unterhaltung

Die meisten Touristen kommen des Nachtlebens wegen nach Chersonisos. Sobald die Sonne untergeht, wird es in den Bars lebendig, die Discos drehen die Boxen auf und der ganze Ort wird zu einer einzigen Megaparty. Die Hitliste der angesagten Clubs ändert sich von Saison zu Saison (oder noch schneller). Zur Zeit der Recherche standen Camelot, Status und Amnesia in der Beliebtheit ganz oben. Im Großen und Ganzen servieren aber alle den gleichen Killer-Mix aus Alkohol, Rock'n'Roll, Retro, Disco, Techno, House – und manchmal einfach nur Schrott. Griechische Musik und Folklore sind hier ausgestorben, Chersonisos gehört den Ausländern, die sich mal voll die Kanne geben wollen.

An- & Weiterreise

Tagsüber fahren halbstündlich Busse ab Iraklion nach Chersonisos (2,20 €, 45 Min.)

MALIA ΜΑΛΙΑ

3722 Ew.

Die Gemeinde Malia hat sich in den 70er-Jahren zum heutigen Ferienort entwickelt, der sich ganz dem Kommerz verschrieben hat. Wo früher einsame Sandstrände lockten, drängeln sich heute laute Kneipen, Bars, Fastfoodschuppen & Co. setzen den Trommelfellen und Nerven arg zu. Die wuchernde Siedlung wird von der Hauptdurchgangsstraße sauber zweigeteilt: die Rowdy-Szene im Norden (Neu-Malia), wo krebsrote Briten auf Quads durch die Gegend pesen, und die ruhigere, gesittetere Seite im Süden (Alt-Malia).

Sich länger in Malia aufzuhalten, macht wenig Sinn (und Laune), auch wenn die Ausgrabungsstätte des hochinteressanten minoischen Palastes von Malia gleich um die Ecke liegt. Seine besten Tage hat der Ort jedenfalls gesehen, denn in den letzten Jahren gingen die Besucherzahlen ständig zu-

ABSTECHER NACH KATO KAROUZANA

Auch wenn dieser Ort an ein Folkloredorf in einem Freizeitpark erinnert, schafft er es zumindest, die Pauschaltouristen aus ihren Betonburgen zu locken, um sich einmal kurz „typisch kretisches Brauchtum" reinzuziehen, bevor sie sich wieder in den Pool stürzen oder in der nächsten Bar versinken. Das **traditional village** (☎ 28102 28413; Eintritt frei) in Kato Karouzana, rund 12 km von Chersonisos, zeigt die Bandbreite des ursprünglichen kretischen Landlebens, es werden Web- und Töpferwaren angeboten. Abends fahren massenweise Busse vor, und die Urlauber stürzen sich in die „Kretische Nacht" mit einheimischen Gerichten, Livemusik und Tanzvorführungen in kretischer Tracht. Wer will, kann dort üppig tafeln oder auch nur an der Bar etwas trinken und Sirtaki tanzen.

rück, sodass einige Betriebe bereits schließen mussten. Fast kommt es einem so vor, als sei das wilde Treiben ein letztes Aufbäumen vor dem Niedergang. Wer trotz allem partout in Malia bleiben will, sollte sich zumindest auf die ruhigere südliche Seite schlagen.

Orientierung & Praktische Informationen

Neu-Malia besteht aus Hotels, Restaurants, Reiseagenturen und Nachtclubs; südlich der Hauptstraße liegt Alt-Malia, das eigentliche Dorf. Das **Postamt** (28 Oktovriou 2) steht in der Nähe der Hauptstraße, von dort ist der Weg zum Fernmeldeamt ausgeschildert, das 500 m weiter bergauf liegt. Geldautomaten gibt es in großer Zahl an der Hauptstraße. **Charlie's Travel** (☎ 28970 33834) organisiert Ausflüge und kann wertvolle Tipps geben. Onlinezugang bietet das **Internet Cafe Malia** (☎ 28970 29563; netmail@hrs.forthnet.gr; Dimokratias 78).

Schlafen & Essen

Günstige Übernachtungsmöglichkeiten sind in Neu-Malia dünn gesät, und die vielen Hotels dort sind oft ausgebucht. Manche Reiseagenturen haben Spezialvereinbarungen mit bestimmten Hotels und können weiterhelfen. In Alt-Malia ist es auf jeden Fall ruhiger und angenehmer.

Auch von den Restaurants in Neu-Malia können wir keines wirklich empfehlen.

Aquarius (☎ 28970 32117; John Kennedy 48; DZ 30 €) An der Hauptstraße in Richtung Lassithi; die Zimmer sind einfach eingerichtet und haben einen Kühlschrank, aber keine Klimaanlage.

Espera (☎ 28970 31086; Alt-Malia; DZ/Studio 25/40 €) Nicht weit von der Hauptstraße, in der Nähe der Shell-Tankstelle. Evangelias Zimmer sind einfach und recht ruhig, sie haben Kühlschrank und Ventilator, aber keine Klimaanlage.

San Giorgio Restaurant (☎ 28970 32211) Das farbenfrohe Lokal in Alt-Malia an der Straße nach Lassithi ist einen Versuch wert. Anständige kretische Küche.

Unterhaltung

Selten ist die Auswahl an Discos, Bars und Clubs so groß, aber die meisten sind so gesichtslos und oberflächlich wie die jugendlichen Touristen, die sie bevölkern. Biertrinker können sich freuen: Englisches und irisches Bier gibt es hier in allen Variationen.

An- & Weiterreise

Tagsüber fahren halbstündlich Busse ab Iraklion nach Malia (2,70 €, 1 Std.).

PALAST VON MALIA ΑΝΆΚΤΟΡΑ ΜΑΛΊΩΝ

Der **Palast von Malia** (☎ 28970 31597; Eintritt 4 €; ⌚ Di–So 8.30–15 Uhr) liegt 3 km östlich des Dorfs Malia. Er entstand zur gleichen Zeit wie die beiden anderen großen minoischen Paläste in Festos und Knossos. Die ursprüngliche Anlage wurde um 1900 v. Chr. erbaut und dann nach dem Erdbeben 1700 v. Chr. neu errichtet. Zu sehen sind die Ruinen des neueren Palastes, in denen viele interessante Objekte aus dem Gesellschaftsleben der Minoer gefunden wurden. Griechische Archäologen begannen 1915 mit den Ausgrabungen, heute leiten französische Altertumsforscher die Arbeiten. Da der Grundriss recht deutlich zu Tage tritt, ist es gar nicht schwer, sich eine Vorstellung von dem Palast zu machen. Alle Busse von oder nach Iraklion, die an der Nordküste entlang fahren, kommen an der Ausgrabungsstätte vorbei und halten auf Anfrage.

Rundgang

Der Weg in das Areal führt über den **Westhof**. In südlicher Richtung geht es vorbei an den **Magazinen** zu den acht runden Schächten, die die Archäologen für **Getreidesilos** halten. Östlich der Schächte liegt der Haupteingang zum Palast, der zum Südende des **Zentralhofs** führt. Ein paar Schritte nordostwärts steht der **Kernos**, ein runder Kalkstein mit 24 Vertiefungen am Rand. Bis heute rätseln die Archäologen über die Funktion dieses Steins, womöglich diente er religiösen Zwecken. Die **Schautreppe**, die neben dem Kernos beginnt, führte vermutlich zu einer Kultstätte. Nördlich davon liegt ein **Säulengang**, der an mehreren miteinander verbundenen Räumen vorbei zur **Pfeilerkrypta** führt, in deren Säulen das Symbol der minoischen Doppelaxt eingraviert ist. Der **Zentralhof** hat die beeindruckenden Ausmaße von 48 x 22 Meter, hier sieht man noch Ruinen minoischer Säulen. Die Grube genau im Zentrum des Hofs diente vermutlich als Altar.

Am Nordende der Westseite des Hofs schließt sich eine **Loggia** an, die wahrschein-

IRAKLION

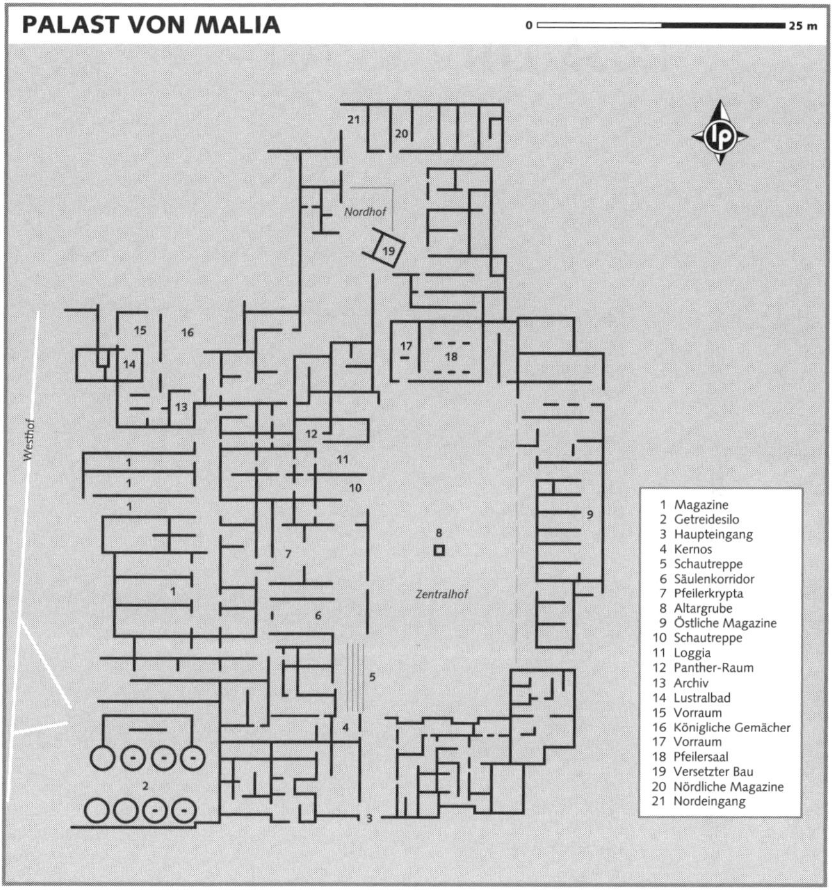

lich für zeremonielle Handlungen benutzt wurde. Nebenan liegt der **Pantherraum**, in dem eine Steinaxt aus dem 17. Jh. v. Chr. gefunden wurde, deren Form an einen Panther erinnert. Im Nordwesten der Anlage befinden sich die **königlichen Gemächer**, zu denen auch ein **Lustralbad** gehört. Am Nordende des Zentralhofs steht der **Pfeilersaal**, dessen Bänke an den Seitenwänden vermuten lassen, dass er als eine Art Versammlungsraum oder Ratssaal diente. In den weiteren Räumen ist ein **Archiv** untergebracht, das Tafeln mit Linear-A-Schrift enthielt. Beeindruckend sind auch die Pithoi im **Nordhof** kurz vor dem Nordeingang.

Lassithi Λασιθι

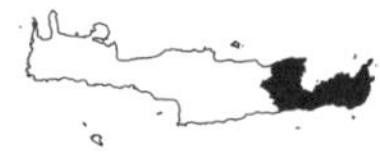

INHALT

Die Nordküste	**197**
Agios Nikolaos	197
Elounda	202
Halbinsel Kolokytha	204
Plaka	204
Insel Spinalonga	204
Die Lassithi-Hochebene	**205**
Tzermiado	205
Agios Georgios	206
Psichro	206
Dikti-Höhle	206
Kritsa	207
Rund um Kritsa	207
Lato	208
Die Nordostküste	**209**
Moni Faneromenis	209
Gournia	209
Mochlos	209
Sitia	210
Moni Toplou	213
Die Ostküste	**214**
Vai	214
Itanos	214
Palekastro	215
Rund um Palekastro	216
Zakros	216
Rund um Zakros	216
Xerokambos	219
Die Südküste	**219**
Ierapetra	219
Rund um Ierapetra	223
Gaidouronisi (Chrisi)	223
Mirtos	223

Kretas östlichster Regierungsbezirk ist längst nicht so überlaufen wie die restliche Insel, mit Ausnahme der exklusiven Ferienanlagen rund um Elounda und Agios Nikolaos, wo sich die betuchteren Urlauber tummeln. Elounda steht synonym für Luxushotels, darunter eines von Weltruf. Die Bezirkshauptstadt Agios Nikolaos ist das Mekka der Partypeople.

Auf halbem Weg zum nordöstlichen Zipfel Kretas liegt das gemütliche Küstenstädtchen Sitia, nicht weit davon Vai mit seinem bilderbuchreifen Palmenstrand ganz im Osten. Im Westen des Bezirks erhebt sich die fruchtbare Lassithi-Hochebene, die den Puls von Fahrradfahrern höher schlagen lässt. Per Drahtesel macht die Tour durch die unberührten Dörfer zur Dikti-Höhle – laut Sage die Wiege des Göttervaters Zeus – echt Laune.

An der Südküste kommt man über das Dörfchen Mirtos im Westen und das kommerzielle Zentrum Ierapetra zu den noch weitgehend unberührten Stränden von Xerokambos und Kato Zakros. Archäologiefreaks brauchen keine Entzugserscheinungen zu fürchten: Nicht weit vom Strand Kato Zakros liegt die Ausgrabungsstätte des minoischen Palastes von Zakros, und rund um Palekastro wird zurzeit emsig gebuddelt, vielleicht kann man da einen spektakulären Fund sogar live miterleben?

HIGHLIGHTS

- Rad fahren rund um die **Lassithi-Hochebene** (S. 205)
- Spaziergang auf den Ruinen der **Leprainsel Spinalonga** (S. 204)
- Streifzug durch den minoischen Palast am Strand von **Kato Zakros** (S. 216)
- Relaxen an Kretas einzigem Palmenstrand in **Vai** (S. 214)
- Besuch im **Kloster Toplou** (S. 213)

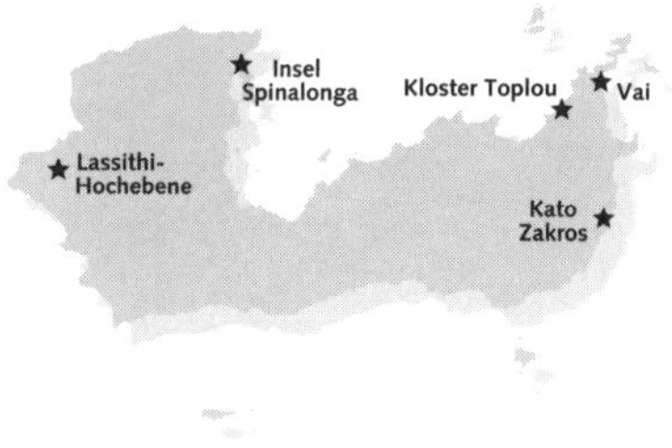

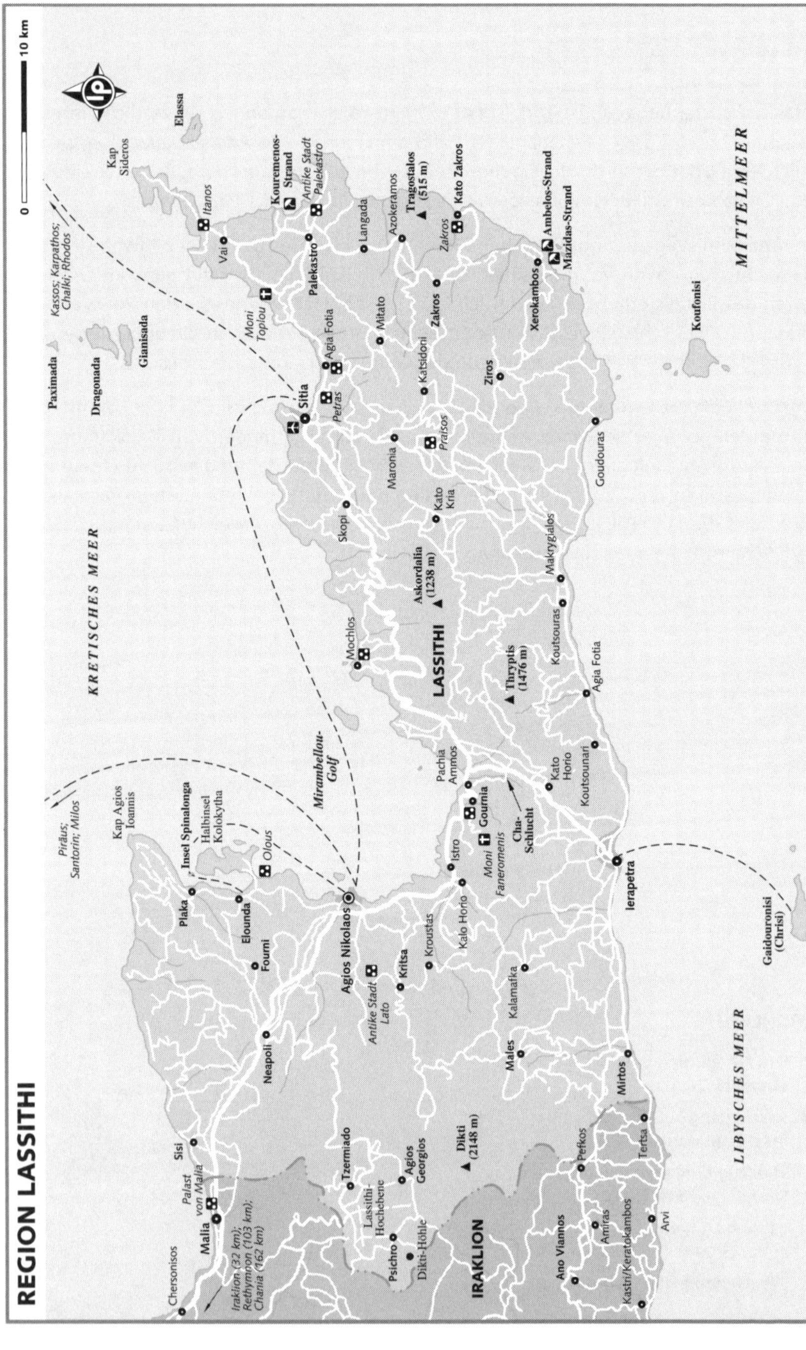
REGION LASSITHI
0
10 km
KRETISCHES MEER
LIBYSCHES MEER
MITTELMEER
LASSITHI
IRAKLION
Chersonisos
Malia
Palast von Malia
Iraklion (32 km); Rethymnon (103 km); Chania (162 km)
Sisi
Neapoli
Plaka
Elounda
Fourni
Insel Spinalonga
Halbinsel Kolokytha
Kap Agios Ioannis
Piräus; Santorin; Milos
Olous
Agios Nikolaos
Mirambellou-Golf
Antike Stadt Lato
Kritsa
Kroustas
Kalo Horio
Istro
Gournia
Moni Faneromenis
Pachia Ammos
Cha-Schlucht
Kato Horio
Koutsounari
Ierapetra
Gaidouronisi (Chrisi)
Tzermiado
Lassithi-Hochebene
Agios Georgios
Psichro
Dikti-Höhle
Dikti (2148 m)
Males
Kalamafka
Mirtos
Tertsa
Pefkos
Arvi
Amiras
Ano Viannos
Kastri/Keratokambos
Mochlos
Thryptis (1476 m)
Askordalia (1238 m)
Agia Fotia
Koutsouras
Makrygialos
Goudouras
Skopi
Kato Kria
Maronia
Praisos
Sitia
Petras
Agia Fotia
Katsidoni
Ziros
Mitato
Zakros
Xerokambos
Moni Toplou
Palekastro
Langada
Azokeramos
Tragostalos (515 m)
Kato Zakros
Ambelos-Strand
Mazidas-Strand
Koufonisi
Vai
Itanos
Kouremenos-Strand
Antike Stadt Palekastro
Kap Sideros
Elassa
Paximada
Dragonada
Gianisada
Kassos; Karpathos; Chalki; Rhodos

DIE NORDKÜSTE

AGIOS NIKOLAOS ΑΓΙΟΣ ΝΙΚΟΛΑΟΣ

10 080 Ew.

Die Hauptstadt des Regierungsbezirks Lassithi, Agios Nikolaos (A-ji-os Ni-ko-laos) hat Charme. Das frühere Fischerdorf schmiegt sich malerisch um einen Binnensee, der direkt an den Meerhafen grenzt.

Anfang der 60er-Jahre war es ein schickes Refugium für diverse Jetset-Ikonen wie Jules Dassin und Walt Disney, aber kurz darauf schwappte der Massentourismus an Land und machte aus Agios Nikolaos einen echten Touriort.

Tagsüber fragt man sich oft, was all die Leute hier eigentlich wollen. Der Ort ist wirklich okay, hat aber weder spektakuläre Strände noch besonders hippe Hotels, und was den Hauch der Geschichte angeht, ist der eher in Chania, Rethymnon oder sogar Iraklion als hier zu finden. Das Nachtleben bringt des Rätsels Lösung und die Leute aus den nahegelegenen Resorts: Wenn die Restaurants und Cafés am Seeufer wie Glühwürmchen blinken, werden die Straßen zur beschwingten, kosmopolitischen Flaniermeile. Da die meisten Besucher der Ü30-Fraktion angehören, geht es hier längst nicht so heftig zu wie in Malia oder Chersonissos. Abenteuer wird man hier nicht gerade erleben, aber Backpacker, für die ab und an etwas Komfort kein Sakrileg ist, können hier in netten Hotels zu erträglichen Preisen relaxen, ohne dass Langeweile aufkommt.

Geschichte

Agios Nikolaos war der Hafen des Stadtstaates Lato (s. S. 208) und hieß damals, in der frühen griechischen Epoche, Kamara. Seine Blütezeit erlebte es in der griechisch-römischen Epoche, nachdem die Römer mit den Piraten aufgeräumt hatten, die lange Zeit die Nordküste terrorisierten.

Auch während der beginnenden Christianisierung in der ersten byzantinischen Zeit florierte die Stadt, und aus dem 8. oder 9. Jh. stammt die kleine, byzantinische Agio-Nikolaos-Kirche.

Nachdem die Venezianer Kreta im 13. Jh. gekauft hatten, wurde das Kastell Mirambello auf einem Hügel mit Blick auf die Bucht erbaut, und unterhalb davon entstand eine Siedlung. Das Erdbeben von 1303 und ein von Piraten gelegter Brand 1537 setzten der Anlage schwer zu; sie wurde aber nach Plänen des Militärarchitekten Sammicheli restauriert. Als die Venezianer dann 1645 den Türken weichen mussten, wurde sie erneut zerstört. Übrig blieben nur Ruinen. Die Venezianer haben in Agios Nikolaos keine Spuren hinterlassen – nur die Bucht trägt bis heute den Namen Mirambellou-Golf, schöne Aussicht.

Mitte des 19. Jhs. wurde Agios Nikolaos von Rebellen, die aus Sfakia geflohen waren, wieder neu besiedelt und später zur Hauptstadt des Regierungsbezirks Lassithi ernannt.

Orientierung

Der Busbahnhof liegt am Südrand der Stadt, rund 500 m vom Platia Venizelou im Zentrum entfernt. Doch das eigentliche Leben spielt sich rund um den Voulismeni-See ab, 150 m nördlich des Platia Venizelou. Die meisten Banken, Geldautomaten, Reisebüros und Läden befinden sich in der Odos Koundourou und ihrer autofreien Parallelstraße 28 Oktovriou.

Praktische Informationen

Anna Karteri Bookshop (☎ 28410 22272; Koundourou 5) Gute Auswahl an Karten, Bücher in Englisch und anderen Sprachen.

General Hospital (☎ 28410 66000; Knosou 3) Im Westen der Stadt.

National Bank of Greece (Nikolaou Plastira) Geldautomat rund um die Uhr in Betrieb.

OTE (☎ 28410 95330; Sfakianaki 10; 🕑 8–14 Uhr)

Polyhoros Internet Cafe (☎ 28410 24876; 28 Oktovriou 13; 4 € pro Std.; 🕑 9–14 Uhr)

Postamt (28 Oktovriou 9; 🕑 Mo–Fr 7.30–14 Uhr)

Städtische Touristeninformation (☎ 28410 22357; www.agios nikolaos.gr; 🕑 April–Nov. 8–21.30 Uhr) Direkt an der Brücke; hilft bei der Hotelsuche.

Touristenpolizei (☎ 28410 91408; Erythrou Stavrou 47; 🕑 Mo–Fr 7.30–14.30 Uhr)

Sehenswertes

Das **Archäologische Museum** (☎ 28410 22943; Paleologou Konstantinou 74; Eintritt 2 €; 🕑 Di–So 8.30–15 Uhr) bietet eine umfangreiche und schön präsentierte Sammlung. Die Exponate aus Ostkreta sind chronologisch geordnet, darunter Funde aus der Jungsteinzeit vom Berg Tragistalos nördlich von Kato Zakros und aus der frühen minoischen Periode aus Agia

Fotia. Glanzstück ist die Göttin von Mirtos, ein Tonkrug von 2500 v. Chr., der in der Nähe von Mirtos gefunden wurde.

Das **Volkskundemuseum** (☎ 28410 25093; Palelogou Konstantinou 4; Eintritt 1 €; ⌚ So–Fr 13–15 Uhr) neben der Touristeninformation zeigt eine schöne Sammlung traditioneller Trachten und Handarbeiten.

Das kleine **Iris Museum** (☎ 28410 25899; 28 Oktovriou 21–23; Eintritt 2 €; ⌚ Fr–Mi 9–16 Uhr) lockt mit getrockneten Kräutern und Blumen und bietet lokal hergestellte ätherische Öle zum Verkauf an.

An den nicht sehr weitläufigen Stränden der Stadt, **Ammos** und **Kytroplatia**, wird es schnell eng. Deutlich schöner ist der Sandstrand von **Almyros**, 1 km südlich von Agios Nikolaos, der nicht so überbevölkert ist. Dort gibt es zwar kaum Schatten, dafür sind Sonnenschirme im Angebot. Der Strand von **Ammoudara**, 1,5 km weiter südlich an der Straße nach Ierapetra, ist auch nicht schlecht, außerdem gibt es dort diverse Restaurants und andere Annehmlichkeiten. Oder man fährt gleich weiter in Richtung Sitia zur hübsch gelegenen **Istro-Bucht**.

Aktivitäten

Exception Biking (☎ 28410 89073; www.exception-biking.de) in Havania, nördlich von Agios Nikolaos, veranstaltet Tages-Radtouren in der näheren Umgebung und zur Lassithi-Hochebene für rund 35 €. Ausflüge mit dem Mountainbike rund um den Dikti-Berg und zur Sarakina-Schlucht kosten ca. 45 €.

Die **Roseta II** (☎ 28410 22156; oanak@agn.forthnet.gr) ist ein Fischerboot, das passionierte Angler zu den besten Fanggründen schippert.

VOULISMENI-SEE

Um den Voulismeni-See ranken sich viele Geschichten, die mit seiner Entstehung und Tiefe zu tun haben. Bei den Einheimischen heißt er auch Xepatomeni (bodenlos) oder Vromolimni (Stinker); Voulismeni bedeutet „versunken". Bodenlos ist er nicht, aber beachtliche 64 m tief, und das Stinkerimage stammt aus der Zeit, als er noch keinen Ablauf hatte. Im Sommer müffelte das stehende Gewässer wohl nicht schlecht, aber keine Sorge, seit 1867 gibt es einen Verbindungskanal zum Meer, der das Problem behebt.

Wer nicht an einer der Gruppentouren teilnehmen möchte, kann das Boot auch für sich allein chartern.

Am öffentlichen Strand auf der Südseite von Agios Nikolaos gibt es einen **Kinderspielplatz**, ein **Schwimmbad** und einen **Minigolfplatz**.

Außerdem bieten die drei Tauchschulen der Stadt Tauchexkursionen mit dem Boot, Anfängerkurse und Kurse mit PADI-Abschluss an:

Creta Underwater Centre (☎ 28410 22406) Im Mirabello Hotel.
Happy Divers (☎ 28410 82546) Vor dem Coral Hotel.
Pelagos (☎ 28410 24376; www.divecrete.com) Im Minos Beach Hotel.

Geführte Touren

Diverse Reisebüros veranstalten Bustrips zu Kretas Hauptattraktionen. **Nostos Tours** (☎ 28410 22819; nostos@agn.forthnet.gr; Koundourou 30; ⌚ 8–21 Uhr) hat Bootstouren zur Insel Spinalonga (15 €) und geführte Touren nach Festos, Zaros und Matala (30 €), zur Samaria-Schlucht (35 €), zur Lassithi-Hochebene und nach Knossos (32 €) im Programm.

Festivals

Im Juli und August findet in Agios Nikolaos das **Lato-Kulturfestival** statt, die Veranstaltungsorte sind über die ganze Stadt verstreut. Es treten lokale und internationale Künstler auf, einige spielen kretische Musik auf traditionellen Instrumenten, dazu gibt es Vorführungen von Folkloretänzen, *mantinades*-Wettbewerbe (bei denen die Teilnehmer sich im Verseschmieden messen), Theateraufführungen, Kunstausstellungen, Leseabende und Schwimmwettkämpfe. Nähere Auskünfte sind bei der Touristeninformation erhältlich. Außerdem wird in der letzten Juniwoche der Jahre mit gerader Jahreszahl in Agios Nikolaos die **Woche des Meeres** gefeiert. Hierzu gehören Wettbewerbe im Schwimmen und Windsurfen, Bootsrennen und ein Feuerwerk.

Schlafen

BUDGETUNTERKÜNFTE & MITTELKLASSEHOTELS

Pergola Hotel (☎ 28410 28152; Fax 28410 25568; Sarolidi 20; EZ/DZ 25/35 €; ⌘) Die bequem eingerichteten Zimmer dieses Familienbetriebs haben einen Kühlschrank; TV, Klimaanlage und Frühstück werden extra berech-

AGIOS NIKOLAOS

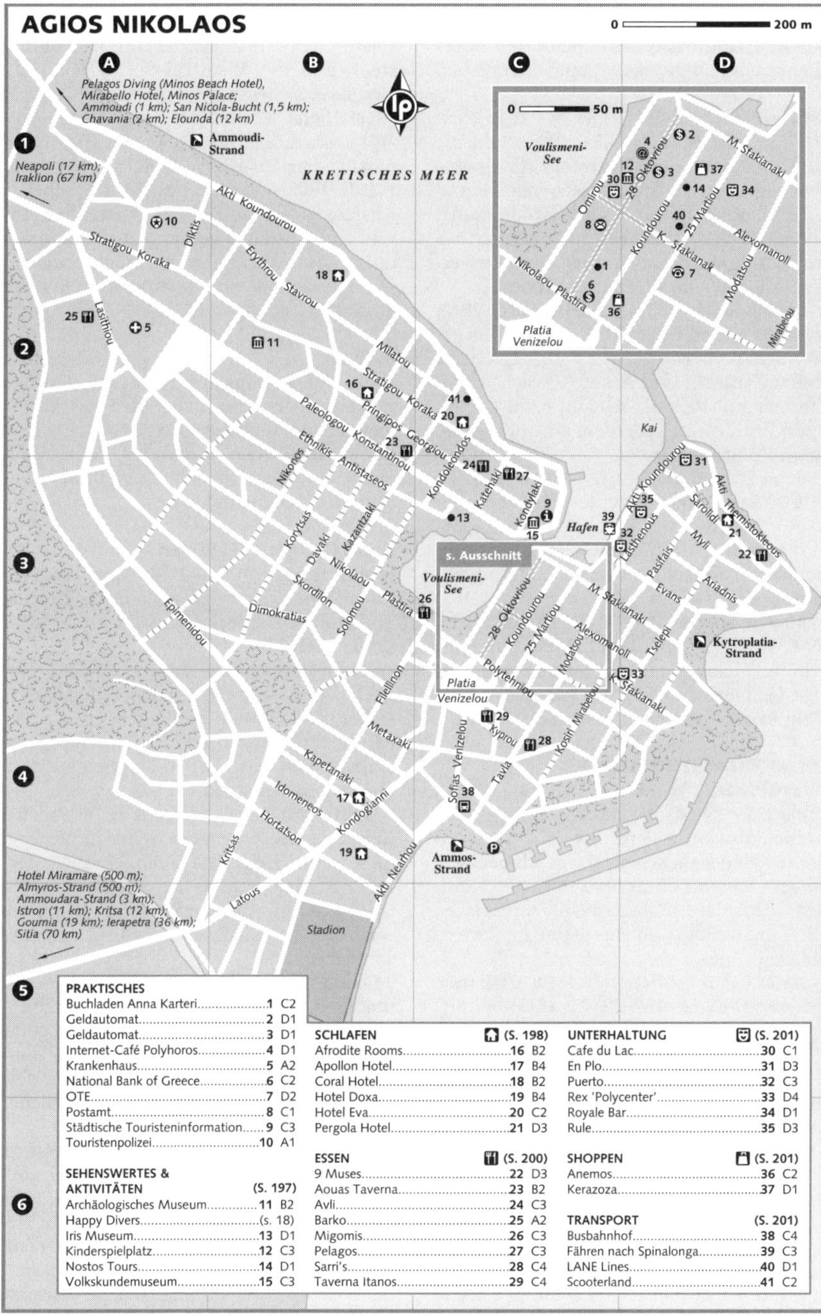

PRAKTISCHES

- Buchladen Anna Karteri 1 C2
- Geldautomat 2 D1
- Geldautomat 3 D1
- Internet-Café Polyhoros 4 D1
- Krankenhaus 5 A2
- National Bank of Greece 6 C2
- OTE 7 D2
- Postamt 8 C1
- Städtische Touristeninformation 9 C3
- Touristenpolizei 10 A1

SEHENSWERTES & AKTIVITÄTEN (S. 197)

- Archäologisches Museum 11 B2
- Happy Divers .... (s. 18)
- Iris Museum 13 D1
- Kinderspielplatz 12 C3
- Nostos Tours 14 D1
- Volkskundemuseum 15 C3

SCHLAFEN (S. 198)

- Afrodite Rooms 16 B2
- Apollon Hotel 17 B4
- Coral Hotel 18 B2
- Hotel Doxa 19 B4
- Hotel Eva 20 C2
- Pergola Hotel 21 D3

ESSEN (S. 200)

- 9 Muses 22 D3
- Aouas Taverna 23 B2
- Avli 24 C3
- Barko 25 A2
- Migomis 26 C3
- Pelagos 27 C3
- Sarri's 28 C4
- Taverna Itanos 29 C4

UNTERHALTUNG (S. 201)

- Cafe du Lac 30 C1
- En Plo 31 D3
- Puerto 32 C3
- Rex 'Polycenter' 33 D4
- Royale Bar 34 D1
- Rule 35 D3

SHOPPEN (S. 201)

- Anemos 36 C2
- Kerazoza 37 D1

TRANSPORT (S. 201)

- Busbahnhof 38 C4
- Fähren nach Spinalonga 39 C3
- LANE Lines 40 D1
- Scooterland 41 C2

net. Die Zimmer an der Frontseite haben Balkone und Meerblick. Auf der überdachten Veranda lässt sich's gemütlich frühstücken.

Hotel Doxa (☎ 28410 24214; Fax 28410 24614; Idomeneos 7; EZ/DZ inkl. Frühstück 40/55 €;) Schon die Lobby mit den vielen Pflanzen sorgt für eine heimelige Atmosphäre. Die sauberen, freundlichen Zimmer haben Telefon, Kühlschrank, Fön und TV, bei manchen gibt's eine schöne Aussicht gratis dazu. Auf der Terrasse werden Frühstück und Getränke serviert.

Apollon Hotel (☎ 28410 23023; Fax 28410 28939; Kapetanaki 9; DZ inkl. Frühstück 45 €;) Das geräumige, moderne Hotel in günstiger Lage (Nähe Zentrum und Ammos Beach) bietet Zimmer mit Balkon, Telefon, Kühlschrank und Klimaanlage, außerdem einen Pool und einen Billardraum.

Hotel Eva (☎ 28410 22587; Stratigou Koraka 20; Zi. 20 €) Eine propere Unterkunft in zentraler Lage. Die Zimmer sind nicht sehr groß und auch nicht gerade modern, aber funktionell mit einfachem Bad und Deckenventilator.

Afrodite Rooms (☎ 28410 28058; Korytsas 27; DZ/3BZ 20/30 €) Zu den freundlichen Zimmern gehören Gemeinschaftsbäder und eine winzige Gemeinschaftsküche. Wer nur wenig Geld in der Tasche hat, liegt hier richtig.

SPITZENKLASSEHOTELS

Miramare Hotel (☎ 28410 23875; Fax 28410 24164; DZ inkl. HP 134 €; P) Das Hotel liegt 1 km südlich des Stadtzentrums in einer idyllischen Hügellandschaft. Die geschmackvoll eingerichteten Zimmer bieten hohen Komfort; zur Anlage gehören auch Tennisplätze, ein Fitnessstudio und eine gepflegte Gartenanlage.

Minos Beach Art Hotel (☎ 28410 22345; www.bluegr.com; EZ/VIP-Suite 127/568 €;) Hier durften Architekten und Designer aus dem Vollen schöpfen. Das Hotel 1 km außerhalb der Stadt könnte mit seinen vielen Plastiken und Gemälden genauso gut eine Kunstgalerie sein. Ein Feng-Shui-Meister hat dafür gesorgt, dass die Vibes stimmen, das Ambiente in kühlem Weiß trägt ebenfalls dazu bei, und die VIP-Suiten lassen wirklich keine Wünsche offen. Wer sich's leisten kann, nimmt die Präsidentensuite für 2000 € pro Nacht.

Weitere Luxusabsteigen in dieser Gegend sind das **St Nicholas Bay** (☎ 28410 25041; www.stnicolasbay.gr; Suite 180–415 €;), das seinen Gästen eine Privatyacht zur Verfügung stellt, und das **Minos Palace** (☎ 28410 23801; www.mamidakishotels.gr).

Coral Hotel (☎ 28410 28363; www.hermes-hotels.gr; Akti Koundourou 68; DZ 70 €;) Das hervorragend geführte B-Klasse-Hotel am Nordufer wurde 2002 renoviert und ist die nobelste Absteige im Stadtzentrum. Satelliten-TV und Kühlschränke gehören zum Standard, hinzu kommen weitere Pluspunkte wie ein Dachgarten und ein Pool für alle, denen der Strand zu popelig ist.

Essen

Viele der Restaurants rund um den See sehen verlockend aus, aber die Speisekarten bieten dann doch nur die ewig gleichen „typisch griechischen" Standardgerichte zu oft gnadenlos überzogenen Preisen. Besser sieht es in den Seitenstraßen aus.

GÜNSTIG & MITTELTEUER

Taverna Itanos (☎ 28410 25340; Kyprou 1; Mayirefta 4,50 €) Diese geräumige, einladende Taverne mit Holzbalkendecke und reichlich Stuck serviert traditionell Kretisches wie zum Beispiel ausgezeichnete *mayirefta* (Eintöpfe) nach alten Familienrezepten. Besonders lecker ist das Lamm im Filoteig mit Kartoffeln, Feta, Tomaten und Erbsen. Wer mag, kann sich an den Tischen draußen auf dem Gehweg niederlassen.

Sarri's (☎ 28410 28059; Kyprou 15; Frühstück 3 €) Etwas versteckt in einer Seitenstraße liegt diese nette Kneipe, auf deren schattiger Terrasse es sich wunderbar frühstücken, zu Mittag und zu Abend essen lässt. Die täglich wechselnden Angebote stehen auf einer gesonderten Tafel.

Aouas Taverna (☎ 28410 23231; Paleologou Konstantinou 44; Mezedes 2–8 €) Hier geht's eher familiär zu, und neben köstlichen *mezedes* gibt's auch ausgefallenere Spezialitäten wie Kräuterpastete oder eingelegte Zwiebeln. Die Einrichtung ist eher schlicht, gemütlicher sitzt man im Garten.

Avli (☎ 28410 82479; Pringipos Georgiou 12; Mezedes 3–8 €) Eigentlich ist das Avli ein Ouzeri, aber die überwältigende Auswahl an *mezedes* ersetzt eine komplette Mahlzeit. Wie in vielen Kneipen wird auch hier das Angebot ständig erweitert, und mittlerweile serviert der Wirt im Garten auch warme Gerichte zu vernünftigen Preisen.

9 Muses (☎ 28410 24968; Akti Themistokleous 3; große Pizza 9,50 €) Das neue, trendige Lokal am Ostzipfel des Hafens, hinter der eigentlichen Fressmeile, setzt auf Pizza & Pasta in Topqualität – mit Erfolg, denn abends brummt der Laden.

Barko (☎ 28410 24610; Lasithiou 23; Mezedes 4–8 €) Auch dieses Restaurant liegt abseits des Touristenrummels und ist bei Einheimischen beliebt. Es läuft unter der Sparte *oinomayirio* (Wein- und Esslokal) und bietet vor allem kretische mezedes in gemütlichem Ambiente mit viel Holz und Stein.

TEUER

Migomis (☎ 28410 24353; N Plastira 20; Hauptgerichte 8–15 €) Das Edellokal liegt auf der höheren, südlichen Seite und kann deswegen mit einem schönen Ausblick auf den Voulismeni-See aufwarten. Das Ambiente verwöhnt das Auge, der Magen wird bestens bedient mit Schlemmereien wie Lammgeschnetzeltes mit Rosmarin in *mavrodaphne* (Dessertwein)-Sauce oder Hühnchen mit Spinat.

Pelagos (☎ 28410 25737; Katehaki 10; Meeresfrüchte 7,50–15 €) Hier kommen Liebhaber von Fisch und Meeresfrüchten auf ihre Kosten. Das Restaurant in einem aufwändig restaurierten Gebäude mit ansprechender Gartenanlage gilt gemeinhin als das beste (und teuerste) in Agios Nikolaos.

Unterhaltung

Nachtleben wird in Agios Nikolaos groß geschrieben. Man könnte sogar sagen, dass die Stadt erst am Abend erwacht und einen Großteil des Tages einfach verschläft. In den unzähligen Bars und Kneipen entlang der Akti Koundourou und in „little Soho" in der 25 Martiou geht es abends rund, und um die angesagtesten Läden zu finden, muss man sich nur von der Masse treiben lassen.

Royale Bar (25 Martiou 20) Ein Dauerbrenner, bekannt für seine Cocktails und die ausgelassene Stimmung. Nicht gerade der Ort für tiefgründige Gespräche, aber genau richtig, um ein Bad in der Menge zu nehmen.

Cafe du Lac (☎ 28410 26837; 28 Oktovriou 17) Die Bar liegt über dem Restaurant gleichen Namens, und wer einmal tief durchatmen will, lässt den Blick über den Voulismeni-See schweifen.

En Plo in der Akti Koundourou ist eine gediegene Café-Bar und meist nicht so überlaufen wie die In-Spots; hier wird eher Jazz, Latin und Reggae aufgelegt. Das schicke **Puerto** verströmt Loungeatmosphäre und verwöhnt mit einer Auswahl an Tee und Schokolade, garniert mit einem schönen Ausblick. Youngsters zieht es eher in das trendige **Rule**.

Rex 'Polycenter' (☎ 28410 83681; M Sfakianaki 35) ist ein Tagungszentrum mit 300 Plätzen, in dem auch Filme laufen.

Shoppen

Die Geschäfte im Zentrum verkaufen hauptsächlich Keramik, Ikonen und alles, was man für den Strand braucht, zu mittleren Preisen.

Anemos (☎ 28410 23528; Koundourou 12) Ein exklusives Juweliergeschäft, das Kreationen diverser griechischer Goldschmiede verkauft, darunter so bekannte wie Fanourakis.

Kerazoza (☎ 28410 22562; Koundourou 42) Im kretischen Dialekt bedeutet der Name „Regenbogen", und entsprechend phantastisch-märchenhaft sind die angebotenen Waren: handgemachte Masken, Marionetten und Figuren, die an das antike griechische Theater erinnern. Außerdem gibt es sehr schöne Skulpturen, Keramik und Schmuck von hiesigen Künstlern.

An- & Weiterreise

BUS

Ab dem **Busbahnhof** (☎ 28410 22234; Sofoklis Venizelou) in Agios Nikolaos fahren Busse zu folgenden Zielen:

Zielort	Fahrtdauer	Fahrpreis	Häufigkeit
Elounda	20 Min.	1,20 €	tägl.
Ierapetra	1 Std.	2,50 €	alle 2 Std.
Iraklion	1½ Std.	5 €	halbstündl.
Istro	30 Min.	1 €	stündl.
Kritsa	15 Min.	1 €	stündl.
Lassithi-Hochebene	3 Std.	3,50 €	2-mal tägl.
Sitia	1½ Std.	5,50 €	6-mal tägl.

SCHIFF/FÄHRE

LANE Lines (☎ 28410 26465; www.lane.gr) bietet dreimal pro Woche eine Verbindung nach Piräus via Milos an (26,20 €, 12 Std.). Donnerstags legt die Fähre nach Piräus in Santorin (18 €) und Milos (18,30 €) ab. Von Piräus gibt es Fähren via Milos nach Agios Nikolaos, Sitia, Kassos, Karpathos, Chalki und Rhodos.

Außerdem fahren Ausflugsboote zur Insel Spinalonga, s. S. 204.

Unterwegs vor Ort

Am Nordufer gibt es diverse Auto- und Motorradvermietungen. **Scooterland** (☎ 28410 82903; Akti Koundourou 10) hat eine große Auswahl an Rollern, Motorrädern und Pkw. Einen Roller gibt's ab 18 € pro Tag, eine Yamaha Dragstar 650 schlägt mit 50 € pro Tag zu Buche, Pkw kosten zwischen 30 und 55 € pro Tag.

ELOUNDA ΕΛΟΥΝΤΑ

1655 Ew.

Die 11 km lange Fahrt von Agios Nikolaos nordwärts nach Elounda (E-luun-da) ist mit ihren berauschenden Meer- und Bergpanoramen ein echtes Highlight.

Kurz vor dem Ort machen Schilder auf die diversen Luxushotels in den malerischen Buchten entlang der Küste aufmerksam. Das erste wurde Mitte der 60er-Jahre von einem prominenten Athener erbaut und avancierte rasch zum Treffpunkt der griechischen Highsociety.

Dann entdeckte auch der internationale Jetset Elounda als Spielwiese, und mittlerweile stehen hier einige der exklusivsten Hotelanlagen Griechenlands, die natürlich auch die schönsten Strände der Gegend kassiert haben.

Im Anschluss an die Promibunker erstreckt sich das einstmals verschlafene Fischerdorf Elounda, das im Sommer vor Touristen schier aus den Nähten zu platzen droht, auch wenn es hier noch ruhiger zugeht als im benachbarten Agios Nikolaos. Busladungen von Tagesausflüglern auf ihrem Weg zur Insel Spinalonga überfluten die vielen Restaurants, die dem malerischen Hafen mit ihren grellen Neonreklamen etwas von seinem Flair nehmen. Auch der weiter nördlich gelegene öffentliche Strand leidet unter diesem geballten Ansturm. Hübsch ist es an dem geschützten, lagunenähnlichen Becken, das durch die Halbinsel Kolokytha gebildet wird.

Orientierung & Praktische Informationen

Gleich an den Hafen schließt sich der Hauptplatz mit seinem markanten Uhrenturm und einem Parkplatz an. Nicht weit davon gibt es einige **Geldautomaten**, ein Postamt und gegenüber davon die Bushaltestelle.

Babel Internet Cafe (☎ 28410 42336; Akti Vritomartidos) An der Uferpromenade, nördlich des Uhrenturms.

Eklektos (☎ 28410 42285) Karten, neue und gebrauchte englischsprachige Bücher.

Städtische Touristeninformation (☎ 28410 42464; Hauptplatz; Juni–Okt. 8–23 Uhr) Hilfe bei der Zimmersuche, Informationen.

Olous Travel (☎ 28410 41324) Buchen Fähren, Flüge und Hotelzimmer.

Geführte Touren

Im Hafen von Elounda starten Boote zu Ausflügen zur Insel Spinalonga, Schwimm- und Angeltouren sowie vierstündigen Kreuzfahrten mit Stippvisite auf Spinalonga, Badestopp und Besuch der versunkenen Stadt Olous (s. S. 204)

Schlafen

Wer es sich leisten kann, lässt sich in einem der Luxusschuppen verwöhnen. Es gibt hier zwar einige nette Adressen, aber insgesamt sind die Hotels in Elounda-City nicht gerade preiswert und in der Hochsaison oft mit Pauschalreisenden ausgebucht. Andererseits ist der Ort ruhiger als Agios Nikolaos und von daher die angenehmere Basis für Ausflüge ins Umland.

BUDGETUNTERKÜNFTE & MITTELKLASSEHOTELS

Corali Studios (☎ 28410 41712; Studio 50 €;) Die praktischen Studios für Selbstversorger mit schattigen Terrassen, eingebettet in saftiggrünem Rasen, liegen auf der Nordseite der Stadt, rund 800 m vom Uhrenturm entfernt. Die geräumigen **Portobello Apartments** (☎/fax 28410 41712; Apt. für 2–4 Pers. 65 €;) gleich nebenan gehören ebenfalls zu diesem Unternehmen und sind eine gute Wahl für zwei oder drei Personen.

Delfinia Studios & Apartments (☎ 28410 41641; www.pediaditis.gr; Studio/Apt. 43/56 €;) Vermietet werden die attraktiven Studios von derselben Familie, die auch die Buchhandlung in der Hauptstraße betreibt. Alle Zimmer haben Balkon mit Meerblick, für Gruppen und Familien gibt es diverse Unterbringungsmöglichkeiten.

Hotel Aristea (☎ 28410 41300; Fax 28410 41302; EZ/DZ/3BZ inkl. Frühstück30/45/55 €;) Das Hotel liegt im Stadtzentrum. Die Zimmer reißen keinen vom Hocker, sind aber okay, meist mit Meerblick, Doppelfenstern, TV, Kühlschrank und Fön.

Grecotel Elounda Village (☎ 28410 41002; www.grecotel.gr; EZ/DZ ab 125/167 €; ❄ 🏊 P) Von Agios Nikolaos aus die erste Ferienanlage an der Hauptstraße, mit wunderschönem Pool, Wassersportmöglichkeiten, Tennisplätzen, hübschen Zimmern und Bungalows.

SPITZENKLASSEHOTELS

Südlich von Elounda haben sich einige wirklich atemberaubende Hotelanlagen breit gemacht, von denen der Normalsterbliche kaum zu träumen wagt.

Elounda Beach (☎ 28410 41412; www.eloundabeach.gr; ❄ 🏊) Dieser Vorreiter des Tourismus gehört immer noch zu den weltbesten Luxusanlagen. Nette Kleinigkeiten wie frische Blumen, Bademäntel, Zimmerdienst zwei Mal täglich und TV im Bad gehören zum Standard, aber es geht auch etwas aufwändiger: Die Royal Suite verfügt über einen eigenen, überdachten Pool, persönlichen Fitnesstrainer, Butler und Koch, und das alles für lumpige 15.000 € pro Nacht. Ein einfaches Doppelzimmer ist schon für 400 € zu haben, für einen Bungalow mit eigenem Pool im Freien und Steg am Meer sind 1700 € hinzublättern.

Das **Elounda Bay Palace** (☎ 28410 41502; www.eloundabay.gr) nebenan steht unter derselben Verwaltung und ist nur unerheblich billiger.

Blue Palace Resort & Spa (☎ 28410 65500; www.bluepalace.gr; ohne Privatpool 380 €; ❄ 🏊) Diese weitläufige Anlage – bei den Gebäuden wurden die für hier typischen Steine verwendet – liegt 3 km nördlich von Elounda. Ein Lift bringt die Gäste über die Straße zum Strand, und der Wellnessbereich dort gehört zum Feinsten, was die Insel zu bieten hat. Die Zimmereinrichtungen haben Designerqualität, von den Terrassen aus ist die Insel Spinalonga zu sehen. Wem das mit dem Lift zu anstrengend ist, der nimmt ein Zimmer mit Privatpool.

Essen

Marilena (☎ 28410 41322; Hauptgerichte 7,50–15 €) Das Restaurant liegt gegenüber dem Spielplatz am Strand und serviert leckere *mezedes*, Fisch, Hummer und zypriotische Spezialitäten wie z. B. *haloumi saganaki*. Auf der Rückseite liegt ein großer, mit Wein bewachsener Hof.

Nikos (☎ 28410 41439; Fisch/Hummer 30/41 € pro kg) In puncto Einrichtung kann das Nikos mit den Lokalen an der Strandpromenade zwar nicht mithalten, dafür sind Fisch und Hummer top, da meist aus eigenem Fang. Es gibt einige Tische unter einer Markise auf dem Platz gegenüber. Die Bedienung gehört nicht immer zur schnellen Truppe, aber das Preis-Leistungs-Verhältnis ist in Ordnung.

Vritomartis (☎ 28410 41325; Meeresfrüchteplatte für zwei 49 €) Das Lokal gleich neben dem Hafen brüstet sich damit, die älteste Fischtaverne Eloundas zu sein, und hat eine beeindruckende Auswahl an frischem Fisch und gemischten Meeresfrüchteplatten.

Ferryman (☎ 28410 41230; Fischplatte für 2 Pers. 44 €) Nicht erst seit ihrem Auftritt in der englischen TV-Serie *Who Pays the Ferryman* gilt diese Taverne als die Topadresse vor Ort. Ihre Spezialität ist Fisch, aber seit Akis den Familienbetrieb übernommen und auf Vordermann gebracht hat, stehen auch andere kretische Leckerbissen auf der Karte. Die Tische direkt am Ufer sind am Abend sehr stimmungsvoll, der Service ist perfekt und die Preise sind zwar nicht gerade günstig, aber durchaus gerechtfertigt.

Kalidon Restaurant (☎ 28410 41451; warme Mezedes 4–15 €) Das etwas touristisch angehauchte Kalidon schwimmt auf einem Ponton mit Blick auf fast den gesamten Hafen. Auf der Karte stehen Fisch und kretische Spezialitäten.

Unterhaltung

Es gibt ein paar Bars und Clubs in Elounda, in Agios Nikolaos ist jedoch wesentlich mehr los.

Das **Katafygio** (☎ 28410 42003) ist die originellste Bar des Ortes und war früher mal eine Fabrik zur Carob-Verarbeitung. Draußen stehen ein paar Tische am Ufer, innen ist alles aus Stein und sieht ziemlich beeindruckend aus. Es ist allerdings fraglich, ob die schrägen Schaufensterpuppen und die Fotos leicht bekleideter Damen das Ambiente wirklich aufwerten.

Die **Alyggos Bar** (☎ 28410 41569) an der Hauptstraße wird hauptsächlich von Touristen frequentiert. Fußballtrikots als Deko und Spiele, die im Fernsehen übertragen werden, sorgen für Bundesligaatmosphäre. Für einen gemütlichen Drink ist auch das

Babel (☎ 28410 42336; Akti Vritomartidos) eine gute Adresse.

An- & Weiterreise

Busse zwischen Agios Nikolaos und Elounda fahren im Stundentakt (1 €, 20 Min.).

Elounda Travel (☎ 28410 41800; elounda@otenet.gr) im Zentrum vermietet Pkw, Motorräder und Roller.

HALBINSEL KOLOKYTHA
ΧΕΡΣΟΝΗΣΟΣ ΚΟΛΟΚΥΘΑ

Auf der Straße von Agios Nikolaos weist kurz vor Elounda rechts ein Schild auf die **versunkene Stadt Olous** hin, die als Hafen für Lato diente. Olous stand zu beiden Seiten und auf der Landenge, die die Südspitze der Halbinsel Kolokytha mit Kreta verband und heute ein Damm ist. Ihre Blütezeit erlebte die minoische Siedlung Olous zwischen 3000 und 900 v. Chr. Um 200 v. Chr. traf Olous eine Vereinbarung mit der Insel Rhodos, die damals bestrebt war, die Ostküste Kretas zu kontrollieren und das Piratentum niederzuschlagen, das damals die ganze Ägäis terrorisierte. Ausgrabungen ergaben, dass Olous ein wichtiger Stützpunkt für den Handel mit den Inseln östlich von Kreta war und seine eigenen Münzen prägte. Über Olous' Schicksal während der griechischen, römischen und byzantinischen Periode ist wenig bekannt. Man nimmt an, dass die Stadt im 9. Jh. von den Sarazenen zerstört wurde.

Als Folge der Erdbeben, von denen Kreta immer wieder heimgesucht wurde, versank die Landenge im Meer. Während der Besatzungszeit grub die französische Armee 1897 einen Kanal durch diesen Isthmus, der die Spinalonga-Bucht mit dem Meer verband. Der Großteil der Ruinen Olous' liegt unter Wasser und bietet sich für Schnorcheltouren an. Das seichte Gewässer darum herum scheint ein Paradies für Seeigel zu sein; außerdem ist das Gebiet bekannt für die vielen Vögel, die hier nisten.

In der Nähe des Dammes ist ein Mosaik zu besichtigen, das zu einer frühchristlichen Basilika gehörte.

Auf der Ostseite der Halbinsel liegt entlang der schmalen, aber eingeebneten Schotterstraße ein schöner, 1 km langer Sandstrand. Das Wasser ist dort glasklar, und nur wenige Leute kommen an diese geschützte Stelle, es sei denn mit *caiques* (kleinen Booten).

PLAKA ΠΛΆΚΑ

In dem kleinen Fischerdorf 5 km nördlich von Elounda gibt's eine Hand voll anständiger Fischtavernen und einfache Zimmer zum Übernachten. Durch die gigantische Anlage des Blue Palace Resort wurde Plaka ein bisschen zurückgedrängt, aber es hat einen ganz anständigen **Kiesstrand** am Nordende für alle, die der Rummel in Elounda nervt.

Die **Spinalonga Taverna** (☎ 28410 41804; Studio 30 €) wird von einem einheimischen Fischer und seiner Familie betrieben, die ganz gut kochen, einfache Studios vermieten und einen zur Insel Spinalonga übersetzen (6 €).

INSEL SPINALONGA
ΝΗΣΟΣ ΣΠΙΝΑΛΟΓΚΑ

Spinalonga liegt nördlich der Halbinsel Kolokytha und war bis zur venezianischen Epoche von großer strategischer Bedeutung. Hier errichteten die Venezianer 1579 eine bullige **Festung** (Eintritt 2 €; 🕙 10–18 Uhr) zum Schutz der Elounda-Bucht und des Golfs von Mirambellou. Sie galt als uneinnehmbar und widerstand türkischen Belagerungen länger als jede andere Befestigungsanlage auf Kreta. 1715 jedoch musste auch sie sich – 40 Jahre später als die Hauptinsel – geschlagen geben. Die Türken benutzten Spinalonga als Basis für ihre Schmuggelaktivitäten.

Nachdem Kreta Griechenland angegliedert wurde, verwandelte sich die Insel in eine Kolonie für Leprakranke. Der letzte Bewohner starb 1953, seitdem ist Spinalonga verlassen.

Von Agios Nikolaos aus fährt dreimal täglich ein Ausflugsboot nach Spinalonga (15 €), von Elounda aus halbstündlich (8 €), und auch Fischer in Plaka und Elounda nehmen Passagiere mit.

Das Boot von Agios Nikolaos fährt auch an der Vogelinsel und der Kri-Kri-Insel vorbei – Letztere ist einer der letzten Lebensräume der kretischen Wildziege. Beide Inseln sind als Naturschutzgebiete ausgewiesen und unbewohnt.

DIE LASSITHI-HOCHEBENE
ΟΡΟΠΕΔΙΟ ΛΑΣΙΘΙΟΥ

Aus der Luft gesehen gleicht das von Berggipfeln eingekreiste Lassithi-Plateau einem riesigen Flickenteppich, zusammengesetzt aus Apfel- und Birnbaumhainen, Mandelbaumplantagen, Kartoffelfeldern und anderen Kulturen. Und wie mit dem Pfefferstreuer hingestreut verteilen sich rund 5000 Windmühlen auf dieser 900 m hoch gelegene Ebene. Anders als die berühmten holländischen Modelle sind diese Windmühlen schlanke Metallkonstruktionen mit Leinensegeln, die die Venezianer zu Bewässerungszwecken errichteten. Früher standen davon knapp 20 000 herum, aber leider sind heute nur noch ganz wenige im Einsatz.

Schon die Minoer nutzten die fruchtbare Erde des Plateaus. Dank seiner isolierten Lage fanden hier viele kretische Rebellen während der venezianischen und osmanischen Herrschaft Zuflucht. Nach einem Aufstand im 13. Jh. wurden die Bewohner der Lassithi-Hochebene von den Venezianern verjagt, ihre Felder zerstört. Die nächsten 200 Jahre lang war die Ebene unbewohnt, sodass sich in dieser Zeit ein dichter Wald entwickelte.

Die Entstehung dieses Biotops wurde auch dadurch begünstigt, dass die Ebene keinen natürlichen Abfluss hatte und deshalb jedes Frühjahr vom Schmelzwasser überschwemmt wurde. Lebensmittelknappheit zwang die Venezianer, die Ebene erneut zu kultivieren, und sie legten nun die Be- und Entwässerungsgräben an, die bis heute benutzt werden.

Zwanzig Dörfer haben sich am Rand des Plateaus angesiedelt. Sie leben hauptsächlich von den Touristen, die sich in Scharen mit Bussen durch die landschaftlich reizvolle Gegend karren lassen. Trotzdem wird das Plateau weiterhin landwirtschaftlich genutzt, und außerhalb der Saison ist die ländliche Idylle wieder perfekt. Wer einen Eindruck des ursprünglichen, bäuerlichen Kretas bekommen will, sollte wenigstens ein oder zwei Tage hier verbringen.

Die Hochebene ist von mehreren Seiten aus erreichbar. Die Hauptverkehrstraßen verlaufen ab Iraklion via Kastelli, ab Malia und ab der Geschäftsstadt Neapolis, von Agios Nikolaos aus gibt es mehrere Möglichkeiten über Nebenstraßen.

Quer über das Plateau führt eine beliebte **Radwanderroute**, sodass man ständig von Horden behelmter Pedalritter umringt wird, die auf der relativ ebenen Hochfläche umherradeln. Mit dem Rad überhaupt erst mal dorthin zu kommen, ist eine andere Sache, da sind nämlich einige gemeine Steigungen zu überwinden. Geschäftstüchtige Tourenveranstalter in Iraklion und Agios Nikolaos bieten einen Bringdienst für Rad und Fahrer an – wer mag, kann also genüsslich die 25 km auf dem Plateau abradeln und sich anschließend auf dem Weg zurück ins Tal dem Geschwindigkeitsrausch hingeben.

TZERMIADO ΤΖΕΡΜΙΆΔΟ

747 Ew.

Tzermiado (Dzer-mi-*ah*-do) ist ein verschlafenes Nest mit engen, staubigen Straßen und von wildem Wein überwucherten Häuschen. Von den Dörfern der Lassithi-Hochebene ist es allerdings das größte und wichtigste, und viele Ausflugsbusse machen auf ihrem Weg zur Dikti-Höhle hier Rast. Ein paar Läden bieten Teppiche und bestickte Blusen an, deren Qualität nicht wirklich überzeugt. Besser sind da schon die berühmten Kartoffeln, die jedes Jahr Ende August mit einem dreitägigen Festival in Tzermiado gefeiert werden.

Es gibt nur eine Durchgangsstraße, die zum Dorfplatz führt. Dort ist das Postamt; die Bank mit Geldautomat und die OTE-Filiale liegen an der Hauptstraße.

Schlafen & Essen

Hotel Kourites (☎ 28440 22194; EZ/DZ inkl. Frühstück 25/40 €) Das Hotel liegt linker Hand, wenn man vom Osten in den Ort kommt. Die Zimmer sind einfach und haben kleine Balkone; in einem Gebäude in der Nähe gibt es noch Apartments. Kostenloser Fahrradverleih.

Restaurant Kourites (griech. Spezialitäten 4,50–7,30 €) Das Essen ist reichlich und gut, viele Gerichte werden im Holzofen zubereitet. Lecker ist z.B. das Spanferkel.

Argoulias (☎ 28440 22754; DZ/3BZ inkl. Frühstück 60/70 €) Der Komplex von elf Steinhäuschen mit geräumigen Apartments ist direkt in die Hügel gebaut, mit tollem Blick auf das Plateau. Die Zimmer sind im traditionellen Stil eingerichtet, das Frühstück wird aus lokalen Produkten frisch zubereitet.

An- & Weiterreise

Täglich fahren zwei Busse von Agios Nikolaos nach Tzermiado (3,50 €, 2 Std.). Zweimal täglich außer samstags und sonntags gibt es eine Verbindung von Iraklion nach Tzermiado (4,70 €, 1½ Std.).

AGIOS GEORGIOS ΑΓΙΟΣ ΓΕΏΡΓΙΟΣ

554 Ew.

Agios Georgios (*Ag*-ios ye-*or*-gios) ist ein sehr einladendes, kleines Dorf am Südrand der Lassithi-Hochebene, das sich für Radfahrer als Standort für Touren anbietet.

Im Ort selbst gibt es ein **Heimatkundemuseum** (☎ 28440 31832; Eintritt 2,50 €; 🕒 April–Okt. 10–16 Uhr), das in dem originellen Haus der Familie Katsapakis untergebracht ist. Die Eintrittskarte gilt auch für das nahe gelegene **Eleftherios-Museum**, das hauptsächlich Fotos von früheren griechischen Staatsmännern zeigt, und für die kleine, angebaute **Kirche** mit ihren byzantinischen Fresken.

Schlafen & Essen

Hotel Maria (☎ 28440 31774; EZ/DZ 20/25 €) Das Hotel steht im Nordteil des Dorfes und hat hübsche, geräumige Zimmer mit traditionellen Möbeln und Webarbeiten (die Betten sind allerdings ziemlich kurz und eng, also nichts für Riesen). Hara und Kallia sind für den reibungslosen Hotelbetrieb zuständig, ihre Mutter Maria ist Küchenchefin in der Taverna Merastri, einem Ableger der alt eingesessenen **Taverna Rea** (☎ 28440 31209; Tagesgerichte 5–6 €) an der Hauptstraße. Maria bedient sich aus dem überbordenden Gemüsegarten der Taverne und verwöhnt ihre Gäste mit saftigen Grillspezialitäten (ihr Mann ist Metzger) und anderen kretischen Delikatessen. Der Wein geht auf Kosten des Hauses, und über der Taverne liegen mehrere moderne Studios.

An- & Weiterreise

Agios Georgios wird zweimal täglich von Bussen aus Iraklion angefahren (4,70 €, 2 Std.), und einmal täglich kommt ein Bus aus Agios Nikolaos (3,50 €, 3 Std.).

PSICHRO ΨΥΧΡΌ

212 Ew.

Psichro (Psi-*chro*) liegt der Dikti-Höhle am nächsten. Entlang der Hauptstraße buhlen einige Tavernen und Souvenirshops um die Gunst der Touristen, Letztere mit angeblich original kretischen Teppichen und Läufern, die in Wirklichkeit ganz woanders her stammen. Das Dorf ist ansprechender und weniger staubig als Tzermiado, und wer mit dem Bus kommt, lässt sich am Ortsende absetzen, geht den Kilometer bis zur Dikti-Höhle zu Fuß (bergauf) und erholt sich hinterher im Dorf bei einem gemütlichen Gläschen von den Strapazen.

Schlafen & Essen

Zeus Hotel (☎ 28440 31284; EZ/DZ 25/30 €) Das moderne, aber eher gesichtslose D-Klasse-Hotel liegt im Westteil des Dorfes in der Nähe der Straße zur Dikti-Höhle.

Stavros (☎ 28440 31453; Grillgerichte 5–8 €) In volkstümlichem Ambiente serviert das Stavros diverse Leckereien aus der kretischen Familienküche. Das Fleisch stammt meist vom eigenen Hof, und die Ziege mit Zitrone und Reis oder die gefüllten Tomaten machen nicht nur satt, sondern auch glücklich.

Petros Taverna (☎ 28440 31600; Grillgerichte 6 €) Diese neue Taverne wird von dem ehemaligen Höhlenwächter Petros Zervakis betrieben. Neben kretischer Küche bietet er auch Wandertouren zum Dikti-Berg mit Übernachtung unter freiem Himmel an.

An- & Weiterreise

Die Verkehrsverbindungen rund um die Lassithi-Hochebene haben ihre Tücken. Von Agios Nikolaos aus gibt es täglich Busse, die über Tzermiado und Agios Georgios bis Psichro an die Stelle fahren, wo die Straße zur Dikti-Höhle abzweigt. Umgekehrt klappert morgens ein Bus die diversen Dörfer ab und fährt nach Agios Nikolaos. Von montags bis freitags fahren täglich zwei Busse von Iraklion zum Lassithi-Plateau (5 €, 2 Std.) und drei Busse wieder zurück nach Iraklion.

DIKTI-HÖHLE ΔΊΚΤΑΙΟΝ ΑΝΤΡΟΝ

Hauptattraktion der Lassithi-Hochebene ist die **Dikti-Höhle** (☎ 6977 269684; Erw./Kinder 4/2 €; 🕒 8–18.30 Uhr) nicht weit von Psichro. Hier hat Rhea angeblich den kleinen Zeus vor Kronos in Sicherheit gebracht, bevor dieser ihn – wie seine Geschwister vorher – verspeisen konnte.

Die 2200 m² große Höhle, auch Psichro-Höhle genannt, ist reich an Stalagmiten und Stalaktiten und wurde 1900 von dem britischen Archäologen David Hogarth ausgegraben. Dabei fand er eine ganze Reihe von Votivgaben, die heute im Archäologischen Museum von Iraklion (S. 162) ausgestellt sind. Sie bezeugen, dass es sich hier um eine Kultstätte handelt.

Bereits in der mittleren Palastzeit wurden in der Höhle religiöse Rituale abgehalten, und das hat sich in in abgeschwächtem Maße bis ins 1. Jh. n. Chr. fortgesetzt.

Der obere Abschnitt der Höhle ist sehr weitläufig und weist kaum Stalaktiten oder Stalagmiten auf. Hier stand ein Altar für Opfer und Weihegaben und es wurden auch Steintafeln mit Linear-A-Schrift und religiöse Bronze- und Tonfiguren gefunden. Ein steil abfallender Pfad führt in den unteren, interessanteren Höhlenteil. Links hinten befindet sich eine kleinere Nische, in der Zeus geboren sein soll. Rechts in der geräumigeren Halle stehen auf einer Seite kleine Steinbecken, aus denen sich schon Zeus laben konnte, und auf der anderen ein Riesenstalagmit, der sogenannte „Umhang des Zeus". Die Höhle ist zwar beleuchtet, aber es gibt trotzdem einige schummrige Stellen mit Stolperfallen.

Die Höhle erreicht man nach einer 15-minütigen Kraxelei (800 m) auf steilem, etwas unwegsamem Gelände oder auf dem Rücken eines geduldigen Esels (10 € hin und zurück). Nicht so leicht zu finden ist ein befestigter Weg, der links vom Parkplatz abgeht und auch kaum Schatten bietet – am besten zwischen den beiden Restaurants herumlaufen und nach Rückkehrern von der Höhle Ausschau halten.

KRITSA ΚΡΙΤΣΑ

1614 Ew.

Kritsa (Krit-*sah*) ist ein Bergdorf wie aus dem Bilderbuch, mit weiß gekalkten Häusern, die sich in luftiger Höhe an den terrassierten Hang schmiegen. Der Ort ist bekannt für seine traditionellen Handarbeiten und Webwaren, die aber heute gnadenlos an die Pauschaltouristen verramscht werden. Auf jedem freien Quadratzentimeter werden irgendwelche Decken ausgebreitet, und die vielen kitschigen Souvenirshops entlang der Hauptstraße machen die Atmosphäre des Dorfes weitgehend zunichte. Männer sind hier eindeutig im Vorteil: Sie können sich ins ruhige *kafenion* zurückziehen, währen ihre bessere Hälfte um Leib und Leben feilscht oder auf ihrem Stühlchen vor dem Laden emsig handarbeitet – wobei vieles nach asiatischer Billigproduktion aussieht; nicht alle Arbeiten sind wirklich authentisch. Andererseits gibt es hier durchaus auch die traditionellen, geometrischen Webmuster und originelle, handgehäkelte Decken, allerdings hat diese Ware ihren (gerechtfertigten) Preis – immer weniger Frauen haben die Zeit und das handwerkliche Können, solche Unikate herzustellen.

Olive Wood (☎ 28410 51585) ist einer der wenigen Läden, die außer Webwaren auch anderes einheimisches Kunsthandwerk anbieten.

Ende August wird in Kritsa immer eine traditionelle **kretische Hochzeit** gefeiert. Für rund 9 € gibt's Folklore satt: Musik, Gesang, Tanz und kulinarische Spezialitäten, so viel das Herz begehrt. Durch Kritsa führt nur eine schmale Straße, aber ober- und unterhalb des Dorfes liegen Parkplätze; am unteren steht das Postamt, und auf halber Höhe gibt es einen Geldautomaten.

Schlafen & Essen

Rooms Argyro (☎ 28410 51174; EZ/DZ 25/35 €) Das beste Hotel am Platz. Die zwölf Zimmer sind tadellos, es gibt ein schattiges, kleines Restaurant im Erdgeschoss, wo Frühstück und kleine Mahlzeiten serviert werden. Am Ortseingang links.

Platanos (☎ 28410 51230; Hauptgerichte 4,50–6 €) Das Lokal, halb Taverne, halb *kafenion*, punktet mit Atmosphäre. Auch die Einheimischen nehmen gerne unter der Platane und den Weinranken Platz und genießen Schlemmereien vom Grill oder *mayirefta*.

O Kastellos (☎ 28410 51254; Hauptgerichte 4,50–6 €) Eine schattige Oase im Ortszentrum und der richtige Ort, um sich bei Kalb aus dem Ofen und Pasta zu erholen.

An- & Weiterreise

Tagsüber fährt jede Stunde ein Bus von Agios Nikolaos nach Kritsa (1 €, 15 Min.).

RUND UM KRITSA

Der Weg von Agios Nikolaos erreicht 1 km vor dem Ortseingang die zierliche dreischiffige **Panagia-Kera-Kirche** (☎ 28410 51525; Eintritt 3 €; 8.30–15 Uhr) mit ihren byzantinischen Freskenmalereien, die zu den schönsten Kretas zählen. Das Mittelschiff aus dem 13. Jh. ist der älteste Teil des Gebäudes, die

DER SAGENHAFTE GÖTTERVATER ZEUS

Kronos, der Anführer der sieben Titanen, war mit seiner Schwester Rhea verheiratet. Seine Mutter Gaia hatte ihm prophezeit, dass eines seiner Kinder ihn vom Thron stoßen würde. Deshalb verschlang er alle Babys, die ihm Rhea gebar, direkt nach ihrer Geburt. Als das sechste Kind, Zeus, zur Welt kam, brachte Rhea es heimlich nach Kreta und gab ihrem Göttergatten stattdessen einen Stein, den dieser brav hinunterschluckte. Baby Zeus wurde in der Dikti-Höhle der Obhut dreier Nymphen überlassen.

Als Zeus groß und stark geworden war, beschloss er den Tod seiner Geschwister zu rächen und erschlich sich den Job als Kronos' Becherträger. Er verabreichte seinem alten Herrn ein Brechmittel, sodass dieser zuerst den Stein und dann der Reihe nach alle Kinder herauswürgte: Hestia, Demeter, Hera, Poseidon und Hades. Da alle ziemlich sauer auf Kronos waren, machten sie gemeinsame Sache mit Zeus, stürzten den Vater vom Thron und bekämpften die Titanen, die Zeus nicht als neuen Herrscher akzeptieren wollten. Gaia gab Zeus den Tipp, dass er nur mit Hilfe der Zyklopen und der hundertarmigen Riesen siegen könnte, also befreite er diese aus dem Tartaros.

Die Zyklopen gaben Zeus einen Donnerkeil. Die drei Riesen schleuderten Felsen auf die Titanen, und diese gaben klein bei. Zeus verbannte sie und Kronos in ein fernes Land; nur Atlas, Kronos' Stellvertreter, bekam eine Sonderaufgabe: Er musste fortan den Himmel tragen. Zeus und seine Geschwister ließen sich auf dem Berg Olymp häuslich nieder, und der frischgebackene Göttervater verguckte sich in seine Schwester Hera. Um sie herumzukriegen, nahm er die Gestalt eines zerzausten Kuckucks an, den Hera fürsorglich an ihre Brust nahm. Zeus nutzte diese intime Situation entsprechend, und Hera erklärte sich widerstrebend bereit, ihn zu heiraten. Das Paar bekam drei Kinder: Ares, Hephaestus und Hebe.

meisten Fresken entstanden Anfang bis Mitte des 14. Jhs. Kuppel und Wände zieren hier vier Bibelszenen: die Verkündigung, die Taufe, die Auferweckung des Lazarus und der Einzug nach Jerusalem. An der westlichen Mauer prangen eine Darstellung der Kreuzigung und eine sehr realistische Illustration der Höllenstrafen. In der Apsis des Südschiffes wird das Leben der Jungfrau Maria geschildert, und im Nordschiff geht es um das Jüngste Gericht. Nicht weit davon ist eine verlockende Darstellung des Paradieses zu finden, daneben die Jungfrau Maria und die Urväter Abraham, Isaak und Jakob. Am Westende kündigt der Erzengel Michael mit seiner Trompete die Rückkehr Jesu an, eine weitere Freske zeigt das Jüngste Gericht.

LATO ΛΑΤΏ

Die antike Stadt **Lato** (Eintritt 3 €; Di–So 8.30–15 Uhr) 4 km nördlich von Kritsa ist einer der wenigen Orte Kretas, der nicht auf die Minoer zurückgeht. Lato (La-to) wurde im 7. Jh. v. Chr. von den Dorern gegründet und war zu seiner Blütezeit eine der mächtigsten Städte der Insel, bis sie 200 v. Chr. zerstört wurde. Inmitten der einsamen Bergwelt ragen zwei von Ruinen bestandene Akropolen auf, mit herrlichem Blick auf den Mirambellou-Golf. Der Name der Stadt leitet sich ab von der Göttin Leto, die Zeus zwei Kinder, Artemis und Apollo, gebar. Beide wurden hier verehrt.

Durch das **Stadttor** betritt man die Anlage auf einer langen, stufigen Straße. Vorbei an einer Mauer zur Linken mit zwei Türmen, die als Wohnraum dienten, erreicht man die **Agora** aus dem 4. Jh. v. Chr., die eine Zisterne und einen kleinen, rechteckigen Altarraum beherbergte. Als der Tempel ausgegraben wurde, kamen auch mehrere Statuen aus dem 6. Jh. v. Chr. zum Vorschein. Kreisförmig angeordnete Steine hinter der Zisterne dienten als Dreschplatz. An der Westseite der Agora steht eine **Stoa** mit Steinbänken, und ganz in der Nähe sind die Reste eines Kieselmosaiks zu bewundern. Auf der Terrasse über der Südostecke der Agora stehen die Ruinen eines **rechteckigen Tempels**, der wahrscheinlich Ende des 4./Anfang des 3. Jhs. v. Chr. erbaut wurde. Leider sind die Inschriften am Fuß der Tempelstatue nicht mehr lesbar. Zwischen den beiden Türmen am Nordende der Agora führen Stufen zum **Prytaneion**, dem Verwaltungssitz des Stadtstaates. Im Zentrum des Gebäudes stand ein Herd, der Tag und Nacht befeuert wurde. Östlich des Prytaneions befindet sich ein Säulenhof, unterhalb liegt das halbmondförmige **Theater** mit rund 350 Sitzplätzen und der **Exedra** (Bühne), in deren rundumlaufende Wand Bänke eingelassen sind.

Lato wird nicht von Bussen angefahren. Die Straße zur Ausgrabungsstätte biegt kurz vor Kritsa rechts ab. Zu Fuß sind es ab hier rund 30 Minuten, der Weg führt durch Olivenhaine entlang der Straße.

DIE NORDOSTKÜSTE

MONI FANEROMENIS
ΜΟΝΉ ΦΑΝΕΡΩΜΈΝΗΣ

Von der Straße Agios Nikolaos–Sitia biegt 2 km vor Gournia eine Nebenstraße rechts ab und erreicht nach 5 km das spätbyzantinische Kloster Faneromenis. Wer mit einem eigenen Verkehrsmittel unterwegs ist, sollte sich das Kloster anschauen und den atemberaubenden Blick von dort auf den Mirambellou-Golf genießen – auch wenn die Straße dorthin steil, kurvig und nur teilweise asphaltiert ist. Wenn die Türen verschlossen sein sollten, genügt ein lautes Knopfen, und schon ist jemand zur Stelle, um die Kapelle mit einem Fresko der Mutter Gottes aus dem 15. Jh. zu zeigen.

GOURNIA ΓΟΥΡΝΙΑ

Die bedeutende spätminoische Ausgrabungsstätte von **Gournia** (☎ 28410 24943; Eintritt 3 €; ⌚ Di–So 8.30–15 Uhr) liegt nicht weit von der Küstenstraße rund 19 km südöstlich von Agios Nikolaos. Die Ruinen stammen von einer Stadt, die zwischen 1550 und 1450 v. Chr. erbaut wurde. Etwas oberhalb davon stand ein kleiner Palast, der aber lange nicht so prächtig war wie der in Knossos oder Festos: Er gehörte nicht einem König, sondern nur einem Verwalter. Die Siedlung ist ein munteres Gewirr von Straßen und Treppen, die von bis zu 2 m hohen Hausmauern gesäumt werden. Funde von Haushaltsgegenständen, Ackergeräten und Handelsgütern zeigen, dass Gournia einst ein betriebsamer Ort gewesen ist.

Südlich des Palastes liegt ein großer, rechteckiger **Hof**, den ein Netz von gepflasterten Straßen umschließt. Der große Steinblock dort wurde für Stieropfer benutzt. Ein Raum westlich davon enthält einen steinernen **Kernos** (Kultbecken) der von 32 Vertiefungen umrandet ist und wahrscheinlich rituellen Zwecken diente. Nördlich des Palastes stand der **Schrein der minoischen Schlangengöttin**, in dem viele Objekte aus der Nachpalastzeit gefunden wurden. Im Norden und Osten der Ausgrabungsstätte befinden sich Vorratsräume und Werkstätten, die meist im Erdgeschoss der zweistöckigen Häuser untergebracht waren; darüber lagen die Wohnräume.

Gournia Moon Camping (☎/Fax 28420 93243; Erw./Zelt 5,30/5 €; 🏊) ist der Campingplatz, der Agios Nikolaos am nächsten liegt. Die gepflegte Anlage wird von Engländern betrieben; es gibt dort eine billige Taverne, eine Snackbar, einen kleinen Laden und zwei Pools mit Liegestühlen. Die Lage nicht weit von einer felsigen Bucht mit einem kleinen Strand ist wirklich schön. Die Busse von Agios Nikolaos (s. S. 201) nach Sitia und Ierapetra fahren sowohl am Campingplatz als auch an Gournia vorbei und halten auf Anfrage.

MOCHLOS ΜΌΧΛΟΣ

91 Ew.

In das hübsche Fischerdörfchen Mochlos (*Moch*-los) führt eine kurvenreiche 5 km lange Straße, die von der Schnellstraße Sitia–Agios Nikolaos abzweigt. In der Antike gab es noch eine Landverbindung zu der gleichnamigen Insel, die jetzt abgeschnitten im Meer 200 m vor der Küste liegt. Der Ort war zwischen 3000 und 2000 v. Chr. eine aufstrebende minoische Siedlung. Sowohl in Mochlos-Dorf wie auch auf der Insel Mochlos wird noch sporadisch gegraben; eine Informationstafel am winzigen Hafen gibt einen groben Überblick über die archäologischen Maßnahmen.

Üppige Hibiskus-, Bougainvillea- und Oleanderbüsche geben dem Ort ein besonderes Flair. Vor allem französische und deutsche Individualreisende suchen hier nach der ultimativen Inselidylle. Ein schmaler Kiesel- und Sandstrand lädt zum Schwimmen ein. Vorsicht: In der Meerenge zwischen Küste und Insel gibt es manchmal starke Strömungen. Mochlos ist ideal für alle, die mal so richtig genüsslich abhängen wollen. Es gibt ganz ordentliche Unterkünfte und die Umgebung lädt zu ausgedehnten Spaziergängen und Ausflügen in die umliegenden Dörfer ein. Mochlos' Tavernen sind bei Fischfans beliebt und werden am Wochenende auch gerne von Kretern besucht.

Orientierung & Praktische Informationen

Viel mehr als zwei oder drei Häuserblocks steht in Mochlos nicht herum, und zehn Minuten genügen, um das Dorf abzuklappern. Es gibt weder Bank noch Postamt; einziges Zugeständnis an die Touristen sind eine Hand voll Souvenirläden und zwei kleine Lebensmittelgeschäfte. **Barbarossa Tours** (☎ 28430 94723; barbarasso@otenet.gr) vermietet Zimmer und Studios, organisiert Ausflüge, bucht Schiffs- und Flugtickets und vermietet auch Autos.

Aktivitäten

Die Agentur **La Chlorophylle** (☎/Fax 28430 94725) wird von Yiannis Petrakis und seiner belgischen Frau Ann Lebrun, einer Botanikerin, betrieben. Sie bietet geführte **Wanderexkursionen** (11–18 €) rund um Mochlos an, Yannis ist für Touren per Jeep, Motorrad und Mountainbike zuständig.

Schlafen & Essen

Hotel Sofia (☎/Fax 28430 94554; DZ/3BZ 28/32 €; Apt. 32–50 €; ❄) Die einfachen, aber bequemen Zimmer über der Taverne Sofia haben TV und Kühlschrank. Für Familien und Langzeiturlauber gibt es auch einige komplett ausgestattete, geräumige Apartments 200 m östlich des Hafens mit genügend Platz für zwei bis vier Personen – manche haben Balkon mit herrlichem Ausblick. Schlemmen kann man in der Taverne, die auch für Vegetarier einige Leckereien zu bieten hat, z. B. Artischocken mit Erbsen oder Blumenkohl in Weinsauce.

Spyros Rooms (☎/Fax 28430 94204; DZ/3BZ 35/40 €; ❄) Das Hotel gleich hinter dem Ortsende hat einladende, moderne Zimmer mit Kühlschrank und Klimaanlage – bei Spyros im Restaurant Kavouria nachfragen.

Kyma (☎ 28430 94177; solk@in.gr; Studio 30 €) Tadellose und preiswerte Selbstversorgerstudios – den Hinweisschildern folgen, die in der westlichen Ortshälfte zu finden sind, nicht weit von einem Lebensmittelladen entfernt.

To Bogazi (☎ 28430 94200; Mezedes 1,50–5,80 €) Das Restaurant ganz nahe bei der Insel und mit zwei verschiedenen Ausblicken aufs Meer hat über 30 originelle *mezedes* auf der Karte, die auch Vegetarier begeistern werden. Gute Hauptgerichte sind z. B. der Tintenfisch und das pfannengebratene Gemüse.

Ta Kochilia (☎ 28430 94432) Strandlage, Panoramablick, frischer Fisch und einfache, delikate Gerichte sind die Pluspunkte dieses Lokals. Tipp: Seeigelsalat – Sauce unbedingt mit Brot aufstippen!

An- & Weiterreise

Öffentliche Verkehrsmittel nach Mochlos gibt es nicht. Busse auf der Route Agios Nikolaos–Sitia halten auf Wunsch an der Abzweigung nach Mochlos, von dort sind es noch knapp 6 km bis ins Dorf – per pedes oder per Autostopp.

SITIA ΣΗΤΕΙΑ

8238 Ew.

Sitia (Si-*ti*-a) konnte sich bislang dem Ansturm der Touristen glücklicherweise entziehen, der Sommer für Sommer fast die gesamte Nordküste erfasst. Ein Besuch dieser sympathischen Kleinstadt lohnt sich wegen der hübschen Hafenpromenade, die abends zum gemütlichen Bummel durch die Tavernen und Cafés einlädt. In den geschäftigen Gässchen der Altstadt, die sich vom Hafen aus hangaufwärts winden, stehen verstreut zwischen modernen Bauten hie und da noch Häuser im venezianischen Stil. Das Südende der Stadt bildet ein langer, schmaler Sandstrand.

Touristen sind zwar willkommen, aber Sitia lebt in der Hauptsache von der Landwirtschaft und den ansässigen Unternehmen. Es gibt hier viele französische und griechische Urlauber, aber selbst in der Hochsaison ist die Stimmung relaxed – wer den Touristenrummel in den Städten weiter westlich kennt, weiß das doppelt zu schätzen.

Geschichte

Von Ausgrabungen weiß man, dass es um Sitia bereits in der Jungsteinzeit Siedlungen gab. Ein wichtiger minoischer Ort war Petras, 2 km südöstlich des heutigen Stadtzentrums. Die damalige Siedlung wurde 1700 v. Chr. durch ein Erdbeben zerstört und dann aufgegeben.

Während der griechisch-römischen Periode gab es eine Stadt namens Iteia. Sie muss in etwa dort gelegen haben, wo sich das heutige Sitia erhebt, aber der exakte Standort wurde bis jetzt nicht festgestellt. In der byzantinischen Ära wurde Sitia zum Bistum, das nach der Eroberung Kretas durch die Sarazenen im 9. Jh. wieder aufgelöst wurde. Unter den Venezianern entwickelte sich Sitia zum wichtigsten Hafen Ostkretas, wurde aber durch das Erdbeben von 1508 schwer beschädigt und hat sich davon nie mehr erholt. Den Todesstoß erhielt die Stadt durch die Blockade der Osmanen 1648. Die letzten Einwohner flohen, und die noch verbleibenden Mauern und Gebäude wurden dem Erdboden gleichgemacht.

Im ausgehenden 19. Jh. beschlossen die Osmanen, das ehemalige Sitia zu einem Verwaltungszentrum zu machen, sodass die Stadt wieder zu neuem Leben erwachte. Kretas berühmtester Dichter, Vitzentzos Kornaros, ist 1614 in Sitia geboren.

Orientierung & Praktische Informationen

Hauptplatz der Stadt ist der Platia Iroon Plytehniou, erkennbar an seinen Palmen und der Statue eines sterbenden Soldaten. Der Busbahnhof liegt am Ostende der Odos Karamanli, die hinter der Bucht verläuft. Fähren von und nach Piräus und den Inseln des Dodekanes halten am Dock 500 m nördlich des Platia Agnostou.

Ins Internet gehen kann man im **Itanos Hotel** (6 € pro Std.; ⌚ 9.30–14.30 Uhr) s. S. 212.

National Bank of Greece (Platia El Venizelou) Der Geldautomat ist rund um die Uhr in Betrieb, weitere Automaten gibt es in der Stadt.

OTE (☎ 28430 28299; Kapetan Sifinos; ⌚ 7.30–15 Uhr)

Postamt (Dimokritou; ⌚ 7.30–15 Uhr)

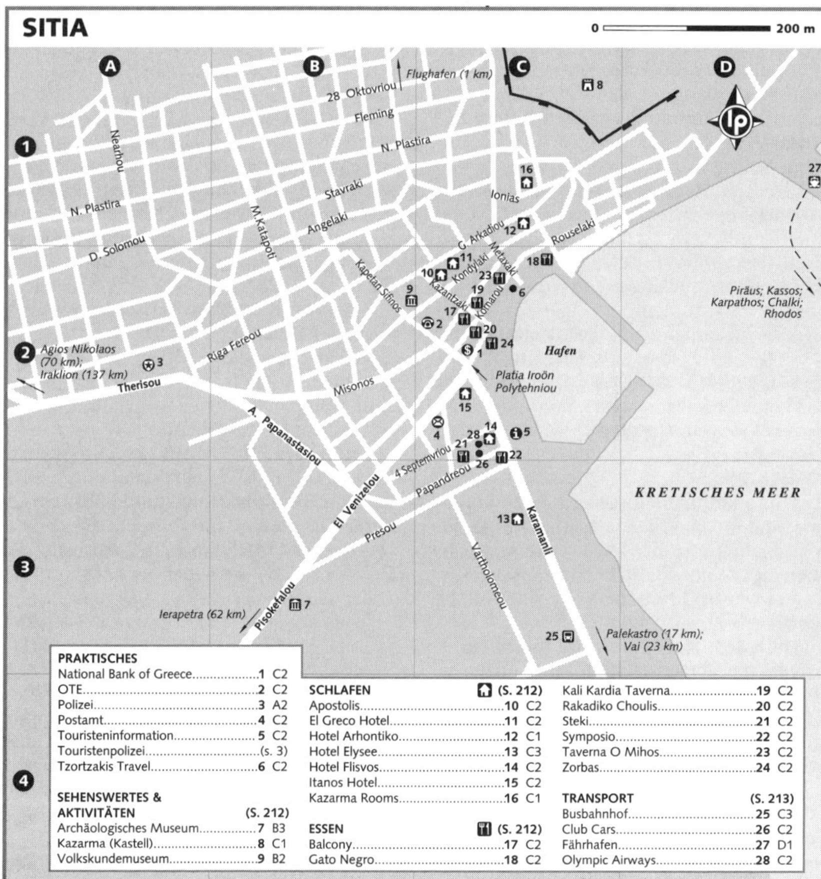

Touristeninformation (☎ 28430 28300; Karamanli; ⌚ 9.30–14.30 Uhr) Hier gibt es auch Stadtpläne.

Touristenpolizei (☎ 28430 24200; Therisou 31) In der Polizeistation.

Tzortzakis Travel (☎ 28430 25080; Kornarou 150) Gute Informationsquelle.

Sehenswertes & Aktivitäten

Das **Archäologische Museum** (☎ 28430 23917; Pisokefalou; Eintritt 2 €; ⌚ Di–So 8.30–15 Uhr) besitzt eine gut aufbereitete und bedeutende Sammlung lokaler Funde aus der Jungsteinzeit bis zur Römischen Ära mit Schwerpunkt minoische Zivilisation. Eine der Attraktionen ist der **Kouros von Palekastro**, eine aus Fragmenten zusammengefügte Statue aus Elfenbein und Gold (s. Kasten S. 215). Des Weiteren gibt es Fundstücke aus dem Palast von Zakros wie eine Traubenpresse, eine Bronzesäge, Krüge, religiöse Objekte und Schüsseln, die alle Spuren der Feuersbrunst tragen, die den Palast verschlang. Zu den wertvollsten Objekten der Sammlung gehören Tafeln mit Linear-A-Schrift, die den Palast als Verwaltungssitz ausweisen.

Über der Stadt thront das Kastell oder **Kazarma** (abgeleitet von „casa di arma"), das unter den Venezianern als Garnison diente. Von den Mauern, die die Stadt einst schützten, ist nur dieses Kazarma übrig geblieben. Es wird heute als Openair-Theater zweckentfremdet. Im **Volkskundemuseum** (☎ 28430 22861; Kapetan Sifinos 28; Eintritt 1,50 €; ⌚ Di–Fr 9.30–14.30 & 17–21 Uhr, Sa 9.30–14.30 Uhr) wird eine bemerkenswerte Sammlung kretischer Webwaren gezeigt.

Festivals

Aus Sitia kommen ausgezeichnete Sultaninen, und ihnen ist das **Sultana Festival** gewidmet. Es findet in der letzten Augustwoche statt; der Wein fließt in Strömen (gratis) und es werden kretische Volkstänze aufgeführt.

Außerdem läuft von Mitte Juli bis Ende August das **Kornaria Festival** mit Konzerten, Volkstänzen und Theateraufführungen in der Kazarma und an anderen Orten. Veranstaltungshinweise geben Plakate in der Stadt, oft ist der Eintritt frei.

Schlafen

Hotel Arhontiko (☎ 28430 28172; Kondylaki 16; DZ/Studio 27/30 €) Die Zimmer dieses kleinen D-Klasse-Hotels liegen in einem wunderschön renovierten neoklassizistischen Gebäude am Hang über dem Hafen, das einen fast in alte Zeiten zurückversetzt. Es gibt Gemeinschaftsbäder und einen ansprechenden, schattigen Vorgarten, alles ist sauber und tadellos in Schuss.

Apostolis (☎ 28430 28172; Kazantzaki 27; DZ/3BZ 35/45 €) Recht anspruchsvolle *domatia* nicht weit von der Uferpromenade. Hier gibt es Deckenventilatoren, ziemlich moderne Bäder mit überaus praktischen Details wie z. B. Duschvorhängen, einen Balkon und einen Kühlschrank zur gemeinschaftlichen Benutzung. Viele Zimmer haben französische Betten.

El Greco Hotel (☎ 28430 23133; elgreco@sit.forthnet.gr; Arkadiou 13; EZ/DZ 32/45 €; ❄) Das gut ausgeschilderte El Greco hat etwas mehr Komfort und viel mehr Flair als viele andere C-Klasse-Hotels der Stadt. Die Zimmer sind sehr ansprechend und haben Kühlschrank und Telefon.

Kazarma Rooms (☎ 28430 23211; Ionias 10; DZ 30 €) Außerhalb der Saison wird hier an Studenten vermietet, was aber niemanden abschrecken sollte. Die Zimmer sind alle gut in Schuss, mit TV und Deckenventilator. Weitere Vorteile sind ein Aufenthaltsraum und eine gut ausgestattete Gemeinschaftsküche.

Hotel Flisvos (☎ 28430 27135; Fax 28430 27136; Karamanli 4; EZ/DZ 45/60 €; ❄) Dieses attraktive, neue Hotel am Südufer kann mit vielen angenehmen Details punkten. Die Zimmer sind tiptop und haben Klimaanlage, TV, Kühlschrank und Telefon.

Hotel Elysee (☎ 28430 22312; www.elysee-hotel.gr; Karamanli 14; EZ/DZ 48/58 €) Geräumige, helle Zimmer mit TV, Kühlschrank und Balkonen auf der Meerseite sind die Trümpfe dieses 2002 renovierten Hotels am Ufer. Angesichts der Preise könnten die Bäder etwas anspruchsvoller sein; das Frühstück kostet extra.

Itanos Hotel (☎ 28430 22900; www.itanoshotel.com; Karamanli 4; EZ/DZ inkl. Frühstück 35/60 €; ❄ 💻) Wegen seiner attraktiven Lage an der Uferpromenade ist das angeschlossene Terrassen-Restaurant sehr beliebt. Die Zimmer des B-Klasse-Hotels sind angenehm und haben Satelliten-TV, Balkon, Kühlschrank und Schallisolierung.

Essen

Taverna O Mihos (☎ 28430 22416; Kornarou 117; Menü 8,50–15,50 €) Die Taverne ist in einem traditi-

LASSITHI

onellen Steinhaus in der zweiten Reihe am Ufer untergebracht. Es gibt ausgezeichnetes Fleisch vom Holzkohlegrill und andere kretische Gerichte. Ein paar Tische stehen auf einer Terrasse am Strand.

Gato Negro (☎ 28430 25873; Galanaki 3; Hauptgerichte 6,20–9,80 €) Am Nordende des Hafens, nicht weit von der Anlegestelle, liegt dieses sehr beliebte Restaurant, das Produkte aus eigener Herstellung in superleckere kretische Gerichte verwandelt. Unbedingt probieren: Kaninchen in roter Sauce und *kalitsounia* (gefüllte Teigtaschen) mit Wildgemüse, das Ganze abgerundet mit einem Top-Raki der Hausmarke.

Balcony (☎ 28430 25084; Foundalidou 19; Hauptgerichte 8,90–12,60 €) Sitias exklusivste kulinarische Adresse liegt im ersten Stock eines geschmackvoll eingerichteten alten Hauses. Hier wird Fusion Food serviert, also kreative Kombinationen des Besten, was einzelne Landesküchen zu bieten haben. Beispiele: Hähnchen in Wein an Nudeln oder Kalb im Rigatonibett mit vier Käsesorten.

Symposio (☎ 28430 25856; Karamanli 12; Hauptgerichte 5,50–10 €) Im Symposio werden kretische Naturprodukte wie organisches Olivenöl aus Moni Toplou verwendet. Der richtige Ort zum ausgiebigen Schlemmen, besonders wenn man Rosmarinkaninchen in Weinsauce bestellt.

Weitere Empfehlungen: **Kali Kardia Taverna** (☎ 28430 22249; Foundalidou 22), **Steki** (☎ 28430 22857; Papandreou 13), wo Familienküche in großen Töpfen angesagt ist, und das linientreue **Rakadiko Choulis** (☎ 28430 28298; Venizelou 57) mit *mezedes* und einheimischem Raki. Das Zorba's am Ufer ist berühmt für seinen Hummer.

An- & Weiterreise

FLUGZEUG

Sitias **Flughafen** (☎ 28430 24666) hat seit 2003 eine Startbahn internationalen Zuschnitts, ein neues Terminal sollte eigentlich 2005 fertig sein, sodass Sitia auch vom internationalen Linienverkehr angeflogen werden kann.

Olympic Airlines (☎ 28430 22270; 4 Septemvriou 3) bietet täglich vier Flüge nach Athen (65,50 €, 1¼ Std.), einen wöchentlichen Flug nach Thessaloniki (124,50 €, 3 Std.) über Alexandroupoli (78,50 €, 1¾ Std.) und zweimal pro Woche einen Flug nach Preveza (78,50 €, 1¾ Std.).

SCHIFF/FÄHRE

Die Fähren *Vitsentzos Kornaros* und *Ierapetra* der **LANE Lines** (☎ 28430 25555; www.lane.gr) verbinden Sitia dreimal wöchentlich mit Piräus (25,30 €, 14½ Std.), Kasos (9 €, 4 Std.), Karpathos (15,50 €, 6 Std.), Chalki (11,90 €, 5½ Std.) und Rhodos (23 €, 10 Std.). Die Abfahrtszeiten ändern sich von Jahr zu Jahr, deshalb besser vor Ort den aktuellen Stand der Dinge überprüfen.

BUS

Täglich fahren sieben Busse nach Ierapetra (4,40 €, 1½ Std.), fünf Busse nach Iraklion (10 €, 3½ Std.) über Agios Nikolaos (5,50 €, 1½ Std.), fünf nach Vai (2,10 €, 1 Std.) und zwei nach Kato Zakros via Palekastro und Zakros (3,50 €, 1 Std.). Die Busse nach Vai und Kato Zakros verkehren nur von Mai bis Oktober, im Winterhalbjahr endet die Verbindung nach Vai in Palekastro und die Linie nach Kato Zakros schon in Zakros.

Unterwegs vor Ort

VOM/ZUM FLUGHAFEN

Der Flughafen liegt 1 km außerhalb der Stadt (beschildert), zum neuen Terminal werden es 2 km mehr sein. Es gibt keinen Flughafenbus; ein Taxi kostet ca. 5 €.

AUTO & MOTORRAD

Die meisten Mietwagenagenturen finden sich in der Odos Papandreou und der Odos Itanou, z. B. **Club Cars** (☎ 28430 25104; Papandreou 8).

MONI TOPLOU ΜΟΝΉ ΤΟΠΛΟΎ

Das imposante **Toplou-Kloster** (☎ 28430 61226; Eintritt 2,50 €; ⌚ April–Okt. 9–13 Uhr & 14–18 Uhr) östlich von Sitia sieht eher wie eine Festung aus – nicht umsonst, denn als es gebaut wurde, musste es einigen Gefahren die Stirn bieten. Es ist eines der historisch bedeutendsten und am besten erhaltenen Klöster der Insel. Mitte des 15. Jhs. hielten Banditen, Piraten und Rebellen die Gegend in Atem, und gegen die mussten sich die Mönche verteidigen. Das taten sie mit allen zur Verfügung stehenden Mitteln: gepanzerte Tore, Kanonen (der Klostername Toplou kommt aus dem Türkischen und bedeutet „mit einer Kanone"), Maueraussparungen, um die Angreifer mit einem Guss heißen Öls zu empfangen. Trotzdem wurde das Kloster 1498 von Piraten eingenommen, 1530 von den Malteserrittern geplündert, 1646 von den

Osmanen ausgeraubt und von diesen 1821 erneut gestürmt. Das Toplou-Kloster hat sich immer aktiv für die Unabhängigkeit Kretas eingesetzt und musste entsprechend dafür bluten. Unter der türkischen Besatzung unterhielt das Kloster eine geheime Schule, und da man die Mönche verdächtigte, Rebellen Unterschlupf zu gewähren, waren sie ständig Repressalien ausgesetzt. Im Zweiten Weltkrieg wurde Abt Silingakis hingerichtet, weil er Widerstandskämpfern erlaubt hatte, eine Radiostation im Untergrund zu betreiben.

Hauptattraktion des Klosters ist zweifellos die Ikone mit dem Titel „Groß bist Du, unser Herr" von dem gefeierten kretischen Künstler Ioannis Kornaros. Jede einzelne der 61 dargestellten Szenen ist liebevoll ausgearbeitet –und jede bezieht sich auf eine Zeile des orthodoxen Gebets, das mit den Worten „Groß bist Du, unser Herr" beginnt. Zu sehen ist die Ikone im Nordschiff der Kirche, neben Fresken aus dem 14. Jh. und einem antiken Ikonenhalter von 1770.

In einem hervorragenden **Museum** wird die Geschichte des Klosters nacherzählt. Außerdem gibt es eine bedeutende Sammlung von Ikonen, Stichen und Büchern, Waffen und Militaria aus den Zeiten des Widerstands. Zurzeit wird das Kloster von drei Mönchen und dem sehr regen Abt Filotheos Spanoudakis bewohnt, der sich in der örtlichen landwirtschaftlichen Kooperative für biologischen Anbau stark macht und sich auch um die ausgedehnten Ländereien des Klosters kümmert. Für die Gemeinde hat er auf dem Klostergelände eine Olivenölabfüllanlage gebaut. In einem gut sortierten Laden werden kirchliche Souvenirs verkauft, handgemalte Ikonen, Bücher über Kreta und die preisgekrönten biologischen Olivenöle und Weine des Klosters.

Das Kloster ist über die Straße Sitia–Palekastro zu erreichen, wo der Bus auf Wunsch an der Abzweigung hält. Von dort sind es dann noch 3 km zu Fuß.

DIE OSTKÜSTE

VAI ΒΑΪ

Berühmt ist der Küstenort Vai, 24 km östlich von Sitia, wegen seines Palmenstrands. Wie diese Palmen dahin gekommen sind, darüber gibt es viele Geschichten. Eine davon ist, dass Dattelkerne, die römische Legionäre auf ihrem Heimweg nach der Eroberung Ägyptens ausspuckten, zu keimen anfingen. Die hiesigen sind zwar den Dattelpalmen sehr ähnlich, bilden aber eine eigene Art, die nur auf Kreta vorkommt. Wer den Strand genießen will, sollte zumindest im Juli und August so früh wie möglich aufstehen, denn später wird es hier richtig rammelvoll. Nach zehn stehen mehr Autos als Palmen herum, und der Sand verschwindet unter Liegestühlen und Sonnenschirmen (6 €).

Eine Möglichkeit, dem geballten Trubel inklusive Jetski-Akrobatik zu entkommen, ist eine kleine Klettertour über ein paar Felsen in Richung Süden, wo es einen kleinen, abgelegenen Strand gibt. Zweite Alternative: der Nacktbadestrand hinter dem Hügel in nördlicher Richtung, auch dort ist es schön ruhig.

Vai Watersports & Scuba Centre (☎ 28430 61070) liegt auf der linken Strandseite. Das von der Kirche betriebene **Restaurant-Cafeteria Vai** (☎ 28430 61129; Hauptgerichte 4–6 €) am südlichen Strandende bietet zwar keine kulinarischen Highlights, aber nach einem harten Tag am Strand ist man ja auch nicht mehr allzu anspruchsvoll.

Von Sitia aus fahren täglich fünf Busse nach Vai (2,10 €, 1 Std.), die auch in Palekastro halten. Auf dem Parkplatz sind 3 € pro Fahrzeug zu berappen, kostenlose Parkplätze gibt's entlang der Straße 500 m vor dem Ortseingang.

ITANOS ΙΤΑΝΟΣ

Wer am Strand lieber seine Ruhe hat, wird 3 km nördlich von Vai fündig. Das antike minoische Dorf Itanos existierte bereits 1500 v. Chr. und war im 7. Jh. v. Chr. ein wichtiger Umschlagplatz für den Handel mit dem Nahen und Mittleren Osten. Größter Konkurrent war damals Praisos in der Nähe von Ierapetra, und 260 v. Chr. beherbergte Itanos eine Garnison ägyptischer Soldaten, um seine Position gegenüber dem Rivalen zu stärken.

Als Praisos 155 v. Chr. von Ierapetra angegriffen und vernichtet wurde, musste sich Itanos gegen diesen neuen Konkurrenten durchsetzen und erhielt dazu wieder fremde Hilfe, diesmal aus der römischen Stadt Magnesia. Trotzdem waren Itanos' Tage gezählt, und die Stadt wurde gegen Ende der byzantinischen Periode zerstört. Möglicherweise hatten sich die Venezianer in dem ehemaligen Stadtgebiet vorübergehend niedergelassen.

Heute sind in Itanos nur schwer einzelne Gebäude zu erkennen, aber es gibt Reste zweier frühchristlicher Basiliken und einer hellenistischen Mauer. Die Ausgrabungsstätte ist gut beschildert, und ganz in der Nähe gibt es ein paar von Pinien gesäumte Badebuchten.

PALEKASTRO ΠΑΛΑΪΚΑΣΤΡΟ

1084 Ew.

Das von moderner Landwirtschaft geprägte Städtchen Palekastro (Pah-*leh*-kas-tro) eignet sich eher als Ausgangspunkt für Ausflüge ins Hinterland Ostkretas denn als Reiseziel. Die unmittelbare Umgebung ist karg und felsig, aber zu den Stränden von Kouremenos und Vai, dem Toplou-Kloster und einer minoischen Ausgrabungsstätte ist es nur ein Katzensprung. Palekastro lebt hauptsächlich von Landwirtschaft und Fischfang, Touristen verirren sich nur im Juli und August hierher. Ein eigenes Fahrzeug ist hier von Vorteil.

Orientierung & Praktische Informationen

Die Hauptstraße Karamanli durchquert den Ort und gabelt sich im Zentrum. Die **Touristeninformation** (☎ 28430 61546; ⌚ Mai–Okt. 9–22 Uhr) teilt sich das Gebäude mit der örtlichen OTE-Filiale und gibt Auskunft über freie Zimmer und Verkehrsverbindungen. Nebenan gibt es einen Geldautomaten; eine Postagentur befindet sich in der Nähe von Itanos Rooms. Wer seine E-Mails checken will, schaut beim **Argo Bookshop** (☎ 28430 29640; 20 Min. 1,50 €; ⌚ Juni–Okt. 9–23 Uhr) rein, gleich beim Hotel Hellas um die Ecke. Die Bushaltestelle ist im Ortszentrum.

Schlafen & Essen

Hotel Hellas (☎ 28430 61240; hellas_h@otenet.gr; EZ/DZ 30/40 €; ❄) Palekastros Topadresse, die Zimmer haben Klimaanlage, TV, Telefon, neue Bäder und Doppelglasfenster. In der Taverna Hellas im Erdgeschoss kocht Marika herzhafte Landküche, ihr *stifado* (Fleischragout) und gefüllte Auberginen sind hochgeschätzte Spezialitäten.

Itanos Rooms (☎ 28430 61205; EZ/DZ 15/25 €) Das Hotel am Hauptplatz bietet einfache, saubere Zimmer mit Kühlschrank und Ventilator, manche haben einen kleinen Balkon.

To Filistrini (☎ 28430 61117; Mezedes 2–6 €) In diesem netten, kleinen Ouzeri-plus-*mezedeopleio* (Meze-Restaurant) 200 m entlang der Odos Vai werden leckere *mezedes* serviert, die sich am besten mit einem (oder mehreren) Raki hinunterspülen lassen.

Mythos (☎ 28430 61243; Mezedes 4–4,50 €) Schräg gegenüber dem Hotel Hellas liegt diese ansprechende und belebte Taverne, die viele

SCHATZSUCHE

Rund einen Kilometer von dem Dorf Palekastro entfernt liegt eine bedeutende Ausgrabungsstätte. Vermutlich schlummern in der Erde die Überreste der nach Knossos zweitgrößten minoischen Palastanlage auf Kreta. Mitarbeiter der Britischen Archäologischen Schule sind dabei, den Boden Krümel für Krümel abzutragen und **Alt-Palekastro** ans Tageslicht zu bringen.

Schon so manches außergewöhnliches Stück kam dabei zum Vorschein: der Kouros von Palekastro, der im Archäologischen Museum von Sitia (S. 212) ausgestellt ist, sowie Kamares-Keramik, Amphoren, Specksteinlampen und Pithoi. Der Kouros aus Gold und Elfenbein soll angeblich die älteste Statue sein, die einen minoischen Gott darstellt. Viele Archäologen glauben, dass die Anlage einen der beiden kretischen Tempel birgt, die schon die alten griechischen Philosophen in ihren Schriften erwähnten.

Obwohl die Grabungen schon Anfang des 20. Jhs. begannen, in den 60er-Jahren wieder aufgenommen und nun seit 1988 fortgeführt werden, ist man noch nicht bis zum Herzstück vorgedrungen. Dank neuester technischer Hilfsmittel aus der Erdölförderung konnten die Archäologen bestätigen, dass unter den Olivenhainen der Umgebung noch weitere, ausgedehnte Anlagen existieren.

Das Gelände steht Besuchern offen, und bei einem Spaziergang ist der Verlauf der früheren Straßen leicht zu erkennen. Hinweisschilder geben Auskunft, was wann wo gestanden hat. Ein Museum für die Funde ist in Planung.

vegetarische *mezedes*, traditionelle *mayirefta*, Fisch und Grillgerichte auf der Karte hat.

An- & Weiterreise

Die fünf täglichen Busse von Sitia nach Vai (2,10 €, 30 Min.) halten in Palekastro, außerdem fahren täglich zwei Busse von Sitia nach Palekastro (1,60 €, 45 Min.) und weiter nach Kato Zakros (3,50 €).

RUND UM PALEKASTRO

Der dem Ort am nächsten gelegene Strand ist **Kouremenos**, ein idyllischer, fast menschenleerer Kiesstrand, der sich bestens zum Schwimmen und Plantschen (Wasser ist nicht tief) und zum Windsurfen eignet. 2 km von Palekastro entfernt liegt der **Hiona Beach**, ebenfalls sehr ruhig, mit ein paar Tavernen, die sehr guten Fisch servieren.

Surfboards verleiht **Kouremenos Windsurfing** (☎ 28430 61116, 6979 254967; www.freak-surf.com).

Entlang der Strände liegen viele nette, kleine Hotels und Apartments, ein komplettes Verzeichnis gibt's bei der Touristeninformation in Palekastro.

Glaros Apartments (☎ 28430 61282; Kouremenos; DZ/4B-Studio 55/65 €; ❄) Geschmackvoll eingerichtete, geräumige und komfortable Selbstversorgerstudios in der Nähe des Kouromenos-Strands. Ein Restaurant gehört auch dazu.

Apartments Grandes (☎ 28430 61496; www.grandes.gr; 4B-Studio 65 €; ❄) Die ansprechende und gut ausgestattete Anlage liegt eingebettet in einen Blumengarten und von Bäumen umgeben am Kouremenos-Strand. Für den kleinen und großen Hunger gibt es ein angeschlossenes Restaurant.

I Hiona (☎ 28430 61228; hervorragender Fisch 42 € pro kg) Gilt als die beste der drei Tavernen am Hiona-Strand, und der servierte Fisch hat kurz vorher noch im Meer gezappelt. Die Taverne Kakavia ist dagegen berühmt für ihre Fischsuppe.

LASSITHI

ZAKROS ΖΑΚΡΟΣ

769 Ew.

Zakros (*Zah*-kros), 45 km südwestlich von Sitia, ist der ständig bewohnte Ort, der der minoischen Ausgrabungsstätte Zakros am nächsten liegt – sie befindet sich nur 7 km weiter, an der Ostküste. Die Einwohner konzentrieren sich auf den Anbau von Oliven, Orangen, Feigen und Gemüse. Zakros-Dorf bietet wenig Anlass, hier länger zu verweilen (es gibt nur ein Hotel), macht aber einen recht quirligen Eindruck, und in den *kafenia* und *ouzeries* ist immer was los. Touristen verirren sich selten hierher, aber wer zur Zakros-Schlucht will, startet am besten hier (s. Kasten S. 218).

RUND UM ZAKROS

Mit einem Abstecher nach Kato Zakros und zur Ausgrabungsstätte des Zakros-Palastes schlägt man zwei kretische Fliegen mit einer Klappe: Die archäologischen Funde sind höchst beeindruckend – und liegen nur 200 m von einem langen, menschenleeren Strand entfernt.

Palast von Zakros

Die **Palastruinen von Zakros** (☎ 28430 26897; Kato Zakros; Eintritt 3 €; 🕑 8–19 Uhr) sind zwar erst 1962 als letzte von Kretas minoischen Anlagen entdeckt worden, aber die Ausgrabungen waren äußerst ergiebig. Die einzigartige Bergkristallvase und der aus Stein gehauene Stierschädel sind nur zwei Beispiele aus dem Schatz minoischer Antiquitäten, die hier ans Tageslicht kamen. Beide sind heute im Archäologischen Museum Iraklion zu bewundern (s. S. 162). Alt-Zakros ist die kleinste der vier kretischen Palastkomplexe, war aber unter den Minoern ein wichtiger Hafen, der Handelsbeziehungen zu Ägypten, Syrien, Anatolien und Zypern unterhielt. Die Ruinen sind nicht sehr gut erhalten, und da der Wasserpegel mit den Jahren gestiegen ist, kann man nun Teile des Palastes allenfalls mit dem Schnorchel erkunden.

Wer die Anlage an der Südseite betritt, kommt zuerst zu den **Werkstätten** des Palastes. Das **Megaron des Königs** und das der **Königin** liegen nach dem Eingang rechts. An das Megaron des Königs schließt sich die **Zisternenhalle** an, in deren Zentrum einst eine von einer Säulenbalustrade umringte Zisterne lag. Sieben Stufen führten zum Zisternengrund hinunter – vielleicht war das der königliche Pool, oder ein Riesenaquarium oder sogar das Becken für ein heiliges Boot? Auf der anderen Seite der Megara erstreckt sich der **Zentralhof**, das Herz des Palastes. In seiner Nordwestecke steht ein Altarsockel, acht Stufen führen hinunter zu einem Brunnen in der Südostecke. Als die Anlage ausgegraben wurde, enthielt der **Brunnen** konservierte Reste von Oliven, die vielleicht den Göttern geopfert worden waren. Links neben dem **Zentralhof** liegt die **Zeremonienhalle**, in der zwei Trink- oder Opfergefäße gefunden wurden. Südlich davon gelangt man in den **Bankettsaal**, der seinen Namen den vielen Weinbehältern verdankt, die hier ans Tageslicht kamen. Nördlich des Zentralhofs befindet sich die **Küche**. Die Säulensockel dort stützten einst vielleicht einen darüber liegenden Speisesaal. An der Westseite des Zentralhofs liegt ein **Lichthof**, links des Bankettsaals ist ein Lustralbad, das eine wunderschöne Marmoramphore enthielt. Im Lustralbad konnte man sich reinigen, bevor man die daneben liegende **Hauptkultstätte** betrat. Dort ist immer noch gut ein Sims und eine Nische zu erkennen, wo Kultfiguren standen.

Unterhalb des Lustralbads liegt die **Schatzkammer**, die die Archäologen mit fast hundert Krügen und Trinkgefäßen beglückte. Daneben liegt ein **Archiv**, in dem Registraturtafeln mit Linear-A-Schrift gefunden wurden. Von den mehreren hundert Exemplaren hatten sich nur diejenigen gehalten, die dem Feuer, das den Palast zerstörte, am stärksten ausgesetzt waren. Nordöstlich des Megarons der Königin liegt das **Bad** mit einer Latrine.

Kato Zakros Κατω Ζακροσ

24 Ew.

Kato Zakros (Ka-to Za-kros) ist eigentlich nicht viel mehr als ein langer Streifen Kiesstrand, von Pinien bestanden und von Ta-

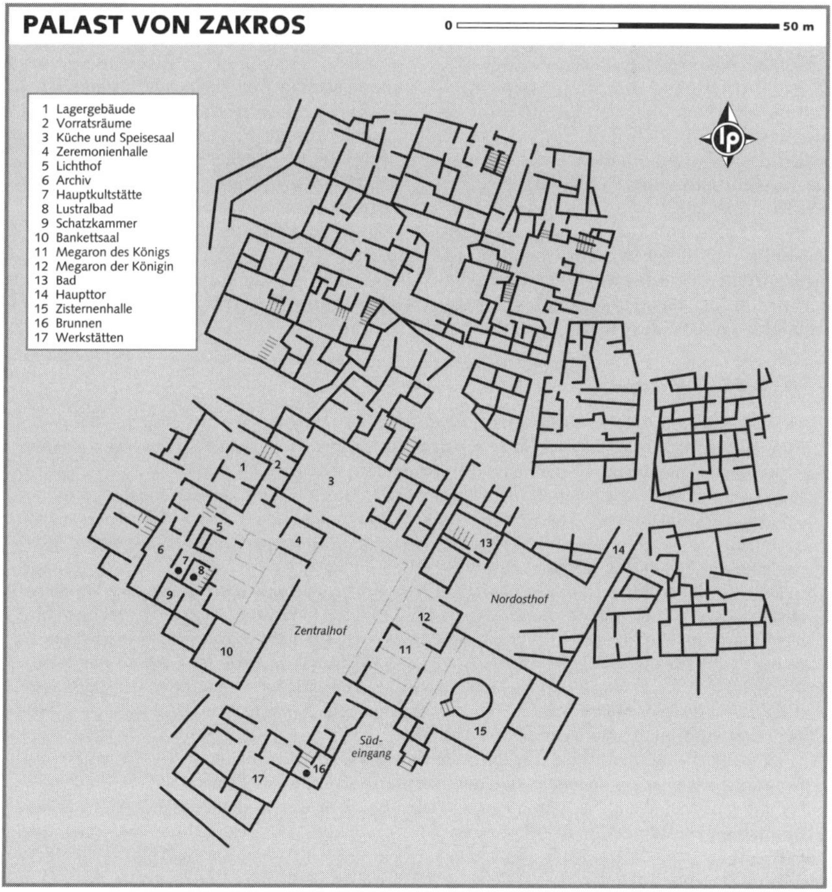

vernen gesäumt – einer der ruhigsten Fleckchen an Kretas Südostküste. Viele Besucher kommen seit Jahren regelmäßig hierher. Dank der Beschränkungen, die die Abteilung für Archäologie und Antiquitäten des Kultusministeriums dem Ort auferlegt hat, dürfte er kaum weiter ausgebaut werden. Daher beschränkt sich das Programm hier auf Sonnenbäder am Strand, Schnorcheln, Angeln, Siesta halten, die Ausgrabungsstätte besichtigen, zur Zakros-Schlucht wandern und sich von all diesen Strapazen in einer der Tavernen zu erholen.

SCHLAFEN

Die *domatia* in Kato Zakros sind in der Hochsaison schnell ausgebucht, deshalb unbedingt reservieren. Falls kein Zimmer mehr frei ist: Am Südende des Strandes ist freies Zelten erlaubt.

George's Villas (☎/Fax 28430 26833; DZ 30–50 €; ❄) 800 m entlang der alten Straße nach Zakros. Das Hotel liegt im Grünen mit Pinienflair, die wunderschön eingerichteten, makellosen Zimmer haben eine Terrasse, Deckenventilatoren und eine gut ausgestattete Kochnische.

Stella's Apartments (☎/Fax 28430 23739; Studio 60 €) Beim Bau dieser stimmungsvollen Studios wurden Steine aus der Gegend verwendet, die Möbel hat der Besitzer selbst getischlert. Genau das Richtige für einen verlängerten Urlaub, zumal die netten Vermieter ihre Gäste gerne und gratis zu Wanderungen und Spaziergängen mitnehmen.

Unter derselben Verwaltung stehen die folgenden drei lohnenden Adressen: **Athena Rooms** (☎ 28430 26893; DZ 35 €; ❄) ist die anspruchsvollere Alternative; die Zimmer mit ihren massiven Steinwänden haben Charakter. Gleich nebenan liegt das **Rooms Coral** (☎ 28430 27064; DZ 35 €; 💻). Die Zimmer sind klein, aber fein und haben Internetanschluss. Beide Häuser bieten einen berauschenden Meerblick vom Gemeinschaftsbalkon. **Poseidon Rooms** (☎ 28430 26893; akrogiali@sit.forthnet.gr; DZ 20 €, mit Bad 35 €) am Südende des Strands ist eher etwas für den kleinen Geldbeutel: Die Zimmer sind alles andere als geräumig und schon etwas ältere, aber sauber und freundlich, manche davon haben Gemeinschaftsbad.

Außerdem gibt es das Zweizimmerapartment Melina mit gut ausgestatteter Küche in einem renovierten alten Gebäude gleich hinter Athena Rooms. Günstige Zimmer vermietet das **Farangi Hotel** (☎ 28430 93144; DZ/Apt. 20/50 €) ein Stück weiter an der Straße zum Dorf.

ESSEN

Am Strand entlang gibt es ein halbes Dutzend guter Tavernen sowie ein Grillrestaurant.

LASSITHI

IM „TAL DER TOTEN"

Die spektakuläre Zakros-Schlucht, scherzhaft das „Tal der Toten" genannt, ist ideal für eine zweistündige Wandertour von Zakros-Dorf nach Kato Zakros oder – für weniger Sportliche – für einen einstündigen Spaziergang ab der Hälfte der Strecke zum jeweiligen Endpunkt.

Der beschilderte Weg beginnt direkt unterhalb des Dorfes Zakros und schlängelt sich durch eine enge und (an manchen Stellen) tiefe Schlucht. Sie wird von einem Flussbett durchzogen und ist im Sommer ausgetrocknet. Ungezügelter Wildwuchs von Lorbeer, Oregano, Salbei und Bohnenkraut machen den Spaziergang zu einem Fest für die Nase.

Ein alternativer Startpunkt liegt 3 km von Zakros entfernt an einem Holzwegweiser, wo meist auch ein paar parkende Autos herumstehen. Dieser Verbindungsweg fällt steil zur Schlucht ab, bevor nach rund 10 Minuten der Hauptweg erreicht ist. Links geht es dann weiter nach Zakros, rechts nach Kato Zakros. Die Bergsteigerausrüstung kann zwar im Rucksack bleiben, aber festes Schuhwerk ist ratsam. Wer clever ist, läuft auch nicht in der größten Mittagshitze los, sondern in den frühen Morgenstunden oder spätnachmittags, packt außerdem ein paar Leckereien in den Rucksack und schiebt unterwegs ein Picknick ein.

Ihren Spitznamen verdankt die Schlucht den antiken Grabstätten in den vielen Höhlen, die die Felswände wie einen Emmentaler Käse aussehen lassen – nicht dass jemand auf den Gedanken kommt, glücklose Wanderer hätten hier ihr Leben gelassen. Der Weg endet im Osten nahe der Ausgrabungsstätte des Zakros-Palastes, und das azurblaue Meer verspricht ein erfrischendes Bad.

Taverna Akrogiali (☎ 28430 26887; Hauptgerichte 4,50–9 €) Wer relaxed am Strand essen gehen und sich verwöhnen lassen will, ist bei Nikos Perakis genau richtig. Der Besitzer ist ein Original, seine Spezialität ist gegrilltes Schwertfischsteak, und der Raki ist Spitzenklasse.

Georgios Taverna Anesis (☎ 28430 26890; Mayirefta 3,50–5 €) Georgios konzentriert sich auf Familienküche, *mayirefta* und kretische Leckerbissen wie z. B. Schnecken. Serviert wird direkt am Strand im Schatten von Tamarisken.

Restaurant Nikos Platanakis (☎ 28430 26887; Fleischgerichte 7 €) Diese beliebte Taverne serviert Griechisches wie Hasenragout und saisonabhängige Raritäten wie Fasan oder Rebhuhn. Auch Nikos' Fleisch- und Fischgerichte vom Grill sind Extraklasse.

AN- & WEITERREISE

Nach Zakros fahren täglich zwei Busse ab Sitia via Palekastro (3,50 €, 1 Std.), Abfahrt in Sitia um 11 und 14.30 Uhr, Rückfahrt ab Zakros um 12.30 und 16 Uhr. Von Juni bis August fahren die Busse auch weiter bis Kato Zakros.

XEROKAMBOS ΞΕΡΟΚΑΜΠΟΣ

34 Ew.

Xerokambos (Kse-*ro*-kam-bos) ist ein ruhiges, unauffälliges und etwas versprengtes Bauerndorf an der Südostküste Kretas. Seine isolierte Lage führt dazu, dass sich nur wenige Touristen hierher verirren, und wenn, dann hauptsächlich Individualreisende. Aber gerade wegen seiner Abgeschiedenheit ist das Dorf einen Ausflug wert; es gibt hier mehrere einladende Strände, ein paar Tavernen und diverse Studios zu mieten – ideal für Leute, die sich etwas Ruhe gönnen wollen.

Der **Ambelos-Strand** auf der Nordseite der felsigen Landzunge, die das Dorf teilt, ist kleiner und familiärer als der **Mazidas-Strand** auf der Südseite, wo es auch überhaupt keinen Schatten gibt. Die meisten Unterkünfte und Tavernen liegen auf der etwas belebteren Ambelos-Seite. Am Nordende des Mazidas-Strand gibt es einen gut sortierten Lebensmittelladen.

Die meisten kommen über die lange, kurvenreiche Straße von Ziros nach Xerokambos. Es gibt auch eine 8 km lange und etwas holperige Schotterstraße von Zakros hierher, aber mit dem richtigen Fahrzeug dürfte es keine Probleme geben.

Schlafen & Essen

Akti Apartments (☎ 28430 26780; Studio 35 €; ❄) Die nett eingerichteten, komfortablen Studios mit Kochnische und Balkon zum Strand sind ideal für Paare. Es gibt auch ein Apartment mit zwei Schlafzimmern für Familien.

Akrogiali Taverna (☎ 28430 26777; Mayirefta 3,50–4,50 €) ist die einzige Taverne in Strandnähe, 50 m vom Abelos Beach entfernt, nicht weit von Ambelos Beach Studios. Auf der Karte stehen Grillgerichte, Fisch und *mayirefta* nach Familienrezepten.

Taverna Kostas (☎ 28430 26702; Grillgerichte 4,50–6 €) Kosta und seine deutsche Frau Vera führen dieses ansprechende Restaurant an der Straße nach Zakros. Auf der schattigen Terrasse mit Meerblick werden lokale Fleisch- und Fischspezialitäten serviert. Außerdem vermieten die beiden Apartments in der **Villa Petrino** (☎ 28420 26702; www.xerokampos.com; DZ 35 €; ❄), die geräumig und gut ausgestattet sind. Die meisten gehen auf einen wunderschönen Garten hinaus, im oberen Stock gibt es auch welche mit Meerblick. Familien sind hier gut aufgehoben.

Taverna Kastri (☎ 28420 26745; toller Fisch pro kg 35 €) Das Lokal am Mazidas Beach serviert Fisch und Meeresfrüchte aus eigenem Fang, was sich auch an den günstigeren Preisen bemerkbar macht. Tipp: die kretischen Langusten, die hier Hummergröße erreichen.

An- & Weiterreise

Nach Xerokambos fahren keine Linienbusse. Von Zakros aus geht es in Richtung Kato Zakros, kurz vor dem Ort zweigt am Hinweisschild zum Livyko View Restaurant links eine Nebenstraße ab (die 8 km lange Schotterpiste ist mit normalen Fahrzeugen zu bewältigen). Oder die Teerstraße via Ziros nehmen.

DIE SÜDKÜSTE

IERAPETRA ΙΕΡΑΠΕΤΡΑ

11 678 Ew.

Auch Ierapetra (I-jer-*a*-pet-ra) hat vom Pauschaltourismus noch nicht allzu viel mitgekriegt. Die unauffällige Küstenstadt ist Anlaufstelle und Verwaltungszentrum für das landwirtschaftlich geprägte Hinterland. Nichts spricht dagegen, sich hier etwas länger aufzuhalten: Der öffentliche Strand und die Strände der Umgebung machen einiges her, das Nightlife ist immerhin so vielfältig, dass sich keiner langweilt, und das Ambiente noch unverfälscht kretisch, sodass es hier überhaupt nicht schwer ist, in das andere, nicht touristische Kreta einzutauchen. An der Strandpromenade kann man in Cafés und Tavernen Leute gucken, und wem das zu langweilig wird, der macht einen Streifzug durch ein venezianisches Kastell am Hafen oder erforscht die Reste eines türkischen Viertels.

Von Ierapetra aus bietet sich auch einen Abstecher zu der flachen, sandigen Insel Gaidouronisi (auch Chrisi genannt) an.

Geschichte

Ierapetra ist Kretas südlichste größere Stadt. Sie war bereits unter den Dorern von Bedeutung und ergab sich als letzte den Römern, die sie zum Anlaufhafen für ihren Ägyptenfeldzug machten. Doch trotz der langen, bewegten Vergangenheit finden sich hier keine Überreste aus der klassischen Periode. Unter den Venezianern spielte Ierapetra kaum eine Rolle; von ihnen stammt das kleine Kastell am Westende des Hafens. Die Landwirtschaft bescherte der Stadt in den letzten Jahren einen deutlichen Aufschwung, was sich in der Restaurierung der Altstadt und der Hafenfront bemerkbar macht.

LASSITHI

Orientierung & Praktische Informationen

Es gibt hier keine Touristeninformation, aber Reiseagenturen geben gerne Auskunft, und wertvolle Hinweise liefert auch die gut gemachte Website www.ierapetra.net. Am Hauptplatz stehen mehrere Geldautomaten, das Postamt (☎ 28420 22271, Vintsenzou Kornarou 7) und ein **OTE** (☎ 28420 22699, Koraka 25). Im **Net Internet Cafe** (☎ 28420 25900; Koundourou 16; 3,60 € pro Std.; 🕓 9 Uhr – spät) kann man seine E-Mails checken.

Sehenswertes

Das **Archäologische Museum** (☎ 28420 28721; Adrianou 2; Eintritt 2 €; 🕓 Di–So 8.30–15 Uhr) in Ierapetra hat nur einen Ausstellungsraum, der auch Leute mit kurzer Konzentrationsspanne nicht überfordert. Die schöne Sammlung kopfloser, klassischer Statuen umfasst eine ausgezeichnete Plastik der Göttin Demeter aus dem 2. Jh. n. Chr. Sehenswert ist auch ein larnax (Tonsarg) aus der Zeit um 1300 v. Chr. Den Sarkophag zieren zwölf Gemäldetafeln, auf denen u. a. Jagdszenen, ein Oktopus und eine Wagenprozession dargestellt sind. Das Museumsgebäude von 1899 war früher eine türkische Schule.

Vom Hauptplatz aus in Richtung Süden erhebt sich am Ufer das „Kales“, ein **Kastell aus dem Mittelalter** (Eintritt frei; 🕓 Di–So 8.30–15 Uhr), das zu Beginn der venezianischen Herrschaft erbaut und von Francesco Morosini 1626 weiter befestigt wurde. Die Mauern sind zwar etwas bröckelig, aber man darf trotzdem rein.

Landeinwärts schließt sich das Labyrinth des **Altstadtviertels** mit einem **türkischen Brunnen**, einer renovierten **türkischen Moschee** mit Minarett und den alten Kirchen **Agios Ioannis** und **Agios Georgios** an. Im **Im Napoleon-Haus** soll der berühmte Franzose angeblich inkognito bei einer einheimischen Familie übernachtet haben, als er auf seinem Weg nach Ägypten 1798 einen Tag lang in Kreta vor Anker ging. Es heißt, er habe eine Notiz hinterlassen, die seine wahre Identität preisgab. Der große öffentliche **Strand** in Hafennähe und ein zweiter Strandstreifen vom unteren Ende der Odos Patriarhou Metaxaki aus in Richtung Osten haben grobkörnigen grauen Sand; schattiger ist es am Hafen.

Rund 13,5 km nördlich von Ierapetra lockt die **Cha-Schlucht**, deren Durchquerung mit zum Anspruchsvollsten gehört, was Europa in Sachen Schluchten zu bieten hat. Die Schlucht wird durch einen engen, tiefen Felseinschnitt gebildet, der fortgeschrittene Kletterkünste voraussetzt. Wer die nicht vorweisen kann, sollte sich mit einem Blick auf diese bizarre Bergformation von der Hauptverbindungsstraße Ierapetra–Agios Nikolaos aus begnügen. Es heißt, erst elf Leute hätten sie komplett durchquert, und viele Extremkletterer kommen hierher, um wenigstens einen Teil der atemberaubenden und manchmal recht gefährlichen Route zu bewältigen.

Feste & Events

Jedes Jahr im Juli und August findet in Ierapetra das **Kyrvia Festival** statt. Im Rathaus und in den Hotels liegen Broschüren aus, in denen die Konzerte, Theatervorführungen und Kunstausstellungen aufgelistet sind; manchmal ist der Eintritt frei. Irgendwann zwischen März und Mai läuft auch das **Frühlingsfestival**.

Jeden Samstag lädt in der Odos Psilinaki von 7 bis 14 Uhr ein quirliger **Straßenmarkt** zum Gucken und Shoppen ein.

Schlafen

Cretan Villa Hotel (☎/Fax 28420 28522; www.cretan-villa.com; Lakerda 16; EZ/DZ 30/35 €; ❄) Gepflegtes Haus mit idyllischem Innenhof aus dem 18. Jh., idyllische Atomsphäre. Die mit traditionellen Möbeln eingerichteten Zimmer haben Kühlschrank und TV; von der Bushaltestelle sind es 5 Min. zu Fuß.

SEHENSWERTES & AKTIVITÄTEN (S. 220)
Agios-Georgios-Kirche ... 7 B3
Agios-Ioannis-Kirche ... 8 B3
Archäologisches Museum ... 9 B3
Mittelalterliches Kastell ... 10 B4
Napoleon-Haus ... 11 B4
Türkischer Brunnen ... 12 A4
Türkische Moschee ... 13 A4

PRAKTISCHES
Eurobank ... 1 B3
Internet-Café Net ... 2 C2
National Bank of Greece ... 3 B3
National Bank ... 4 C3
OTE ... 5 B2
Postamt ... 6 B3

SCHLAFEN (S. 221)
Astron Hotel ... 14 C2
Coral Apartments ... 15 D2
Cretan Villa Hotel ... 16 C2
Ersi Hotel ... 17 B3
Hotel Coral ... 18 B3
Katerina ... 19 C3

ESSEN (S. 222)
Napoleon ... 20 B4
Odeion ... 21 C2
Portego ... 22 B3
Taverna Babis ... 23 B4
Travel Tunes ... 24 B3
Veterano ... 25 B3

UNTERHALTUNG (S. 222)
Mojo ... (s. 26)
Privilege ... 26 B3
Pyrsos Club ... 27 B3
Saxo Bar ... 28 B3
Waikiki ... 29 D2

TRANSPORT (S. 223)
Busbahnhof ... 30 C2
Fähren nach Gaidouronisi (Chrisi) ... 31 B3
Taxistand ... 32 C2
Fährtickets nach Gaidouronisi (Chrisi) ... 33 B3

SONSTIGES
Rathaus ... 34 B3

Ersi (☎ 28420 23208; Platia Eleftherias 19; EZ/DZ 20/30 €; ❄) Das zentral gelegene Hotel ist nur 30 m vom Stand entfernt und wurde 2004 renoviert. Es wird von derselben Familie geleitet, die sich auch um das Coral Hotel und die komplett ausgestatteten **Coral Apartments** (Lambraki; DZ 30 €) kümmert. Die Apartments auf der anderen Seite der Stadt sind ideal für Familien und längere Aufenthalte. Die ansprechenden Zimmer haben Kühlschrank, TV und Meerblick.

Astron Hotel (☎ 28420 25114; htastron@otenet.gr; Kothri 56; DZ inkl. Frühstück 68–75 €; ❄) Dieses B-Klasse-Hotel ist Ierapetras Topadresse und liegt am unteren Ende der Odos Patriarhou Metaxaki. Die Zimmer sind entsprechend komfortabel und können mit Satelliten-TV und Telefon aufwarten, manche haben Meerblick.

Hotel Coral (☎ 28420 22846; Katzonovatsi 12; EZ/DZ 20/30 €) Vielleicht nicht ganz einfach zu finden, aber dafür wirklich preiswert. Die Zimmer machen nicht viel her, sind aber sauber und gepflegt. Zur Orientierung: Das Hotel liegt zwei Häuserblocks landeinwärts; nach der daneben liegenden Kirche Ausschau halten!

Katerina (☎ 28420 28345; Fax 28420 28591; Markopoulou 95; EZ/DZ 20/25 €; ❄) Auch das Katerina an der Strandpromenade hat recht einfache, aber bequeme Zimmer mit Telefon, Kühlschrank und Doppelglasfenstern, meistens auch mit Meerblick, nur die Bäder sind etwas enttäuschend.

Koutsounari Camping (☎ 28420 61213; www.camping-koutsounari.epimlas.gr; Zelt/Erw. 3,50/4,90 €) Der Campingplatz mit Restaurant, Snackbar und kleinem Laden liegt rund 7 km östlich in der Nähe von Koutsounari, an der Busstrecke nach Sitia.

Essen

Portego (☎ 28420 27733; Foniadaki 8; Gerichte aus dem Holzofen 2,50–8,50 €) Griechische und kretische Küche in Bestform, dazu Spezialitäten (und Brot) aus dem Holzofen machen dieses Lokal zum Toptipp. Besonders gut ist das Lamm im Tontopf mit Joghurt. Weitere Trümpfe: Das Haus von 1900 gehörte der stadtbekannten Anna Bey, deren Porträt im Hinterzimmer hängt, die Weinkarte ist lang, im Sommer lädt ein stimmungsvoller Innenhof zum Sitzen ein, und für den Verdauer oder Absacker gibt es die angeschlossene coole *kafenion*-Bar.

Odeion (Lasthenous 18; Mezedes 3–4 €) Es heißt, die umgebaute Musikschule sei unter der deutschen Besatzung als Folterkammer benutzt worden. Heute haut sich das eher junge Publikum zuerst im Erdgeschoss ein paar leckere *mezedes* rein und hängt anschließend in der Musikkneipe im ersten Stock ab. Im Sommer ist der schöne Garten geöffnet.

Veterano (☎ 28420 23175; Platia Eleftherias) Diese *zaharoplasteio* (Konditorei) ist ein beliebtes Hangout für Frühstück und Snacks tagsüber. Die *galaktoboureko* (Puddingteilchen) und anderen Süßigkeiten schmecken wirklich galaktisch!

Die Taverna Babis (☎ 28420 24048; Stratigou Samouil 68; Hauptgerichte 4–6,50 €) ist eines der gehobeneren Etablissements an der Uferpromenade mit einer Riesenauswahl an *mezedes*. Besonders lecker sind die *kakavia* (Fischsuppe) und *staka*, die kretische Version von Käsefondue: Der Rahm, der bei der Käseherstellung anfällt, wird dazu in heißem Olivenöl aufgekocht. Nichts für Kalorienzähler!

Napoleon (☎ 28420 22410; Stratigou Samouil 26; Hauptgerichte 5–6,50 €) Ein ehrwürdiges, alt eingesessenes Lokal in Ufernähe am Südzipfel der Stadt. Ob frischer Fisch, kretische oder griechische Gerichte auf dem Teller liegen, spielt keine Rolle: Alles, was hier aus der Küche kommt, ist einfach köstlich!

Travel Tunes (☎ 28420 89021; Stratigou Samouil 18; www.travel-tunes.com; 💻) Eine symbolisch aufgespannte Hängematte zeigt schon, worauf es dem holländischen Besitzerpärchen in ihrem neu eröffneten Globetrottercafé ankommt: relaxte Wohlfühlatmosphäre. Das „Eine-Welt"-Motto gilt für die Musikauswahl wie auch für die Sandwiches, und wer sich am kernigen Frühstücksbuffet (4–6,50 €) satt gegessen hat, kann im Internet surfen oder den Stapel Reiseliteratur über Kreta durchblättern.

Unterhaltung

Ierapetras Nightlife spielt sich hauptsächlich in der Odos Kyrva ab, das **Mojo** und das **Privilege** liegen gleich um die Ecke in der Odos Foniadaki. Wie überall ändern sich die Favoriten praktisch über Nacht, aber es gibt ein paar Konstanten wie die Saxo Bar (Kyrva 14) mit Muik querbeet, den Schickimicki-Liebling **Pyrsos Club** (Kyrva 22) und das kürzlich wieder aufgepeppte **Waikiki** (☎ 28420 27731;

Georgiou Tzardi 2) direkt am Stand, am Ostende der Promenade, eindeutig das schickste Etablissement der Stadt.

An- & Weiterreise

In der Nähe der Platia Plastira im Ostteil der Stadt liegt der **Busbahnhof** (☎ 28420 28237; Lasthenous). Im Sommer fahren zehn Busse täglich nach Iraklion (7,50 €, 2½ Std.) über Agios Nikolaos (2,50 €, 1 Std.) und Gournia. Siebenmal am Tag gibt es eine Verbindung nach Sitia (4,40 €, 1½ Std.) via Koutsounari (Campingplatz), sechsmal nach Mirtos (1,40 €, 30 Min.), und zweimal pro Woche fährt ein Bus nach Ano Viannos (3 €, 1 Std.)

Taxis (☎ 28420 25512) fahren überall hin und verlangen Festpreise. Die hängen an der Platia Venizelou aus, zum Beispiel: Iraklion 60 €, Agios Nikolaos 25 €, Sitia 40 € und Mirtos 11 €.

RUND UM IERAPETRA

Die guten Strände östlich der Stadt sind in der Hochsaison schnell übervölkert. Leute mit eigenem Fahrzeug (am Besten Jeep oder Crossmaschine) haben den Vorteil, die Gegend auf eigene Faust erkunden und dabei einsamere Stände finden zu können. Leider ist der größte Teil der Küste mit plastikbedeckten Gewächshäusern zugepflastert. 13 km östlich von Ierapetra liegt der ansprechende Strand von **Agias Fotias**, der aber lange nicht mehr so einsam ist wie damals, als fast nur Camper dort hinkamen.

Der weiße Sandstrand im Osten von **Makrigialos** ist hier im Südosten zwar fast konkurrenzlos, aber dafür haben sich hier auch die üblichen Touristenfallen breit gemacht. Das Dorf ist 24 km von Ierapetra entfernt und mittlerweile fest in den Händen von TUI & Co., aber immerhin gibt es hier eine sterneverdächtige Gourmetadresse.

Der Besitzer des Spitzenrestaurants **Porfira taverna** (☎ 28430 52189), Leonidas Grammatikas, gilt als einer der besten Köche Kretas und ist bekannt für seine kreativen Interpretationen traditioneller griechischer Rezepte.

Übernachten ist in Makrigialos nicht gerade billig und auch nicht besonders attraktiv. Im Juli und August ist es ratsam, sich im Meer kurz abzukühlen, etwas zu essen und dann schnell weiter zu fahren.

GAIDOURONISI (CHRISI)

Wer Ruhe und Abgeschiedenheit sucht, macht einen Abstecher auf die Insel Gaidouronisi (Eselinsel), in Ierapetra meist Chrysi oder Chrisi (Goldene Insel) genannt, die direkt vor der Küste liegt. Schöne Sandstrände, drei Tavernen und der einzige Hain Europas mit Libanonzedern trösten darüber hinweg, dass auch Touristenboote hier ihre geballte Ladung ausspucken, und wer etwas herumspaziert, findet immer ein einsames Fleckchen.

Im Sommer fahren diverse **Ausflugsboote** (20 €) morgens am Kai nicht weit vom Stadtzentrum ab und kommen nachmittags wieder zurück.

MIRTOS ΜΥΡΤΟΣ

440 Ew.

17 km westlich von Ierapetra liegt der Küstenort Mirtos (*Mir*-tos) mit seinen weiß gekalkten Häusern, deren Balkone vor Blumen nur so überborden. Besonders auf Individualreisende scheint das Dörfchen eine

LASSITHI

URLAUB FÜR NATURFREAKS

Aspros Potamos (☎ 28430 51694; www.asprospotamos.com; Zi. 32–60 €) ist eine Ansammlung 300 Jahre alter, primitiver Steinhäuschen, die früher von Bauern im Winter benutzt wurden. Vor zwanzig Jahren hat Aleka Halkia diese halb verfallene Siedlung gekauft und nach und nach originalgetreu restauriert. Jetzt vermietet sie sie an Touristen, die Spaß am ursprünglichen Leben haben. Eine preisgekrönte, umweltfreundliche Photovoltaikanlage sorgt für heißes Wasser, Licht im Badezimmer und einen kalten Kühlschrank. Kerzen und Petroleumlampen bringen Romantikstimmung in die insgesamt elf Hütten, die mit Steinfußböden, traditionellen Möbeln und einem Kamin für den Winter ausgestattet sind. Eine davon ist übrigens direkt in die Felsen gebaut. Aleka lebt das ganze Jahr über hier und kümmert sich um alles, unterstützt von ihrer Tochter Myrto, die aber mittlerweile eine Wohnung in der Stadt hat (sicher mit Hi-Fi-Anlage). Das Stein(zeit)-Feriendorf liegt in der Nähe der Straße von Makrigialos nach Norden Richtung Pefki und ist nicht ganz einfach zu finden – am besten vorher anrufen und einen Treffpunkt ausmachen.

magnetische Wirkung auszuüben, denn viele, die eigentlich nur auf einen Sprung vorbeikommen wollten, sind nach ein paar Wochen immer noch hier. Das liegt wohl an dem heimeligen, nachbarschaftlichen Flair – hier scheint jeder jeden zu kennen. Mirtos ist einer der wenigen Orte auf Kreta, die zwar ausreichend Komfort bieten, aber sich trotzdem etwas von ihrer Authentizität bewahrt haben.

Es ist schwer, sich hier zu verirren, denn das Dorf ist nach dem Rastersystem aufgebaut. Um von der Bushaltestelle ans Meer zu kommen, läuft man Richtung Süden und dann rechts 150 m die Straße entlang. Das Dorf kommt ohne Postamt, Bank und OTE aus. Ein PC mit Internetanschluss steht im **Edem Cafe** (☎ 28420 51551; 6 € pro Std.; ☎ 13 Uhr – spät) im ersten Stock, vom Ufer zwei Häuserblocks landeinwärts.

Schlafen & Essen

Big Blue (☎ 28420 51094; www.forthnet.gr/big-blue; DZ/Studio/Apt. 35/60/75 €; ❄) Das Big Blue am Westrand der Ortes ist sicher eine der lohnendsten Adressen und liegt außerdem in Strandnähe. Es gibt sowohl große, lichte Studios mit atemberaubendem Strand- und Meerblick (teurer) als auch gemütliche Zimmer im Erdgeschoss (billiger), Kochgelegenheit haben alle.

Hotel Myrtos (☎ 28420 51227; www.myrtoshotel.com; EZ/DZ inkl. Frühstück 25/30 €; ❄) Hotel der (oberen) C-Klasse in der Hauptstraße, nur 50 m vom Strand. Weiträumige, gepflegte Zimmer mit TV, Telefon, Minibar und schönen Ausblicken auf das Meer oder die Berge, außerdem ein angeschlossenes Restaurant.

Cretan Rooms (☎ 28420 51427; DZ 35 €) Besonders Individualtouristen verfallen dem Charme dieses Hotels mit seinen alten Möbeln. Die Zimmer haben Balkon und Kühlschrank, es gibt eine Gemeinschaftsküche, und die Besitzerin Maria Daskalaki achtet streng darauf, dass alles immer makellos sauber ist. Im Ort ist das Haus gut ausgeschildert.

Nikos House (☎ 28420 51116; DZ/Apt. 30/45 €) Vom Ufer aus zwei Häuserblocks landeinwärts, mitten im größten Getümmel, liegen diese großen, komfortablen Selbstversorgerapartments unter einem großen Maulbeerbaum, in denen bis zu vier Personen locker Platz finden.

Myrtos Taverna (☎ 28420 51227; Hauptgerichte 4–7 €) Hier ist immer was los, und Einheimische wie Besucher lassen es sich bei der Riesenauswahl an *mezedes* gut gehen. Auch die vegetarischen Gerichte sind sehr beliebt; ein besonderer Schmaus ist das Kaninchen in Weinsauce.

Taverna Akti (☎ 28420 51584; Hauptgerichte 5–6 €) Am Ostende der Strandpromenade serviert Akti überdurchschnittlich gute Küche, in der auch Meeresfrüchte nicht zu kurz kommen. Am besten fährt man meist mit der Tageskarte.

An- & Weiterreise

Täglich sechs Busse fahren von Ierapetra nach Mirtos (1,40 €, 30 Min.), der Bus von Ano Viannos nach Ierapetra macht zweimal die Woche in Mirtos Station.

Allgemeine Informationen

INHALT

Aktivitäten	225
Alleinreisende	225
Arbeiten auf Kreta	226
Botschaften & Konsulate	226
Ermäßigungen	227
Essen	227
Feiertage	227
Feste & Events	227
Fotos & Video	229
Frauen unterwegs	229
Geld	230
Internetzugang	230
Karten	230
Kinder	231
Klimadiagramm	232
Kurse	232
Öffnungszeiten	232
Post	232
Rechtsfragen	233
Reisen mit Behinderung	233
Reiseveranstalter	233
Schwule & Lesben	233
Shoppen	233
Sicherheit	235
Telefon	235
Toiletten	236
Touristeninformation	236
Unterkunft	236
Versicherung	238
Visa	238
Zeit	239
Zoll	239

AKTIVITÄTEN

Kretas abwechslungsreiche, wildromantische Landschaft ist wie geschaffen für Outdoorfreaks. Das volle Programm wird im Kapitel Outdooraktivitäten (s. S. 61) beschrieben.

ALLEINREISENDE

Im Großen und Ganzen ist Kreta ein sicheres, stressfreies und gastfreundliches Urlaubsziel, wo sich auch Singles wohlfühlen können. Alleinreisende mit Rucksack sind überall auf der Insel anzutreffen, und in Jugendherbergen ist problemlos Anschluss zu finden. In Hotels und *domatia* erweist sich das Solodasein als finanzieller Nachteil, aber immerhin gibt es meist 20 % Nachlass auf den Doppelzimmerpreis.

Am besten ist es, sich auf seinen gesunden Menschenverstand zu verlassen: also nachts dunkle Gassen und Parks eher meiden und Wertsachen immer sicher verstauen.

PRAKTISCH & KONKRET

- Bei Maßen und Gewichten ist das metrische System gebräuchlich.
- Das Stromnetz führt im Normalfall 220 Volt Wechselstrom (auf Fähren manchmal 110 Volt Gleichstrom). Da aber die meisten Steckdosen nur für die flachen Eurostecker geeignet sind, ggf. Adapter (Südeuropastecker) für Schuko-Stecker mitnehmen.
- In Griechenland erscheint das deutschsprachige Wochenmagazin *Griechenland Zeitung* (vormals *Athener Zeitung)* mit den Schwerpunkten Politik, Wirtschaft, Kultur und Tourismus. Daneben gibt es das englische Wochenmagazin *Athens News*, außerdem liegt der *International Herald Tribune* die achtseitige englische Ausgabe der griechischen Tageszeitung *Kathimerini* bei.
- Das englisch-deutsche Monatsmagazin *Cretasummer* erscheint den Sommer über in Rethymnon, das Monatsmagazin *Kreta* wird in verschiedenen Sprachen herausgegeben, und von dem lesenswerten kretischen Kulturmagazin **Stigmes** gibt es eine englische Onlineversion (www.stigmes.gr).
- Über Satellit sind meistens Deutsche Welle TV, CNN und BBC zu empfangen, in vielen Hotels gibt es Fernsehen mit Kabelanschluss. Der Radioempfang ist nicht immer optimal, aber die Deutsche Welle (Kurzwelle 6075 kHz) und der BBC World Service (6196 kHz, 15 565 kHz, 17 640 kHz und 12 095 kHz) senden rund um die Uhr.
- Wie z. B. Frankreich benutzt Griechenland das SECAM-Videosystem.

ARBEITEN AUF KRETA

Arbeitserlaubnis

EU-Bürger brauchen keine Arbeitserlaubnis, aber eine Aufenthaltsgenehmigung, wenn sie länger als drei Monate in Griechenland arbeiten wollen. Alle übrigen Ausländer müssen eine Arbeitserlaubnis vorweisen.

Jobs in Bars & Hotels

Die besten Jobs in Bars und Hotels bringen ganz schön was ein – deshalb reißen junge Griechen vom Festland sie sich gerne unter den Nagel. Da sich der Fremdsprachenunterricht in Griechenland in den letzten paar Jahren erheblich verbessert hat, ist der Bedarf an mehrsprachigen Ausländern ziemlich geschrumpft. Die großen Ferienanlagen in Chersonisos oder Malia, in denen hauptsächlich Deutsche und Briten urlauben, stellen vielleicht am ehesten deutsch-sprachige (und englisch-sprachige) Jobber ein.

Reiseleiter/Animateur

Kreta als Hochburg des Pauschaltourismus bietet beste Chancen für Leute, die die Kunden eines Reiseveranstalters vor Ort betreuen wollen. Deutsche Unternehmen halten bereits ab Februar nach Personal für die Sommersaison Ausschau.

Gefragt sind sicheres Auftreten, Kontaktfreudigkeit und Einfühlungsvermögen, dazu meistens eine höhere Schulbildung. Die Bezahlung ist zwar mies, wird aber durch Trinkgelder aufpoliert, und manchmal gibt es bei der Vermittlung von Nebenleistungen (Ausflüge, Mietwagen uw.) einige Prozente Kommission.

Erntehelfer

Die saisonalen Jobs als Erntehelfer scheinen ein Monopol der Wanderarbeiter aus Albanien zu sein, und Traveller haben kaum noch Chancen, da irgendwo reinzukommen.

Ehrenamtliche Arbeit

Die **Kretische Gesellschaft zum Schutz der Meeresschildkröten** (☎/fax 210 523 1342; www.archelon.gr; Solomou 57, 10432 Athen) freut sich über freiwillige Helfer für ihre Überwachungsprojekte auf Kreta.

Sonstige Jobs

Oft werden Jobs über Kleinanzeigen in den englischsprachigen Zeitungen angeboten. Wer will, kann auch selbst dort inserieren.

> **KOPIEN**
>
> Es empfiehlt sich, vor der Abreise von allen wichtigen Dokumenten (Personalausweis, evtl. Kinder- oder Reisepass, Kreditkarten, Reiseversicherungs-/Auslandskrankenversicherungspolice, Flug-/Bus-/Zugtickets, Führerschein usw.) Fotokopien anzufertigen. Davon eine bei einer Vertrauensperson zu Hause lassen, eine zweite mitnehmen und unterwegs getrennt von den Originaldokumenten verstauen.

BOTSCHAFTEN & KONSULATE

Nicht vergessen: Auf Kreta gelten griechische Gesetze (s. auch S. 233, Rechtsfragen). Keine Botschaft wird sich ein Bein ausreißen für einen Landsmann, der wegen einer nach griechischem Gesetz strafbaren Handlung im Kittchen landet – selbst wenn sein Vergehen im eigenen Land keines wäre.

Wer aber tatsächlich in der Klemme sitzt, kann die Botschaft um Hilfe bitten, wenn alle anderen Mittel bereits ausgeschöpft sind.

Wer nach Hause will, aber pleite ist, wird höchstwahrscheinlich kein Gratisticket bekommen, aber wem sämtliche Papiere gestohlen wurden, dem wird die Botschaft bei der Beschaffung eines neuen Ausweises helfen.

Griechische Botschaften & Konsulate

Einige diplomatische Vertretungen Griechenlands im Ausland:

Deutschland (☎ 030-20 6260; info@griechische-botschaft.de; Jägerstraße 54/55, 10117 Berlin)

Österreich (☎ 01-505 5791; gremb@griechische botschaft.at; Argentinierstraße 14, 1040 Wien)

Schweiz (☎ 031-356 1414; gremb.brn@mfa.gr; Laubeggstraße 18, 3006 Bern)

Botschaften in Griechenland

Auf Kreta gibt es nur eine einzige europäische Botschaft, und zwar in Iraklion die **Britische Botschaft / UK Embassy** (☎ 2810 224 012; Papalexandrou 16). Länder haben ihre diplomatischen Vertretungen in Athen und Umgebung.

Deutschland (☎ 210 7285 111, in Notfällen 693 233 8153; Karaoli & Dimitriou 3, 10675 Athen)

Österreich (☎ 210 7257 270; Leoforos Vass. Sofias 4, 10674 Athen)

Schweiz (☎ 210 723 0364/5/6; Iassiou 2, 11521 Athen)

Konsulate auf Kreta

Deutsches Honorarkonsulat in Iraklion (☎ 2810 226 288; Dikeossinis 7, 4. Stock, 71202 Iraklion)

Deutsches Honorarkonsulat in Chania (☎ 282 10 68876; Paraliaki, Stassi 13, 73014 Chania – Agia Marina)

Honorarkonsulat der Republik Österreich in Iraklion (☎ 2810 223 379; Platia Eleftherias & Dedalou 36, 3 Stock, 71201 Iraklion)

ERMÄSSIGUNGEN

Studentenausweis & Ermäßigungen für Jugendliche

Fast überall anerkannt wird der Internationale Studentenausweis bzw. die International Student Identity Card (ISIC; www.isic.org), die von vielen Studentenreisebüros gegen Vorlage eines entsprechenden Nachweises ausgestellt wird. Inhaber dieser Karte bezahlen bei diversen Museen und Ausgrabungsstätten nur den halben Eintrittspreis. Achtung: Auf Kreta gibt es kein Reisebüro, das den Ausweis ausstellen darf, also besser schon vor der Abreise besorgen! In Athen ist er beim **International Student & Youth Travel Service** (ISYTS; ☎ 210 323 3767; 2nd fl, Nikis 11, Athen) zu erhalten.

Bei einigen Reisebüros in Griechenland gibt's einen Studentenrabatt auf organisierte Touren, aber Nachlässe auf Fahrpreise für Reisen innerhalb Griechenlands werden nicht eingeräumt (Ausnahme: Bei Olympic Airways fliegen Studenten 25 % billiger auf Inlandsstrecken, die Teil eines internationalen Flugs sind).

Wer unter 26, aber kein Student ist, sollte sich eine Karte der **Federation of International Youth Travel Organisation** (FIYTO; www.fiyto.org) besorgen. Sie ist bei vielen Anbietern von Billigreisen erhältlich und bringt ähnliche Vorteile wie ein Studentenausweis.

Seniorenkarten

Reisende aus der EU mit Seniorenkarte dürfen sich über eine Reihe von Ermäßigungen freuen, z. B. niedrigere Eintrittspreise für Museen und Ausgrabungsstätten oder Preisnachlässe für Zugfahrkarten.

ESSEN

Die Grundpfeiler der griechischen Küche werden auf S. 69 ausführlich beschrieben. Unsere Restauranttipps für größere Städte sind jeweils unterteilt in günstige Restaurants (unter 10 €), mittelteure Restaurants (von 10 bis 25 €) und teure Restaurants (über 30 €; jeweils für zwei Gänge). Innerhalb jeder Sparte werden die Lokale in der Reihenfolge ihrer Beliebtheit bei der Autorin aufgelistet. Übrigens: Für jeden Gast wird das so genannte „Gedeck" berechnet, das in teureren Etablissements bis zu 2 € kosten kann.

FEIERTAGE

Banken, Geschäfte sowie die meisten Museen und Ausgrabungsstätten sind an gesetzlichen Feiertagen geschlossen. Dazu gehören auf Kreta:

Neujahrstag: 1. Januar
Epiphanias: 6. Januar
Erster Sonntag der Fastenzeit: Februar
Griechischer Unabhängigkeitstag: 25. März
Karfreitag: März/April
(Orthodoxer) Ostersonntag: März/April
Frühlingsfest/Tag der Arbeit: 1. Mai
Mariä Himmelfahrt: 15. August
Ochi-Tag: 28. Oktober
Weihnachten: 25. Dezember
St. Stephanstag: 26. Dezember

FESTE & EVENTS

In Griechenland kommt man aus dem Feiern nicht heraus: Kirchliche Feste wechseln sich ab mit kulturellen Events und genüsslichen Gelagen, manchmal ist es auch eine Kombination aus allem. Die folgende Liste ist bei weitem nicht vollständig, berücksichtigt aber die wichtigsten Veranstaltungen auf nationaler wie auch regionaler Ebene. Wer zur richtigen Zeit am richtigen Ort ist, wird ganz bestimmt herzlich zum Mitfeiern eingeladen.

Im Sommer verfällt Kreta dem Festivalfieber. Die wichtigsten Events sind das jährlich statt findende **Renaissance Festival in Rethymnon** (S. 135) mit Kunstausstellungen, Tanz-, Theater- und Filmvorführungen und das Kyrvia Festival in Ierapetra (S. 220), bei dem Musiker, Schauspieler und andere Künstler zeigen, was sie drauf haben.

Beim Kornaria Festival in Sitia (S. 210) kommt zu Musik, Theater und Bildender Kunst noch ein Beachvolleyball-Turnier. Das Sommer-Kunstfestival in Iraklion (S. 166) geht von Juli bis September und bietet national und international bekannten Künstlern aus der Musik- und Tanzszene eine Plattform. Auch beim Lato-Kulturfestival in Agios Nikolaos (S. 198) geht's hauptsächlich um Musik und Tanz aller Art, von traditionell bis modern, von griechisch bis multikulti.

Januar

Agios-Vasilios-Fest (Fest des Hl. Basilius) Jedes neue Jahr beginnt mit der Feier am Neujahrstag. Nach einem Gottesdienst beschenken sich die Griechen gegenseitig, singen, tanzen, feiern und futtern ihren *vasilopitta* (Neujahrskuchen), und derjenige, der das Stück mit der eingebackenen Münze erwischt, kann sich auf ein glückliches Jahr freuen.

Epiphanias (Segnung des Wassers) Am 6. Januar wird in der orthodoxen Kirche nicht das Dreikönigsfest, sondern die Taufe Christi durch Johannes gefeiert. Meere, Seen und Flüsse werden gesegnet, Kreuze werden hineingeworfen, und mutige Taucher, die sie wieder herausholen, haben in diesem Jahr nichts mehr zu befürchten.

Februar/März

Rosenmontag Am Montag vor Aschermittwoch, an dem ja die Fastenzeit beginnt, lassen es sich die Kreter noch mal gut gehen bei einem Picknick im Grünen; Kinder lassen Drachen steigen.

März

Unabhängigkeitstag Der Tag, an dem Bischof Germanos in Moni Agias Lavras die griechische Flagge hisste, wird am 25. März mit Umzügen und Tänzen gefeiert. Mit diesem provokativen Akt begann der Unabhängigkeitskrieg. Da Mariä Verkündigung auf das gleiche Datum fällt, ist der 25.3. auch ein kirchlicher Feiertag.

März/April

Ostern gilt als das wichtigste religiöse Fest. Am Palmsonntag (dem Sonntag vor dem orthodoxen Osterfest) nehmen die Gläubigen ein aus Palmzweigen und Myrthe geflochtenes Kreuz vom Gottesdienst mit nach Hause. Einen der Ostergottesdienste auf Kreta mitzufeiern ist auf jeden Fall ein unvergessliches Urlaubserlebnis. Auch die Kerzenprozession am Karfreitagabend und das Feuerwerk um Mitternacht zu Beginn des Ostersonntags sind sehenswert.

Agios-Georgos-Fest Sankt Georg ist der Schutzpatron Kretas und vor allem der Schutzheilige der Hirten. Er wird am 23. April gefeiert bzw. am Dienstag nach Ostern (je nachdem, welcher der beiden Tage zuerst kommt). Am eindrucksvollsten geschieht das in Asi Gonia, wohin Tausende von Schafen und Ziegen gebracht werden, um sie dort vor der Kirche zu scheren, zu melken und zu segnen. Die anschließenden Feierlichkeiten werden reichlich mit Frischmilch begossen.

Hohliovradia (Nacht der Schnecken) Schnecken sind auf Kreta eine beliebte Delikatesse, und Gourmets von nah und fern kommen einmal im Jahr nach Vamos, um sich an diesem Leckerbissen satt zu essen – dazu gibt es Wein und *tsikoudia* (ein Traubenschnaps).

Mai

1. Mai An diesem Tag findet ein wahrer Massenexodus aufs Land statt. Städter entdecken urplötzlich ihre Liebe zur Natur, alle picknicken im Freien und pflücken Wildblumen, um daraus Kränze fürs traute Heim zu winden.

Schlacht von Kreta Die letzte Maiwoche steht im Zeichen dieses wichtigen historischen Ereignisses. In Chania, Rethymnon und Iraklion und an den zentralen Gedenkstätten in der Souda-Bucht, in Stavronas und dem Preveli-Kloster werden Sportwettkämpfe veranstaltet, Volkstänze dargeboten und bestimmte Zeremonien durchgeführt. Bei den Feierlichkeiten sind immer auch Vertreter aus den Ländern des Commonwealth anwesend.

Juni

Woche des Meeres Sie wird in der letzten Juniwoche aller Jahre mit gerader Jahreszahl gefeiert und erinnert daran, wie eng die Kreter dem Meer verbunden sind. In den Hafenstädten der Insel schwingen die Kreter an Land das Tanzbein, während zu Wasser Schwimm- und Segelwettbewerbe stattfinden.

Fest von Johannes, dem Täufer Dieses Fest am 24. Juni wird sehr ausgiebig gefeiert. Die Blumenkränze vom 1. Mai werden extra für diesen Tag aufbewahrt und in den Johannisfeuern verbrannt.

Juli

Agia-Marina-Fest Diese Heilige wird in weiten Teilen der Insel am 17. Juli gefeiert, ganz besonders in Agia Marina, direkt bei Chania.

Profitis-Ilias-Fest In den Kirchen und Klöstern, die auf auf Berggipfeln liegen, ist der 20. Juli diesem Propheten gewidmet, besonders im Gebiet der Kykladen.

Weinfest Beim Weinfest im Stadtpark von Rethymnon gibt's viele Weine und kretische Spezialitäten zum Probieren.

Yakinthia-Festival In dem Bergdorf Anogia geht dieses erstaunliche Kultur- und Musikfestival in der letzten Juliwoche über die Bühne. Es gibt Literaturgespräche, Gedichtvorträge, Ausstellungen und Konzerte mit kretischer Musik.

Renaissancefestival Diese Mammutveranstaltung läuft in Rethymnon von Juli bis September. In dieser Zeit treten dort Griechenlands beste Theaterensembles sowie Tanz-, Musik- und Theatergruppen aus ganz Europa auf.

Sommer-Kunstfestival Von Juli bis September hat auch Iraklion internationale Orchester und Tanzgruppen zu bieten, daneben treten auch viele heimische Künstler auf. Die wichtigsten Veranstaltungen finden in einem riesigen Freilufttheater statt.

Juli/August

Kornaria-Festival Sitia lockt von Mitte Juli bis Ende August mit Konzerten, Folkloretänzen und Theateraufführungen, die im *kazarma* (Kastell) und an anderen Orten stattfinden.

Lato-Kulturfestival Lokale und internationale Künstler treffen sich in Agios Nikolaos zu Konzerten, teils mit traditioneller kretischer Musik auf Originalinstrumenten, zu Folkloretänzen, *mantinades* (improvisierte Reimpaare), Theateraufführungen und Kunstausstellungen, außerdem werden Schwimmwettkämpfe ausgetragen.

Kyrvia-Festival Auch Ierapetra hat sein Festival mit Konzerten, Theaterstücken und Ausstellungen.

August

Paleohora-Musikfestival In den ersten zehn Tagen des Monats finden jeden Abend Konzerte und Gesangswettbewerbe statt.

Kulturfestival Anfang August steigt in Ano Viannos dieses dreitägige Kulturfestival mit den drei Disziplinen Musik, Schauspiel und Bildende Kunst.

Weinfest Der 15. August bildet den feucht-fröhlichen Abschluss des fünftägigen Weinfestivals in Archanes, wo ein hervorragender Tropfen angebaut wird.

Mariä Himmelfahrt Dieser Tag (15. August) bedeutet in Griechenland Familientreffen. Also sind alle Kreter unterwegs zu ihren Lieben, und wer kann, sollte auf die Benutzung öffentlicher Verkehrsmittel besser verzichten.

Traditionelle kretische Hochzeit Ende August wird in Kritsa eine traditionelle kretische Hochzeit mit allem Drum und Dran gefeiert. Für rund 9 € Eintritt gibt's Gesang, Tanz und einheimische Leckerbissen.

Sultaninenfest Sitia freut sich in der letzten Augustwoche bei Wein, Musik und Tanz über seine hervorragenden Sultaninen.

Kartoffelfest Lassithi dagegen ist berühmt für seine Kartoffeln, denen Ende August das dreitägige Fest in Tzermiado gewidmet ist.

September

Genisis tis Panagias (Geburtstag der Jungfrau Maria) Das Ereignis wird am 8. September in ganz Griechenland mit Gottesdiensten und anderen Veranstaltungen gefeiert.

Oktober

Kastanienfest Am dritten Sonntag des Monats dreht sich in dem Dorf Elos alles um die Esskastanie. Geröstete Maroni und Süßigkeiten auf Kastanienbasis werden mit einem kräftigen Schluck *tsikoudia* (Raki) hinuntergespült.

Ochi- (Nein-) Tag Metaxas' Weigerung, Mussolinis Truppen im Zweiten Weltkrieg auf Kreta Bewegungsfreiheit zu gewähren, wird am 28. Oktober mit Gedenkgottesdiensten, Militärparaden, Volkstänzen und diversen Feierlichkeiten in Erinnerung gerufen.

November

Zu den wichtigsten örtlichen Feiertagen gehört der Jahrestag der Explosion von Moni Arkadiou, der vom 7. bis 9. November im Kloster gedacht wird.

Dezember

Weihnachten Ostern ist zwar in der orthodoxen Religion das wichtigere Ereignis, aber auch in Griechenland wird die Christmette gefeiert. Dem Kommerz konnte sich allerdings auch Kreta nicht entziehen, sodass mittlerweile hier wie überall Christbäume, Lichterketten und Geschenke für das authentische Weihnachtsfeeling sorgen.

FOTOS & VIDEO

Filme & Ausrüstung

Filme der bekannten Marken gibt's fast überall. Bei dem grellen Sonnenschein im Sommer ist die Anschaffung eines Polarisierungsfilters keine schlechte Idee. Was die Filmentwicklung angeht, versuchen die Läden auch hier, sich gegenseitig zu unterbieten. Im Durchschnitt kostet ein Abzug zwischen 11 und 13 Cent, dazu kommt die Entwicklungsgebühr von bis zu 1,50 €.

Einschränkungen

Militärische Einrichtungen und andere Anlagen mit einem „Fotografieren verboten"-Schild sind tabu! In Kirchen sind keine Blitzlichtaufnahmen erlaubt, auch sollte der Hauptaltar nicht fotografiert werden. Die Kreter selbst lassen sich recht gerne ablichten – trotzdem immer vorher fragen. Das Gleiche gilt natürlich fürs Filmen.

FRAUEN UNTERWEGS

Es gibt viele allein reisende Frauen auf Kreta. Die Kriminalitätsrate ist so niedrig, dass frau dort wahrscheinlich sicherer ist als in vielen anderen europäischen Ländern. Das ist aber keine Freikarte für bodenlosen Leichtsinn – Handtaschenklau und Vergewaltigungen hat es auf der Insel auch schon gegeben, aber gewalttätige Angriffe sind wirklich äußerst selten.

Nervig auf Kreta sind dagegen die Typen, die die Griechen selbst kamaki nennen, die aber Gott sei Dank immer seltener werden. Kamaki ist dieser Dreizack, mit dem Neptun immer herumfuchtelt, und der Name eine Anspielung auf die Lieblingsbeschäftigung dieser Herren, nämlich ausländische Frauen aufzugabeln. Früher war es fast unmöglich, dieser Daueranmache in den Touristengebieten zu entkommen, aber wie gesagt, heute hält sich das sehr in Grenzen. Solche aufdringlichen Typen sind zwar lästig, aber selten wirklich gefährlich. Die meisten Griechen sind jedoch höflich und hilfsbereit – ohne Hintergedanken.

GELD

Griechenland ist Mitglied der EU, daher ist auch hier der Euro die nationale Währung.

Bargeld

Bargeld ist natürlich am praktischsten, aber wer es verliert, sieht alt aus. Kaum eine Reiseversicherung wird einem da aus der Klemme helfen, und wenn, dann meist nur bis zu einem Limit, das bei 300 € liegt. Deshalb empfiehlt es sich, immer gerade so viel Bargeld mit sich herumzuschleppen, dass es für die nächsten paar Tage reicht. Eine gute Idee ist es außerdem, separat eine kleine Summe für den Notfall zu verstauen.

Geldautomaten

In fast allen Orten, wo es eine Bank gibt, und natürlich in den Touristenzentren sind Geldautomaten zu finden. Inhaber von MasterCard- oder Visa/Access-Karten können fast überall Geld abheben, und auch Geldkarten mit dem Cirrus-/Maestro-Logo funktionieren in allen wichtigen Touristenorten. Es empfiehlt es, möglichst selten an den Automaten zu gehen und dafür etwas höhere Beträge abzuheben, da die Banken pro Abhebung eine recht stolze Gebühr verlangen.

Kreditkarten

Mit Kreditkarten kann man größere Einkäufe bezahlen, ohne viel Geld mit sich herumzutragen – darin liegt ihr großer Vorteil. Die Marktführer MasterCard, Visa und Eurocard werden fast überall auf Kreta akzeptiert. American Express und Diner's Club sind in den Touristenzentren gängig, aber ansonsten relativ unbekannt.

Große Hotels und manche Häuser der Mittelklasse nehmen Kreditkarten, nicht aber Billighotels und *domatia*. Ähnlich sieht es in Geschäften und Restaurants aus – in den Luxusschuppen geht's auch bargeldlos, aber die kleine Taverne um die Ecke und Tante-Emma-Läden bestehen auf Cash.

Reiseschecks

Reiseschecks bieten eine Diebstahlversicherung und sind daher beliebt. Seit sich die Reisekasse jedoch ganz nach Bedarf bequem am Geldautomaten auffüllen lässt, kommen sie immer mehr aus der Mode.

Schecks von American Express, Visa und Thomas Cook werden fast überall angenommen. Außerdem funktioniert der Service dieser Firmen im Verlustfall ziemlich reibungslos – vorausgesetzt, man hat sich die Schecknummern notiert und vermerkt, welche schon eingelöst wurden. Diese Aufzeichnungen unbedingt getrennt von den Schecks aufbewahren!

Trinkgeld

Im Restaurant ist die Bedienung im Rechnungspreis enthalten, aber es ist üblich, etwas Trinkgeld zu geben oder zumindest den Betrag aufzurunden. Auch Taxifahrer freuen sich über ein kleines Extra.

Handeln ist auf Kreta nicht sehr verbreitet. Die meisten Geschäfte haben ausgewiesene Festpreise. Bei Übernachtungen ist Handeln dagegen einen Versuch wert, besonders bei längerem Aufenthalt. In der Hochsaison sind die Erfolgschancen eher mau, aber außerhalb davon bröckeln die Preise oft dramatisch. Auch in Souvenirläden und an Marktständen lassen die Verkäufer mit sich reden – oft hilft es schon, so zu tun, als wolle man gehen.

INTERNETZUGANG

Kreta ist mit Internetcafés schon ganz gut bestückt, sodass es in jeder größeren Stadt mehrere Möglichkeiten gibt, im Web zu surfen oder E-Mails abzurufen. Kostenpunkt: zwischen 3 und 6 € pro Stunde. Viele große Hotels bieten ebenfalls Internetzugang. Wer seinen Laptop oder Organizer dabei hat, kann über einen der örtlichen Provider ins Netz gehen, die Einwahlnummern auf Kreta sind relativ zuverlässig. Eine weitere Möglichkeit ist, sich am Periptera (Kiosk) eine Internetkarte zu kaufen. Je nach Preis (3 bis 20 €) lässt sich damit zwischen 8 und 200 Stunden lang surfen.

Wer nicht über einen Mailbriefkasten im Web (z. B. Yahoo oder Hotmail) verfügt, sondern ein spezielles E-Mail-Konto hat, muss folgende drei Angaben parat halten, um an seine Mails zu kommen: Den Namen des Mailservers (POP oder IMAP) oder Netzoperators, Benutzername und Passwort. Üblicherweise erfragt man die bei seinem Provider und hat dann weltweit überall Zugriff auf seine Mails.

KARTEN

Dieser Reiseführer beinhaltet umfangreiches Kartenmaterial. Wer nicht mit dem eigenen Fahrzeug unterwegs ist oder Gebirgswanderungen plant, wird wahrscheinlich ohne zusätzliche Karten auskommen. Vorsicht ist grundsätzlich bei Karten geboten, die die Touristeninformationen gratis verteilen, denn die sind nicht besonders präzise und oft überholt. Die nachfolgend aufgeführten Karten sind in den meisten Buch- und Souvenirläden auf Kreta erhältlich.

Die besten Karten gibt der griechische Verlag **Road Editions** (☎ 210 364 0723; www.road.gr) heraus. Seine blaue Karte *Crete* im Maßstab 1:200 000 (6 €) deckt die ganze Insel ab. Auf den Karten *Eastern Crete* und *Western Crete* (7,50 €) im Maßstab 1:100 000 sind selbst die winzigsten Dörfchen und Sträßchen gut erkennbar eingezeichnet, und die Entfernungsangaben stimmen auf den Meter genau.

Emvelia Editions (☎ 210 771 7616, info@emvelia.gr) bietet eine Kretakarte im Maßstab 1:185 000 (*Crete*, 5,88 €) an, die etwas einfacher zu lesen ist und brauchbare Pläne der größeren Städte sowie der fünf wichtigsten Ausgrabungsstätten enthält. Die beiden Kreta Touristikkarten *Der Osten* und *Der Westen* (1:100 000) sind im deutschen Harms Verlag erschienen und kosten zwar jeweils stolze 10 €, lohnen sich aber besonders für Tramper und Wanderer, da auch der Fernwanderweg E4 deutlich eingezeichnet ist. Sie sind in Kreta, im deutschen Buchhandel oder im direkt beim **Harms Verlag** (☎ 07275 8201; www.harms-ic-verlag.de) erhältlich.

Ambitionierten Wanderern empfehlen sich die sehr detaillierten Karten von **Petrakis Editions** (☎ 2810 282630; 5 €). Der Herausgeber, Giorgos Petrakis aus Iraklion, hat fast jeden Quadratmeter der Insel zu Fuß erkundet und für alle vier Regierungsbezirke der Insel eine Karte im Maßstab 1:100 000 erstellt. Alle Bergstraßen und -wege, einschließlich des Fernwanderwegs E4, sind darin eingezeichnet; die Karten sind fast überall auf Kreta erhältlich.

KINDER

Kreta ist ein sicheres und relativ unkompliziertes Reiseziel für einen Urlaub mit Kindern. Besonders einfach geht das am Strand oder in einer Ferienanlage. Wer lieber herumreist, muss sich darauf einstellen, dass es wenig gute Kinderspielplätze und andere kindgerechte Freizeitangebote gibt. Dafür bieten die meisten größeren Städte Kinderparadiese in klimatisierten Räumen, die in der Mittagshitze ein willkommener Zufluchtsort sind – in der Regel ist ein Café angeschlossen.

Erstaunlicherweise finden Kinder Ausgrabungsstätten bei weitem nicht so langweilig, wie man vermuten könnte – viele Eltern werden positiv überrascht sein. Orte wie das Labyrinth von Knossos bringt die Phantasie der Knirpse auf Hochtouren.

Das Personal in Hotels und Restaurants geht meist gerne auf die speziellen Bedürfnisse der kleinen Gäste ein, allerdings sind Kinderhochstühle außerhalb der Ferienanlagen relativ unbekannt. Der Service in griechischen Restaurants ist gewöhnlich recht schnell – ein unschätzbarer Vorteil für alle, die eine Gang hungriger Kiddies im Schlepptau haben.

Frischmilch ist in Städten und Touristengegenden jederzeit im Angebot, in kleinen Dörfern dagegen ziemlich rar – im Supermarkt stehen die Chancen noch am besten. Milchpulver für Babys und H-Milch gibt es überall.

Wer Kleinkinder dabei hat, ist in seiner Bewegungsfreiheit etwas eingeschränkt, denn Buggies nützen außerhalb der wenigen ebenen Orte nicht viel. Die holprigen Feldwege, Treppen und mühsamen Ein- und Ausstiege aus öffentlichen Bussen sind am besten mit Kindertragetuch oder -gestell zu bewältigen.

Kinder unter vier Jahren reisen auf Fähren und in Bussen gratis. Den halben Fahrpreis bezahlen sie bis zum Alter von zehn (Fähre) oder zwölf Jahren (Bus), danach den vollen Preis. Auf Inlandsflügen wird ein Zuschlag von 10 % fällig, wenn ein Kleinkind unter zwei Jahren auf dem Schoß mitfliegt. Kinder zwischen zwei und zwölf Jahren bezahlen die Hälfte des regulären Ticketpreises.

Vielleicht ist der Kretaurlaub ja auch die Gelegenheit, um den lieben Kleinen die griechischen Sagen schmackhaft zu machen (und eigene Bildungslücken zu schließen)? Dazu zwei Tipps: Der beliebte Kinderbuchautor Dimiter Inkiow hat die bekanntesten griechischen Sagen kindgerecht überarbeitet und als Hörbücher auf CD herausgebracht, alle erschienen bei Igel Records (für Kinder ab sieben Jahren). Der Klassiker *Griechische Sagen* von Gustav Schwab wurde von Richard Carstensen modernisiert und ist als Taschenbuch bei dtv junior erschienen.

KLIMADIAGRAMM

Kreta besitzt ein typisch mediterranes Klima mit heißen, trockenen Sommern und milden Wintern. An der Südküste hat das Meer von Mitte April bis November angenehme Badetemperaturen.

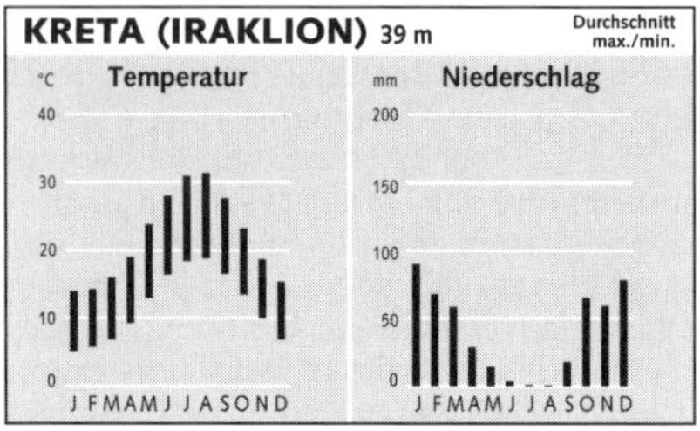

KURSE

Die **University of Crete** (☎ 28310 77278; www.uch.gr; moderngreek@phl.uoc.gr) in Rethymnon bietet im Juli vierwöchige Sommerkurse in Neugriechisch an. Weitere Details direkt an der Uni erfragen!

Die britische Yogaschule **YOGA Plus** (☎ 0044 1273 276175; www.yogaplus.co.uk) veranstaltet einwöchige oder längere Workshops für Astanga Vinyasa Yoga in eigenen Räumen in Agios Pavlos (S. 151). Im Preis enthalten sind Unterkunft, weitere Aktivitäten und (gesunde) Verpflegung. Nicht weit davon bietet das **Triopetra Yoga Centre** (www.astanga.gr) verschiedene Kurse für Anfänger und Fortgeschrittene an.

Anna Boskamp (www.yoga-kreta.de) leitet eine deutsche Yogaschule in Pitsidia in der Nähe von Matala.

Kochkurse für kretische Küche werden in Panormos und Axos im Regierungsbezirk Rethymnon angeboten. Einzelheiten s. S. 77.

ÖFFNUNGSZEITEN

Banken haben montags bis donnerstags von 8 bis 14.30 Uhr geöffnet, freitags von 8 bis 14 Uhr.

Postämter haben montags bis freitags von 7.30 bis 14 Uhr Publikumsverkehr, in den größeren Städten ist die Hauptpost bis 20 Uhr und an Samstagen von 8 bis 14 Uhr geöffnet.

Die Öffnungszeiten der OTE (Fernmeldeämter) sind uneinheitlich. In kleineren Orten ist meist täglich von 7.30 bis 15 Uhr, in Städten von 6 bis 20 Uhr geöffnet.

Läden sind im Sommer gewöhnlich am Dienstag, Donnerstag und Freitag von 9 bis 14 und 17.30 bis 20.30 Uhr, am Montag, Mittwoch und Samstag von 8 bis 15 Uhr geöffnet. Im Winter geht es eine halbe Stunde später los, aber das sind keine festen Regeln. In Touristenorten sind viele Geschäfte sieben Tage die Woche geöffnet. Am *periptera* (Kiosk) kann man von früh morgens bis spät in die Nacht einkaufen, und zwar alles von der Busfahrkarte über Zigaretten bis zu Kondomen. Supermärkte sind meist bis 20 Uhr geöffnet.

Die Öffnungszeiten von Museen und Ausgrabungsstätten sind sehr unterschiedlich, aber die meisten haben am Montag Ruhetag.

POST

Erkennungszeichen der *Tachydromia* (Postämter) ist das blau-gelbe Schild. Auch die Briefkästen für Normalpost sind gelb; die roten sind für Expresssendungen.

Porto

Postkarten und Luftpostbriefe an Ziele innerhalb der EU kosten 0,65 € bis 20 g und 1,00 € bis 50 g Gewicht. Für Destinationen außerhalb der EU sind die Tarife 0,65 € für Sendungen bis 20 g und € 1,60 für Sendungen bis 100 g. Innerhalb Europas dauert die Zustellung vier bis fünf Tage, nach Übersee zwischen fünf und acht Tagen. Manche Souvenirläden verkaufen Briefmarken mit einem Aufschlag von 10 %.

Expressbriefe kosten 2,65 €, sollten dann aber innerhalb der EU nach spätestens drei Tagen beim Empfänger eintrudeln – rote Briefkästen benutzen! Wertsachen können per Einschreiben geschickt werden, das kostet 1 € extra.

Post verschicken

Es ist wenig sinnvoll, ein Paket schon vor dem Versand einzuwickeln, da der Postbeamte möglicherweise den Inhalt sehen will. In Iraklion wird die Paketpost im Hauptpostamt an der Platia Daskalogianni abgefertigt, ansonsten haben die Postämter einen Paketschalter.

Post empfangen

Post kann man sich als „poste restante" an jedes beliebige Hauptpostamt schicken lassen. Das kostet nichts, aber bei der Abholung muss der Personalausweis vorgezeigt werden. Auf jeden Fall sollte der Familienname des Empfängers in Großbuchstaben und unterstrichen auf dem Umschlag stehen, zusammen mit dem Vermerk „poste restante". Tipp: Wenn erwartete Post im Postamt nicht auffindbar ist, den Schalterbeamten bitten, auch unter dem Vornamen nachzusehen.

Post, die nach einem Monat noch nicht abgeholt worden ist, wird an den Absender zurückgeschickt. Wer abreisen möchte, bevor die erwartete Post da ist, kann das Postamt bitten, sie poste restante an den nächsten Zielort nachzusenden.

Pakete werden auf Kreta nicht ausgetragen, sondern müssen im Postamt abgeholt werden.

RECHTSFRAGEN

Griechenland hat die strengsten Drogengesetze Europas! Griechische Richter machen keinen Unterschied zwischen Drogenbesitz und Drogenhandel. Schon bei einem kleinen Krümelchen Haschisch droht eine Haftstrafe.

REISEN MIT BEHINDERUNG

Für Reisende mit eingeschränkter Mobilität kann der Urlaub auf Kreta zur Herausforderung werden. Traurige Tatsache ist, dass die meisten Hotels, Fähren, Museen und Ausflugsziele nicht auf Rollstuhlfahrer eingestellt sind, und das Gelände gleicht in vielen Fällen einem Hindernisparcours (neuere Hotels sind schon eher behindertenfreundlich). Wen das alles nicht abschreckt, der findet es vielleicht ermutigend zu wissen, dass es durchaus Rollstuhltouristen auf Kreta gibt. Allerdings lohnt sich eine intensive Planung – also schon vor der Abreise so viele Informationen wie möglich sammeln!

Nützliche Hinweise zum Thema bietet die englische Website www.disabled.gr.

REISEVERANSTALTER

Die große Mehrheit (80 %) aller Kretaurlauber sind Pauschaltouristen. Wer Flug und Übernachtung als Paket bucht, kommt oft erstaunlich gut weg und zahlt erheblich weniger, als wenn er Ticket und Hotel separat buchen würde. Superschnäppchen gibt's oft bei Last-Minute-Angeboten zu erhaschen, da die Reiseveranstalter unbedingt die Charterflüge und Hotelkapazitäten füllen wollen. Natürlich führen derartige Superdeals fast unweigerlich in eins der großen Touristenzentren an der Nordküste. Wer sich seinen Urlaub ein klein wenig individueller vorstellt, kann es bei folgenden Adressen versuchen:

Diktynna Travel (☎ 28210 41458, 28210 43930; www.diktynna-travel.gr; Sfakion 36, 731 34 Chania)

Travello GmbH (☎ 04101 852 9401; www.kreta-treff.de; Thesdorfer Weg 109, 25421 Pinneberg)

Kreta-Reisen (☎ 089 33 32 83; www.kreta-reisen.de; Clemensstr. 49, 80803 München)

Pure Crete (☎ 020-8760 0879; www.pure-crete.com; 79 George Street, Croydon, Surrey CRO 1LD, UK)

SCHWULE & LESBEN

Es gibt in Griechenland zwar keine Gesetze gegen gleichgeschlechtliche Neigungen, trotzdem ist es ratsam, in der Öffentlichkeit nicht allzu heftig zu schmusen. Anders als andere griechische Inseln wie z. B. Mykonos hat Kreta keine ausgesprochene Schwulenszene. Da Homosexualität hier immer noch mit einem gewissen Misstrauen betrachtet wird und die Insel auch von Reiseveranstaltern nie als Schwuleninsel promoted wurde, halten sich auch die Schwulenkneipen und -bars in Grenzen.

In Iraklion gibt es ein paar Hangouts, in denen Schwule gerne gesehen, aber nicht unbedingt unter sich sind. Auch Paleochora ist so relaxed, dass sich Schwule und Lesben hier wohl fühlen können, und an den meisten FKK-Stränden wird sich auch keiner aufregen.

Der *Spartacus International Gay Guide*, der in Berlin von Bruno Gmünder herausgegeben wird, gilt gemeinhin als die Bibel der schwulen Travellerszene und enthält auch jede Menge wertvoller Tipps für die griechischen Inseln.

Gayscape (www.gayscape.com) ist eine nützliche Website mit vielen Links, und spezielle Infos zur griechischen Schwulen- und Lesbenszene findet man unter www.gaygreece.gr und www.lesbian.gr (wenn auch das meiste davon in Griechisch).

SHOPPEN

Kreta blickt auf eine lange Tradition des Kunsthandwerks zurück, das sich aber mittlerweile zu einer Megaindustrie entwickelt hat. Blau glasierte Keramik, Terrakottagefäße, handgearbeitete Lederartikel, Webteppiche, Ikonen, besticktes Leinen und kunstvolle Goldschmiedearbeiten stapeln sich in den

Touristenläden, dazu kommen Wildkräuter, Olivenöl, Wein, Fruchtkonserven, Käse, Oliven und andere kulinarische Köstlichkeiten.

Das Angebot der allgegenwärtigen Souvenirshops stammt zumeist aus Massenproduktion. Das bedeutet nicht unbedingt, dass die Ware nicht ihren Preis wert wäre, aber das Herumstöbern in kleinen Spezialgeschäften mit authentischen, kretischen Produkten macht einfach mehr Laune. Unter allen Städten Kretas ist Chania in puncto Auswahl eindeutiger Favorit. Besonders in den Straßen hinter dem Hafen haben sich kreative Kunsthandwerker angesiedelt, die die schönsten Leder-, Schmuck- und Teppichwaren der Insel anbieten.

Auch in dem Meer der Andenkenläden Rethymnons versteckt sich die eine oder andere Perle kretischer Kunstfertigkeit, während Iraklion eher das Herz des anspruchsvollen Shoppers auf der Suche nach Klamotten, technischem Schnickschnack und CDs höher schlagen lässt.

Im Landesinneren gibt es einige Dörfer, die für ihre Handarbeiten berühmt sind. Wer einen relaxten Nachmittag lang in der Gegend herumgondelt, kann vielleicht in Anogia oder Kritsa mit Bettwäsche ein Schnäppchen machen – allerdings besteht immer die Gefahr, dass das Objekt der Begierde in Hong Kong oder Indonesien produziert wurde, also vor dem Kauf einen Blick auf das „made in"-Schildchen werfen. Einen guten Ruf haben die Geschäfte für Webwaren in Chania (S. 92) und die Ateliers für Klöppelarbeiten in Gavalohori (S. 127) – ihre Produkte sind fast immer authentisch.

Antiquitäten

Der Kauf, Verkauf, Besitz und Export jeglicher Antiquität ist in Kreta verboten (siehe Abschnitt Zoll S. 239). Aber es gibt Antiquitäten und „Antiquitäten", und vieles, was erst ein- oder zweihundert Jahre auf dem Buckel hat, wird eher als „alter Schrott" denn als Teil des nationalen Kulturerbes betrachtet. Dazu zählen handgetischlerte Möbel, Gerätschaften aus dem ländlichen Raum, religiöser Nippes aus Kirchen oder Souvenirs aus fernen Ländern.

Korbstühle

Es gab einmal eine Zeit, da standen in jeder kretischen Taverne diese wunderbar wackeligen Stühle mit geflochtenem Sitz herum, die sich nach einigen Rakis zum Folterwerkzeug entwickelten, besonders für Leute mit etwas breiterem Hintern. Außerdem war das Geflecht praktisch andauernd reparaturbedürftig. Leider hat aber auch in der kretischen Sitzszene der Wunderwerkstoff Plastik seinen Siegeszug angetreten, und die handgemachten Korbstühle sterben allmählich aus. In Kastelli Kisamos gibt es noch eine Werkstatt, die diese Stühle herstellt und zu relativ günstigen Preisen verkauft. Schwierig wird's dann beim Heimtransport.

Lederwaren

Die meisten Ledersachen sind nicht gerade Handschmeichler, sondern ziemlich steif, und wirklich günstig sind sie auch nicht. Der beste Markt für robuste Taschen, Geldbeutel, Schuhe und Stiefel ist die „Ledergasse" in Chania (S. 92). Auch in Rethymnon gibt es ein paar renommierte Läden.

Messer

Zu Recht sind die Kreter stolz auf ihre charakteristischen, handgearbeiteten Messer mit dem Heft aus Widderhorn und geschmiedeten, rasiermesserscharfen Klingen. Die Souvernirläden sind voll davon, aber nur wenige wurden tatsächlich in der althergebrachten Weise hergestellt. Und auch ihr gefährliches Aussehen täuscht, die meisten taugen nicht viel. Einkaufstipps für traditionelle Messer und Adressen, wo man bei der Herstellung zuschauen kann, gibt's auf S. 92 und im Kasten S. 94.

Schmuck

Silberarbeiten sind typischer für die Insel als Stücke aus Gold. Wer's mag, sollte nach Nachbildungen minoischer Objekte wie z. B. dem Diskos von Festos Ausschau halten, die meist sehr schön gearbeitet und nur auf Kreta erhältlich sind. Einige ausgesuchte Juweliergeschäfte führen eine reichhaltige Auswahl an originellen Arbeiten lokaler Goldschmiede und griechischer Schmuckdesigner der Spitzenklasse. In den Ateliers in Chania lassen sich die Künstler bei der Arbeit zuschauen.

Töpferwaren

Überall auf Kreta wird Getöpfertes in allen Formen und Formaten angeboten, seien es Gebrauchsgegenstände oder Dekoobjekte.

Die glänzenden, dunkelblau glasierten kretischen Töpferwaren unterscheiden sich deutlich von den Exemplaren mit helleren, matteren Farben im restlichen Griechenland. Die Glasur sollte so hart sein, dass eine Messerklinge darauf keine Spuren hinterlässt; ein glasierter Boden dagegen weist meist auf Industrieware hin.

Viele Läden verkaufen Gipsnachbildungen von Statuen, Büsten, Grabstelen und Ähnlichem.

Webwaren

Auch Webteppiche und Wandbehänge lachen einem aus jedem Geschäft entgegen. Rein ästhetisch spricht bei den meisten zwar nichts gegen einen Kauf, und auch die Verarbeitung scheint ganz passabel, aber der Haken liegt wieder einmal bei der Herkunft. Kretische Industrieware oder – noch schlimmer – Asienimporte dämpfen die Kauflust. Wer sich mit eigenen Augen davon überzeugen will, wie sein Traumteppich gewebt wird, braucht nur durch Chanias Altstadt zu schlendern (s. S. 83).

SICHERHEIT

Die Kriminalität, besonders Diebstahl, hält sich auf Kreta sehr in Grenzen, zeigt aber leider eine steigende Tendenz. Es ist nie verkehrt, ein Auge auf seine Wertsachen zu haben, speziell in öffentlichen Verkehrsmitteln und auf Märkten. Ebenso gilt die alte Regel, Gepäck nicht unbeaufsichtigt im Auto zu lassen. Wenn Reisenden etwas geklaut wird, dann in den meisten Fällen von anderen Travellern – Jugendherbergen und Campingplätze sind die beliebtesten „Jagdgründe". Wer in einem Hotelzimmer wohnt, dessen Fenster und Türen sich nicht sicher schließen lassen, sollte seine Wertsachen im Hotelsafe deponieren.

TELEFON

Das griechische Telefonnetz wird von der halbprivaten Gesellschaft Organismos Tilepikinonion Elladas (OTE – sprich O-tee) betrieben, ist modern und funktioniert. Öffentliche Fernsprecher werden mit Telefonkarten gefüttert, die es für 3 € (100 Einheiten), 6 € (200 Einheiten) und 13 € (500 Einheiten) gibt. Die 3-€-Karte wird an den *periptera*, in Tante-Emma-Läden und Souvernirshops verkauft, die teureren sind nur in den OTE-Ämtern erhältlich.

Auslandsgespräche sind von allen Telefonen aus möglich. Wer die „i"-Taste drückt, hört eine Betriebsanleitung in Englisch. Die Telefonkarte auf keinen Fall vor entsprechender Aufforderung entnehmen, sonst besteht die Gefahr, dass das Restguthaben gelöscht wird. Ortsgespräche kosten eine Einheit pro Minute.

Es ist auch möglich, Auslandsgespräche über die Calling Card eines deutschen Anbieters zu führen, z. B. mit der €-Karte. Man braucht trotzdem eine griechische Telefonkarte, um sich in das System einzuwählen (kostet eine Einheit), das Gespräch wird dann über die Karte zum ortsüblichen Tarif abgerechnet.

In Dörfern und auf abgelegenen Inseln ohne OTE-Amt gibt es in der Regel zumindest ein Telefon mit Zähler, das Fernge-

WICHTIGE TELEFONNUMMERN

Telefonauskunft	☎ 131
vom Handy	☎ 11831
Ländervorwahl Griechenland	☎ 0030
Internationale Auskunft	☎ 139
Internationale R-Gespräche	☎ 139

Gebührenfreie Notrufnummern (rund um die Uhr)

Krankenwagen	☎ 166
Feuerwehr	☎ 199
bei Waldbränden	☎ 191
Polizei	☎ 100
Pannenhilfe (ELPA)	☎ 10400
Touristenpolizei	☎ 171

spräche und Auslandsgespräche ermöglicht, meist in einem Geschäft, einem *kafenion* oder einer Taverne.

R-Gespräche sind vom OTE-Amt aus möglich. Wer von einem Privatanschluss aus telefoniert, muss erst die Vermittlung anrufen (Inland ☎ 151; international ☎ 161).

Für ein Auslandsgespräch erst die Auslandsvorwahl wählen (☎ 00), dann die Ländernummer des entsprechenden Landes (Deutschland: 49, Österreich: 43, Schweiz: 41), dann die Ortsvorwahl (ohne die 0) und dann die Nummer des Teilnehmers.

Handys

Nicht mit allen Handys kann man automatisch in Griechenland telefonieren, das ist abhängig von dem jeweiligen Vertrag, und zum Teil fallen recht saftige Gebühren an. Am besten vor der Abreise die Hotline des Providers anrufen, um abzuklären, ob das Handy für internationales Roaming freigeschaltet ist, oder das ggf. zu veranlassen.

In Griechenland gibt es vier Mobilnetzbetreiber: Vodaphone, CosmOTE, TIM und Q-Telecom. CosmOTE scheint das weiträumigste Netz zu unterhalten – wer in entlegeneren Gebieten öfter auf „Funklöcher" stößt, sollte diesen Anbieter über manuelle Netzwahl einstellen.

Alle vier Betreiber bieten nachladbare Prepaidkarten an, mit denen man eine griechische Rufnummer erhält, auf der man angerufen werden kann. Das lohnt sich vor allem für längere Aufenthalte. Beim Verlassen des Landes schalten die Netze automatisch auf internationales Roaming, sodass die Karten weiterhin zum Senden und Empfangen von SMS genutzt werden können.

TOILETTEN

Fast überall auf Kreta gibt es Sitztoiletten, nur ganz selten trifft man außerhalb der größeren Städte in älteren Häusern, *kafenia* und in öffentlichen Toiletten auf die im asiatischen Raum verbreiteten Stehklos. Außer an Flughäfen, Zug- und Busbahnhöfen sind öffentliche Toiletten selten. Wen ein dringendes Bedürfnis überfällt, der geht am besten in ein Café. Manchmal wird erwartet, dass man für den Service eine Kleinigkeit kauft.

Eine Besonderheit des griechischen Abwassersystems ist, dass es allergisch auf Toilettenpapier reagiert – anscheinend sind die Abflussrohre zu eng. Jedenfalls herrscht fast überall eine Verstopfungsparanoia, daher Papier und anderes freundlicherweise in den bereit gestellten Abfalleimer werfen.

TOURISTENINFORMATION

Die Touristeninformationen auf Kreta werden im Allgemeinen nicht mehr von der Greek National Tourism Organisation GNTO, die in Griechenland selbst EOT (Ellenikos Organismos Tourismou) heißt, betrieben. Mittlerweile haben das in manchen Gegenden lokale Touristenverbände übernommen, sodass die EOT jetzt hauptsächlich administrative Aufgaben erledigt, wie z.B. die Einstufung von Hotels, die Festsetzung von Preisen und die Überwachung der Tourismusindustrie.

Manche der städtischen Tourismusbüros, z.B. in Agios Nikolaos und Rethymnon, bieten einen freundlichen Service und nützliche Informationen, in anderen dagegen gibt es nicht viel mehr als ein paar Prospekte und Stadtpläne. Und ab und zu stolpert man in eine Touristeninformation und fragt sich, wozu die eigentlich da sind.

Die GNTO-Büros im Ausland bieten allgemeine Informationen über Griechenland.

Deutschland (☎ 069 236561/62/63; Neue Mainzer Str. 2, 60311 Frankfurt)
Österreich (☎ 01 5125 317; Opernring 8, 1015 Wien)
Schweiz (☎ 01 221 01 05; Löwenstrasse 25, 8001 Zürich)

Touristenpolizei

Die **Touristenpolizei** (☎ 171) arbeitet mit der regulären kretischen Polizei und der EOT zusammen. Mindestens ein Mitarbeiter der jeweiligen Station spricht Englisch. Sie überwacht Hotels, Restaurants, Reisebüros, Souvenirläden, Fremdenführer, Ober sowie Taxi- und Busfahrer, und wer glaubt, er sei übers Ohr gehauen worden, meldet das dort. Die Freunde und Helfer aller Reisenden werden sich umgehend darum kümmern. Bei Diebstahl oder Verlust von Reisedokumenten fungiert die Touristenpolizei als Dolmetscher zwischen Urlauber und regulärer Polizei. Außerdem bekommt man bei der Touristenpolizei Prospekte, Karten und Auskünfte über Verkehrsverbindungen.

UNTERKUNFT

Kreta bietet Unterkünfte für jeden Geschmack und jeden Geldbeutel. Die Preise unterliegen der strengen Kontrolle der Touristenpolizei. Laut Gesetz muss in jedem Hotelzimmer eine Liste aushängen, die Raumkategorie und Höchstpreise in der jeweiligen Saison aufführt. Die in diesem Führer angegebenen, offiziellen Zimmerpreise gelten für die Hochsaison, aber oft kann man handeln, besonders in der Nebensaison und bei längeren Aufenthalten. Nach der verlustreichen Saison 2004 ist es sehr gut möglich, dass die hier angegebenen Höchstpreise nach unten korrigiert werden.

Die Vermieter sind berechtigt, einen Zuschlag von 10 % für Aufenthalte unter drei Nächten zu berechnen, aber das ist keine Pflicht und auch nicht üblich. Dagegen fällt ein obligatorischer Aufpreis von 20 % für ein Zusatzbett an.

Im Juli und August (vor allem Mitte August) verlangen die Vermieter meist den Höchstpreis. Im Frühjahr und Herbst dagegen wird's bis zu 20 % billiger, im Winter möglicherweise noch mehr – eine gute Zeit, um sein Verhandlungsgeschick zu testen.

Viele *domatia*-Besitzer berechnen die Klimaanlage extra. Das ist aber nur zulässig, wenn der Übernachtungspreis unter dem angegebenen Höchstpreis liegt, denn der versteht sich inklusive Klimaanlage.

Man wird selten über den Tisch gezogen, aber wer trotzdem einen entsprechenden Verdacht hegt, sollte dies der Touristenpolizei oder der normalen Polizei melden – sie werden sich umgehend darum kümmern.

Viele Vermieter behalten den Reisepass oder Personalausweis ihrer Gäste für die Dauer des Aufenthalts ein. Darauf können sie aber nicht bestehen, denn eigentlich brauchen sie die Dokumente nur für die Registrierung der Gäste.

Berghütten

Davon gibt es auf Kreta nur wenige, hauptsächlich in dem Gebiet um die Levka Ori, den Berg Psiloritis und die Samaria-Schlucht (Kallergi-Hütte). Eine Übernachtung im Stockbett kostet zwischen 5 und 12 €.

Camping

In Kreta gibt es nur rund ein Dutzend Campingplätze. Die meisten stehen unter privater Leitung und schließen außerhalb der Saison (April bis Oktober).

Die **Panhellenic Camping Association** (☎/Fax 210 362 1560; www.panhellenic-camping-union.gr; Solonos 102, Athen) bringt jedes Jahr eine Broschüre mit einem Verzeichnis aller Campingplätze und ihrer jeweiligen Einrichtungen. heraus.

In der Zeit vom 15. Juni bis Ende August sind die Campinggebühren am höchsten. Meist liegen sie bei 4 bis 6 € pro Erwachsener und 1,80 bis 2,50 € pro Kind (vier bis zwölf Jahre), kleinere Kinder kosten nichts. Ein Platz für ein kleines Zelt kostet ab 3 €, für ein großes Zelt ab 4 €, für Wohnmobile ab ca. 8 € pro Nacht.

Von Mai bis Mitte September ist es warm genug, um im Freien zu übernachten, aber nur ganz Hartgesottene werden ohne Schlafsack auskommen. Besonders in den frühen Morgenstunden wird's manchmal recht frisch, und da ist zumindest ein leichter Schlafsack ganz willkommen. Ratsam sind auch eine Isomatte und eine wasserdichte Schlafsackhülle. Wildes Zelten ist illegal, wird aber nicht allzu streng verfolgt. Am besten vorher die Anlieger fragen!

Domatia

Domatia sind die griechische Antwort auf Bed & Breakfast, nur ohne breakfast (Frühstück). Früher waren das irgendwelche unbenutzten Abstellkammern, die im Sommer von privat an Reisende vermietet wurden und den Kretaurlaub ziemlich billig machten. Inzwischen werden immer mehr *domatia* extra zu diesem Zweck gebaut und verfügen oft über voll ausgestattete Küchen; ältere Zimmer wurden einem Lifting unterzogen. Die Preise sind dementsprechend kräftig gestiegen.

Was die Sauberkeit angeht, besteht normalerweise kein Grund zur Klage. Die Zimmereinrichtungen schwanken von kühlen grauen Marmorböden über nordische Hölzer, gehäkelte Spitzenvorhänge, mehr oder weniger geschmackvolle Bilder und Blümchenbettwäsche in gewagter Kombination bis hin zu oberkitschigem Nippes, der oft so gehäuft auftritt, dass man sich kaum umdrehen kann, ohne dass etwas zu Bruch geht.

Trotzdem sind *domatia* für Traveller mit kleinem Budget immer noch eine akzeptable Lösung. Einzelzimmer liegen zwischen 15 und 30 €, Doppelzimmer bei 20 bis 50 €, je nach Kategorie (ob eigenes oder Gemeinschaftsbad), Saison und Dauer des Aufenthalts.

Viele *domatia* sind nur von April bis Oktober geöffnet.

Hotels

Hotels werden auf Kreta in sechs Kategorien unterteilt: Deluxe, A, B, C, D und E. Dabei spielen die Zimmergröße, das Vorhandensein einer Hotelbar und das Größenverhältnis von Zimmer zu Bad eine wichtigere Rolle als Sauberkeit, Bequemlichkeit der Betten oder Freundlichkeit des Personals – worauf es den Gästen sicher eher ankäme.

Erwartungsgemäß haben die Deluxe-, A- und B-Klasse-Hotels eigene Badezimmer, immer heißes Wasser und weitere Annehmlichkeiten wie (meistens) Klimaanlage. Selbst in teuren Hotels kommt es jedoch vor, dass die Klimaanlage nur stundenweise läuft und nachts ganz abgeschaltet wird.

In C-Klasse-Hotels gibt es eine Snackbar und die Zimmer haben eigene Bäder, aber heißes Wasser sprudelt möglicherweise nur zu bestimmten Tageszeiten.

D-Klasse-Hotels haben nicht unbedingt eine Snackbar, meist Gemeinschaftsbäder (auch wenn manche Zimmer über ein eigenes Bad verfügen), und für warmes Wasser sorgen oft Sonnenkollektoren, es gibt also schon mal Engpässe.

E-Klasse-Hotels verzichten auf die Snackbar, das Bad wird gemeinschaftlich genutzt und heißes Wasser meist extra berechnet – sofern überhaupt vorhanden.

Die Preise werden von der Touristenpolizei kontrolliert, und der mögliche Höchstpreis eines Zimmer muss dort an der Tür ausgehängt sein.

Die Klasseneinteilung hat mit der Preisgestaltung oft wenig zu tun. Der Zimmerpreis von D- und E-Klasse-Hotels entspricht in etwa dem der *domatia*. Für ein Einzelzimmer im C-Klasse-Hotel sind in der Hochsaison zwischen 30 und 60 € fällig, für ein Doppelzimmer 45 bis 75 €. Die B-Klasse liegt bei 45 bis 75 € für Einzelzimmer und 75 bis 105 € für Doppelzimmer; A-Klasse-Hotels sind auch nicht viel teurer.

Jugendherbergen

Die Jugendherbergen in Iraklion, **Rethymnon** (www.yhrethymno.com) und **Plakias** (www.yhplakias.com) sind Mitglieder der **Greek Youth Hostel Organisation** (☎ 210 751 9530; y-hostels@otenet.gr; Damareos 75, Athen 116 33).

Die Übernachtungspreise liegen zwischen 7,50 und 15 € pro Person und Nacht, ein Jugendherbergsausweis ist nicht erforderlich.

Studios & Apartments

Der Trend geht auf Kreta eindeutig zu Studios und Apartments für Selbstversorger. Studios sind meist für zwei Personen geeignet, Apartments bieten bis zu fünf Personen Platz. Alles in allem eine gute Lösung für Familien und Gruppen. Meist gibt es eine Kochnische (manchmal mit Mikrowelle), Kühlschrank und TV, oft eine Klimaanlage und Heizung für den Winter, einen Aufenthaltsraum und abgetrennte Schlafzimmer, manchmal Gelegenheit zum Wäsche waschen. Studios schlagen in der Hochsaison mit 35 bis 50 € zu Buche, ein Apartment für vier Personen mit 50 bis 80 €.

Traditionelle Häuser & Siedlungen

Unter traditionellen Siedlungen sind ältere Gemäuer von besonderem architektonischem Reiz zu verstehen, die für touristische Zwecke renoviert wurden. Auf Kreta stehen die schönsten in Milia, Vamos und im Süden in der Umgebung von Markigialos. Solche Unterkünfte sind nicht gerade billig, aber dafür verströmen offene Kamine, Steinherde und andere „antike" Details ein ganz besonderes Flair. In Vamos kostet ein Haus für vier Personen 80–100 € pro Tag, eine Kate aus Naturstein für zwei kostet in Milia 50–56 €. Viele historische Gebäude und malerische Steinhütten werden derzeit aufwändig restauriert und zu Edelunterkünften umgebaut.

VERSICHERUNG

Eine Reiseversicherung, die Diebstahl, Verlust und Krankheit abdeckt, ist sicher kein Fehler. Manche Verträge klammern riskante Aktivitäten aus, dazu können Sporttauchen, Motorradfahren oder sogar Bergwandern gehören. Wer clever ist, achtet darauf, dass die Versicherung Arzt- oder Krankenhausrechnungen direkt bezahlt, sodass keine Vorkasse geleistet werden muss. Sieht der Vertrag das aber nicht vor, ist es ratsam, alle Unterlagen und Quittungen gewissenhaft zu sammeln, um seine Ansprüche später geltend machen zu können.

Die Versicherung sollte auch für Krankentransport und ggf. Rückflug aufkommen.

VISA

Einwohner der EU-Mitgliedsstaaten, die unter das Schengener Abkommen fallen (also auch Deutschland und Österreich), können sich in Griechenland aufhalten, so lange sie wollen. Schweizer Staatsbürger können ohne Visum bis zu drei Monate in Griechenland bleiben.

Visa für Schweizer Staatsbürger

Schweizer, die länger als drei Monate in Griechenland bleiben wollen, können bei einer griechischen Botschaft im Ausland oder spätestens zwanzig Tage vor Ablauf der Frist beim **Ausländerbüro** (☎ 210 510 2831; Leoforos Alexandras 173, Athen; 🕑 Mo–Fr 8–13 Uhr) ein Visum beantragen. Reisepass und vier Passfotos mitbringen! Eventuell muss man erklären, wie der Aufenthalt finanziert werden soll, also unbedingt alle Umtauschquittungen aufheben. Diese werden nicht immer automatisch ausgestellt, daher ggf. in der Bank danach fragen.

Auf Kreta ist die Hauptpräfektur in Iraklion zuständig, die eine Aufenthaltserlaubnis für bis zu sechs Monate erteilen kann. Einfacher ist es, einen Kurzausflug nach Bulgarien oder in die Türkei zu machen und dann erneut nach Griechenland einzureisen.

ZEIT

Griechenland liegt in der OEZ-Zone (Osteuropäische Zeit), die unserer Zeit (MEZ) um eine Stunde voraus ist. Auch dort werden die Uhren am letzten Sonntag im März auf Sommerzeit vor- und am letzten Sonntag im Oktober wieder zurückgestellt, sodass der Abstand von einer Stunde zu unserer Zeit konstant bleibt.

ZOLL

Innerhalb der EU gibt es für Waren des privaten Gebrauchs keine Beschränkungen mehr. Trotzdem wird bei Ein- und Ausreise noch oft kontrolliert, hauptsächlich im Hinblick auf Drogen. Für die Mengen, die als „privater Gebrauch" durchgehen, gibt es folgende Richtwerte (was darüber liegt, gilt als gewerblich): bis zu 800 Zigaretten, 400 Zigarillos, 200 Zigarren, 1 kg Rauchtabak, 10 l Spirituosen, 20 l Zwischenerzeugnisse, 90 l Wein (davon maximal 60 l Schaumwein), 110 l Bier.

Für Schweizer Staatsbürger über achtzehn Jahre gelten folgende Freimengen: 200 Zigaretten oder 100 Zigarillos oder 50 Zigarren oder 250 g Rauchtabak, 2 l Wein und 2 l Schaumwein oder 1 l Spirituosen über 22 Vol. % oder 2 l Spirituosen unter 22 Vol. %, 50 g Parfüm und ¼ l Eau de Cologne, 500 g Kaffee oder 200 g Pulverkaffee, 100 g Tee oder 40 g Teeextrakt. Zollfrei sind außerdem Geschenkartikel bis zu einem Wert von 175 €.

Hunde und Katzen benötigen eine Tollwutimpfbescheinigung (mindestens 15 Tage und höchstens 12 Monate alt) sowie ein amtstierärztliches Gesundheitszeugnis.

Kunstgegenstände und Antiquitäten müssen bei der Einfuhr gemeldet werden, damit man sie bei der Rückreise wieder ausführen darf. Auch bei Medikamenten gibt es Beschränkungen, zulässig sind Medikamente für den Eigenbedarf, also die für die Dauer der Reise benötigten Mengen. Im Zweifelsfall ist es besser, eine Bestätigung seines Arztes mitzunehmen, da manche Medikamente im Ausland nicht zugelassen sind. Nach Griechenland darf z. B. Kodein nicht ohne ärztliches Rezept eingeführt werden. Bargeld und Reiseschecks kann man in unbegrenzter Menge einführen, wer jedoch bei der Ausreise Summen von über 15 000 € ausführen will, sollte die entsprechende Summe bei der Einreise melden.

Die Ausfuhr von Antiquitäten (d. h. von allem, was über einhundert Jahre alt ist) ist ohne Exporterlaubnis streng verboten. Und darunter fällt selbst der kleinste Kieselstein von einer Ausgrabungsstätte. In dieser Beziehung kenn der Zoll kein Pardon, nur Drogenschmuggel wird härter bestraft. Anlaufstelle zur Erteilung einer Exportgenehmigung ist die Abteilung Antiquitäten & Privatsammlungen beim Ministerium für Kultur (☎ 210 825 8684; Saripolou 6, Athen).

Verkehrsmittel & -wege

INHALT

An- & Weiterreise	**240**
Einreise	240
Auf dem Landweg	240
Auf dem Seeweg	241
Flugzeug	244
Unterwegs vor Ort	**245**
Auto & Motorrad	245
Bus	248
Mit dem Fahrrad	249
Mit dem Schiff	249
Nahverkehr	249
Trampen	250

AN- & WEITERREISE

Viele Reisende glauben, dass Kreta nur über das griechische Festland, also meist via Athen, zu erreichen sei. Dabei gibt es von ganz Europa aus Direktflüge nach Kreta, sowohl Linie wie auch Charter.

EINREISE

Einwohner der EU wie auch Schweizer benötigen für die Einreise nach Griechenland lediglich einen gültigen Personalausweis. Nach diesem wird üblicherweise auch beim Einchecken ins Hotel oder in eine Pension gefragt. Viele Vermieter behalten das Dokument für die Dauer des Aufenthaltes ein. Dazu sind sie jedoch nicht verpflichtet, sie brauchen den Ausweis eigentlich nur, um die persönlichen Daten abzuschreiben.

DIE DINGE ÄNDERN SICH ...

Besonders die Informationen in diesem Kapitel können sich kurzfristig ändern. Was Preise und Tickets angeht, lohnt es sich auf jeden Fall, die Fluglinie oder das Reisebüro zu kontaktieren. Sicherheitsbestimmungen für Auslandsreisen beachten! Erst überlegen, dann kaufen. Die Angaben in diesem Kapitel sind nur Hinweise und können niemals so zuverlässig sein wie selbst eingeholte, aktuelle Auskünfte.

AUF DEM LANDWEG

Viele fahren mit dem eigenen Pkw oder Motorrad nach Griechenland und nehmen eine Fähre ab Venedig, Ancona, Bari oder Brindisi nach Igoumenitsa oder Patras. Mit Zollformalitäten muss nur rechnen, wer über die Schweiz reist.

Es gibt keine reguläre Busverbindung von West- und Nordeuropa direkt nach Griechenland. Die Buslinie „Euroline" fährt aber donnerstags und samstags ab zahlreichen deutschen Städten nach Brindisi (Ankunft dort um 11.10 Uhr des folgenden Tages), wo die Fähre nach Igoumenitsa und Patras ablegt. Preisbeispiel Frankfurt–Brindisi: einfach 97 €, hin und zurück 175 €; für Frühbucher gibt's verschiedene Sondertarife.

Auto & Motorrad

Grenzen haben für EU-Bürger innerhalb Europas ihren Schrecken verloren, was die lange Fahrt sehr erleichtert. Die vier wichtigsten italienischen Häfen für Fährverbindungen nach Griechenland sind Bari, Brindisi, Ancona und Triest.

Wer mag, kann auch komplett über Land via Slowenien, Kroatien, Serbien-Montenegro und Mazedonien nach Griechenland fahren und umgeht damit die Kosten für die Fähre, sitzt dafür aber erheblich länger hinter dem Steuer und muss fünf Landesgrenzen überqueren.

Wer an einem Sommerwochenende morgens mit der Fähre in Patras einläuft, kann um die Mittagszeit auf eines der Hochgeschwindigkeitsboote nach Kreta umsteigen und ist noch am selben Tag spät abends in Iraklion. Oder man macht sich weniger Stress und nimmt am Abend des Ankunftstages in Griechenland eine der Nachtfähren nach Kreta.

Zug

Ohne **InterRail-Pass** (www.interrail.net) ist eine Zugreise nach Griechenland verboten teuer. Der InterRail-Pass G für 16 Tage (Erwachsene 286 €, Jugendliche bis 26 Jahre 195 €) gilt für Italien, Slowenien, Griechenland und die Türkei und beinhaltet auch Fähren (Zuschläge für Kabinen etc. müssen aufgezahlt werden), auf den Fahrpreis im Heimatland gibt es 50 % Ermäßigung. Am günstigsten und schnellsten ist es, nach Brindisi zu fahren, dort die Fähre nach Patras zu nehmen, dann weiter mit dem Zug bis Piräus oder Kalamata, wo es Fährverbindungen nach Kreta gibt. Wem 16 Tage zu kurz sind, der nimmt einen InterRail-Pass für 22 Tage (Erwachsene 396 €, Jugendliche 275 €) oder einen Monat (Erwachsene 546 €, Jugendliche 385 €).

AUF DEM SEEWEG

Im Sommer wird Kreta von Fähren gut bedient. Vom griechischen Festland fahren Schiffe ab Piräus und Thessaloniki, vom Peleponnes ab Kalamata und Gytheio, ferner von Kythira, Rhodos und vielen Kykladen-Inseln. Von November bis April wird der Fährverkehr allerdings erheblich eingeschränkt. Meistens handelt es sich um große Autofähren, von denen manche wirklich luxuriös sind, für andere dagegen ist schon der Ausdruck „bequem" ziemlich geschmeichelt. Auskünfte zu Routen und Fahrplänen gibt die Website www.ferries.gr.

Routen

Wichtigster Fährhafen Griechenlands ist Piräus, der Hafen von Athen. Die Schiffe nach Kreta ankern am Westende, was für Reisende günstig ist, die am Larisis-Zugbahnhof von Piräus ankommen. Wer jedoch von der U-Bahn-Station oder dem nicht weit davon entfernten Peloponnisou-Zugbahnhof zum Kreta-Kai will, hat einen zehnminütigen Marsch vor sich, von Piräus Stadtmitte sind es 15 bis 20 Minuten. Die hier auslaufenden Fähren bedienen Iraklion, Rethymnon, Chania, Agios Nikolaos und Kastelli Kisamos. Im Heck des Schiffes gibt eine Anzeigetafel Auskunft über die Route.

Fahrpläne

Die Fahrpläne der Fähren ändern sich von Jahr zu Jahr und von Saison zu Saison. Verspätungen und kurzfristige Stornierungen aufgrund von schlechtem Wetter, Streiks oder technischen Problemen sind nichts Ungewöhnliches. Ein Fahrplan ist niemals unfehlbar, aber die wöchentliche komplette

Liste aller Fährverbindungen ab Piräus, die das EOT in Athen herausgibt, ist so zuverlässig wie nur menschenmöglich. Diese Liste ist in jedem EOT-Büro erhältlich, und die Fahrpläne der Hauptstrecken stehen außerdem in der englischen Ausgabe der Kathimerini, die der International Herald Tribune beiliegt.

Die aktuellsten Informationen zum Fährverkehr gibt's bei der örtlichen *limenarhio* (Hafenpolizei), deren Büro meist am oder in der Nähe der Kais steht. Ebenfalls nützlich sind die Suchfunktion und die Links auf der Website www.ferries.gr.

Das ganze Jahr über verkehrt mindestens eine Fähre am Tag zwischen Piräus und Kreta, im Sommer sind es drei oder vier.

Die Überfahrtszeit schwankt je nach Schiff und Route beträchtlich – also vor dem Ticketkauf nachfragen, wie viele Stopps die Fähre unterwegs einlegt und wann sie voraussichtlich ankommt.

Preise

Die Preise sind staatlich festgesetzt und hängen mehr von der zurückgelegten Distanz als vom Standard des Schiffes ab. Schiffe, die die gleichen Strecken fahren, können sich in Bezug auf Größe, Bequemlichkeit und Ausstattung wesentlich unterscheiden. Trotzdem ist der Fahrpreis derselbe. Wenn die Preise bei Ticketverkäufern uneinheitlich sind, liegt das daran, dass manche Agenturen etwas von ihrer Kommission abknapsen, um dafür ein Discountangebot machen zu können – auch wenn dieser Discount selten höher als 1 € ist.

Klassen

Auf den großen Fähren gibt es offiziell eine Erste und eine Zweite Klasse, auch wenn der Unterschied zwischen den beiden oft nicht recht erkennbar ist (Näheres s. Kasten). Eher richtet sich der Preis nach der Ausstattung der Kabine oder der Entscheidung, ob man lieber flugzeugähnliche Sitze oder Decksitze nimmt.

Es gibt alle möglichen Kabinenarten, von der Doppelbett-Außenkabine (1. Klasse) bis zur Vierbett-Innenkabine (2. Klasse). Die Flugzeugsitze können sowohl himmlisch bequem sein (Turbo-Boote von Minoan) als auch nur einigermaßen erträglich (auf den meisten älteren Fähren). Decksitze sind hart, unflexibel und nicht unbedingt auf die Bedürfnisse eines Schlafenden zugeschnitten. Auf modernen Fähren sind die Deckabschnitte häufig nicht überdacht, aber irgendwo gibt's immer ein windgeschütztes Eckchen zum Schlafsack ausrollen.

Die Deckklasse ist immer noch erschwinglich, während ein Ticket der ersten Klasse manchmal fast ebenso viel kostet wie ein Flug. Kinder unter vier Jahre reisen gratis, zwischen vier und zehn Jahren bezahlen sie die Hälfte, über zehn Jahre den vollen Preis. Wer beim Ticketkauf nicht ausdrücklich etwas anderes verlangt, bekommt einen Fahrschein für die Deckklasse. Preisbeispiele für Fähren s. Kasten.

Tickets

Da Fähren gerne Verspätung haben oder wegen schlechtem Wetter gar nicht fahren, ist es besser, das Ticket erst dann zu kaufen, wenn sicher ist, dass die Reise auch stattfindet. Nur wer eine Kabine will oder im August unterwegs ist, sollte sich etwas beeilen. Für Autostellplätze muss manchmal im Voraus bezahlt werden. Wenn eine Fährverbindung storniert wird, kann das Ticket auf die nächste Verbindung dieser Linie übertragen werden.

In den meisten Häfen ist die Ufermauer gesäumt von Ticketbüros, aber leider ist kaum eines dabei, das Fahrscheine für sämtliche Fähren verkauft. Und die meisten geben nicht gerne Auskunft über Fähren, für die sie keine Tickets anbieten. Also auf die draußen aufgehängten Fahrpläne gucken, um herauszufinden, welche Fähre als nächstes ausläuft, oder die Hafenpolizei fragen. Die Ticketschalter an der Fähre öffnen eine Stunde vor Abfahrt.

Yacht

Mit einer Yacht herumzuschippern ist vielleicht die schönste Art, um die griechischen Inseln zu entdecken. Doch leider liegt Kreta ziemlich weit vom Schuss und hat deswegen keine nennenswerte Yachtindustrie.

Die Gratisbroschüre des EOT Sailing the Greek Seas, die schon längst einmal aktualisiert gehört, enthält Informationen über Wetterverhältnisse, Wettervorhersagen, Ein- und Ausreisebestimmungen, Ein- und Ausreisehäfen und Yachtführer. Sie ist in allen EOT und GNTO-Büros im In- und Ausland erhältlich.

INSELHÜPFEN NACH KRETA

Ab Piräus bieten nur zwei Gesellschaften Insel-Zwischenstopps auf der Route nach Kreta an. Die Fähre *Myrtidiotissa* von ANEN Lines macht auf ihrem Trip über die „Dörfer" zweimal am Peleponnes Station und läuft die Inseln Kythira und Antikythira an. LANE Lines, die dreimal pro Woche ostkretische Häfen anfahren, machen unterwegs auf der Kykladeninsel Milos Halt. Wer in Thessaloniki startet, kann mit der Fähre *El Greco* von Minoan Lines wahlweise auf Skiathos, Syros, Naxos, Mykonos oder Santorin einen Zwischenstopp einlegen. Das Schiff durchpflügt dreimal wöchentlich die gesamte Ägäis. Natürlich kann man auch mit einer beliebigen Fähre von Piräus oder einem anderen Hafen aus eine der genannten Inseln ansteuern und dann, wenn einen die Laune packt, weiter nach Iraklion fahren. Von Rhodos aus lassen sich unterwegs Chalki, Karpathos oder Kassos besuchen; hier legen zwei- oder dreimal wöchentlich die Fähren von LANE Lines aus dem Dodekanes an. Die Fähre *Rodianthi* von GA Ferries verbindet einmal pro Woche Iraklion mit Santorin, Naxos, Paros und Piräus.

Die Segelsaison dauert von April bis Oktober. Der optimale Zeitpunkt für einen Törn hängt davon ab, wohin die Fahrt gehen soll. Die meisten Yachten sind zwischen Juli und September unterwegs, also zur Hauptreisezeit, aber die *meltemi*-Winde der Ägäis können einen Hobbymatrosen ganz schön ins Schwitzen bringen.

Ein „nacktes" Boot (eine Yacht ohne Crew) kann man mieten, wenn mindestens zwei Leute einen Segelschein haben, ansonsten muss ein Skipper für zusätzliche 105 € pro Tag mitangeheuert werden. Eine 36-Fuß-Yacht mit Schlafplätzen für sechs bis acht Personen kostet ab 2000 € pro Woche, und das steigert sich bis auf 8000 € für ein

MIT DER FÄHRE NACH KRETA

Vor noch gar nicht allzu langer Zeit war das Reisen auf griechischen Fähren eine einzige Qual. Nachdem das staatliche Fährenmonopol gefallen ist, haben die Linien ihre Flotte etwas aufgemöbelt, und auch die Havarie der Fähre *Express Samina* im September 2000 hat in der lokalen und internationalen Fährenschifffahrt für deutliche Verbesserungen gesorgt.

Im Fährverkehr von und nach Kreta gibt es in puncto Qualität und Service immer noch Riesenunterschiede. Auf den Hochgeschwindigkeitsbooten der Minoan Lines, die von Piräus nach Iraklion fahren, und den Blue-Star-Fähren nach Chania reist es sich mit Abstand am bequemsten. Die modernen Monsterfähren, insbesondere die *Festos Palace* und die fast baugleiche *Knossos Palace*, schaffen den Trip von Kreta nach Piräus in knappen sechs Stunden, auch nachts. Aber auch mit der Konkurrenz ANEK fährt es sich nicht schlecht, obwohl deren Schiffe älter und kleiner sind. Die *Preveli* und die *Arkadi* tuckern über Nacht von Piräus nach Rethymnon und sind besonders beliebt bei Backpackern, die in Zentralkreta an Land gehen wollen. Größere ANEK-Fähren laufen den Hafen von Souda in Westkreta an, der gleich vor den Toren Chanias liegt.

Das einzige, kleine Boot der westkretischen ANEN Lines verbindet Piräus und Gythio oder Kalamata auf dem Peleponnes mit Kastelli Kissamos und braucht dafür zähe 19 Stunden. Da fährt man vielleicht doch lieber nach Iraklion. Im Osten operieren die LANE Lines und bieten eine Verbindung von Piräus nach Agios Nikolaos und Sitia mit Zwischenstopp auf Milos. Ihre beiden Fähren *Vitsentzos Kornaros* und *Ierapetra* sind zwar schon etwas betagt, aber recht bequem.

Heimathafen	Zielort	Häufigkeit	Dauer	Fahrpreis (einfach)
Piräus	Agios Nikolaos	3-mal wöchentl.	12 Std.	26,20 €
Piräus	Chania (Souda)	2-3-mal tägl.	6–9 Std.	16–23,50 €
Piräus	Iraklion	tägl.	7 Std.	29,50 €
Piräus	Kastelli Kisamos	5-mal wöchentl.	19 Std.	22 €
Piräus	Rethymnon	tägl.	9 Std.	24 €
Thessaloniki	Iraklion	4-mal wöchentl.	23 Std.	31,50 €

54-Fuß-Boot, auf das sich zwölf Leute quetschen können. Wer mehr über Yachtsport in Griechenland wissen will, schaut bei www.yachting.gr/crete/crete.html rein. Die meisten Yachtverleiher sitzen in und um Athen, zum Beispiel:

Alpha Yachting (☎ 210 968 0486; mano@otenet.gr; Posidonos 67, 166 74 Glyfada)

Vernicos Yachts (☎ 210 989 6000; www.vernicos.gr; Posidonos 11, 141 21 Alimo)

FLUGZEUG

Die meisten Urlauber kommen mit dem Flieger nach Kreta, weil das am schnellsten geht. Der Sommer beschert den Reisenden jede Menge Charterflüge direkt nach Kreta, bei Linienflügen ist bisweilen ein Stopover in Athen oder Thessaloniki dabei.

Flughäfen & Fluglinien

Wer Linie fliegt, landet möglicherweise in Athen (eventuell auch in Thessaloniki), und von dort geht's dann mit einem Inlandsflug zum Zielort auf Kreta.

Athens Eleftherios Venizelos International Airport (Code ATH; ☎ 210 353 0000; www.aia.gr) liegt 27 km östlich von Athen in der Nähe des Dorfes Spata.

Die meisten Kretaurlauber gehen in Iraklions Flughafen **Nikos Kazantzakis International Airport** (Code HER; ☎ 281 022 8401) von Bord. Er wurde zu einer Zeit gebaut, als der Tourismus auf der Insel noch in den Kinderschuhen steckte, deswegen geht es in der Hochsaison dort manchmal hoch her.

Chania Airport (Code CHQ) ist kleiner und liegt etwas außerhalb, nach Chania-Zentrum sind es 14 km. Wer jedoch nach Westkreta will, wird diesen Flughafen günstiger finden.

Sitia Airport (Code JSH) hat seit 2003 eine neue, längere Startbahn, und ein neuer internationaler Terminal soll demnächst eröffnet werden, sodass dieser Teil der Insel künftig noch einfacher zu erreichen sein wird.

FLUGLINIEN NACH/AB GRIECHENLAND

Aegean Airlines (Code A3; ☎ 210 998 8300; www.aegeanair.com)

Air France (Code AF; ☎ 210 960 1100; www.airfrance.com)

British Airways (Code BA; ☎ 210 890 6666; www.britishairways.com)

FLUGHAFENGEBÜHREN

Die Flughafensteuern für nationale und internationale Flüge ändern sich von Flughafen zu Flughafen, außerdem können noch diverse andere Gebühren anfallen. Alle Steuern und Gebühren sind jedoch im Endpreis des Flugtickets enthalten.

Cyprus Airways (Code CY; ☎ 210 372 2722; www.cyprusair.com.cy)

Easyjet (Code U2; ☎ 210 353 0300; www.easyjet.com)

Hellas Jet (Code T4; ☎ 210 624 4244; www.hellas-jet.com)

KLM (Code KL; ☎ 210 911 0000; www.klm.com)

Lufthansa (Code LH; ☎ 210 617 5200; www.lufthansa.com)

Olympic Airlines (Code OA; ☎ 210 966 6666; www.olympicairlines.com)

Transavia (Code HV; ☎ 281 030 0878; www.transavia.nl)

Die griechische Fluglinie Olympic Airlines genießt zwar keinen besonders guten Ruf, übernimmt aber die große Mehrheit aller Inlandsflüge. Sie hat Agenturen in allen Orten, die sie anfliegt, sowie in weiteren größeren Städten. Studenten bekommen bei Olympic 25 % Rabatt auf Inlandsflüge, wenn diese Teil einer internationalen Flugreise sind.

Aegean Airlines bietet Flüge zwischen Athen, Chania und Iraklion an. Die Flieger dieser Linie sind modern und gut ausgestattet. Der Service ist für gewöhnlich ausgezeichnet; die Tickets sind via Internet buchbar und kommen per E-Mail. Aegean fliegt außerdem von Kreta nach Thessaloniki und via Athen oder Thessaloniki nach Frankfurt, Düsseldorf, München, Stuttgart, Paris, Mailand und Rom.

Bei allen Fluglinien empfiehlt es sich, möglichst früh zu buchen, da Inlandsflüge nach Kreta in der Hochsaison schnell ausgebucht sind. Einzelheiten über Flüge zu bestimmten Zielen sind in den jeweiligen Kapiteln über den Zielort nachzulesen.

Alle Angaben in diesem Führer gelten für Flüge in der Hochsaison (Mitte Juni bis Ende September). Vorher und nachher wird die Insel viel seltener angeflogen.

Tickets

Es lohnt sich, in aller Ruhe die Angebote der Fluggesellschaften und Reisebüros zu prüfen – aber nicht zu lange damit warten, denn viele der preiswertesten Tickets müssen Monate im Voraus gekauft werden, und in der Hauptreisezeit sind die besten Flüge schnell ausgebucht. Günstige Angebote findet man im Internet, z.B. bei www.flug.de, www.ebookers.de oder www.travel-overland.de.

Charterflüge

Billige Charterflüge nach Kreta gibt's vor allem zwischen April und Oktober, wenn die Reiseveranstalter ihre vorgebuchten Kontingente nicht voll bekommen haben. Das schont zwar den Geldbeutel, aber die Flugzeiten sind oft völlig unmenschlich. Außerdem sind mit dem Billigflug manchmal bestimmte Bedingungen verbunden, z.B. der Kauf eines Übernachtungsgutscheins (worauf aber viele Agenturen heutzutage nicht mehr bestehen). Diese Praxis ist besonders seit dem Auftauchen von Billiglinien wie Ryanair und extremen Discountpreisen für Nachtflüge etablierter Fluglinien wie British Airways üblich.

Charterflugtickets sind bis zu vier Wochen lang gültig und setzen meist eine Mindestaufenthaltsdauer von drei Tagen voraus. Manchmal sind die Tickets so billig, dass es sich bei Aufenthalten über vier Wochen lohnt, einen Hin- und Rückflug zu kaufen und den Rückflug verfallen zu lassen.

Die besten Angebote stehen in den Reiserubriken großer Zeitungen oder im Internet.

Verbindungen

Von Athen aus gibt es Flugverbindungen in alle wichtigen europäischen Städte, entweder von Olympic Airways oder von der nationalen Fluglinie der jeweiligen Länder.

DEUTSCHLAND

Aegean Airlines bietet Flüge ab Iraklion mit Anschluss nach Stuttgart, Düsseldorf, München und Frankfurt. Lufthansa hat im Sommer viele Direktflüge nach Iraklion von diversen deutschen Flughäfen aus; wer im Winter fliegen will, muss über Athen oder Thessaloniki.

Charter-Direktflüge werden im Sommer en masse angeboten. Im Winter ist die Auswahl nicht so ganz groß, aber immer noch reichlich, und die Preise sind auf jeden Fall günstiger als mit Linie.

GRIECHENLAND

Die folgende Tabelle gibt Anhaltspunkte über die Häufigkeit und den ungefähren Preis der Direktflüge zwischen Kreta und dem griechischen Festland in der Hochsaison.

Abflugsort	Zielort	Häufigkeit	Flugpreis*
Athen	Chania	5-mal tägl.	50–72 €
Athen	Iraklion	6-mal tägl.	65–90 €
Athen	Sitia	4-mal wöchentl.	65,50 €
Thessaloniki	Chania	4-mal wöchentl.	78–100 €
Thessaloniki	Iraklion	1–7-mal tägl.	78–110 €
Rhodos	Iraklion	1–7-mal tägl.	75 €

*einfach, ohne Flughafengebühr

ÖSTERREICH

Charter-Direktflüge gibt's nur im Sommer von Wien nach Iraklion, z.B. bei Austrian Airlines und Niki Lauda Air.

Linienflüge gehen mehrmals in der Woche ab Wien nach Kreta, aber immer via Athen.

SCHWEIZ

Auch ab Zürich kann man an fast allen Wochentagen per Linie via Athen nach Kreta fliegen.

Charterdirektflüge werden nur im Sommer angeboten.

ZYPERN

Cyprus Airways fliegt viermal wöchentlich von Larnaka direkt nach Iraklion und fünf bis sechsmal am Tag nach Athen, dazu im Sommer dreimal wöchentlich von Paphos nach Athen (im Winter seltener). Olympic Airways hat vier tägliche Verbindungen zwischen Larnaka und Athen.

UNTERWEGS VOR ORT

AUTO & MOTORRAD

Kreta ist so groß, dass sich ein eigenes Transportmittel lohnt, denn damit lässt sich die Insel am besten erkunden – vor allem die kleineren, abgelegeneren Orte. Die Straßen sind in den letzten Jahren erheblich besser geworden, aber in einsameren Gegenden (besonders im Süden) gibt's durchaus noch Schotterstraßen, die nur mit Jeeps bewältigt werden können. Es ist zwar mittlerweile kein Problem mehr, im eigenen Fahrzeug nach Griechenland zu kommen, aber auch vor Ort gibt's genügend Möglichkeiten, ein Auto oder ein Motorrad zu mieten.

Wer die Insel auf zwei oder vier Rädern erkunden will, sollte die Karten gründlich studieren, da die Beschilderung der Landstraßen mehr als dürftig ist. Wenn es denn tatsächlich Straßenschilder gibt, dann in Griechisch und in Englisch (Letzteres ist eine phonetische Umsetzung des griechischen Namens und folgt ein paar Meter weiter, in abgelegenen Gegenden fehlt auch das). Selbst wenn der Name in lateinischen Buchstaben geschrieben ist, kann man ihn oft erst nach langem Rätselraten mit einem Namen auf der Landkarte oder in diesem Buch in Verbindung bringen, weil die Schreibweise manchmal recht unorthodox ist. Es lohnt sich, in eine gute Karte zu investieren, auch wenn selbst auf der besten Karte nicht alle Nebenstraßen eingezeichnet sind.

Automobilclubs

Der griechische Automobilclub **ELPA** (☎ 210 779 1615; www.elpa.gr; Athens Tower, Mesogion 2–4, 115 27 Athen) hat Abmachungen mit anderen nationalen Automobilclubs und bietet deren Mitgliedern seine Dienste an, sofern sie einen gültigen Mitgliedsausweis besitzen. Wer eine Autopanne hat, wählt ☎ 10400.

Benzin

Im Allgemeinen ist Benzin in Griechenland billiger als in Deutschland, aber je ländlicher die Umgebung, desto höher der Preis, der sich außerdem von einer Tankstelle zur anderen unterscheidet. Bleifreies Benzin ist überall erhältlich und kostet momentan knapp 1 € pro Liter, Super ist etwas teurer, der Preis für Diesel bewegt sich um die 0,66 €.

Fahrzeugverleih

AUTO

Wer auf Kreta ein Auto mietet, bezahlt dafür mehr als in anderen europäischen Ländern, aber in letzter Zeit sind die Preise dank der wachsenden Konkurrenz gefallen. In den meisten kretischen Städten sitzen Agenturen der namhaften internationalen Autoverleiher, meist günstiger ist es allerdings bei den lokalen Anbietern. Manche haben mehrere Büros auf der Insel, sodass man den Wagen in einer Stadt übernehmen und in einer anderen wieder abgeben kann, was die Rückfahrt erspart.

Internationale Verleihfirmen berechnen in der Hochsaison bei unbegrenzter Kilometerzahl rund 350 € pro Woche für die kleinsten Modelle, gehen aber im Winter herunter bis auf 260 €. Die Preise ortsansässiger Unternehmen bewegen sich in der Regel auf dem Niveau der Nebensaisonpreise der Branchenführer. Wenn das Geschäft nur schleppend läuft, ist mit diesen Kleinanbietern auch Handeln möglich. Im Durchschnitt verlangen sie 25 % weniger als die Großen. Manchmal ist eine Vollkaskoversicherung im Preis inbegriffen; in anderen Fällen sind die Preise günstiger, dafür verlangt der Verleiher den Abschluss einer zusätzlichen Unfall- und Diebstahlversicherung, sonst bleibt man im Schadensfall auf einem Großteil der Reparaturkosten (die bei dickeren Schlitten noch höher sind) sitzen. Es gibt auch Agenturen, die bei Frühbuchung und Vorauszahlung einen erheblich niedrigeren Preis einräumen.

Nur mit der schriftlichen Genehmigung des Verleihers darf der Mietwagen mit auf die Fähre. Und die meisten Verleiher verlangen vom Fahrer eine Kreditkarte.

Auto fahren darf man in Griechenland ab 18 Jahren, trotzdem setzen die meisten Mietwagenagenturen 23 Jahre als Mindestalter an und drücken bei 21-Jährigen ein Auge zu, wenn sie ihren Führerschein länger als ein Jahr besitzen.

Adressen von Mietwagenfirmen stehen in der Rubrik „Unterwegs vor Ort" der jeweiligen Ortskapitel.

MOTORRAD

Motorradfahrer sollten besonders vorsichtig und aufmerksam sein. Ohne Vorwarnung verwandeln sich glatte Asphaltstraßen in unebene Pisten voller Schlaglöcher. Rasen ist unklug. Und Motorradneulinge sollten sich nicht gerade Griechenland für die Feuertaufe aussuchen: Jahr für Jahr verunglücken hier viele Touristen.

Moped- und Motorradverleihe gibt es überall dort, wo ein Tourist sie gebrauchen könnte. Wer ein Motorrad mieten will, sollte für den Verleiher seinen Motorradführerschein parat halten. Experten halten leichte Enduros mit 400 bis 600 ccm für das ideale Bike, um mit Kretas Straßen fertig zu werden. Oft werden die Maschinen schlecht gewartet, deshalb unbedingt ihren Zustand vor der Übernahme überprüfen – mit besonderem Augenmerk auf die Bremsen. Wer ein Moped mietet, sollte mit dem Verleiher über den geplanten Trip sprechen, um sicher zu gehen, dass das Zweirad die steilen Berghänge im Landesinnern auch meistert.

Als Transportmittel sind Motorräder relativ günstig. Die Mietgebühren liegen je nach Mietdauer bei 7 bis 15 € pro Tag für ein Moped oder eine 50-ccm-Maschine, bei 250 ccm steigt der Preis auf 17 bis 27 € pro Tag. Außerhalb der Saison fallen die Preise dramatisch, da lohnt es sich zu handeln. Bei den meisten Firmen ist die Haftpflicht im Preis inbegriffen, aber es ist ratsam, das vorsichtshalber zu überprüfen. Für Arzt- und Krankenhauskosten kommt die Versicherung nicht auf.

Führerschein

Nationale Führerscheine werden auf Kreta anerkannt, vorausgesetzt sie sind älter als ein Jahr. Auch ein Internationaler Führerschein ist dort gültig, er muss jedoch vor der Abreise zu Hause beantragt werden. Wer plant, auf Kreta ein Motorrad zu mieten, sollte einen separaten Motorradführerschein mitbringen, da immer mehr Verleihfirmen danach fragen. Akzeptiert werden europäische Führerscheine, mit denen man Motorräder bis 50 ccm fahren darf.

Unterwegs mit eigenem Fahrzeug

Sechs Monate lang können Ausländer ohne spezielle Genehmigung in Griechenland mit dem eigenen Pkw herumdüsen, lediglich eine grüne Versicherungskarte ist erforderlich. Wer mit der Fähre von Italien ankommt, muss sich nicht mit Zollformalitäten herumschlagen.

An Autofähren nach Kreta besteht kein Mangel, aber die Preise sind gepfeffert. Auf der Strecke von Piräus nach Kreta kostet ein Fahrzeug 70 €, kleinere Motorräder kommen meistens für umsonst mit.

Verkehrsregeln

Dass die Verkehrstotenrate Griechenlands zu den höchsten in ganz Europas zählt, wird keinen erstaunen – eine gute Gelegenheit also, um defensives Fahren zu üben. Überholen ist die häufigste Unfallursache. Und Touristen, die vom Mietwagen aus gemütliches Sightseeing betreiben, können die an einen schneidigen Fahrstil gewöhnten griechischen Autofahrer so zur Weißglut bringen, dass sie sich zu gewagten Überholmanövern verleiten lassen.

In den Städten ist Auto fahren ein Alptraum voller Einbahnstraßen und willkürlich angewandter Parkregeln. Das Fahrzeug wird zwar nicht abgeschleppt, aber die Strafzettel für Falschparken sind saftig. Behindertenparkplätze gibt es äußerst selten.

In Griechenland herrscht wie in Mitteleuropa Rechtsverkehr. Die wichtigsten Autobahnen sind vierspurig, aber es gibt auch noch zweispurige Autobahnen mit breiten Seitenstreifen, die gern und oft benutzt werden, z. B. beim Überholen. Der freundliche Autofahrer weicht nach rechts aus, wenn der Hintermann zum Überholen ansetzt.

Sicherheitsgurte sind auf Vorder- und Hintersitzen Pflicht. Außerdem sind eine Erste-Hilfe-Ausrüstung, ein Feuerlöscher und ein Warndreieck mitzuführen. Benzinkanister im Kofferraum sind dagegen tabu. Außerhalb von bebauten Gebieten hat man auf Hauptstraßen Vorfahrt. In Stadtgebieten gilt rechts vor links. Bei Motorrädern ab 50 ccm besteht Helmpflicht.

Verkehrssünden wie zu schnelles Fahren sind teuer. Zulässige Höchstgeschwindigkeit für Pkw ist 120 km/h auf Autobahnen, 90 km/h auf Landstraßen und 50 km/h in bebauten Gebieten. Motorräder dürfen 70 km/h (bis 100 ccm) bzw. 90 km/h (über 100 ccm) fahren.

Die Promillegrenze ist 0,5. Alkohol am Steuer wird mit 150 € geahndet, Werte über 0,8 Promille gelten als Straftat.

Strafzettel sind nicht sofort vor Ort fällig – Verkehrssünder bekommen mitgeteilt, wo sie bezahlen sollen. Dank des grenzübergreifenden Strafrechts in der EU flattert die Zahlungsaufforderung für den ignorierten Strafzettel oft Wochen später in den heimischen Briefkasten. Wer in einen Unfall verwickelt wird, bei dem keine Personen zu Schaden kamen, muss nicht unbedingt ein Polizeiprotokoll aufnehmen lassen. Trotzdem ist es besser, die nächste Polizeistation aufzusuchen und den Unfallvorgang zu schildern. Muss die Versicherung eingeschaltet werden, ist ein Polizeiprotokoll erforderlich.

Wer in einen Unfall mit Personenschaden verwickelt ist und Fahrerflucht begeht, riskiert eine Gefängnisstrafe.

Versicherung

Wer beabsichtigt, aufs Motorrad oder Moped zu steigen, sollte vorher checken, ob die Reiseversicherung auch für Schäden in Folge eines Motorradunfalls aufkommt. Davor drücken sich nämlich viele Versicherer, deshalb unbedingt das Kleingedruckte lesen!

BUS

Das Herumreisen auf Kreta bereitet keine großen Probleme, weil die öffentlichen Verkehrsmittel praktisch die ganze Insel abdecken. Eine vierspurige Autobahn führt an der Nordküste entlang von Chania im Westen bis Agios Nikolaos im Osten. Im Westen wird an einer Verlängerung bis Kastelli Kisamos gebaut. Die Busse zwischen Kastelli Kisamos und Sitia verkehren ziemlich häufig und halten in allen größeren Orten der Nordinsel. Nicht ganz so oft fahren Busse von der Nordküste über die Bergdörfer im Landesinnern zu den Ferienorten und Sehenswürdigkeiten an der Südküste. Die Fahrpreise werden von der Regierung festgesetzt und können sich im europäischen Vergleich absolut sehen lassen.

Betreiber der Buslinien sind lokale Gesellschaften, so genannte **KTELs** (Kino Tamio Eispraxeon Leoforion; www.ktel.org). Jeder Regierungsbezirk hat sein eigenes KTEL. Alle Busverbindungen der Insel sind im Kursbuch auf der KTEL-Website aufgelistet, ebenso unter www.crete-buses.gr und www.bus-service-crete-ktel.com. An den größeren KTEL-Bushaltestellen liegen zudem praktische Heftchen mit Busfahrplänen, Karten und Telefonnummern der einzelnen KTELs aus.

In größeren Städten gibt's meist einen überdachten Busbahnhof mit Sitzgelegenheiten, Wartesälen, Toiletten und Snackbars, die Pasteten, Kaffee und Kuchen anbieten. In Kleinstädten und Dörfern ist der „Busbahnhof" oft nur ein Haltestellenschild vor einem kafenion (Kaffeehaus) oder einer Taverne, die nebenbei Fahrscheine verkaufen. Dort, wo es Fahrscheine gibt, hängt meist auch ein Busfahrplan in Griechisch und Englisch, auf dem Hin-

ENTFERNUNGEN (STRASSE in km)

	Agia Galini	Agios Nikolaos	Anogia	Elafonisi	Chania	Chora Sfakion	Ierapetra	Iraklion	Kastelli Kisamos	Kolimbari	Malia	Matala	Omalos	Paleochora	Plakias	Rethymnon	Sitia	Spili	Tzermiado	Zakros
Agia Galini	---																			
Agios Nikolaos	144	---																		
Anogia	118	104	---																	
Elafonisi	224	314	218	---																
Chania	119	209	113	105	---															
Chora Sfakion	45	215	119	70	70	---														
Ierapetra	137	36	140	352	247	182	---													
Iraklion	75	69	35	247	142	148	105	---												
Kastelli Kisamos	173	263	167	51	54	124	301	196	---											
Kolimbari	144	234	138	65	25	95	261	167	14	---										
Malia	112	32	72	284	179	185	68	37	233	204	---									
Matala	29	138	104	253	148	123	131	69	265	173	106	---								
Omalos	163	253	157	149	44	114	291	186	98	69	223	255	---							
Paleochora	206	296	200	64	87	157	335	229	51	65	266	298	131	---						
Plakias	50	198	94	200	95	44	187	123	149	120	161	79	139	183	---					
Rethymnon	62	152	56	162	57	63	190	85	111	62	122	91	101	144	39	---				
Sitia	199	73	177	387	282	290	62	142	336	307	105	211	326	369	265	227	---			
Spili	26	182	86	192	87	68	163	215	141	112	252	55	131	174	24	30	257	---		
Tzermiado	130	49	90	302	197	202	85	55	251	222	44	124	241	284	178	139	122	270	---	
Zakros	235	106	211	421	316	322	98	176	370	341	138	229	360	405	285	259	36	289	155	---

und Rückfahrtzeiten aufgeführt sind – nützlich für alle, die einen Tagesausflug planen.

Zuverlässig und häufig sind die Busverbindungen zwischen den größeren Städten im Norden von Kastelli Kisamos bis Sitia. Die Busse sind meist gut in Schuss, und Aircondition setzt sich immer mehr durch. Toiletten und Getränke gibt's allerdings Fehlanzeige, diesbezüglich also vorausschauend planen! Rauchen ist in griechischen Bussen generell verboten, und nur kettenrauchende Busfahrer wagen es, die Nichtraucherschilder zu ignorieren.

Die meisten Busse im Norden rasen über die Autobahn, aber mindestens einer oder zwei pro Tag tuckern über die alten Hauptstraßen. So eine Fahrt bietet natürlich mehr für's Auge, dauert dafür aber länger – wie lange, sollte man möglichst schon vor dem Fahrscheinkauf in Erfahrung bringen. In größeren Städten empfiehlt es sich, das Ticket am Busbahnhof zu kaufen, denn nur so ist der Sitzplatz garantiert. Wer unterwegs zusteigt, bezahlt beim Busfahrer. Oft ist die Nummer des Sitzes auf der Rückseite desselben angebracht und nicht an der Rücklehne des Sitzes davor, was für Verwirrung sorgen kann. Die Busbahnhöfe in größeren Orten sind lange geöffnet und auch eine gute Informationsquelle. Näheres zu den Fahrplänen steht in den jeweiligen Ortskapiteln.

MIT DEM FAHRRAD

Auch auf Kreta wird Fahrrad fahren immer populärer, aber für die oft ziemlich bergigen Gegenden braucht man Muckies. In den meisten Touristenorten gibt's mindestens einen Fahrradverleih, aber das Angebot ist nicht so vielfältig wie bei Autos und Motorrädern. Kostenpunkt: zwischen 5 und 16 € pro Tag, je nach Typ und Alter des Drahtesels. Auf Fähren reisen Fahrräder umsonst mit. Infos über Mountainbike-Touren und Fahrradverleih stehen auf der Website www.cycling.gr des Outdoor-Reiseveranstalters Trekking Hellas.

MIT DEM SCHIFF

Fähren

Kleinere Fähren verkehren zwischen den Städten an Kretas Südküste, von denen manche nur über den Seeweg zu erreichen sind.

Im Sommer gibt es tägliche Verbindungen von Paleochora nach Chora Sfakion über Agia Roumeli, Sougia und Loutro, mit herrlichen Ausblicken auf die Küste. Auch wenn sich der Fahrplan jedes Jahr ändert, fahren normalerweise zwei oder drei Boote von Chora Sfakion nach Agia Roumeli und zurück sowie eines von Chora Sfakion nach Paleochora. Außerdem tuckert im Sommer dreimal pro Woche eine Fähre von Paleochora zur Insel Gavdos.

Mit Ausflugsbooten lassen sich Trips zu diversen Inseln vor der Küste unternehmen, zum Beispiel von Ierapetra nach Gaidouronisi (Chrisi), von Agios Nikolaos nach Spinalonga oder von Kastelli Kisamos zur Halbinsel Gramvousa. Der eine oder andere Fischer wird sich vielleicht bereit erklären, Touristen gegen ein Entgelt in seiner caique spazieren zu fahren, aber gewerbliche Fischerboote dürfen per Gesetz keine Passagiere an Bord nehmen.

Taxiboot

In den meisten Hafenstädten im Süden gibt es Wassertaxis – kleine Schnellboote –, die die Passagiere an Orte bringen, die auf dem Landweg schwierig zu erreichen sind. Manche Taxiskipper berechnen den Fahrpreis pro Person, andere nehmen einen Festpreis für das Boot, der dann durch die Anzahl der Insassen geteilt wird. In beiden Fällen ist das Wassertaxi eine ziemlich teure Angelegenheit.

NAHVERKEHR

Bus

Die Stadtbusse in Iraklion, Rethymnon und Chania bedienen vor allem die Vorstädte und eignen sich nicht besonders dazu, in der Stadt selbst herumzukommen. Besonders bequem sind sie auch nicht, dafür aber billig und zuverlässig. Fahrscheine gibt's normalerweise an den periptera (Kiosks), in kleinen Läden oder beim Fahrer. Spätestens beim Hinsetzen im Bus sollte man auf jeden Fall ein Ticket haben.

Taxi

Abgesehen von einsamen Dörfern sind Taxis überall verbreitet und für europäische Verhältnisse ziemlich billig. In größeren Städten gibt es Taxistände, an denen Listen mit entlegeneren Fahrzielen und entsprechenden Preisen ausgehängt sind, sodass keine Gefahr besteht, übers Ohr gehauen zu werden. Ansonsten gilt der Preis, den das Taxometer anzeigt. Die Grundgebühr beträgt 0,73 €, dazu kommen 0,18 € pro km bzw. 0,40 € pro km außerhalb des Stadtgebiets sowie zwischen Mitternacht und 5 Uhr. Ein Aufpreis von 0,90 € wird für eine Fahrt vom Flughafen fällig, 0,45 € sind es vom Busbahnhof oder Hafen. Gepäckstücke von über 10 kg Gewicht kosten 0,15 € extra, Funktaxis berechnen 0,90 € mehr. Auf dem Land haben Taxis oft keinen Zähler, deswegen vor der Abfahrt immer den Preis vereinbaren.

Die meisten Taxifahrer auf Kreta sind freundlich, hilfsbereit und ehrlich. Wer einmal Anlass zur Beschwerde hat, sollte sich die Taxinummer notieren und zur Touristenpolizei gehen.

TRAMPEN

Trampen ist nirgends völlig sicher, egal in welchem Land man sich aufhält. Wer per Daumen reist, geht ein Risiko ein, deshalb möglichst zu zweit an der Straße stehen und jemand über die Reiseabsichten informieren. Für Frauen ist Trampen in Griechenland nach verbreiteter Meinung relativ ungefährlich, trotzdem sollte frau sich mit jemandem (möglichst männlich) zusammentun. Übrigens hält man hier nicht den Daumen hoch, wie in Nordeuropa üblich, sondern winkt mit ausgestrecktem Arm, wobei die Handfläche nach unten zeigt.

Schwierig ist es, aus größeren Städten herauszukommen, im freien Gelände ist Trampen viel einfacher.

Auf Landstraßen kommt es oft vor, dass vorbeifahrende Autos unaufgefordert anhalten und man gefragt wird, ob man mitfahren möchte.

Gesundheit

INHALT

Vor der Reise	**251**
Versicherung	251
Empfohlene Impfungen	251
Internetadressen	251
Unterwegs	**252**
Thrombose	252
Auf Kreta	**252**
Medizinische Versorgung & Kosten	252
Durchfallerkrankungen	252
Gesundheitsrisiken	252
Mit Kindern reisen	253
Frauen & Gesundheit	253
Sex & Gesundheit	254

VOR DER REISE

Vorbeugen heißt das Zauberwort, um unterwegs gesund zu bleiben. Wer ein wenig vorsorgt, vor allem was bestehende Krankheiten angeht, erspart sich einige Unannehmlichkeiten. Medikamente sollten in der deutlich beschrifteten Originalpackung mitgenommen werden. Ein datiertes und unterzeichnetes Schreiben des behandelnden Arztes, das (in englischer Sprache) den Gesundheitszustand beschreibt und die verordneten Therapien nebst Produktnamen aufführt, ist eine große Hilfe. Wer Spritzen oder Injektionsnadeln dabei hat, sollte sich vom Arzt bestätigen lassen, dass er diese tatsächlich braucht. Bei längeren Reisen empfiehlt sich ein vorheriger Check beim Zahnarzt, Brillenträger haben idealerweise ein Rezept ihres Optikers dabei.

ACHTUNG

Kodein, ein Bestandteil vieler Kopfschmerzmittel, ist in Griechenland verboten. Es empfiehlt sich, die Zusammensetzung von Medikamenten genau zu überprüfen, um nicht mit dem Gesetz in Konflikt zu kommen. Für die Einfuhr von Arzneimitteln nach Griechenland gelten strenge Bestimmungen. Wer bestimmte Medikamente mitführen muss, sollte sich dies von seinem Arzt bestätigen lassen.

VERSICHERUNG

EU-Bürger erhalten mit ihrer Europäischen Krankenversicherungskarte kostenlose medizinische Hilfe. Die europäische Karte ist in alle neueren Versichertenkarten bereits integriert, ansonsten können Versicherte sie bei der Krankenkasse anfordern. Der Versicherungsschutz umfasst jedoch nicht den Rücktransport ins Heimatland und die Behandlung nicht akuter Krankheiten. Staatsbürger anderer Länder sollten sich erkundigen, ob ein ähnliches Abkommen zwischen ihrem Land und Griechenland besteht. Wer eine zusätzliche Reisekrankenversicherung abschließen will, achtet darauf, dass sie auch bei besonders schlimmen Unfällen einspringt, die womöglich einen sofortigen Krankenrücktransport nach Hause erfordern. Außerdem sollte klar sein, ob die Versicherung Rechnungen direkt bezahlt oder diese erst nach Rückkehr erstattet.

EMPFOHLENE IMPFUNGEN

Für Griechenland sind keine Impfungen vorgeschrieben, eine Bescheinigung über eine Gelbfieberimpfung braucht jedoch jeder, der aus einem betroffenen Gebiet einreist. Die Weltgesundheitsorganisation (WHO) empfiehlt grundsätzlich Impfungen gegen Diphterie, Tetanus, Masern, Mumps, Röteln und Kinderlähmung.

INTERNETADRESSEN

Die Informationsschrift der WHO, International Travel and Health, wird jedes Jahr überarbeitet und kann im Internet unter www.who.int/ith/ eingesehen werden. Weitere informative Internetadressen zum Thema sind www.fit-for-travel.de und www.travelmed.de (allgemeine Reisetipps für jedermann) sowie die englischen Websites www.mdtravelhealth.com (mit Reisegesundheitstipps für alle Länder, wird täglich aktualisiert), www.ageconcern.org.uk (Reisetipps für Senioren) und www.mariestopes.org.uk (über Frauengesundheit und Empfängnisverhütung).

UNTERWEGS

THROMBOSE

Auf Flugreisen kann die dauerhaft eingeschränkte Bewegung zu Blutgerinnseln in den Beinen führen (je länger der Flug, desto größer das Risiko). Die auffälligsten Symptome hierfür sind geschwollene oder schmerzende Füße, Knöchel oder Waden, meistens (aber nicht immer) ist davon nur eine Körperhälfte betroffen. Wandert ein Blutgerinnsel bis zur Lunge, können Brustschmerzen und Atembeschwerden auftreten.

Wer solche Symptome an sich feststellt, sollte unverzüglich ärztliche Hilfe suchen. Um Thrombosen auf langen Flügen zu vermeiden, sollte man etwas umhergehen, während des Sitzens die Beinmuskeln anspannen, viel trinken und Alkohol und Zigaretten meiden.

AUF KRETA

MEDIZINISCHE VERSORGUNG & KOSTEN

Wer auf Kreta einen Krankenwagen braucht, wählt ☎ 166. Die Krankenhäuser der größeren Städte wie Iraklion, Chania und Rethymnon sind modern und gut ausgestattet. Bei kleineren Beschwerden hilft der Apotheker, der auch Medikamente verkaufen darf, die es in vielen anderen europäischen Ländern nur auf Rezept gibt.

Obwohl das alles recht positiv klingt und die medizinische Ausbildung in Griechenland auch ein hohes Niveau hat, ist das Gesundheitssystem sträflich unterfinanziert. Viele Krankenhäuser sind hoffnungslos überbelegt, mit der Hygiene nimmt man es oft nicht so genau, und die Patienten sind darauf angewiesen, dass ihre Angehörigen sie durchfüttern – was für Backpacker ein Problem sein dürfte. In Privatkliniken sind Bedingungen und Behandlung besser, aber das kostet. Wer sich also unangenehme Überraschungen ersparen will, schließt eine gute Reisekrankenversicherung ab.

DURCHFALLERKRANKUNGEN

Wer von Montezumas Rache befallen wird, muss viel trinken, am besten Elektrolytgetränke, z.B. Dioralyte. Ist der Durchfall blutig, hält er mehr als 72 Stunden lang an oder wird er von Fieber, Schüttelfrost oder starken Unterleibsschmerzen begleitet, muss ein Arzt her.

GESUNDHEITSRISIKEN

Bisse, Stiche & von Insekten verursachte Krankheiten

An felsigen Stränden ist es ratsam, immer ein Auge auf Seeigel zu haben. Haben sich seine Stacheln in die Haut gebohrt, können sie mit Olivenöl entfernt werden. Wer das nicht tut, riskiert eine Infektion. Aufgepasst auch bei Quallen, besonders im September und Oktober: Die in Griechenland vorkommenden Arten sind zwar nicht tödlich giftig, aber ihre Berührung kann sehr schmerzhaft sein. Betroffene Hautstellen, wo die Nesselzellen noch nicht aufgeplatzt sind, kann man mit Essig betupfen, dadurch werden sie deaktiviert. Bei brennenden Hautstellen können Galmeilotion, Antihistaminika oder Analgetika die Schmerzen lindern. Sehr viel schmerzhafter, aber zum Glück auch sehr viel seltener, ist die Begegnung mit einem Petermännchen (Trachinus draco). Dieser Fisch vergräbt sich im Sand des Tidengebiets, sodass nur seine Stacheln herausragen. Wenn man darauf tritt, sondern sie ein starkes Gift ab, das höllische Schmerzen verursacht. Wer das Pech hatte, sollte seinen Fuß in möglichst heißem Wasser baden (dadurch wird das Gift unwirksam). Im schlimmsten Fall können lokale Lähmungen zurückbleiben.

Griechenlands einzige gefährliche Schlange ist die Kreuzotter. Vorbeugend sind bei Streifzügen durchs Unterholz immer knöchelhohe Schuhe, Socken und lange Hosen angesagt. Hände weg von Felsspalten und Höhlen; beim Holz sammeln vorsichtig sein. Ein Kreuzotterbiss ist nicht gleich tödlich und das Gegengift leicht erhältlich. Wer gebissen wurde, sollte still liegen. Die Gliedmaße mit dem Biss muss (wie ein verstauchter Knöchel) fest umwickelt und geschient werden, um sie ruhig zu stellen. Dann am besten einen Arzt aufsuchen und diesem, wenn möglich, die tote Schlange zwecks Identifizierung zeigen. Ist das Tier jedoch noch putzmunter, ist es besser, Fangversuche zu unterlassen, um nicht selbst gebissen zu werden. Es wird heute allgemein davon abgeraten, die Wunde abzubinden und auszusaugen.

Wer in potentiellen Zeckengebieten unterwegs ist, sollte nach der Wanderung den ganzen Körper sorgfältig nach den kleinen Biestern absuchen, da sie Hautentzündungen, aber auch sehr viel ernsthaftere Krankheiten wie Borreliose und Typhus verursachen können. Wenn sich eine Zecke festgebissen hat, die Haut um das Tier herum mit einer Pinzette herunterdrücken, den Kopf packen und vorsichtig herausziehen. Möglichst nicht am Zeckenkörper ziehen, da dadurch der Mageninhalt des Tiers in die Haut gedrückt werden kann, was das Infektionsrisiko erhöht.

Borreliose macht sich durch einen Hautausschlag rund um den Zeckenbiss bemerkbar, dazu kommen Fieber, Kopfschmerzen, extreme Müdigkeit, Gelenk- und Muskelschmerzen und ein steifer Nacken. Ohne Behandlung verschwinden die Symptome normalerweise wieder von selbst, dafür können aber später Funktionsstörungen von Nervensystem, Herz und Gelenken auftreten. Da die Heilungschancen im Frühstadium der Krankheit am größten sind, sollte umgehend ein Arzt aufgesucht werden. Typhus kündigt sich mit Fieber, Frösteln, Kopf- und Muskelschmerzen an. Einige Tage später folgt ein Hautausschlag am ganzen Körper. Oft bildet sich an der Stelle des Zeckenbisses eine größere, schmerzende Wunde, die Lymphknoten in der Umgebung schwellen an und tun ebenfalls weh. Gegen eine akute Typhusinfektion gibt es keine Impfung, behandelt wird zumeist mit Antibiotika.

Auch Tollwut kommt in Griechenland vor, aber nur in entlegenen Gebieten. Jeder Biss oder Kratzer, der von einem warmblütigen Pelztier stammt, aber auch Hautstellen, die mit dem Speichel solcher Tiere in Kontakt kamen, müssen sofort gründlich mit Wasser und Seife gereinigt und mit Alkohol desinfiziert werden. Besteht auch nur der geringste Verdacht, das Tier sei infiziert, sollte unverzüglich ein Arzt aufgesucht werden. Auch wenn das Tier keine Tollwut hat, sollte jegliche Bissverletzung sorgfältig behandelt werden, da sonst Entzündungen oder Tetanus auftreten können.

Hitzschlag

Ein Hitzschlag entsteht durch übermäßigen Flüssigkeitsverlust, der nicht durch ausreichende Wasser- und Salzaufnahme ausgeglichen wurde. Zu den Symptomen zählen Kopfschmerzen, Schwindel und Mattigkeit. Durst zeigt an, dass der Austrocknungsprozess schon begonnen hat. Die Wasserzufuhr sollte so reichlich sein, dass der Urin blass und dünnflüssig ist. Wen es bereits erwischt hat, der sollte Wasser und/oder Fruchtsäfte trinken und den Körper mit Hilfe von Wasser und durch Fächeln kühlen.

Unterkühlung

Eine Unterkühlung tritt auf, wenn der Körper schneller Wärme verliert, als er sie produzieren kann. Wie immer ist vorbeugen besser als heilen. Das bedeutet: auch an heißen Tagen Regenbekleidung, warme Pullis und eine Kopfbedeckung für die Tour in die Berge einpacken, weil das Wetter dort ganz unvermittelt umschlagen kann. Außerdem sollte immer jemand von der geplanten Route unterrichtet sein. Wer unterkühlt ist, beginnt zu zittern, wird schwerfällig und verliert sein Urteilsvermögen. Kann der Patient nicht aufgewärmt werden, wird er immer apathischer und verwirrter und fällt schließlich ins Koma. Unbedingt Maßnahmen gegen weiteren Wärmeverlust ergreifen: den Unterkühlten an einen geschützten Ort bringen, ihm wärmende, trockene Kleidung anziehen, heiße, süße Getränke einflößen und mit der eigenen Körperwärme aufwärmen.

MIT KINDERN REISEN

Es lohnt sich, vor der Abreise einen Blick in den Impfpass der Kinder zu werfen und mit dem Arzt frühzeitig zu besprechen, ob außer den Routineimpfungen weitere Reiseimpfungen angebracht sind. Manche Impfungen sind bei Kleinkindern unter zwölf Monaten nicht empfehlenswert. Der Lonely-Planet-Ratgeber *Travel with Children* enthält viele Gesundheitstipps, auch für Kleinkinder.

FRAUEN & GESUNDHEIT

Psychischer Stress und Erschöpfung können dazu führen, dass die Tage nicht dann kommen, wenn sie kommen sollten. Wer die Pille nimmt, sollte daran denken, dass sie durch manche Antibiotika, Durchfall und Erbrechen unwirksam werden kann. Per Injektion verabreichte Verhütungsmittel bleiben von Zeitzonenwechseln, Magenproblemen und Antibiotika unbeeinträchtigt.

Schwangerschaft ist für Reisen kein Hinderungsgrund, aber zu den Reisevorbereitungen gehört dann ein Gespräch mit dem Arzt.

Das größte Risiko besteht bis zur zwölften und dann wieder nach der 30. Schwangerschaftswoche.

SEX & GESUNDHEIT

Kondome gibt's überall, die Pille danach lässt sich vielleicht nicht ganz so einfach auftreiben. Deshalb gilt auch hier: Vorsorgen ist alles!

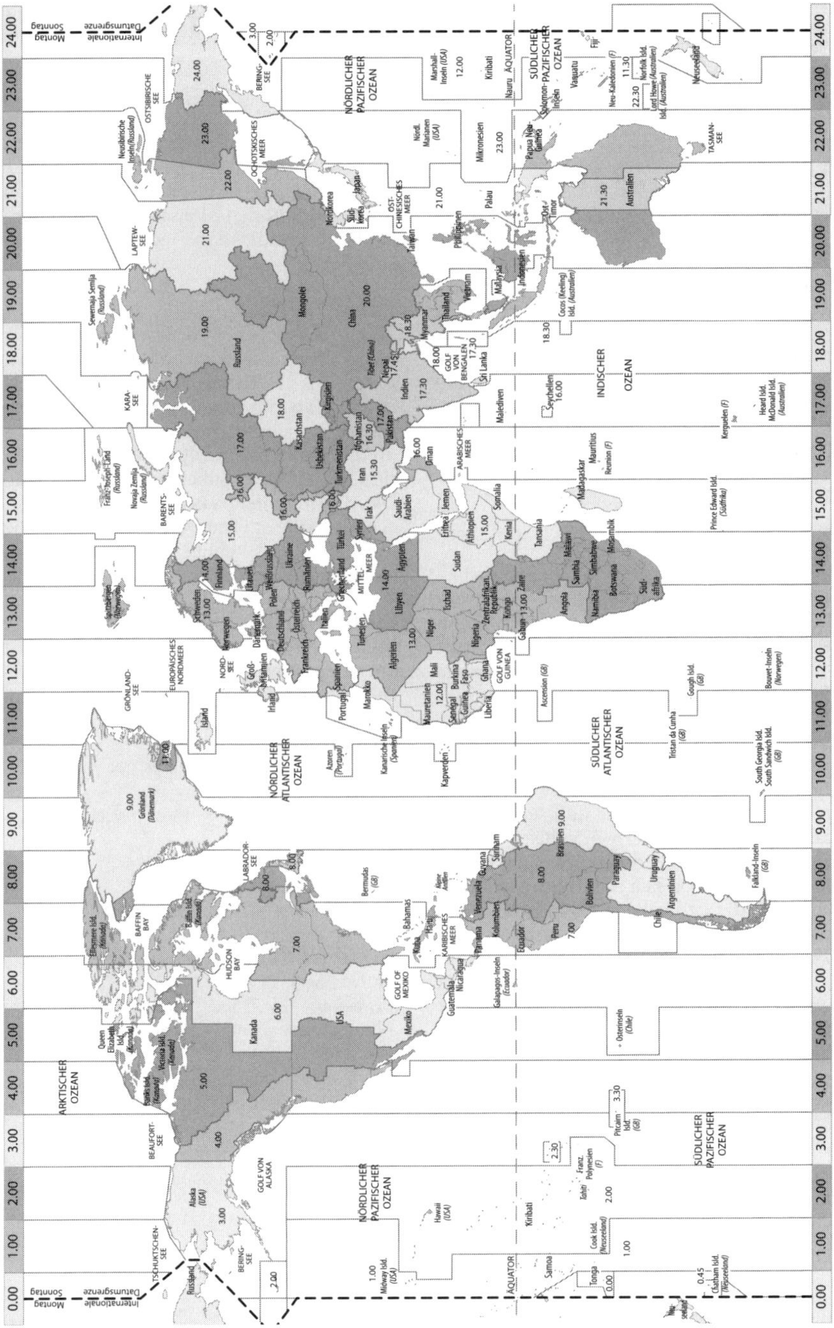
Internationale Datumsgrenze
Montag
Sonntag
0.00
1.00
2.00
3.00
4.00
5.00
6.00
7.00
8.00
9.00
10.00
11.00
12.00
13.00
14.00
15.00
16.00
17.00
18.00
19.00
20.00
21.00
22.00
23.00
24.00
ARKTISCHER OZEAN
NÖRDLICHER PAZIFISCHER OZEAN
SÜDLICHER PAZIFISCHER OZEAN
NÖRDLICHER ATLANTISCHER OZEAN
SÜDLICHER ATLANTISCHER OZEAN
INDISCHER OZEAN
ÄQUATOR
HUDSON BAY
BAFFIN BAY
GOLF VON MEXIKO
KARIBISCHES MEER
GOLF VON ALASKA
BERING-SEE
TSCHUKTSCHEN-SEE
BEAUFORT-SEE
LABRADOR-SEE
GRÖNLAND-SEE
EUROPÄISCHES NORDMEER
NORD-SEE
BARENTS-SEE
KARA-SEE
LAPTEW-SEE
OSTSIBIRISCHE SEE
OCHOTSKISCHES MEER
OST-CHINESISCHES MEER
MITTELMEER
ARABISCHES MEER
GOLF VON BENGALEN
GOLF VON GUINEA
TASMAN-SEE
Alaska (USA)
Kanada
USA
Mexiko
Grönland (Dänemark)
Island
Russland
China
Mongolei
Indien
Australien
Neuseeland
Japan
Brasilien
Argentinien
Chile
Peru
Kolumbien
Venezuela
Bolivien
Paraguay
Uruguay
Ecuador
Spanien
Portugal
Frankreich
Deutschland
Italien
Polen
Ukraine
Finnland
Schweden
Norwegen
Türkei
Iran
Irak
Saudi-Arabien
Ägypten
Libyen
Algerien
Marokko
Sudan
Äthiopien
Somalia
Kenia
Tansania
Angola
Namibia
Botswana
Südafrika
Madagaskar
Indonesien
Philippinen
Malaysia
Thailand
Vietnam
Myanmar
Pakistan
Afghanistan
Kasachstan
Usbekistan
Turkmenistan
Kirgisien
Nepal
Sri Lanka
Hawaii (USA)
Kiribati
Samoa
Tonga
Fiji
Chatham Isld. (Neuseeland)
Falkland-Inseln (GB)
Kapverden
Azoren (Portugal)
Seychellen
Mauritius
Malediven

Sprache

INHALT

Aussprache	256
Bürokratie	256
Fragewörter	256
Notfälle	258
Gesundheit	258
Konversation & Einfache Wendungen	258
Mit Kindern reisen	258
Shoppen & Dienstleistungen	259
Unterkunft	260
Verkehrsmittel & -wege	260
Verständigung	261
Wegweiser	261
Zahlen	262
Zeit & Datum	262

Griechisch wird seit 4000 Jahren gesprochen und existiert seit rund 3000 Jahren in Schriftform – damit ist es wahrscheinlich die älteste Sprache Europas. Während dieser 4000 Jahre war das Griechische besonders im goldenen Zeitalter Athens und der Demokratie (Mitte des 5. Jh. v. Chr.) tonangebend und diente im gesamten Nahen Osten als Verkehrssprache. In der hellenistischen Epoche (330 v. Chr. bis 100 n. Chr.) brachten Alexander der Große und seine Nachfahren sogar den Indern Griechisch bei; der Siegeszug einer neuen Religion – des Christentums – vollzog sich in griechischer Sprache, die die offizielle Sprache des oströmischen Reiches und später auch des byzantinischen Reiches (380 – 1453) war.

Als die Renaissance in Europa einzog, war Griechisch immer noch hoch angesehen, und selbst im Zeitalter der Aufklärung bedienten sich Wissenschaftler und andere helle Köpfe dieser Sprache. Ein Großteil des heutigen Vokabulars der indogermanischen Sprachen hat griechische Wurzeln, und wer wissenschaftlich arbeitet, hat ohnehin ständig mit griechischen Vokabeln zu tun.

Das moderne Griechisch ist ein südgriechischer Dialekt, der nun von fast allen Griechen sowohl im Heimatland als auch im Ausland gesprochen wird. Er ist das Ergebnis einer innersprachlichen Entwicklung, bei der das alte Vokabular mit Ausdrücken verschiedener griechischer Dialekte verschmolz, die vor allem aus Kreta, Zypern und Mazedonien stammten.

Gesprochen wird Neugriechisch von rund 10 Millionen Menschen in Griechenland und 5 Millionen Griechen, die im Ausland leben.

AUSSPRACHE

Alle griechischen Wörter mit zwei oder mehr Silben haben einen Akzent, der anzeigt, wo die Betonung liegt. Das Wort άγαλμα (Statue) zum Beispiel wird *aghalma gesprochen*, und αγάπη (Liebe) spricht man *aghapi*. Bei den nun folgenden Umschriften sind die betonten Silben gesperrt gedruckt. Das Konsonantenpaar **dh** wird wie das weiche englische „th" ausgesprochen, **gh** ist die weichere, etwas kehlige Version eines normalen „g".

BÜROKRATIE

Name
o·no·ma·te·*po*·ni·mo — ονοματεπώνυμο
Nationalität
i·pi·ko·*o*·ti·ta — υπηκοότητα
Geburtsdatum
i·me·ro·mi·*ni*·a yen·*ni*·sse·os — ημερομηνία γεννήσεως
Geburtsort
to·pos yen·*ni*·sse·os — τόπος γεννήσεως
Geschlecht
fil·lon — φύλλον
Reisepass/Personalausweis
dhia·va·*ti*·ri·o — διαβατήριο

FRAGEWÖRTER

Wer/welche (r, s)?
pi·*os*/pi·*a*/pi·*o*? (Sing. m/f/n) — Ποιος/Ποια/Ποιο;
pi·*i*/pi·*es*/pi·*a*? (Pl. m/f/n) — Ποιοι/Ποιες/Ποια;
Wer ist da?
pi·*os* *i*·ne e·*ki*? — Ποιος είναι εκεί;
Welche Straße ist das?
pi·*a* o·*dhos* *i*·ne af·*ti*? — Ποια οδός είναι αυτή;
Was?
ti? — Τι;
Was ist das?
ti *i*·ne af·*to*? — Τι είναι αυτό;
Wo?
pu? — Πού;
Wann?
po·te? — Πότε;

GRIECHISCHES ALPHABET & AUSSPRACHE

Griechisch	Aussprachehinweis		Beispiel		
Α α	**a**	wie in „Asien"	αγάπη	a·*gha*·pi	Liebe
Β β	**v**	wie in „Vase"'	βήμα	*vi*·ma	Schritt
Γ γ	**gh**	wie in berlinisch „Wagen"	γάτα	*gha*·ta	Katze
	y	vor e- und i-Lauten wie in „ja"'	για	ya	für
Δ δ	**dh**	wie in engl. „this"	δέμα	*dhe*·ma	Paket
Ε ε	**e**	wie in „Elle"	ένας	*e*·nas	ein
Ζ ζ	**z**	wie in „Hirse"	ζώο	*zo*·o	Tier
Η η	**i**	wie in „Biene"	ήταν	*i*·tan	war
Θ θ	**th**	wie in engl. „think"	θέμα	*the*·ma	Thema
Ι ι	**i**	wie in „Biene"	ίδιος	*i*·dhyos	gleich
Κ κ	**k**	wie in „kalt"	καλά	ka·*la*	gut
Λ λ	**l**	wie in „Land"	λάθος	*la*·thos	Fehler
Μ μ	**m**	wie in „Mann"	μαμά	ma·*ma*	Mutter
Ν ν	**n**	wie in „Netz"	νερό	ne·*ro*	Wasser
Ξ ξ	**x**	wie in „Xaver"	ξύδι	*ksi*·dhi	Essig
Ο ο	**o**	wie in „Koffer"	όλα	*o*·la	alle
Π π	**p**	wie in „Puder"	πάω	*pa*·o	ich gehe
Ρ ρ	**r**	wie in „Ring"	ρέμα	*re*·ma	Bach
		leicht gerolltes r	ρόδα	*ro*·dha	Reifen
Σ σ, ς	**s**	wie in „blass"	σημάδι	si·*ma*·dhi	Zeichen
Τ τ	**t**	wie in „Tüte"	τόπι	*to*·pi	Kugel
Υ υ	**i**	wie in „Biene"	ύστερα	*is*·tera	nach
Φ φ	**f**	wie in „frisch"	φύλλο	*fi*·lo	Blatt
Χ χ	**ch**	wie in „Loch"	χάνω	*cha*·no	ich verliere
		vor e- und i-Lauten wie in „ich"	χέρι	*che*·ri	Hand
Ψ ψ	**ps**	wie in „Psalm"	ψωμί	pso·*mi*	Brot
Ω ω	**o**	wie in „Koffer"	ώρα	*o*·ra	Zeit

Buchstabenkombinationen

Die nachstehenden Buchstabenkombinationen werden wie folgt ausgesprochen:

Griechisch	Aussprachehinweis		Beispiel		
ει	**i**	wie in „Biene"	είδα	*i*·dha	ich sah
οι	**i**	wie in „Biene"	οικόπεδο	i·*ko*·pe·dho	Land
αι	**e**	wie in „Bett"	αίμα	*e*·ma	Blut
ου	**u**	wie in „gut"	πού	pou	wo
μπ	**b**	wie in „Bier"	μπάλα	*ba*·la	Ball
	mb	wie in „Amboss"	κάμπος	*kam*·bos	Wald
ντ	**d**	wie in „Dotter"	ντουλάπα	dou·*la*·pa	Schrank
	nd	wie in „Ende"	πέντε	*pen*·de	fünf
γκ	**g**	wie in „Gold"	γκάζι	*ga*·zi	Gas
γγ	**ng**	wie in „Angora"	αγγελία	an·ge·*lia*	Ankündigung
γξ	**ks**	wie in „Keks"	σφιγξ	sfinks	Sphinx
τζ	**dz**	wie in „handzahm"	τζάκι	*dza*·ki	Kamin

Die oben aufgeführten Vokalpaare werden getrennt gesprochen, wenn der erste Vokal einen Akzent oder der zweite zwei Punkte (Trema) hat, wie in folgenden Beispielen:

γαϊδουράκι	gai·dhou·*ra*·ki	Eselchen
Κάιρο	*kai*·ro	Kairo

Manche griechische Konsonanten haben im Deutschen kein Äquivalent. Das υ in den Kombinationen αυ, ευ und ηυ wird normalerweise wie ein w gesprochen. Das griechische Fragezeichen entspricht unserem Semikolon „;".

SPRACHE

NOTFÄLLE

Hilfe!
vo·*i*·thia! Βοήθεια!
Es hat einen Unfall gegeben.
ey·i·ne a·*ti*·chi·ma Εγινε ατύχημα.
Gehen Sie weg! / Geh weg!
fi·ye·te! / *fi*·ye! Φύγετε! / Φύγε!
Rufen Sie...! fo·*nak*·ste...! Φωνάξτε...!
einen Arzt *e*·na yi·a·*tro* ένα γιατρό
die Polizei tin a·sti·no·*mi*·a την αστυνομία

Warum?
yi·a·*ti*? Γιατί;
Wie?
pos? Πώς;
Wie viel?
po·sso? Πόσο;
Wie viel kostet das?
po·sso *ka*·ni? Πόσο κάνει;

GESUNDHEIT

Ich bin krank. *i*·me *a*·ro·stos Είμαι άρρωστος.
Es tut hier weh. po·*nai* e·*dho* πονάει εδώ.

Ich habe... *e*·cho... Εχω...
Asthma
asth·ma άσθμα
Diabetes
za·cha·ro·dhi·a·*vi*·ti ζαχαροδιαβήτη
Epilepsie
e·pi·lip·*ssi*·a επιληψία

Ich reagiere allergisch auf...
i·me a·ler·yi·*kos*/ a·ler·yi·*ki*... (m/f) Είμαι αλλεργικός/ αλλεργική...
Antibiotika
sta an·di·vi·o·ti·*ka* στα αντιβιωτικά
Aspirin
stin a·spi·*ri*·ni στην ασπιρίνη
Penicillin
stin pe·ni·ki·*li*·ni στην πενικιλλίνη
Bienen
stis *me*·li·sses στις μέλισσες
Nüsse
sta fi·*sti*·ki·a στα φυστίκια

Kondome pro·fi·la·kti·*ka* (ka·*po*·tes) προφυλακτικά (καπότες)
Verhütungsmittel pro·fi·lak·ti·*ko* προφυλακτικό
Durchfall dhi·*a*·ri·a διάρροια
Medikament *farm*·a·ko φάρμακο
Sonnenschutzcreme *kre*·ma i·*li*·u κρέμα ηλίου
Tampons tam·*bon* ταμπόν

KONVERSATION & EINFACHE WENDUNGEN

Hallo.
ya·ssas (Sie-Form) Γειά σας.
ya·ssu (Du-Form) Γειά σου.
Auf Wiedersehen.
an·*di*·o Αντίο.
Ja.
nä Ναι.
Nein.
o·chi Οχι.
Bitte.
pa·ra·ka·*lo* Παρακαλώ.
Danke.
ef·cha·ri·*sto* Ευχαριστώ.
Gern geschehen/keine Ursache.
pa·ra·ka·*lo* Παρακαλώ.
Entschuldigung. (tut mir Leid)
sigh·*no*·mi Συγγνώμη.
Wie heißen Sie? / Wie heißt Du?
pos sas *le*·ne? / pos su *le*·ne? Πώς σας λένε; / Πώς σου λένε;
Ich heiße...
me *le*·ne... Με λένε...
Woher kommen Sie? / Woher kommst Du?
a·*po* pu *i*·ste? / a·*po* pu *i*·sse? Από πού είστε; / Από πού είσαι;
Ich komme aus...
i·me a·*po*... Είμαι από...
Ich finde ... gut (nicht gut)
(dhen) ma·*re*·ssi... (Δεν) μ'αρέσει...
Einen Moment.
mi·*sso* lep·*to* Μισό λεπτό.

MIT KINDERN REISEN

Gibt es hier eine(n) ...? i·*par*·chi...? Υπάρχει...;
Ich brauche eine(n)... chri·*a*·zo·me... Χρειάζομαι...
Babywickelraum
me·ros nal·*lak*·sso to mo·*ro* μέρος ν'αλλάξω το μωρό
Autokindersitz
ka·this·ma ya mo·*ro* κάθισμα για μωρό.
Babysitterdienst
ba·bi *sit*·ter μπέιμπι σίττερ
Kindermenü
me·*nu* ya pe·*dhya* μενού για παιδία
Pampers
pan·nez Pam·pers πάννες Pampers
(Deutsch sprechenden) Babysitter
ba·bi *sit*·ter pu mi·*la* yer·man·*ika* μπέιμπι σίττερ που μιλά γερμανικά

SPRACHE

TRANSLITERATION & SCHREIBVARIANTEN: EIN ERKLÄRUNGSVERSUCH

Wer versucht, Griechisch mit lateinischen Buchstaben korrekt zu schreiben, wird sich die Haare raufen ob der vielen Unregelmäßigkeiten und Fußangeln. Auch die Griechen selbst machen das nicht sehr einheitlich, aber langsam ist ein System zu erkennen. Das Wort „Piraeus" zum Beispiel wurde auch schon Pireas, Piraievs und Pireefs geschrieben, und wenn es als Teil eines Straßennamens auftaucht (also: Piraeus-Straße), kommt noch die Variante Pireos dazu!

Erschwerend macht sich das linguistische Minenfeld der Diglossie bemerkbar, das heißt, es existieren zwei Formen der griechischen Sprache. Die puristische Variante heißt Katharevousa, gesprochen wird normalerweise Dimotiki. Das Katharevousa war schon immer eine Kunstsprache, während Dimotiki den Volksmund repräsentiert, und die Koexistenz der beiden sorgt für ziemliche linguistische Verwirrung. Oft gibt es für ein deutsches Wort zwei griechische Wörter. Bäcker heißt auf Dimotiki *fournos*, aber auf dem Schild der Bäckereien steht meistens *artopoieion*. Die Kunden werden dort nach einem *psomi* verlangen, das aber in der Kirche *artos* heißt.

Noch komplizierter wird es bei der Transliteration geografischer Begriffe, für die es auch eine eingedeutschte Variante gibt: Was bei den Griechen Athina heißt, nennen wir Athen, Patra konkurriert mit Patras, Thiva mit Theben, Evia mit Euböa und so weiter und so fort. Die toponymische Diglossie (d. h. die Tatsache, dass ein Ort sowohl einen offiziellen wie auch einen populären Namen besitzt) beschert uns Pärchen wie Kerkyra/Corfu, Zante/Zakynthos oder Santorin/Thira. In diesem Führer wird meist der moderne griechische Ortsname benutzt, mit ein paar wenigen Ausnahmen wie z. B. Athen und Patras, die sich bei uns so eingebürgert haben. Bei Ausgrabungsstätten, Siedlungen und Personen der Antike sind wir normalerweise der bekannteren, klassischen Version treu geblieben, bei uns heißt es Thukydides anstatt Thoukididis oder Mykene anstatt Mykines.

Die Probleme der Transliteration treten besonders bei Vokalen zutage – kein Wunder, wenn man bedenkt, dass die Griechen sechs verschiedene Buchstaben für den Vokal „i" kennen, zwei für „o" und zwei für „e". In diesem Buch haben wir das griechische *ypsilon* (υ, Υ) meist durch y ersetzt, *ita* (η, Η) und *iota* (ι, Ι) dagegen durch i (in allen drei Fällen gesprochen wie „i" in Biene). Auch bei Vokalkombinationen, die wie „i" in Biene klingen, also οι, ει und υι, haben wir ein i benutzt. Die beiden „e"-Laute αι und ε werden mit einem e wiedergegeben.

Bei den Konsonanten wurde der griechische Buchstabe *gamma* (γ, Γ) in diesem Buch meist durch ein g ersetzt und nicht durch ein y, also *agios* und *agia* (griechisch für Heiliger/Heilige) und nicht *ayios* und *ayia*. Der Buchstabe *fi* (φ, Φ) kann sowohl durch f wie auch durch ph ersetzt werden. Hier haben wir uns überwiegend für die f-Variante entschieden, also Festos anstatt Phaestos oder Folegandros anstatt Pholegandros. Das griechische *chi* (ξ, Ξ) ist bei uns meist ein ch, das der griechischen Aussprache am nächsten kommt, z. B. bei Chania oder Chersonisos.

Das griechische *kappa* (κ, Κ) ist bei uns kein c wie in vielen englischen Transliterationen, sondern ebenfalls k. Straßennamen wurden bei Adressen meist ohne das griechische Wort odos (Straße) angegeben, wogegen die Bezeichnungen für *leoforos* (Allee, Chaussee) und *platia* (Platz) beibehalten wurden.

Hochstuhl
pe·dhi·*ki* ka·*rek*·la — παιδική καρέκλα
Töpfchen
yo·*yo* — γιογιό
Buggy
ka·rot·*sa*·ki — καροτσάκι
Stört es, wenn ich hier stille?
bo·*ro* na thi·*la*·sso e·*dho*? — Μπορώ να θηλάσω εδώ;
Sind Kinder erlaubt?
e·pi·*tre*·pon·de ta pe·*dhya*? — Επιρέπονται τα παιδιά;

SHOPPEN & DIENSTLEISTUNGEN

Ich würde gerne ... kaufen
the·lo n'a·gho·*ra*·sso... — Θέλω ν'αγοράσω...
Was kostet das?
po·sso *ka*·ni? — Πόσο κάνει;
Es gefällt mir nicht.
dhen ma·*re*·ssi — Δεν μ'αρέσει.
Kann ich es anschauen?
bo·*ro* na to dho? — Μπορώ να το δω;
Ich sehe mich nur um.
ap·*los* ki·*ta*·zo — Απλώς κοιτάζω.
Es ist billig.
i·ne fti·*no* — Είναι φτηνό.
Es ist zu teuer.
i·ne po·*li* a·kri·*vo* — Είναι πολύ ακριβό.
Ich nehme es.
tha to *pa*·ro — Θα το πάρω.

Akzeptieren Sie ...?	*dhe*·che·ste...?	Δέχεστε...;
Kreditkarten	pi·sto·ti·*ki* *kar*·ta	πιστωτική κάρτα
Reiseschecks	tak·si·dhi·o·ti·*kes* e·pi·ta·*yes*	ταξιδιωτικές επιταγές
mehr	pe·ri·*sso*·te·ro	περισσότερο
weniger	li·*gho*·te·ro	λιγότερο
kleiner	mi·*kro*·te·ro	μικρότερο
größer	me·gha·*li*·te·ro	μεγαλύτερο

Ich suche ...	*psach*·no ya...	Ψάχνω για...
eine Bank	mia *tra*·pe·za	μια τράπεζα
die Kirche	tin ek·kli·*ssi*·a	την εκκλησία
das Stadtzentrum	to *ken*·dro tis *po*·lis	το κέντρο της πόλης
die ... Botschaft	tin... pres·*vi*·a	την... πρεσβεία
den Markt	ti·lai·*ki* a·gho·*ra*	τη λαϊκη αγορά
das Museum	to mu·*ssi*·o	το μουσείο
das Postamt	to ta·chi·dhro·*mi*·o	το ταχυδρομείο
eine öffentliche Toilette	*miya* dhi·*mo*·ssia tu·a·*let*·ta	μια δημόσια τουαλέττα
das Fernmelde-amt	to ti·le·fo·n·i·*ko* *ken*·dro	το τηλεφωνικό κέντρο
die Touristen-information	to tu·ri·st·*iko* ghra·*fi*·o	το τουριστικό γραφείο

UNTERKUNFT

Ich suche...
psa·chno ya... — Ψάχνω για...

ein Zimmer
e·na dho·*ma*·ti·o — ένα δωμάτιο

ein Hotel
e·na kse·no·dho·*chi*·o — ένα ξενοδοχείο

eine Jugendherberge
e·nan kse·*no*·na ne·*o*·ti·tas — έναν ξενώνα νεότητας

Wo gibt es ein billiges Hotel?
pu *i*·ne *e*·na fti·*no* xe·no·do·*chi*·o?
Πού είναι ένα φτηνό ξενοδοχείο;

Wie heißt die Adresse?
pya *i*·ne i dhi·*ef*·thin·ssi?
Ποια είναι η διεύθυνση;

Könnten Sie die Adresse bitte aufschreiben?
pa·ra·ka·*lo*, bo·*ri*·te na *ghra*·pse·te ti dhi·*ef*·thin·ssi?
Παρακαλώ, μπορείτε να γράψετε τη διεύθυνση;

Gibt es freie Zimmer?
i·*par*·chun e·*lef*·the·ra dho·*ma*·ti·a?
Υπάρχουν ελεύθερα δωμάτια;

Ich würde gerne ... buchen
tha *i*·the·la na *kli*·sso... — Θα ήθελα να κλείσω...

ein Bett
e·na kre·*va*·ti — ένα κρεββάτι

ein Einzelzimmer
e·na mo·*no*·kli·o·no dho·*ma*·ti·o — ένα μονόκλινο δωμάτιο

ein Doppelzimmer
e·na *dhi*·kli·no dho·*ma*·ti·o — ένα δίκλινο δωμάτιο

ein Zimmer mit einem Doppelbett
e·na dho·*ma*·ti·o me dhy·*o* kre·*va*·ti·a — ένα δωμάτιο με δυό κρεββάτια

ein Zimmer mit Bad
e·na dho·*ma*·ti·o me *ba*·ni·o — ένα δωμάτιο με μπάνιο

Ich würde gerne im Schlafsaal schlafen.
tha *i*·the·la na mi·*ra*·sso *e*·na ki·*no* dho·*ma*·ti·o me *al*·la *a*·to·ma
Θα ήθελα να μοιράσω ένα κοινό δωμάτιο με άλλα άτομα

Wie viel kostet es...?
po·sso *ka*·ni...? — Πόσο κάνει...;

pro Nacht	ti vra·dhy·*a*	τη βραδυά
pro Person	to *a*·to·mo	το άτομο

Kann ich es anschauen?
bo·*ro* na to dho? — Μπορώ να το δω;

Wo ist das Bad?
pu *i*·ne to·*ba*·ni·o? — Πού είναι το μπάνιο;

Ich/wir reisen heute ab.
fev·gho/*fev*·ghu·me *si*·me·ra — Φεύγω/φεύγουμε σήμερα

VERKEHRSMITTEL & -WEGE

Öffentliche Verkehrsmittel

Um wie viel Uhr fährt der (das) ... ab/	ti *o*·ra *fev*·yi/	Τι ώρα φεύγει/
kommt der (das) ... an?	*fta*·ni to...?	φτάνει το...;
Schiff	*pli*·o	πλοίο
(Stadt-) Bus	a·sti·*ko*	αστικό
(Überland-) Bus	le·o·fo·*ri*·o	λεωφορείο
Flugzeug	ae·ro·*pla*·no	αεροπλάνο
Zug	*tre*·no	τραίνο
Ich hätte gerne ein(e)...	tha *i*·the·la (*e*·na)...	Θα ήθελα (ένα)...
einfache Fahrkarte	a·*plo* i·ssi·*ti*·ri·o	απλό εισιτήριο
Rückfahrkarte	i·ssi·*ti*·ri·o me e·pi·stro·*fi*	εισιτήριο με επιστροφή
1. Klasse	*pro*·ti *the*·ssi	πρώτη θέση
2. Klasse	*def*·te·ri *the*·ssi	δεύτερη θέση

Ich möchte gerne nach...
the·lo na *pao* sto/sti...
Θέλω να πάω στο/στη.

Der Zug wurde storniert/hat Verspätung
to *tre*·no a·ki·*ro*·thi·ke/ka·thi·*ste*·ri·sse
Το τραίνο ακυρώθηκε/καθυστέρησε

STRASSENSCHILDER

ΠΑΡΑΚΑΜΨΗ	Umleitung
ΑΠΑΓΟΡΕΥΕΤΕΑΙ Η ΕΙΣΟΔΟΣ	Durchfahrt verboten
ΑΠΑΓΟΡΕΥΕΤΑΙ Η ΠΡΟΣΠΕΡΑΣΗ	Überholverbot
ΑΠΑΓΟΡΕΥΕΤΑΙ Η ΣΤΑΘΜΕΣΥ	Parkverbot
ΕΙΣΟΔΟΣ	Einfahrt
ΜΗΝ ΠΑΡΚΑΡΕΤΕ ΕΔΩ	Frei halten (wörtl.: hier nicht parken)
ΔΙΟΔΙΑ	Maut
ΚΙΝΔΥΝΟΣ	Gefahr
ΑΡΓΑ	Langsamer fahren
ΕΞΟΔΟΣ	Ausfahrt

der/die erste
to *pro*·to — το πρώτο
der/die letzte
to te·lef·*te*·o — το τελευταίο
Bahnsteignummer
a·rith·*mos* a·po·*va*·thras — αριθμός αποβάθρας
Fahrkartenschalter
ek·dho·*ti*·ri·o i·ssi·ti·*ri*·on — εκδοτήριο εισιτηρίων
Fahrplan
dhro·mo·*lo*·gio — δρομολόγιο
Zugbahnhof
si·dhi·ro·dhro·mi·*kos* stath·*mos* — σιδηροδρομικός σταθμός

Individualverkehr

Ich möchte gerne ein ... mieten	tha *i*·the·la na ni·ki·*a*·sso...	Θα ήθελα να νοικιάσω...
Auto	*e*·na af·to·*ki*·ni·to	ένα αυτοκίνητο
Allradauto	*e*·na *tes*·se·ra e·*pi* *tes*·se·ra	ένα τέσσερα επί τέσσερα
(einen Jeep)	(*e*·na tzip)	(ένα τζιπ)
Motorrad	*mya* mo·to·ssi·*klet*·ta	μια μοτοσυκλέττα
Fahrrad	*e*·na po·*dhi*·la·to	ένα ποδήλατο

Ist das die Straße nach ...?
af·*tos* *i*·ne o *dhro*·mos ya...?
Αυτός είναι ο δρόμος για...;
Wo ist die nächste Tankstelle?
pu *i*·ne to e·*po*·me·no ven·zi·*na*·dhi·ko?
Πού είναι το επόμενο βενζινάδικο;
Bitte volltanken.
ye·*mi*·ste to pa·ra·ka·*lo*
Γεμίστε το, παρακαλώ.
Bitte für (30) Euro.
tha *i*·the·la (30) ev·*ro*
Θα ήθελα (30) ευρώ.

Diesel	pet·*re*·le·o	πετρέλαιο
verbleites Benzin	*su*·per	σούπερ
bleifreies Benzin	a·*mo*·liv·dhi	αμόλυβδη

Kann ich hier parken?
bo·*ro* na par·*ka*·ro e·*dho*?
Μπορώ να παρκάρω εδώ;
Wo muss ich bezahlen?
pu pli·*ro*·no?
Πού πληρώνω;
Das Auto/Motorrad hatte eine Panne (in...)
to af·to·*ki*·ni·to/i mo·to·ssi·*klet*·ta *cha*·la·sse sto...
Το αυτοκίνητο/η μοτοσυκλέττα χάλασε στο...
Das Auto/Motorrad springt nicht an.
to af·to·*ki*·ni·to/i mo·to·ssi·*klet*·ta dhen *per*·ni bros
Το αυτοκίνητο/η μοτοσυκλέττα δεν παίρνει μπρος.
Ich habe einen platten Reifen.
e·pa·tha *la*·sti·cho
Επαθα λάστιχο.
Mir ist das Benzin ausgegangen.
e·mi·na a·*po* ven·*zi*·ni
Εμεινα από βενζίνη.
Ich hatte einen Unfall.
e·pa·tha a·*ti*·chi·ma
Επαθα ατύχημα.

VERSTÄNDIGUNG

Sprechen Sie Deutsch (Englisch)?
mi·*la*·te yer·man·*ika* (an·gli·*ka)*?
Μιλάτε γερμανικά (αγγλικά);
Spricht jemand Deutsch (Englisch)?
mi·*lai* ka·*nis* yer·man·*ika* (an·gli·*ka)*?
Μιλάει κανείς αγγλικά;
Was heißt ... auf Griechisch?
pos *le*·ye·te... sta el·li·ni·*ka*? — Πώς λέγεται... στα ελληνικά;
Ich verstehe.
ka·ta·la·*ve*·no — Καταλαβαίνω.
Ich verstehe nicht.
dhen ka·ta·la·*ve*·no — Δεν καταλαβαίνω.
Bitte schreiben Sie das auf.
ghrap·ste to, pa·ra·ka·*lo* — Γράψτε το, παρακαλώ.
Können Sie mir das auf der Karte zeigen?
bo·*ri*·te na mu to *dhi*·xe·te sto *char*·ti? — Μπορείτε να μου το δείξετε στο χάρτη;

WEGWEISER

Wo ist...?
pu *i*·ne...? — Πού είναι...;
Geradeaus.
o·lo ef·*thi*·a — Ολο ευθεία.
Links abbiegen.
strips·te a·ri·ste·*ra* — Στρίψτε αριστερά.
Rechts abbiegen.
strips·te dhe·ksi·*a* — Στρίψτε δεξιά.
An der nächsten Ecke.
stin e*po*·me·ni gho·*ni*·a — στην επόμενη γωνία
An der Ampel.
sta *fo*·ta — στα φώτα

hinter	*pi*·sso	πίσω
vor	bro·*sta*	μπροστά
weit	ma·kri·*a*	μακριά
nahe	kon·*da*	κοντά
gegenüber	a·*pe*·nan·di	απέναντι
Akropolis	a·*kro*·po·li	ακρόπολη
Strand	pa·ra·*li*·a	παραλία
Brücke	*ye*·fi·ra	γέφυρα
Schloss	*ka*·stro	κάστρο
Insel	ni·*ssi*	νησί
Hauptplatz	ken·dri·*ki* pla·*ti*·a	κεντρική πλατεία
Markt	a·gho·*ra*	αγορά
Museum	mu·*ssi*·o	μουσείο
altes Viertel	pa·li·*a po*·li	παλιά πόλη
Ruinen	ar·*che*·a	αρχαία
Meer	*tha*·las·sa	θάλασσα
Platz	pla·*ti*·a	πλατεία
Tempel	na·*os*	ναός

ZAHLEN

0	mi·*dhen*	μηδέν
1	*e*·nas	ένας (m)
	mi·a	μία (f)
	e·na	ένα (n)
2	*dhi*·o	δύο
3	tris	τρεις (m&f)
	tri·a	τρία (n)
4	*te*·sse·ris	τέσσερεις (m&f)
	te·sse·ra	τέσσερα (n)
5	*pen*·de	πέντε
6	*e*·xi	έξη
7	ef·*ta*	εφτά
8	och·*to*	οχτώ
9	e·*ne*·a	εννέα
10	*dhe*·ka	δέκα
20	*ik*·o·ssi	είκοσι
30	tri·*an*·da	τριάντα
40	sa·*ran*·da	σαράντα
50	pe·*nin*·da	πενήντα
60	e·*xin*·da	εξήντα
70	ev·dho·*min*·da	εβδομήντα
80	och·*dhon*·da	ογδόντα
90	e·ne·*nin*·da	ενενήντα
100	e·ka·*to*	εκατό
1000	*chi*·li·i	χίλιοι (m)
	chi·li·es	χίλιες (f)
	chi·li·a	χίλια (n)
2000	dhi·*o* chi·*li*·a·dhes	δυό χιλιάδες

ZEIT & DATUM

Wie spät ist es?	ti o·*ra i*·ne?	Τι ώρα είναι;
Es ist (2 Uhr).	*i*·ne (*dhi*·o i *o*·ra)	είναι (δύο η ώρα).
morgens	to pro·*i*	το πρωί
nachmittags	to a·*po*·yev·ma	το απόγευμα
abends	to *vra*·dhi	το βράδυ

SCHILDER

ΕΙΣΟΔΟΣ	Eingang
ΕΞΟΔΟΣ	Ausgang
ΠΛΗΡΟΦΟΡΙΕΣ	Information
ΑΝΟΙΧΤΟ	Geöffnet
ΚΛΕΙΣΤΟ	Geschlossen
ΑΠΑΓΟΡΕΥΕΤΑΙ	Verboten
ΥΠΑΡΧΟΥΝ ΔΩΜΑΤΙΑ	Zimmer frei
ΠΛΗΡΕΣ	Alles belegt
ΑΣΤΥΝΟΜΙΑ	Polizei
ΑΣΤΥΝΟΜΙΚΟΣ ΣΤΑΘΜΟΣ	Polizeiwache
ΓΥΝΑΙΚΩΝ	Toiletten (Damen)
ΑΝΔΡΩΝ	Toiletten (Herren)

Wann?	*po*·te?	Πότε;
heute	*si*·me·ra	σήμερα
morgen	*av*·ri·o	αύριο
gestern	chthes	χθες
Montag	dhef·*te*·ra	Δευτέρα
Dienstag	*tri*·ti	Τρίτη
Mittwoch	te·*tar*·ti	Τετάρτη
Donnerstag	*pemp*·ti	Πέμπτη
Freitag	pa·ras·ke·*vi*	Παρασκευή
Samstag	*sa*·va·to	Σάββατο
Sonntag	kyri·a·*ki*	Κυριακή
Januar	ia·nu·*ar*·i·os	Ιανουάριος
Februar	fev·ru·*ar*·i·os	Φεβρουάριος
März	*mar*·ti·os	Μάρτιος
April	a·*pri*·li·os	Απρίλιος
Mai	*mai*·os	Μάιος
Juni	i·*u*·ni·os	Ιούνιος
Juli	i·*u*·li·os	Ιούλιος
August	*av*·ghus·tos	Αύγουστος
September	sep·*tem*·vri·os	Σεπτέμβριος
Oktober	ok·*to*·vri·os	Οκτώβριος
November	no·*em*·vri·os	Νοέμβριος
Dezember	dhe·*kem*·vri·os	Δεκέμβριος

Glossar

Achäische Zivilisation – s. *Mykenische Herrschaft*
Agia (f), Agios (m), Agii (pl) – Sankt, Heilige(r)
Agora – Geschäftsbezirk einer antiken Stadt; im modernen Griechenland: Einkaufszentrum
Akropolis – höchster Punkt einer antiken Stadt
Amphore – hohe Vase mit zwei Henkeln, in der Wein oder Öl aufbewahrt wurden
Architrav – Teil des Hauptgesims, der auf den Säulen eines Tempels ruht
Archontika – Stadthäuser aus dem 17. und 18. Jh.; sie gehörten den Archontikern, den angesehensten Bürgern einer Stadt

baglamas – kleine *bouzouki* mit metallischem Klang
Basilika – frühchristliche Kirche
Bouleuterion – Rathaus
bouzouki – lautenartiges Saiteninstrument, wird in der Rembetiko-Musik eingesetzt
bouzoukia – Nachtclubs, in denen populäre Volkslieder gesungen und dazu die *bouzouki* gespielt werden; s. auch *skyladika*
Byzantinische Epoche – diese Periode zeichnet sich aus durch die Verschmelzung der griechischen Kultur mit dem Christentum und verdankt ihrem Namen Byzanz, der Stadt am Bosporus, die 324 n. Chr. zur Hauptstadt des Römischen Reichs ernannt wurde. Die Teilung des Römischen Reichs 395 n. Chr. leitete den Niedergang Roms ein, wogegen die östliche Hauptstadt, nun nach Kaiser Konstantin I. in Konstantinopel umbenannt, einen Aufschwung erlebte. Nachdem Konstantinopel 1453 von den Türken bezwungen wurde, zerfiel das Byzantinische Reich

caïque – kleines, robustes Fischerboot
Cella – Raum eines griechischen Tempels, in dem die Götterstatue stand
chora – Hauptstadt, meist einer Insel
Choregos – reicher Bürger, der Chor- und Theaterdarbietungen finanzierte
Cornice – oberer Teil des Hauptgesims, der unter dem Fries verläuft

delfini – Delphin; umgangssprachlich für Tragflächenboot
dimarchio – Rathaus
Dimotiki – Neugriechisch, offizielle gesprochene Sprache im heutigen Griechenland
domatio (s), domatia (pl) – Zimmer; billige Übernachtungsmöglichkeit in den meisten Touristengegenden
Dorier – hellenistische Krieger, die um 1200 v. Chr. in Griechenland einfielen. Sie brandschatzten die Stadtstaaten, zerstörten die minoische Kultur und läuteten Griechenlands Dunkles Zeitalter ein, während dem das künstlerische und kulturelle, hohe Niveau der Mykener und Minoer verloren ging. Später entwickelten sich die Dorier zu aristokratischen Landbesitzern; sie förderten das Wiederaufleben der unabhängigen Stadtstaaten, die von den reichen Adligen regiert wurden
Dorische Ordnung – griechische Architekturform, gekennzeichnet durch Säulen mit kanneliertem, geschwollenem Schaft, aber ohne Basis und einem – im Vergleich zu den schön verzierten ionischen und korinthischen Kapitellen – relativ schmucklosen Kapitell
Dunkles Zeitalter (1200–800 v. Chr.) – Periode, in der Griechenland von den Doriern beherrscht wurde

ELPA – Elliniki Leshi Periigiseon & Aftokinitou; griechischer Automobilclub
ELTA – Ellinika Tachydromia; griechisches Postamt
Entablature – Hauptgesims; Teil eines Tempels zwischen Säulen und Dach
EOS – Ellinikos Orivatikos Syllogos; Verband der griechischen Wander- und Bergsteigervereine
EOT – Ellinikos Organismos Tourismou; nationaler griechischer Tourismusverband
Epitaphios – eine Darstellung Christi auf der Totenbahre, die für die Osterprozession geschmückt wird
estiatorio – Restaurant

Faïence – antike Glasurtechnik, bei der Quarz anstelle von Glas benutzt wird
Filiki Eteria – Freundschaftsverein; Gruppe von Exilgriechen, die sich unter der osmanischen Herrschaft zusammengetan hat, um einen Aufstand gegen die Türken zu organisieren
FPA – foros prostithemenis axias; Mehrwertsteuer (MwSt)
Fries – Teil des Hauptgesims über dem Architrav

galaktopoleio (s), galaktopoleia (pl) – Geschäft, das Milchprodukte verkauft
Geometrische Zeit (1200–800 v. Chr.) – Zeit, in der Keramiken charakteristische geometrische Muster aufwiesen; manchmal auch Griechenlands Dunkles Zeitalter genannt
Griechische Klassik – Periode, in der die griechischen Stadtstaaten nach der Niederlage der Perser im 5. Jh. v. Chr. den Gipfel ihres Reichtums und ihrer Macht erreichten. In Folge der Peloponnesischen Kriege und der expansionistischen Bestrebungen von Philipp II., dem König von Mazedonien (regierte 359–336 v. Chr.) und seinem Sohn, Alexander dem Großen (regierte 336–323 v. Chr.), verloren die Stadtstaaten ihre Bedeutung

Hellas, Ellas oder Ellada – griechischer Name für Griechenland
Hellenistische Periode – Blütezeit, in der die griechische Zivilisation Macht und Einfluss erlangte, eingeleitet von Alexander dem Großen und beendet durch die Römer, als sie 146 v. Chr. Korinth überfielen

Ikonostase – mit Ikonen verzierte Altarwand
ikonostasia – kleine Kapellen
Ionische Ordnung – griechische Architekturform, deren Säulen durch Stege getrennte Kanneluren und Kapitelle mit sprialförmigen Verzierungen aufweisen

kafenio (s), kafenia (pl) – ein früher den Männern vorbehaltenes Kaffeehaus, wo Karten und Backgammon gespielt werden
kalderimi – gepflasterter Fußweg
kanneliert – vertikale Rillen im Schaft einer Säule
Kapitell – Kopfstück einer Säule
kastelli – Schloss
kastro – Kastell, Befestigungsanlage, Bastion
katholikon – Hauptkirche einer Klosteranlage
kefi – schwierig zu beschreibendes Gefühl der Hochstimmung, das alle Griechen verspüren, wenn sie gut drauf sind
kilimia – Flachwebteppiche, die früher traditionell zur Mitgift gehörten
Koine – in der vorbyzantinischen Zeit gebräuchliche griechische Sprache, in der die Kirchenliturgien verfasst sind
Kore – Frauenstatue aus der archaischen Periode, s. auch *Kouros*
Korinthische Ordnung – griechische Architekturform, bei der die Säulen glockenförmige Kapitelle mit kunstvoll gemeißelten Ornamenten in Form von Akanthusblättern haben
Kouros – Männerstatue aus der archaischen Periode, meist mit steifer Körperhaltung und rätselhaftem Lächeln
kri-kri – auf Kreta heimische Tierart, ähnlich der Ziege
KTEL – Kino Tamio Eispraxeon Leoforion; nationale Busgesellschaft, die alle Überlandlinien betreibt

Labrys – Doppelaxt, Symbol der minoischen Zivilisation
Lammergeier – Bartgeier
leoforos – breite Straße
libation – altgriechisch für Wein oder Lebensmittel, die den Göttern geopfert wurden
Linear-A – minoische Schrift, die bis heute nicht entziffert wurde
Linear-B – mykenische Schrift, die entziffert werden konnte
Lyra – kleines, geigenähnliches Instrument, das zum Spielen aufs Knie gestützt wird, weit verbreitet in der kretischen und pontischen Musik

malakas – wörtlich übersetzt „Wichser"; kumpelhafte Anrede oder Beleidigung, je nach Situation
mangas – Angeber, zwielichtiger Typ; früher ein Vertreter der Halbwelt, heute jeder, der clever ist
mantinada (s), mantinades (pl) – traditionelle kretische Lieder, deren Texte sich reimen; oft werden sie spontan gedichtet
mayirefta – vorbereitete Aufläufe oder Eintöpfe, die in Tavernen und anderen Lokalen serviert werden
Megaron – zentraler Raum eines mykenischen Palastes
Meltemi – Nordostwind, der im Sommer fast in ganz Griechenland bläst
Metope – Figurenrelief auf dem Fries einer dorischen Säule
mezedopoleio – ein Restaurant, in dem mezedes serviert werden
mezes (s), mezedes (pl) – Appetithäppchen
Minoische Zivilisation (3000–1200 v. Chr.) – kretische Kultur im Bronzezeitalter, benannt nach dem mythischen König Minos. Typisch dafür sind kunsthandwerklich wunderschöne Keramik- und Metallarbeiten. Die Epoche wird unterteilt in die Vorpalastzeit (3400–2100 v. Chr.), die Neue Palastzeit (2100–1580 v. Chr.) und die Nachpalastzeit (1580–1200 v. Chr.)
mitata – runde Steinhütten der Schäfer.
Moni – Kloster oder Konvent
Mykenische Zivilisation (1900–1100 v. Chr.) – erste große Kultur auf dem griechischen Festland. Typisch dafür sind die mächtigen, unabhängigen Stadtstaaten, die von Königen regiert wurden; diese Periode wird auch die Achäische Zivilisation genannt.

Narthex – Vorhalle einer Kirche
Nea Dimokratia – Neue Demokratie; konservative politische Partei
Nekropolis – wörtlich übersetzt „Stadt der Toten""; antiker Friedhof
nomarchia – Verwaltungsgebäude, Präfektur
nomos – Regierungsbezirke, in die die Regionen und Inselgruppen Griechenlands aufgeteilt sind
Nymphaion – Gebäude mit Brunnen im antiken Griechenland, oft den Nymphen geweiht

odeion – antikes überdachtes griechisches Theater
Odos – Straße
OTE – Organismos Tilepikinonion Elladas; nationale Telefongesellschaft
ouzeri – Lokal, in dem Ouzo und kleine Snacks serviert werden

Panagia – Gottesmutter, oft der Name von Kirchen
Pantokrator – Gemälde oder Mosaik mit Christusdarstellung in der Gewölbemitte einer byzantinischen Kirche
pandopoleio – Gemischtwarenladen
paralia – Uferpromenade

Pediment – dreieckige, oft mit Skulpturen ausgefüllte Fläche über den Säulen an der Front- und Rückseite eines klassischen griechischen Tempels
periptero (s), periptera (pl) – Straßenkiosk
Peristyl – Säulen, die ein Bauwerk umgeben, meist einen Tempel oder einen Innenhof
pinakothiki – Bildergalerie
Pithos (s), Pithoi (pl) – großes minoisches Vorratsgefäß
platia – Platz
Propylon (s), Propylaia (pl) – aufwändig konstruierter Haupteingang zu einer antiken Stadt oder Kultstätte. Ein Propylon hatte einen Torbogen, die Propylaia mehrere

raki – starker kretischer Schnaps, der aus Trauben gebrannt wird
Rembetiko – Bluesmusik, die allgemein mit der Halbwelt der 20er-Jahre in Verbindung gebracht wird
Rhyton – anderer Name für ein Opfergefäß
rizitika – traditionelle, patriotische Lieder aus Westkreta

sandouri – gehämmerter Zimbal aus Kleinasien
skyladika – wörtlich übersetzt „Hundegesänge"; sehr verbreitet, aber textlich nicht sehr anspruchsvoll, werden oft in *bouzoukia*-Nachtclubs gesungen
spileo – Keller
Stele – aufrecht stehender Grabstein
stoa – langes Gebäude mit Säulen, meist Teil einer *Agora*; diente im antiken Griechenland als Versammlungs- und Zufluchtsort

tachydromia – Postämter
Taverne – traditionelles Restaurant, in dem Wein und Essen serviert werden
temblon – Votivtafel
tholos – mykenisches Grab in der Form eines Bienenstocks
toumberleki – kleine Bauchtrommel, die mit den Fingern geschlagen wird
Triglyph – Abschnitte eines dorischen Fries zwischen den Metopen
trireme – antike griechische Galeere mit drei Ruderreihen auf beiden Seiten
tsikoudia – lokale Variante eines Traubenschnapses

Ud – bauchiges Saiteninstrument mit stark abgewinkeltem Hals

volta – Spaziergang, besonders am Abend
Volute – spiralförmige Verzierung an einem ionischen Kapitell

Zyklopen – mythische einäugige Riesen

Hinter den Kulissen

ÜBER DIESES BUCH

Dies ist die 1. deutsche Auflage von *Kreta*, basierend auf der mittlerweile 3. englischen Auflage. Die 1. englische Auflage wurde 2000 von Jeanne Oliver geschrieben. Die 2. Auflage von 2002 verdanken wir Paul Hellander, und Victoria Kyriakopoulos lieferte nun diese gründlich überarbeitete und aktualisierte Neuauflage.

Ein dickes Dankeschön an Graham Williams aus dem Londoner Lonely-Planet-Büro, der den Beitrag „Wanderungen rund um Loutro" im Chania-Kapitel beigesteuert hat.

DANK DER AUTORIN

Mein herzlicher Dank gilt all jenen, die mich das eine oder andere Stück auf dieser Reise begleitet haben. Überwältigt hat mich die Freundlichkeit der vielen fremden Menschen, die mich unterwegs mit offenen Armen empfangen haben – nun weiß ich aus eigener Erfahrung, dass die berühmte kretische Gastfreundlichkeit kein Märchen ist.

Bedanken will ich mich auch bei denen, die mir geholfen haben, dieses Buch in der Praxis zu testen. Ihr Insiderwissen und ihre Liebe für Kreta haben sie mit mir geteilt, sie ließen sich von mir mit endlosen Fragen löchern, gemeinsam haben wir geschlemmt, diskutiert und dabei Unmengen von Raki vertilgt: Maria Zygourakis, Eleni Giakoumaki und Grecotel, Dimitris Kalaitzidakis und Yiannis Papatzanis in Rethymnon; Stelios Daskalakis, Iakovos Sourgoutsidis und Eleftheria Kourkounaki in Chania; Sonia Panagiotidou, Yiorgos Margarakis, Yiannis Xylouris und Yiorgos Petrakis in Iraklion; Theodoros Consolas und Yiorgos in Gavdos; Foni Patramani mit Familie und das gesamte Dorf Episkopi; Nikos Perakis in Kato Zakros; Evangelia und Tom in Sitia; Grigoris Thomakakis in Avdou; Korina Miliaraki in Panormos; Antonios Bodikos in Matala; Kyriakos Kotaras von GATS travel; Dimitris, Nikoleta und Antonis in Agios Pavlos; Voula Gogorosi, Philip Hunt, Voula Liaka, Apostolis Angelopoulos, Christina Pirovolakis, Giorgos Xylouris und Camilo Nollas.

Ein großes Dankeschön geht außerdem an Paul Hellander, der sich um die vorangegangene Ausgabe gekümmert hat, an den Archäologen Alexander McGilivray, an Susie und John Rerakis in Melbourne, an Michala Green von Lonely Planet London für ihre Geduld und an meine Familie in Melbourne und Griechenland.

Ganz besonders bedanke ich mich bei Chris Anastassiades für seine Freundschaft und Unterstützung.

MITWIRKENDE

Die englische Originalausgabe *Crete 3* wurde von Michala Green vom Lonely-Planet-Büro London in Auftrag gegeben. Die Chefredakteurin Europa Katrina Browning hat den Entstehungsprozess des Buchs überwacht und wurde dabei von Amanda Canning unterstützt. Für die Karten ist Mark Griffiths verantwortlich, das Projekt wurde von Glenn

DIE LONELY PLANET STORY

Die Geschichte begann mit einem klassischen Reiseabenteuer: Tony und Maureen Wheeler tourten 1972 durch Europa und Asien nach Australien. Damals gab es für die Reise über Land keine wirklich hilfreichen Informationen, also veröffentlichten Tony und Maureen ihren ersten Lonely-Planet-Führer, der dem ständig wachsenden Bedarf nach solchen Informationen entsprach.

Am Küchentisch fing alles an – heute ist Lonely Planet der weltweit größte, unabhängige Verlag für Reiseliteratur mit Büros in Melbourne (Australien), Oakland (USA) und London. Lonely Planet deckt den ganzen Globus ab und die Liste der veröffentlichten Bücher und der Infos in verschiedenen Medien wird immer länger. Manche Dinge haben sich bis heute nicht verändert: Das Hauptziel ist nach wie vor, abenteuerlustigen Reisenden das an die Hand zu geben, was sie brauchen, um die Welt zu entdecken und besser zu verstehen.

Wir von Lonely Planet glauben, dass Traveller die Länder, die sie besuchen, bereichern können – sofern sie sich als Gäste respektvoll benehmen und ihr Geld klug ausgeben. Jedes Jahr spenden wir 5 % des Firmengewinns an karitative Einrichtungen rund um den Globus.

van der Knijff geleitet, dem Bridget Blair in der Endphase zur Seite stand.

Lektoriert hat den Band Pete Cruttenden, Korrekturleserin war Nancy Ianni. Anthony Phelan hat mit Unterstützung von Jovan Djukanovic die Kartografie koordiniert, Indra Kilfoyle kümmerte sich um das Layout, Kate McDonald und Adriana Mammarella waren für die Herstellung verantwortlich. Danke auch an Annika Roojun, die den Einband gestaltete, und an James Hardy, der sich um die Druckvorstufe kümmerte.

DANK VON LONELY PLANET

Vielen Dank an die folgenden Leser, die mit der letzten Ausgabe unterwegs waren und uns mit wertvollen Hinweisen, nützlichen Ratschlägen und interessanten Geschichten weiterhalfen.

B Hubert Bansemer, Sybille Birkhorst, Esthe & Aad Boevé **C** Brooke Cameron, Marie Coffey, Natalie Cohen **D** Mary & Miro Dancuk, Kate Dawson **E** Rit Elst, Walter Engelskirchen, Amanda Evans **F** Johan Forsberg **G** Jill & Ian Gibson, Wojciech Grabek, Sandra Grant, Ursula Groves **H** Christina Haigh, Paul Harris, Margaret Heuen, Ken Hunt **J** Lesley Jefferis, Laurie Jones, Rebecca Jones **K** Martin & Esther Kafer, Lou Kolberg, Jochen Kuehling **L** Marie-Andrée Laferrière, Miranda Lane, DC Long, Julian Lord, Tim Lucas **M** Deb Makewell, Paul Marijnissen, Neil McCabe, Catherine McClintock, Professor J. H. Medlock, Paddy Morton **O** F. M. Oddy, Rosemary O'Gorman **P** Alina Pantazidou, Eirini Pelekanaki, John Peppiatt, James Perrett, Clarisse Pizarro, Marilyn Powell **Q** Floor Quirijns **R** Petra Rothbart **S** Joseph Shaw, Lorna Slater, Russell Spencer, Toni Spiller, Robyn Spurdle, Peter Stephenson, Darren Stevens **T** Stephen Jesse Taylor **W** Judith Whitworth, Gareth Williams **Z** Michal Zaremba

WIR FREUEN UNS ÜBER EIN FEEDBACK

Post von Travellern zu bekommen ist für uns ungemein hilfreich – Kritik und Anregungen halten uns auf dem Laufenden und helfen, unsere Bücher zu verbessern. Unser reiseerfahrenes Team liest alle Zuschriften genau durch, um zu erfahren, was an unseren Reiseführern gut und was schlecht ist. Wir können solche Post zwar nicht individuell beantworten, aber jedes Feedback wird garantiert schnurstracks an die jeweiligen Autoren weitergeleitet, rechtzeitig vor der nächsten Nachauflage.

Wer uns schreiben will, schickt einfach eine Mail an lonelyplanet@mairdumont.com

Hinweis: Da wir Beiträge möglicherweise in Lonely-Planet-Produkten (Reiseführer, Websites, digitale Medien) veröffentlichen, ggf. auch in gekürzter Form, bitten wir um Mitteilung, falls ein Kommentar nicht veröffentlicht oder ein Name nicht genannt werden soll. Wer Näheres über unsere Datenschutzpolitik wissen will, erfährt das unter www.lonelyplanet.com/privacy

QUELLENNACHWEIS

Index

A
Adapter 225
Adele 140
Agia-Irini-Schlucht 116
Agia-Irini-Strand 151
Agia-Pelagia-Kirche, Ano Viannos 188
Agia Fotini 141
Agia Galini 151
Agia Marina 96
Agia Roumeli 114
Agias Fotias 223
Agia Sofia, Höhle 103
Agia Triada 183, **184**
Agioi Deka 25
Agios-Ioannis 121
Agios-Markos-Basilika, Iraklion 165
Agios-Titos-Kirche, Iraklion 166
Agios Georgios 206
Agios Georgios (Kirche), Ierapetra 220
Agios Ioannis, Ierapetra 220
Agios Nikolaos 197, **199**
Agios Pavlos 151
Agria Gramvousa 103
Akoumia 151
Akrotiri 94
Aktivitäten 225
  Outdoor 61
Alexander der Große 24
Alexios, Prinz 26
Ali, Mehmet 28
Alleinreisende 225
Almyrida 125
Almyros 198
Alphabet, griechisches 257
Amari-Tal 141
Ambelos-Strand 219
Ammos 198
Ammoudara 174, 198
Amygdalokefali 104
Androgeos 38
Anemospilia 177
Angelopoulos, Theodoros 55
Anogia 52, 143, 12
Ano Viannos 188
Anreise 240
Antiquitäten 234, 239
Anydri 120
Anydri-Schlucht 120
Anydri-Strand 116
Apartments 238
Apostoli 141
Aptera 126
Araber 26
Aradena-Schlucht 113
Arbeiten 226
Arbeitserlaubnis 226
Archanes 176
Archäologisches Museum, Rethymnon 133
Archäologisches Museum, Agios Nikolaos 197
Archäologisches Museum, Archanes 177
Archäologisches Museum, Ierapetra 220
Archäologisches Museum, Sitia 212
Archäologisches Museum Iraklion 162
Archäologische Stätten
  Agia Triada 183, **184**
  Anemospilia 177
  Aptera 127
  Argyroupolis 139
  Chania 83
  Diktynna 99
  Eleuderna 142
  Falasarna 101
  Festos 181,
  Fourni 177
  Friedhof von Armeni 145
  Gavalochori 127
  Gortys 179, **180**
  Gournia 209, 6
  Kamilari 186
  Knossos 171, **179**, 7
  Kommos 184
  Kydonia 85
  Lato 208
  Lebena 188
  Lissos 116
  Malia 191, **193**, 7
  minoische 39
  Palast von Zakros 216, **217**
  Palekastro 43, 215
  Polyrinia 99
  Reiserouten 18
  Sklavokambos 175
  Tylisos 175
  Villa von Vathypetro 177
Argyroupolis 139
Ariadne 38, 171
Arimondi-Brunnen 133
Armeni 145
Arolythos 175
Asi Gonia 139
Askifou 128
Asomatos 148
Aspros Potamos 223
Atatürk, *siehe* Kemal, Mustafa
Atlas 208
Atsipopoulo 139
Aufenthaltsgenehmigung 226
Aussprache 256
Ausweis 226, 240
Auto
  Anreise 240
  Autofahren auf Kreta 245
Automobilclubs 246
Axos 143

B
Bali 154
Barbarossa 131
Befreiungskrieg 28
Behinderung 233
Benzin 246
Berghütten 65, 237
Bergsteigen 65
  Chania 85
  Internet 65
  Iraklion 166
Bevölkerung 47
Bier 73
Bisse 252
Blutrache 108
Bonifatius von Montferrat 26
Borreliose 253
Botschaften 226
Bouzouki 51
Bücher 14, 15
  Reiselektüre 15
Bucht von Chania 96
Bus
  Fernverbindungen 248
  Nahverkehr 249
Byzantinisches Reich 25
Byzantinische Zeit 50

C
Camping 237
Cha-Schlucht 220
Chania 83, **86-87**, 9, 11
  Aktivitäten 85
  An- & Weiterreise 93
  Essen 90
  Feste & Events 88
  Geschichte 83
  Internetzugang 84
  Medizinische Versorgung 84
  Mountainbiking 88
  Sehenswertes 84
  Shoppen 92
  Touren 88
  Touristeninformation 84
  Übernachtung 88
  Unterhaltung 91
  Unterwegs vor Ort 93
Chania-Region 80, **82**
Charterflüge 244
Chersonisos 190
Chora Sfakion 110

chorta 70
Chrisi 223
Christentum 25
Chrysi 223
Churchill, Winston 32

D
Daedalus 171
Daly, Ross 53, 177
Damaskinos, Michael 50
Damnoni-Strand 150
Daskalojannis 28
Delphine 58
Demeter 208
Dikti-Höhle 206
Diktynna 99
Domatia 237
Dorisches Kreta 23
Dorische Zeit 49
Drogen 233
Drys 104
Durchfall 252

E
E-Mail 230
E4-Trail 62, **63**
Edwards, Geoff 150
Einkaufen 233
Einreise 239, 240
Einwanderer 47
Elafonisi 106
Eleftherios-Museum, Agios Georgios 206
Eleuderna 142
El Greco, *siehe* Theotokopoulos, Dominikos
Ellinikos Synagermos (Griechische Sammlung) 34
Elos 104
Elounda 202
Enosi Kendrou (Union des Zentrums) 34
Episkopi 139, 143
Ermäßigungen 227
Erster Weltkrieg 30
Essen 69, 227
  Abendessen 75
  Festessen 74
  Internet 75
  Kinder 75
  Kochkurse 77
  Literatur 69, 70, 71, 73, 74, 77
  Sprachführer 77
  Veganer 75
  Vegetarier 75
Esskultur 76
Estiatorio 75
Ethnologisches Museum, Vori 183

000 Verweise auf Karten
000 Verweise auf Fotos

Etz-Hayyim-Synagoge 85
Evans, Sir Arthur 41, 171

F
F1-Trail 104
Fähren
  Anreise 241, **245**
  vor Ort 249
Fahrrad 249
Falasarna 101
Feiertage 227
Fernsehen 47, 225
Feste 14, 227
  Agios Nikolaos 198
  Anogia 144
  Asi Gonia 139
  Chania 88
  Ierapetra 220
  Jahrestag der Schlacht um Kreta 88
  Ostern 49
  Sitia 212
  Sultana Festival 212
  Tanz 51
  Vamos 126
  Weinfest, Rethymnon 135
Festos 40, 181, **182**
Festos, Diskos von 181
Festungen
  Frangokastollo 111, 10
  Fort Firkas, Chania 84
  Kales, Ierapetra 220
  Kastell Koules, Iraklion 165, 11
  Kazarma, Sitia 212
  Paleochora 117
  Rethymnon 131
  Spinalonga 204
Feuerwehr 235
Film 55
FKK 117
Flughäfen 243, *siehe auch Umschlag innen*
Flughafengebühren 243
Fluglinien 243
Flugtickets 244
Flugverbindungen 244
Flugzeug 243
Fokas, Nikephoros 26
Fort Firkas 84
Fourfouras 142
Fournes 107
fourokattos 57
Frangokastello 111, 10
Frauen
  Gesundheit 253
  Frauen auf Kreta 48
  Frauen unterwegs 229
  Literatur 48
Freiheitskampf 127
Fresken 41, 43, 50, 51
Führerschein 247
Fußball 47

G
Gaia 208
Gaidouronisi 223
galaktoboureko 71
Galaktopoleia 75
Galanaki, Rhea 55
Garazo 143
Gastarbeiter 47
Gavalochori 127
Gavdos 120
Geld 230
Geldautomaten 230
Geografie 57
Geologie 57
Georgioupoli 122
Georgstag 139
Gerakari 141
Gerani 96
Geschichte 22, 38
  Befreiungskrieg 28
  Byzantinisches Reich 25
  Dorisches Kreta 23
  Erster Weltkrieg 30
  Klassische Zeit 24
  Kreuzzüge 26
  Literatur 24, 29, 32, 38, 41
  Minoer 22
  Minoische Geschichte 38
  Mithridatische Krieg 24
  Mykenische Kultur 22
  Nachkriegszeit 34
  Obristenputsch 34
  Osmanisches Reich 27
  Republik von 1924-35 31
  Römerherrschaft 24
  Schlacht um Kreta 32
  Steinzeit 22
  Unabhängigkeit 30
  Venezianische Herrschaft 26
  Zweiter Weltkrieg 32
Geschwindigkeitsbeschränkung 247
Gesetze von Gortys 24
Gesundheit 251
  Essen 69
  Internet 251
  Rauchen 46
  Trinkwasser 73
Getränke 72
Golf 67, 190
Gortys 179, **180**
Götter
  Ariadne 38, 171
  Hera 208
  König Minos 171
  Kronos 208
  Minotauros 38, 171
  Pasiphae 171
  Poseidon 38, 171, 208
  Titanen 208
  Zeus 38, 141, 208
  Zyklopen 208
Gournia 209, 6

INDEX

Gramvousa 102
Greife 43
Griechisch-orthodoxe Kirche 45, 48
Gurtpflicht 247

H
Hades 208
Handeln 230
Handy 236
Hassan-Pascha-Moschee 84
Hatti-Humajun-Handschreiben 29
Heimatkundemuseum, Agios Georgios 206
Helios 38
Hera 208
Hestia 208
Hiona Beach 216
Hippies 186
Historisches Museum von Kreta, Iraklion 163
Hitler, Adolf 32
Hitzschlag 253
Höchstgeschwindigkeit 247
Hochzeit 145
Hogarth, David 207
Höhlen 57
  Agia Sofia 103
  Dikti-Höhle 206
  Ida-Höhle (Idaio Antro) 141, 142, 176
  Kamares-Höhle 142
  Matala 185
  Melidoni-Höhle 143
  Sventoni-Höhle 143
Höhlentouren 68
Hohliovradia 126
Homer 40
Hotels 238
Houdetsi 177
Hundertjähriger Krieg 27

I
Ida-Höhle 176
Ida-Höhle (Idaio Antro) 141, 142
Ierapetra 219, **221**
Imbros 128, 9
Imbros-Schlucht 128
Impfungen 251
Information 236
Innahorion 103
Insekten 252
Internet 15
Internet-Adressen
  Ausgrabungsstätten 43
  Bergsteigen 65
  Essen 77
  Literatur 53
  Mountainbiking 61
  Musik 52
  Umwelt 60
  Umweltschutz 60
  Wasserqualität 60
  Wein 75
Internetzugang 230
InterRail 240
Iraklion 160, **164-165**, 11
  An- & Weiterreise 170
  Einkaufen 169
  Essen 167
  Festivals 166
  Geschichte 160
  Internetzugang 161
  Medizinische Versorgung 161
  Sehenswertes 165
  Touren 166
  Übernachtung 166
  Unterhaltung 169
  Unterwegs vor Ort 171
Iraklion Region 158, **159**
Iris Museum, Agios Nikolaos 198
Islam 48
Istro-Bucht 198
Itanos 214

J
Jetski 65
Judentum 48
Jugendherbergen 238

K
Kafenia 75
Kaffee 72
Kalamaki 187
Kalamaki-Strand 88
Kalathas 94
Kales, Ierapetra 220
Kalyves 124
Kamares 142, 178
Kamares-Keramik 40, 215
Kamilari 186
Kanufahren 65
  Georgioupoli 123
  Kournas-See 124
Kap Flomes 116
Kara-Mussa-Pascha-Moschee, Rethymnon 133
Karten 230
  Wandern 64
Kasantzakis, Nikos 54
Kastell Koules, Iraklion 165
Kastri 189
Katholische Kirche 27, 48
Kato Karouzana 191
Kato Zakros 217, 12
Kefali 104
Kemal, Mustafa 31
Keramik 40, 43
Keratokambos 189
Kinder 231, 253
  Chania 88
  Essen 75
  Iraklion 166
Kirche des Agios Antonios, Patsos 146
Kirche des Agios Ioannis, Argyroupolis 139
Kirchen
  Agia-Ekaterini-Kirche, Iraklion 166
  Agia-Pelagia-Kirche, Ano Viannos 188
  Agios-Georgios-Kirche, Anydri 120
  Agios-Markos-Basilika, Iraklion 165
  Agios-Titos-Kirche, Iraklion 166
  Agios Ioannis, Ierapetra 220
  Agios Kirkos 117
  Kirche des Agios Antonios, Patsos 146
  Kirche des Agios Ioannis, Argyroupolis 139
  Marienkirche, Argyroupolis 140
  Metamorfosis Sotiros 107
  Metamorphosis tou Sotira, Akoumia 151
  Ossia Maria 109
  Panagia-Kera-Kirche, Kritsa 207
  Panagia-Kirche, Meskla 107
  Panagia-Kirche, Meronas 141
  Rund um Kritsa 207
  Titus-Basilika, Gortys 180
Kisamos, Kastelli 99
KKE, *siehe* Kommunistische Partei Griechenlands
Klima 13, 232
Klöster
  Moni Agia Irini 175
  Moni Agios Andonios Vrondissi 178
  Moni Agios Nikolaos 178
  Moni Arkadi 141
  Moni Faneromenis 209
  Moni Preveli 149
  Moni Toplou 213
Knossos 40, 171, **173**, 7
Kochkurse 77, 232
Kodein 251
Kokkoni Ammos 185
Kolimbari 98
Kolokytha 204
Komitades 128
Kommos 184
Kommunistische Partei Griechenlands 32
Kondome 254
Konstantinopel 25
Konsulate 226
Korbstühle 234
Kornaria Festival, Sitia 212
Kornaros, Ioannis 214
Kornaros, Vitsentsos 52, 54, 211
Koryzis, Alexandros 32
Koumos 124
Kouremenos 216
Kournas-See 124
Koutouloufari 190

INDEX

Koutsomatados-Schlucht 103
Krankenhäuser 252
Krankenversicherung 251
Krankenwagen 235, 252
Kräuter 59, 75
Kreditkarten 230
Kreipe, General 33
Kreta-Diät 72
Kreuzzüge 26
Kri-kri 57
Kriminalität 235
Kritsa 207
Kronos 208
Krousonas 175
Kultur
  Essen 69
  Literatur 48
Kunst 49
  Bildhauerei 49
  Film 55
  Fresken 41, 43, 50
  Keramik 40
  Kretische Schule 50
  Literatur 54
  Maler 50
  Minoische Geschichte 42
  Mosaiken 49
  Musik 51
  Schmuck 43
  Siegelschneidekunst 44
  Tanz 51
Kurse 232
  Kochkurse 77
Kyrvia Festival, Ierapetra 220
Kytroplatia 198

L

labrys 41
Lakki 107
Lämmergeier 58
Lassithi 194, **196**
Lassithi-Hochebene 205
Lato 208
Lato-Kulturfestival, Agios Nikolaos 198
Lebena 188
Lebensart 46
Lederwaren 234
Lentas 188
Lesben 233
Levka Ori 106
Linear-A-Schrift 41
Linear-B-Schrift 40
Lissos 116
Literatur 14, 15, 46, 48, 54
  Essen 69, 70, 71, 73, 74, 77
  Frauen unterwegs 48
  Geschichte 24, 29, 32, 40, 41
  Internet 53
  Küche 69
  Kultur 48
  Kunstgeschichte 54
  Natur 58
  Reiselektüre 15
  Wandern 59
  Wein 73
  Zeitgeschichte 48
Livaniana 113
loukoumades 70
Loutro 112
Lychnostatis Museum, Chersonisos 190
Lyra 51

M

Makarios, Erzbischof 35
Makrigialos 223
Maleme 96
Malerei 50
Malia 40, 191, **193**, 7
mandolino 51
mantinades 51, 52, 54
Marble Beach 113
Margarites 142
Marienkirche, Argyroupolis 140
Markopoulos, Giannis 52
Marmorbucht 113
Maße und Gewichte 225
Matala 184, 8
mayirefta 69
Mazidas Beach 219
Medien 47
Medikamente 251
Melidoni-Höhle 143
meltemi 57
Menschenopfer 43
Meronas 141
Meskla 107
Messer 94, 234
Metamorphosis tou Sotira, Akoumia 151
Metaxas, General Ioannis 32
Mezedes 70
Mietwagen 246
Milia 105
Minoische Geschichte 22, 42
  Handel 42
  Nachpalastzeit 42
  Neue Palastzeit 40
  Vorpalastzeit 39
Minoische Kultur
  Kunst 42
  Schrift 40, 181
Minoische Kunst 42
Minos, König 38, 41, 171
Minotauros 38, 171
Mirtos 223
Mithridatischer Krieg 24
Mitsotakis, Konstantinos 36
Mochlos 209
Moni Agia Irini 175
Moni Agia Triada 94
Moni Agios Andonios Vrondissi 178
Moni Agios Nikolaos 178
Moni Arkadi 141, 10
Moni Chrisoskalitissa 106
Moni Faneromenis 209
Moni Gonias 99
Moni Gouverneto 94
Moni Ioannou Erimiti 94
Moni Preveli 149, 10
Moni Toplou 213
Morosini-Brunnen 165
Mosaiken 49
Moscheen
  Hassan-Pascha-Moschee 84
  Kara-Mussa-Pascha-Moschee, Rethymnon 133
  Moschee tis Nerandses, Rethymnon 133
Moschee tis Nerandses 133
Motorrad 240, 245
Mountainbiking 61, 249
  Agios Nikolaos 198
  Internet 61
  Mochlos 210
Museen
  Agios Georgios 206
  Archäologisches Museum, Archanes 177
  Archäologisches Museum, Ierapetra 220
  Archäologisches Museum 84
  Archäologisches Museum, Agios Nikolaos 197
  Archäologisches Museum, Rethymnon 133
  Archäologisches Museum, Sitia 212
  Archäologisches Museum Iraklion 162, 6
  Byzantinische und nachbyzantinische Sammlung von Chania 85
  Eleftherios-Museum, Agios Georgios 206
  Ethnologisches Museum, Vori 183
  Historisches & volkskundliches Museum, Rethymnon 133
  Historisches Museum und Archiv, Chania 85
  Historisches Museum von Kreta, Iraklion 163
  Iris Museum, Agios Nikolaos 198
  Kretisches Volkskundemuseum, Chania 85
  Lychnostatis Museum, Chersonisos 190
  Moni Toplou 214
  Museum der Schlacht von Kreta, Iraklion 166

000 Verweise auf Karten
000 Verweise auf Fotos

Museum für Landwirtschaft und Folklore, Arolithos 175
Museum für Musikinstrumente, Houdetsi 177
Naturkundemuseum, Iraklion 163
Nautisches Museum, Chania 85
Nikos Kazantzakis Museum, Myrtia 176
Privatmuseum von Papa Mihalis Georgoulakis, Asamatos 148
Vatsiana 121
Volkskundemuseum, Gavalochori 127
Volkskundemuseum, Agios Nikolaos 198
Volkskundemuseum, Sitia 212
Widerstandsmuseum 107
Zentrum für byzantinische Kunst, Rethymnon 133
Museum der Schlacht von Kreta, Iraklion 166
Museum für Landwirtschaft und Folklore, Arolithos 175
Museum für Musikinstrumente, Houdetsi 177
Musik 51
Mykenische Kultur 22
Myrthios 149
Myrtia 176

N
Nachpalastzeit 42, 44
Nahverkehr 249
Napoleon 220
Nationalparks 60
Nato 34
Natur 57
Literatur 58
Naturkundemuseum, Iraklion 163
ND (Neue Demokratie) 35
Nea Hora 88
Neue Palastzeit 40, 43
Nida-Hochebene 141
Nikos Kazantzakis Museum, Myrtia 176
Notfall 258
Notruf, *siehe auch Umschlag innen* 235

O
Öffnungszeiten, *siehe auch Umschlag innen* 232
Olivenöl 69, 76
Literatur 69
Olous 204
Olympische Spiele 2004 36
Omalos 107
Orthi-Ammos 111
Orthodoxe Kirche 27
Osmanen 27
Osmanisches Reich 27
Ostern 49
Outdooraktivitäten 61
Ouzeri 75
Ouzo 74

P
Pakt von Halepa 29
Palast von Malia 192, **193**, 7
Palast von Zakros 216, **217**
Palekastro 215
Paleochora 117, **118**
Panagia-Kirche, Meronas 141
Panormos 153
Papadopoulos, Georgios 34
Papandreou, Andreas 35
Papandreou, Georgios 35, 36
Pappadiana 104
Paragliding 67
Bali 155
Partei des Politischen Frühlings 36
Pasiphae 171
PASOK 35
Patsos 146
Pattakos, Stylianos 34
Paulus 25
Perama 143
Perivolia 104
Pflanzen 57, 59
Phaedra 38
Phokas, Nikephoros 160
Pille 253
Pirgos-Keramik 42
Pitsidia 186
Plaka 125, 204
Plakias 147
Platanias 96
Politik 21, 33
Polizei 235
Polyrinia 101
Porto 232
Poseidon 38, 171, 208
Post 232
Potamos 121
Pottwale 58
Preise 14, 15
Prevelakis, Pantelis 132
Preveli 150, 8
Privatmuseum von Papa Mihalis Georgoulakis, Asomatos 148
Promillegrenze 247
Psichro 206
Psichro-Höhle 206
Psiloritis 141
Psistaria 75
Pyrgos 121

Q
Quallen 252

R
Radfahren 61
Agios Nikolaos 198
Internet 61
Lassithi-Hochebene 205
Radio 47, 225
Rakadiko 75
Raki 73
Rauchen 46
Rechtsfragen 233
Recycling 60
Reiserouten 16, 19, **16**, **17**, **18**, **19**
Osten 16
Westen 17
Reiseschecks 230
Reiseveranstalter 233
Reiten 67
Georgioupoli 123
Rund um Matala 186
Religion 45, 48
Christentum 25
Republik von 1924-35 31
Rethymnon 131, **134,** 11
Aktivitäten 135
An- & Weiterreise 139
Einkaufen 138
Essen 136
Events 135
Feste 135
Geschichte 131
Internet Café 132
Medizinische Versorgung 133
Sehenswertes 133
Touren 135
Touristeninformation 133
Übernachtung 135
Unterhaltung 138
Unterwegs vor Ort 139
Weinfest 135
Rethymnon, Region 129, **131**
Rethymnon, Umgebung 139
Rhea 208
Ringeltauben 58
rizitika 51
Rodopou 98
Römerherrschaft 24
Römische Zeit 49
Rouvas-Schlucht 178
Russisch-türkischer Krieg, 1877 29

S
Samaras, Antonis 36
Samaria 109
Samaria-Schlucht 108, **109**, 9
Sarakiniko 121
Schiff 249
Schildkröten 58
Schlacht um Kreta 32, 95
Schlacht von Lepanto 27
Schlangen 252
Schluchten
Agia-Irini 116
Anydri 120
Aradena 113
Cha-Schlucht 220
Imbros 128, 9
Koutsomatados 103

INDEX

Reiserouten 18
Rouvas-Schlucht 178
Samaria 108, **109**, 9
Wandern 64
Zakros-Schlucht 218
Schmuck 43, 234
Schnorcheln 66
Schwangerschaft 253
Schwule 233
Seeigel 252
Segeln 67
Bali 155
Senioren 227
Sex 254
Sfakia 106
Sicherheit 235
Siegelschneidekunst 44
Silber 234
Silingakis, Abt 214
Simitis, Kostas 36
Sitia 210, **211**
Skifahren 65
Sklavokambos 175
Skoulas, Vasilis 52
Smyrna 30
Solarenergie 60
Sommer-Kunstfestival, Iraklion 166
Souda 95
Sougia 115
souvlaki 75
Spas 66
Spili 142, 146, 12
Spinalonga 204
Spirituosen 73
Sport 47
Sprache 256
Stadtrecht von Gortys 180
Stavros 95
Sterlitzas, Theophanes 50
Strafzettel 247
Strände 14, 60
Agia-Irini-Strand 151
Agias Fotias 223
Agios Nikolaos 198
Agios Pavlos 151
Ambelos-Strand 219
Ammoudara 174
Anydri-Strand 116
Balos 102
Chora Sfakion 110
Damnoni-Strand 150
Elafonisi 106
Elounda 202
Falasarna 101
FKK 117
Frangokastello 111
Gavdos 120
Glikanera-Strand 113

000 Verweise auf Karten
000 Verweise auf Fotos

Hiona Beach 216
Ierapetra 220
Itanos 214
Kalamaki 88, 187
Kalathas 94
Kastri 189
Kato Zakros 218
Keratokambos 189
Kolimbari 98
Kommos 184
Kouremenos 216
Lentas 188
Loutro 112
Makrigialos 223
Marmara-Strand 113
Matala 185, 8
Panormo 153
Plaka 204
Plakias 150
Preveli 150, 8
Ravdoucha 98
Ravdoucha Beach 98
Stavros 95
Triopetra 151
Vai 214, 8
Xerokambos 219
Stromnetz 225
Strovles 104
Studentenausweis 227
Sultana Festival, Sitia 212
Sventoni-Höhle 143

T
Talos 23
Tanz 51
Tauchen 66
Agios Nikolaos 198
Bali 155
Chania 88
Iraklion 166
Paleochora 118
Plakias 147
Rethymnon 135
Vai 214
Taverna 75
Taxi 249
Taxiboot 249
Tee 72
Telefon 235
Tetanus 253
Theotokopoulos, Domenikos (El Greco) 27, 50
Theriso 107
Theseus 171
Thrombose 252
Thronos 141
Tierbeobachtung 58
Tiere 239
Titanen 208
Titus 25
Titus-Basilika, Gortys 180
Toiletten 236
Tollwut 253
Töpferwaren 234
Topolia 103
Touren
Agia Galini 152
Agios Nikolaos 198
Chania 88
Kastelli Kisamos 99
Paleochora 118
Rethymnon 135
Spinalonga 198
Weinkellerei Boutari 176
Touristeninformation 236
Touristenpolizei 236
Tramoundanis, Georgos 52
Trampen 250
Transliteration 259
Trekking 62
Rethymnon 135
Trinken 69
Trinkgeld 75, 230
Triopetra 151
Tripiti 121
Tsouderos, Emmanouil 32
Tylisos 175
Typhus 253
Tzermiado 205

U
Übernachtung 236
Bergsteigen 65
Umwelt 57
Umweltschutz 60
Umweltverschmutzung 60
Unterkühlung 253
Unterkunft 236

V
Vai 214, 8
Vamos 126
Vatsiana 121
Veganer 75
Vegetarier 75
Vendetta 108
Venezianische Herrschaft 26
Venizelos, Eleftherios 30
Verkehrsregeln 247
Versicherung 238
Krankenversicherung 251
Motorrad 248
Vertrag von Bukarest 30
Vertrag von Lausanne 31
Videosystem 225
Villa von Vathypetro 177
Visa 238
Vlatos 104
Vogelbeobachtung 57
Georgioupoli 123
Volkskundemuseum, Agios Nikolaos 198
Volkskundemuseum, Sitia 212
Vori 183

INDEX

Vorizia 178
Vorpalastzeit 43
Vorwahl, *siehe auch Umschlag innen* 235
Voulgaro 103
Voulismeni-See, Agios Nikolaos 198
Vrisses 127

W
Wale 58
Wandern 62, 116, 120
  Almyrida 125
  Chania 85
  F1-Trail 104
  Imbros-Schlucht 128
  Iraklion 166
  Literatur 59
  Loutro 113
  Mochlos 210
  Paleochora nach Sougia 116
  Plakias 149
  Psiloritis 142
  Reiserouten 18
  Rouvas-Schlucht 178
  Samaria-Schlucht 108
  Wanderkarten 231
  Zakros-Schlucht 218
Wasser 73
Wasserski 65
Wassersport 65
Wassertaxi 249
Webwaren 207, 235
Wein 73
  Internet-Adresse 75
  Literatur 73, 74
Weinfest
  Rethymnon 135
Weinkellerei Boutari 176
Wellness 66
Widerstandsbewegung 33
Wildblumen 59
Windkraft 60
Windsurfen 65, 66
  Ammoudara 174
  Kouremenos 216
  Paleochora 118
Wirtschaft 20
Woche des Meeres, Agios Nikolaos 198

X
Xerokambos 219
Xyloskala 108
Xylouris, Nikos 52
Xylouris, Psarantonis 52

Y
Yacht 243
Yakinthia-Festival, Anogia 144
Yoga 232

Z
Zaharoplasteia 75
Zakros 40, 216, **217**
Zakros-Schlucht 218
Zaros 178
Zecken 253
Zeit 239, **256**
Zeitschriften 47
Zeitungen 47, 225
Zentrum für byzantinische Kunst, Rethymnon 133
Zeus 38, 141, 206
Zoll 239
Zoniana 143
Zug 240
Zweiter Weltkrieg 32
Zyklopen 208
Zypern 245

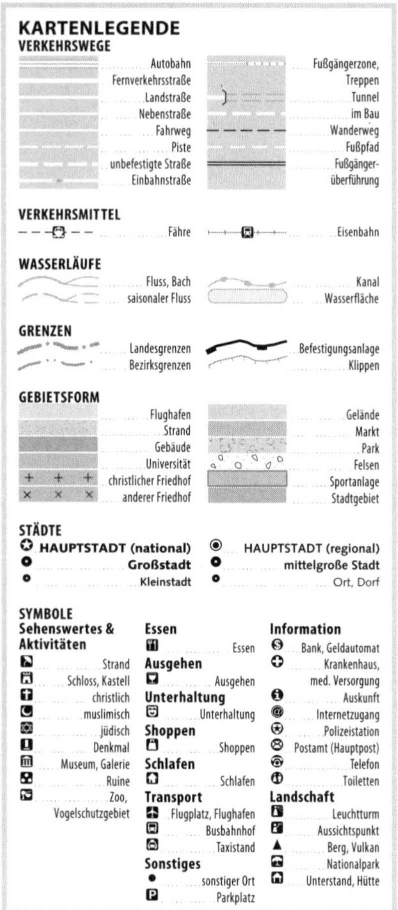

Lonely Planet Publications, Locked Bag 1, Footscray, Melbourne, Victoria 3011, Australia

Verlag der deutschen Ausgabe:
MAIRDUMONT, Marco-Polo-Str. 1, 73760 Ostfildern, www.mairdumont.com, lonelyplanet@mairdumont.com

Chefredakteurin deutsche Ausgabe: Marion Zorn
Redaktion: Bintang Buchservice GmbH, www.bintang-berlin.de
Übersetzung: Dagmar Klotz, Inga-Brita Thiele
Lektorat: Jan W. Haas
Technischer Support: Typomedia GmbH, Ostfildern

Kreta

1. deutsche Auflage Mai 2006, übersetzt von *Crete 3rd edition*, Februar 2005 Lonely Planet Publications Pty

Titelfotos: Hafen in Elounda, Peter Adams/Photolibrary.com (vorn); mit Blumen geschmückter Eingang in Rethymnon, Provinz Rethymnon, Neil Setchfield/Lonely Planet Images (hinten)

Die meisten Fotos in diesem Reiseführer können bei Lonely Planet Images, www.lonelyplanetimages.com auch lizenziert werden.